U0993555

新编信息经济学

ECONOMICS OF INFORMATION

蔡岩兵◎主编

修订版

中国经济出版社
CHINA ECONOMIC PUBLISHING HOUSE
·北京·

图书在版编目（CIP）数据

信息经济学/蔡岩兵主编．

北京：中国经济出版社，2014.11

ISBN 978-7-5136-3633-9

Ⅰ.①信… Ⅱ.①蔡… Ⅲ.①信息经济学—高等学校—教材 Ⅳ.①F062.5

中国版本图书馆 CIP 数据核字（2014）第 304395 号

组稿编辑　崔姜薇

责任编辑　张　博

责任审读　贺　静

责任印制　马小宾

封面设计　任燕飞装帧设计工作室

出版发行　中国经济出版社

印 刷 者　北京富泰印刷有限责任公司

经 销 者　各地新华书店

开　　本　787mm×1092mm　1/16

印　　张　24.5

字　　数　563 千字

版　　次　2014 年 11 月第 1 版

印　　次　2018 年 8 月第 3 次

定　　价　45.00 元

广告经营许可证　京西工商广字第 8179 号

中国经济出版社　**网址** www.economyph.com　**社址** 北京市西城区百万庄北街 3 号　**邮编** 100037

本版图书如存在印装质量问题，请与本社发行中心联系调换（联系电话：010－68330607）

编 写 人 员

主　　编　蔡岩兵

参编人员　牛勇平　谭玲玲　殷允杰

张益丰　林德荣　隋鹏飞

李建伟

编者的话

从亚当·斯密发表《国富论》开始，现代经济学逐步建立和发展起来，期间绝大多数经济学家研究经济问题时，实际上都是假定信息是完全的，即市场所有参与者关于交易的信息和市场环境的信息是充分的、完全的，假定交易费用为零、产品市场和资本市场是完备的，这些假定是进行经济理论研究的前提。信息经济学研究信息对人们行为的影响、对市场交易的影响，以及由此引发的各种制度安排。经济学家在20世纪70年代后发现，信息不完全特别是信息不对称，会对经济产生一系列意想不到的影响。由此而始，对于信息不对称的有关学术研究成果便成为经济学理论上的重要突破，对经济学的各个分支产生了深远影响。最早抛弃信息完全假设的代表人物是乔治·斯蒂格勒，他认为信息是不完全的、有价值的、获取是有成本的，使信息成为现代经济分析的一个需要考虑变量。后来约瑟夫·斯蒂格利茨、乔治·阿克洛夫和麦克·斯彭思的进一步研究则认为，不仅信息是不完全的，而且信息在生产者、消费者、所有者、委托代理人之间的分布也是不完全的，上述观点对现代经济学的发展产生重大影响。

发展中国家和经济转型国家的经济现象表现出来的信息不完全、信息不充分的现象较之市场经济发展成熟的发达国家更为严重一些，从信息不完全的观点出发来研究经济现象的信息经济学的理论对于发展中国家和经济转型国家更具有参考价值。譬如，我们可以看到由于信息不对称，市场有时可能表现出没有效率，但是，这并不等于计划或政府干预这种资源配置方式一定比市场好，因为信息不对称也会限制甚至是在更大程度上限制政府干预的作用。所以，从信息不对称的观点出发，我们可以更科学地分析市场与非市场的运作和效率，改变认识经济现象的方式，同时也为研究经济问题提供新的方法。因此，我们考虑在教材中更多地引进相关内容，以期使学生了解这些理论，这是教材的前半部分内容发生调整变化的主要动因。由于信息经济学的授课对象主要是经济学专业的本科生，在以往的教学中只是提出了信息不完全和信息不对称的概念，从这些观点出发去分析研究经济现象的内容相对较少，学生常常感到不“解渴”。因此，我们本次教材的编写中，在第二章提出信息不完全的基本概念之后，在第三章经济学新范式中通过对很多具体的经济现象的分析比较，深入阐述了在信息不完全假定下研究各种经济问题的思路与方法，接下来的一章全面介绍了作为信息经济学研究重要工具的博弈论的主要内容，在前面两章基础上，引出委托代理理论、甄别理论和搜寻理论，在这些章节，我们从信息不完全的观点出发研究了大量经济问题，希望对学生理解信息经济学的方法有所帮助。

由于来自经济学界和信息科学界不同领域的信息经济学研究者从不同的角度研究相关的信息经济问题，从而使得目前信息经济学的研究范围和领域难以统一，信息经济学教材的内容也差别很大。我们认为从教材的内容体系上除了包含前述重点内容之外，还应包括对信息技术和信息产业相关问题、信息经济规模测度的内容，也就是所谓信息经济学的宏观部分。由于近年来互联网的迅速发展，网络经济的内容成为现阶段信息经济学不可或缺的内容，尽管国内外同行在网络经济领域有很多新的研究成果，由于特定的教学目的和篇幅所限，我们在教材中只是进行了入门级的介绍。上述这种教材结构的安排既考虑到作为本科生教材应具有的较宽知识覆盖面，同时也同国内信息经济学长期形成的体系结构保持一致，只有将众多的互有联系但又有差别的信息经济学相关内容加以融合，找出其中的内在联系，才有利于促进信息经济学的教学和科研发展。

本书编写过程中，参考了国内外众多信息经济学教材、著作和研究文献，对信息经济学的主要内容进行了全面阐述，力求综合性、实用性、先进性，注重章节依次递进，阐述深入浅出，内容深浅适中，既注重信息经济学一般问题的阐述，又注重吸收最新研究成果，充实和深化研究内容。参与主要编写工作的都是在一线从事经济学教学和研究工作的老师，具有丰富的教学经验和较高的科研水平，全部为各个研究领域内的专家，他们在编写过程中都付出了辛勤的劳动。

经过一段时间的使用，针对在教学过程中发现的问题，决定对本书进行一次修订，其中比较大的变动是增加了三章网络经济学的内容，及第十四章、第十五章和第十六章，这既是反映了学科的发展和时代的要求，也为了满足学生的需要。同时删除了一部分与当前教学不太相适应的内容，对一些错误做了更正。

在教材的出版过程中，得到山东工商学院区域经济学科点李中东教授、张平副教授和教务处刘传庚教授、于永胜教授的大力支持，在此表示衷心的感谢。

编　者

2018 年 7 月

目　录

第一章　绪　论

第一节　信息经济学的产生与发展

一、国外信息经济学的产生与发展

（一）国外信息经济学的产生

信息经济是信息科学与经济学相结合的产物，它是伴随着信息技术而兴起的，信息经济的产生主要经历了以下几个阶段：

1. 马尔萨克的《信息经济学概论》标志着微观信息经济学的诞生

在经济学文献中，信息经济学（Economics of Information）起源于1959年马尔萨克的《信息经济学评论》，该文提出了研究经济学信息范畴的课题，并首次使用了“信息经济学”一词，标志着信息经济学的诞生。

马尔萨克认为，一项观察信号的后验条件分布，一般都与先验条件分布有所差别，这种概率差别正是获取信息的结果。他还认为，香农①信息论中有关事业状态的信息量难以构成一般经济学理论中信息价值的基础，在这里，信息量不过是供给价格而非需求价格的衡量尺度。1968年，马尔萨克又与日本经济学家宫泽共同创立信息系统的一般选择理论，而这也是微观信息经济学的八大基础理论之一。

2. 施蒂格勒——信息经济学诞生的另一位先驱

在1982年诺贝尔经济学奖授奖公报中，施蒂格勒被誉为“信息经济学”和“管制经济学”的创始人，以及边缘学科——“法律经济学”的先驱之一。施蒂格勒对信息经济学思想

① 克劳德·艾尔伍德·香农（Claude Elwood Shannon，1916年4月30日—2001年2月26日）是美国数学家、信息论的创始人。

的论述主要体现在他早期的三篇优秀论文中，即《信息经济学》《劳动市场的信息》（1962）和《论寡占》（1964）。传统经济理论普遍存在着消费者和厂商能够完全了解信息市场的假设，然而，施蒂格勒认为并非如此。他提出信息与其他商品一样，获得他们需要付出代价，消费者和厂商只能获得他们所必须得到的那一部分经济信息，而不是对他们有用的全部市场信息。结果，不完全信息将导致市场物价更加僵化和物质资源的错误配置。而这些又是政府干预难以奏效的市场基本特征。当市场价格呈现一定离散时，“搜索”成为可能并能从中获利。提出“搜寻”概念及其理论方法，是施蒂格勒对微观信息经济学的主要贡献。

3. 马克卢普的《美国的知识生产和分配》——开创了宏观信息经济学研究的先河

1962 年，美国经济学家弗里兹·马克卢普出版了《美国的知识生产和分配》一书，在 20 世纪 60—70 年代先后被译为法、俄、德、意、日、西班牙 6 种文字。该书刚一出版，即受到经济学界的关注。《美国经济评论》和《政治经济学杂志》等国际一流杂志纷纷载文评论。这类评论甚至一直持续到 20 世纪 80 年代。1963 年，制度学派的代表人物肯尼思·鲍尔丁在《挑战》杂志上以“知识产业”为题，对马克卢普的知识产业思想和测度结果做了介绍，并提出了一个被广泛引用的评论：“知识产业的这个概念所具有的能量，足以将传统的经济学炸到九霄云外”。

马克卢普的研究结果被美国学者广泛引用，并诱发了多部著作的产生。其中最著名的有克拉克、科尔所著的《大学的作用》（1966）。以及后期由美国商务部资助，波拉特和鲁宾共同完成的九卷本《信息经济》，包括彼德·德鲁克《间断的时代》（1969）、丹尼尔·贝尔《后工业社会的来临》（1973）、约翰·奈斯比特的《大趋势》（1983）等著作中某些思想都受到马克卢普研究结果的直接影响。

（二）国外信息经济学的发展

1. 信息经济学的初步发展阶段（1970—1978）。20 世纪 70 年代，国外信息经济学发展十分迅速，研究的广度和深度也扩展和加深了，除微观信息经济学与宏观信息经济学得到了较快发展外，还出现了有关信息社会化和社会信息化的研究。

（1）微观信息经济学的发展

1970 年，美国经济学家乔治·阿克洛夫提出的旧车市场“柠檬”理论标志着国外信息经济学进入到发展阶段。1971 年赫什雷弗提出了“信息市场”理论。1973 年斯彭斯建立了“信号”理论。1976 年格罗斯曼和施蒂格利兹提出“格罗斯曼—施蒂格利兹悖论”。20 世纪 70 年代莫里斯提出了“委托—代理人”理论。在这一时期，阿罗、莫里斯、格罗斯曼、斯蒂格利兹四位经济学家的研究特别引人注目。

① 阿罗对微观信息经济学的研究

阿罗认为信息具有两大特征：使用的不可分割性和难以独占性。正是这两点构成了信息产生的规模经济——一种非竞争经济的基础。阿罗认真考察了信息成本问题，他认为人本身是一种信息投入；信息成本，部分是资本，更典型表现是不可逆投资；信息成本在不同领域和过程中各不相同；成本与使用规模无任何关系。

② 詹姆斯·莫里斯的贡献

英国剑桥大学经济学教授詹姆斯·莫里斯对信息经济学发展的贡献有两点：一是完整地解决了最优所得税等经济激励机制问题；二是开创性的建立起“委托—代理”关系的基

础模型，奠定了“委托—代理”关系的基本模型框架。

③ 格罗斯曼对信息经济学的贡献

格罗斯曼，美国宾夕法尼亚沃顿金融学院教授。施蒂格利兹，美国斯坦福大学教授。他们在 1976 年合作发表的《信息与竞争性价格体系》使格罗斯曼荣获 1988 年克拉克奖章[①]。格罗斯曼的贡献主要有：与施蒂格利兹提出“格罗斯曼—施蒂格利兹悖论”；系统而富有成效地研究了信息在竞争过程中的重要性；对信息效率，以及异质信息与商业周期理论做了进一步阐述；提出“非对称信息理论”。

④ 施蒂格利兹的贡献

施蒂格利兹的主要贡献体现在对不完全信息条件下产品市场、资本市场和保险市场中的经济行为分析。1985 年他在《信息与经济分析：一种透视法》中，将不完全信息条件下的经济分析模型归纳为 8 个大类：信息量传递的不完全信息模型；静态或动态不完全信息模型；市场交易与经济活动的不完全信息模型；群体活动的不完全信息模型；经济行为的不完全信息模型；单方或双方的不完全信息模型；均衡、垄断和垄断性竞争市场的不完全信息模型；一般和特殊市场的不完全信息模型。他认为，各种不完全信息模型的一个中心理论就是认为市场不具备完全竞争的特征，因而在信息不完全条件下建立起来的不完全竞争模型，更能准确地说明产品市场或资本市场的运行规律。在这种模型中，价格成为产品市场或资本市场上传递信息的表现形式，也是市场供求状况的信息显示途径之一。这样，价格波动将不会使公司或卖主失去他们的全部顾客，因为总有部分顾客在不完全信息条件下进行交易行为。

（2）宏观信息经济学的发展

1976 年，日本经济学家曾田米一出版了《信息经济学》一书，比较系统地探讨了信息经济学的对象、内容、范畴和基本理论问题，提出四次产业。他认为四次产业包括信息产业、知识产业、情绪产业和伦理产业四大领域。

1977 年，美国经济学家马克·波拉特在其博士论文基础上，由美国商业部资助，出版 9 卷本《信息经济》一书。波拉特依据信息产品或服务是否进入市场交易为标准，将国家信息部门划分为一级信息部门（如信息设备生产部门和专业性信息服务部门）和二级信息部门（如政府机构或企业内为政府或企业内部服务的信息部门）。其中，一级信息部门由八类产业部门组成，他们是知识生产与发明产业、信息分配与传播产业、金融和保险等风险产业、市场调查与协调产业（如广告策划业）、信息处理与传输产业、信息产品与生产产业、邮政、教育等政府公共产业、信息设施（如教学楼）建设产业。二级信息部门的识别比一级信息部门的识别更困难，波拉特通过测度二级信息部门人员收入来计算二级信息部门在国民生产总值中的比重。波拉特的贡献体现在四个方面：一是率先提出将经济过程划分为两个基本领域的观点，一个是包含物质和能源的转换领域，另一个是包含从一个模式向另一个模式的信息转换领域；二是将信息部门划分为第一信息部门和第二信息部门，对信息经济更为准确的测度；三是首次提出社会经济部门第一产业——农业、第二产业——工业、第三产业——服务业和第四产业——信息业理论，初步确立了信息业即第四

① 美国经济学会每两年授予一位 40 岁以下被认为对经济思想和知识作出重大贡献的经济学家

产业存在的理论基础；四是应用投入产出模型分别计算两类信息部门对国民经济的贡献，建立波拉特测算体系，从而导致世界范围内的信息经济测度活动。波拉特测度体系为各国社会经济进展程度的比较研究提供了一套可重复的操作的方法，并进一步证实和加强了马克卢普理论，即美国经济活动的主流都与信息活动相联系。

（3）信息社会化和社会信息化的研究

1973 年，美国经济学家贝尔出版了《后工业社会的到来——社会预测尝试》一书，首次提出了后工业社会概念，并认为后工业社会具有五个特征：① 在经济上从以制造业为主转向以服务业为主；② 社会的领导阶层由企业转变为科学技术人员；③ 未来的技术将有计划有节制地发展，技术评价举足轻重；④ 智能技术成为制定各项政策的重要手段，理论知识的积累与传播成为革新与变革的直接力量；⑤理论知识成为社会的核心，是社会革新和决策的依据。

2. 信息经济学高速发展阶段（1979 年至今）。从 1979 年开始，国外信息经济学进入了大发展阶段，美国经济学家赫什雷佛和赖利首次将信息经济学划分为微观信息经济学和宏观信息经济学两大部分，这标志着信息经济学的学科体系已初步形成。另外，1979 年首届国际信息经济学学术研讨会召开，标志着信息经济学研究引起了世界各国重视。

（1）微观信息经济学领域

20 世纪 80 年代以来，信息经济学理论日益系统化、逻辑化，相继出版了信息经济学专著和文集。如 1981 年，美国经济学家加兰廷和莱特合著的《信息经济学》。1982 年，施蒂格勒的《信息经济学》，麦科尔主编的《不确定性与信息经济学》，麦卡尼的《法律与信息经济学》，1983 年，唐纳德·金等合编的《信息经济学精选文集》，1984 年，阿罗的《信息经济学》，该文集精选了他 1948—1981 年研究信息经济学的重要论文，是信息经济学领域的一本开拓性著作。美国信息经济学家艾伦、西托夫斯基、维里克查尔、洛克伍德等都对微观信息经济学进行了不同程度的研究。此外，日本一桥大学经济学家野口悠纪雄对微观信息经济学理论的研究和传播值得我们重视，他在 1974—1975 年期间相继发表《信息的经济理论》和《经济分析与信息》等论文，其中《信息的经济理论》一书使 20 世纪 60—70 年代微观信息经济理论得到了一次总结。另外，日本经济学家井川一宏、佐佐本宏夫、源尾京司等，英国经济学家劳森、麦康奈尔等，法国经济学家梯若尔、克里默，加拿大经济学家特维兹，德国经济学家芬施延格等，都对微观信息经济学进行了不同程度的研究。可见，微观信息经济学已成为一门具有国际影响的新兴经济学分支。

（2）宏观信息经济学领域

进入 20 世纪 80 年代以后，美国经济学家对宏观信息经济学的研究也不断深入。20 世纪 80 年代初，库珀根据马克卢普和波拉特的统计数据进行计算和分析，得出了信息经济持续增长的结论，并认为信息经济应该包括信息产品和信息服务两个领域，未来经济的增长更多地体现在信息产品领域内的增长。1981 年，鲁宾和 E. 泰勒完成《美国信息部门和国民生产总值：投入产出研究》的报告，将美国信息部门划分为知识生产与发明、信息传播与通信、风险管理、咨询与协调、信息处理、信息商品生产、政府内部的信息活动，以及信息生产的支持设备和建设，并应用波拉特范式对 1972 年美国信息经济的规模进行了初步测算。美国的乔根·谢曼特对美国信息职业和信息劳动者的行为、构成和长期发展趋势进行了较为系统的研究。哈叶斯、埃里克森和波尔科等对美国信息系统和信息服务的利用进行了广泛的调查，用柯布—道格拉斯计量经济模型研究了信息系统的最佳投资。1982年，澳大利亚的兰伯顿对西方发达国家信息经济的发展规律进行了比较分析。1983年，由阿罗主编的《信息经济学与政策》在荷兰创刊，它的出现不仅使信息经济学领域有了专门的学术刊物，而且还加速了信息经济学理论的阶段性总结趋势。1985年，匈牙利的萨博从各自的信息经济测度范畴和波拉特范式对匈牙利信息经济规模进行了测度。1986—1990年，汉斯·恩格尔布雷希特对韩国一级信息部门的发展状况，以及韩国、日本和中国台湾地区之间一级信息部门活动的异同性进行了分析。20世纪90年代初，印度的维吉·凯尔卡对印度信息经济学的测度进行了分析，南非的布恩对南非信息经济规模进行了结算，赫莱纳应用波拉特和其他相关研究成果，分析了信息政策特别是国际信息产业对发展中国家经济增长的作用。

(3) 社会经济信息化

20世纪80年代以来，国外学者对社会经济信息化的研究也得到了较快的发展。1980年，美国著名社会学家托夫勒出版了《第三次浪潮》。1982年美国著名经济学家奈斯比特出版了《大趋势——改变我们生活的十个新趋向》。1983年美国的汤姆斯·托尼尔出版了《信息财富——简论后工业经济》。同年，美国企业家保罗·霍肯在出版的《下一代经济》一书中对企业生产的产品和提供的服务所含的信息成分与物质成分的比重即“信息与物质比”作了探索性研究，他认为，企业的信息经济就是其产品“信息与物质”的比例较高的经济。这些著作的基本观点都体现了信息是人类社会经济发展不可缺少的资源，是生产力，信息社会是继农业社会、工业社会后的又一种社会形态。

二、中国信息经济学的产生与发展

中国对信息经济学的研究起步较晚，其始于国外信息经济学研究大发展背景下的20世纪80年代，经过20多年的发展，无论是理论探讨还是实践应用中国都取得了丰硕的成果。据有关资料分析，中国较为明确涉及信息经济学研究的资料是1978年的《经济资料译丛》。该刊第一期登载的1976年美国经济协会《经济文献分类法》译文中，第026类列出“不确定性与信息经济学”，这被视为中国信息经济学的历史开端。1986年，国家哲学社会科学“七五”重点科研项目安排了“经济信息合理组织及其效益问题研究”，同时国家经济信息系统“七五”科技攻关项目安排了“信息经济学及其软件系统”的研究课题，取得了重大研究成果，出版了一系列专著，推动了中国信息经济学的发展。1987年和1988年先后召开的“全国信息理论研讨会”和“全国信息经济理论研讨会”，为全国信息经济学会的成立奠定了基础。1989年8月，中国信息经济学会在北京成立，标志着中国信息经济学研究进入了一个新的阶段。中国信息经济学的发展历程可以划分为两个时期，即萌芽期和深化期。

（一）中国信息经济学发展的萌芽期（1978—1989年）

这一时期是中国信息经济学的奠基时期，有关学者和专家针对信息经济学领域的问题，开展了各种学术交流活动，并逐步构建起了中国信息经济学的整体框架。在学术会议方面最具代表性的有：1986 年 12 月，在北京召开了首届中国信息化学术研讨会，会议的主题是信息经济学的有关课题研究，这使信息经济学的内容首次被正式列入中国学术会议主题之中。1988 年在山东烟台首次召开了以信息经济学命名的学术研讨会。之后，中国社会科学院数量经济与技术经济研究所等单位承担了有关信息经济学方面的重大研究课题，并取得了重大研究成果。同时，一些高等院校也逐步开设了信息经济学课程，如 1985 年武汉大学情报科学系首次开设了完整的情报经济学课程，并出现了较为系统的教材，这些都极大地丰富了中国信息经济学的研究，有力地推动了中国信息经济学的发展。

这一时期，中国信息经济学研究主要呈现出三个主要特征：

1. 逐步引进、翻译和吸收了国外发达国家的信息经济学的研究成果，并进行了一些学术交流。如翻译了阿罗的《信息经济学》论文集、波拉特的《信息社会》、霍肯的《下一代经济》、斯托尼尔的《信息财富》等。同时，还邀请了国外经济学家来华讲学。

2. 在借鉴、吸收国外发达国家信息经济学理论和方法的同时，组织中国相关专家学者结合中国实际，初步展开了具有中国特色的信息经济学研究。如 1986 年，国家科学技术委员会依照波拉特的研究方法对中国 1982 年的信息经济规模进行了分析研究，并形成了一份很有价值的研究报告。其后，各省、市结合地方实际也相继开展了类似的研究。这些研究为制定相应的经济政策和信息政策，保证中国信息经济的快速发展提供了依据和对策。

3. 中国信息经济学在宏观和微观领域分别处于较快发展和缓慢发展的不平衡状态。这是因为，20 世纪 80 年代以来，经济体制改革和科技体制改革对中国原有的信息需求、利用、生产和服务格局产生了极大的冲击，中国情报学界抓住这一改革的契机，在宏观信息经济学的理论研究与实践建设方面取得了不少进展。而微观信息经济学则将研究的重点放在了对马克思经济学的重新认识和本土化上，忽略了发达国家在微观信息经济学领域的研究前沿，因而，进展比较缓慢。

（二）中国信息经济学发展的深化期（1989 年至今）

1989 年 8 月 8 日，中国信息经济学会在北京正式成立，并举行了第二届信息经济学学术研讨会，就信息经济的组成与分类，研究对象、内容、范围与任务，信息产业问题，信息商品化问题，信息经济效益测定标准问题等进行了探讨；也对建立具有中国特色的信息经济学提出了有价值的建议。这次会议和中国信息经济学会的成立标志着中国信息经济学研究进入了一个更高层次的深化发展阶段。

这一阶段主要是围绕有关信息经济学的重要理论课题和中国社会经济信息化进程中出现的重大课题举办一系列学术会议，进行专题研究。如由暨南大学承担的“中国信息产业化发展战略研究”；吉林大学承担的“信息商品市场运行机制与管理模式研究”“信息经济学理论与应用研究”“信息市场环境分析与评价理论与方法研究”等。同时，中国信息学会也组织了一批高等院校讲授信息经济学的教师，推动了国内高校信息经济的发展。1996 年起，武汉大学信息管理学院也开始招收信息经济学研究方向的硕士、博士研究生。此外，信息经济学，尤其是微观信息经济学还成为部分院校经济学专业本科生的学习内容和研究生的研究内容。

深化发展时期的中国信息经济学研究有三个主要特征：

1. 在继续翻译引进国外成果的同时，国内成果较萌芽时期数量大为增加，质量大为提高。宏观信息经济学领域的国内著作主要有乌家培的《经济信息与信息经济》（1991）和《经济、信息、信息化》（1996）、张守一的《信息经济学》、余建的《信息产业经济学论观》（1993）、高洁的《信息产业管理》（1995）、马费成的《信息经济学》（1979）、娄策群的《信息经济学通论》（1997）等，后两本或多或少地穿插进一点微观信息经济学的内容。微观信息经济学领域的国内著作主要有张远的《信息与信息经济学的基本问题》（1992）、黄亚均的《信息：市场经济的幽灵》（1993）、谢康的《微观信息经济学》（1995）、张维迎的《博弈论与信息经济学》（1996），尤其是张维迎的著作堪称当前中国微观信息经济研究的最高水准。而陈禹的《信息经济学教程》（1998），谢康的《信息经济学原理》（1998）和靖继鹏的《信息经济学》（1995）、《应用信息经济学》（2002），则是横贯微观与宏观整个信息经济学研究领域的国内成果。

此外，国内最新编写的和直接翻译国外的经济学教材也都有以微观信息经济学为主题的部分章节，这些经济学成果有黄亚均于1995年、周惠中于1997年出版的，以及中国人民大学1997年组织翻译出版的斯蒂格利茨和曼斯菲尔德等人分别编著的《微观经济学》。除教材外，为数不少的微观信息经济学经典著作也经翻译引入国内。其中有由商务印书馆出版的斯蒂格勒等人的著作，和由张维迎翻译引进的1996年诺贝尔经济学奖得主詹姆士·英里斯的有关著作等。这些都极大地丰富了中国信息经济学的教学与研究工作，推动了它的发展。

2. 20世纪80年代中国微观信息经济学研究缓慢的发展局面到90年代已有了很大的改观，越来越被理论学界所重视，总体发展较快较好，已开始形成理论突破和连续稳定的研究论题，1995年诺贝尔经济学奖授予了三位研究与微观信息经济学有关的博弈论的学者，1996年诺贝尔经济学奖又授予了两位信息经济学家：英国剑桥大学的詹姆·莫里斯和美国哥伦比亚大学的威廉·维克里，这已表明微观信息经济学逐渐融入了西方主流经济学，成为经济学最具发展前途的领域。随着中国社会主义市场经济建设的深入，微观信息经济学研究成果在完善市场机制和国有企业改革中的广泛应用，可以预计微观信息经济学必将成为21世纪中国信息经济学研究的热点和重点。

3. 信息经济学在实践中的应用更加广泛和深入，尤其表现在如上所提到的利用西方信息经济学部分现有理论研究中国当前的现实经济问题。这方面的著作有张春霖的《企业组织与市场体制》（1991）、樊纲的《市场机制与经济效率》（1992）、翟林瑜的《从代理理论看国有企业改革的方向》（1995）以及张维迎的《企业理论与国有企业改革》（2000）等。有关成果除上述著作外，还包括大量的论文，这些研究均为当前中国经济体制改革做出了贡献。

第二节 信息经济学的研究对象与研究内容

一、信息经济学的研究对象

学科的研究对象是指人们进行科学认识的客体，是一门学科赖以建立概念体系、形成一系列基本原理和规律、构建学科体系的基础，也是决定某一学科能否成为一门相对独立的学科的主要标志。关于信息经济学的研究对象，学术界至今尚无定论。

国外关于信息经济学的研究存在两条完全不同的思路。一些科学家将信息经济学称为“下一代经济学”，他们认为，西方发达国家已经从工业社会进入信息社会，信息经济学应该取代现有的经济学。另有一些科学家认为信息经济学是产业经济学。这种观点把信息经济作为国民经济中的一个部门来对待，使之与农业经济、工业经济、商业经济相对应。

国内对信息经济学的研究对象也主要有两种观点。一种观点认为信息经济学研究的对象是不对称信息。这种观点来自于20世纪70年代西方经济学在不对称信息领域研究的新进展以及博弈论在其中的应用。这种观点否定了传统经济学的基本假定，力图在不对称信息的条件下重新构建西方经济学的框架，用以代替传统的新古典经济学。20世纪90年代，张维迎教授等将国外这种思想引入国内。他们对信息经济学的定义就是非对称信息博弈论在经济学中的应用，甚至把信息经济学称为不对称信息条件下的经济学，基本上是现代西方微观经济学的一个分支，这种观点的引入对中国有积极的意义。另一种观点来源于西方宏观信息经济学，并且加入了信息学、信息管理学等学科的内容。这种观点传入中国是在20世纪80年代，当时中国产生的信息经济学带有明显的边缘性，其研究范围和领域很难清晰地划定。从大多数持这种观点的学者对于信息经济学研究对象的认识来看，可以大致分为三类：① 从经济学角度研究信息和信息活动，具体研究对象是信息要素、信息产品、信息商品、信息活动、信息工作和信息产业。② 从信息科学的角度研究经济和经济活动，具体研究对象包括信息对经济活动、经济行为、经济系统、经济过程等的作用。③ 信息经济学是研究与信息活动有关的经济问题以及与经济活动有关的信息问题，这种观点是上述两种观点的综合。马费城在《信息经济学》一书中认为，信息经济学是把信息和信息活动当作普遍存在的社会经济现象来加以研究的学科，其研究对象包括信息活动的经济机制和经济规律，信息商品的生产、分配、流通、消费全过程有关的社会关系和经济关系，影响信息活动和信息系统经济效益的自然因素和社会因素，信息作为生产要素的特征、功能以及对经济系统的作用条件和作用规律，不完全信息和不对称信息条件下经济活动及经济行为的特征和规律。乌家培、谢康在《信息经济学》一书中认为，信息经济学是信息的经济研究、信息经济的研究和信息与经济间关系的研究三大部分之和。

上述学者对信息经济学的研究对象由于侧重点不同，其观点也不同，有的甚至是完全不同的说法，综合起来，主要有以下几种观点：

第一，研究完全信息和不完全信息状态下的经济学问题，主要表现有委托—代理人理论、逆向选择与道德风险、信息供给与信息市场等问题；

第二，把信息当作一种要素来考察，探索其在生产、交换和消费过程中反映出来的各种经济关系及客观规律；

第三，把信息作为一种特殊商品来研究，探讨其各种经济关系，如信息商品的成本、价值、价格，信息系统的经济效益等问题；

第四，研究信息产业的各种经济问题及其发展规律，如信息产业的结构、组织和布局，信息产业的投入产出分析等各种经济问题；

第五，研究信息经济的测度和信息资源的配置、开发等问题和规律性；

第六，研究信息对人类经济行为的作用机制和作用规律。

因此，我们可以认为，信息经济学是研究信息经济的基本理论、运行机制、运作方法和发展规律的一门学科。

二、信息经济学的研究内容

信息经济学研究的主要内容是随着信息经济学的研究实践的发展而逐步形成的。目前主要有以下 3 种比较典型的观点。

娄策群认为信息经济学的研究内容包括信息经济学的基本理论问题、信息经济化、经济信息化的理论问题、信息资源研究、信息商品研究、信息市场研究及信息产业研究。

马费成在他的著作《信息经济学》中指出，信息经济学的研究内容应该包含 4 个方面：信息与信息活动的经济研究、信息产业与信息经济研究、经济活动的信息因素研究、经济学与信息科学的理论方法相互交叉和融合的研究。其中，信息与信息活动的经济研究包括：信息商品与信息市场、信息与信息活动的经济条件、信息资源的开发、管理分配与利用、信息经济效益评价。信息产业与信息经济研究包括：信息产业、信息经济的结构与规模，信息经济与信息产业的发展战略与条件。经济活动的信息因素研究包括：信息对经济活动和经济行为的作用与影响，经济活动中的信息要素问题。经济学与信息科学的理论方法相互交叉和融合的研究包括：信息科学原理融入经济学的问题，信息—经济新方法体系的建立。

乌家培认为信息经济学主要由以下 3 个方面的内容组成：① 信息的经济研究，包括信息的费用与效用问题、信息资源的分配与管理问题、信息系统或信息网络的经济评价问题、最优信息系统的实现问题；② 信息经济的研究，包括信息产业的形成、发展及其规律性问题、信息市场及其相关问题、信息经济的含义、测量与发展规律等问题、信息基础设施的建设和经营中的经济问题以及国民经济信息化的有关问题；③ 信息（或信息学）与经济（或经济学）间关系的研究，包括信息的非对称性对经济主体行为的影响问题以及信息在稀缺资源配置中的作用问题、信息技术的经济评价与对经济发展的作用问题以及信息学与经济学的相互交叉和结合问题。

尽管关于信息经济学研究的主要内容说法不同，但是我们从中不难看出，这种不同只是由于出发角度的不同以及看待问题的层面不同而已。或从宏观角度出发，或从微观角度具体出发，但是不论是哪种划分，信息经济学研究的内容是十分广泛的。我们认为信息经济学研究的内容主要包括以下几个方面：

（一）信息经济学的基本理论问题研究

信息经济学的基本理论问题关系到本学科的研究和发展，如果没有从理论上弄清什么是信息经济学，信息经济学应围绕什么来进行，以及进行哪些方面的研究，应该怎样进行研究，信息经济学在现代科学体系上处于什么地位，就难以全面系统地研究信息经济学，就会分散研究力量，降低研究效率，进而影响到信息经济学的发展。因此，研究信息经济学的基本理论问题尤其重要。这方面的研究主要是探讨信息经济学的产生与发展、信息经济学的研究对象、研究内容、研究方法、理论体系等。

（二）经济信息的一般原理研究

弄清信息经济学的基本原理是对信息经济学进行深入研究和使内容体系紧密联系的必要基础。因此，研究信息经济学的基本原理问题非常重要。这方面的研究主要包括完全信息与不完全信息原理、公共信息与私人信息原理、对称信息与不对称信息原理、信息公共物品原理以及信息商品原理。

（三）博弈论与非对称信息理论研究

博弈论与非对称信息理论是西方经济学界发展比较快的领域，也是西方信息经济学的核心内容。这部分博弈论主要探讨完全信息静态博弈、完全信息动态博弈、不完全信息的静态博弈、不完全信息的动态博弈。非对称信息理论主要探讨甄别理论、自选择理论、委托—代理理论、搜寻理论等。

（四）信息及其在资源配置中作用的研究

在信息经济时代，信息是国家发展的重要战略资源，认识信息资源的特征、结构、功能与作用是充分开发和有效利用信息资源，更好地发展信息经济的理论条件。这方面的研究主要是认识信息的结构及其作用，价格信息在资源配置中的功能与作用规律，信息资源宏观配置的依据、目标、原则、层次、方式与效率以及信息资源配置的机制与模式、信息资源配置的效益与评价等。

（五）信息商品研究

信息成为商品，是人类社会商品经济发展到一定历史阶段的产物和必然趋势，它是一个基本的经济范畴。这方面内容主要探讨信息商品的需求与供给以及供需均衡、信息商品的消费过程与消费收益、信息商品的成本与价格、信息商品的定价策略与定价方法等。

（六）信息化及其水平测算研究

信息化是信息经济社会的主要特点，所以有必要探讨信息化的有关问题。这方面的研究主要是探讨信息化的含义、特征、意义等有关问题，企业信息化及其水平测算的方法，国民经济信息化及其评价等。

（七）信息系统的经济分析研究

信息系统是信息资源的组织形式，它能带来巨大的经济效益和社会效益。信息系统产生的间接效益往往大于直接效益，因此，我们应该坚持最小的成本建立最大效益的信息系统原则。这部分的研究主要有信息系统的成本测算、信息系统的经济效益及其评价以及信息系统的价格与定价策略。

（八）信息技术与信息产业的研究

信息技术是信息产业的核心技术，信息技术产业化即信息产业是信息经济的主要标志，是国民经济的重要组成部分，是信息经济学的核心内容。这方面的研究主要是明确信息技术的概念与分类体系，探讨信息技术及其经济增长的关系，信息产业的构成与特征，信息产业的演化历程、规律及其特征，信息产业的发展趋势等。

（九）信息经济测度理论及方法研究

这部分的研究主要是马克卢普和波拉特的两大信息经济测度理论以及马克卢普测度法、波拉特测度法、厄斯的经济—信息活动相关分析方法以及国内吉林大学靖继鹏提出的综合信息产业力度法。

（十）信息经济的新发展研究

目前，信息经济学的研究领域、研究内容以及学科体系都还没有完全成形，因此，信息经济学是一个动态体系，随着研究内容的深入，信息经济学的体系也会不断地完善。这部分研究主要包括近年来信息经济学的新发展：电子商务与网络经济。

第三节 信息经济学的理论体系及方法论基础

一、信息经济学的理论体系

任何一门学科都会通过理论思维形成一定数量的概念、范畴、原理、定律，然后根据学科对象的内在联系，把这些知识单元加以整理、排列、组织，使其理论化、系统化，从而形成学科理论体系。可见，学科理论体系的形成是围绕研究对象对研究内容进行研究而达到一定程度的结果，是一个学科发展并走向成熟的标志。学科理论体系还会随着实践的发展变化和理论研究的扩展与深化不断完善。

信息经济学自诞生之日起，一些学者就其研究内容进行了研究和探讨，做出了不懈的努力，已形成了一定数量的知识单元。但由于信息经济学的发展历程较短，目前，其学科理论体系尚未定型。

马费成等在《信息经济学》一书中认为，可从不同角度来讨论信息经济学的学科理论结构和分支学科的划分，如按学科范围可划分为理论信息经济学和应用信息经济学两个范畴；按学科层次可划分为宏观信息经济学和微观信息经济学两个层次；按学科对象可划分为信息市场学、信息部门经济学、信息系统经济学、信息工程经济学、信息技术经济学、信息资源经济学、信息管理经济学等；按学科的内容和领域可划分为通信经济学、软件经济学、科学经济学、教育经济学、情报经济学等。

张守一主编的《信息经济学》一书中认为，信息经济学由地区信息经济学、行业信息经济学和信息运行经济学三大部分组成，其中，行业信息经济学包括政府经济学、科技经济学、通信经济学、教育经济学、软件经济学、文献经济学等。

靖继鹏教授在《信息经济学》一书中认为，信息经济学由不完全信息经济学、信息转换经济学（信息处理经济学、信息系统经济学、普通经济学）、信息的经济研究、信息经济的研究、信息经济的社会性五个分支内容组成。

乌家培教授在《信息经济学》一书中按信息经济学的研究性质，将其分为理论信息经济学和应用信息经济学；按信息经济学研究的范围，将其分为微观信息经济学和宏观信息经济学。并认为，理论信息经济学主要研究信息及其特征对经济主体的行为与相互关系的影响，旨在借助信息以减少或消除不确定性因素带来的影响；应用信息经济学主要研究信息产品、信息市场以及信息化等方面的经济问题；微观信息经济学主要研究市场信息对经济行为的影响及其后果；宏观信息经济学主要研究国家的和世界的信息产业、信息贸易等经济问题。理论信息经济学与微观信息经济学之间，应用信息经济学与宏观信息经济学之间，互有交叉，既有相互重合的部分又有不重合的部分。

陈禹教授在《信息经济学》一书中认为，信息经济学是由狭义信息经济学和广义信息经济学组成的学科群。狭义信息经济学包括传统经济学中的微观信息经济学、宏观信息经济学和信息产业经济学。广义信息经济学包括狭义信息经济学和纯信息部门（产业）经济学分支群、信息技术部门（产业）经济学分支群、广义信息生产与分配部门（产业）经济学分支群。

桂学文教授在《信息经济学》一书中认为，信息经济学学科理论体系是一个复杂的层次结构，就其门类而言，信息经济学由普通信息经济学和专门信息经济学两大门类组成，每一门类又是由不同层次的分支组成的知识群体。按照研究的内容不同，普通经济学又可分为微观信息经济学和宏观信息经济学。微观信息经济学主要研究信息在经济活动过程中的作用规律，着眼于探讨经济活动中信息运用及其后果，对商品的价格信息和质量信息以及信息的成本、价格、效用等有较多的分析。专门信息经济学是将普通经济学，尤其是宏观信息经济学的成果应用于专门的信息经济领域，对某些专门的信息经济活动进行研究而形成的分支。主要包括地区信息经济学和部门经济学。

综合上述理论界对信息经济学科理论体系的不同划分，同时考虑到信息经济学能与传统经济学很好地衔接，我们认为，信息经济学的理论体系主要有两种。

（一）信息经济学的“二分法”

它将信息经济学分为微观信息经济学和宏观信息经济学两个部分。微观信息经济学按照市场不确定性原理，将产生行为的不确定性和政府行为的不确定性等问题放到一起来分析；宏观信息经济学则由信息产业经济学和信息社会的各种经济理论组成，以信息技术的不确定性为基础，分析信息技术的各种经济影响和福利效果。按照这一思路构建信息经济学的理论框架，可以清晰地看出信息经济学的学科交叉性。在微观部分强调经济活动中的信息不对称和不完全性，使得价格的搜寻需要付出成本，买卖双方的私人信息会影响决策，个体有限理性。价格不再是唯一的市场调节手段，运用契约理论或机制设计理论的激励约束手段与机制不可或缺。而宏观部分能够较好地体现信息产业对信息时代经济发展的重要作用与地位。

（二）信息经济学的“三分法”

从现代西方经济学的传统框架出发，将信息经济学划分为 3 个部分：微观信息经济学、中观信息经济学和宏观信息经济学。微观信息经济学主要以个别市场主体为基本分析单位，考证信息市场均衡、劳动市场供给、消费者行为以及市场机制等一系列微观经济问题的影响，重点分析信息资源配置和微观信息市场的效率问题。中观信息经济学，即产业信息经济学，着眼于对信息产业的分析，主要包括信息技术产业化、信息产业基础与结构、信息产业国际化、信息资源与经济增长等方面的内容。宏观信息经济学则从国家和世界经济的层面出发，论证信息对总供给和总需求的影响，研究信息与财政政策、金融制度之间的关系，探讨信息在宏观经济政策制定中的作用，国际信息经济与本国信息经济的关系等。按照 3 个层面的划分，使得信息经济学与传统经济学的研究体系保持一致和良好衔接，能够清楚地勾勒出微观信息经济学与宏观信息经济学之间的界限，合理安排其理论体系与内容，且能够较好地构造信息产业经济学的体系。这样，微观信息经济学与宏观信息经济学的结合构成了理论信息经济学，中观信息经济学则构成了应用信息经济学。因此信息经济学又称为西方信息经济学、理论信息经济学、信息产业经济学和信息工业经济学。

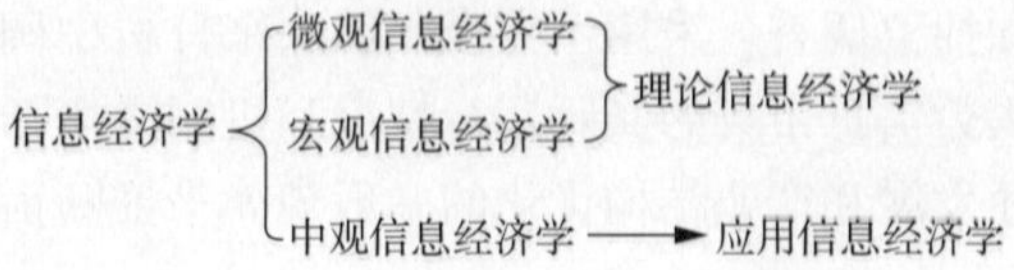

图 1-1　信息经济学理论体系结构

二、信息经济学的方法论

任何一门学科，都有着对象需要的研究方法，它是解决理论问题与实践问题的工具，研究方法体系的确立是一个学科发展成熟的重要标志。对于信息经济学而言，目前还没有形成自身独特的研究方法，主要还是运用普遍适用的一般方法和借鉴其他相关学科的研究方法。目前，信息经济学主要有以下几种研究方法。

（一）系统方法

信息是由不同层次的因素组成的一个庞大而复杂的系统，所囊括的因素具有明确的整体性、分属性和相关性，并以不同的功能在运动中发挥着作用。因此，信息绝不是几个要素的简单的罗列和数量上之和，而是内容丰富、结构严密、相互制约，不断运动着的一个整体。这种方法是指把对象放在系统的形式中加以考察的方法，就是从系统的观点出发，着重从整体与部分之间以及整体与外部环境的相互联系、相互作用、相互制约的关系中综合地、精确地考察对象，以达到最佳的处理问题的一种信息方法，具有整体性、综合性、最佳化的特点。

（二）信息方法

信息方法是指运用信息的观点，把系统看作借助于信息的获取、传递、加工、处理而实现其有目的性运动的一种研究方法，这种方法的显著特点是以信息概念为基础，撇开对象的具体运动状态，把系统自身有系统、有目的的运动抽象为一种信息变换。

（三）反馈方法

反馈方法是指运用反馈概念去分析和处理对象的运行过程，不断消除对象运行中对目标的偏离，保证实现既定目标，反馈方法的实质是用系统活动的结果来调整未来的行为。

（四）定性研究方法

定性研究法是科学研究中最一般、最常用的方法，也称科学抽象法。信息经济学中常用的定性研究方法主要有归纳与演绎、分析与综合、类比与比较等。

归纳与演绎属于推理，即根据原有的知识推出新的知识的思维形式。归纳是从特殊事实中概况出一般原理的推理形式和思维的方法，这种方法可以从个别的、单一的事物的性质和关系中概括出一类事物的性质、特点和关系，由不太深刻的一般到深入的一般，由范围小的类别到范围更大的类别。归纳法有完全归纳和不完全归纳法、简单枚举回归法和科学归纳法之分。演绎是从一般到特殊，是根据一类事物都有的一般属性、关系、本质来推断该事物中的个别事物所有的属性、关系和本质的推理和思维方法。在信息经济学研究中，可以通过典型调查和抽象调查，采用不完全归纳法来分析中国信息市场、信息产业的现状和存在的问题，由少数信息市场的实际运行情况和机制来概括出信息市场运行的一般规律；用演绎方法由产业发展和产业结构优化的一般规律来推断信息产业发展和信息产业结构优化的规律。

分析就是把整体分解为部分，把复杂的事物分解为简单要素加以研究的一种思维方法。综合则是与分析法相悖的一种研究方法，即把研究对象的各个部分、各个方面和各个因素综合联系起来的一种思维方法。在信息经济学研究中，可以采用这种方法将种类繁多的信息商品、结构复杂的信息产业、开发难度大且工序多的信息资源开发过程加以分解，再对各个部分，各个环节进行深入细致的研究，以揭示它们之间内在的本质的联系。然后在此基础上，将同一研究对象的各个方面、各个要素、各个环节的本质有机地联系起来，形成对信息商品、信息产业和信息资源开发的整体认识。

类比就是根据两个或两类对象的相同、相似方面来推断它们在其他方面也相同或相似的一种研究方法。比较则是对两个或两个以上相似或具有可比性的事物进行对比，从而更全面和深入认识事物的特征和个性的一种研究方法。在信息经济学研究中，可以按照这种方法将信息商品与物质商品进行类比和比较研究，通过类比来发现信息商品的基本属性、信息商品生产经营的一般规律，通过比较来揭示信息商品与物质商品的不同之处，以便更好地掌握信息商品的特点和生产经营的特殊规律。也可以通过不同国家、不同地区、不同部门信息活动的横向比较或同一国家、同一地区、同一部门不同时期信息经济活动的纵向比较，掌握不同范围、不同时期信息经济发展的特征，并从中总结出信息经济活动的规律。

（五）定量研究方法

定量研究方法是指，搜集可用数量表示的资料或信息，并对数据进行量化处理、检验和分析，从而获得有意义的结论或数学模型的一种科学研究方法。定量的意思就是说以数字化符号为基础去测量。确定事物某方面量的规定性的科学研究，它是科学研究的重要步骤和方法之一。它通过对研究对象的特征按某种标准作量的比较来测定对象特征数值，或求出某些因素间的量的变化规律。由于其目的是对事物及其运动的量的属性做出回答，故称定量研究。在信息经济学研究中，信息不对称理论中的对策分析；计算信息商品的成本、价值和确定信息商品的价格；评价和计算信息系统的成本—效益、功能—费用；信息经济的测度计算；信息产业的投入产出分析；描述和测算信息产业与信息经济的规模与结构；对信息经济的发展进行科学规划和管理等都需要大量运用数学方法。但是在进行定量研究时往往存在各种各样的困难，由于信息系统不同于质能系统，信息也不同于物质和能量，信息和信息活动带有极大的不确定性和模糊性，所以在信息经济学研究中，除了采用处理确定性问题的微积分、线性代数等数学方法外，还应采用处理不确定性问题的概率统计、模糊数学、灰色系统理论等方法。对信息经济现象和过程进行定量分析，可以使信息经济学研究水平提高到一个新的高度，使信息经济学的理论更加科学化。

在平时的应用中，我们通常是将定性分析与定量分析结合起来使用，运用定性分析得出结论，可以指导定量分析；反过来，运用定量分析得出的数量指标，也可以为定性分析提供基础和进一步的证明，确保各信息要素既要在质上相应，又要在量上成比例。

思考题

1. 信息经济学的研究对象和基本理论问题有哪些？
2. 简要介绍一下信息经济学领域的诺贝尔经济学奖获得者及其主要经济学贡献。
3. 简要评述一下微观信息经济学和宏观信息经济学以及你对它们的理解。
4. 信息经济学的主要理论和应用价值有哪些？

第二章　经济信息的基本形式及一般原理

第一节　信息及其基本特征

在传统古典经济学的研究范畴内，通常认为市场信息是完全的，最优决策是唯一存在的。但是在现实世界里，情况却完全不同，我们所接触到的市场信息通常是不完全、不对称与不确定的，获取相关信息而产生的结论不具有确定性，更难以实现其决策的唯一性。

维纳尔指出："信息既不是物质，又不是能量，信息就是信息本身。"信息同时作为客观世界各种事物变化和特征的具体反映，其形式是客观世界中各种事物运动的状态和方式的具体表征。信息的特性可以归纳为以下几个方面：

（一）信息具有普遍性

世界是物质的，物质是不断运动的，运动做为物质的根本属性和存在方式决定了信息的存在带有普遍性。在客观世界里，社会各个层次都存在信息的滞留和交换，因而在整个自然界演化和人类社会活动的过程中，都存在信息的产生和交流。

（二）信息具有客观性

信息的存在是客观的，不以人的意志为转移，这是由于物质及其运动是客观存在的。这不仅表现在人类及各种生物自始至终在利用自然界无穷无尽的信息资源，并且还表现在信息的客观性始终以物质的客观存在为前提条件。主观信息同时是客观内容的映射，以客观信息如初识信息、环境信息等为元素，并接受客观实践检验。

（三）信息具有无限性

信息与其本源物质以及运动形式一样是无限的。虽然信息的获取受人类的认识能力等主客观因素的限制，但其存在是无限的。

（四）信息具有动态性

信息的运动属性是由物质的运动属性决定的，客观世界的发展，推动了人们认识世界的能力不断提升，随着时间的推移，人们认识的信息和数量呈动态变化。

（五）信息具有可测度性

信息具有可度量性质，尽管信息的计量较为复杂，但随着人们的知识积累，不断出现更为先进，更为科学的计量方法，使得信息的测量难度大大降低。

（六）信息具有传递性

信息必须凭借特定载体进行传递，才能有效服务于人类，体现出其价值，否则毫无意义。信息在时间上的传递就是存储，在空间上的传递就是信息的传播。

现代微观经济学从信息角度来对经济行为产生的后果进行分析研究。经济环境中存在的事件，大多均在不完全信息状态下完成。信息的不完全性是由信息的无限性决定的，任何客观事物的运动状态和方式方法的认知都无法实现面面俱到。这种不完全性受制于人类自身的认知能力的局限性、信息的绝对滞后性和掌握信息所花费的时间与成本。

但是即使这样，以研究具有完全信息的经济事件，将其作为了解和分析不完全信息条件下经济事件的基础，具有极为重要的作用。

而形成完整的理论逻辑体系，必须首先对完全信息，及以完全信息为隐含条件的经济理论有充分的理解和认识。

第二节　完全信息与不完全信息

所谓完全信息，即市场参与人员对某种经济环境状态的全部信息与知识。现实经济中，没有人能够掌握各个不同经济环境状态的全部知识，

新古典经济学理论中谈及的瓦尔拉斯一般均衡理论（Wales General Equilibrium）隐含着对完全信息的假定，即消费者在每个时间点上都了解市场上各个商品的全部可能价格，以及自身的偏好、存货，并能够在每个个体的环境变量（偏好和资本量）和市场价格基础上计算出需求。同样，厂商也知道生产要素、价格与投入产出之间的各种配置组合情况。这样，消费者和生产者之间在任何时间点上都能了解市场各种商品的供求状态，形成市场均衡价格。

瓦尔拉斯描述的是一个静态的理想经济世界，其中具有完全信息的信息体系被每个市场参与者免费使用，同时市场的拍卖者将根据市场供求状况提出多组市场价格。由于拍卖者与市场的实际参与者均掌握完全信息，市场价格将灵活地反映出市场的供需状况，市场价格将位于均衡位置。

瓦尔拉斯一般均衡模型是以环境状态中存在完全信息为条件建立起来的，而能容纳瓦尔拉斯一般均衡体系隐含的完全信息条件的市场体系，则被称为完全市场。微观经济学“完全竞争”假设包含有“纯粹竞争”和“完全市场”两个具体假设命题。其中纯粹竞争意味着产品同质、厂商与消费者可以自由进入与退出市场。而完全市场则指市场参与者对

于产品的价格和质量都具有完全信息，市场参与者在任何时点和地点均能轻易拥有希望获取的有益信息。

然而，完全信息经济所假设的环境状态和经济条件与现实经济状态所提供的条件相距甚远，这种差异性导致了完全信息经济理论分析在真实世界的分析中存在缺陷。显然对不完全信息经济的研究要比单纯研究完全信息经济更具有实用性，市场均衡理论分析必须在不完全信息条件下予以修正。真实世界里，信息传输与吸收反馈都需要花费成本，同时市场通信系统的局限性与市场参与者对市场参与产生的市场噪声都严重影响市场信息的有效交流与传输。其结果导致价格体系不能有效及时传递到每个需要接受市场信息的参与者手中，而市场参与者也因为无法获得有关市场的有效信息而造成经济行为的偏差与市场供需状况扭曲，最终导致市场机制失灵。

第三节　公共信息与私人信息

市场信息还可以分为公共信息与私人信息。公共信息是指所有市场参与者都能够自由获得的信息。在竞争激烈的寡头垄断中，经济主体对市场知识的需求特别迫切。他们在客观上假定其他竞争者的行为是合理的，即假定所有的市场参与者都具备公共的市场知识。这种共同的市场知识即公共信息。

市场信息的另外一种重要形式是私人信息，指个别市场参与者所拥有的具有独占性质的市场信息。私人信息与公共信息没有严格的界限，私人信息也可以因为时机转换而转变为公共信息，反之亦然。当然，一旦市场参与者所掌握的私人信息要多于其他市场参与者所掌握的公共信息，该市场参与者就具有信息优势，从而有助于形成竞争优势，一旦占有的私人信息量小于公共信息量，该市场参与者就处于信息劣势。

公共信息使市场参与者成为市场活动中以自我利益为中心的价格受支配者；而私人信息则推动市场参与者成为以自我利益为中心的价格支配者。在这组互相矛盾的信息交流中，社会稀缺资源得到不同效率的配置。

所有市场参与者的信息集合中可以被这些参与者自由获取的信息构成公共信息，而私人信息则是市场参与者可单独获取的信息形式。公共信息是市场运行的基础，而私人信息是市场存在的基础。公共信息与私人信息对于市场交易而言均是必不可少的。

第四节　对称信息与不对称信息

对称信息是指在某种互相对应的经济人关系中，对应的双方均掌握有双方所具备的信息，也就是说双方都了解彼此所具有的知识和所处的环境。在现实生活中存在对称信息的例子比比皆是，如在商品市场上，买者了解卖者所掌握的相关商品信息，卖者也掌握买主具有的知识和消费偏好等信息。非对称信息是指在相互对应的经济人之间不作对称分布的有关某些事件的知识或概率分布。非对称信息也是广泛存在，主要原因来自：① 社会分工越来越细。对每一项专业技术而言，专家与普通人所掌握的信息与知识有较大差距。专业化使个人在其自身的专业领域比其他专业领域的个人了解更多的专业知识，而其他专业的个人则平均地比该专业的个人了解更少，从而导致专业性的信息劣势和信息优势的存在。② 私人信息的存在。人们交往的局限性、私人情感问题、消费偏好等因素都导致人们有机会隐蔽个人信息。

非对称信息理论（Asymmetric Information）是英国剑桥大学经济学家詹姆斯·莫里斯和美国哥伦比亚大学经济学家威廉·维克瑞提出的重要理论，用以解释非对称信息对证券交易市场的影响。在此后的 30 年，非对称信息理论在经济活动中的作用日益增大，形成了现代微观经济学的重要研究分支。为表彰两人的卓越成就，1996 年的诺贝尔经济学奖授予了这两位经济学家。

对称信息是一种极端形式的市场，对于这种极端形式的市场的认知，将为我们更好地了解在现实经济生活中普遍存在的非对称市场的实质和效用。非对称信息是构成非对称市场的主导力量。在市场发育初期，市场内部已经存在不完善的发展因素，这种不完善的因素主要表现在市场参与者掌握信息的不完善与非对称性。

就一般产品市场而言，市场上存在着不同品种、类别、质量的产品，而这些产品的具体特点和价格存在差异。如人们能够有效地对这些产品进行分级分类，并按照一定的标准化方法统一产品价格，从而形成完整而详尽的市场分类表，交易双方可以按照这张市场分类表进行交易，则意味着市场参与者处于完全信息状态下，市场信息同时也在买卖双方之间实现对称分布，但是这种理想状态需要参与者花费大量精力与时间来编制市场表，很难真正实现。因此，产品市场通常会因为参与者掌握信息的不对称而形成市场的不对称性。

不仅如此，买卖双方之间对产品质量信息观察的非对称性，买主之间对同一产品质量和价格信息掌握程度的非对称性，卖主之间对市场需求信息观察的非对称性，以及买主之间与卖主之间对市场需求或供给状况、产品质量、价格与非价格因素观察的概率组合的非对称性，都是非对称性市场存在的主要原因。买卖双方之间存在的信息差别，以及由此产生的为规避不对称信息导致交易受损而形成的讨价还价或其他策略性行为，构成非对称性市场的主要行为特征。

阿克洛夫（1970）从信息不对称的角度分析了二手车市场上的市场失败。在旧车市场上，旧车的质量有好有坏，而这些旧车的质量究竟如何只有卖者自己最清楚，买主从外表或一般检测很难确定某一辆待购车辆的质量如何。假设某人想把自己的用车卖掉，潜在的买主虽然不了解具体某一辆车的质量，但他可以根据各种渠道了解该旧车市场的平均质量，那么他的理性选择就是按照平均质量出价买车。这意味着那些质量高于平均质量的旧车价格被低估，而那些低于平均质量的旧车价格被高估。那些拥有高质量旧车的车主不愿意将其旧车以平均质量的价格出售，从而将高质量的旧车撤出市场。由于高质量旧车的撤出，使真正进入市场交易的旧车平均质量下降，买主经过一段时间的滞后，逐渐察觉这一点，因而这部分买主会理性地降低出价，这一行为又进一步压缩了好车在旧车市场上的生存空间，促进较高质量的旧车被卖主撤出市场，从而使旧车市场的平均价格进一步降低。如果市场缺乏有效解决不对称信息的方法，那么旧车市场的规模将会逐渐缩小直至最终无法维系。

由此可知信息不对称将会导致市场失灵。市场参与者的销售决策、消费决策等经济决策的正确与否取决于信息的对称性，如果市场参与者的信息不对称，决策者就会做出错误的决策，经济资源的配置就无法达到最优。

第五节　信息公共物品原理

一、公共产品性质

私人产品是指那些具有竞争性和排他性，能够通过市场交易来达到资源优化配置的产品；而公共产品是指那些具有非竞争性与非排他性，不依赖于市场交易实现有效配置的产品。

竞争性是指消费者之间是否具有竞争关系。私人产品均具有竞争性，而公共产品具有非竞争性，他人的使用并不会影响自己的使用，他人使用的量的多寡也不会影响自己的使用量。对于任一给定产出公共品的水平，额外增加一个人的消费，也不会引起生产成本的增加，即消费人数的增加所引起的边际成本趋于 0。

排他性是指消费者之间具有排他关系。私人品具有排他性，如果不支付一种产品的价格，就不能使用。公共品具有非排他性，不论是否支付这种产品的价格，均可以使用。

根据非竞争性与非排他性程度，公共品可以进一步细分为纯公共品、准公共品、公共资源。

1. 纯公共品

既有非竞争性，又有非排他性的物品，被称作纯公共品（Pure Public Goods）。典型的公共产品包括国防、环保、基础研究等。

2. 准公共品

具有有限的非竞争性或有限的非排他性的公共产品，称为准公共品（Quasi-public Goods）。例如，医疗、交通、教育、文化娱乐等，不付费就不能享受相应的服务，可以做到排他性。在消费额满额以前，增加消费者不会增加成本，并不具有竞争性；但在消费者满额以后，却具有竞争性。

判断一个产品是否是公共产品，可以根据以下步骤完成检验。具体检验步骤如图 2-1 所示。

3. 公共资源

指满足以下两个条件的自然资源：一是这些资源不为哪一个个人或企业组织所拥有。二是社会成员可以自由地利用这些资源。这两个条件决定公共资源具备了“竞争性”的特点，但同时却不具备“排他性”的特征。

二、信息公共品与市场失灵

在信息产品市场上，出现信息的发布方与接收方，或者信息接收方之间总是存在着信息获取渠道的差异、信息获取量存在差异的现象，从而造成“市场失灵”的现象比比皆是。而作为公共品存在的信息产品，其非竞争性意味着获取信息边际成本为 0，信息免费获取；而信息公共产品的非排他性则意味着对信息获取收费十分困难，免费“搭便车”行为难以杜绝。因此信息成为公共产品的成本难以获得补偿，这使得公共信息产品难以通过私人提供。

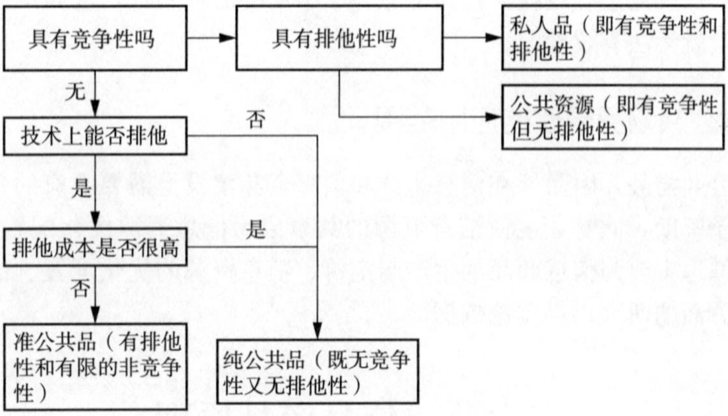

图 2-1　公共品的识别

假定社会对农业种植信息的实际消费者仅有两人，D_A 和 D_B 分别为这两个消费者对该农技信息的实际需求曲线。

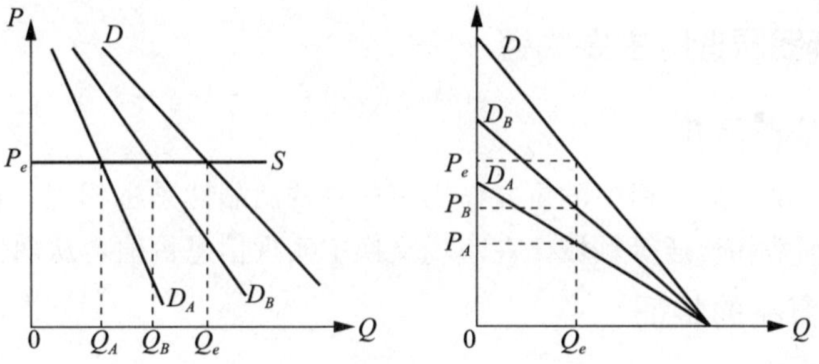

(a) 私人信息产品　　(b) 公共信息产品

图 2-2

图 2-2（a）表示，如果该农技信息是私人提供，将消费者 A 与消费者 B 的需求曲线在水平加总，因此可以得到市场需求曲线 D。假定市场供给曲线相当于价格水平曲线 $P=S$，那么，需求曲线 D 与市场供给曲线 S 交点所决定的均衡数量为 Q_e。

图 2-2（b）表示，如果该农技信息为公共产品，则需要将消费者 A 与 B 的需求曲线在垂直方向加总，形成市场的需求曲线 D。之所以要垂直加总，是因为公共品具有非排他性和非竞争性，消费者无偿使用的都是同样数量的共同信息。不同消费者对各自需要的公共信息愿意支付的价格加总，形成公共信息产品的最终价格。在公共信息产品的供给量为 Q_e 的情况下，消费者 A 与消费者 B 愿意支付的价格分别为 P_A 与 P_B，而愿意消费的总价格为 P_e。

公共信息产品的供给的理想状况在现实世界里难以有效实现，其原因主要归结为：(1) 消费者对其消费的公共信息产品难以确定自己对公共信息消费的需求价格；(2) 同时，即使消费者都能对其消费的公共信息产品的偏好程度都有所掌控，但为了获得更多的公共信息用以自身效用的提高，而更愿意隐瞒自身对公共信息的偏好，企图通过“免费搭车”来获利，这样就无法有效获得公共信息整个市场的需求函数，从而最佳的公共信息产品的最优供给量就无法有效确定。

三、信息公共物品原理的应用范围

信息属于公共物品，因而，在信息生产和信息资源建设上需要政府的介入，并需要政府在预算上给予资助，同时，也使信息资源的共享成为信息资源优化配置的目标。因此，信息公共物品原理主要为信息商品的生产与定价、信息资源的优化配置、信息技术和信息产业的发展等方面的研究提供理论依据。

第六节　信息商品原理

信息是商品，而且是一种特殊的商品，其与一般的物质商品相比较具有不同的经济特性，信息的这种经济规律称为信息商品原理。

一、信息商品原理的主要内容

(一) 信息的商品化

信息在社会经济发展过程中的重要作用与信息的商品性紧密相连。信息已经作为一种商品进入生产、消费和流通等领域。在市场交换中实现信息价值，从而创造财富。

(二) 信息商品的特征

1. 知识性

在信息的产生上，它是一种创造性的劳动，智力劳动的比例占绝大部分。因此作为商品的信息是一种知识性、科技性、专业性很强的劳动产品。在它的生产过程中，以科学技术成果等知识为原料，由智力型的劳动者加工处理而成。其实质表现为动态性的知识形态。

2. 高风险性

信息商品的生产是一次性的，因此生产具有很大的风险性，必须承担远远高于传统物质商品的成本，一旦第一份信息生产出来后，大部分成本变成了沉没成本，不可将花费掉的资源再拿回来，这一特点决定了信息产业很多部门是自然垄断的。

3. 独创性

某种信息商品生产出来后，就会受到知识产权的保护，任何信息机构就不可能再开发相同内容的信息商品，也就是信息商品开发是一次性、非重复性的。

4. 共享性

相同的一种信息商品可以为同一人或不同的人共同使用，或重复多次使用，可以多次地、大量地复制使用，而其获得的效用既不会被分割，也不会被削弱。这使得信息消费与信息价值无关，信息在多次传播中其价格可能会越来越低于价值。

5. 保存性和时效性

时间的推移与信息的重复使用都不会使信息的内容有所损耗。这样在信息的生产中，注重的是信息的内容而不是形式。另外随着科技的发展和人民知识水平的提高，某一特定的信息商品会逐渐丧失作用，表现为价值下降或失去价值。即信息商品具有时效性。

（三）信息商品的特性

1. 边际成本低廉性

信息商品的边际成本极为低廉，几乎可以无成本地复制，拷贝数量不受自然能力的限制。其使用过程中并不消耗自身，其传递不受时空限制，从而其在交易市场和消费市场表现为多元性和隐蔽性。

2. 信息商品交易的特殊性

对于一般的产品当市场交易完成后，所有权即发生转移，在一般情况下，卖方对买卖不再承担责任，只对少数产品保留一定的维修期。而信息产品则不同。由于信息产品多以数据、专利、流程、程序、资料、咨询等软件的形式出现，是知识产品，因而在信息产品被出售后，卖出方并没有失去所有权，至少在一定的时间和空间范围内没有失去。知识和信息可以被共享，可以多次出售、转让，从而扩大了事业范围，产生出更多的经济和社会效益。

3. 使用价值获得的间接性

获得物质产品的使用价值是直接的，消费者可以对其直接使用，并获得产品的使用价值和效用。但是，对于众多的信息产品的使用价值，购买者在买到后还不能直接地实现其使用价值。信息产品的使用受到使用者自身的条件、素质制约，其使用价值的体现是间接的，具有很大的弹性，相同的信息在不同的人手中将产生不同的效用。此外，信息的使用是一种综合分析、增进才智的过程，不是拿来就用，需要一定的学习比较过程和相当的时间才能见效。如消息型信息要经过分析比较才能使用，知识型信息要经过学习才能掌握。

4. 信息产品价值的不确定性

信息产品的生产也受到生产者条件和素质的限制，同一信息产品，有的人要经过长期艰苦的劳动才能获得或创造出来，有的人却可以轻而易举完成。因此，对于信息产品不能像对物质产品那样，单从消耗的劳动量来判断其价值的高低。从消费者的角度看，由于信息的使用范围非常广泛，不同的单位和个人使用后，效果会有很大的差异。即使是同一个人，在不同的时间或不同的情况下使用，其使用价值也会有很大的不同。所以无论是从生产者的角度，还是从消费者的角度来看，信息产品的价值都具有很大的不确定性，无法用一个统一的尺度来衡量。

二、影响信息商品定价的因素

信息商品价格是信息商品价值的货币表现。信息商品价格是在一定的经济条件下产生的，价格一直是用户选择的主要因素。在中国由于信息市场和信息产业的发展还不成熟，信息商品的价格机制和价格政策、价格策略也相对欠完善。和许多物质商品一样，信息商品的价格受到来自各个方面因素的影响。同时，由于信息商品不同于一般物质商品的性质，影响信息商品价格的因素又有着一些独特的地方。它们是造成信息商品的价格在一定范围内波动的重要原因。在信息商品价格波动的范围内，各种影响因素又共同作用，“激活”或制约着信息商品的市场价格。

信息商品作为一种特殊的知识性商品，具有许多不同于一般知识性商品和物态商品的特点，信息商品的定价是由信息商品本身不同于一般物质商品的属性决定的。

1. 信息商品使用价值的时效性

信息商品的使用价值会随着时间的变化而变化，这就是其使用价值的时效性。信息商品的时效性比较强，存在着生命周期，处于成长期或成熟期的信息商品往往能带来较高的经济效益，其价格自然偏高。而在生命周期中处于饱和期和淘汰期的信息商品，通过其得到的经济效益较低，其价格也会随之慢慢降低。

2. 信息商品生产的风险性与难度性

风险性与价格成正比这一规律对于开发信息商品和普通产品同样适用。即生产者所承担的风险越大，生产产品的难度越大，产品的最终价格就越高，反之则低。开发信息产品有比开发普通产品更大的风险性与难度性。信息商品生产，特别是创造式生产的风险性是很大的。创造式信息产品生产过程可能会出现两种情况：一种情况是，由于其生产产品性能目标往往不能确定，有可能使该产品的生产投入量大于产出量，产品的功能没有得到突破，产品生产失败。另一种情况是，经过科研人员的努力，产品的性能取得重大突破，产品的价值和信息量有很大的提高。这时产品的价格一般远远高于生产成本。可见，在信息商品创造式生产中，信息产品价值的最终实现是不确定的，这必然会给信息生产者带来巨大风险，势必会对信息商品的整体价格水平产生很大影响。

3. 信息商品的效用

信息商品的效用具有滞后性、不确定性，属于后验产品。信息商品价格会受到该产品效用的影响，在一定程度上，效用的大小也是信息产品价格的一个重要因素。由于不同类型信息产品所具有的效用的可替代性是不同的，对于不同的信息产品的价格受到效用的影响程度是不一样的。诸如用看电视替代读报纸之类的精神消遣，具有效用的可替代性，因而价格受到效用的影响程度较小。

4. 信息商品价格在形成过程中的不确定性

因为信息产品生产具有不同程度的探索性，这种探索性所表现出来的价值量是难以用明确的计算公式加以计算的。另外，信息产品所沿用的每一条信息，每一份信息资料，并不一定对信息用户都能产生效用，而对于定型的信息产品，也难以评价其所能产生的经济效益和社会效益，从而决定其价格水平。

5. 信息产品垄断性的影响

由于信息产品生产具有唯一性、独创性及非重复性，并存在知识产权保护的法律，形成了信息产品价格的垄断性，许多信息生产都会经历由竞争到垄断的发展过程。当信息用户能从多种不同渠道获得同一内在属性的信息商品时，说明该信息的垄断性不好，此时，该信息商品的价格就会下跌；而当信息用户仅能从有限的渠道获得具有某一内在属性的、用户所急需的信息商品时，此时价格上升，通常会形成垄断价格。

6. 信息商品生产成本对价格的影响

信息商品的生产必然耗费一定量的成本，而信息生产者必然将生产总成本通过价格转移给买方，显然，成本越高，价格也就越高，信息产品的成本决定其价格。

三、信息商品原理的应用范围

信息是商品，信息商品与一般的物质商品具有不同的经济特性。信息商品在消费过程中，不同的消费者，由于其价值取向和收入水平不同，因而对信息商品的需求出现较大的差异；不同的消费者，在信息商品的较漫长的消费过程中，信息商品使用价值的转移量不相同，从而形成了信息商品的消费差异。消费者对信息商品的需求与消费差异是信息商品市场细分的标准，是确定信息商品价格的基础，是制定营销策略的依据。由此可见，信息商品原理主要为信息商品的供需与消费、信息商品的生产与定价、信息商品市场管理等方面的研究提供理论依据。

思考题

1. 信息的基本概念与发展规律。
2. 举例说明不完全信息对市场交易的影响。
3. 如何克服信息公共产品交易过程中“搭便车”的现象？
4. 什么是信息商品，如何界定信息商品？

第三章　经济学新范式

第一节　对市场机制作用的新观点

一、一般均衡与帕累托最优

如果要分析市场机制的优缺点，就必须先搞清楚一般均衡和帕累托最优的概念。

在经济学中，一般均衡指经济处于整体均衡状态，即此时所有的商品和要素市场都同时处于均衡。作为一种分析方法，一般均衡考虑各种市场和价格的相互作用，是相对于局部均衡而言的，一般均衡认为各种市场上所有商品的价格、供给和需求都是相互影响、相互制约的，考察各种商品的价格、供给和需求同时达到均衡状态时价格与产量的决定，追求福利最大化。

当经济处于一般均衡状态时，表现为以下三个方面：① 各种产品市场同时均衡。由于各种产品之间存在替代关系或互补关系，这种相互影响不断传递，产品市场同时达到均衡。② 各种要素市场的同时均衡。由于各种生产要素之间也存在着替代或互补影响，要素市场同时达到均衡。③ 产品市场与要素市场的同时均衡。各种产品和生产要素之间又存在着相互影响的关系。一般均衡就是产品市场与要素市场同时达到均衡。竞争的一般均衡要求价格、工资和资本收益使所有市场，包括商品市场、劳动市场、资本市场和其他生产要素市场同时出清。

帕累托（1848—1923）是意大利经济学家，新福利经济学的代表人物。帕累托最优状态是指资源在某种配置下，不可能通过重新组合生产和分配增加一个人或多个人的福利而不使其他人的福利减少，帕累托最优状态就是福利最大化状态。一般而言，当经济学家谈到市场效率时，它们指的是帕累托效率，有效率的市场不可能为用相同水平的投入品生产更多的产品留有余地，这种情况下，一个人境况获得改善的唯一办法是从另外一个人那里取得资源，从而使这个人的境况恶化。

在微观经济学中我们知道，瓦尔拉斯证明了一般均衡价格体系的存在性，而且我们知道瓦尔拉斯一般均衡体系是经济的一种帕累托最优状态。微观经济学的建立是以一定假设条件为前提的：第一，理性人的假设；第二，完全信息的假设，指市场上每一个从事经济活动的个体都对有关情况具有完全知识。

瓦尔拉斯一般均衡体系发生在静态的理想经济世界里，具有完备信息的信息体系被每个市场参与者无偿免费使用，而每个市场参与者也都具有有限信息需求，并且，市场将出现一位拍卖人，他根据市场供求状况提出多组市场价格。由于拍卖人和市场参与者都具有完全信息，所以，市场价格将灵敏地反映市场供求变化，而供求也能服从价格指导进行合理调节，这样，经过拍卖人所谓“错了再试”的不断调试，价格将最终处于均衡位置。当然，这个均衡价格在某些时候有可能会发生轻微波动，但价格体系在总体上完全承担管理市场供求和指导市场出清的责任。

所以，瓦尔拉斯一般均衡体系的信息结构是完全信息假设，即消费者在每个时点上都了解市场上各种商品的价格、存货以及他自己的消费偏好，并能够计算出在每个人的环境状态（偏好和资本）和市场价格基础上超额需求。同时，厂商也知道生产要素、价格与投入产出之间各种形式的可能组合配置。这样，消费者与生产厂商之间在任何时点都能了解市场各种商品的供求状态，于是，出现市场均衡价格。

瓦尔拉斯一般均衡体系能够实现所依赖的完全信息假设中的信息是这样一种信息：它像空气那样，是市场参与者不需要支付任何费用就能够免费获得的自由财产。所以，完全市场中的信息不可能成为商品，当然也没有市场价格，同时，信息在市场参与者之中不受任何形式阻滞而广泛及时地传播，使每个市场参加者都能同时接收到同样信息。显然，在完全信息经济中，卖主不能以高于市场均衡价格出售商品，而买主也不能以低于市场均衡价格购得商品，因为完全市场中同质商品的单一价格（均衡价格）完全支配着市场的全部交易。

瓦尔拉斯一般均衡体系是以环境状态中存在完全信息，以及经济代理人具有完全信息需求为条件建立起来的。在微观信息经济学中，信息需求概念具有特殊意义，完全信息需求是经济代理人在经济活动中所表现出来的一种心理和理想的信息需求，这种信息需求在本质上是难以实现的。所以，即便从信息需求角度来看，瓦尔拉斯一般均衡体系也是一个极为典型的理想化均衡模型。

二、完全信息经济的局限

完全竞争是完全信息经济中的概念，微观经济学“完全竞争”假设包含有“纯粹竞争”和“完全市场”两个具体假设命题。纯粹竞争意味着产品同质一致，厂商和消费者数量不受控制，且能够自由地进出市场。完全市场则指市场参加者对于环境（产品价格和质量）具有完全信息，市场参加者在任何时间和地点都能拥有任何希望获得的信息。

如上所述，经济学中讲的完全竞争市场具备如下特征：首先，生产者是价格的接受者；其次，企业进出行业完全自由；再次，所有企业生产完全相同的产品；最后，企业和消费者都具有市场的完全信息。

完全信息经济将信息看作非经济竞争要素，因而有：第一，市场是有效率的，认为竞争均衡能够使经济达到帕累托最优状态。第二，单一价格法则成立，市场同质商品的供求，价格的同质一致性。第三，供求法则成立，通过纯粹竞争保证市场价格处于均衡位置而达到市场出清。

然而，在信息不完全的情况下，需要重新审视上述结论。

1. 对于完全竞争市场的评述

完全竞争是建立在一系列理想环境状态下的竞争经济模式，这种模型并不适合存在许多扰动变量的现实经济环境。特别是当经济环境中存在不利选择或道德风险等信息问题时，完全竞争模型中将难以存在竞争均衡。不利选择和道德风险对于市场竞争影响，对于完全竞争假设几乎是灾难性的。

完全竞争将信息看作是一项非竞争经济要素，事实上，信息（含技术）竞争恰恰是现代企业竞争的核心内容之一。由于完全竞争将完全信息假设作为自身理论的一根中心支柱，因此，当这根中心支柱被不完全信息理论观念所替代时，完全竞争理论受到质疑。

2. 对于有关市场效率的评述

亚当·斯密认为，市场在信息传递方面是有效和成功的，价格体系包含市场参与者所需要的全部信息，并能将这些信息完全显示出来。完全信息经济理论认为竞争均衡能够达到帕累托效率。

在信息传递、信息利用与信息成本费用相联系时，在信息具有成本条件下，亚当·斯密看不见的手变成一只时常瘫痪的手。此时，政府的经济干预将会改善市场参加者的境况。因此，当经济体制普遍存在不利选择和道德风险等信息问题时，人们难以相信完全信息经济能够达到帕累托效率。

3. 关于供需法则和单一价格的评述

由于完全信息经济均衡的特点在于市场出清和单一价格，可这并不是竞争性均衡的特点。

在现实经济中，由于市场供求法则以各个将自我利益最大化作为活动目的市场参与者行为为基础，因此，市场供求法则不可能通过纯粹竞争保证市场价格处于均衡位置，市场参与者也不可能在任何时点上都能准确预测市场供求波动及其发展趋势。

对具有不利选择的竞争性均衡分析，特别是对于保险市场中有关保险量的购买行为和教育水平等变量传递信息的讨论，严重地否定了单一价格法则的核心内容。对市场同质商品的价格离散的分析，也否定了单一价格法则的基本原则。市场价格的离散，不利选择和道德风险等市场信息问题，既是对完全信息经济的否定现象，也是不完全信息经济合理性的直接证据。

第二节　对旧汽车市场的研究

美国经济学家阿克洛夫[①]对市场的不对称信息研究具有里程碑意义。他引入信息经济

---

① 乔治·阿克洛夫，1940 年生于美国的纽黑文，1966 年获美国麻省理工学院博士头衔，现为美国加利福尼亚州大学伯克利分校经济学教授，2001 年诺贝尔经济学奖得主。

学研究中的一个著名模型是“柠檬市场”。“柠檬”一词在美国俚语中表示“次品”或“不中用的东西”。主要用来描述当产品的卖方对产品质量比买方有更多的信息时，低质量产品将会驱逐高质量商品，从而使市场上的产品质量持续下降的情形。

一、柠檬市场原理

在一个旧汽车市场里，旧汽车中高质量与低质量的汽车各占一定比例。假设：卖主和买主对即将用于交易的旧汽车质量信息的知晓程度是不同的，前者信息充分，后者只能凭经验或有限知识作大致的判断。在介绍具体模型之前，我们先把旧汽车市场的交易过程做一简单分析。

（1）旧汽车的质量不同，则买主愿意出的价格也不同。如果买主认为一辆旧汽车只有六成新，从而买主只可能在六成新的基础上出价。在这个价格水平上什么样的卖主才可能出售他们的旧汽车呢？显然高于六成新的车主是不愿意出售的，即高质量的卖主将不愿意出售其产品。

（2）因此，当买主以六成新的判断出价时，只有六成新以下的旧汽车会达成交易，而六成新以上的质量较高的旧汽车则被排斥在交易市场之外，于是市场上充斥的是六成新以下的劣质旧汽车。

（3）这样的交易对买主显然是不公平的，买主拿到车后就会发现车贱价高的事实，当然，他不能选择退货，买主唯一可能的做法是，修正自己原来对旧汽车的预期，比如由六成新评价降至四成新。

（4）在下轮交易中，买主仅在四成新的评价水平上出价，当然，买主只可能买到四成新以下的旧汽车。由于第一轮交易后的旧汽车市场充斥的是六成新以下的旧汽车，所以，五成新至六成新的旧汽车将不能完全交易而退出市场。这样，在第二轮交易后，市场上仅存的是四成新以下的旧汽车。

（5）接下来是买主再次调整市场预期后进入市场，质量高于买主预期的旧汽车再次退出市场，如此循环，旧汽车市场不断萎缩。

（6）劣车驱逐良车，旧汽车市场成为萧条的市场。

导致以上结果的原因是买主和卖主之间存在非对称信息，买主可能知道市场上有一些靠得住的卖主，他们出于这样或那样的原因想换新车。但是，也有一些想要处理次品车的人混杂其中，所以买主无法区分次品车和好车，这种情况下，买主与其承担风险，还不如干脆不买。

二、基本模型

1. 问题描述和假设

假设存在这样一个二手车市场，有 100 人希望出售他们的旧汽车，同时又有 100 人想买旧汽车，买主和卖主都了解这些旧汽车中高质量与低质量的汽车各占 50%。并且，拥有高质量和低质量旧汽车的卖主的预期售价分别为 2 000 美元和 1 000 美元，高质量和低质量旧汽车的潜在买主的预期支付价格分别为 2 400 美元和 1 200 美元。

2. 信息对称时的情形

如果信息对称且充分，买主不难确定旧汽车质量、该市场不存在什么问题。低质量旧汽车按1 000美元～1 200美元的某个价格出售，高质量旧汽车按2 000美元～2 400美元的某个价格交易。

3. 买卖双方的策略

买方策略：

由于信息在买卖双方之间不对称，买主不能掌握某辆旧汽车的具体质量，在这种情况下，买主不得不对每辆旧汽车的平均质量进行推测。因为假定旧汽车属于高质量或低质量的概率相等，典型的买主将以预期值购买这辆旧汽车。即愿意支付$1/2\times1\ 200+1/2\times2\ 400=1\ 800$美元购买旧汽车。

卖方策略：

拥有低质量旧汽车的卖主当然愿意以该价格出售他们的商品，而拥有高质量旧汽车的卖主则不愿意以此价格出售旧汽车，他们出售旧汽车的最低预期价格为2 000美元。结果，买主希望以平均质量购买旧汽车，而这个平均质量的预期价格一般低于高质量旧汽车的最低预期售价，故总会有部分高质量汽车卖主不能忍受该交易价格而将其旧汽车撤出市场。

4. 重复博弈

假定最高质量的旧汽车被撤出市场后，旧汽车市场上高质量与低质量旧汽车比例变为2∶3。买主也会感觉到旧汽车市场质量分布的变化，他们的预期价格将降低，将不会再以1 800美元作为预期价格，而是以$3/5\times1\ 200+2/5\times2\ 400=1\ 680$美元。结果，又会有部分次高质量的旧汽车撤出市场。这一过程不断发生，如图3-1所示。

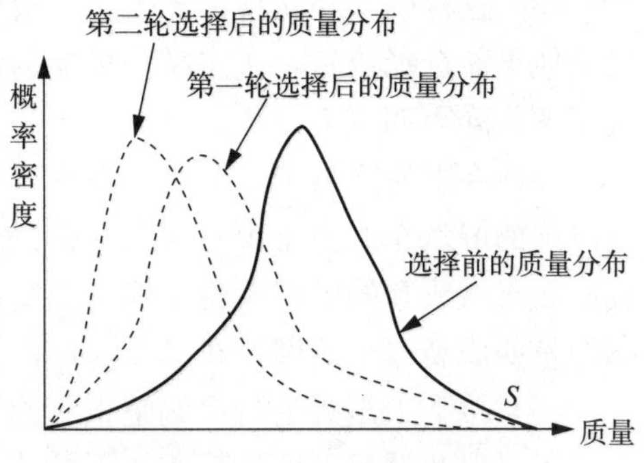

图3-1　旧汽车市场的质量变化

最后，如果买主确信他们将只能购买到低质量的旧汽车，那么，他们将不愿意再以原有市场的平均质量的预期值购买旧汽车。因此，该市场的均衡价格必然在1 000～1 200美元。在该价格范畴内，只有低质量的旧汽车出售，而没有高质量的旧汽车交易。结果，低质量旧汽车将高质量旧汽车排挤出交易市场。

5. 信息不对称时旧汽车市场需求的动态变化

S_H和S_L分别代表高质量和低质量旧汽车的供给，D_H和D_L分别为高质量和低质量旧汽车的需求。在可以卖出好价钱和可以买到高质量旧汽车的期望下，S_H和D_H分别高于S_L和D_L。由于现实经济中信息分布的非对称性，旧汽车卖主对产品质量的了解高于买主。如果买主原先认为买到高质量旧汽车的可能性为50%，即买主预期旧汽车的质量为平均质量，将使图3-2中高质量旧汽车市场的需求线向左移动到D_M，但低质量旧汽车市场的需求线将向右边移动到D_M，结果，高质量旧汽车的交易量减少为25辆，低质量旧汽车交易量增加到75辆。市场上低质量旧汽车的比例高达

75%，高于买主的预期。

据此，买主将预期进一步修正为在旧汽车市场中购买到高质量旧汽车的可能性为25%，即旧汽车的质量为中下等。结果，图 3-2 高质量和低质量旧汽车市场的需求曲线均移动到 D_{LM}。低质量的旧汽车需求曲线也向左移动是因为当市场的价格降低到一定程度，价格传递了市场中汽车质量的信息，由于买方观察到市场中汽车质量持续下降最终退出市场，导致低质量汽车的需求也减少。但这时市场出售的高质量旧汽车依然低于买方的预期，造成市场需求曲线继续向左边移动，直到市场上仅仅保留低质量旧汽车为止。结果，市场出清时仅仅有低质量旧汽车在市场上。

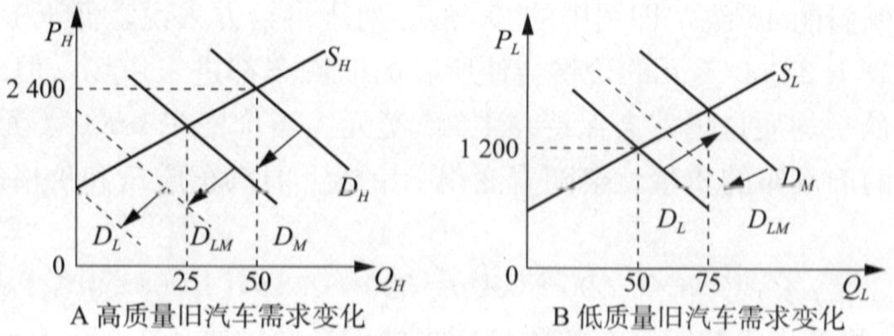

图 3-2　旧汽车市场的需求动态变化

6. 结果是低质量旧汽车将高质量旧汽车排挤出交易市场

不完全信息对上述过程中旧汽车市场均衡的影响可由图 3-3 表示，旧汽车的平均质量随着价格的上升而提高，图 3-3 表示由于买主了解到旧汽车价格越低，其质量就越低，即所谓“便宜没好货”，因此，当旧汽车价格下降时，购买量反而会相应地减少，故旧汽车需求曲线将会向后弯曲。这表明旧汽车市场需求不仅依赖于价格，而且依赖于质量。另外，供给曲线由于价格上升使愿意出售的旧汽车数量得到增加而将照常向上倾斜，E_0 为市场均衡点。

7. 结论

（1）在非对称信息市场中，商品质量依赖于价格，是为“便宜没好货”的经济学解释；

（2）非对称信息导致市场上买主和卖主的数量要比完全信息结构下少得多，甚至非常少，因而交易市场的运行是低效率的；

（3）在非对称信息市场中，不利选择可能导致市场失灵。

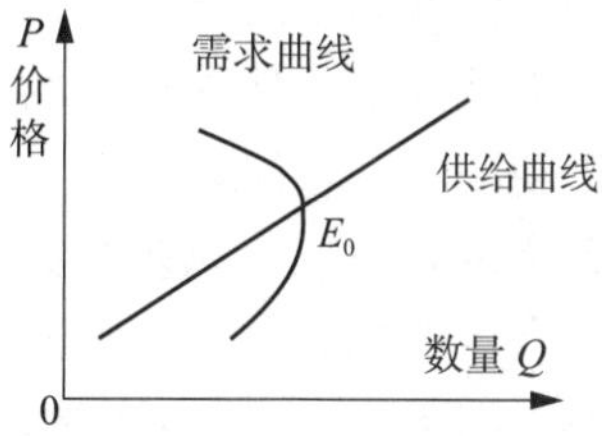

图 3-3　不完全信息下旧汽车市场的需求曲线

三、进一步的分析

1. 连续的质量类型

在前面的分析中，我们假设旧汽车的质量只有两种类型，现实中拿到旧汽车市场中的汽车是各种各样的，质量也是各不相同的，当旧汽车的数量巨大时，我们假设旧汽车的质量是连续分布的应当是合理的。

还是以前面的例子说明问题，假设旧汽车市场的质量分布从 1 000 美元到 2 000 美元连续分布，对于需求方来讲，他所能出的最高价格等于旧汽车的平均质量，他的需求曲线是一条向右上方倾斜的 45°线，即图中的 *OC* 线。对于供给方来说，低于 1 000 美元的价格是无法接受的，高于 2 000 美元的价格会使所有的旧汽车都进入市场，但此时无论价格提得多么高旧汽车的平均质量仍然会保持在 1 500 美元。当价格在 1 000 美元到 2 000 美元变化时，进入市场的旧汽车的质量就会随着变化。市场上旧汽车质量和价格的关系可以描述如下所示：

$$E[\mu \mid p]=0.5\times 1\,000+0.5p=500+0.5p,\ 1\,000\leqslant p\leqslant 2\,000$$

给定价格 p，愿意出售的旧汽车的质量应当处于最低的质量 1 000 美元和价格 p 之间，在此价格范围内供给曲线如图 3-4 中线段 *AB* 所示。我们看到，图 3-4 中供给曲线和需求曲线只在 *A* 点相交，市场上汽车的均衡价格为 1 000 美元，只有质量最差的汽车进入市场。

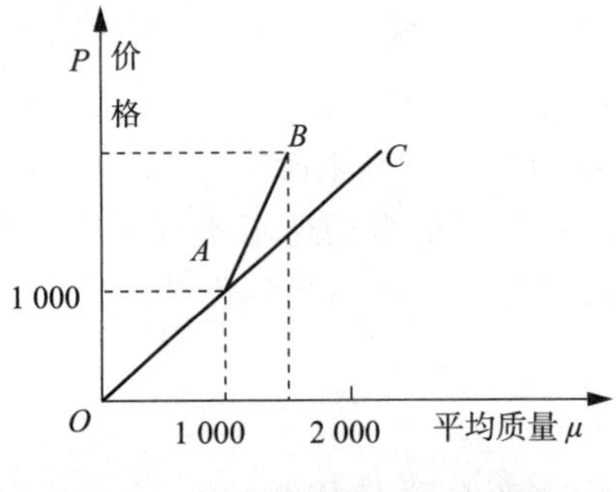

图 3-4　旧汽车市场：完全失灵

2. 买方评价不同

上面我们讨论的问题是假设买方对于旧汽车的质量完全不了解，我们把双方对旧汽车价值的评估直接表示为旧汽车的质量 μ，这说明买卖双方对于旧汽车质量的评价是相同的。例如，当今国内汽车消费正处于快速增长时期，很多人都购买了小汽车。由于新车型更新换代很快，而且销售厂家不断降低成本，使得汽车的价格不断走低，所以，很多人刚买了车没多久，就想换新车。由于使用时间很短，这些二手车质量都相当不错，可是对于那些不太会判断汽车性能的消费者来说，他们宁愿多花钱买新车，因为他们对二手车的质量评价不高。可是对于那些对汽车有专业知识的人则不同了，由于二手车的价格便宜，购买二手车有时会获得很高的性价比，所以这些买主通常对于旧汽车的质量评价要大于前者。这样，这些买主的需求曲线如图 3-5 中的 *OC* 就会向纵轴旋转，与供给曲线 *AB* 相交于 *E* 点，显然 *E* 点的平均质量大于 1 000 美元，也就是市场的均衡价要高于 1 000 美元，有一部分较低质量的旧汽车会实现交易。显然，最高质量的旧汽车是无法达成交易的，因为对于最高质量的旧汽车，市场无法辨认，只有卖主了解。

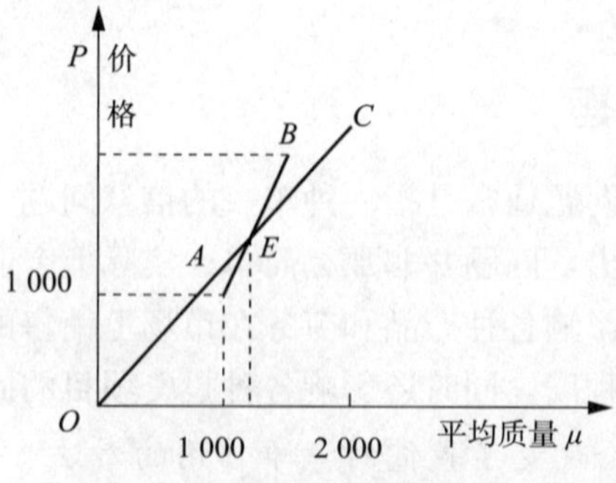

图 3-5 旧汽车市场：部分失灵

3. 卖方评价不同

对于一辆旧汽车，不同的卖家可能会有不同的评价，那些已经买了新车并且家中车位紧张的卖主急于将旧汽车处理掉，可能对旧汽车的评价较低。对于那些会过日子的人来说，特别是爱车一族，很可能对旧汽车已经产生了感情，不肯轻易卖掉，这些卖主对于旧汽车的评价可能会比较高。对于后者而言，他们的供给曲线就会变得比较陡峭，如图 3-6 中 AB 所示，与需求曲线相交于 E 点，显然 E 点对应的平均质量大于 1 000 美元，市场价格也高于 1 000 美元，会有一部分低质量的汽车成交。看来，考虑买卖双方的差异性能使我们得到更为接近现实的结果。

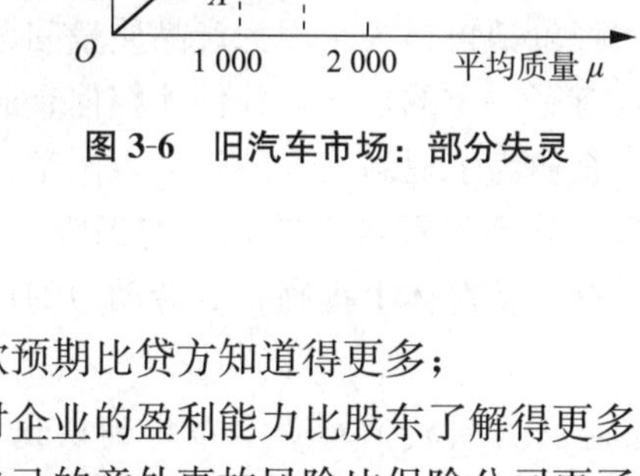

图 3-6 旧汽车市场：部分失灵

四、其他例子

（1）借方对自己的还款预期比贷方知道得更多；

（2）经营者和董事会对企业的盈利能力比股东了解得更多；

（3）预期投保的人对自己的意外事故风险比保险公司更了解；

（4）卖假货的人比想买真货的人更清楚底细。

第三节　信息经济学范式

一、新范式构建的问题

以往经济学家谈论信息问题通常是指一种单一的信息问题，即资源的稀缺信息。从旧汽车市场的例子我们可以看出，问题并非那么简单。实际上企业和个人每天都要面对各种各样的信息问题，这些问题影响各种产品和劳务在市场上销售的价格和数量，影响工人所愿意供给劳动的数量和努力程度，同时还影响各种投资项目的回报。

1. 不完全信息经济理论改变了我们对竞争作用的看法

根据罗斯切尔德和斯蒂格利茨的研究，将不完全信息引入竞争均衡模型后，即使采用最自然的建模方式，如果存在极小的信息不完全，均衡也不一定存在，竞争均衡模型所赖以存在的各种经济学定律受到挑战。微观经济学过分强调竞争的作用，而从不完全信息的观点来看，市场并不具有完全竞争的特征，不完全竞争模式也许更能说明市场的现实状况。

有效市场假说认为价格会将信息从知情者完全地传递给不知情者，只要有足够多的人成为知情者，再借以价格的传递和加总信息的作用，市场就能够很好地工作，这说明标准的竞争模型高估了价格体系传递信息的能力。信息的提取是极端复杂的，市场并不能总是将信息有效地汇总和传递。萨勒普和斯蒂格利茨证明，市场不但不能够将外生的噪声通过套利交易消除，而且市场本身还制造噪声。斯蒂格勒的搜寻理论说明了一个信息从掌握信息的人传递到不掌握信息的人手里的和传递有关的问题。所以，具有信息搜索成本的市场会导致价格差异，这个事实动摇了市场经济的一个基本定理：一价定律。

作为一个佐证我们可以观察到，价格的正常波动并不会使厂商失去它们的全部顾客，秘密削价也不会将其他厂商的全部顾客吸引过来。根据激励理论，要使企业生产高质量的产品必须使他们获得一定的相应的利润。在竞争中存活下来的公司已经建立了一定的声誉，新的进入者即使降价销售想取而代之也不容易，因为价格传递了关于产品质量的信息，消费者可能会误解企业的降价销售行为是因为产品质量问题导致。只有当消费者了解企业已经进行了大量投资，具有了一定的信誉，他们才相信企业提供的产品是高质量的。

效率工资理论已经证明，企业为了提高工人的劳动生产率，必然要提高工人失去现有工作的成本，所以往往支付高于均衡工资水平的较高的工资，尽管劳动力供给大于需求，企业也不愿意降低工资，因为这会从总体上提高企业劳动力的成本，从而可能会造成工人偷懒现象和频繁跳槽的发生。

2. 不完全信息经济理论也影响到我们对资本市场的认识

以往经济理论认为资本市场在信息方面具有极高的效率，其价格充分反映资本市场的全部信息，与完全竞争假设相对应，经济环境中存在着完全资本市场。完全资本市场假设认为，个人和厂商在任意时点上自由地按照市场提供的利率借到他们所需要的贷款。当引入不完全信息的概念时，完全资本市场假设不再成立，因为不完全信息条件下资本市场可能会出现不利选择的信用配给，或者出现道德风险的信用配给。

在资本市场，银行由于缺乏贷款人信息，即使存在超额贷款需求，银行也不愿意提高利率，因为这会提高坏账率进而影响企业的期望回报。资本持有者为了避免不利选择的境况和由于道德风险而扩大的风险，往往会通过对市场参与者私人信息的判断决定借贷的数量和期限。所以，在不完全信息环境中，贷款人不能如愿以偿地在任意时点上自由地借贷到所需款数，这就是所谓资本市场的不完全性。

3. 不完全信息经济理论也影响到我们对垄断的认识

在信息不完全的情况下，反映现实的经济问题，垄断模型就比竞争价格模型有更好的适应性。企业面临的价格曲线不再是水平的，所以当企业提高产品价格时并不会失去所有需求，因需求方搜寻另外一个供给方的成本可能非常高。标准的竞争模型认为市场的力量可以将价格降到边际成本的水平，而在不完全信息的市场中，竞争的力量被削弱，市场达到均衡时仍然会有利润存在。

我们知道，垄断者常常以非线性价格表、随机要价、生产异质产品、排队等待、搭销等手段来区别对待各种不同种类的顾客，希望从那些在他们的产品上分享到较大消费者剩余的顾客身上获取更多的利润，但是，由于信息不完全，他们不能够将这类顾客完全分辨出来，因此信息经济学家认为，与垄断相联系的市场扭曲现象大多形成上述那些区别对待的手段。这种境况与政府遇到的困难相似，政府也希望对能力较高的个人征收较高的赋税，但却不能将能力较高的个人有效地甄别出来。

“范式”概念最先是由美国的科学哲学家库恩在 1962 年出版的《科学革命的结构》一书中提出的。范式是科学家们共同接受的一组假说、理论、准则和方法的总和，是科学家们普遍认可的一种信念，是使一门学科成为科学的必要条件和成熟标志。

构建新范式的一些问题：

事实上，几乎所有的经济学家都认识到信息不完全的事实。信息完全的状态只有一种，而信息不完全的状态却有无限多种，原因也极其复杂多样。所以，信息不完全的经济模型没有得到真正发展的原因是人们不知道如何去发展，关键在于如何准确地描述相关的信息，准确地描述信息的不完全情形。

（1）这里的市场参与者都应该被假定为理性的，能够根据他们所获得的信息进行推理；他们的行为也必须是理性的，是基于他们所持有的信念和可能后果的最佳选择；而这些后果反过来又会依赖别的参与者如何根据他们所观察到的行为进行推断。

（2）要发展新的范式，必须打破标准竞争模型长期存在的各种前提，考虑哪些假设可以继续使用，哪些假设必须推翻。市场出清不能再作为假设，同样一价定律也不能再作为假设，必须重新审视传统范式下的所有结论。

（3）开始于某个特定市场的简单模型的研究，比较不同市场的异同点，被证明是有效的研究策略。比如罗斯切尔德和斯蒂格利茨考察的保险市场、劳动力市场和教育市场，通过对这些特定市场的分析，试图找到信息经济学的一些原理，并分析这些原理在其他市场上的适用性，为不同的市场确定相应的模型特征和特定的信息假设，因为劳动市场、保险市场和资本市场毕竟是不同的。

二、新范式构建实例

（一）劳动力市场的信号发送

劳动力市场信号模型是斯宾塞于 1974 年提出来的，我们曾分析过劳动力市场上可能存在的逆向选择，由于个人的能力是私人信息，所以雇主和雇员在劳动力市场上存在信息不对称，雇员知道自己的能力而雇主不知道，所以一部分高能力的劳动力就可能“失业”，或者，高能力者即使得以就业但也只能获得相当于平均生产效率的平均工资。

那么是否存在某些可行的机制让这些高能力的劳动力向雇主表明自己的确是高能力的呢？接受教育就是一种可能的途径。雇员会选择自己接受教育的程度，将此信息传递给雇主，雇主通过观察雇员传递的关于教育程度的信号，决定付给雇员的工资。实际上，教育有两种作用，一是增加劳动者的专业知识和技能，提高其劳动生产率；二是受教育程度本身也是表明劳动者具有相应能力的一种市场信号。为了便于分析，我们主要强调第二方面的作用而忽略第一方面的作用。

1. 信号传递的基本原理

我们将劳动力按能力不同抽象为两类，一类是高能力劳动力，另一类是低能力劳动力。假设低能力劳动力的比例为 p，高能力劳动力的比例则为 $1-p$。我们用 e 表示求职者所接受的教育程度，劳动力个人将承担接受教育的全部成本。在劳动力市场上，e 是可以被观察到的，将作为一个信号发送给企业（雇主）。我们认为接受相同的教育，高能力劳动力付出的成本较低，即高能力劳动力更能轻松地获得学历。并且，在相同的受教育程度下再提高同样的教育水平，高能力劳动力付出的额外成本也会较低。所以我们假设低能力劳动力与高能力劳动力的受教育成本分别为

$$c_L=e, \qquad c_H=0.5e$$

我们假定企业的数量至少有两家，这样企业之间就存在对人才的竞争。

企业将根据受教育程度来推测求职者的能力（生产效率）并提供相应的工资 w，因此，工资可以被视作受教育程度的函数：

$$w = w(e)$$

第一种情况，在信息完全的情况下，雇主知道雇员能力的高低分布，所以会按照雇员能力的高低支付报酬，对于高劳动生产率的支付工资 3，对于低劳动生产率的支付工资 1，那么，

$$W_L=1, \; W_H=3$$

第二种情况，在信息不完全的情况下，雇主无法观察雇员的能力，但可以观察到其受教育与否，现在雇主根据是否接受教育来定工资，如果接受教育，则支付工资为 3，如果不接受教育，则支付工资为 1。假设受教育程度 $e=3$，则对于高能力劳动者来说，净效用为

$$U_H=W_H-C_H=3-1.5=1.5$$

对于低能力劳动者来讲，净效用为

$$U_L=W_H-C_L=3-3=0$$

在以上构造的例子中，非常明显，高劳动生产率的工人会接受教育以提高得到的净效

用，而低劳动生产率的工人则不会接受教育。这里的受教育成本是很重要的，因为如果受教育的成本与能力无关，教育就不可能起到信号传递的作用，因为低劳动生产率的工人会模仿高劳动生产率的工人选择同样的教育水平。因此，通过教育的信号传递作用使高能力的人得到高工资，低能力的人得到低工资，教育的信号传递作用对于提高劳动力资源的配置效率是非常重要的。

2. 信号传递的分离均衡

两类劳动力的效用分别如以下两式所示，都取决于工资和受教育成本：

$$u_L = w - c_L = w - e$$

$$u_H = w - c_H = w - 0.5e$$

发送信号的情形：

所谓分离均衡，是指在均衡状态下，不同类型的代理人所选择的可被观察到的指标的最优水平是不同的，因而委托人可以通过该指标来区分不同类型的代理人。

假设雇主和雇员都是风险中性的，雇员仍然分为两种类型，高劳动生产率的雇员创造2单位的价值，低劳动生产率的雇员创造1单位的价值，这个可被观察到的指标是代理人的受教育程度，相应的工资方案：

$$w(e) = \begin{cases} 1, & e < e^* \\ 2, & e \geqslant e^* \end{cases}$$

企业认为受教育程度超过 e^* 的工人都是高劳动生产率的，低于 e^* 的都是低劳动生产率的。因此，当企业观察到一个工人的受教育程度 $e<e^*$ 时，就认为该工人是低劳动生产率的，支付工资 $w=1$；当企业观察到一个工人的受教育程度 $e>e^*$ 时，就认为该工人是高劳动生产率的，支付工资 $w=2$。

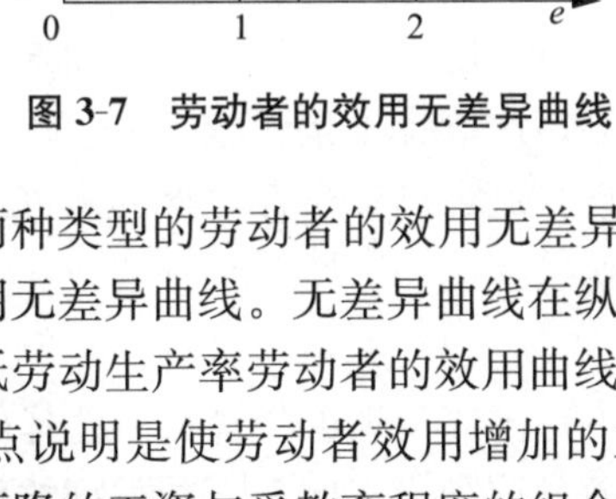

图 3-7　劳动者的效用无差异曲线

我们可以根据假设画出两种类型的劳动者的效用无差异曲线，如图 3-7 所示，是一种可能的两种类型劳动者的效用无差异曲线。无差异曲线在纵轴上的截距刚好表示劳动力的效用水平，根据效用函数，低劳动生产率劳动者的效用曲线是比较陡峭的，两条曲线只能相交一次，效用曲线上方的点说明是使劳动者效用增加的工资与受教育程度的组合，曲线下方的点是使劳动者效用下降的工资与受教育程度的组合。

对于低劳动生产率的劳动者来说，如果他接受教育的时间较长，即 $e \geqslant e^* > 1$，他会得到 $w=2$ 的工资，由于他受教育的成本是 e，所以，其净效用为 $2-e<1$，在图 3-7 中看出，这时候代表工资水平的点会落到效用曲线 U_L 下面，说明净效用下降；如果他接受较低的

教育，如 $e<e^*$，则他会得到 $w=1$ 的工资，净效用为 $1-e<1$。如果他选择不受教育，净效用即为工资 1。所以，低劳动生产率的劳动者会选择不受教育。从图 3-7 中可以看出，如果选择不受教育，劳动者的净效用水平最高，工资水平点落到效用曲线 U_L 上方并且距离最远。

对于高劳动生产率的劳动者来说，如果选择接受较高程度的教育，$2>e\geqslant e^*$，他的净收入是 $2-e/2>1$，好于不接受教育的情形；如果选择接受较低水平的教育 $e<e^*$，他的净收入为 $1-e/2<1$。从图中可以看出，当选择不受教育时，代表工资水平的点落到效用曲线 U_H 下面，说明效用水平的降低，随着受教育程度的提高，效用下降的水平逐渐减少，直到受教育水平达到 e^* 点，代表工资与受教育程度组合的点恰好落到 U_H 上。

可见，e^* 的设定确实可以将两类劳动者区分开来，这样一种均衡被称为分离均衡，此时受教育程度就成为一种劳动生产率高低的信号，将两类不同的劳动者区分开来，分别提供不同的工资。均衡的结果不是唯一的，位于 1 和 2 之间的 e^* 值，都会出现分离均衡的结果，实际上有无穷多个可能的均衡和均衡结果。e^* 越接近于 2，高劳动生产率的劳动者的处境越坏，他的净效用为 $2-e^*/2$，因此他们要付出更多不必要的教育成本。而低劳动生产率的劳动者的处境不受影响。e^* 越接近于 1，均衡结果越优，是一个帕累托改进的过程。

与完全信息的均衡结果比较，在完全信息下，工人不用支付信号传递成本，但却得到了与信号传递下一样的工资。在不完全信息下，企业最终也能区分两类劳动力，但这种信息的揭露是有代价的，即高能力劳动力需要支付一定的教育成本。高能力的工人付出这种教育成本是否一定好呢？这要区分不同的情况，如果低能力的工人占的比例很低，则在没有信号传递机制情况下高能力工人的工资得到非常有限的提高，但为此他们却要付出一定的教育成本，但此时他们为了证明自己是高能力而不得不付出一定的教育成本。如果低能力的工人所占的比例很高，则没有信号发送机制时候的平均工资为 $2-p$，通过发送信号达到分离均衡可以使高能力工人的工资达到 2，显然有大幅度的提高，此时，信号发送机制的存在对高能力工人来讲是有利的。不论哪种情况，信号发送机制都会使低能力工人的境况变差，因为他们不能够继续滥竽充数搭高能力工人的便车了。

从另一面来讲，如果 e^* 过低，那么所有的工人都会接受教育；如果 e^* 过大，所有的工人都不会接受教育。对于特定 e^*，如果对于被区分为高能力的工人支付过高的工资，则所有的工人都会接受要求的教育程度，因为教育成本的增加会被增加的工资所抵销；反之，如果过低，则所有的工人会再次选择不接受教育。

既然当受教育水平很低时，两类工人都有可能选择受教育，则存在混同均衡的可能性。

3. 混同均衡

混同均衡是指在均衡状态下，不同类型的代理人所选择的可被观察到的指标的最优水平是相同的，因而委托人不能通过该指标来区分不同类型的代理人。在这里的劳动力市场模型中，混同均衡是指所有的劳动力选择相同的受教育程度的一种均衡状态。此时企业难以凭借受教育程度来区分两类劳动力，只能按平均生产效率提供工资。图 3-8 所示，是一种可能的混同均衡的情况。

对于图 3-8 中的受教育程度 e^*，高能力的工人显然要接受教育，以提高自己的效用水平，从 1 提高到 E，而对于低能力的工人来讲，选择不接受教育或接受 e^* 的教育程度，效用无变化，在图 3-8 中的 U_L 曲线上移动，当然我们可以认为低能力的工人也会接受 e^* 的教育以证明自己是高能力的工人。所以，选择 e^* 教育水平对于两类工人都是理性的选择，此时企业获得 0 利润，混同均衡出现了。只要 e^* 比图 3-8 所示的值更小，那么混同均衡都会成立，并且 e^* 值越小，工人的处境越好，最好的情况是 $e^*=0$，这就是说，没有信号的发送的情形要优于混同均衡，因为工人不需要额外付出教育成本。

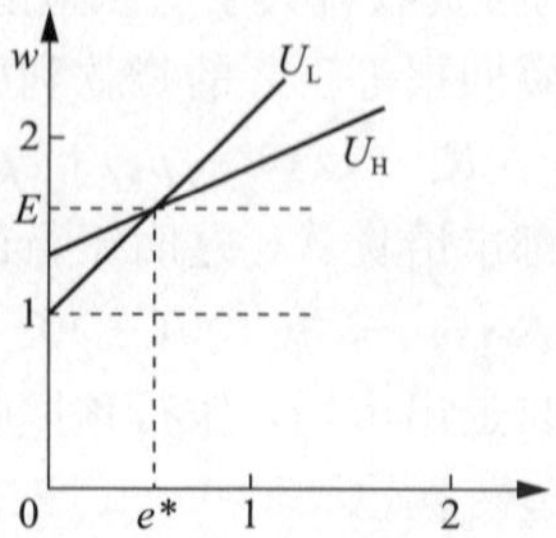

图 3-8 可能的混同均衡

通过将分离均衡与混同均衡进行比较可以发现，低能力的工人更倾向于接受混同均衡，因为他们只要花费不大的受教育成本便可以拿到与高能力工人同样的工资，由于较低的受教育程度使总的受教育成本降低才让低能力劳动力选择混于高能力劳动力队伍之中，所以只有高难度的受教育程度才足以成为高能力劳动力的信号。这就是为什么现在本科生多了，只有研究生甚至博士生才能找到一份比较好的工作，实际可以从信号传递的角度去解释的。

（二）信贷配给问题

问题的提出：在现行的贷款利率下，不是所有的贷款申请人都能如愿地获得贷款。这意味着在信贷市场存在着过度需求，市场是非均衡的。根据新古典经济学的价格理论，这时候作为资本市场价格的贷款利率就应该上涨以便使供给等于需求。如果确实是这样的话，那么信贷市场的不出清恐怕只能用利率在短期内存在黏性来解释了，但是事实上信贷配给现象却是长期存在的。信贷配给是市场经济中较为普遍的经济现象，是指信贷市场的信贷需求超过信贷供给，信贷市场不能出清的经济现象。它分为两类，一类是按照银行标明的贷款利率，贷款申请人的贷款要求只能得到部分满足；另一类是银行对借款人实行差别待遇，有一部分借款人得不到贷款。

银行面对的是只承担有限责任的借款人，如果没有足够的担保，贷款项目一旦失败，银行往往不能收回全部的本息。因此，银行放贷的期望收益既取决于贷款利率的高低，也取决于还贷风险的大小。低风险和低收益的项目对银行来说是好项目，在这里，贷款项目的风险大小是借款人的私人信息，银行无法辨别具体某个贷款项目的风险大小，下面通过一个例子说明这一问题：

假设有两类项目都完全依靠银行融资，成本为 c，银行要求借款人提供相当于融资总额比例 λ 的担保品，且 $\lambda<1+r$，项目 $i(i=1, 2)$ 投资成功后可得收益 Ri，投资失败则一

无所获，其中成功的概率为 p_i，且有 $p_1>p_2$，$R_1\times p_1=R_2\times p_2$。

银行每融资一元的期望收益为

$$p_i(1+r)+(1-p_i)\lambda=p_i[(1+r)-\lambda]+\lambda, i=1,2$$

借款人项目 i 的投资回报为

$$p_i[R_i-c(1+r)]-(1-p_i)\lambda c, i=1,2$$

从上式可以看出，由于 $p_1>p_2$，$R_1\times p_1=R_2\times p_2$

显然，$p_1[R_1-c(1+r)]-(1-p_1)\lambda c>p_2[R_2-c(1+r)]-(1-p_2)\lambda c$

高风险的项目给借款人带来的投资收益大于低风险的项目

用 r_0 表示使低风险项目的投资回报等于 0 的贷款利率，则

$$r_0=[p_1R_1-c\lambda(1-p_1)]/cp_1-1$$

当利率小于 r_0 时，两类项目都申请贷款，这时银行的预期收益率为

$$\pi_1=(1/2)(p_1+p_2)[(1+r)-\lambda]+\lambda$$

当利率超过 r_0 时，低风险项目退出市场，银行预期收益率降低为

$$\pi_2=p_2[(1+r)-\lambda]+\lambda$$

因此在 r_0 的利率水平下，即使有超额需求存在银行也不会提高利率，如图 3-9 所示。

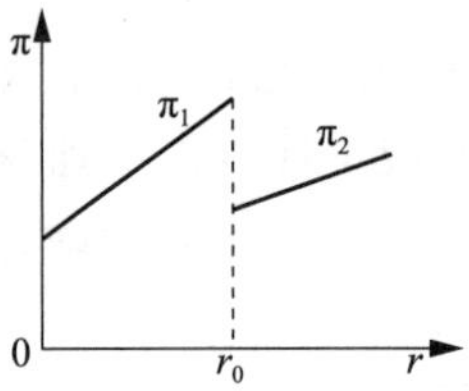

图 3-9　高利率使低风险项目退出市场

在这个例子中，银行需要承担高风险项目失败后的损失，同时银行只是赚取固定的利息收入。无法分享高风险项目的高收益，正是这种风险与收益的不对等使银行不欢迎高风险项目。那么银行为什么不对高风险项目收取较高的利息呢？答案就在于信息不对称，银行无法分辨哪个项目是高风险的。

这个例子引申出的结论也具有一般性的意义。我们看到：当质量取决于价格时可能导致价格刚性，也就是说，即使市场供求不均衡，价格也不定一会做出相应的调整，这时市场的非均衡状态就成了一种常态。这种情况下虽然存在着一定的低效率现象，但资源配置却处于帕累托最优的状态。

（三）保险市场的例子

下面我们粗略地分析一下保险市场上的逆向选择问题，在保险市场上，投保者是风险规避的，如果出事，投保者的财富是 W_2；如果不出事，投保者的财富为 $W_1(W_1>W_2)$。假定投保者出事和不出事的概率为 p 和 $1-p$，$0<p<1$，这样，投保者财富的期望值为 $E(W)=pW_2+(1-p)W_1$。如果参加保险，保险金为 L，ΔW 为赔偿额，如果 $W_2+\Delta W-L=W_1-L$，即投保者在两种状态下的财富相同，投保者被完全保险，在这个条件下，我们考察在图 3-10 的 45°线上的点对应的保险合同，这条线我们称之为确定性等价收入线。现

假设保险市场有高风险和低风险两类投保者，假设高风险投保者的损失概率为 π_H，低风险投保者的损失概率为 π_L（$\pi_H > \pi_L$）。

在保险市场上，如果信息对称，那么，保险公司可以很容易按照投保者的风险程度不同给予不同价格的保险单。为了分析方便，在不影响结论的情况下，假设保险是完全竞争且均衡利润为 0，假设 E 点代表不投保时投保人的财富，那么投保后低风险的投保者将从 E 点向左上方移动，比如沿着市场保险线 EF 移动而选择 F 点。高风险的投保者将从 E 点沿着市场保险线 EG 移动而选择 G 点。这样，高风险投保者在 G 点获得最大效用，而低风险投保者在 F 点获得最大效用。所以在对称信息的情况下，保险水平可以达到最优水平。

保险公司面临的问题是无法将高风险的投保者与低风险的投保者区别开来，无论是低风险还是高风险的投保者都选择 F 点，使保险公司所确定的平均损失高于 L，保险公司每出售一张保险单平均都会有损失。这种情况下，保险公司要提高保险金使保险合同下移并与市场保险线相交至 N 点，但 N 不是一个均衡点，因为低风险的投保者得到的效用低于他不参加保险时的效用，低风险的投保者会退出市场，只有高风险的投保者愿意投保。这时，如果保险合同不变，保险公司仍将继续亏损，保险公司继续提高保险费至 G 点，这样低风险的投保者把高风险的投保者彻底赶出了市场，由此形成不利选择。

以上分析的一个基本结论是，如果有关投保者风险程度的信息是非对称的，帕累托最优保险合同是不可能达到的。

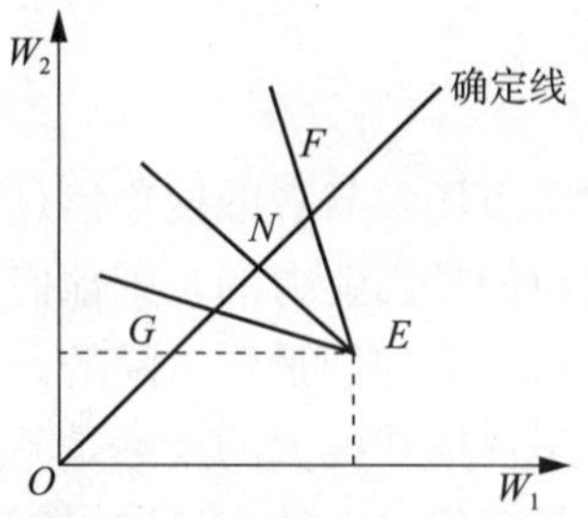

图 3-10　不同风险的保险均衡

三、进一步的讨论

斯蒂格利茨在阐述信息经济学对于 20 世纪经济学的贡献时，谈到了信息经济学研究的几个主要问题：一是选择问题（识别特征），二是激励问题（监督行为），三是不完全信息情况下的均衡分析。

（一）选择问题

对于选择问题的研究形成两个明显分支：一是自选择理论，个人通过所做的选择显示他们个人信息的过程称为自我选择。也就是说，不同特征的人做出不同的选择。这里一个著名的例子是莫里斯的关于如何设计所得税制度以最大化社会福利。如果政府知道每一个人的能力，它只需要对每个人课征定税额，形成所谓不会产生扭曲的税收制度。但政府不可能了解每个人的能力，信息是不对称的，所以政府只能把可以观察的比如收入变量作为征税依据，设计一组自选择的合约，如所得税税率表，通过一个自选择过程实现最大社会福利的目标。

另一个分支是以甄别理论和搜寻理论等为代表，强调通过直接的支出来得到更多的信息，这个过程能否实现的关键是看支出后得到的收益是否构成有效的激励。选择理论给我们提供了一个新的工具，通过它我们可以分析解释一大类经济现象。

下面讨论选择理论适用的几种典型的情形：

1. 保险市场

保险公司希望吸引健康的投保人，为了达到这个目的，他们想出了将办公室设在只有步行楼梯的五楼，那么只有心脏健康的人才愿意爬到五楼，所以投保人愿意爬到五楼传递了他身体健康的信息。事实上，通常情况下，保险公司提高保费时，那些最不可能发生意外的低风险的投保人就不会投保，他们更愿意接受免责条款。这样保险公司就提供两种类型的保险合约：一类是高保费，低免责条款的；另一份是低保费，高免责条款的，保险公司这样设定的特定机制说明了自我选择过程的实现。

2. 垄断

垄断者可以通过向消费者提供一些选择，来区分不同的消费者类型，也就是鉴别出具有不同需求函数的消费者。在完全信息条件下，企业有动力进行彻底的价格歧视，从而获得所有的消费者剩余。而在消费者有差异的条件下，企业识别消费者类型的能力有限，在这种不完全信息情况下，企业有进行价格歧视的动机，但无法做到完全的价格歧视，从而获得所有的消费者剩余。

3. 信息传递问题

研究信息传递问题首先要考虑市场参与者的搜集信息和揭露信息的动机。很显然，如果高能力的工人能够使雇主相信他们是高能力的，则他们可以获得更高的工资。在保险市场上，如果投保人能够使保险公司相信他们是低风险的，则他们可以获得低保费、高免责的保险合约，而企业如果能够使用户信任他们的产品是高质量的，则可以向用户收取较高的价格。因此，揭露信息的动机是自然存在的，这种揭露信息的行动我们称为“发信号”。然而，那些低能力的工人、高风险的投保人和提供低质量信息的企业却有着隐藏信息的动机，从而可以滥竽充数。通过一个简单的模型，甄别理论描述了信息的揭露过程：在一组工人中，能力最高的人显然愿意证明他们是有能力的，从而获得高工资，从工资总额中扣除工人中能力较高者领取的工资部分。其余工人则按照这个工资总额剩余的平均数领取工资，这些工人中的能力最高者显然不想再隐藏信息，通过揭露信息从而获得较高工资，从工资总额中扣除该部分人领取的工资。重复以上过程，直到信息被完全揭露。这说明高能力的人如果能够成功地无成本的证明他们的高能力，无论能力低于平均水平的人是否企图隐藏信息，市场均衡会是信息完全揭露的均衡，而不会是只有部分信息得以揭露的市场。

信号模型、甄别模型和搜寻模型的区别是知情者和不知情者谁先行动。

（二）激励问题

在信息完全的情况下，激励问题会变得非常简单：如果你做了某些事情，我就支付你一定数量的报酬，否则，就不能按约定支付相应的报酬。人们不会签订他们不想履行的合同。但是，有些信息事实上是不完全的，所以会有道德风险和逆向选择。

（三）均衡分析

经济学中最重要的思想是市场可以通过充分竞争引导资源进行有效配置，从而达到帕累托最优。根据福利经济学的基本定律，每一个帕累托有效配置都可以在适当的非扭曲性再分配之后，通过市场竞争达到。信息经济学认为，在一般情况下，上述结论都不正确。格林瓦尔德和斯蒂格利茨认为，即使考虑到获得信息的成本，在存在信息或市场不完全的情况下，外部效用就会产生，结果市场总是处于非帕累托有效配置状态，市场失灵普遍存在。莫里斯也指出，在信息不完全时，非扭曲的转移支付未必能够实现，所有的再分配性的税收都是扭曲的。

第四节　新范式的应用

一、“华盛顿共识”中信息经济学新范式的应用

“华盛顿共识”这一提法最早是由约翰·威廉姆森于1990年总结出来的。“华盛顿共识”主要有10点内容：

（1）财会纪律方面，尽量减少地方政府、国有企业和中央银行的预算赤字，即实行紧缩政策，以防止通货膨胀；

（2）关于公共开支的轻重缓急次序，应主要集中于初级卫生、教育和基础设施等有高经济回报率和改善收入分配潜力的领域，减少公共福利方面的开支；

（3）税制改革，主要是拓宽税收基础，减少边际税率以刺激投资积极性；

（4）金融自由化；

（5）汇率方面，实行统一汇率并确保其竞争性以促进非传统出口的迅速增长，在一定程度上即意味着货币贬值；

（6）贸易自由化；

（7）对外国直接投资实行开放，取消各种障碍；

（8）实行国有企业的私有化；

（9）政府必须取消对企业的管制和对竞争的限制；

（10）确保资产所有权。

“共识”的实质是主张政府角色的最小化、快速的私有化和自由化，要求受援国迅速地开放国内市场，实行紧缩政策，这极易导致这些国家发生金融动荡，从而引发经济危机。苏联及东欧的一些经济转轨国家发生的经济事实验证了所谓“华盛顿共识”的失败，在整个20世纪90年代中期，苏联经济持续坍塌，产出下降了一半。而即使是苏联时代最苦难的末期，也只有2%的人生活在贫困之中，所谓“改革”却目睹了贫困率激增到50%，超过一半的儿童生活在贫困线以下。斯蒂格利茨总结道：休克疗法有的是太多的休克和太少的疗法。所以“华盛顿共识”并不适用于发展中国家。

对“华盛顿共识”的批判有以下两点：

（1）信息不对称问题。“华盛顿共识”简单地认为，私有化可以增进效率，贸易自由化和取消政府垄断可以促进竞争。而信息经济学的研究认为，对于发展中国家而言，信息不完全导致信贷配给和股权限制，快速的私有化加剧了信息的不对称状况，加之缺乏竞争政策配合，竞争在资源配置中的作用大打折扣，由于企业规避风险的态度，导致投资减少进而减缓经济增长，私有化没有收到应有的效果。所以，从信息问题出发的视角可以帮助我们理解为何从完全市场假设出发的政策会失败。

（2）私有化并不能解决公司治理问题，在公司治理问题中，最关键的问题是如何解决企业所有者和经理人之间的激励问题，这是“委托—代理”问题，在不完全信息情况下，企业所有者发现无法监督工人和经理，甚至也不知道他们在做些什么。实证研究证实那些改制迅速但缺乏高质量公司治理的国家增长更加缓慢，所以，私有化未必会导致福利的增加，反而可能导致资产剥离和财富毁灭。

二、“东南亚金融危机”中信息经济学新范式的应用

金融危机又称“金融风暴”，是指一个国家或几个国家与地区的全部或大部分金融指标如短期利率、货币资产、证券、房地产、土地价格、商业破产数和金融机构倒闭数的急剧、短暂和超周期的恶化。

这场危机首先是从泰铢贬值开始的，1997 年 7 月 2 日，泰国被迫宣布泰铢与美元脱钩。实行浮动汇率制度。当日泰铢汇率狂跌 20%。和泰国具有相同经济问题的菲律宾、印度尼西亚和马来西亚等国迅速受到泰铢贬值的巨大冲击。7 月 11 日，菲律宾宣布允许比索在更大范围内与美元兑换，当日比索贬值 11.5%。同一天，马来西亚则通过提高银行利率阻止林吉特进一步贬值。印度尼西亚被迫放弃本国货币与美元的比价，印尼盾 7 月 2 日至 14 日贬值了 14%。继泰国等东盟国家金融风波之后，中国台湾的台币贬值，股市下跌，掀起金融危机第二波，10 月 17 日，台币贬值至 1 美元兑换 29.5 元台币，创下近十年来的新低，相应地，当天台湾股市下跌 165.55 点。10 月 20 日，台币贬至 30.45 元兑 1 美元。台湾股市再跌 301.67 点。台湾货币贬值和股市大跌，不仅使东南亚金融危机进一步加剧，而且引发了包括美国股市在内的大幅下挫。10 月 27 日，美国道·琼斯指数暴跌 554.26 点，迫使纽约交易所 9 年来首次使用暂停交易制度，10 月 28 日，日本、新加坡、韩国、马来西亚和泰国股市分别跌 4.4%、7.6%、6.6%、6.7%和 6.3%。特别是中国香港股市受外部冲击，香港恒生指数 10 月 21 日和 27 日分别跌 765.33 点和 1 200 点，10 月 28 日再跌 1 400 点，这三大香港股市累计跌幅超过了 25%。11 月下旬，韩国汇市、股市轮番下跌，形成金融危机第三波。11 月，韩元汇价持续下挫，其中 11 月 20 日开市半小时就狂跌 10%，创下了 1 139 韩元兑 1 美元的新低；截至 11 月底，韩元兑美元的汇价下跌了 30%，韩国股市跌幅也超过 20%。与此同时，日本金融危机也进一步加深，11 月日本先后有数家银行和证券公司破产或倒闭，日元兑美元也跌破 1 美元兑换 130 日元大关，较年初贬值 17.03%。从 1998 年 1 月开始，东南亚金融危机的重心又转到印度尼西亚，形成金融危机第四波。1 月 8 日，印尼盾对美元的汇价暴跌 26%。1 月 12 日，在印度尼西亚从事巨额投资业务的中国香港百富勤投资公司宣告清盘。同日，中国香港恒生指数暴跌 773.58 点，新加坡、中国台湾地区、日本股中分别跌 102.88 点、362 点和 330.66 点。直到 2 月初，

东南亚金融危机恶化的势头才初步被遏制。

我们从信息经济学的角度研究金融危机，可以分析导致危机的深层原因。

（1）信息经济学认为，信息不完全导致资本市场的不完备，不完备的资本市场为东南亚金融危机爆发的深层根源。泰国为了加快本国经济的发展，大规模利用外资，实行与美元挂钩的固定汇率制度并积极开放国内金融市场。20 世纪 90 年代后，在美元利率上升和国内高通货膨胀的双重压力下，泰国货币当局不得不调高本币利率，以维持固定汇率制度。我们知道，在信息不完全的资本市场上，高利率限制低风险的投资者进入资本市场，而增加了高风险的投资者进入资本市场的比率。大量高风险的投资者将贷款得来的资金大量投入到房地产等高风险的行业，而代表未来的信息产业、高科技产业等新兴产业却没有获得应有的资金、税收等政策支持，经济结构出现严重问题。在高利率下，1996 年底泰国的积压房多达 85 万套，银行的坏账、呆账总额达 40 多亿美元，1997 年新增加的坏账超过了 200 亿美元。泰国政府要求银行和金融机构迅速增加资本金和坏账准备金，然而立即引起泰国股市暴跌，造成许多公司资产负债表的恶化，公众对泰国经济和银行的信心严重丧失，形成了挤兑风潮。

（2）在信息不完全程度较高的经济中，不利选择和道德风险普遍存在，导致市场失灵。信息经济学的研究成果同时表明：政府不能据此任意干预市场运行，而应将重点放在公共政策上，提高政府资源配置效率，保证市场经济良好运行。政府非理性的干预金融市场的行为在东南亚国家是普遍存在的，表现为提供指令性贷款、政治压力贷款等，这都为危机的爆发埋下了隐患。

思考题

1. 简要描述乔治·阿卡洛夫教授的旧车市场理论及这一发现对经济学研究的贡献。
2. 以劳动力市场为例介绍一下信号传递机制是如何发挥作用的？
3. 何为信贷配给？其存在的原因是什么？试构建简单的模型加以描述。
4. 华盛顿共识是否适合中国国情，与中国的改革开放进程有何异同？
5. 试从信息经济学角度思考 2008 年爆发的新一轮金融危机以及经济危机。

第四章　博弈论基础

第一节　竞争与合作

博弈论最初来源于对寡头市场的研究，现在我们就从寡头开始研究博弈论。我们在市场上经常可以发现这样的事实：即使一个市场只有两个经营者，他们之间竞争的激烈程度仍然是很高的，这是为什么？他们为什么不能合作呢？

我们都知道什么是寡头市场，由于寡头市场只有几个卖者，所以寡头市场的关键特征是合作与竞争之间的冲突。如果寡头采取合作的策略，那么整个市场就和垄断一样，这对合作者都有好处，可以分割垄断带来的超额利润。但由于每个寡头只关心自己的利润，所以有一种强大的激励在起作用，这使寡头之间很难维持垄断的结果。

我们分析一个存在两个寡头的市场，这被称为“双头”。“双头”的结论可以推广到更多的寡头。假设实力相当的 A 和 B 两厂商瓜分了一个市场，而且，为简单起见，假设他们的成本为零，这样，他们各自的收益就等于利润。

假设需求曲线为 $P=12-Q$，该市场的需求量、价格以及总收益（总利润）如表 4-1 所示。

表 4-1　　寡头市场的需求状况

需求量	价格	总收益（总利润）
1	11	11
2	10	20
3	9	27
4	8	32

续表

需求量	价格	总收益（总利润）
5	7	35
6	6	36
7	5	35
8	4	32
9	3	27
10	2	20
11	1	11
12	0	0

如果 A 和 B 采取合作态度，那么两厂商就构成对市场的垄断。从表中可以看出，当产量为 6 时，利润最大，为 36。如果双方达成协议，因为双方实力相当，那么 A 和 B 将各自生产 3 单位，价格为 6，利润都是 18。我们称这种寡头之间的合作为卡特尔。一旦形成了卡特尔，实际上就变成了垄断市场。

虽然我们的分析证明：寡头间如果形成卡特尔就可以赚到垄断利润，但这往往是不可能的。首先有反垄断法的限制，寡头之间的公开协议是反垄断法要对付的重点。另外，卡特尔成员之间的钩心斗角地争斗也使它们之间的合作成为不可能。

我们还是以上文中 A 和 B 两厂商为例。

根据卡特尔的协议，因为双方实力相当，那么 A 和 B 各自生产 3 单位，价格为 6，利润都是 18。

A 厂商会想：如果 B 遵守协议，生产 3 单位，那么自己可以不遵守协议，而偷偷生产 4 单位。这样，总产量为 7，价格为 5。B 得到利润 15，A 得到利润 20。这时，A 厂商的利润要高于双方都遵守协议时的利润。

同样，B 厂商也会这样想，如果 A 遵守协议，生产 3 单位，那么自己可以不遵守协议，而偷偷生产 4 单位。这样，总产量为 7，价格为 5。A 得到利润 15，B 得到利润 20。这时，B 厂商的利润要高于双方都遵守协议时的利润。

但如果双方都这样想，结果是什么呢？

结果是双方都不遵守协议，都生产 4 单位，总产量为 8，价格为 4。总利润为 32，各自的利润为 16。可以看出，双方都不遵守协议的代价是利润减少。

但事情并没有结束。双方都生产 4 单位究竟是不是均衡呢？

考虑 A，假如给定 B 生产 4 单位，A 会不会再度改变产量？如果 A 生产 5 单位，总产量为 9，价格为 3，A 的利润为 15，利润减少。如果 A 生产 3 单位，总产量为 7，价格为 5，A 的利润仍为 15，利润减少。可见 A 既不会增加也不会减少产量。

对于 B 也是如此，既不会增加也不会减少产量，因此，双方都生产 4 单位是某种均衡。我们可以用两个表来展示各种情况下的产量和利润。

表 4-2　　寡头市场可能的产量

		B 遵守协议	B 不遵守协议
A	遵守协议	3，3	3，4
	不遵守协议	4，3	4，4

表 4-3　　寡头市场可能的利润

		B 遵守协议	B 不遵守协议
A	遵守协议	18，18	15，20
	不遵守协议	20，15	16，16

表 4-2 说明了寡头市场可能的产量，双方都遵守协议时产量均为 3，但双方都想在对方遵守协议的时候自己不遵守协议，于是结果是双方都不遵守协议，产量均为 4。

表 4-3 说明了寡头市场可能的利润，双方都遵守协议时利润均为 18，但双方都想在对方遵守协议的时候自己不遵守协议，于是结果是双方都不遵守协议，利润均为 16。

这个例子说明了合作和竞争之间的冲突。合作并达到垄断的结果会使寡头的状况更好，但由于它们追求自己的私利，他们最后不能达到垄断结果，并不能使他们共同的利润最大化。每一个寡头都有增加生产并占有更大市场份额的诱惑，当它们每一个都这样做时，总产量增加，利润下降。

我们发现，寡头之间总是存在竞争而不是合作，这也是本章博弈论出现的原因，博弈论主要的研究对象是人们之间的竞争（在必要时才合作）。

我们再举一个例子，两个人甲和乙来上课，而上课是有成本的，比如说是 5 元的成本，另外不考虑上课得到的收获（可以想象老师讲课水平较低）。假设如果大家都不来上课，将没有人会得到惩罚；但是如果有人来上课，其他人就要得到惩罚，比如罚款 10 元，而来上课的人得到其他人由于不来上课而交的罚款；那么大家会不会来上课呢？

两个人都不来上课是最好的选择，为什么呢？因为假设规定：大家都不来上课，将没有人会得到惩罚。但这个结果不会出现。甲会想：如果自己不来上课，而乙来了，自己就要被罚款 10 元；相反，如果自己来上课，而乙不来，自己可以得到 5 元（10－5＝5），因此自己最好还是来上课。同样，乙也会这么想：如果自己不来上课，而甲来了，自己就要被罚款 10 元；相反，如果自己来上课，而甲不来，自己可以得到 5 元（10－5＝5），因此自己最好还是来上课。结果是什么？一定是都来上课。

把上述问题改一下，上课的成本是 10 元，这个问题就复杂了。如果一个同学来，那么另一个同学来不来是无所谓的：比如甲来上课，如果乙也来上课，乙要支付 10 元的成本，而如果乙不来上课，同样要被罚款 10 元，所以乙来不来是无所谓的。如果一个同学不来，那么另一个同学来不来仍然是无所谓的：比如甲不来上课，如果乙来上课，乙要支付 10 元的成本，但可以得到甲支付的罚款 10 元，因而收益是零；如果乙不来上课，由于两人都不来上课，不会被罚款，收益也是零。所以乙来不来仍然是无所谓的。结论是：如果一个同学来，另一个同学可能来也可能不来；如果一个同学不来，另一个同学可能来也可能不来。具体结果怎么样？不知道。具体出现什么结果要分析概率。

将上述问题一般化，如果学生不能相互勾结，学生来不来取决于老师是否惩罚和惩罚的数量，反过来，老师是否惩罚取决于学生是否都来了，而学生是否能整体行动取决于每个人的想法，每个人的想法又取决于其他人的想法。这就是博弈论要解决的问题，博弈论是解决不确定性问题的学科。

可以略显绝对地说：人生就是一个永不停歇的博弈过程，人们通过博弈策略的选择以达到合意的结果。作为博弈者，最佳策略是最大限度地利用游戏规则，最大化自己的利益；作为社会最佳策略，是通过规则使社会整体福利增加。

当然，每个人都意图达到自身利益的最大化并不能保证集体利益或团体利益的最大化。再看一个例子：一只河蚌正张开壳晒太阳，不料，飞来了一只鸟，张嘴去啄他的肉，河蚌连忙合起两张壳，紧紧钳住鸟的嘴巴，鸟想："今天不下雨，明天不下雨，就会有死蚌肉"。河蚌想："今天不放你，明天不放你，就会有死鸟肉"。谁也不肯松口，有一个渔夫看见了，便过来把他们一起捉走了。

从这个故事中我们能得到什么？如果河蚌和鸟两者有一方可以放弃自身利益的最大化，就不会出现"渔翁得利"的结果。我们或许取笑河蚌和鸟的愚蠢，但在人类生活中，这种例子比比皆是，这也是博弈论的意义所在。

合作并达到垄断的结果会使寡头的状况更好，但由于它们追求自己的私利，他们最后不能达到垄断结果，并不能使他们共同的利润最大化。每一个寡头都有增加生产并占有更大市场份额的诱惑，当它们每一个都这样做时，总产量增加，利润下降。

第二节　博弈论概述

什么是博弈论？也可以称为游戏理论，也可以称为竞赛理论。博弈论是描述和研究行为者之间相互依存和相互作用的一种决策理论，又叫游戏理论（Game Theory）和对策论。

博弈论有一个基本的假设，即理性人假设（Hypothesis of Rational Man）是指作为经济决策的主体都是充满理智的，既不会感情用事，也不会盲从，而是精于判断和计算。其行为是理性的。在经济及其他活动中，主体所追求的唯一目标是自身利益的最优化。

博弈论严格来说并不是经济学的一个分支，而仅仅是它的一个工具，但在工具主义流行的今天，学习博弈论就成了一件时髦的事情。当某一件事物成为时尚，那么它马上就被"异化"，简单地说，就不再是它了，变成了一件不同的东西。

博弈论说起来有些拗口，但理解起来很容易，那就是每个对弈者在决定采取哪种行动时，不但要根据自身的利益和目的行事，而且要考虑到他的决策行为对其他人可能的影响，通过选择最佳行动计划，来寻求收益或效用的最大化。

博弈基本上可以划分为合作博弈（Co-operative Game）和非合作博弈（Non-operative

Game）两类。当前，一般指非合作博弈。两者之间最大的区别就是是否有一个具有约束力的协议。如果有，就是合作的；如果没有，就是非合作的。合作博弈强调的是团体理性，效率和公平；而非合作博弈强调的是个人理性和个人最优决策。

一、经典案例

（一）捡钱博弈

著名经济学家斯蒂格利茨曾经举过这样一个例子。假如正在上课时突然从天上掉下来一笔钱，每个人的座位边上都有一张，正好是100元。那么大家是否去捡钱呢？对于每个人来说，去捡钱是最好的选择，但是会破坏课堂秩序。

假设1：如果没有制度制约，有些人不去捡，有些人捡，那么不去捡的人吃亏。也就是说在没有制度约束的情况下，所有的人都会去捡，结果课堂上乱成了一锅粥。

假设2：怎样捡？是先捡自己座位边上的？还是先捡别人座位边上的？如果能保证两张都捡到，是最好的结果，但也可能一张也捡不到。人和人是不同的，有些人厌恶风险，先捡自己身边的；有些人喜欢风险，先捡别人座位边上的钱。于是，“捡钱”就会演变为“抢钱”。

结果1：如果天上不断掉钱，大家慢慢就不再去抢，最好的结果总是一样的。因为天上总会掉钱，所以根本不着急去捡，上完课以后再说，也会逐渐形成这样默认的制度：上课时不许捡钱。

结果2：在开始时，有些人天生体力好，敏捷，又喜欢风险，于是就总能得到更多的钱。

这个捡钱的例子类似于市场经济的演变过程。如果一开始就有良好的制度，那么在一段时间后，制度逐渐会内化到人们的心中，没有人会去“抢钱”。即使用特别的手段获得利益，最终每个人的收益也接近于平均利润。

如果一开始没有良好的制度，那么可能出现两种结果：一是在短暂的混乱（即无规则状态）以后，默认的制度（或共识）开始形成，这个结果和有制度的情况基本一致，但这要严重依赖于人们的基本素质和道德水平。另一个结果就是经过长期的“抢钱”混乱后才逐步稳定下来，一部分人在长期混乱中得到了好处，完成了资本的原始积累，也构成了不平等的起点：一部分人先富起来了，但他们并不愿意将自己的财富进行再分配，很多社会就是这样的。这就是社会发展的“路径依赖”。

如果有制度，什么样的制度是最好的？是允许抢钱，还是不许抢钱？西方某些发达国家为全世界所定的制度是：先允许抢钱，等自己完成了资本积累后，就不许别人抢钱了。博弈的结果最后形成了制度，但结局也许不是很好。要么大家设法改变制度，要么增强自己的力量，从而直接改变博弈的过程。

我们的结论是，制度的形成是不断进行博弈的结果，但结局也许不是很好。

（二）囚徒困境

我们再看一个最经典的案例——囚徒困境（Prisoner’s Dilemma）。

假设：两名犯罪嫌疑人A和B被抓，他们不能订立攻守同盟，并且有坦白从宽、抗拒从严的条件。如果双方都坦白，各判刑 5 年；如果一方坦白，另一方抵赖，则坦白者判刑 1 年，抵赖者判刑 7 年；如果双方都抵赖，则各判两年。以下是各种选择构成的支付矩阵。

表 4-4　　　　囚徒困境

		B 坦白	B 抵赖
A	坦白	−5，−5	−1，−7
A	抵赖	−7，−1	−2，−2

根据表 4-4，我们可以分析之。

表中每格数字中第一个代表 A 的结果，第二个代表 B 的结果。

假如双方都抵赖，警方得不到充足得证据，每个人只判两年徒刑，这无疑是最好的选择，但这个结果会出现吗？

如果 A 坦白，B 的最好选择是什么？此时如果 B 坦白，B 判刑 5 年；如果 B 抵赖，则判刑 7 年。因此，B 选择坦白。

如果 A 抵赖，B 的最好选择是什么？此时如果 B 坦白，B 判刑 1 年；如果 B 抵赖，则判刑 2 年。因此，B 选择坦白。

也就是说，无论 A 坦白还是抵赖，B 的最优选择都是坦白。

同样，如果 B 坦白，A 的最好选择是什么？如果 A 坦白，A 判刑 5 年；如果 B 抵赖，则判刑 7 年。因此，A 选择坦白。

如果 B 抵赖，A 的最好选择是什么？如果 A 坦白，A 判刑 1 年；如果 A 抵赖，则判刑 2 年。因此，A 选择坦白。

也就是说，无论 B 坦白还是抵赖，A 的最优选择都是坦白。

均衡结果是，双方都坦白，个人理性最终战胜了团体理性，或者说理性的个人行为可能导致集体的非理性。

我们的结论是个人理性不一定会导致团体理性。

请思考，假如我们改变一下表 4-4 中的数据，结果会怎么样？

从中我们可以归纳出囚徒困境出现的基本设定：

1. 每个局中人都知道博弈规则和博弈结果的支付矩阵；

2. 每个局中人都是理性的（在面临给定的约束条件下总是最大化自己的收益）；

3. 不能“串通”。

实际上，囚徒困境是这样一种均衡：给定别人战略情况下，没有任何单个参与人有积极性选择其他战略，从而没有人有积极性打破这种均衡（关于这种均衡的定义我们随后加以解释）。

如何解决囚徒困境？解决个人理性和集体理性之间冲突的办法不是否认个人理性，而是设计一种机制，在满足个人理性的前提下达到集体理性。我们总是被教育：当个人利益与集体利益发生冲突时，应该选择集体利益。实际上，问题不在于选择哪一个，而在于机制设计。一个良好的机制应该减少个人利益与集体利益的冲突。

（三）智猪博弈

假设猪圈里有一头大猪、一头小猪。猪圈的一头有猪食槽，另一头安装着控制猪食供应的按钮，按一下按钮会有10个单位的猪食进槽，但是谁按按钮就会首先付出2个单位的成本，而且不按按钮的一方会比按按钮的一方先到槽边，如果同时按，则同时到槽边。若大猪先到槽边，大猪吃9个单位，小猪吃1个单位；同时到槽边，大猪吃7个单位，小猪吃3个单位；小猪先到槽边，大猪吃6个单位，小猪吃4个单位。那么，在两头猪都有智慧的前提下，结果会怎么样？

在大猪选择行动（按下按钮）的前提下，小猪也行动的话，两猪同时到槽边，小猪可得到1个单位的纯收益（吃到3个单位食品的同时也耗费2个单位的成本，以下纯收益计算相同），而小猪等待的话，可以先到槽边，获得4个单位的纯收益，等待优于行动；在大猪选择等待的前提下，小猪如果行动的话，将会晚到槽边，小猪的收入将不抵成本，纯收益为－1单位，如果大猪也选择等待的话，那么小猪的收益为零，成本也为零，总之，等待还是要优于行动。也就是说，无论大猪行动还是不行动，小猪的最优选择都是等待。

对于大猪来讲，如果小猪行动，大猪如果也选择行动，双方同时到槽边，可以得到5个单位；大猪如果选择等待，可以先到槽边，得到9个单位。显然，如果小猪行动，大猪应该等待。如果小猪等待，大猪如果选择行动，小猪会先到槽边，大猪收益为4；大猪如果选择等待，则收益为零。显然，如果小猪等待，大猪应该行动。于是，大猪的战略是：小猪行动，自己等待；小猪等待，自己行动。

但是，前面我们已经说过：无论大猪行动还是不行动，小猪的最优选择都是等待。在给定小猪等待的情况下，大猪只好选择行动。实际上小猪选择等待，让大猪去按控制按钮，而自己选择等待可以理解为“搭便车”，也就是舒舒服服地等在食槽边；而大猪则会不知疲倦的奔忙在按钮和食槽之间。小猪只是坐享其成，每次都是大猪去按按钮，小猪先吃，大猪再赶来吃。双方的支付矩阵如表4-5所示。

表4-5　　智猪博弈

		小猪	
		行动	等待
大猪	行动	5，1	4，4
	等待	9，－1	0，0

“智猪博弈”有很多应用，它可以解释为什么占有更多资源者必须承担更多的义务。例如，很到企业老板每周上7天班，每天为了公司事务疲于奔命，却抱怨低下的员工做事得过且过，只会偷懒。其实老板就是博弈中的大猪，因为公司的利益和自身有莫大的利益相关，自然要呕心沥血。而作为每月只能挣一两千元的一线员工（小猪），部分人会站在自己的利益立场：即使对公司损失巨大，做得差的员工只不过是少一百几十元，而偷懒去炒股或上网的员工得到的是利益和享乐，少赚100元，却可

以享受每天农场偷菜的悠闲生活，虽然这是一种不思进取的思想，但不能否认，对于部分人“等待”是最优的策略。

在很多团队里，都存在大猪和小猪。如股份公司中的大股东是大猪，小股东是小猪，大股东担当监督经理的责任，小股东“搭便车”。原因在于经理的效率与大股东的利益更相关；村里边的富人是大猪，穷人是小猪，富人会主动去修桥铺路，穷人“搭便车”。原因在于富人家里有大车大马，穷人只是光脚走路，显然修桥铺路对富人更重要。

二、博弈论的基本概念

（一）基本概念

博弈论的基本概念包括参与人、行动、战略、信息、支付函数、结果和均衡等。

参与人：博弈中选择行动以最大化自己效用的决策主体，可以是个人，也可以是团体，如国家和企业。

行动：参与人的决策变量。

战略：参与人选择行动的规则。战略与行动是不同的概念。例如，人不犯我、我不犯人，人若犯我、我必犯人是一种战略，其中的“犯”和“不犯”是两个不同的行动，而战略规定了什么时候选择“犯”，什么时候选择“不犯”。

信息：参与人在博弈中的知识，对手特征和行动的知识。

支付函数：参与人从博弈中获得的效用水平，是所有人战略或行动的函数。

结果：博弈分析者所感兴趣的所有东西，如均衡时的收益（支付）。

均衡：参与人最优战略或行动的集合。

参与人、行动、结果称为博弈规则；博弈分析的目的是使用博弈规则决定均衡。

我们以一个例子说明以上概念。

（二）博弈案例——性别战（Battle of Sexes）

设一对男女在谈恋爱，男士爱看足球，女士爱看芭蕾，但他们都宁愿在一起，不愿分开（这是个重要的假设，可以看出来这两个人确实只是在谈恋爱，而没有结婚）。支付矩阵如表 4-6 所示。

表 4-6　　性别战

		女：足球	女：芭蕾
男	足球	2，1	0，0
男	芭蕾	0，0	1，2

如果男方选择看足球，而女方也看足球，女方得到 1 的收益；如果女方坚持看芭蕾，得到 0 的收益。因此可以得到：如果男方选择看足球，女方也选择看足球。

如果女方选择看芭蕾，而男方选择看足球，男方得到 0 的收益；如果男方选择看芭蕾，得到 1 的收益。因此可以得到：如果女方选择看芭蕾，男方也选择看芭蕾。

这里有两个均衡，即要么一起看足球，要么一起看芭蕾。我们看一看这个例子中博弈的概念。

参与人：即一对男女；

行动：看足球或看芭蕾；

战略：看足球或看芭蕾；

信息：双方对对方选择以及对方选择能够带来什么后果的了解；

支付函数：见支付矩阵。

结果：(2，1) 或 (1，2)

均衡，或者是一起看足球，或者是一起看芭蕾。

注意：这里的“行动”和“战略”是一样的，但实际上战略与行动是不同的概念，战略是行动的规则而不是行动本身。在迄今我们谈论的博弈中，都属于静态博弈，战略与行动没有区别。

可以发现，在性别战中，存在先动优势（First-mover Advantage)：即谁先买了票，就去看哪个。

（三）博弈的划分

第一个划分原则是参与人的行动顺序，可以分为静态博弈和动态博弈。前者指参与人同时行动，或者即便不是同时，但后行动者不知道前者的行动；后者指，参与人有先后顺序，后行动者能够看到先行动者的行动。

第二个划分原则：从知识的角度，可以分为完全信息和不完全信息：对他人的特征、战略以及支付函数完全了解就是完全信息，否则就是不完全信息。

结果可以形成四类博弈，分别有不同的均衡：

完全信息静态博弈，可以归结为纳什均衡（纳什，1994 年诺贝尔经济学奖得主）。

完全信息动态博弈，可以归结为子博弈精炼纳什均衡（主要贡献者泽尔腾，1994 年诺贝尔经济学奖得主）。

不完全信息静态博弈，可以归结为贝叶斯纳什均衡（主要贡献者海萨尼，1994 年诺贝尔经济学奖得主）。

不完全信息动态博弈，可以归结为精炼贝叶斯均衡。

四种博弈的特征如表 4-7 所示。

表 4-7　　四种博弈类型的区分

行动顺序和信息	静态	动态
完全信息	完全信息静态博弈 纳什均衡，	完全信息动态博弈 子博弈精炼纳什均衡
不完全信息	不完全信息静态博弈 贝叶斯纳什均衡	不完全信息动态博弈 精炼贝叶斯纳什均衡

第三节　完全信息静态博弈

完全信息静态博弈的概念包括两个要点：

1. 完全信息：每一个参与人对所有其他参与人（对手）的的特征、战略空间及支付函数有准确的认识。

2. 参与人同时选择行动或非同时行动但后行动者并不知道前行动者采取了什么具体行动。

简言之，就是参与者对对手很了解，且双方同时行动。

本节的思路是：首先介绍占优策略均衡，依次是纳什均衡、混合战略纳什均衡，最后给出一些简单的应用。

一、占优策略均衡（Dominant Strategy）

在所有的博弈均衡中，占优策略均衡是最强的均衡，也就是要求最严格或出现最少的均衡。

我们回到囚徒困境。如表 4-8 所示。

表 4-8　　　　**囚徒困境**

		B 坦白	*B* 抵赖
A	坦白	−5，−5	−1，−7
A	抵赖	−7，−1	−2，−2

前面已经分析过，无论 A 坦白还是抵赖，*B* 的最优选择都是坦白。同样，无论 *B* 坦白还是抵赖，*A* 的最优选择都是坦白。我们于是可以认为："坦白"就是 *B* 的占优策略，同样，"坦白"也是 A 的占优策略。而由占优策略构成的均衡就叫占优策略均衡。这种均衡是相当稳定的，因为双方根本不在乎对方怎样想，而只坚持自己的占优策略。

我们再看一个例子，寡头之间可以合作，也可以竞争，我们可以用画线法寻找均衡。支付矩阵如表 4-9 所示。

表 4-9　　　　**竞争与合作**

		乙 合作	乙 不合作
甲	合作	10，10	6，$\underline{12}$
甲	不合作	$\underline{12}$，6	$\underline{8}$，$\underline{8}$

如果甲合作，乙合作得到 10，不合作得到 12，因此选择不合作，在支付矩阵右

上角的“12”下画线。如果甲不合作，乙合作得到6，不合作得到8，因此选择不合作，在支付矩阵右下角的第二个数字“8”下画线。所以我们说，不合作是乙的占优策略。

如果乙合作，甲合作得到10，不合作得到12，因此选择不合作，在支付矩阵左下角的“12”下画线。如果乙不合作，甲合作得到6，不合作得到8，因此选择不合作，在支付矩阵右下角的第一个数字“8”下画线。所以我们说，不合作同样是甲的占优策略。

于是，(不合作，不合作）就是占优策略均衡。另外，我们发现，在支付矩阵右下角的两个数字下都被画线，它代表博弈的均衡。

结论1 在一个博弈里，如果所有人都有占优策略，那么占优策略均衡就是可以预测到的唯一的均衡。因为大家都是理性的。

结论2 如果一个博弈的支付矩阵中有某一个支付组合的下面都被画线，则该支付组合是一个均衡。

(二）重复剔除劣战略的占优均衡

以两个寡头之间的竞争与合作为例。假设市场上有一个垄断的在位者，如果没有其他企业进入市场，它将获得300的利润。市场上有一个潜在的进入者，它有两个选择，进入市场或不进入市场；在位者也有两个选择，斗争或者不斗争。如表4-10所示。

表4-10 **市场进入博弈**

		在位者	
		默许	斗争
进入者	进入	150，150	−10，100
	不进入	0，300	0，200

如果进入者进入，在位者默许，则双方分割市场，各得150。

如果进入者进入，在位者斗争，则两败俱伤，进入者得到−10，在位者也付出巨大代价，得到100。

如果进入者不进入，在位者默许，则与最初状态没有区别。进入者得到零，在位者保持利润。

如果进入者不进入，在位者斗争，则在位者要保持斗争的态势也要花费成本，因此在位者利润减少为200，与最初状态没有区别。进入者仍然得到零。

我们可以用画线法找到均衡，如果进入者进入，在位者默许，在位者可以得到150，如果在位者选择斗争，得到100，因此，在位者选择默许，我们在支付矩阵中左上角方框中第二个数字“150”下面画线。

如果进入者不进入，在位者默许，在位者可以得到300，如果在位者选择斗争，得到200，因此，在位者选择默许，我们在支付矩阵中左下角方框中第二个数字“300”下面画线。

也就是说：无论进入者采取进入还是不进入，在位者的最优选择都是默许。于是，

“默许”是在位者的占优策略。

反过来看进入者，如果在位者选择默许，进入者进入可以得到 150，不进入得到 0，因此选择进入，我们在支付矩阵中左上角方框中第一个数字“150”下面画线；如果在位者选择斗争，进入者进入得到－10，不进入得到 0，因此选择不进入。我们在支付矩阵中右下角方框中第一个数字“0”下面画线。也就是说，进入者并没有占优策略：对方默许，就进入，对方斗争，就不进入。

实际上可以简单一点。进入者也是有足够理性的，给定在位者一定会保持默许，那么进入者应该如何选择？给定在位者一定会保持默许，进入者进入可以得到 150，不进入只能得到 0，因此进入者一定选择进入。

最后的结果是（进入，默许）。这个结果可能不同于我们一般的认识，我们可能都会认为，垄断者必将阻挠进入者来保持垄断地位，但事实上，如果没有其他原因如政府特许等因素，只要进入者的实力足够强大，市场的垄断很难保持下去。

在这个博弈中，一方有占优策略，另一方没有占优策略，但仍然构成占优策略均衡，可以称为“单方占优策略均衡”，单方占优策略均衡也是稳定的。同时，这是一个重复剔除劣战略的占优策略均衡。

回到市场进入博弈，由于“默许”是在位者的占优策略，而“斗争”是它的严格劣战略，因此，可以将这个严格劣战略剔除。这样，表 4-10 就变成了表 4-11。

表 4-11　　剔除劣战略的市场进入博弈

		在位者：默许
进入者	进入	150，150
	不进入	0，300

给定在位者默许，进入者的“不进入”就是严格劣战略，可以将其剔除，最后只剩下（进入，默许）。

我们再看一个重复剔除劣战略的例子。

表 4-12　　重复剔除劣战略之一

		乙：L	M	R
甲	U	1，0	1，2	0，1
	D	0，3	0，1	2，0

分析一下。如果甲选择 U，乙选择 M；如果甲选择 D，乙选择 L。乙没有占优策略。

如果乙选择 L，甲选择 U；乙选择 M，甲选择 U；乙选择 R，甲选择 D。甲也没有占优策略。看起来，两个人的最优战略是互相依赖的。但是，我们发现，对于乙来说，M 严格优于 R，因此可以将 R 剔除，博弈变为如表 4-13 所示。

表 4-13 重复剔除劣战略之二

甲＼乙	L	M
U	1，0	1，2
D	0，3	0，1

此时，我们可以发现：甲存在占优策略，U 严格优于 D，因此将 D 剔除，博弈变为如表 4-14 所示。

表 4-14 重复剔除劣战略之三

甲＼乙	L	M
U	1，0	1，2

可以发现，对乙来说，M 优于 L，于是（U，M）成为唯一的均衡。

二、纳什均衡（Nash Equilibrium）

前面我们介绍了占优策略均衡和重复剔除劣战略的占优均衡。但是，完全信息静态博弈中，很多博弈无法使用重复剔除劣战略来寻找均衡，我们需要纳什均衡的概念。

纳什均衡的定义：假设有 N 个人参与博弈，每个人选择自己的最优战略（可能依赖别人也可能不依赖别人），所有人的最优战略构成一个战略组合。纳什均衡就是这样一种均衡，在给定别人战略的情况下，没有任何单个人有积极性选择其他战略。给定别人不动，自己也不动。纳什均衡的要点在于：如果其他参与者不改变策略，那么，每一个人都不会改变策略。

例 1：斗鸡博弈

两个人拿着火棍相对走独木桥，继续前进，两败俱伤；一方进，另一方退，前者胜利，后者丢面子；若二人都退，都丢面子。支付矩阵如表 4-15 所示。

表 4-15 斗鸡博弈

A＼B	进	退
进	−3，−3	2，0
退	0，2	0，0

我们可以用画线法寻找均衡。如果 A 进，则 B 退；如果 A 退，则 B 进。同样，如果 B 进，则 A 退；如果 B 退，则 A 进。可以发现：（进，退）和（退，进）都是均衡。这就是纳什均衡：你进则我退；你退则我进。我的策略依赖于你的策略。

例 2：夫妻博弈

很多夫妻之间存在博弈，但是我们发现：一般而言，要么夫妻两人总是不吵架，就像

俗话说的“没有红过脸”；要么是两口子总是吵架。而出现一方吵架另一方沉默的情况不多，这是为什么？（请考虑男女平等的因素）

我们设计一个夫妻博弈，如表 4-16 所示。

如果丈夫选择和平，则妻子也选择和平，双方和平共处；如果丈夫选择战争，妻子也选择战争，针锋相对。同样，如果妻子选择和平，则丈夫也选择和平；如果妻子选择战争，丈夫也选择战争。这样，就存在两个纳什均衡：（和平，和平）和（战争，战争）。

表 4-16　　夫妻博弈

		妻：和平	妻：战争
夫	和平	10，10	3，6
	战争	6，3	4，4

例 3：另一个市场进入博弈

垄断市场上有一个在位者，一个进入者。前者试图阻挠后者。进入之前在位者的利润为 100，进入后各得 50；进入成本为 10。如果进入者选择进入，在位者选择默许，支付分别为 40（50 扣除 10 的成本）和 50；如果进入者选择进入，在位者选择斗争，进入者收益为－10，在位者收益为 30。如果进入者选择不进入，在位者选择默许或斗争无差别。

表 4-17　　进入博弈

		在位者：默许	在位者：斗争
进入者	进入	40，50	－10，30
	不进入	0，100	0，100

使用画线法可以发现，这个博弈存在两个纳什均衡，（进入，默许）和（不进入、斗争）。后者为什么是一个纳什均衡呢？因为只有在位者斗争时，不进入才是最优选择。

三、混合战略纳什均衡

由于纳什均衡要求的条件比较强：一组满足所有参与人的效用最大化的战略组合，因此有些博弈不存在纳什均衡，这时，要用到混合战略纳什均衡。

例 1：社会福利博弈

参与人：政府和流浪汉。后者有两个战略：找工作或流浪；前者有两个战略：救济或不救济。政府想帮助流浪汉，前提是他必须找工作，否则，不给予帮助；而流浪汉只有在得不到救济的时候才去寻找工作。如表 4-18 所示。

这个博弈有没有纳什均衡？没有，因为给定政府救济，流浪汉会选择流浪；给定流浪汉流浪，政府不救济；给定政府不救济，流浪汉会选择寻找工作；给定流浪汉寻找工作，政府救济；给定政府救济，流浪汉会选择流浪……。画线法也显示没有纳什均衡。

表 4-18　　社会福利博弈

		流浪汉：找工作	流浪汉：流浪
政府	救济	3，2	−1，3
	不救济	−1，1	0，0

例 2：猜谜博弈

两个儿童手里各拿着一枚硬币，决定要显示正面向上还是反面向上。如果两枚硬币同时正面向上或反面向上，*A* 给 *B* 一分钱；如果不是这样，*B* 给 *A* 一分钱。

给定 *A* 选择正面，*B* 选择正面；*B* 选择正面时，*A* 的最优选择是反面；给定 *A* 的选择是反面，*B* 的最优是反面；如果 *B* 选择反面，*A* 的最优是正面。这是一个零和博弈，你的所得就是我的所失，同样没有纳什均衡，如表 4-19 所示。

表 4-19　　猜谜博弈

		儿童 *B*：正面	儿童 *B*：反面
儿童 *A*	正面	−1，1	1，−1
	反面	1，−1	−1，1

例 3：爱情博弈

男人对女人有时也是这样，你爱她，前提是她珍惜你的爱，否则不如不爱；但是女人不会珍惜，因为这样才能显示自己不容易被追求，只有在失去你的爱时女人才去珍惜。如表 4-20 所示。

表 4-20　　爱情博弈

		女人：珍惜	女人：不珍惜
男人	爱	1，0	0，1
	不爱	0，1	1，0

如果男人选择爱，那么女人的最佳选择是不珍惜；如果女人不珍惜，男人的最佳选择是不爱；如果男人不爱，那么女人的最佳选择是珍惜；如果女人珍惜，男人的最佳选择是爱；如果男人选择爱，那么女人的最佳选择是不珍惜……

此类博弈的特征是参与人想猜透别人的战略，却又不想让别人知道自己的战略。如赌博、球赛、战争中就是这类情况。

尽管上述博弈不存在第二节所定义的纳什均衡，却存在着混合战略纳什均衡：参与人以一定的概率选择某一种战略。尽管在均衡点，每个参与人都知道其他参与人不同概率的分布，但无法猜出其实际上采用的战略。

我们可以把以前所定义的纳什均衡称为纯战略纳什均衡，现在再定义一个混合战略纳什均衡：如果一个战略规定参与人在给定信息下以某种概率分布随机地选择不同的行动，那么该战略为混合战略，混合战略构成的均衡叫混合战略纳什均衡，纯战略实际上是混合战略的特例。

在社会福利博弈中，假如政府以 0.5 的概率选择救济，0.5 的概率选择不救济，对流浪汉来说，寻找工作带来的期望效用为 $0.5\times2+0.5\times1=1.5$，而流浪带来的期望效用是 $0.5\times3+0.5\times0=1.5$。也就是说，此时流浪汉选择寻找工作或流浪没有差别，或者说任何战略都是最优的，特别地，流浪汉以 0.2 的概率选择工作，0.8 的概率流浪，政府任何的期望效用都是 -0.2。因此，政府以 0.5 的概率选择救济，0.5 的概率选择不救济，流浪汉以 0.2 的概率选择工作，0.8 的概率流浪，是一个混合战略纳什均衡。

在猜谜博弈中，每个儿童都以 0.5 的概率选择正面或反面是一个混合战略纳什均衡。

找到混合战略纳什均衡可以有两种方法：一是支付最大化的方法，就是求导数，二是支付等值法，两种方法是等价的。

假设政府的混合战略是（x，$1-x$）（政府以 x 的概率选择救济，以 $1-x$ 的概率选择不救济），流浪汉的混合战略是（y，$1-y$）（流浪汉以 y 的概率选择寻找工作，以 $1-y$ 的概率选择流浪）。

（一）支付最大化方法

当政府救济时，政府的收益＝流浪汉找工作时政府的收益乘以流浪汉找工作的概率＋流浪汉流浪时政府的收益乘以流浪汉流浪的概率$=3y+(-1)(1-y)$。

当政府不救济时，政府的收益＝流浪汉找工作时政府的收益乘以流浪汉找工作的概率＋流浪汉流浪时政府的收益乘以流浪汉流浪的概率 $=(-1)y+0$。

而政府的全部收益＝选择救济时的期望收益＋选择不救济时的期望收益＝救济的概率乘以选择救济时的收益＋不救济的概率乘以选择不救济时的收益 $=x[3y+(-1)(1-y)]=(1-x)(-y+0)=x(5y-1)-y$。

令该函数对 x 求导数，并令导数等于 0，则得到 $y=0.2$。

同样，流浪汉的期望收益函数为

$$y\,[2x+(1-x)]=+(1-y)(3x+0)=-y(2x-1)+3x$$

对 y 求导数，并令导数等于 0 得到 $x=0.5$。

如果政府认为流浪汉选择寻找工作的概率严格小于 0.2，那么政府就会选择不救济；但如果政府以 1 的概率选择不救济，流浪汉的最优选择是寻找工作；如此等等。因此 $y<0.2$ 不构成纳什均衡，同样可以证明 $y>0.2$ 也不是纳什均衡。而 $x>0.5$ 和 $x<0.5$ 也不是纳什均衡。

（二）支付等值法

在均衡时，流浪汉选择寻找工作和流浪的收益应该是相等的。流浪汉选择寻找工作的收益是多少？它等于政府救济时流浪汉的收益加上政府不救济时流浪汉的收益，即等于：$2x+(1-x)$。

流浪汉选择流浪的收益是多少？它等于政府救济时流浪汉的收益加上政府不救济时流

浪汉的收益，即等于：$3x+0$。

于是有 $2x+(1-x)=3x+0, x=0.5$。

同样，在均衡时，政府选择救济和不救济的收益应该是相等的。政府选择救济的收益是多少？它等于流浪汉选择寻找工作时政府的收益加上流浪汉选择流浪时政府的收益，即等于：$3y+(-1)(1-y)$。

政府选择不救济的收益是多少？它等于流浪汉选择寻找工作时政府的收益加上流浪汉选择流浪时政府的收益，即等于：$(-1)y+0$。

于是有 $3y+(-1)(1-y)=(-1)y+0, y=0.2$。

我们用支付等值法分析一下爱情博弈。男人选择爱的概率是 x，选择不爱的概率是 $1-x$；女人珍惜的概率是 y，选择不珍惜的概率是 $1-y$。

男人选择爱的收益是多少？它等于女人珍惜时男人的收益加上女人不珍惜时男人的收益，等于 $y+(1-y)\times 0$。

男人选择不爱的收益是多少？它等于女人珍惜时男人的收益加上女人不珍惜时男人的收益，等于 $0\times y+(1-y)\times 1$。

于是有 $y=1-y$，$y=0.5$。

同样可以得到：女人选择珍惜时的收益是 $0\times x+(1-x)\times 1$，女人选择不珍惜时的收益是 $x\times 1+(1-x)\times 0$，两者相等，即 $1-x=x$，$x=0.5$。

也就是说，在表 4-20 给定的收益情况下，男人以 0.5 的概率选择爱，以 0.5 的概率选择不爱；女人以 0.5 的概率选择珍惜，以 0.5 的概率选择不珍惜。

如何理解这个概率？难道在找对象时还要抛硬币吗？概率也许可以这样解释：50%的男人在说爱时是真心的，50%的女人在听到男人在说爱时认为男人是真心的。

例 4：监督博弈

设参与人是税务机关和纳税人。前者的战略是检查和不检查，后者的战略是逃税和不逃税。A 是应交的税款，C 是检查成本，F 是罚款。假定 $C<A+F$，此时不存在纯战略均衡。如表 4-21 所示。

表 4-21　　监督博弈

		纳税人	
		逃税	不逃税
税务机关	检查	$\underline{A+F-C}$，$-A-F$	$A-C$，$\underline{-A}$
	不检查	0，$\underline{0}$	$\underline{A}$，$-A$

如果税务机关检查，纳税人的最优战略是不逃税，如果纳税人不逃税，税务机关应该不检查，如果税务机关不检查，纳税人应该逃税，如果纳税人逃税，税务机关应该检查……

该博弈存在混合战略纳什均衡，我们用 x 来表示税务机关检查的概率，y 表示逃税的概率。

给定 y，税务机关选择检查和不检查的期望收益分别是

收益 $1=(A-C+F)y+(A-C)(1-y)=yF+A-C$

收益 2 $= A(1-y)$

令两者相等，得到 $y = C/(A+F)$

给定 x，纳税人选择逃税和不逃税的期望收益是

收益 1 $= (A+F)x + 0 = -(F+A)x$

收益 2 $= -Ax + (-A)(1-x) = -A$

令两者相等，得到 $x = A/(A+F)$

混合战略纳什均衡是，$y = C/(A+F), X = A/(A+F)$，前者是纳税人逃税的概率，后者是税务机关检查的概率。可以看出：检查成本越高，逃税概率就越大。应交税款越多，惩罚越重，逃税的概率就越小。这就是逃税现象在小企业里更为普遍的原因。

关于概率的解释是：在全部纳税人里，有 $C/(A+F)$ 比例的人逃税，而税务机关随机抽查 $A/(A+F)$ 比例的纳税人。

例 5：性别战的混合战略纳什均衡

有些博弈既存在纯战略均衡，也有混合战略纳什均衡，如性别战。

表 4-22　性别战

		女	
		足球	芭蕾
男	足球	$\underline{2}$，$\underline{1}$	0，0
	芭蕾	0，0	$\underline{1}$，$\underline{2}$

有两个纳什均衡，或者是一起看足球，或者是一起看芭蕾。

事实上，还存在一个混合战略纳什均衡，这就是男士以 2/3 的概率选择看足球，1/3 的概率选择看芭蕾，女士以 1/3 的概率选择看足球，2/3 的概率选择看芭蕾。类似的，在存在两个纯战略纳什均衡的博弈中，如斗鸡博弈（表 4-15 所示的例子）中，也存在一个混合战略纳什均衡。A、B 进的概率都是为 2/5，退的概率都是 3/5。

事实上，威尔逊证明：几乎所有有限博弈都存在有限奇数个纳什均衡，一个、三个、五个等。这样就意味着：如果一个博弈有两个纯战略纳什均衡，那么一定存在第三个混合战略纳什均衡。

四、纳什均衡的一些应用

诺贝尔经济学奖获得者萨缪尔森有一句话：你可以将一只鹦鹉训练成一个经济学家，因为它只需要学习两个词：供给和需求。博弈论专家坎多瑞引申说：要成为现代经济学家，这只鹦鹉必须再多学一个词，就是"纳什均衡"，这也说明了纳什均衡的重要性。

（一）地方政府与农村居民之间的公共产品选择博弈

设博弈双方为地方政府和农村居民，有两个公共产品项目：分别为 P 和 Q，P 项目投资少，见效快（即政绩显著），但农民收益不高；Q 项目投资多，见效慢，但农民收益较高。地方政府偏向于 P 项目，因为该项目更容易体现政绩，而农民偏向于 Q 项目。地方政府的战略为（P，0），其中 0 意味着无选择，同样农民的战略也是（Q，0）。如表 4-23 所示。

如果地方政府选择 P，而农村居民选择 Q，则出现矛盾，但由农村居民处于弱势地位，P 项目被执行，由于放弃了 Q 的收益，此时农村居民收益较低；如果农村居民选择“0”，地方政府选择 P，由于没有 Q 的预期收益，所以此时农村居民的收益略高，由于 P 项目顺利实施，没有产生矛盾，地方政府收益也略高；如果农村居民选择 Q，地方政府选择“0”，Q 被执行，农村居民收益最高。如果双方都选择“0”，则收益都为 0。

表 4-23　　公共产品选择博弈

		地方政府 P	地方政府 0
农村居民	Q	(1，2)	(3，0)
农村居民	0	(2，3)	(0，0)

农村居民选择 Q 时，地方政府选择 P，农村居民选择“0”时，地方政府仍然选择 P；因此 P 是地方政府的最优选择。给定地方政府选择 P，农村居民只好选择“0”。农村居民可以得到一些收益，但不是最高的收益。最优没有实现，而只能实现次优。其中的原因在于双方需求的不一致。这个简单的博弈可以解释农村公共产品“强制供给”为什么经常出现。例如，很多农村都铺设了有线电视网络，但农民并不买账，他们宁愿自己买一个卫星天线。其中原因在于有线电视不是其首要需求。

解决这个问题的办法有二：第一个办法是重新构建农村居民公共产品需求表达机制，从而提高公共产品供给的效率；第二个办法是应该尽快改变地方政府的政绩考核办法。

（二）富裕居民与相对贫困居民之间的博弈

在农村公共产品供给中，如果考虑到居民所支付的成本，则可能存在类似于智猪博弈的局面。设在一地区存在有两种居民，分别为相对富裕者和相对贫困者。而公共产品的提供需要居民支付一定的成本 C。以乡村道路的修建为例，相对富裕者拥有汽车等交通工具，可以从乡村道路的修建中得到更多收益，一般认为富裕者会有更强烈的动机参与道路的修建。但以下的博弈过程证明，富裕者是否有更强的动机取决于农村公共产品供给的效率。设公共产品带给相对富裕者的收益为 R_1，相对贫困者收益为 R_2，$R_1>R_2$。博弈过程如表 4-24 所示。

表 4-24　　农村公共产品供给博弈

		贫困者 行动	贫困者 等待
富裕者	行动	R_1-C，R_2-C	R_1-C，R_2
富裕者	等待	R_1，R_2-C	0，0

表中的“行动”表示愿意支付成本，而“等待”表示拒绝支付成本，但由于农村公共产品的公共性（如道路），即使不支付成本也可以享受服务。

如果富裕者选择“行动”，则贫困者选择“等待”，如果富裕者选择“等待”，那么当

$R_2-C>0$ 时，贫困者选择“行动”，否则选择“等待”。

如果贫困者选择“行动”，则富裕者选择“等待”，如果贫困者选择“等待”，那么当 $R_1-C>0$ 时，富裕者选择“行动”，否则选择“等待”。

可以发现，博弈的结果取决于农村公共产品供给的效率。

如果 $C>R_1$，则富裕者和贫困者都会选择“等待”，公共产品供给量为零。

如果 $R_1>C>R_2$，则无论富裕者如何选择，贫困者都会选择“等待”，给定贫困者选择“等待”，富裕者选择“行动”，这是标准的智猪博弈。

如果 $R_2>C$，则可能会出现（行动，等待）和（等待，行动）两种结果。这里还存在一个混合战略纳什均衡。经简单计算可以发现，富裕者选择“行动”的概率为$\frac{R_2-C}{R_2}$，贫困者选择“行动”的概率为$\frac{R_1-C}{R_1}$，我们惊奇地发现，$\frac{R_1-C}{R_1}>\frac{R_2-C}{R_2}$，即贫困者有更强的动机参与公共产品建设，其中原因在于只要公共产品的收益大于成本，相对于富裕者而言，贫困者有更强的动机改变自身的状况。这也说明：“雪中送炭”的边际效用值要大于“锦上添花”的边际效用值。

（三）古诺均衡

古诺模型是由法国经济学家古诺于 1838 年提出的早期寡头模型。古诺模型通常被作为寡头理论分析的出发点。古诺模型是一个只有两个寡头厂商的简单模型，该模型也被称为“双头模型”。古诺模型的结论可以很容易地推广到三个或三个以上的寡头厂商的情况中去。

古诺模型假定一种产品市场只有两个卖者，并且相互间没有任何勾结行为，但相互间都知道对方将怎样行动，从而各自怎样确定最优的产量来实现利润最大化。这是产量竞争的典型方式，同样是完全信息静态博弈。

古诺模型分析的是两个出售相同产品的生产成本为零的寡头厂商的情况。例如，一个行业内有两个企业 A 和 B，他们生产和销售相同的产品，且实力相当。为简单起见假设生产成本为零；他们共同面临的市场的需求曲线是线性的，A、B 两家厂商都准确地了解市场的需求曲线；A、B 两家厂商都是在已知对方产量的情况下，各自确定能够给自己带来最大利润的产量，即每一个产商都是消极地以自己的产量去适应对方已确定的产量。

我们观察图 4-1。

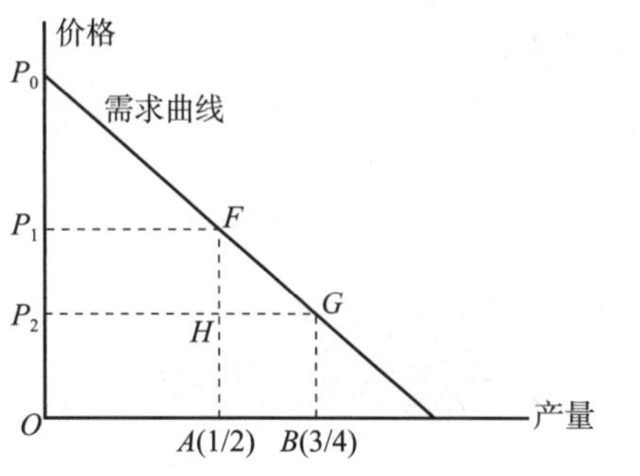

图 4-1 古诺模型

在图中，横轴为产量，纵轴为价格。由于成本为零，在完全竞争市场，价格应该等于边际成本也为零，当价格为零时，产量应该为需求曲线与横轴的交点，为方便起见，我们假设该产量为 1。竞争（实际上是心理上的）开始。

第一轮，我们假设 A 厂商先行动，由于成本为零，因此收益等于利润。A 厂商会选择生产多少产量？这实际上就是在三角形中内接一个矩形使其面积最大的问题。显然，A 厂商应该在位于 A 的 1/2 处生产，价格为 P_1，其利润为 OP_1FA。此时，A 剔除掉了大于一半产量以上的产量，即自己的产量选择范围为（0，1/2），然后，B 进入市场，B 会生产多少？B 不会生产剩下的全部产量，因为那样的话，价格会变为零。B 会生产剩下市场份额的一半以保证在当前情况下的利润最大化，也就是说，B 会生产 1/4，此时，B 剔除掉了小于 1/4 的产量，即自己的产量选择范围为（1/4，1/2）。市场价格降到 P_2，A 的利润下降为 OP_2HA，B 的利润为 $AHGB$。此时，两者的共同选择范围为（1/4，1/2）。

但事情远远没有结束，A 发现，B 目前生产市场总容量的 1/4，A 将重新调整增加的生产，它会生产剩下市场的一半来获取最大利润，即生产 3/4 的一半即 3/8。此时，A 剔除掉了 3/8 到 1/2 的产量，即自己的产量选择范围为（0，3/8），与第一轮相比，A 的产量下降了 1/8。B 也要重新调整，生产剩下市场的一半来获取最大利润，B 将生产 5/8 的一半 5/16，与第一轮相比，B 的产量增加了 1/16。此时，B 剔除掉了 1/4 到 5/16 的产量，即自己的产量选择范围为（5/16，1/2）。这样两者的共同选择范围为（5/16，3/8）。

第三轮，A 发现，B 目前生产市场总容量的 5/16，A 将重新调整增加的生产，它会生产剩下市场的一半来获取最大利润，即生产 11/16 的一半即 11/32。与第二轮相比，A 的产量下降了 1/32。B 也要重新调整，生产剩下市场的一半来获取最大利润，B 将生产 21/32 的一半 21/64，与第二轮相比，B 的产量增加了 1/64。

这样，两者的共同选择范围为（12/64，11/32）。

我们可以发现，A 的产量逐渐减少：第一轮为 1/2，第二轮减少了 1/8，第三轮减少了 1/32，依次类推。B 的产量逐渐增加：第一轮为 1/4，第二轮增加了 1/16，第三轮增加了 1/64，依次类推。两者的共同选择范围也逐渐缩小。

最后达到均衡时 B 的产量为$\frac{1}{4}+\frac{1}{16}+\frac{1}{64}+\cdots=\frac{1/4}{1-1/4}=\frac{1}{3}$

A 的产量为$\frac{1}{2}-\frac{1}{8}-\frac{1}{32}-\cdots=\frac{1}{2}-\frac{1}{2}\left(\frac{1}{4}+\frac{1}{16}+\cdots\right)=\frac{1}{2}-\frac{1}{2}\times\frac{1}{3}=\frac{1}{3}$

也可以这样理解，无限次剔除后，A 和 B 的产量选择均为 1/3。

以上的双头模型可以推广。令寡头厂商的数目为 N，则一般结论为

每个寡头厂商的均衡产量为市场总容量的$\frac{1}{N+1}$

行业的均衡总产量为市场总容量的$\frac{N}{N+1}$。

当 N 的值越大，该市场越接近完全竞争，N 为无穷大时，寡头市场就变成了完全竞争市场。

以上通过代数方法求得了古诺模型的均衡解，也可以采用微积分的方法求解。

假设市场需求曲线为

$P=3\ 000-Q$ 其中，$Q=Q_A+Q_B$，Q_A 和 Q_B 分别代表 A 和 B 的产量。

由于成本为零，因此，如果是完全竞争，则均衡价格应该为零，产量应该为 3 000，即市场总容量为 3 000。

对于 A 来讲，利润函数为

$$\pi_A = P \cdot Q_A = (3\ 000 - Q_A + Q_B) \cdot Q_A$$

用该利润函数对 A 的产量求导数，并令导数等于零，得到

$$\frac{d\pi_A}{dQ_A}=3\ 000-2Q_A+Q_B=0\Rightarrow Q_A=1\ 500-\frac{Q_B}{2}$$

$Q_A=1\ 500-\frac{Q_B}{2}$就是厂商 A 对厂商 B 选择产量的反应函数，即每给定厂商 B 的一个产量，厂商 A 根据此函数进行反应。同理，可以求得厂商 B 对厂商 A 选择产量的反应函数 $Q_B=1\ 500-\frac{Q_A}{2}$。

将两个反应函数联立，即可以求解得到纳什均衡点：$Q_A=Q_B=1\ 000$。

可以发现：每个寡头厂商的均衡产量为市场总容量的 1/3。

（四）先动模型——斯坦克伯格模型①

在古诺模型中，两家实力相当的企业同时做产量决策。在这里，我们换一种假设，例如，一个城市有两家企业 A 和 B，两家厂商实力悬殊。A 的实力更强，我们命名为领导者，B 为追随者。厂商 A 先行动，先做出产量决策，B 在观测了 A 的产量后马上做出反应，选择自己的产量。

要注意，我们说，厂商 A 先行动，先做出产量决策，并不是指 A 可以随意决策，它在行动时必须事先考虑到 B 可能的反应。例如，B 厂商的反应函数是 F_B（Q_A），那么，A 的决策函数就是 F_A（F_B（Q_A））。也就是说，先求出 B 的反应函数，然后再将 B 的反应函数代入 A 的利润函数，求 A 的决策函数。

我们仍然利用古诺模型的例子，假设：

$$P=3\ 000-Q \text{ 其中，} Q=Q_A+Q_B$$

对于 B 来讲，其反应函数与古诺模型中没有区别，仍然是给定 A 的产量，求自身的利润最大化，因此，厂商 B 的反应函数仍然是：$Q_B=1\ 500-\frac{Q_A}{2}$

我们将厂商 B 的反应函数代入 A 的利润函数，得到

$$\pi_A = P \cdot Q_A = (3\ 000 - Q_A - Q_B) \cdot Q_A = (3\ 000 - Q_A - (1\ 500 - \frac{Q_A}{2})) \cdot Q_A$$

$$\pi_A=1\ 500Q_A-\frac{Q_A^2}{2}$$

用利润函数对 A 的产量求导数，令导数等于零，得到

$$\frac{d\pi_A}{dQ_A}=1\ 500-Q_A=0 \quad Q_A=1\ 500$$

① 此模型属于动态博弈，在下一节会有所论述。

将 $Q_A=1\,500$ 代入 $Q_B=1\,500-\frac{Q_A}{2}$，得到 $Q_B=750$。

总产量为 $Q_A+Q_B=2\,250$，价格为 750。

与古诺模型相比，价格下降，产量增加，利润减少。消费者福利略有增加。

（五）广告战——案例分析

中央电视台与地方卫视之间在广告市场上存在激烈的竞争，我们把所有的地方卫视看成一个整体，广告商不是把广告投放在中央电视台就是投放在地方卫视。这样就构成了双寡头竞争的格局。

同时，我们假设中央电视台与地方卫视在运营成本上差别不大。Q 为整个市场也就是全国的广告量，P 为广告价格，C 为成本。

$P=A-Q$，其中，$Q=Q_1+Q_2$，Q_1 是中央电视台的广告量，Q_2 是地方卫视的广告量，A 大于 C。

中央电视台的利润函数为 $\pi_1=(A-Q)\times Q_1-CQ_1$

地方卫视的利润函数为 $\pi_2=(A-Q)\times Q_2-CQ_2$

我们把竞争分为两种，第一种是假设中央电视台领先、地方卫视跟随的模式，也就是假设中央电视台实力要领先于地方卫视；第二种是假设中央电视台和地方卫视实力相当。第一种实际上是斯坦克伯格先动模型；第二种实际上是古诺模型。

① 中央电视台领先、地方卫视跟随的竞争模式①

我们先求地方卫视的反应函数。地方卫视的利润函数为

$$\pi_2=(A-Q)\times Q_2-CQ_2=(A-Q_1-Q_2)\times Q_2-CQ_2=AQ_2-Q_1Q_2-Q_2^2-CQ_2$$

将利润函数对数量求导数，并令导数等于零，可以求出其反应函数为

$$\frac{d\pi_2}{dQ_2}=A-Q_1-2Q_2-C=0\Rightarrow Q_2=\frac{A-Q_1-C}{2}$$

将地方卫视的反应函数代入中央电视台的利润函数可以求得

$$\pi_1=(A-Q)\times Q_1-CQ_1=(A-Q_1-Q_2)\times Q_1-CQ_1$$

$$\pi_1=(A-Q_1-\frac{A-Q_1-C}{2})\times Q_1-CQ_1$$

将利润函数对数量求导数，并令导数等于零，可以求出 Q_1 为

$$\frac{d\pi_1}{dQ_1}=A-2Q_1-\frac{A}{2}+Q_1+\frac{C}{2}-C=0\Rightarrow Q_1=\frac{A-C}{2}$$

将 Q_1 代入地方卫视的反应函数，可以求出 Q_2 为

$$Q_2=\frac{A-C}{4}$$

将产量代入需求函数，可以求出广告价格为 $P=\frac{A}{4}+\frac{3C}{4}$

中央电视台的利润为 $\pi_1=\frac{(A-C)^2}{8}$，地方卫视的利润为 $\pi_2=\frac{(A-C)^2}{16}$。

① 此模式也属于动态博弈。

可以发现，中央电视台的广告量是地方卫视的两倍，利润也是地方卫视的两倍。

② 中央电视台与地方卫视实力平衡的竞争模式

近年来，地方卫视试图通过联盟等策略实现与中央电视台竞争，我们假设双方市场地位平等，且双方同时行动，展开产量竞争，其他条件保持不变。

中央电视台的利润函数为

$$\pi_1 = (A - Q_1 - Q_2) \times Q_1 - CQ_1$$

将利润函数对数量求导数，并令导数等于零，可以求出中央电视台的反应函数

$$\frac{d\pi_1}{dQ_1} = A - 2Q_1 - Q_2 - C = 0 \Rightarrow Q_1 = \frac{A - Q_2 - C}{2}$$

同理可以求得地方卫视的反应函数为 $Q_2 = \dfrac{A - Q_1 - C}{2}$，将反应函数联立，求解：$Q_1 = Q_2 = \dfrac{A - C}{3}$

将产量代入需求曲线可以得到价格 $P = \dfrac{A}{3} + \dfrac{2C}{3}$，中央电视台的利润和地方卫视的利润相等为 $\pi_1 = \pi_2 = \dfrac{(A - C)^2}{9}$

比较两种竞争模式，可以发现：第一种情况下中央电视台的广告量大于第二种情况；第一种情况下地方卫视的广告量小于第二种情况。第一种情况下中央电视台的利润量大于第二种情况；第一种情况下地方卫视的利润量小于第二种情况。

也就是说，地方卫视通过联盟可以获得更多的广告量和利润。值得注意的是，第一种情况下广告价格要低于第二种情况，也就是说中央电视台领先的模式下价格更低一些。如表 4-25 所示。

表 4-25　　中央电视台先动模型与古诺模型的比较

<table>
<tr><th colspan="4">中央电视台先动模型</th></tr>
<tr><th></th><th>价格</th><th>利润</th><th>产量</th></tr>
<tr><td>中央电视台</td><td rowspan="2">$\frac{A}{4}+\frac{3C}{4}$</td><td>$\frac{(A-C)^2}{8}$</td><td>$\frac{A-C}{2}$</td></tr>
<tr><td>地方卫视</td><td>$\frac{(A-C)^2}{16}$</td><td>$\frac{A-C}{4}$</td></tr>
<tr><th colspan="4">古诺模型</th></tr>
<tr><th></th><th>价格</th><th>利润</th><th>产量</th></tr>
<tr><td>中央电视台</td><td rowspan="2">$\frac{A}{3}+\frac{2C}{3}$</td><td rowspan="2">$\frac{(A-C)^2}{9}$</td><td rowspan="2">$\frac{A-C}{3}$</td></tr>
<tr><td>地方卫视</td></tr>
</table>

五、小结

纳什均衡的存在性定理：（纳什 1950 年证明）在每一个有限博弈中至少存在一个纳什均衡（纯战略的或混合战略的）。有限博弈是指有限个人参与博弈，并且每个参与人都有有限个战略。

纳什均衡可能不是唯一的，但博弈论专家萨林指出：参与人可能使用被模型抽掉的信

息达到一个“聚点”均衡。例如，在性别战中，如果今天是女人的生日，可能会看芭蕾；而如果是男人的生日，则可能会看足球。

在我们学过的均衡概念之间，占优均衡范围最窄，重复剔除占优均衡略宽，纯战略纳什均衡较宽，混合战略纳什均衡范围最宽，且后者包含前者，这些均衡之间的关系如图4-2所示。

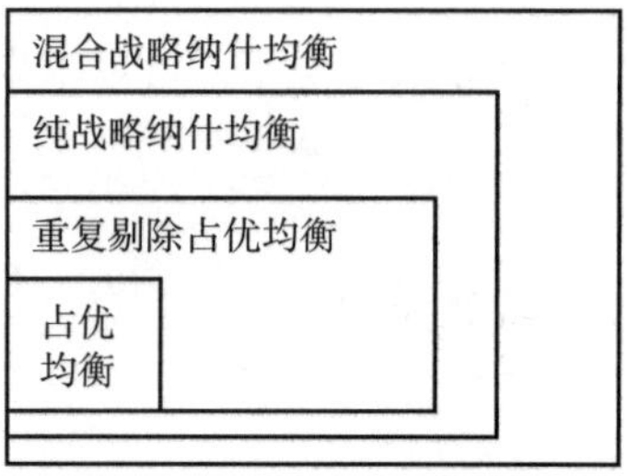

图 4-2　各种均衡之间的关系

第四节　完全信息动态博弈

完全信息动态博弈的概念包括两个要点：

(1) 完全信息：每一个参与人对所有其他参与人的（对手）的特征、战略空间及支付函数有准确的认识。

(2) 动态博弈：参与人行动有先后顺序，且后行动者能够观察先行动者选择的行动。

简言之，就是参与者对对手很了解，且双方不是同时行动。

本节的思路是：首先分析纳什均衡的局限性，然后介绍博弈的扩展式表述及扩展式表述博弈的均衡，给出求解子博弈精练纳什均衡的方法，最后介绍重复博弈。

一、概述

上一节我们学习了纳什均衡，但纳什均衡存在这样几个问题：

1. 一个博弈有多个均衡，甚至有无数个均衡，究竟哪一个会发生？

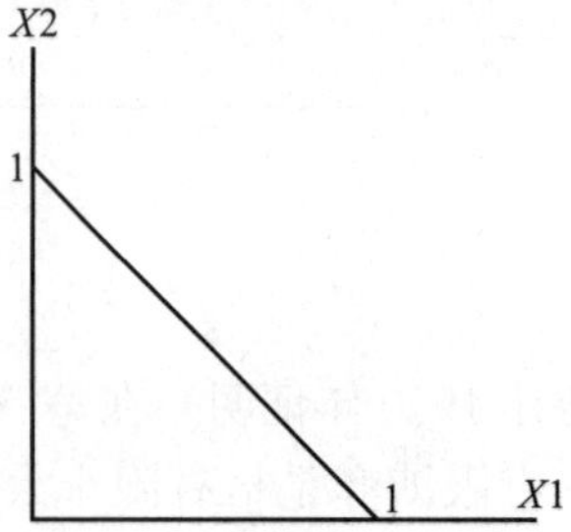

图 4-3　无数个纳什均衡

如分蛋糕博弈。两个人分蛋糕，每个人独立地提出自己的份额，如 X_1 为第一个人的份额，X_2 为第二个人提出的份额，如果 $X_1+X_2\leqslant 1$，两个人的要求都得到满足，否则，谁也得不到任何东西。

在这个博弈中，任何满足 $X_1+X_2=1$ 的 (X_1, X_2) 都是纳什均衡，因此有无穷多个纳什均衡。

2. 在纳什均衡中，参与人在选择自己的战略时，将其他参与人的战略看作是给定的，不考虑自己的选择如何影响对手的战略。

在静态博弈中，这个假设可以成立，因为所有的人同时行动，没有时间反应。但在动态博弈中，一个人行动在前，一个人行动在后，后者会调整自己的战略，前者也会考虑自己的选择对对手的影响。如前文中提到的斯坦克伯格先动模型。

3. 纳什均衡允许了不可置信威胁的存在。

如市场进入阻挠博弈，见表 4-26。垄断市场上有一个在位者，一个进入者。前者试图阻挠后者进入。进入之前在位者的利润为 100，进入后各得 50；进入成本为 10。如果进入者选择进入，在位者选择默许，支付分别为 40（50 扣除 10 的成本）和 50；如果进入者选择进入，在位者选择斗争，进入者收益为 −10，在位者收益为 30。如果进入者选择不进入，在位者选择默许或斗争无差别。

表 4-26　　进入博弈

		在位者	
		默许	斗争
进入者	进入	40，50	−10，30
	不进入	0，100	0，100

使用画线法可以发现，这个博弈存在两个纳什均衡，（进入，默许）和（不进入，斗争）。后者为什么是一个纳什均衡呢？因为只有在位者斗争时，不进入才是最优选择。

但是，对第二个纳什均衡来说，在位者的斗争是不可置信的。因为，如果进入者真的进入，在位者应该默许。因此进入企业不应该被斗争威胁吓倒，因为它是不可置信的。

为此，泽尔腾通过对动态博弈的分析定义了“子博弈精炼纳什均衡”。其中心意义就是将纳什均衡中那些不可置信的威胁战略剔除出去，要求参与人的决策在任何时点都是最优的，因此减少了纳什均衡的个数。

参考资料

威胁的可信性

美国普林斯顿大学古尔教授在 1997 年的《经济学透视》里发表文章，提出一个例子说明威胁的可信性问题。

两兄弟老是为玩具吵架，哥哥老是要抢弟弟的玩具，不耐烦的父亲宣布政策：好好去玩，不要吵我，不管你们谁向我告状，我都把你们两个关起来，关起来比没有玩具更可怕。现在，哥哥又把弟弟的玩具抢去玩了，弟弟没有办法，只好说：快把玩具还我，不然我就要去告诉爸爸。哥哥想，你真要告诉爸爸，我是要倒霉的，可是你不告状不过是没有玩具玩，而告了状却要被关禁闭，告状会使你的境遇变得更坏，所以你不会告状，因此哥哥对弟弟的警告置之不理。

的确，如果弟弟是会算计自己利益的理性人，在这样的环境下，还是不告状的好。可见，弟弟是理性人，他的告状威胁是不可置信的。

二、博弈的扩展式表述

为介绍动态博弈的相关知识，我们引入博弈的扩展式表述。

例如，市场上有两栋楼出售，市场需求大时，每栋价格为1.4亿元，市场需求小时，每栋价格为7千万元；如果市场上只有1栋楼，市场需求大时，价格为1.8亿元，市场需求小时价格为1.1亿元。两个开发商A和B决定开发还是不开发，要开发就要投入1亿元成本，不开发投入为0。这样有八种结果：

需求大：A开发，B不开发，A的利润8千万元，B的利润是0。

需求大：A不开发，B开发，A的利润0，B的利润是8千万元。

需求大：A开发，B开发，A和B的利润都是4千万元。

需求大：A不开发，B不开发，A的利润0，B的利润是0。

需求小：A开发，B不开发，A的利润1千万元，B的利润是0。

需求小：A不开发，B开发，A的利润0，B的利润是1千万元。

需求小：A开发，B开发，A的利润−3千万元，B的利润是−3千万元。

需求小：A不开发，B不开发，A的利润0，B的利润是0。

对于这个博弈，描述方式如下：

表 4-27　　房地产开发博弈

需求较大

		B 开发	B 不开发
A	开发	4 000，4 000	8 000，0
A	不开发	0，8 000	0，0

需求较小

		B 开发	B 不开发
A	开发	−3 000，−3 000	1 000，0
A	不开发	0，1 000	0，0

以上的矩阵式表述我们称为战略式表述，这种表述方式适用于完全信息静态博弈，但

不太适合动态博弈，因为动态博弈中很多情况下博弈双方的行动有先后之分，矩阵式表述或战略式表述难以体现行动的顺序，为此我们尝试引入博弈的扩展式表述。

1. 博弈的扩展式表述主要包括几个概念：参与人、每个参与人选择行动的时点、每个人在每次行动时可供选择的行动集合、每个人在每次行动时有关对手过去行动选择的信息、支付函数等。

（1）参与人的集合，另外还有 N 代表虚拟参与人“自然”。

（2）参与人的行动顺序：谁在何时行动不再是无关紧要的。

（3）参与人的行动空间：在每次行动时，参与人有什么选择。

（4）参与人的信息集：每个人在每次行动时有关对手过去行动选择的信息。

（5）支付函数。

（6）外生事件（自然）的概率分布。

用博弈树可以来描述扩展式博弈表述，它是对扩展型的一种形象表述。

如房地产开发博弈：

假定：① 开发商 A 开始行动，选择开发或不开发；② 在 A 决策后，自然选择市场需求的大小；③ B 观察到 A 的决策和市场需求后，决定开发或不开发（图中数字以千为单位）。如图 4-4 所示。

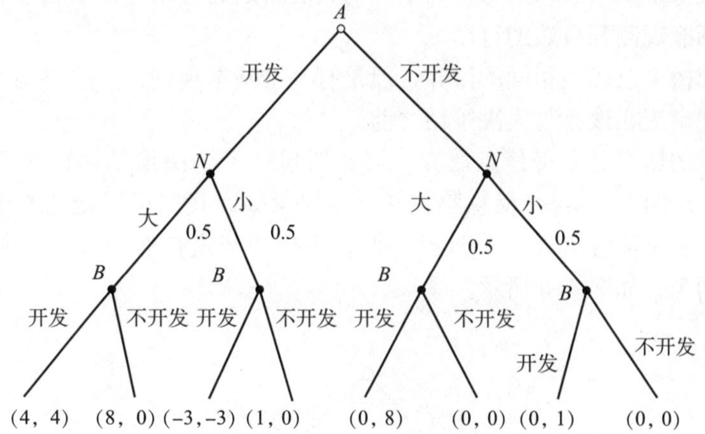

图 4-4 房地产开发博弈

在图 4-4 中，空心圆代表初始的结点，实心圆代表非初始结点。博弈由空心圆开始，空心圆边上的 A 表示 A 在此决策。空心圆是 A 的决策结，A 的两个选择称为两个枝，A 选择后，自然 N 以（0.5，0.5）的概率选择大的市场需求或小的市场需求，同样，自然的两个选择称为两个枝；然后 B 进行选择，B 的选择也称为枝。最后，括号中的数字是各种可能的支付，A 在前，B 在后。

以上的表述方法也称为博弈树，可以发现，博弈树可以较为清晰地显示参与人行动的顺序，适合于表达动态博弈。

2. 扩展式博弈的基本构造：

（1）结：包括决策结和终点结两类，决策结是参与人行动的始点，终点结是决策人行

动的终点

结满足传递性和非对称性。传递性是指如果某个结 x_1 在 x_2 之前，x_2 在 x_3 之前，则 x_1 在 x_3 之前。非对称性是指如果 x_1 在 x_2 之前，则 x_2 不可能在 x_1 之前。结 x 之前的所有结的集合，称为 x 的前列集 P（x），x 之后的所有结的集合称为 x 的后续集 $T(x)$。

（2）枝：枝是从一个决策结到它的直接后续结的连线，每一个枝代表参与人的一个行动选择。

（3）信息集：每个信息集是决策结集合的一个子集，该子集包括所有满足下列条件的决策结。

① 每个决策结都是同一个参与人的决策结；

② 该参与人知道博弈进入该集合的某个决策结，但不知道自己究竟处于哪一个决策结。

只包含一个决策结的信息集称为单结信息集，如果博弈树的所有信息都是单结的，该博弈称为完美信息博弈。完美信息博弈意味着在博弈中没有任何两个参与人同时行动，且所有后行动者能够知道前行动者选择了什么行动，所有参与人知道自然的行动（完美信息略强于完全信息）。

自然总是假定是单结的，因为自然在参与人决策之后行动等价于自然在参与人之前行动，但参与人不能观测到自然的行动。

不同的博弈树可以代表相同的博弈，但是有一个基本规则：一个参与人在决策之前知道的事情，必须出现在该参与人决策结之前。

图 4-4 显示的博弈是完美信息博弈，博弈树包括 7 个决策结，也有 7 个信息集（A 1 个，自然两个，B 四个），每个信息集包括一个决策结。我们可以把它改造成不完美信息博弈。例如，B 在决策时知道 A 的选择，但并不确切知道自然的选择，那么 B 的信息集由四个变成了两个。如图 4-5 所示。

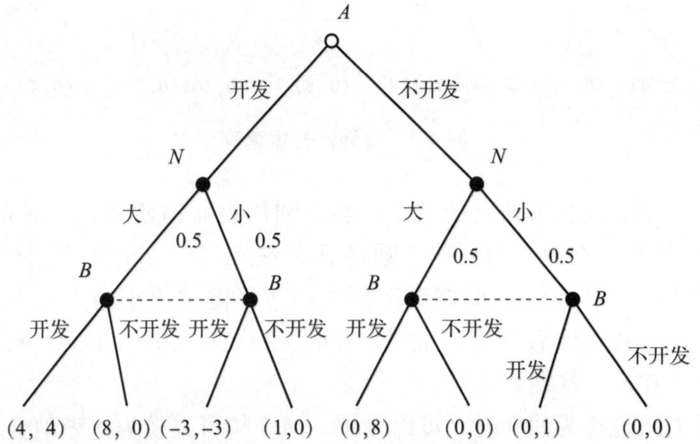

图 4-5　不完美信息的房地产开发博弈

在图 4-5 中，我们用虚线将属于同一个信息集的两个决策结连接起来。有了信息集这种方式，我们可以用博弈树来表示完全信息静态博弈。如囚徒困境，可以表示为如图 4-6 所示。

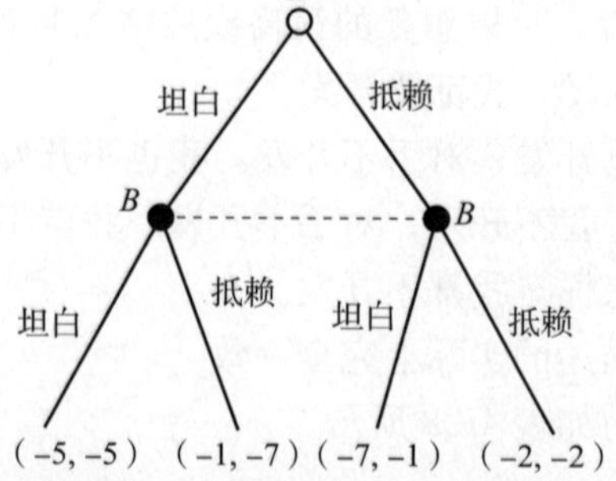

图 4-6 囚徒困境的扩展式表述

三、扩展式表述博弈的纳什均衡

依然以房地产开发博弈为例，假如自然已经选择了低需求，那么 A 行动后 B 行动。博弈树变为如图 4-7 所示。

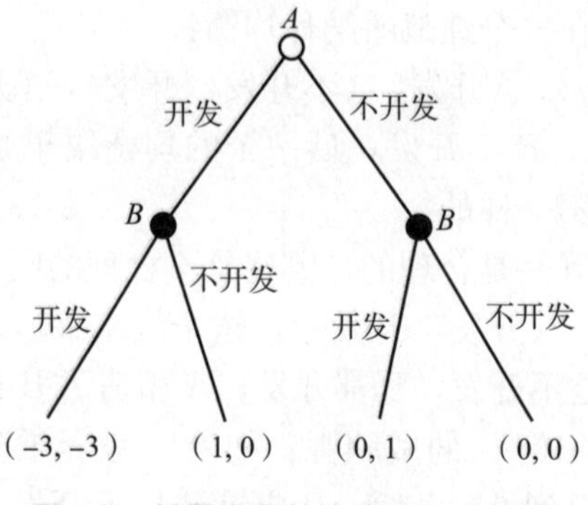

图 4-7 低需求下的房地产开发博弈

显然，A 的战略空间为（开发，不开发），B 则是相机选择，其战略空间是：

开发策略：不论 A 开发不开发，B 开发；

追随策略：A 开发 B 开发，A 不开发 B 不开发；

对抗策略：A 开发 B 不开发，A 不开发 B 开发；

不开发策略：不论 A 开发不开发 B 不开发。

简写为（开发，开发），（开发，不开发），（不开发，开发），（不开发，不开发），括号内的第一个元素对应 A 选择“开发”时 B 的选择，第二个元素对应 A 选择“不开发”时 B 的选择。

可能有人会有疑问：为什么 B 的战略空间如此复杂？B 只有两个选择，开发和不开发而已。在这里，要注意，B 是针对 A 的选择而相机抉择。所以 B 要考虑到 A 的选择而制定自己的战略，是战略而不是选择，例如，解放战争前夜，针对国民党顽固派制造的一系列反共摩擦事件，我党的战略是“人不犯我，我不犯人；人若犯我，我必犯人”。最终的选择当然是“打”或“不打”。但战略是“如果敌人打，我们就打，如果敌人不打，我们就不打”。可见，战略与实际的选择或结果是不一样的。

再浅显一点，对于 B 来说，可以想象的策略或战略无非有这样几种：

一味莽撞型：不管对手怎样，我都要开发。

跟进型：对手开发，我也开发；对手不开发，我也不开发；

见机行事型：对手开发，我不开发；对手不开发，我就不开发；

一味退让型：不管对手怎样，我都不开发。

这几个战略与上一页所描述的实际上完全一致。

战略式（矩阵式）表述为如表 4-28 所示。

表 4-28　　需求较小时房地产开发博弈的战略式表述

		B			
		（开发，开发）	（开发，不开发）	（不开发，开发）	（不开发，不开发）
A	开发	−3，−3	−3，−3	1，0	1，0
	不开发	0，1	0，0	0，1	0，0

通过画线法可以发现存在三个纯战略纳什均衡：

（不开发，（开发，开发）），（开发，（不开发，开发），（开发，（不开发，不开发））。前两个的均衡结果是 A 开发，B 不开发，后一个的均衡结果是 A 不开发，B 开发。我们可以看到均衡和均衡结果是不一样的。

在这三个纳什均衡中，哪些是合理的，哪些是不合理的呢？

考虑战略组合（不开发，（开发，开发）），这个战略最后之所以成为纳什均衡，是因为 B 威胁 A 无论 A 开发还是不开发，B 都开发；A 相信了 B 的威胁，因此不开发成为最优选择。但是，A 为什么会相信 B 的威胁呢？如果 A 就是要选择开发，B 选择开发将得到−3 的支付，而不开发则得到 0。显然，B 应该选择不开发。如果 A 知道 B 是理性的，A 将选择开发，迫使 B 选择不开发，自己得到 1，而 B 得到 0。也就是说，（不开发，（开发，开发））是不可置信的（Not Credible）。

再看纳什均衡（开发，（不开发，不开发））。尽管这个均衡的结果是合理的，但均衡战略本身不是合理的，假如 A 选择不开发时，B 选择不开发就不是最优的。因此（不开发，不开发）不是 B 的合理战略。

只有（开发，（不开发，开发））是最优的合理均衡。因为构成这个均衡的每个参与人的均衡战略都是合理的。如果 A 选择开发，B 的最优是不开发，如果 A 选择不开发，B 的选择是开发。A 预测到自己行为对 B 的影响，于是选择开发，而 B 不开发，这就是最后的均衡结果。

事实上，（开发，（不开发，开发））是这个博弈的唯一的子博弈精炼纳什均衡。

简单一些：考虑房地产开发博弈（需求小），这是一个两阶段完美信息博弈，在第二阶段，B 的最优行动规则是什么？

观察图 4-7，如果 A 开发，B 选择开发，得到−3，而 B 选择不开发得到 0；于是，B 应该选不开发。如果 A 不开发，B 选择开发，得到 1，而 B 选择不开发得到 0；于是，B 应该开发。这样，B 的最优行动规则是：如果 A 开发，则 B 不开发；如果 A 不开发，B 开发。实际上就是（不开发，开发）这个战略。

即如果 A 在第一阶段选择了开发，B 在第二阶段选择不开发；如果 A 在第一阶段选择了不开发，B 在第二阶段选择开发。

A 怎么办？A 一定要预测到 B 在第二阶段的行为规则，A 会明白：如果自己开发，B 将不开发，自己得到 1；如果自己不开发，B 将开发，自己得到 0。于是 A 选择开发，而 B 不开发。由此得到的精炼均衡是（开发，（不开发，开发））。可以发现，A 具有先动优势。

一般地，一个有限完美信息博弈有一个纯战略纳什均衡。

四、子博弈精练纳什均衡

为解决动态博弈的均衡问题，我们先介绍动态博弈的分类，再引入子博弈的概念，并用逆向归纳法寻找均衡。

动态博弈的概念：参与人行动有先后顺序，且后行动者能够观察先行动者选择的行动。动态博弈包括至少两种：一种是非重复博弈，一种是重复博弈。前文的房地产开发博弈是非重复博弈，它只包括几个阶段而已。而当同样结构的博弈重复许多次则称为重复博弈。本小节我们主要讨论非重复博弈。

子博弈：是原博弈的一部分，由一个决策结和所有该决策结的后续结构成。它本身也可以作为一个独立的博弈进行分析：

子博弈必须从一个单结信息点开始：只有决策者在原博弈中确切地知道博弈进入一个特定的决策结时，该决策结才能作为一个子博弈的初始结。如果信息集包含两个以上的决策结，则这两个都不可以作为子博弈的初始结。

子博弈的信息集和支付向量都直接继承自原博弈。

习惯上，任何博弈的本身都称为自身的一个子博弈。

以房地产开发博弈（低需求）为例，这个博弈中有几个子博弈呢？

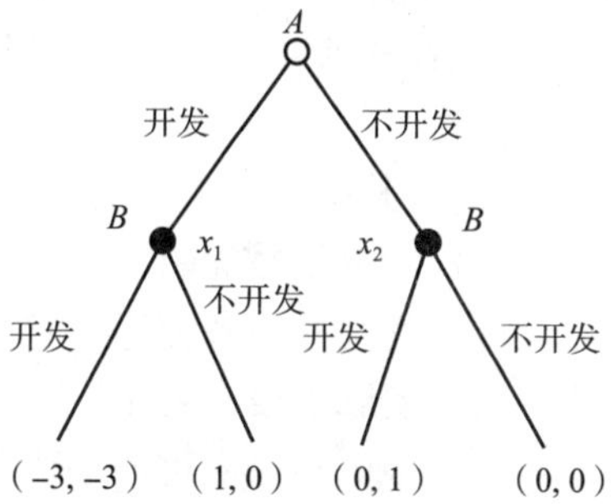

图 4-8　低需求下的房地产开发博弈

图 4-8 与图 4-7 几乎完全一样，只是多了两个决策结的名字 x_1 和 x_2。图 4-9(a) 和图 4-9(b) 显示的是低需求下房地产开发的两个子博弈。

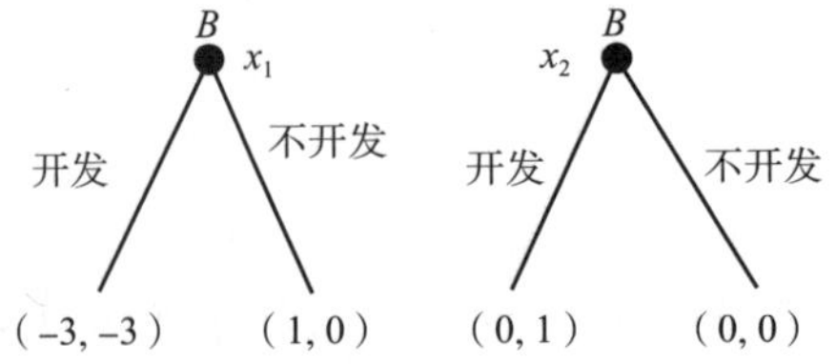

(a) 一个子博弈　(b) 另一个子博弈

图 4-9　低需求下房地产开发的子博弈

参考资料

家庭生活可以作为一个博弈，这个博弈开始于谈恋爱，结婚后是一个子博弈，生孩子又是一个子博弈，等等。每一天都是生活这个大的子博弈的子博弈。

子博弈精炼纳什均衡：一个纳什均衡称为子博弈精炼纳什均衡，当只当参与人的战略在每一个子博弈中都构成纳什均衡，组成精炼纳什均衡的战略必须在每一个子博弈中都是最优的。

一个精炼纳什均衡首先是一个纳什均衡，但纳什均衡不一定是精炼均衡。只有那些不包含不可置信威胁的纳什均衡才是精炼纳什均衡。

我们回到房地产开发博弈（低需求）。已经知道有三个纳什均衡，(a) [不开发，(开发，开发)]，(b) [开发，(不开发，开发)]，(c) [开发，(不开发，不开发)]。这三个均衡在原博弈中都是纳什均衡，需要验证的是它们是不是在所有的子博弈上都是最优的。

先看两个子博弈，(b) 和 (c) 实际上都是单人博弈。子博弈 (b) 的最优是不开发，子博弈 (c) 的最优是开发。

再看纳什均衡 [不开发，(开发，开发)]，其中 B 的战略是 (开发，开发)。这个战略在子博弈 (c) 中是最优的，但在子博弈 (b) 中不是最优的。因此，它不是子博弈精炼纳什均衡。

观察纳什均衡 [开发，(不开发，不开发)]。其中 B 的战略是 (不开发，不开发)，这个战略在子博弈 (b) 中是最优的，但在子博弈 (c) 中不是最优的。因此，它不是子博弈精炼纳什均衡。

最后是 [开发，(不开发，开发)]，其中 B 的战略是 (不开发，开发)。这个战略在子博弈 (b) 中是最优的，在子博弈 (c) 中也是最优的。因此，它是子博弈精炼纳什均衡。

结论：一个最优战略是参与人行动规则的完备描述，它要告诉参与人在每一种可预见的情况下选择什么行动，即使这种情况实际上没有发生。

因此，只有当一个战略规定的行动规则在所有可能的情况下都是最优的，它才是一个合理的可置信的战略，子博弈精炼纳什均衡就是要剔除那些只在特定情况下是合理的，而在其他情况下不合理的行动规则。

子博弈精炼纳什均衡可以通过逆向归纳法找到。逆向归纳法的思路是：先找到博弈树最后一阶段参与人的最优行动规则，再找到倒数第二个人的最优选择，倒数第二个人的行为是建立在最后那个人的行为规则之上的，那么这两个最优行动规则就构成从倒数第二步开始的子博弈的纳什均衡。

如此不断到初始结点，每一步都达到对应子博弈的纳什均衡，最后一步达到的整个博弈的纳什均衡也就是这个博弈的子博弈精炼纳什均衡。

考虑房地产开发博弈（需求小），这是一个两阶段完美信息博弈，在第二阶段，B 的最优行动规则是（不开发，开发），即如果 A 在第一阶段选择了开发，B 在第二阶段选择不开发；如果 A 在第一阶段选择了不开发，B 在第二阶段选择开发。因为 A 预测到 B 在第二阶段的行为规则，于是选择开发，而 B 不开发。由此得到的精炼均衡是［开发，（不开发，开发）］。

考虑下面的例子，如图 4-10 所示。

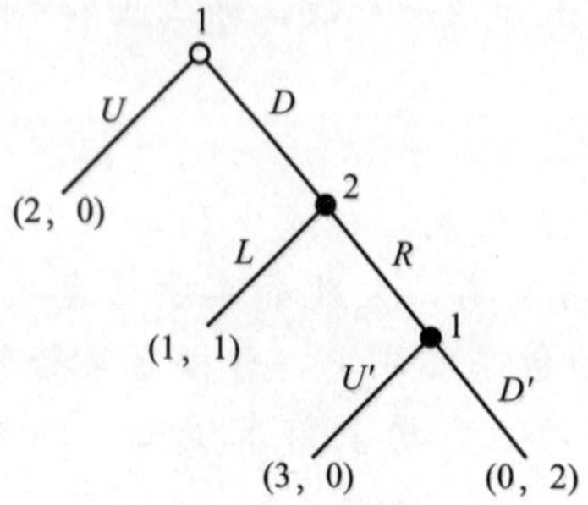

图 4-10　三阶段博弈

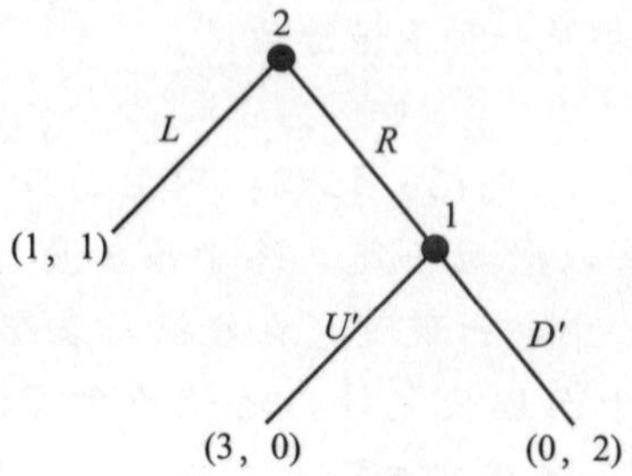

图 4-11　子博弈 1

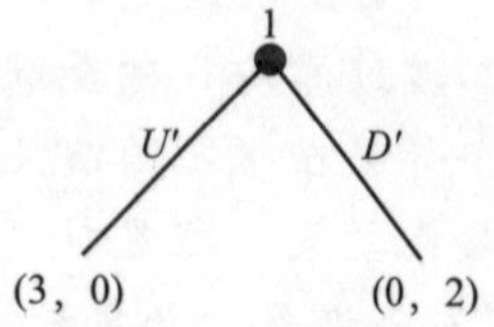

图 4-12　子博弈 2

图 4-10 是原博弈，图 4-11 和图 4-12 是其子博弈。这是一个三阶段完美信息博弈，在第三阶段（参与人 1 第二次行动），参与人 1 的最优选择是 U（这里 U 和 U' 等价，之所以写成 U' 是为了显示它处于另一个阶段），在第二阶段，参与人 2 知道在第三阶段参与人 1 将选择 U，而自己的支付为 0，因此，他在第二阶段会选择 L 而不会选择 R，从而得到 1 的支付。在第一阶段，参与人 1 知道，如果博弈进入第二阶段，参与人 2 将选择 L，自己得到 1，因此，在第一阶段就会选择 U，均衡结果是参与人 1 在第一阶段选择 U 结束博弈。子博弈精炼纳什均衡是（（U，U'），L）。其中，参与人 1 的战略是（U，U'），其含义是参与人 2 选择 L 时自己选择 U，参与人 2 选择 R 时自己选择 U'。

考虑子博弈 1。这是一个两阶段博弈。参与人 1 在最后阶段应选择 U'，参与人 2 预测到：如果自己选择 R，则参与人 1 将会选择 U'，因此会选择 L 结束博弈。参与人 1 的战略（U，U'）仍然是最优的（当然，对方选择 L 时子博弈结束了，无所谓最优，而对方选 R 时自己选 U' 无疑是最优的）。同样，参与人 2 的战略也是最优的。

考虑子博弈 2。这是一个单人博弈，表示对方选择 R 时参与人 1 选择 U'，参与人 1 的战略（U，U'）仍然是最优的。

可见（（U，U'），L）是唯一的子博弈精炼纳什均衡。

父亲会和女儿断绝关系吗？姑娘爱上一个小伙子，父亲不同意，威胁断绝关系。如果女儿相信父亲的威胁，就会断绝关系，因为父亲不可以再次选择，而恋人可以选择。但是如果女儿真的和小伙子结婚了，父亲会断绝关系吗？一般来讲，是不会的，除非是父亲有很多个女儿。因此，父亲的威胁是不可置信的。女儿如果学习过博弈论，就会生米煮成熟饭，父亲最终承认女婿。这大概就是这个博弈中唯一的精炼纳什均衡。

五、承诺行动

参考资料

1. 两军对垒

当事人可以做出某种行动，使自己的威胁变得可信。一般来讲，承诺行动的成本越高，威胁就越值得相信。

两军对垒抢占一个小岛，红军可以从北边上，蓝军可以从南边上。如果红军抢先一步上了岛，蓝军要不要进攻呢？如果红军一上岛就炸掉桥，表示决一死战，那么蓝军大概就不会进攻了，因为炸掉小桥是一种承诺行动。

2. 破釜沉舟

项羽使用过这个计策。《史记》记载：项羽前锋军救巨鹿，初战少利，项羽便率大军渡过漳河，破釜沉舟以激励士气。终于杀苏角，虏王离，大败秦军于巨鹿之野。这个计策在《三国演义》中也出现过，在曹操与袁绍的仓亭之战中，曹操召集将领来献破袁之策，程昱献了十面埋伏之计，他让曹操退军河上，诱袁前来追击，到那时“我军无退路，必将死战，可退袁矣”。

曹操采纳此计，令许褚诱袁军至河上，曹军无退路，曹大呼曰：“前无去路，诸军何不死战!”，众军奋力回头反击，袁军大败。严格来讲，袁绍的追击是非理性的，因为他应该预期到曹操的反击。

有些战略之所以不是精炼纳什均衡，是因为它包含了不可置信的威胁战略。如果参与人能在博弈之前采取某种行动改变自己的行动空间或支付函数，原来不可置信威胁将变得可置信，博弈的精炼纳什均衡也会随之改变。这些改变博弈结果而采取的措施称为承诺行动（Commitment）。

完全承诺：承诺可以使某项行动完全没有可能（破釜沉舟）。“破釜沉舟”是一种完全承诺，在“两军对垒”的例子中，桥被炸掉后，撤退的成本为无穷大。红军通过炸桥显示了自己不撤退的决心。

不完全承诺：承诺只是增加了某个行动的成本而不是使该活动完全没有可能。

考虑房地产博弈（低需求），如果在 A 决策之前，B 与某个客户签订合同，在某个时刻要给客户多少面积的写字楼，如果 B 不能履约，将赔偿客户 3 500 万元。这个合同就是承诺行动，B 的（开发，开发）就不再是一个不可置信的威胁，而是一个可置信的威胁。A 如果知道 B 一定要开发，就会理智地选择不开发，因此子博弈精炼纳什均衡就是（不开发，{开发，开发}），而不是原来的（开发，{不开发，开发}）。注意，3 500 万元的赔偿不仅没有使 B 损失什么，反而得到 1 000 万元的利润。

我们看一个要挟诉讼的例子。

要挟诉讼：两个人打官司，原告胜诉的可能性很小，而控告（包括指控和起诉）有一定成本，由原告承担，但是原告的唯一目的就是希望被告私了，得到补偿。为什么？因为他知道被告的辩护成本很高，很可能同意私了。现实中的例子如小企业指控大企业的不公平竞争；政治上有某女士指控与总统的暧昧关系等。

两个参与人，原告 A 和被告 B，行动顺序：

（1）原告决定是否提出指控，指控的成本为 $C>0$；

（2）如果决定指控，原告要求被告支付 $S>0$ 了结；

（3）被告决定接受还是拒绝；

（4）如原告拒绝，原告决定放弃还是到法庭起诉，起诉成本为 P，被告的辩护成本为 D；

（5）如案子进入法庭，原告以 r 的概率赢得 X 的支付。

博弈树如下：

由于原告的目的不在于起诉，因此可以认为 $rX<P$，于是，$rX-C-P$ 将小于 $-C$，因此在博弈的最后阶段原告会选择放弃，因为被告知道如果自己拒绝原告将放弃，被告在倒数第二阶段的最优选择是拒绝；知道被告将拒绝，原告在第一阶段的最优选择是不指控。因此子博弈精炼纳什均衡是：原告选择（不指控，放弃），被告的选择是（拒绝），均衡结果为：原告不指控。

但是原告可能会采取承诺行动，假定原告在指控前将诉讼费 P 付给律师。无论结果如何，诉讼费不退还。这样在最后原告放弃时，就会得到 $-C-P$ 的损失。于是他将选择诉讼。这也意味着：如果 $S<rX+D$，那么被告会接受原告提出的私了要求；同样对于原告来讲，只要 $S>rX$，也会接受私了。于是当 s 位于［rX，$rX+D$］时是私了区域。

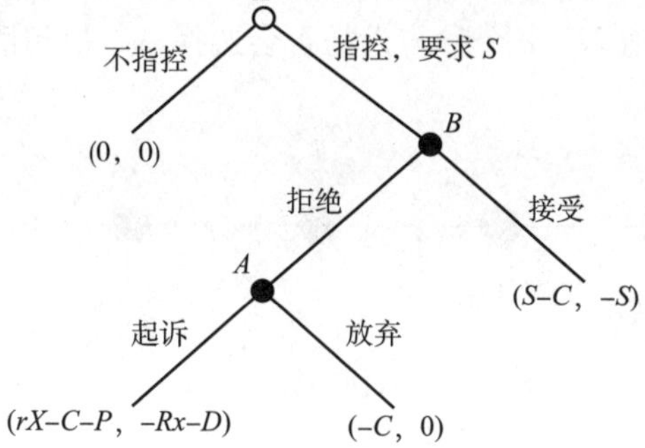

图 4-13 要挟诉讼博弈

如果两个人的讨价还价能力相同，那么可以认为原告要求的赔偿为 $S=rX+D/2$，这个支付大于原告指控的总成本 $C+P$，假设这个条件成立，那么，子博弈精炼纳什均衡将是：原告提出指控，要求被告赔偿 $rX+D/2$，被告接受；原告的支付为 $rX+D/2-C-P$，被告的支付为 $-rX-D/2$，私了。因为被告打官司的成本不仅包括有形成本，还包括“声誉”损失。这就是为什么大企业、大人物常常受到指控的原因之一。

同样，大企业、大人物也可以以他们自己的承诺行动使自己免受小人物、小企业的无端指控。办法如下：

在被指控之前就支付律师费用，假定被告在被指控之前就支付律师费用 Y。那么赔偿区域就变为 $[rX, rX+D-Y]$，这个区域变小。而两个人讨价还价的解可能是 $rX+(D-Y)/2$，这个解不一定能保证 $rX+(D-Y)/2$ 大于 $C+P$，从而原告不起诉，被告仅仅掏了 Y 的成本，却节省了 $rX+D/2-Y$。只要 Y 小于 $rX+D/2$，承诺行动就是值得的，这就是大企业、大人物长期雇佣私人律师的原因。这种为承诺行动而支付的成本为“积淀（沉没）成本”（Sunk Cost）。

六、关于逆向归纳法

逆向归纳法要求“所有参与人是理性的”，而且这个假设成为所有人的共同知识。因此，尽管在简单的两阶段模型中，它的解非常直观和简洁，但是在许多人参与或每人有很多个行动机会时，情况可能并非如此。

例 1：每个人都是理性的吗？

N 个人参加博弈（可以称为蜈蚣博弈），每个博弈人 i 都有两个选择，要么选择 B 结束博弈，结果每个人得到 $1/i$ 的支付；要么可以选择 A 继续博弈，如果所有人都选择 A，则每个参与人得到 2 单位的支付。

这是一个完美信息博弈，使用逆向归纳法，我们可以预测所有的参与人都选择 A，结果每个人都得到 2 单位的支付。如果 N 很小，这个结果是准确的，但是如果 N 很大，这个预测就值得怀疑。考虑参与人 1，获得 2 单位的支付要求所有其他 $N-1$ 个参与人都选 A。如果他不能确信这一点，他就会考虑是否选择 B 来确保 1 单位的安全支付。比如说，如果每一个参与人选择 A 的概率是 P，那么所有其他 $N-1$ 人都选择 A 的概率是 P^{N-1}，即使 P 很大，P^{N-1} 也会很小。另外，即使参与人 1 相信所有其他人都会选择 A，他也不敢确信参与人 2 是否相信其他 $N-2$ 个参与人是否会选择 A。换句话说，“所有的人都是理性的”这样的概率太低了。

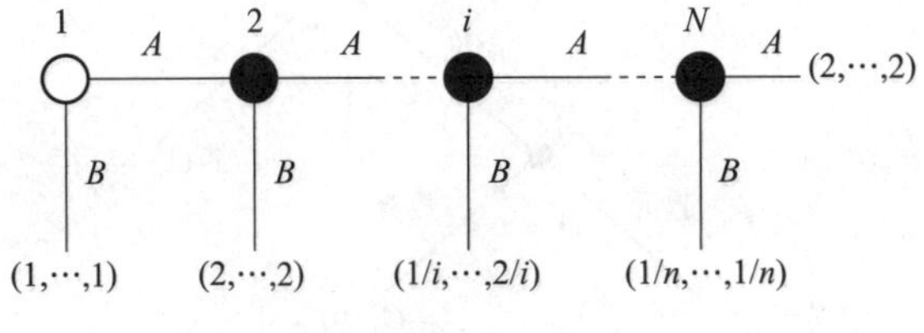

图 4-14

例 2：人们总能保持理性吗？

这个例子只有两个参与人，但每个参与人有 100 个决策结（另一种蜈蚣博弈）。

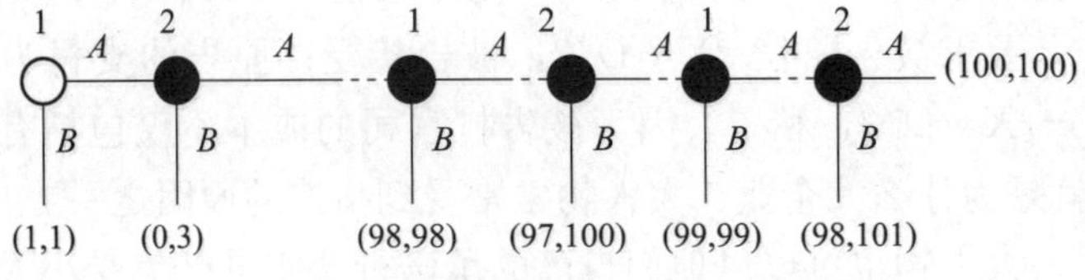

图 4-15

根据逆向归纳法理论，最后的阶段参与人 2 要选择 B，而倒数第二阶段参与人 1 知道随后参与人 2 的选择，于是提前选择 B。结果每个参与人在自己的信息集上选择 B，子博弈精炼均衡的结果是参与人 1 在初始结上选择 B，结束博弈，每人得到 1 单位的支付。

如果每个人都选择 A，各得到 100 单位的支付，因此，上述的子博弈精炼纳什均衡是令人不满意的。

要想得到 100 单位的支付严格依赖于双方的理性，而且双方必须认定对方理解自己的理性，倘若出现一个差错，将不会得到 100 单位的支付。

泽尔腾从捍卫逆向归纳法的角度出发，将参与人偏离理性的行为解释为参与人在博弈过程中犯的错误，或者说：均衡的“颤抖”（Tremble，这就是著名的颤抖手）。扩展式博弈包含了参与人犯错误的可能，但是他们不会犯系统错误，也就是说参与人在每个信息集上犯错误的概率是独立的，即便错误发生了，参与人也将继续使用逆向归纳法。

七、重复博弈

（一）重复博弈的概念、特点及影响因素

重复博弈是动态博弈的一种（Repeated Games），即同样结构的博弈重复许多次，其中的每次博弈称为“阶段博弈”。以囚徒困境为例，假如不是判刑很重，那么他们可以刑满之后再作案，判刑，刑满再作案。他们之间就是重复博弈，每次都是一个阶段博弈。

特点：

阶段博弈之间没有物质上的联系，博弈结构不互相影响。

① 阶段博弈之间没有物质上的联系，博弈结构不互相影响。

② 所有参与人都可以看到博弈过去的历史。

③ 参与人的总支付是所有阶段博弈的贴现值之和或加权平均。

影响重复博弈均衡结果的因素：

① 博弈重复的次数，次数越多，越考虑长远利益。

② 信息的完备性。以囚徒困境为例，我们称选择抵赖的人是硬汉，称选择坦白的人是懦夫。那么你如何判断一个人究竟是不是硬汉？如果他在一次博弈中选择了抵赖，是否就可以说他是硬汉？他的抵赖是不是为了让你下一次选择抵赖而自己选择坦白（从而获得好处）所做的假象？同样，在现实中我们无法判断一个人究竟是不是好人：你不知道我究竟是不是好人，那么我就可以做一点好事来让你认为我是好人，这样我可以放心地干坏事。如果信息足够完备，我们就可以做出正确的选择。可惜，信息总是不完备的。

（二）有限次重复博弈——连锁店悖论

考虑下表所示意的市场进入博弈，唯一的子博弈精炼纳什均衡就是进入者进入，在位者默许，分别得到 40 单位和 50 单位的支付。

现在假定同样的市场有 20 个，或理解为在位者有 20 个连锁店，进入者每次进入一个市场，博弈就变为了 20 次重复博弈。我们也许会认为，为了保护 20 个连锁店的利益，在位者也许会斗争，但是这种猜想是错误的。

表 4-29　　进入博弈

		在位者	
		默许	斗争
进入者	进入	40，50	−10，0
	不进入	0，100	0，100

在博弈中，在位者选择斗争的唯一原因是希望斗争能够起到威胁的作用，但是在有限次博弈中，斗争不是一个可以置信的威胁。先考虑进入者现在进入第 20 个市场，因为在最后阶段，选择斗争已经没有任何意义，因此选择默许。考虑进入第 19 个市场，因为进入者知道在位者在第 20 个市场将选择默许，因此在第 19 个市场也不会使用斗争来威胁，于是选择进入。如此倒退回去，在位者在每一个市场都选择默许，进入者总是选择进入。这就是"连锁店"悖论。

这个博弈还有其他的纳什均衡，如"在位者总是斗争，进入者总是不进入"。但这个纳什均衡不是精炼的。

在有限次重复的囚徒困境博弈中，存在类似的情况。只要重复的次数是有限的，那么"总是坦白"是唯一的子博弈精炼均衡。

定理：

G 是阶段博弈，*G*（*T*）是重复 *T* 次的重复博弈，而 *G* 有唯一的纳什均衡，那么 *G*（*T*）的唯一子博弈精炼纳什均衡是现阶段博弈 *G* 的纳什均衡重复 *T* 次。

（三）无限次重复博弈

当博弈是重复无穷多次时，存在着不同于一次博弈的子博弈精炼纳什均衡。例如，在囚徒困境中，如果有足够的耐心，（抵赖，抵赖）将是一个子博弈精炼纳什均衡。如表 4-30 所示。

表 4-30　　囚徒困境

		囚徒 *B*	
		坦白	抵赖
囚徒 *A*	坦白	−8，−8	0，−10
	抵赖	−10，0	−1，−1

我们考虑这样一个战略"冷酷"战略。（1）开始选择抵赖；（2）选择抵赖直到一方选择了坦白，然后永远坦白。注意，一方一旦选择了坦白，就永远坦白。

这个战略是纳什均衡。假定囚徒 *B* 选择冷酷战略，冷酷战略是不是 *A* 的最优战略呢？因为博弈没有最后阶段，所以无法用逆向归纳法。

令 T 为贴现因子（两个人的贴现因子相同），如果 A 在博弈的某个阶段选择了坦白，他在该阶段得到 0 单位的支付，而不是 −1，但这个行动所触发的是对方永远坦白的惩罚，因此，囚徒 A 在以后的每一个阶段的最好支付都是 −8。因此，如果下列条件满足，给定 B 没有选择坦白，A 将不会选择坦白：

$$0+T\times(-8)+T^2\times(-8)+\cdots\leqslant -1+T\times(-1)+T^2\times(-1)+\cdots$$

可以解出 $T\geqslant 1/8$；

现在假设 B 先选择了坦白，那么 A 是否有积极性坚持冷酷战略以惩罚 B 的不合作行为呢？给定 B 选择冷酷战略，一旦坦白就永远坦白，如果 A 坚持冷酷战略，在随后的每阶段支付都是 −8，但如果他选择其他战略，支付不会大于 −8，因此无论 T 为多大，A 有积极性坚持冷酷战略。

类似，给定 B 坚持冷酷战略，即使 A 先选择了坦白，也会坚持冷酷战略。

这样，冷酷战略是纳什均衡。我们要证明它是子博弈精炼纳什均衡，即在每一个子博弈上构成纳什均衡。因为博弈重复无数次，从任何一个阶段开始的子博弈与这个博弈的结构相同。在冷酷战略纳什均衡下，子博弈可以分为两类：在类型 1 中，没有人曾经坦白，这个我们已经证明是纳什均衡；在类型 2，至少一人曾经坦白，对手自然会坚持冷酷战略，可以得到冷酷战略是每个子博弈的纳什均衡。

这样，如果 $T\geqslant 1/8$，那么冷酷战略是子博弈精炼纳什均衡，在每一阶段的均衡结果都是（抵赖，抵赖）。囚犯走出了困境。背后的原因是：如果博弈重复无穷次而且每个人有足够的耐心，任何短期机会主义行为的所得都是微不足道的，参与人有积极性为自己建立一个乐于合作的声誉，同时也有积极性惩罚对方的机会主义的行为。

当然，这个博弈还有其他的子博弈精炼纳什均衡，如每阶段都选择坦白也是精炼均衡。

参考资料

谁是傻瓜

一个男孩被视为傻瓜，因为每当别人拿一枚 1 角硬币和 5 分硬币让他选的时候，他总是选 5 分的，有一个人觉得奇怪，就问他：“为什么你不拿 1 角的?”男孩小声回答：“假如我拿了 1 角钱的硬币，下次他们就不会拿钱让我选了。”

（四）参与人不固定时的重复博弈

当参与人不固定时，也存在类似的均衡。如消费品市场交易：厂商是长期的固定参与人，不断重复提供产品，而消费者是不固定的，每个消费者只买一次或有限次商品（如耐用消费品）。假定只有一个厂商，每个消费者只买一次，每个阶段只有一个消费者。在博弈的每一阶段，消费者决定是否购买，厂商选择是提供高质量的产品还是低质量的产品。消费者不知道自己买的产品的质量，但知道所有之前的消费者购买的产品的质量。如果消费者不购买，效用为 0；如买到高质量产品，效用为 1；如买到低质量产品，效用为 −1；厂商生产高质量产品的利润为 1，低质量产品的利润为 2。支付矩阵如表 4-31 所示。

表 4-31　　　　质量博弈

		厂商	
		高质量	低质量
消费者	购买	1，1	−1，2
	不购买	0，0	0，0

在一次性博弈中，唯一的纳什均衡是（不购买，低质量）。但在无限次博弈中，如果厂商的贴现因子 $T \geqslant 0.5$，那么下列战略组合是一个子博弈精炼纳什均衡：厂商从生产高质量的产品开始；继续生产高质量产品，除非曾经生产过低质量产品；如果上一次生产过低质量产品，以后永远生产低质量。第一个消费者选择购买；只要厂商不曾生产过低质量产品，随后的消费者继续购买；如果厂商曾经生产过低质量产品，之后的消费者不再购买。均衡结果是（购买，高质量），每个消费者得到 1 单位的效用，厂商得到 1 单位的平均利润。

看过程，给定消费者的战略，如果厂商生产低质量产品，得到 2 单位的短期利润，但在之后每阶段利润为 0，因为再也无人购买；如果总是生产高质量产品，第一阶段得到 1 单位利润，第二阶段贴现值为 T，第三阶段为 T^2，依次类推，总利润为 $1/(1-T)$ 。如果 $1/(1-T) \geqslant 2$ ，厂商就不会生产低质量的产品，即 $T \geqslant 1/2$。厂商之所以这样，是为了害怕失去消费者。而一旦生产过低质量产品，就永远生产低质量的，“破罐子破摔”，因为再也不会有人买。

再看消费者。假定 $T \geqslant 0.5$，因为每一个消费者只关心一阶段的支付，当且仅当他预期是高质量时，他才会购买；因为消费者预期不曾生产过低质量的厂商继续生产高质量产品；如果厂商生产过低质量产品，消费者预期他将继续生产低质量产品。所以不购买是最优的。

不过，“消费者永远不购买，厂商总是生产低质量产品”也是一个精炼均衡。

这个模型可以解释为什么消费者不信任走街串巷的小贩，而愿意去大商场购物。因为前者根本没有长期的建立声誉的考虑。

（五）诚实还是精明——旅行者困境

甲乙两个旅行者从一个以生产细瓷花瓶闻名的地方旅行回来，各自带了一个花瓶，两个花瓶完全一样，在提取行李的时候，发现两个花瓶都被摔坏了，就向航空公司索赔。航空公司知道花瓶的价格大概八九十元，但不知道他们购买的确切价格。为了评估出古董的真实价值，公司经理将两位乘客分开以避免两人合谋，分别让他们写下古董的价值，其金额要不低于 2 美元，并且不高于 100 美元。同时还告诉两人：如果两个数字是一样的，那么会被认为是其真实价值，他们能获得相应金额的赔偿。如果数字不一样，较小的会被认为是真实价值，而两人在获得这个金额的同时有相应的奖赏/惩罚：写下较小金额的会获得 2 美元额外的奖励，较大的会有 2 美元的惩罚。

就为了获取最大赔偿而言，本来甲乙双方最好的策略，就是都写 100 美元，这样两人都能够获赔 100 美元。可是不，甲很聪明，他想：如果我少写 1 元变成 99 美元，而乙会写 100 元，这样我将得到 101 美元。何乐而不为？所以他准备写 99 美元。可是乙更加聪明，他算计到甲要算计他写 99 美元，“人不犯我，我不犯人，人若犯我，我必犯人”，他准备写 98 元。想不到甲还要更聪明一个层次，计算出乙要这样写 98 美元来坑他，“来而不往非礼也”，他准备写 97 美元……如果两个人都“彻底理性”，都能看透十几步甚至几十步上百步，那么上面那样“精明比赛”的结果，最后落到每个人都只写 2 美元的田地。事实上，在彻底理性的假设之下，这个博弈唯一的纳什均衡，是两人都写 2。

这就是哈佛大学巴罗教授提出的著名的“旅行者困境”。一方面，它启示人们在为私利考虑的时候不要太“精明”，告诫人们精明不等于高明，太精明往往会坏事；但是另一方面，它对于理性行为假设的适用性提出了警告。

一位富翁的狗在散步时跑丢了，于是他急匆匆到电视台发了一则启事：有狗丢失，归还者得酬金 1 万元，并附有狗的彩照。一个乞丐看到广告后，第二天一大早就抱着狗准备去领酬金，当他经过一家大商店的墙体屏幕时，发现酬金涨到了 3 万元，乞丐又折回住处，把狗重新拴在那里，在接下来的几天里，乞丐从来没有离开过这个大屏幕，当酬金涨到使全市居民感到惊讶时，乞丐返回他的住处，可是那只狗已经死了——在这个世界上，金钱一旦被作为筹码，就不会再买到任何东西。

第五节　不完全信息静态博弈

一、引子

故　事

不知道

有一次，主人派伊索进城。半路上，他遇见一位法官。

法官严厉地盘问：“你要去哪儿?”

“不知道。”伊索回答说。

法官起了疑心，派人把伊索关进了监狱，严加审问。

“法官先生，要知道，我讲的是实话。”伊索说，“我确实不知道我会进监狱。”

我们不可能料事如神，也无法掌握所有变因，更无力预测未来，不确定性就像缴税一样不可避免。

这里主要探讨如何在不确定的情况下做出理性、一致的决策，换句话说，首先必须承认自己虽然没有办法做到无所不知，但也不至于一无所知，而应该或尽可能有效运用自己所知的一切为自己谋利。

参考资料

“空城计”

街亭失守，司马懿引大军蜂拥而来，当时孔明身边只有一班文官，军士一半已经运粮草去了，只有 2500 军士在城中。

众官听得这个消息，尽皆失色。孔明登城望之，果然尘土冲天，魏兵分两路杀来。

孔明令众将旌旗尽皆藏匿，打开城门，每一门用 20 军士，扮作百姓，洒扫街道。而孔明羽扇纶巾，引二小童携琴一张，于城上敌楼前凭栏而望，焚香操琴。

司马懿自马上远远望之，见诸葛亮神态自若，顿时心生疑忌，犹豫再三，难下决断。又接到远山中可能有埋伏的情报，于是叫后军做前军，前军做后军，急速退去。司马懿之子司马昭问："莫非诸葛亮无军，故作此态，父何故便退兵?"

司马懿说："亮平生谨慎，不曾弄险，今大开城门，必有埋伏，我兵若进，必中计也。"

孔明见魏军退去，拊掌而笑，众官无不骇然。诸葛亮说，"司马懿料吾生平谨慎，必不弄险，疑有伏兵，所以退去。吾非行险，盖因不得已而用之，弃城而去，必为之所擒。"

我们可以给出司马懿和诸葛亮的支付矩阵。如表 4-32 所示。

表 4-32　　　　空城计

		司马懿	
		进攻	撤退
诸葛亮	弃城	被擒?	不被擒?
	守城	被擒?	不被擒?

可以看出司马懿关于自己策略的支付信息是不完全的。

司马懿：兵多将广，但不知道自己和对方在不同行动策略下的结果（支付）；

诸葛亮：处于劣势，但知道博弈的结构，比对方掌握更多的信息。

计策：使用各种手段迷惑司马懿，为的是不让对方知道其策略的结果（支付）。迫使其认为，撤退比进攻好，降低其进攻的预期收益。如用概率论的术语来说，诸葛亮的做法是加大司马懿对进攻失败的主观概率，使司马懿认为进攻的期望收益小于撤退的期望收益。

在信息不充分的情况下，博弈参与者不是使自己的支付或效用最大，而是使自己的期望效用或支付最大。如让你在 50％的概率获得 100 元与 10％的概率获得 200 元两者之间选择的话，前者的期望所的是 50 元，后者是 20 元，故选前者。

二、贝叶斯纳什均衡

前面所讲的都是完全信息博弈，参与人知道关于其他参与人的所有信息。这个假设是很难成立的，以市场进入博弈为例，进入者可能并不了解在位者的成本等信息，这就是不完全信息博弈。设想在位者有两种情况：

高成本情况：

表 4-33　　　　进入博弈 1

		在位者	
		默许	斗争
进入者	进入	$\underline{40}$，$\underline{50}$	−10，0
	不进入	0，$\underline{300}$	$\underline{0}$，$\underline{300}$

低成本情况：

表 4-34　　　　**进入博弈 2**

		在位者	
		默许	斗争
进入者	进入	30，80	−10，100
	不进入	0，400	0，400

在给定进入者选择进入，高成本在位者的最优战略是默许。而低成本在位者的最优战略是斗争。

但是由于不知道在位者的成本，进入者究竟如何选择？

在市场进入博弈中，自然选择在位者的成本情况，在位者知道自己的成本情况，而进入者不知道他究竟是高成本还是低成本，但知道其高成本和低成本的可能性。

不完全信息：每一个参与人对所有其他参与人的（对手）的特征、战略空间及支付函数有准确的知识，否则为不完全信息。

类似上述情况称为不完全信息博弈，即在不完全信息博弈中，至少有一个参与人不知道其他参与人的支付函数。

类型：

一个参与人拥有的所有的个人信息（即所有不是共同知识的信息）称为他的类型。根据这个定义，甚至允许参与人不知道其他参与人是否知道自己的类型。

例如，市场进入博弈。在位者不知道进入者是否知道自己是高成本还是低成本，只知道进入者有 p 的概率知道自己的成本函数，$(1-p)$ 的概率不知道自己的成本函数。

这种情况下，进入者也有两种类型：知道（在位者的成本）或不知道（在位者的成本）。

例如，在谈判中，甲方知道自己是强硬派或妥协派，乙方知道自己是否知道甲方是强硬派或妥协派，但甲方不知道乙方是否知道自己是强硬派还是妥协派，则甲方有两种类型：强硬派或妥协派，乙方有两种类型：知道或不知道。不完全信息意味着，至少有一个参与人有多个类型。

如果参与人的类型只包含一个元素，即每个参与人只有一种类型，则该博弈退化为完全信息静态博弈，即完全信息静态博弈是完全信息动态博弈的特例。

回到市场进入博弈。进入者如何选择呢？海萨尼做出了贡献。他的办法是引入一个虚拟的参与人——“自然”（上帝）。自然首先行动——选择参与人的类型。被选择的参与人知道自己的真实类型，而其他参与者不知道，只知道各种可能类型的概率分布。另外，被选择（如在位者）的参与人也知道其他参与人心中的自己的分布函数——分布函数是“共同知识”。

这个工作叫“海萨尼转换”。通过这个转换，不完全信息博弈变成了完全但不完美博弈，不完美指的是自然做出了选择，其他参与人不知道具体选择，仅仅知道概率分布。这样，不完全信息博弈就可以分析了。在这个基础上，海萨尼定义了“贝叶斯纳什均衡”。贝叶斯纳什均衡是这样一种类型依赖的战略组合：给定自己的类型和别人类型的概率分布的情况下，每个参与人的期望效用达到了最大化。

进入者有一个类型，而在位者有两个类型（高成本或低成本）。在位者完全信息，而进入者不完全信息。给定进入者进入，在位者是否斗争依赖于自己的类型：高成本就默许；低成本就斗争。进入者仅仅知道在位者高成本的概率是 x，而低成本的概率是 $(1-x)$。那么进入者选择进入的期望利润为 $40x+(-10)(1-x)$，选择不进入的期望为 0。这样只有 x 大于 0.2 时，进入才是最优的。假如 x 大于 0.2，那么贝叶斯纳什均衡是：进入者选择进入，高成本在位者选择默许，而低成本在位者选择斗争。

参考资料

信息不对称

一个古董商发现一个人用珍贵的茶碟做猫食碗，于是假装对这只猫很感兴趣，要从主人手里买下，主人不卖，为此古董商出了大价钱。成交之后，古董商装作不在意地说："这个碟子它已经用惯了，就一块送给我吧。"猫主人不干了："你知道用这个碟子，我已经卖了多少只猫了？"

求爱博弈：

有人向你求爱，你选择接受或拒绝，这依赖于你对求爱者品德的判断。如你认为他品德良好，接受，反之拒绝。问题是你不知道他的品德究竟如何。

品德优良者求爱：

表 4-35　　求爱博弈 1

		你：接受	你：拒绝
求爱者	求爱	100，100	−50，0
	不求爱	0，0	0，0

品德恶劣者求爱：

表 4-36　　求爱博弈 2

		你：接受	你：拒绝
求爱者	求爱	100，−100	−50，0
	不求爱	0，0	0，0

假设：只要你接受，他的收益为 100，而接受品德优良者你的收益为 100，接受恶劣者求爱时你的收益为−100。求爱遭到拒绝损失 50，因为丢了面子。

现在你认为求爱者品德优良的概率是 x，求爱者也知道你所认为的这个概率。那么他求爱你接受时，你的期望效用为 $100x-100(1-x)$，你不接受时期望为 0。当 $x>0.5$ 时，你接受才是最优选择。如果 x 大于 0.5，贝叶斯均衡是：求爱者求爱，你接受；如果 $x<0.5$，贝

叶斯均衡是：求爱者不求爱，你拒绝。为什么求爱者选择不求爱呢？因为他知道你会拒绝。这是丢脸的事。

不完全信息古诺均衡：

参与人的类型是成本函数（成本函数是不确定的）。

市场上有两个企业，总需求函数：$P=2-Q_1-Q_2$，每个企业有不变的平均成本，企业 1 的平均成本是共同知识，等于 1，而企业 2 的成本有两种可能，一种是 3/4，一种是 5/4。为使两个企业的成本期望相同，可以使高成本的可能性为 1/2。

企业 2 的利润函数为：

$$\pi_2 = Q_2(2-Q_1-Q_2-3/4) \text{ 或 } \pi_2 = Q_2(2-Q_1-Q_2-5/4)$$

反应函数为：$Q_2 = 1/2(5/4-Q_1)$ 或或 $Q_2 = 1/2(3/4-Q_1)$

对于企业 1 来讲，他不知道企业 2 的真实成本，因此他只能选择最大化以下期望利润函数：

$$E\pi_1 = 1/2Q_1(1-Q_1-Q_2^H)+1/2Q_1(1-Q_1-Q_2^L)$$

式中 Q_2^L 代表企业 2 为低成本时的产量，Q_2^H 代表企业 2 为高成本时的产量。

反应函数为：$Q_1 = 1/2(1-EQ_2), EQ_2 = (Q_2^H+Q_2^L)/2$

均衡意味着两个反应函数都成立。求解：

$$Q_1 = 1/3, Q_2^L = 11/24, Q_2^H = 5/24。$$

在完全信息下，如果企业 2 的成本是 3/4，可以求出 $Q_1=1/4$，$Q_2=1/2$

在完全信息下，如果企业 2 的成本是 5/4，可以求出 $Q_1=5/12$，$Q_2=1/6$

完全信息与不完全信息下古诺均衡的比较如表 4-37 所示。

表 4-37　古诺均衡

	完全信息	不完全信息
企业 2 为高成本	$Q_1=5/12$ $Q_2=1/6$	$Q_1=1/3$ $Q_2=5/24$
企业 2 为低成本	$Q_1=1/4$ $Q_2=1/2$	$Q_1=1/3$ $Q_2=11/24$

与完全信息相比，在不完全信息条件下，低成本企业产量较低，高成本企业产量相对较高。

三、贝叶斯博弈与混合战略均衡

海萨尼证明：完全信息情况下的混合战略均衡可以解释为不完全信息情况下纯战略均衡的极限。

例 1：抓钱博弈

桌边坐着两个人，桌上放着 1 元钱。如果两人同时去抓钱，每人罚款 1 元；如果只有一个人去抓，抓的人得到 1 元；如果没人去抓，支付都为 0。支付矩阵如表 4-38 所示。

表 4-38　　　　抓钱博弈

		参与人 2 抓钱	参与人 2 不抓
参与人 1	抓钱	−1，−1	1，0
	不抓	0，1	0，0

这个博弈有两个纯战略均衡（一个抓，另一个不抓）。还有一个混合战略均衡：每个参与人以 0.5 的概率选择抓。它之所以是个均衡，是因为如果某个参与人不抓，利润为 0；如果他去抓，则期望利润也是 0，（0.5×1+0.5×（−1））。

考虑下列同样的博弈但具有不完全信息：每个参与人有相同的支付结构，但如果赢了，利润是（$1+Z_i$）（i 取 1，2），这里 Z_i 是参与人的类型，参与人知道自己的类型，但另一个人不知道。假定 Z_i 在［$-\varepsilon$，ε］上均匀分布。$0\leqslant\varepsilon<1$。

表 4-39　　　　不完全信息抓钱博弈

		参与人 2 抓钱	参与人 2 不抓
参与人 1	抓钱	−1，−1	$1+Z_1$，0
	不抓	0，$1+Z_2$	0，0

考虑下列战略：（1）参与人 1：如果 $Z_1\geqslant Z_1^*$，就抓钱；反之则不抓；（2）参与人 2：如果 $Z_2\geqslant Z_2^*$，就抓钱；反之则不抓；给定参与人 2 的战略，参与人 1 选择抓的期望利润为

$$\pi_1=\left(1-\frac{\varepsilon+Z_2^*}{2\varepsilon}\right)(-1)+\frac{\varepsilon+Z_2^*}{2\varepsilon}(1+Z_1)$$

$1-\dfrac{\varepsilon+Z_2^*}{2\varepsilon}$ 是参与人 2 抓的概率，$\dfrac{\varepsilon+Z_2^*}{2\varepsilon}$ 是参与人 2 不抓的概率（想一想，这是为什么）。参与人 1 选择不抓的利润是 0。因此 Z_1^* 满足如下条件：

$$\left(1-\frac{\varepsilon+Z_2^*}{2\varepsilon}\right)(-1)+\frac{\varepsilon+Z_2^*}{2\varepsilon}(1+Z_1^*)=0$$

可以化简为：$2Z_2^*+Z_2^*Z_1^*+\varepsilon Z_1^*=0$。根据对称性，在均衡时，$Z_2^*$ 必然等于 Z_1^*，可以得到两个值都为 0。就是说，对于每一个参与人，均衡条件下的最优原则就是：如果 $Z_i\geqslant0$，就抓；反之则不抓。

因为 $Z_i\geqslant0$，或小于 0 的概率各为 0.5，每一个参与人在选择行动时都认为对方抓的概率是 0.5，近乎面对一个混合战略的对手。事实上，当 $\varepsilon\to0$ 时，上述纯战略贝叶斯均衡就收敛为一个完全信息博弈的混合战略纳什均衡。

例 2：性别战

在性别战博弈中，纯战略均衡是（芭蕾，芭蕾）和（足球，足球），混合战略是男士以 2/3 的概率选择足球，女士以 2/3 的概率选择芭蕾。

假设他们对对方的偏好并不知道，假定双方都看足球，男士效用为 $2+T_1$，都去看芭蕾，女士效用为 $2+T_2$，T_1、T_2 都在［0，X］上均匀分布，分布函数是共同知识。

构造一个贝叶斯均衡，存在一个 T_1^* 和 T_2^* 都属于 $[0, X]$（事实上两者相同，因为是对称的），如果 $T_1 \geqslant T_1^*$，男士选择足球，如果 $T_2 \geqslant T_2^*$，女士选择芭蕾。男士选择足球的概率是 $(1-T_1^*/X)$，女士选择芭蕾的概率是 $(1-T_2^*/X)$。求解之。

表 4-40　　性别战

		女：足球	女：芭蕾
男	足球	$2+T_1$，1	0，0
	芭蕾	0，0	1，$2+T_2$

给定男士战略，女士选择足球和芭蕾的期望效用分别为

$$(1-T_1^*/X)(1)+0 \text{ 和} (1-T_1^*/X)(0)+T_1^*/X(2+T_2)$$

两者相等，T_2^* 满足：$(1-T_1^*/X)-T_1^*/X(2+T_2^*)$

或 $X-T_1^* = T_1^*(2+T_2^*)$

由于博弈对称，$T_1^*=T_2^*$，解得：

$$T_1^* = (-3+\sqrt{9+4X})/2$$

贝叶斯均衡是：(1) 男，如果 $T_1 \geqslant T_1^*$，就选足球，(2) 女，如果 $T_2 \geqslant T_2^*$，就选芭蕾。给定不完全信息，男方认为女方选芭蕾和女方认为男方选足球的概率都是 $1-(-3+\sqrt{9+4X})/2X$。

当 X 趋近于 0 时，上述概率为 2/3，就是完全信息下混合战略的概率。

上述例子说明：在不完全信息下，每一个参与人尽管都是选择的纯战略，但似乎面对的是一个选择混合战略的对手，二者是等价的。

参考资料

如何破解不完全信息？——学习与试验

故事 1：

有一个卖草帽的人，有一天叫卖归来，在一棵大树旁打起了瞌睡，等他醒来的时候，发现身边的帽子都不见了，抬头一看，树上有很多猴子，模仿人的样子把帽子戴在头上，他想到猴子喜欢模仿人的动作，就拿下自己的帽子扔在地上，猴子也学他，纷纷将帽子扔在地上。于是卖帽子的人捡起帽子回家去了，并将这个故事告诉了他的子孙。

很多年后，他的孙子继承了卖帽子的家业，有一天，他也在大树旁睡着了，而帽子也同样被猴子拿走了，他想起爷爷的办法，拿下帽子扔在地上。可是猴子非但没有照他的做，还把扔在地下的帽子也捡走了，临走时还说："我爷爷早告诉我了，你这个老骗子还要玩什么把戏。"

故事 2：

把几只蜜蜂和几只苍蝇放进一个玻璃瓶中，然后将瓶子平放，让瓶底朝向窗户，结果会怎样呢？你会看到，蜜蜂不停地在瓶底寻找出口，直到累死为止，而苍蝇则在不到两分钟内全部逃出。为什么呢？因为蜜蜂喜欢光亮而且有智力，于是它们坚定地认为，出口一

定在有光亮的地方，于是它们不停地重复这一合乎逻辑的行为。而苍蝇呢？它们对事物的逻辑毫不在意，而是到处乱飞，探索有可能出现的任何机会，于是它们成功了。

学习、实验、试错、冒险、即兴发挥、迂回前进、混乱、随机应变，所有这些都有助于应付变化，要善于打破固定的思维模式，要有足够的探索未知领域的学习能力。

第六节　不完全信息动态博弈

一、相关概念

（一）精炼贝叶斯均衡

在不完全信息动态博弈中，“自然”首先选择参与人的类型，参与人自己知道，其他人不知道。在自然选择以后，参与人开始行动，行动有先后次序。后行动者能够观测到先行动者的行动，但不能观察到其类型。不过，后行动者可以通过观察先行动者的行动来推断其类型或修正对其类型的先验概率。然后选择自己的最优行动。

而先行动者也会预测到自己的行动会被利用，就会选择传递对自己最有利的信息，避免传递对自己不利的信息。因此博弈过程不仅是参与人选择的过程，也是参与人不断修改信念的过程。

精炼贝叶斯均衡是完全信息动态博弈和不完全信息静态贝叶斯均衡的结合。要求：给定有关其他参与人的类型的信念，参与人的战略在一个信息集开始的“后续博弈”上构成贝叶斯均衡；并且在可能的情况下，参与人通过贝叶斯法则修正有关其他参与人类型的概念。

（二）贝叶斯法则

我们对某个事情发生的可能性有一个判断，然后，根据新的信息来修正这个判断。前者叫“先验概率”，后者叫“后验概率”。贝叶斯法则就是人们根据新的信息从先验概率得到后验概率的方法。

若 A_1，$A_2\cdots$构成完备事件，就是 $P(A_1)+P(A_2)+\cdots=1$，而且他们互不相容，没有交集，并且具有正概率。那么对于一个概率不为 0 的事件 B。有

$$P(A_m|B)=\frac{P(A_m)P(B|A_m)}{\sum_i P(A_i)P(B|A_i)}(m=1,2\cdots)$$

在 B 事件发生条件下 A_m 发生的概率等于：A_m 事件发生的概率乘以 A_m 发生条件下 B 发生的概率除以事件 B 发生的全概率。而事件 B 发生的概率等于 $\sum_i P(A_i)P(B|A_i)$。

举例，将所有的人分为两类：好人（GP）和坏人（BP）。事情分为好事（GT）和坏事（BT）。那么一件好事发生的概率 $P(GT)$ 等于做此事的人是好人的概率 $P(GP)$ 乘以好人做好事的概率 $P(GT\mid GP)$ 加上做此事的人是坏人的概率 $P(BP)$ 乘以坏人做好事的概率 $P(GT\mid BP)$：

$$P(GT)=P(GP)P(GT\mid GP)+P(BP)P(GT\mid BP)$$

如果我们看到一个人做了一件好事，那么这个人是好人的后验概率是：

$P(GP \mid GT)=$（他是好人的先验概率乘以好人做好事的概率）/ 一件好事发生的概率 $=(P(GP)P(GT \mid GP))/P(GT)$

① 假定他是好人的先验概率是0.5，那么看到他做了好事后，他是好人的后验概率为多少？

如果这件事只有好人做，坏人不可能做，$P(GT \mid GP)=1, P(GT \mid BP)=0$，那么，后验概率为 $0.5/(0.5\times1+0.5\times0)=1$。也就是说，他是好人，我们修正了先验概率。

② 这是一般的事情，好人和坏人做的概率都是1。那么 $P(GP \mid GT)=0.5/(0.5\times1+0.5\times1)=0.5$。我们对他的看法没有改变。

③ 这件事情好人一定会做，坏人也可能做。$P(GP \mid GT)=0.5/(0.5\times1+0.5\times0.5)=2/3$。我们认为他是好人的概率增加了。

如果我们看到一个人做了一件坏事，又怎么样呢？如果我们相信，好人绝不会干坏事，只有坏人才会干坏事，那么他绝对是坏人。

$P(GP \mid BT)=0\times0.5/(0\times0.5+P\times0.5)=0$，其中 P 是坏人做这种事情的概率。

这样我们可以看出，我们如何改变对一个人的看法，不仅依赖于我们认为他是好人或坏人的先验概率，而且依赖于我们如何认为“好人干好事和坏人干坏事的条件概率”。这个认为必须是正确的。就是说，当我们认为坏人做好事的概率为 $P(GT \mid BP)$ 时，在给定信息下，如果这个人是坏人，那么，$P(GT \mid BP)$ 就是他的最优选择，这个概率不会高，也不应该低。

二、例子

例1：吃辣椒

你和张三。后者喜欢欺负弱者，但害怕遇到强者。在他第一次遇到你时是否欺负你？答案依赖于对你的判断，假如他最初判断你是强者的概率是80%，弱者的概率为20%，那么大概不会欺负你。现在你有某种行动包含着自己是否是强者的信息，如吃早餐。我们假设强者喜欢吃辣椒，弱者不喜欢。

如果张三发现你不吃辣椒，就认为你是弱者，可以欺负。

如果张三发现你吃辣椒，就认为你是强者，不可以欺负。

但是你知道不吃辣椒的后果，因此即使是弱者，也要吃几根辣椒，以表示自己不是弱者。

张三是理性的，不会被欺骗，他会观察你吃辣椒的数量，除非你吃的足够多，否则不会相信你是强者。如果你是一个真正的强者，（假设你即使强壮，也不愿意打架）会吃如此之多的辣椒，以至于弱者根本无法承受。

一个可能的精炼贝叶斯均衡是：懦弱的你不吃辣椒（吃少无用，多了无法承受），强悍的你吃辣椒（比正常情况多），张三根据你吃辣椒的情况来推断你是强者还是弱者，再决定是否欺负你。

另一个可能的均衡是：懦弱的你和强悍的你都吃同样数量的辣椒，张三无法判断，因为你没有传递新的信息，他判断你是强者的概率还是80%，弱者的概率还是20%，仍然不会欺负你。

前者叫“分离均衡”，后者叫“混同均衡”。

例 2：黔驴技穷

老虎在刚遇到驴子时，以为很神奇，这是个最初的信念。因此在森林里偷看是最优选择；过一阵子，逐渐靠近毛驴，是为了获得有关信息。毛驴大叫一声，赶紧逃走，是最优的，因为毛驴的叫声传递了它可能是强者的信息。老虎对叫声熟悉后，但还不敢下手，因为还没有完全了解。再后来，故意磨蹭它，驴子最后无法忍受，用脚踢。这个行动彻底泄露了驴子的真实本领。老虎就吃了驴子。

这是一个精炼贝叶斯均衡，每一步都是最优的。驴子的行为也是理性的，不到最后不会用脚踢它，否则早给吃掉了。

例 3：市场进入博弈

在这个博弈中，在位者可能是低成本，也可能是高成本。在静态博弈中，进入者只能根据先验判断选择进入和不进入。现在假设在位者先行动——如定价。我们用 P 来表示价格。那么 P 本身可能包含着在位者有关成本方面的信息。因为不同成本下的定价是不一样的。假定存在一个价格 P^*，这个价格只有低成本的在位者才可能选择，高成本的在位者是不敢选择的。那么精炼贝叶斯均衡就是：低成本在位者选择 P^*，而高成本在位者选择一个较高的价格。进入者观察到在位者选择了 P^*，就不进入，因为对方是低成本。否则就认为是高成本，就进入，这就是著名的“垄断限价”模型（即垄断企业的价格低于微观经济学定义的最优垄断价格），这里的价格是一种信号。

例 4：信号传递模型

信号模型最初是为了解决信息的不对称，最后也进入了博弈论的研究范围。市场上双方的信息是非对称的，如技术含量较高的工业品如汽车、电脑等，以及保险市场、劳动力市场等。

① 逆选择。

旧车市场：一共有 200 辆旧车，100 辆质量好的，100 辆质量差的。恰好有 200 个买主、200 个卖主。

对于好车，买主愿意掏 10 000 元，卖主也认可这个价格；

对于好车，买主愿意掏 5 000 元，卖主也认可这个价格；

但是，市场是不会这样达到均衡的。

因为买主不确定自己所买的车的质量，因此，买到好车和坏车的概率是相同的，他愿意掏的价格是 $0.5\times10\,000+0.5\times5\,000=7\,500$ 元。但是好车的卖主是不愿意按这个价格出售的，只有坏车才会出售。

如果买主预测到不会有好车按这个价格出售，只有坏车才会出售。那么他就不会掏这个价钱，而只会掏 5 000 元购买坏车，因此，只有坏车充斥市场。

解决办法：出具凭证，发信号，保修多少年。

② 健康保险市场。

每一个参与保险的人最了解自身的健康状况，但是保险公司不了解。

假如我们简单地将人分为两种，健康和不健康。而保险公司只能按照平均健康状况收费，那么，谁会购买保险？只有那些不健康的人。这样保险公司将赔本。于是，保险公司将提高保险费。

假定我们简单地将不健康的人分为两种，患病率高的和患病率低的。而保险公司只能按照平均患病率状况收费，那么，谁会购买保险？只有那些患病率高的人。这样保险公司将赔本。于是，保险公司将提高保险费。

这一过程不断进行的结果是只有那些身体最糟的人才会购买保险。因此，保险公司将不会存在。

解决：自身承担一部分医疗费用，或政府干预。

③ 劳动力市场。

工人的能力可能高可能低，工人本身知道，但是雇主不知道。教育即便不改进工人的能力，却可以传递有关这种能力的信号。因为教育是要花成本的，而高能力的人的教育成本要低于低能力的人，因为一个笨蛋要比一个聪明人遭受更大的痛苦才能学完所有的课程，拿到文凭。也就是说，高能力的人有着较低的被淘汰率。

因此，文凭成为能力的象征，尽管不是能力的源泉。高能力的人要把自己与低能力的人分开，就要接受更多的教育。教育成为一个信号。

当然，这个模型是有缺陷的，因为教育里面包含了很多不能抹掉的因素。

三、扩展式描述

考虑市场进入的例子。假定有两个时期，$T=1$，2。在 $T=1$，市场上有一个在位者，一个进入者考虑是否进入；如果进入，在 $T=2$，两个企业进行古诺博弈，否则，在位者仍然垄断。

假定在位者有两个可能类型：高成本和低成本。进入者只知道高成本的概率为X，低成本的概率为1－X，这个概率为先验概率。如果进入者进入，生产成本函数与高成本的相同。

在 $T=1$，在进入者决定之前，在位者要决定该时期的价格。

表 4-41

	价格=4	价格=5	价格=6
高成本时的利润	2	6	7
低成本的利润	6	9	8

对于在位者来说，高成本单阶段的最优价格是6，利润为7，低成本单阶段的最优价格是5，利润为9。

在 $T=2$，如进入者进入，如果两个都是高成本，在位者的成本为共同知识，此时为对称古诺产量竞争。价格为5，每个企业利润为3，扣除进入成本2，进入者利润为1。如在位者为低成本，二人成本函数不同，非对称，价格=4，在位者利润为5，进入者利润为1，扣除进入成本2，进入者利润为－1。如果进入者不进入，在位者地位不变。

这样的假设使得在完全信息下，如在位者高成本，进入者进入；反之不进入。

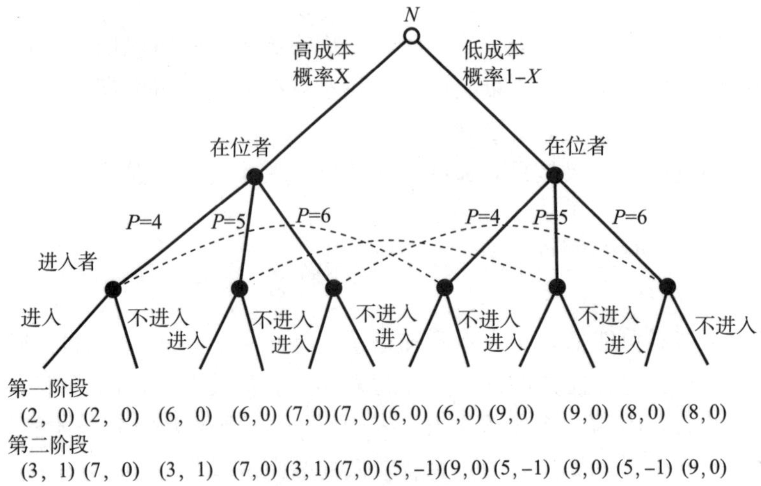

图 4-16　市场进入博弈

图中有两个单结的信息结，表示在位者知道自然的选择。三条虚线表示进入者的三个信息集，每个有两个决策结，用虚线连接。表示进入者可以看到价格，但是不知道在位者的类型。

第一阶段表示进入者还没有进入，因此进入者的支付都是 0，第二阶段表示已经进入。

第二阶段虽然仅仅是个静态的，但是第一阶段较为复杂。给定进入者是高成本时，进入的利润为 1，进入者低成本时进入者利润为－1，那么，只有在进入者“认为”在位者高成本的概率大于 0.5 时，才进入。这仅仅是一个不完全信息静态博弈。但与静态不同的是，在观察到在位者第一阶段的价格选择后，进入者可以修正对在位者成本函数的先验概率 x，

比如说，无论何种情况，低成本在位者不会选择 $P=6$ 的价格，因为他不想被认为是一个高成本者。因此，如果进入者观察到在位者选择了价格 6，那么在位者一定是高成本，进入是有利可图的。预测到选择价格等于 6 会导致进入者的进入，在位者即使是高成本也不会选择这个价格。

类似，低成本在位者也不会选择价格为 5，如果这个价格将导致进入。

这样，在位者必须考虑价格选择带来的信息效应。在均衡时，在位者选择什么价格，不仅与成本有关，还与进入者的先验概率有关。

令 X 是进入者在认为在位者是高成本的先验概率。假设 $X(P)$ 是进入者在观测到在位者的价格选择后认为在位者是高成本的后验概率（P 是价格）。

可以证明：在第一阶段高成本在位者选择 $P=6$、低成本在位者选择 $P=5$ 不是一个精炼贝叶斯均衡。因为进入者如果观察到 $P=6$，就会知道在位者高成本，$X(6)=1$，如果观察到 $P=5$，就会知道在位者低成本，$X(5)=0$，进入者将进入。但高成本在位者如果选择 6，第一阶段得到 7 的利润，第二阶段得到 3 的利润，总量为 10；而如果他模仿低成本

选择 $P=5$，那么第一阶段得到 6 的利润，第二阶段得到 7 的利润，总量为 13。因此 $P=6$ 不是高成本在位者的最优选择。

第一：

我们证明：当 $x<0.5$ 时，精炼贝叶斯均衡是：无论高成本还是低成本，在位者选择价格为 5；进入者将进入，当只当观察到 $P=6$。

如前，高成本在位者如果选择 6，对方进入，第一阶段得到 7 的利润，第二阶段得到 3 的利润，总量为 10；而如果他模仿低成本选择 $P=5$，对方不进入，那么第一阶段得到 6 的利润，第二阶段得到 7 的利润，总量为 13。因此牺牲第一阶段 1 单位利润换取第二阶段 4 单位利润是合算的。

低成本在位者选择价格为 5 时，总利润总是 $9+9=18$，大于选择任何其他价格时的利润，因此，这个价格也是最优的。

给定两类在位者都选择价格为 5，进入者不能从中获得任何新的信息，$X(5)=1\times X(1\times X+1\times(1-X))=X<0.5$，进入的期望利润为 $X\times 1+(1-X)\times(-1)=2X-1<0$，而不进入的期望利润为 0，因此不进入是最优的。

这个均衡叫混同均衡。因为不同类型的在位者选择了相同的价格。直观地讲，如果进入者不能从价格上获得新的信息，将选择不进入。

第二：

如果 $X\geqslant 0.5$ 时，我们注意到，如果不同类型的在位者选择相同的价格，进入者不能从价格上获得新的信息，将选择进入，因为 $X\times 1+(1-X)\times(-1)=2X-1>0$，当如果给定进入者将进入，那么，在位者的最优选择是单阶段最优价格，即高成本选择价格 6，低成本选择 5，但我们已经证明这不是均衡。

精炼贝叶斯均衡是：如果 $X\geqslant 0.5$ 时，高成本在位者选择价格为 6，低成本选择价格 4；进入者如果观察到价格为 4［基于 $X(4)=0$］不进入；如果观察到价格为 6 或者 5，选择进入［基于 $X(6)=1, X(5)\geqslant 0.5$］。

首先考虑低成本在位者的战略。如果选择价格$=4$，进入者不进入，第一阶段得到 6 的利润，第二阶段得到 9 的利润，总量为 15；如果选择价格为 5，$X(5)=1\times X/(1\times X+1\times(1-X))=X\geqslant 0.5$，这是进入者会认为在位者是高成本的可能性较大，因此进入，而低成本在位者的利润为 $9+5=14$，因此选择价格为 4 是最优的。

其次考虑高成本在位者的战略。如果选择价格$=4$，进入者不进入，第一阶段得到 2 的利润，第二阶段得到 7 的利润，总量为 9；如果选择单阶段最优价格 6，进入者进入，在位者总利润是 $7+3=10$。高成本在位者选择价格为 5，进入者仍会进入，但在位者的利润较少。因此高成本在位者选择价格 6 是最优的。

对于进入者来讲，$X(6)=1, X(4)=0$ 是正确的，因此当他观察到价格 6 时选择进入；如果观察到价格为 4，不进入。

上述均衡称为分离均衡。因为不同类型的在位者选择了不同的价格。直观地讲，低成本在位者如果选择单阶段最优价格 5，那么他将无法把自己与高成本在位者分开，进入者将进入。因此选择价格$=4$，高成本在位者不会模仿这个价格。

四、使用精炼贝叶斯均衡处理不完美信息博弈

精炼贝叶斯均衡也适用于不完美信息博弈，请考虑下面的博弈。

在这个博弈中，有两个参与人，参与人 1 首先行动，选择 L、M 或 R。若参与人 1 选择 L，博弈结束，收益分别为（1，3）。若参与人 1 选择 M 或 R，博弈继续，参与人可能选择 U 或 B。但参与人 2 在选择时不知道参与人 1 选择的是 M 或 R，仅仅知道参与人 1 选择的不是 L。

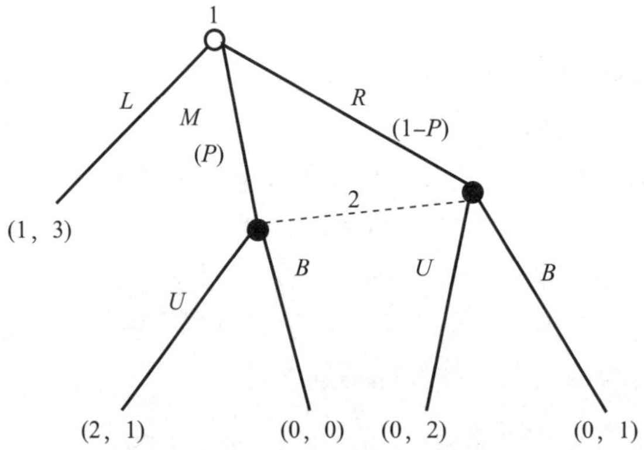

图 4-17

这个博弈有两个纯战略纳什均衡（M，U）和（L，B），给定参与人 2 选择 U，参与人 1 选择 M。给定参与人 1 选择 M，参与人 2 选择 U。给定参与人 2 选择 B，参与人 1 选择 L。给定参与人 1 选择 L，参与人 2 的选择不能到达。

进一步，因为这个博弈只有一个子博弈，就是原博弈，因此（M，U）和（L，B）都是子博弈精炼纳什均衡。但是（L，B）属于不可置信的威胁。因为如果博弈进入了参与人 2 的信息集，U 严格优于 B，选择 B 不是理性的，参与人 1 不应该相信参与人 2 会选择 B。

我们可以用精炼贝叶斯均衡剔除（L，B）。当博弈进入参与人 2 的信息集，参与人 2 必须有一个参与人 1 选择 M 和 R 的概率分布，P 和 $1-P$。参与人 2 选择 U 的期望效用为 $P+(1-P)\times 2=2-P$ 而选择 B 的期望效用是 $P\times 0+(1-P)\times 1=1-P$，前者严格大于后者。参与人 2 一定会选择 U。给定参与人选择 U，参与人 1 的最优是 M，给定 M 是参与人 1 的最优，当参与人 2 观测到参与人 1 没有选择 L，他就会知道参与人 1 一定选择了 M，$P=1$。于是这个博弈的唯一精炼贝叶斯均衡就是（M，U；$P=1$）。

五、KMRW 声誉模型（克瑞普斯、米尔格罗姆、罗伯茨、威尔逊）

这个模型表明，在有限次重复博弈中，如果存在不完全信息，只要博弈重复的次数足够多，那么合作行为是可能出现的。特别地，“坏人”可能在很长时间内表现的像“好人”一样。

以囚徒困境为例。假设囚徒 1 有两种类型：理性的和非理性的，概率为 $1-P$ 和 P，

假设囚徒 2 只有一种类型：理性。假设理性的囚徒可以选择任何战略，而非理性的只有一种战略“针锋相对”（Tit-for-tat）：开始选择抵赖，然后在某一阶段选择囚徒 2 在上一阶段的选择（你抵赖我抵赖，你坦白我坦白）：（理性可以理解为机会主义者，随机应变的非合作型参与人；而非理性是重义气的人，是合作型参与人）。

表 4-42　　囚徒困境

		囚徒 2 坦白	囚徒 2 抵赖
囚徒 1	坦白	−8，−8	0，−10
	抵赖	−10，0	−1，−1

博弈顺序如下：

① 自然选择囚徒 1 的类型；囚徒 1 知道自己的类型，囚徒 2 只知道囚徒 1 属于理性的概率为 P，囚徒 1 属于非理性的概率为 $1-P$。

② 两个囚徒进行第一阶段博弈。

③ 观测到第一阶段结果后，进行第二阶段博弈；观测到第二阶段结果后，进行第三阶段博弈；依次类推。

④ 两个囚徒的支付是阶段博弈的支付的贴现值之和（贴现因子为 1）。

（一）博弈只重复两次的情况

我们用 C 表示坦白（Confess），D 表示抵赖（Deny），C 表示非合作行为，D 表示合作行为。

在第二阶段，理性囚徒 1 和囚徒 2 将选择 C，而非理性囚徒 1 的选择依赖于囚徒 2 在第一阶段的选择。

在第一阶段，非理性囚徒 1 选择 D（假定针锋相对的战略），理性囚徒 1 的最优选择是 C，因此不会影响囚徒 2 在第二阶段的选择。我们要考虑的是囚徒 2 在第一阶段的选择，他的选择将影响非理性囚徒 1 在第二阶段的选择。

表 4-43　　博弈重复两次

	第一阶段	第二阶段
非理性囚徒 1	D	X
理性囚徒 1	C	C
囚徒 2	X	C

如果选择 $X=D$，囚徒 2 的期望支付是

$$P\times -1+(1-P)\times(-10)+P\times 0+(1-P)\times(-8)=17P-18$$

等式左边前两项是第一阶段的支付，左边后两项是第二阶段的支付。

如果选择 $X=C$，囚徒 2 的期望支付是

$$P\times 0+(1-P)\times(-8)+(-8)=8P-16$$

因此，如果 $17P-18 \geqslant 8P-16$，即 $P \geqslant 2/9$，那么囚徒 2 将选择在第一阶段抵赖。假定$P \geqslant 2/9$。

（二）博弈重复三次的情况

给定 $P \geqslant 2/9$，如果理性囚徒 1 和囚徒 2 在第一阶段都选择 D，那么，第二、第三阶段的均衡路径与上表相同（$X=D$），现在要证明下表是均衡。

表 4-44　　博弈重复三次

	第一次	第二次	第三次
非理性囚徒 1	D	D	D
理性囚徒 1	D	C	C
囚徒 2	D	D	C

首先考虑理性囚徒 1 在第一阶段的战略。C 不一定是他在第一阶段的最优选择，因为如果他选择了 C，尽管可以得到 0 的最大支付，但是暴露了他的类型（理性），囚徒 2 在第二阶段就不会选择 D，理性囚徒 1 在第二阶段的最大支付就是 -8，但如果选择 D，不暴露自己是理性的，那么在第一阶段得到 -1，第二阶段得到 0。

如果理性囚徒 1 在第一阶段选择 D，囚徒 2 在第一阶段选择 D，囚徒 2 在第二和第三阶段选择 D，C，理性囚徒 1 的期望支付是

$$(-1)+0+(-8)=-9$$

如果理性囚徒 1 在第一阶段选择 C，暴露了自己的理性特征，囚徒 2 在第二和第三阶段选择 C，C，理性囚徒 1 的期望支付是

$$(0)+(-8)+(-8)=-16$$

因此理性囚徒 1 不会在第一阶段放弃 D。

现在考虑囚徒 2 的战略。囚徒 2 有四个战略：$(D,D,C)(C,C,C)(C,D,C)$ 和(D,C,C)。

第一个战略：

期望支付为：$-1+(P\times(-1)+(1-P)\times(-10))+(P\times 0+(1-P)\times(-8))=17P-19$

表 4-45　　第一个战略

	第一次	第二次	第三次
非理性囚徒 1	D	D	D
理性囚徒 1	D	C	C
囚徒 2	D	D	C

第二个战略：

表 4-46　　第二个战略

	第一次	第二次	第三次
非理性囚徒 1	D	D	D

续表

	第一次	第二次	第三次
理性囚徒 1	D	C	C
囚徒 2	C	C	C

期望支付为：$0-8-8=-16$

而 $17P-19\geqslant-16$，要求 $P\geqslant3/17$，由于我们要求 $P\geqslant2/9$，条件满足。

第三个战略：

表 4-47　　第三个战略

	第一次	第二次	第三次
非理性囚徒 1	D	D	D
理性囚徒 1	D	C	C
囚徒 2	C	D	C

期望支付为：$0+(-10)+(P\times0+(1-P)\times(-8))=8P-18$

而 $17P-19\geqslant8P-18$ 要求 $P\geqslant1/9$，由于我们要求 $P\geqslant2/9$，条件满足。

第四个战略：

表 4-48　　第四个战略

	第一次	第二次	第三次
非理性囚徒 1	D	D	D
理性囚徒 1	D	C	C
囚徒 2	D	C	C

期望支付为：$-1+(P\times0+(1-P)\times(-8))+(-8)=8P-17$，而 $17P-19\geqslant8P-17$，要求 $P\geqslant2/9$。条件满足。

我们证明，只要囚徒 1 是非理性的概率大于等于 2/9，表示 A 的战略组合就是一个精炼贝叶斯均衡。

可以进一步证明，如果 $P\geqslant2/9$，那么对于所有 $T>3$（3 阶段以上），下列战略组合构成一个精炼贝叶斯均衡：理性囚徒 1 在第一阶段直到 $T-2$ 阶段一直选择抵赖，然后在 $T-1$、T 阶段选择坦白；囚徒 2 在第一阶段到 $T-1$ 阶段选择抵赖，在最后阶段选择坦白。

可见，对任意的 T 大于 3，非合作阶段的总数量是 2，与 T 无关。

也就是说，理性囚徒其实是“坏人”，但是他要隐藏自己的真实类型，扮演合作者，直到最后阶段才会露出狰狞面目。

六、颤抖手均衡

泽尔腾定义了颤抖手均衡：在任何一个博弈中，每个参与人都有一定的可能性犯错误，类似一个人用手抓东西时，手一颤抖，就可能抓不住想抓的东西。但是，如果存在这样一个战略组合，它允许所有参与人都可能犯错误时仍是每个参与人的最优战略组合，那么这个战略组合达到的就是颤抖手均衡。

颤抖就是非均衡事件，是参与人的非蓄意错误。通过引入颤抖手均衡，原博弈的均衡就可以理解为被颤抖扰动后的博弈的均衡的极限。如下例：

表 4-49　　颤抖手均衡

		参与人 2	
		L	R
参与人 1	U	$\underline{10}$，0	$\underline{5}$，$\underline{2}$
	D	$\underline{10}$，1	2，0

（D，L）是一个纳什均衡，只要参与人 2 不选择 R，D 就是参与人 1 的最优选择，同样，只要参与人 1 不选择 U，L 就是参与人 2 的最优选择。但是如果参与人 2 错误地选择了 R，参与人 1 的最优选择就是 U；预测到这一点，参与人 2 将选择 R。就是说（D，L）不是一个颤抖手均衡。而（U，R）是一个颤抖手均衡：不管参与人 2 犯错误的概率多大，参与人 1 没有兴趣选择 D；另外，只要参与人 1 犯错误的概率小于 2/3，参与人 2 就没有兴趣选择 L（如果犯错误的概率大于 2/3，就很难说是颤抖了，而是故意犯错误）。

计算过程：设参与人 1 犯错误的概率为 P，那么参与人 2 不选择 L 的条件是 $2\times(1-P)\geqslant P\times 1$ 即 $2/3\geqslant P$。

思考题

1. 假定某博弈的报酬矩阵如下：

		乙	
		左	右
甲	上	a,b	c,d
	下	e,f	g,h

(1) 如果（上，左）是上策均衡，那么 $a>?$，$b>?$，$g<?$，$f>?$

(2) 如果（上，左）是纳什均衡，上述哪几个不等式必须满足？

(3) 如果（上，左）是上策均衡，那么，它是否必定是纳什均衡？为什么？

2. 设两厂商 A、B 间博弈的收益矩阵是：

		B	
		1	2
A	1	100，40	70，50
	2	80，90	60，80

（1）AB 间有无上策均衡？

（2）AB 间有无纳什均衡？

（3）如果 A、B 间不是静态博弈，而是动态博弈，且 B 先行一步，试画出博弈的扩展形式，并找出该序列博弈的纳什均衡点。为什么静态博弈中不存在纳什均衡而在序列博弈中存在纳什均衡？

3. 下面是两个厂商选择的策略所依据的收益矩阵：

		B 的策略：遵守协议	B 的策略：违背协议
A 的策略	遵守协议	A 的利润 500 万美元 B 的利润 500 万美元	A 的利润－200 万美元 B 的利润 800 万美元
	违背协议	A 的利润 800 万美元 B 的利润－200 万美元	A 的利润 200 万美元 B 的利润 200 万美元

（1）哪一种策略使 A 的最大可能损失为最小？B 的是哪一种？

（2）如果你是 A，你会选择哪一种策略？为什么？如果 A 采取欺骗手段，B 会做什么？如果 B 采取欺骗手段，A 会做什么？

（3）这一对策最可能出现的结果是什么？为什么？

4. 试给出下述战略式表述博弈的纳什均衡。

		B: L	B: R
A	U	1，3	2，5
	D	4，1	6，2

5. 试将上题中的支付加以修改使其有混合战略均衡。

6. 用逆向归纳法的思路求解下述不完美信息博弈的子博弈精炼均衡。

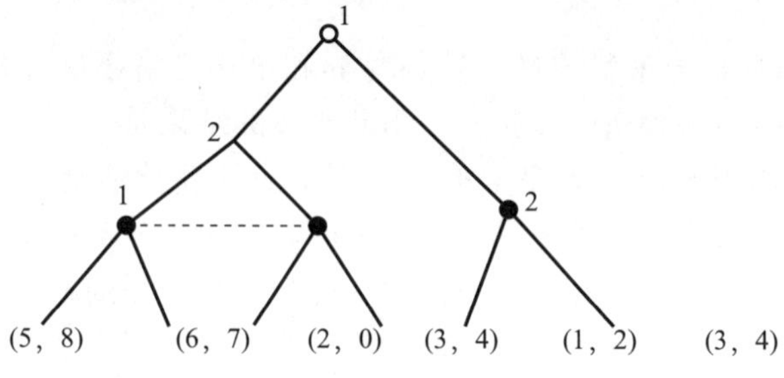

7. 举出一个卡特尔的例子，并说明其存在的原因。

8. 是否博弈双方都具有占优策略时，才会构成占优策略均衡？

9. 你能否修改本章第三节中夫妻博弈支付矩阵的数值，得到不一样的结果？

第五章　委托—代理理论

委托代理理论创建于20世纪60年代末70年代初，是过去40多年里契约理论最重要的发展之一，是经济学家通过研究企业内部信息不对称和激励问题发展而来的。委托代理关系在社会经济中普遍存在。例如，政府与国企经理、经理与雇员、国企所有者与注册会计师，公司股东与经理，选民与官员，医生与病人，债权人与债务人以及选民和议员、代表之间都是委托代理关系。在信息非对称情况下，委托人无法观测到代理人的行为，因此，委托代理理论的中心任务就是研究在利益相冲突和信息不对称的环境下，委托人如何设计最优契约激励代理人。委托代理理论被用于解决现实中的各种问题。

第一节　委托—代理关系

18世纪末，资本主义国家科技进步日新月异和市场经济不断发展，使得交易范围扩大和资本积累增加，企业规模进一步扩大。由此导致的结果是——一方面，生产力发展使得分工进一步细化，由资本所有者完全独立控制企业的经营活动越来越受到其本身的精力、时间、相关知识、管理能力的制约；另一方面，专业化分工产生了一大批具有专业知识和管理能力的经理人，他们有精力、有能力代理行使被委托的权利。当企业所有者不能亲自经营企业或亲自经营企业的效益并不能达到理想预期，而将企业交给经理人代为控制和经营时，就产生了委托—代理关系。

一、委托—代理关系的内涵

现代意义的委托代理的概念最早是由罗斯提出的："如果当事人双方，其中代理人一方代表委托人一方的利益行使某些决策权，则代理关系就随之产生。"

随着对委托—代理理论的研究不断深化，人们认识到委托—代理关系不仅存在于所有权与经营权分离的企业中，而且存在于人类社会的其他领域。譬如，普拉特和泽克浩瑟等认为只要一个人依赖于另一个人的活动，那么委托—代理关系就产生了。

詹森和威廉·麦克林认为，委托—代理关系是指这样鲜明或隐含的契约，根据这个契约，一个或多个行为主体雇佣另一些行为主体为其提供服务，并根据其提供的数量和质量支付相应的报酬。

关于委托—代理关系更多是从契约理论上定义的。契约理论认为，委托—代理关系是一种契约关系，通过这一契约，处于信息劣势的一个人或一些人（委托人）授权给处于信息优势的另一个人或另一些人（代理人），为委托人的利益从事某些活动。张维迎认为，经济学上的委托—代理关系泛指任何一种涉及非对称信息的交易，交易中有信息优势的一方称为代理人，另一方称为委托人。

当然，这样定义的背后隐含的假定是，代理人的私人信息（行动或知识）影响委托人的利益，委托人不得不为代理人的行为承担风险。

专　栏

委托—代理问题的一般分析

假定产出是代理人努力的一个函数，则两者的函数关系可以用公式表示如下：

$$\pi = \pi(a) \tag{5.1}$$

式（5.1）中 π 是产出或利润，a 是代理人的工作努力程度或行动，π（a）是以代理人工作努力表示的生产函数。

该公式表示，不管代理人的目标函数如何，他的工作努力是可以观察到的，这样代理人就不至于损害委托人的利益。退一步讲，即使工作努力程度是不可观察的，但是如果产出是能够观察到的，而且产出与努力是对应关系，那么代理人的行为（工作努力程度）也可以从产出中准确地推断出来，在此情况下，委托代理问题是不容易出现的。

但是客观上，由于不确定性和信息不对称性的存在，因而影响产出的因素除了代理人的努力程度外，还存在着一个外在变量，我们假定这个随机变量为 Q，那么，式（5.1）则变成了式（5.2）。

$$\pi = \pi(a, Q) \tag{5.2}$$

此时，代理人的偷懒和机会主义行为就难以准确观察和推断。因为代理人会告诉委托人，由于受客观环境（即随机变量 Q）的影响，他的行动受到阻碍。而由于信息（Q）不对称，委托人无法判断代理人所说的真伪，委托代理问题由此产生。

这就意味着委托人要通过一定的合同条款来激励和约束代理人在签约以后能够按照自己的利益行事。对这些最优合同的寻找就构成了规范的委托—代理理论。

二、委托—代理关系的特征

首先，委托—代理关系是一种双边的经济利益关系。在委托—代理关系下，委托人要求代理人签订合约，以完成某项行动或做出某种决策。在这里，尽管委托人和代理人的目标函数不一致，但是，他们都是追求各自的利益最大化，委托人和代理人都是追求自身利益最大化的经济人。委托人订立合约的目的是希望代理人代表委托人实施某一行动或决策，以期获得更大的利益；而代理人签订合约的目的是想获得委托人支付的报酬。所以，经济利益是将委托、代理双方联系起来的一条纽带。

其次，委托—代理关系是一种可操作但不完备的契约关系。由于不对称信息和不确定性的存在，委托人无法直接观察代理人的行为，代理人的行为事实上是一个不可证实的变量。因此，委托人不可能向代理人提供一个面面俱到的规定其权利义务以及未来可能出现情况的完备合约。反过来讲，若契约是完备的，因为委托、代理双方完全可以在契约完备条款下处理各种情况，那么，委托—代理关系就没有研究没意义了。

最后，在委托—代理关系中，委托人和代理人的利益相关，目标冲突。一方面，委托人所支付的报酬是代理人的收益，却是委托人的成本；另一方面，代理人的努力有利于委托人，但却是代理人所付出的成本。因此，委托人和代理人各自追求个人利益最大化，其目标是相对的，互相冲突的。拨米和米恩斯等指出，委托人与代理人在激励与责任方面的不一致性或者矛盾以及信息不对称，代理人有可能背离委托人的利益或不忠实委托人意图而采取机会主义行为，发生道德风险和逆向选择，于是随之而产生的委托代理成本问题困扰着委托代理关系的良好运行。

三、构成委托—代理关系的基本条件

在委托—代理关系中，委托人和代理人可以是个人，可以是机构，可以是组织，也可以是决策中心。通常认为，委托—代理关系赖以形成的基本条件主要有 3 个。

（1）代理人的私人信息（隐藏的知识和行动）影响委托人的利益，委托人不得不为代理人的决策或行为承担一定的风险。

（2）市场交易中，存在两个或两个以上相互独立的行为主体，并且双方在一定约束条件下各自追求效用最大化。在行为主体之间，代理人必须在诸多可供选择的行动中选择一项预定的行动，该行动既影响其自身的收益，也影响委托人的收益。委托人具有付酬能力并拥有固定付酬数额和方式的权利，即委托人在代理人选择行为之前就可能与代理人确定某种合同，该合同明确规定代理人的报酬是其代理行为结果的函数。

（3）委托人无法完全根据对代理人行为的观察结果来判断代理人的业绩。委托人和代理人均面临不确定性和风险，而他们掌握的信息处于非对称状态，通常，代理人具有相对信息优势，委托人处于信息劣势。一方面，委托人不能直接观察代理人的具体行为；另一方面，代理人选择行动的最终结果是一种随机变量，其分布状况取决于代理人的行为，代理人不能完全控制其行为的最终结果。

在委托—代理关系中存在两种不同的选择行为：一是委托方选择代理方，并按一定方式付酬，但不能直接观察到代理方的行为，又需按一定合同向代理方支付与其行为结果相联系的报酬。二是代理方选择自己的行动，它既会影响自己的收益，又会影响委托方的收益，但他选择行动产生的结果是随机的，并不受他完全控制。

四、委托—代理关系的模式

根据委托人和代理人个体数量的多少和特征，通常将委托—代理关系划分为 5 种模式。

(1) 委托方与代理方均为单一的个人，如病人为委托人，医生为代理人；

(2) 委托方只有一个，而代理方不止一个，如中央政府为委托人，若干家国有垄断企业为代理人；

(3) 委托方不止一个，而代理方只有一个，如众多计算机用户为委托人，某个网络接入服务商为代理人；

(4) 委托方与代理方均有多个，如众多投保人为委托方，多家保险公司为代理方；

(5) 单个或多个复合的委托方与代理方，可替换位置互为委托、代理的关系，如出版商与作者之间互为委托、代理的关系。

无论是哪种委托—代理模式，代理人都掌握着委托人不了解的市场信息或私人信息，如政府不了解国有企业的实际经营状况，企业所有者不了解经理的实际能力和工作努力程度等。但双方在讨价还价中达成彼此能接受的合同，并在合同约束下开展行动，并取得博弈均衡结果。

五、均衡契约及其形成条件

委托人和代理人之间通过讨价还价，最后达成对双方都有益或者双方都能接受的契约。委托人和代理人之间形成的契约以及在这些契约约束下的行动都可以被看作是非对称信息条件下的参与者之间的博弈均衡结果。因此，委托人和代理人之间形成的契约可以视为均衡契约。

委托人和代理人之间形成均衡契约必须满足两个条件。

(1) 参与约束条件。一方面，代理人履行合同后所获收益不能低于某个预定收益额，或者采用其他契约都不能使委托人的收益超过或等于执行该契约所取得的效用；另一方面，委托人给予代理人的收益水平，不能低于同等条件下其他委托人所能给的收益水平。

(2) 激励相容条件。代理人按合同以效用最大化原则选择具体的行动，同时，保证委托人预期收益最大化。这是委托人设计激励机制的原则。

由于博弈是一个局中人之间的互动过程，只有知道了对方的对策，才能有自己的最优对策。相较于自己采取何种对策，局中人更加关心对方采取何种对策，任何一方都不愿让对方掌握自己的私人信息，同时，却要努力去掌握对方的私人信息。

因此，信任和信用在委托—代理关系中有着特殊的重要性。在委托—代理关系中，若委托人和代理人之间采取不合作态度，通过博弈达成的均衡，往往不是最优的。相反，若双方采取合作的态度，所达成的均衡一般对各方都有利，可以实现双赢的目的。

扩展阅读

委托—代理关系的理论背景：伯利·米恩斯命题

(一) 命题

伯利·米恩斯 (1932) 在《现代企业与私人财产》中提出了所有权和控制权分离的命题，企业的控制权大多控制在经理手中，突破了传统的企业利润最大化的假说，开创了从激励角度研究企业之先河。

（二）相关研究

1. 所有者和经营者为什么会分离，所有权和经营权为什么会分离

现在的理论无法很好地解释在什么情况下两权应该分离，最优的分离方式又该如何？

历史的经验告诉我们，分工和专业化收益可能是一个原因。

2. 为什么经理实际控制

（1）经理决策权；（2）经理信息优势；（3）经理的人本资本价值；（4）经理同股东的相对谈判能力。

3. 委托—代理关系的含义

委托代理理论中，广义的委托—代理关系泛指承担风险的委托人授予代理人某些决策权并与之订立或明或暗的合约。

狭义的代理关系则专指公司的治理结构，即作为委托人的出资人授予代理人（经理人员）在合约（如公司章程）中明确规定的权利（控制权）。凡在合约中未经指定的权利（剩余索取权）归属委托人。雇主和雇员、律师和当事人、医生和病人、保险公司和投保人、股东和经理等均是委托—代理关系的典型例子。

4. 委托—代理问题的产生

由于构成委托—代理关系双方的条件各异，需要有别，行为目标也就会有这样或那样的冲突，而且信息的不对称也使委托人很难查验代理人的实际行为是否合理，或查验费用过高。因此，如何协调好代理关系，使委托人和代理人构成的组织能够有效运行，便成为一个独特的组织问题，也就是所谓的“委托代理问题”。

然而，委托—代理关系并不必然会导致委托—代理问题，如果以下情况发生，委托—代理问题就不会产生。如：

委托人有完全的理性，在签订委托代理契约时，把代理人可能的机会主义行为全部想到并写进契约。

委托人与代理人不存在着信息不对称，或者说，委托人监督代理人不用付出成本。

代理人没有机会主义动机，完全忠诚。

委托人和代理人的目标函数完全同构。

第二节　委托—代理理论分析模型

一、基本分析框架

根据第一节所述的委托—代理关系的含义，委托人与代理人的效用函数和目标不一致。譬如，在现代企业中，企业所有者（委托人）追求的是自己的财富最大化，而企业经理（代理人）追求自己的工资津贴收入、奢侈消费和闲暇时间最大化，这必然导致两者的利益冲突。在没有有效的制度安排下，企业经理的行为很可能最终损害企业所有者的利益。

因此，委托代理理论试图通过模型方法解决下述问题：委托人想使代理人按照自己的利益选择行动，但委托人不能直接观察到代理人的行动选择，而仅仅能够观测到一些变

量，这些变量由代理人的行动和其他外生的随机因素共同决定，因而充其量只是代理人行动的不完全信息。委托人的问题是如何根据观测到的信息来奖惩代理人，以激励其选择对委托人最有利的行动。

为研究方便，我们用 A 表示代理人所有可选择的行动组合，$a \in A$ 表示代理人的一个特定行动。注意，尽管在许多模型中行动 a 被简单假定为代表工作努力水平的一维变量，理论上讲，行动 a 可以是任何维度的决策向量。比如说，如果 $a=(a_1, a_2)$，一种可能的解释是 a_1 和 a_2 分别代表代理人花在“数量”和“质量”上的工作时间，但为分析的方便，我们仍然假定 a 是代表努力水平的一维变量。

令 θ 是不受代理人（和委托人）控制的外生变量（称为“自然状态”），Θ 是 θ 的取值方位，θ 在 Θ 的分布函数和密度函数分别为 $G(\theta)$ 和 $g(\theta)$（一般地，我们假定 θ 是连续变量；如果 θ 只存在有限个可能值，$g(\theta)$ 为概率分布）。

在代理人选择行动 a 后，外生变量 θ 和 a 共同决定一个可观测的结果 $x(a, \theta)$ 和一个货币收入（产出）$\pi(a, \theta)$，其中 $\pi(a, \theta)$ 的直接所有权属于委托人。假定 π 是 a 的严格递增的凹函数（即给定 θ，代理人的工作越努力，产出越高，但努力的边际产出率递减），π 是 θ 的严格增函数（即较高的 θ 代表较有利的状态）。注意，$\pi(a, \theta)$ 可能是一个向量，可能包括 π，甚至 a 和 θ（后一种情况意味着 a 是可观测的）。委托人的问题是设计一个激励合同 $s(x)$，根据观测到的 x 对代理人进行奖惩。

根据以上假设条件，委托—代理理论分析激励合同 $s(x)$ 特征的基本模型方法主要有三种。

（一）状态空间模型化方法（State-space Formulation）

该模型方法由威尔逊，斯宾塞和泽克豪森以及罗斯最初使用。

假定委托人和代理人的 $v-N-M$ 期望效用函数分别为 $v(\pi-s(x))$ 和 $u(s(\pi))-c(a)$，其中 $v'>0$，$v''\leqslant 0$；$u'>0$，$u''\leqslant 0$；$c'>0$，$c''>0$。即委托人和代理人都是风险规避者或者风险中性者，努力的边际负效用是递增的。委托人和代理人的利益冲突首先来自假设 $\partial\pi/\partial a>0$ 和 $c'>0$；$\partial\pi/\partial a>0$ 意味着委托人希望代理人多努力，而 $c'>0$ 意味着代理人希望少努力。因此，除非委托人能对代理人提供足够的激励，否则，代理人不会如委托人希望的那样努力工作。

假定分布函数 $G(\theta)$、生产技术 $x(a, \theta)$ 和 $\pi(a, \theta)$ 以及效用函数 $v(\pi-s(x))$，$u(s(\pi))-c(a)$ 都是共同知识；就是说，委托人和代理人在有关这些技术关系上认识是一致的。$x(a, \theta)$ 是共同知识意味着，如果委托人能观测到 θ，也就可以知道 a。这就是为什么我们必须同时假定 a 和 θ 都不可观测的原因。

委托人的期望效用函数可以表示如下：

$$(P)\int v(\pi(a,\theta)-s(x(a,\theta))g(\theta)d\theta$$

委托人的问题就是选择 a 和 $s(x)$ 以最大化上述期望效用函数。但是，委托人面临着来自代理人的两个约束。

第一个约束是参与约束（Participation Constraint），即代理人从接受合同中得到的期望效用不能小于不接受合同时能得到的最大期望效用。代理人“不接受合同时能得到的最大期望效用”由他面临的其他市场机会决定，可以称为保留效用，用$\bar{u}$代表，参与约束又称为个人理性约束（Individual Rationality），具体可以表述如下：

$$(IR)\int u(s(x(a,\theta)))g(\theta)d\theta - c(a) \geqslant \bar{u}$$

第二个约束是代理人的激励相容约束（Incentive Compatibility Constraint），即给定委托人不能观测到代理人的行动 a 和自然状态 θ，在任何激励合同下，代理人总是选择使自己的期望效用最大化的行动 a，因此，任何委托人希望的 a 都只能通过代理人的效用最大化行动实现，换言之，如果 a 是委托人希望的行动，$a' \in A$ 是代理人可选择的其他任何行动，则只有当代理人从选择 a 中得到的期望效用大于从选择 a' 中得到的期望效用时，代理人才会选择 a，激励相容约束的具体表述如下：

$$(IC)\int u(s(x(a,\theta)))g(\theta)d\theta - c(a) \geqslant \int u(s(x(a',\theta)))g\theta d\theta - c(a'), \forall a' \in A$$

委托人的问题是在满足约束条件（IR）和（IC）的条件下，选择 a 和 $s(x)$ 最大化期望效用函数（P），即

$$\max_{a,s(x)}\int v(\pi(a,\theta) - s(x(a,\theta)))g(\theta)\mathrm{d}x$$

$$S.T.\ (IR)\int u(s(x(a,\theta)))g(\theta)d\theta - c(a) \geqslant \bar{u}$$

$$(IC)\int u(s(x(a,\theta)))g(\theta)d\theta - c(a) \geqslant \int u(s(x(a',\theta)))g\theta d\theta - c(a'), \forall a' \in A$$

该模型方法的主要优点是每种技术关系都很自然直观地表现出来，但缺点是无法得到经济上有信息的解。

（二）分布函数的参数化方法

该模型方法是由莫里斯最初使用，霍姆斯特姆进一步加以解释的。

参数化方法是将上述自然状态 θ 分布函数转换为结果 x 和 π 的分布函数，这个新分布函数通过技术关系 x（a，θ）和 π（a，θ）从原分布函数 G（θ）导出。用 F（x，π，a）和 f（x，π，a）分别代表导出的分布函数和对应的密度函数。在状态空间模型化方法中，效用函数对自然状态 θ 取期望值；在参数化方法中，效用函数对观测变量 x 取期望值。委托人的问题可以表述如下：

$$\max_{a,s(x)}\int v(\pi - s(x))f(x,\pi,a)\mathrm{d}x$$

$$S.T.\ (IR)\int u(s(x))f(x,\pi,s)\mathrm{d}x - c(a) \geqslant \bar{u}$$

$$(IC)\int u(s(x))f(x,\pi,a)dx - c(a) \geqslant \int u(s(x))f(x,\pi,a')dx - c(a'), \forall a' \in A$$

莫里斯和霍姆斯特姆利用该模型，通过引入“一阶条件方法”（the First-order Approach）证明了当代理人行为是一个一维连续变量和信息非对称时的最优合同，其结论与非连续变量情况相似。因此，这种方法是与“状态空间模型化方法”是等价的，但应用更加方便。

（三）一般化分布方法

该模型方法最抽象，它虽然对代理人的行动及发生的成本没有很清晰的解释，但是，

能够让我们得到非常简练的一般化模型。

从上面的分析可以看出，代理人在不同行动之间的选择等价于在不同分布函数的选择。因此，我们可以将分布函数本身当作选择变量，将 a 从模型中消掉。如果我们令 p 为 x 和 π 的一个密度函数，P 为所有可选择的密度函数的集合，$c(p)$ 是 p 的成本函数，这时，委托人的问题可以表述为

$$\max_{a,s(x)}\int v(\pi-s(x))p(x,\pi)\mathrm{d}x$$

$$\text{S. T. (IR)}\int u(s(x))p(x,\pi,s)\mathrm{d}x-c(p)\geqslant\bar{u}$$

$$\text{(IC)}\int u(s(x))p(x,\pi)\mathrm{d}x-c(p)\geqslant\int u(s(x))\tilde{p}(x,\pi)\mathrm{d}x-c(\tilde{p}),\forall\tilde{p}\in P$$

二、几个扩展模型

在上一节，分析的基本模型属于静态模型。在该模型中，若委托人不能观测代理人的行动，为了使代理人选择委托人所希望的行动，委托人要根据可观测的行动结果来奖惩代理人。这样的激励机制称为“显性激励机制”。那么，多次的委托—代理关系能否在没有显性激励机制的情况下，用“时间”本身无成本地解决代理问题呢？本节在放松基本模型的有关假设的基础上，来简单考察几种扩展模型的情况。

（一）重复博弈的委托代理模型

最早研究委托代理动态模型的是伦德纳和罗宾斯坦因。他们使用重复博弈模型证明，如果委托人和代理人保持长期的关系，贴现因子足够大（双方有足够的信心），那么，帕累托一阶最优风险分担和激励是可以实现的。也就是说，在长期的关系中，其一，由于大数定理，外生不确定可以剔除，委托人可以相对准确地从观测到的变量中推断代理人的努力水平，代理人不可能用偷懒的办法提高自己的福利；其二，长期合同部分上向代理人提供了“个人保险”，委托人可以免除代理人的风险。即使合同不具法律上的可执行性，出于声誉的考虑，合同双方都会各尽义务，即所谓的“隐性激励机制”。

对委托代理人长期关系的关注和研究，启发人们从其他角度来分析长期委托—代理关系的优势。在后来的诸多研究中，研究者都力图说明长期的关系可以更有效的处理激励问题，最优长期合同与一系列的短期合同不同。但是，弗得伯格等证明，如果代理人可以在与委托人同样的利率条件下进入资本市场，长期合同可以被一系列的短期合同所取代。

（二）代理人市场声誉模型

当代理人的行为难以甚至无法证实，显性激励机制很难实施时，长期的委托—代理关系就有很大的优势，长期关系可以利用“声誉效应”。伦德纳和罗宾斯坦因的模型很好地解释了这种情况。

但明确提出声誉问题的是法玛。法玛认为，激励问题在委托—代理文献中被夸大了。在现实中，由于代理人市场对代理人的约束作用，“时间”可以解决问题。他与伦德纳和罗宾斯坦因的解释不同，法玛强调的是代理人市场对代理人行为的约束作用。他为经理人市场价值的自动机制创造了“事后清付”的概念。他认为，在竞争的市场上，经理人的市

场价值取决于其过去的经营业绩，从长期来看，经理人必须对自己的行为负责。因此，即使没有显性的激励合同，经理也有积极性努力工作，因为这样做可以改进自己在经理人市场上的声誉，从而提高未来的收入。

霍姆斯特姆模型化了法玛的思想，虽然该模型是在一些特殊假设（经理人是风险中性，不存在未来收益贴现）下建立起来的，但它证明了声誉效应在一定程度上可以解决代理人问题。并且，它还说明努力随年龄的增长而递减，因为随年龄的增长努力的声誉效应越来越小，这就解释了为什么越是年轻的经理人越是努力。声誉模型告诉我们，隐性激励机制可以达到显性激励机制同样的效果。

迈耶和维克斯在动态模型中引入了“相对业绩比较”，并证明了“相对业绩比较”对激励机制所起的弱化或强化作用截然相反。

（三）棘轮效应模型

“棘轮效应”一词最初来源于对苏联式计划经济制度的研究（魏茨曼，1980）。在计划经济体制下，企业的年度生产指标根据上年的实际生产不断调整，好的表现反而因此受到惩罚，于是“聪明”的人用隐瞒生产能力来对付计划当局。在中国，类似的现象被称为“鞭打快牛”，这种现象在西方同样存在。委托人将同一代理人过去的业绩作为标准，因为过去的业绩包含着有用的信息。问题是，过去的业绩与经理人的主观努力相关。代理人越是努力，好的业绩可能性越大，自己给自己的“标准”也越高。当他意识到努力带来的结果是“标准”的提高，代理人努力的积极性就会降低。这种标准业绩上升的倾向被称为“棘轮效应”。

霍姆斯特姆和科斯塔研究了相关问题。在他们的模型里，经理和股东之间风险分担存在着不一致性。原因是经理把投资结果看成是其能力的反映，而股东把投资结果看成是其金融资产的回报。人力资本回报和资本回报的不完全一致性，使股东在高收益时，认为是资本的生产率高，从而在下期提高对经理的要求。当经理认识到自己努力带来的高收益的结果是提高自己的标准时，其努力的积极性就会降低。因此，同样是在长期的过程中，棘轮效应会弱化激励机制。

（四）“团队生产”理论模型

阿尔钦和德姆赛茨在1972年提出了“团队生产”理论，使对激励和激励机制设计的研究从企业外部发展到企业内部。所谓“团队”是指一组代理人，他们独立地选择努力水平，但创造一个共同的产出，每个代理人对产出的边际贡献依赖于其他代理人的努力，不可独立观测。阿尔钦和德姆赛茨认为，企业实质上是一个团队生产方式，而团队生产可能导致个人偷懒，应该引入一个监督者，并赋予监督者剩余索取权以激励监督者。而后，迈克菲和麦克米伦证明了在适当条件下最优工资合同是团队产出的线性函数，从而说明了最优工资合同的设计是一个良好的企业内部激励机制。

（五）关于“强制退休”的模型

拉齐尔证明在长期的雇佣关系中，“工龄工资”可以遏制偷懒的行为。雇员在早期阶段的工资低于其边际生产率，二者的差距视为一种“保证金”。当偷懒被发现时，雇员被开除，损失了保证金。因此，偷懒的成本提高，努力的积极性提高。该模型解释了强制退休的原因：到了一定的年龄，雇员的工资将大于其边际生产率，当然不会有人愿意退休，因此，必须强制退休。

第三节 激励机制设计框架及形式

在非对称信息条件下，只有使代理人采取符合委托人目标的行动选择，才有可能使委托人获取自身效用最大化的收益。但是，要使代理人采取使委托人效用最大化的行为，必须对代理人的行为或决策进行有效的刺激，即设计一个针对某种具体形式的“最优”交易机制。这样，委托人和代理人之间的利益协调问题，实际上就转化为激励机制的设计问题。

一、激励机制设计的目标和原则

所谓激励，是指委托人如何使代理人在选择或不选择代理人的最大化标准和目标时，从自身效用最大化出发，自愿或不得不选择与委托人最大化标准或目标相一致的行动。

（一）激励机制的目标

激励机制的目标服从于委托人如何实现自身利益最大化。因此，激励机制设计就是制定一定的规则，使代理人能够使自身利益最大化选择的最终结果与委托人给出的标准或目标相一致。即委托人如何才能使代理人在实现自身效用最大化的同时，达到委托人期望达到的具体价值标准或社会目标。因此，激励机制的核心是，委托人如何使代理人按照自己的意志进行决策或行动选择，通俗来讲，即“我怎样使某人尽心为我谋事”。

在非对称信息条件下，代理人通常主要存在两种方式获得对委托人的策略优势地位。一是代理人利用委托人难以观察的私人信息获得信息优势，使委托人处于不利的策略地位，即所谓的逆向选择问题。二是代理人利用委托人难以观察到的私人行动获得信息优势地位，该优势地位的获得通常发生在代理人在签订合约后采取的有利于自身利益但损害委托人利益的私人行动，即所谓的道德风险问题。

根据代理人获得策略优势的不同方式，委托人设计激励机制所实现的目标也不一样。对于代理人的隐蔽信息而引起的逆向选择问题，激励目标是如何使代理人自觉显示其私人信息或真实偏好，即“如何让人说真话”；而对于代理人的隐蔽行动可能引起的道德风险问题，激励目标是如何使代理人自觉显示自己的真实行动，尽最大努力工作，而不是采取“败德”行动，即“如何让人不偷懒”。

（二）激励机制的原则

任何激励机制设计都应该遵循两个原则，即参与约束和激励相容。实际上，这也是委托人和代理人达成均衡契约的基本条件。

参与约束是吸引代理人到工作中来，代理人积极参与工作的利益应不少于不工作达到的效用，或者说，代理人接受委托人合同的预期收益不能低于他在等成本约束条件下从其他委托人处获得的收益水平。

激励相容是使激励机制诱使代理人不偷懒，让代理人努力工作得到的净收益大于偷懒得到的净收益，既符合委托人最大利益，同时也符合代理人最大利益。为避免“逆向选择”和“道德风险”问题，委托人需要做的是如何设计一种体制，对委托人与代理人的利益进行有效“捆绑”，以激励代理人采取最有利于委托人的行为，从而委托人利益最大化的实现能够通过代理人的效用最大化行为来实现，即实现激励相容。

通常，满足参与约束的机制称为可行机制，同时满足参与约束和激励相容约束的机制称为可行的可实施机制。委托人追求的是选择一个可行的可实施机制以最大化其期望效用。

（三）激励机制的框架

目前虽然不存在一套完备的信息激励机制的具体形式，但对非对称信息条件下信息激励机制的设计思路大体相同，即委托人设计一套信息激励机制，能够使代理人在决策时不仅需要参考原有的信息，而且需要参考由信息激励机制发出的新信息，这种新信息能够使代理人不会因为隐瞒私人信息或显示虚假（或错误）信息，或隐瞒私人行动而获利，甚至有可能使之遭受损失，从而保证代理人无论是否隐瞒信息，或者是否采取“信息欺骗”行为，代理人所获的收益都一样。因此，代理人就没有必要隐瞒私人信息和采取“信息欺骗”行为，从而达到了委托人与代理人之间的激励相容。激励机制的框架如图 5-1 所示。

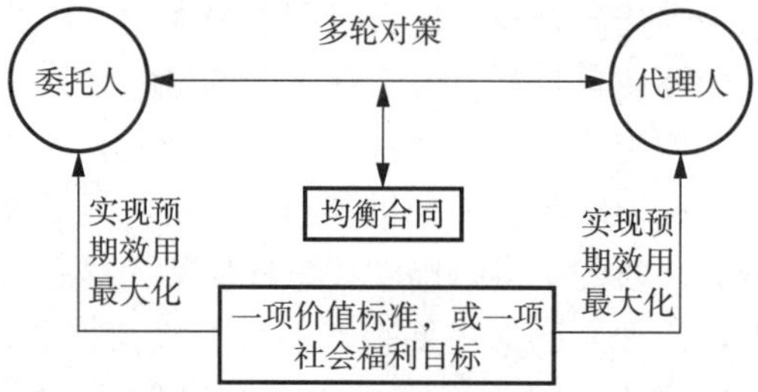

图 5-1　激励机制的框架

二、几种典型的激励机制

在对称信息条件下，产出由劳动者付出的努力程度与实际能力决定，这样，委托人通过观察代理人行动的最后结果，能够判断出代理人的努力程度和实际能力，也即委托人了解代理人掌握的所有环境变量。可见，在对称信息环境中，设计出满足参与约束和激励相容原则的激励机制并不复杂。

在非对称信息环境约束下，即代理人的劳动量对于委托人来说是不可观察的，委托人只能观察到代理人劳动量的某些信号，如作为结果的产量，但是，产量不仅仅取决于代理人的努力程度，也与外在因素如气候、政治风险、投入物的质量等密切相关，因此，委托人根据产量支付代理人的报酬往往不等价于根据劳动量支付的报酬。因此，激励机制的设计出现了相当的复杂性，其中，代理人可以选择某个劳动水平，但委托人不能完全观察到代理人选择的劳动水平，但对此可以做出推测。最优激励机制应考虑委托人的这种推测。下面，我们来考察现实中常见的几种典型的激励机制方式。

（一）租金

当信息对称时，土地所有者（委托人）只按一定价格 R 向劳动者收取地租，劳动者（代理人）获得缴纳地租 R 后的所有产量，劳动者生产产量 $f(x)$ 所获得的报酬：

$$s(f(x)) = f(x) - R \tag{5.3}$$

在这里，参与约束决定了地租率的高低。设劳动者付出劳动 x 的成本为 $c(x)$，由于劳动者的总效用必须等于剩余总产量，则劳动者付出劳动的最优解必须满足

$$f(X^*) - c(X^*) - R = \bar{u} \tag{5.4}$$

因此，地租

$$R = f(X^*) - c(X^*) - \bar{u} \tag{5.5}$$

如果劳动者使 $s(f(X^*)) - c(x) \geqslant f(X^*) - R - c(x)$ 最大化，那么，劳动者将选择式（5.5）的努力程度，这恰好是土地所有者所希望的。显然，在这种情况下，对于劳动者来说，努力劳动优于不劳动，而不劳动又优于偷懒。

当信息不对称时，如果委托人将土地租给代理人，那么，代理人能够得到支付了固定租金后剩余的全部产量。

如果产量存在随机分量，意味着代理人将不得不承担随机因素引发的所有风险。如果代理人比委托人更希望避免风险，那么，这种激励机制只能是一种低效率的机制。

在一般情况下，为了获得风险较小的收入，代理人往往愿意放弃一小部分剩余利润。或者，代理人要求委托人承担部分风险，以此维持委托—代理关系。在出租汽车行业中，汽车司机只需要向管理部门缴纳一定的固定管理费用（相当于租金），其他所有收入和成本均由自己负责，这种制度能够有效地激励司机努力工作。

（二）劳动工资

当信息对称分布时，委托人规定一个单位劳动工资率 W，代理人（劳动者）可获得两部分报酬：一是一次性总付报酬或固定收入 K，二是按不变工资对代理人的每单位劳动支付的报酬，或“按劳分配”工资。

因此，该激励机制的形式为

$$s(x) = W(x) + K \tag{5.6}$$

这里，工资水平 W 等于代理人在最优水平 X^* 上的边际产值 $MP(X^*)$。换句话说，W 需要确定在这样一个程度上，使代理人恰好愿意付出 X^* 水平的劳动。此时，常数 K 被 W 唯一确定，即满足参与约束，于是，$s(f(X^*)) - c(x)$ 的最大化转为：

$$\max_x W(x) + K - c(x) \tag{5.7}$$

这意味着代理人将选择使他的边际成本等于工资 $W = MC(x)$ 的 x。由于工资是 $MP(X^*)$，故代理人的最优选择将是 X^*，且 X^* 使式（5.7）满足，这正好是委托人所希望的理想水平。

当信息处于非对称信息分布时，委托人只能观察到代理人的上班时间，而不能观察到代理人投入的真正劳动量，但工资必须依赖于劳动量。显然，如果委托人不能观察劳动的投入量，那么，这种激励机制是不可行的。

（三）目标产量承包

当信息对称时，委托人给予代理人一项简单选择：如果代理人付出劳动水平 X^*，就能

从委托人处得到报酬 B^*，否则，报酬 $B^*=0$。这是一种不允许讨价还价的单点报酬激励机制。其中，B^* 的数量由参与约束条件 $B^*-C(X^*)=\bar{u}$决定，故 $B^*=\bar{u}+C(X^*)$；如果代理人选择劳动水平 X^*，且 $x\neq X^*$，那么，代理人获得的预期效用将为 $-c(x)$；如果代理人选择 X^*，那么，其预期效用为 $B^*-C(X^*)$。因此，代理人的最优选择是使 $x=X^*$。

当信息非对称时，结果与劳动工资的情况相同。如果报酬取决于产量，该机制使代理人承担全部风险，并且代理人稍微偏离"目标产量"，将导致报酬 $B^*=0$ 的结果，这种状况难以建立委托一代理关系。

上述三种激励机制表明，如果委托人拥有代理人拥有的全部信息，即信息对称，且产量由劳动的努力程度决定时，激励机制是使代理人在付出 X^* 水平的劳动后，恰好得到稍高于$\bar{u}$的净收益，偷懒将使净收益低于$\bar{u}$，同时，代理人付出 X^* 努力也同时使委托人达到其所希望的理想效用水平。

一般来讲，在对称信息环境中，这三种激励机制都具有同样效用，没有必要在它们之间再做选择，然而，如果信息非对称，这三种机制都同时存在局限或者不适用，除非做进一步改造。

（四）分成制

分成制属于非最优机制的范畴。当信息对称时，在分成制度下，代理人与委托人双方都按一定比例从收益中获得各自的利润。假设代理人的份额采取的形式是

$$s(x)=af(x)+F \tag{5.8}$$

式中，F 为常数，a<1。这样，由于代理人最大化问题

$$\max_x f(x)+F+c(x) \tag{5.9}$$

即代理人将选择劳动水平，在该水平上

$$a\mathrm{MP}(\bar{x})=\mathrm{MC}(\bar{x}) \tag{5.10}$$

显然，该劳动水平不能满足式（5.10）的要求。因此，分成制在对称信息条件下不是一个有效激励机制。

在非对称信息条件下，分成制却具有其他三种机制所不具有的效率。在分成制下，虽然代理人报酬只部分依赖不可观察的产量，但代理人与委托人却共同承担了产量波动带来的风险。可见，在非对称信息条件下，有效的激励机制应该一方面能对代理人产生激励，另一方面又能分担代理人的风险。

譬如，在 1978 年以前，中国农业产量长期徘徊不前，尽管采取了许多激励措施，如农业学大寨，派遣工作组下乡等。然而，1978 年后农村实行包产到户，土地承包和家庭联产责任制等措施后，田还是那亩田，地还是那块地，人还是以往的人，但农业产量却急剧增长。

（五）员工持股计划和股票期权

员工持股计划：广义上讲，是指企业骨干人员以各种形式持有本企业股票（股份），狭义上讲，是指企业骨干人员按照与资产所有者约定的价格出资购买一定数量的本企业股票（股份），并拥有股票（股份）的一切权利。企业骨干人员持股既可以作为企业员工持股计划的一部分，也可以独立进行。通常来讲，企业骨干人员持有的股权有以下几种方

式：现金购买；以贴息或低息贷款购买；奖励股份；积累资金量化股份；设置岗位股（分红权）；技术入股；行使股票期权、获得期股等。

股票期权：又称购股选择权，是指参与者在与所有者约定的期限（如三年以后至十年以内），由以某一预先确定的价格购买一定数量本企业股票的权利。这种期权往往是无偿赠予的，也通常是不可再转让的。股票期权发源于企业竞争最激烈的美国。1952 年一家叫菲泽尔的美国公司，为了避免公司主管们的现金薪金被高额的所得税税率吃掉，在雇员中推出了世界上第一个股票期权计划。1974 年这个计划得到联邦与州法律的认可，开始飞速发展。自 20 世纪 80 年代起至今，美国大多数公司都实行了 ESO 制度。在高管人员的年收入中，来源于 ESO 的收入每年所占的比重也越来越高。据统计，目前美国最大的 1000 家公司中，经理人员收入的 1/3 左右是以期权为基础的。美国上市公司高管人员的报酬结构是：工资占 42%，奖金占 19%，股票期权占 28%。从世界范围来看，目前全球 500 家大工业企业中至少有 89%的企业已向高级管理人员实行了股票期权制度。

第四节 逆向选择

委托—代理理论是建立在非对称信息博弈论的基础上的。信息的非对称性可从以下两个角度进行划分：一是非对称发生的时间，二是非对称信息的内容。从非对称发生的时间看，非对称性可能发生在当事人签约之前，也可能发生在签约之后，分别称为事前非对称和事后非对称。研究事前非对称信息博弈的模型称为逆向选择模型，研究事后非对称信息的模型称为道德风险模型。从非对称信息的内容看，非对称信息可能是指某些参与人的行为，研究此类问题的模型称为隐藏行为模型；也可能是指某些参与人隐藏的知识，研究此类问题的模型我们称之为隐藏知识模型。

一、逆向选择——旧车市场模型

美国经济学家阿克洛夫 1970 年提出了著名的旧车（二手车）市场模型，也称为“柠檬”模型，从而开创了逆向选择理论的先河。旧车市场上，既有美国人称为“桃子”的好车，也有被称为“柠檬”的次车，同时，买者和卖者关于汽车质量的信息是不对称的。卖者知道所售汽车的真实质量，但一般情况下，潜在的买者要想确切地辨认出旧车市场上汽车质量的好坏是困难的。买者最多只能通过外观、介绍及简单的现场试验等措施来获取有关汽车质量的信息，而从这些信息中很难准确判断出车的质量，因为车的真实质量只有通过长时间的使用才能看出，但这在旧车市场上又是不可能的。所以，旧车市场上的买者在购买汽车之前，并不知道哪辆汽车是高质量的，哪辆汽车是低质量的，他只知道旧车市场上汽车的平均质量。在这种情况下，典型的买者只愿意根据平均质量支付价格，但这样一来，质量高于平均水平的卖者就会将他们的汽车撤出旧车市场，市场上只留下质量低的卖者。结果是，旧车市场上汽车的平均质量降低，买者愿意支付的价格进一步下降，更多的较高质量的汽车退出市场……在均衡的情况下，只有低质量的汽车成交，极端情况下甚至没有交易。

这样，在旧车市场上，高质量汽车被低质量汽车排挤到市场之外，市场上留下的只有低质量汽车。也就是说，高质量的汽车在竞争中失败，市场选择了低质量的汽车。这违背了市场竞争中优胜劣汰的选择法则。平常人们说选择，都是选择好的，而这里选择的却是差的，所以把这种现象称为“逆向选择”。

实际上，旧车市场中的买者与卖者之间是一种委托—代理关系，而且信息（汽车质量信息）不对称发生在交易之前。在这种情况下，就有可能出现逆向选择问题。一般地，在建立委托—代理关系之前，代理人事先已经掌握某些委托人不了解的信息；代理人利用这些信息选择对自己有利的合同，而委托人由于信息劣势在签订合同时处于不利的选择位置；“高质量”的代理人被“低质量”的代理人排挤出局，与委托人签订合同的往往是“低质量”的代理人，从而导致逆向选择问题的产生。

可见，逆向选择问题来自委托人和代理人的信息不对称。在旧车市场上，卖者（代理人）知道自己出售的汽车质量，处于信息优势；买者（委托人）不知道某辆具体汽车的真实质量，处于信息劣势。但对于汽车质量的信息，买者并不是一无所知，他知道旧车市场上汽车的平均质量。买卖双方都希望从交易中最大化自己的效用，他们的利益是相互冲突的。卖者知道所售汽车的质量，买者只知道旧车市场上汽车的平均质量，这是买卖双方相互博弈所面临的信息环境。买者从效用最大化出发，只能根据汽车平均质量支付价格；而卖者从效用最大化出发，根据自身汽车质量决定是否出售汽车，造成决策依据的差异，从而使得均衡结果表现为：高质量的卖者选择退出市场、低质量的卖者选择留在市场上，而买者只能买到低质量的汽车。所以说，信息不对称是导致逆向选择的根源。

二、逆向选择的行动序列

逆向选择可以用一系列步骤来解释：自然（N）首先行动并选择了代理人的成本函数（高成本或低成本），这只是代理人自己知道。委托人（P）随后行动并为代理人提供一个合约。代理人（A）接受或拒绝该合约，如图 5-2 所示。

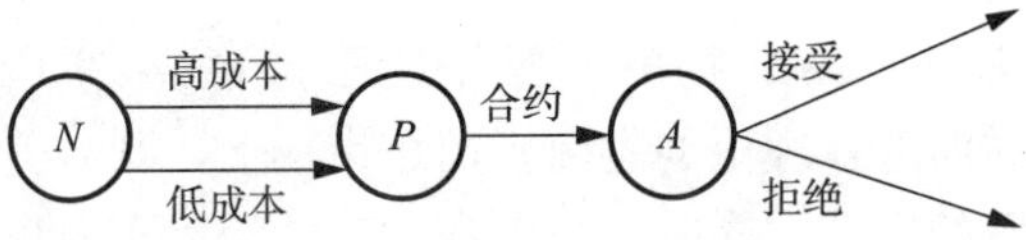

图 5-2　逆向选择：行动序列

三、效率工资理论

（一）效率工资的含义

“效率工资”一词最初来自发展经济学。根据新古典经济学，工资决定于工人的边际生产率。但发展经济学家发现，在发展中国家，二者的关系似乎正相反：边际生产率决定于工资。一种可能的解释是，在发展中国家，由于人们普遍营养不良，较高的工资可以改善工人的营养，从而提高劳动生产率。但后来发现，“边际生产率决定于工资”的现象在发达国家也存在。特别是，企业支付的工资高于工人的市场保留工资的现象与新古典理论的预测不相符。

事实证明，效率工资已经成为企业吸引人才的利器，它可以相对提高员工努力工作、对企业忠诚的个人效用，提高员工偷懒的成本，具有激励和约束双重功效，采用效率工资制度有助于解决企业的监控困难。

经典案例

福特汽车公司的高工资动机

1914 年福特汽车公司开始向其工人支付每天 5 美元的工资。由于当时流行的工资在每天 2～3 美元之间，所以福特的工资远远高于均衡水平。求职者在福特汽车工厂外排起了长队，希望获得这样的工作机会。

福特的动机是什么呢？亨利·福特后来写道："我们想支付这些工资，以便公司有一个持久的基础。我们为未来而建设，低工资的企业总是无保障的。为每天 8 小时支付 5 美元是我们所做出的最好的减少成本的事之一。"

从传统经济理论的角度看，福特的解释有点怪。他提出的高工资意味着低成本，而不是高成本，也许他是用高工资提高工人的生产率。

实际上，有证据表明，支付如此高的工资有利于公司。根据当时的一份调查报告："福特的高工资摆脱了惰性和生活中的阻力。工人绝对听话，而且可以很有把握地说，从 1913 年的最后一天以来，福特工厂的劳动成本每天都在下降。"旷工减少了 75%，这表明工人的努力程度大大提高了。高工资改善了工人的纪律，使他们更忠实地关心制度，并提高了他们的个人效率。

（二）效用工资理论解释

如上所述，效率工资指的是企业支付给员工比市场保留工资高得多的工资，以促使员工努力工作的一种激励与薪酬制度。

效率工资理论的基本假说是工资和生产率的双向作用机制，即一方面，生产率高的工人理应得到高工资，工资依赖于工人的生产率；另一方面，工人的生产率也依赖于工资，工人的行为常受到工资的影响。例如，工资的高低可以影响工人的偷懒程度、辞职率、工作士气和对雇主的忠诚等。

为此，追求利润最大化的厂商对根据生产率选择工人存在很强的激励，但在雇佣工人之前，每个个人的生产率是难以观测到的。厂商可以把工人的年龄、性别、学历以及工作经验等作为选择的依据，但仅仅这些是不够的，这时，就会涉及逆向选择问题。即厂商往往把工人愿意接受的工资作为选择的依据，因为工人愿意接受的工资水平从一个侧面表明他不能在其他地方得到更高的工资，否则他就会讨价还价或受雇于其他厂商。这时，工资作为一个信号为厂商传递了重要的信息，生产率和工资水平之间存在着正相关关系。

目前，主要存在四种关于效率工资理论的解释：

（1）第一种适用于穷国的效率工资理论认为，工资影响营养。多给工人工资，工人才吃得起营养更丰富的食物，而健康的工人生产效率更高。

（2）第二种适用于发达国家的效率工资理论认为，高工资减少了劳动的流动性。工人会由于许多原因离职，例如，接受其他企业更好的职位，改变职业，或者迁移到其他地方。企业向工人支付的工资越高，留在企业的激励越大。企业通过支付高工资减少了离职的频率，从而减少了雇佣和培训新工人的时间和费用。

（3）第三种效率工资理论认为，劳动力的平均素质取决于它向雇员所支付的工资。如果企业降低工资，最好的雇员就会到其他企业工作，而留在企业里的是那些没有其他机会的低素质员工。

（4）第四种效率工资理论认为，高工资提高了工人的努力程度。这种理论认为，企业不可能完全监督其雇员的努力程度，而且，雇员必定自我决定是否努力工作。雇员可以选择努力工作，也可以选择偷懒，并有被发现后遭到解雇的风险，这会引起工人的道德风险。企业可以通过高工资减少工人的道德风险，提高工人的努力程度，进而提高工人效率。

虽然这四种理论在细节上不同，但它们都有一个共同的理论：企业向内部工人支付高工资就能更有效地运行，所以企业发现使工资高于供求均衡的水平是有利的。

（三）效率工资理论模型

（1）标准的（或初步的）效率工资模型。这类模型直接外生设定员工努力函数的存在，也就是说，直接外生假设员工的生产力与其所获得的报酬呈正向关系，用以解释为何在非自愿性失业的环境下厂商不降薪增雇是符合其经济理性的行为。

（2）偷懒（或道德危机）模型。与标准的效率工资模型直接外生设定描述员工生产力与报酬呈正向关系的努力函数不同，偷懒模型内生化处理员工如何决定其努力程度的问题。偷懒模型认为，信息不对称是造成价格机能无法完全发挥以出清劳动市场的元凶。雇主由于信息的劣势无法正确观察到员工真正的努力程度，所以利用给付高于员工机会成本的工资的正向激励策略，配合开除被抓到偷懒的员工的负向惩罚措施，来诱导员工努力工作。若不存在失业，即劳动力市场出清，则所有厂商都支付相同的市场出清工资，这对磨洋工者是有利的，解雇作为怠工的成本太低，那么被解雇的威胁将不会使工人减少偷懒，因为他们知道还可以花费很小的成本找到另一份工作。但是某厂商支付的工资高于其他厂商，此时供需不平衡，劳动力市场存在失业，那么被解雇的工人将在失业大军中等待以重新寻找工作，等待寻找的成本是很大的，即失业是有成本的，这样，受雇的工人便会减少偷懒以免遭解雇。这样，第 i 个厂商雇佣的一个代表性的工人的生产率 i 是该厂商支付的工资 i、其他厂商支付的工资 i 以及失业率 v 的函数，即 $i = i(i, -i, v)$。

（3）反淘汰模型。与偷懒模型相同，反淘汰模型也认为信息不对称问题是造成市场机能无法完全发挥以去除非自愿性失业的罪魁祸首；但偷懒模型聚焦于员工的偷懒问题上，而反淘汰模型则强调雇主在劳工素质方面的信息劣势。由于厂商无法正确观察到员工精确的人力素质，仅根据高工资可雇佣到高素质的员工，减薪则会使高素质的员工率先离去，所以为维持优秀的员工素质，工资不会因有非自愿性失业就持续下跌。

（4）互惠或投桃报李模型。不同于偷懒与反淘汰模型同时强调信息不对称的问题，互惠或投桃报李模型强调人性的本质，认为人有“有恩报恩，有仇报仇”的天性。高工资可诱发员工投桃报李的心态而提高生产力，减薪则会引发员工报复的心理而降低生产力，因此，为避免减薪带来的负面影响，工资不会因劳动市场有超额供给就持续下跌。

（5）离职成本模型。不同于偷懒、反淘汰与投桃报李模型强调高工资给厂商带来高生产力与高收入的优点，离职成本模型强调高工资有降低劳动成本的好处，直接原因是高工资降低了员工离职率，从而节省了招募与训练等人事费用。为避免离职成本的增加，资方不会将工资一直压低到等于员工的机会成本的水平上。有很多厂商在雇佣工人之前先培训他们，培训是需要花费成本的，只要工人在接受培训时，不支付培训成本，那么工人辞职的可能性就大，辞职率越高，厂商的培训成本就越大。因此，为降低辞职率，厂商支付给雇员的工资相对于其他厂商往往较高，高工资可以减少工人的辞职率，显然，辞职率的变化，人事的变更直接影响到生产率的高低，因此，生产函数可写成：$i = i(i/-i)$。

（6）社会风俗模型。与偷懒、反淘汰、投桃报李与离职成本模型强调厂商的利润动机是使价格机制失灵的原因不同，社会风俗模型强调非利润动机的尊严或面子问题是价格机制失灵的原因。如果社会中存在一种信念，认为市场工资必须高于员工的机会成本，那么给付相当于员工机会成本的工资水平的雇主，将会受到认同此理念的社会大众的责难，当此社会压力足够大时，雇主为尊严或面子问题会愿意放弃压低工资所能带来的利润诱因，而支付员工高于其机会成本的工资，非自愿性失业因此无法幸免。

在效率工资理论中，实际上存在一个基本假定：企业的效率工资是用来交换员工加倍工作的，而员工的加倍工作也是用来获取企业的高工资，社会关系中的互惠原则是效率工资起作用的基本条件。厂商采用效率工资是因为它有激励工人生产积极性，提高劳动生产率的作用。劳动生产率极大地依赖于厂商支付给工人的工资。如果工资削减损害了生产率，引起产品劳动成本的提高，那么，为了保持效率，厂商宁愿支付给工人较高的工资，而不是降低工资，工人的工资高于或等于效率工资，高工资使劳动市场不能出清，从而导致失业现象的发生。

专　栏

效率工资理论的怠工模型

怠工模型是效率工资理论假定中最有代表性的模型，是夏皮罗和斯蒂格利茨于1984年提出的。该模型从雇佣关系中激励的角度来研究工资和劳动生产率之间的关系。该模型认为，传统的劳动力供给理论以小时单位或其他一些个人供给时数作为测度量并不符合现实。本质上，企业需要的不是劳动小时，而是雇佣工人的某种服务。

怠工模型认为，由于劳动力市场上信息的不对称，工人对他们提供的劳动服务总有某种程度的控制力，而这种对其自身劳动服务努力程度的控制力在合同上很难加以规定，因此，就应以效率单位来测度劳动服务。如果在完全信息条件下，努力可以观察的话，激励问题就有一个直接的解，企业简单地提供一份与努力一致的合同就可以了。然而，由于信息的不完全和不确定性，订立这样一份合约并不可能。在绝大多数工作中，由于企业不能对工人的努力程度进行完美的监督，工人对其工作业绩的好坏都有一定的自由，因此，劳动合同不可能准确规定员工绩效的所有方面。由于监督成本太大或者不准确，再加上劳动产品不可能单独计量（现代生产一般是团队生产），因此，记件工资也不能有效解决这一问题。在这种情况下，企业支付高于市场出清水平的工资就是一种激励工人努力工作而不是偷懒的有效手段。

怠工模型的函数

夏皮罗和斯蒂格利茨提出了一个简单的怠工模型，分析了效率工资对工人劳动生产率的影响。在该模型中，工人的效用函数设定为：$U(w,e)=w-e$（w 为工资，e 为工人的努力程度）。假定工人只有两种选择：努力工作或者偷懒（实际上，放松该假定，即使工人的努力程度是一个连续型变量，也不会改变模型的基本结论）。

每个工人在任何时候都处于下面两种状态之一：就业或失业。单位时间内外生事件以 b 的概率导致工人离职（如由于迁移等原因）。外生事件导致的离职使得工人会加入失业大军。工人以贴现率 r（$r\geqslant 0$）最大化其预期效用，工人唯一的选择是努力水平。如果工人努力工作，他将被支付工资 w，继续被厂商雇佣直到外生事件导致其离职。如果怠工，工人以单位时间 q 的概率被厂商发现，如果被发现，他将被解雇，被迫进入失业队伍。失业工人单位时间找到工作的概率称为工作获得率。失业期间获得失业保险金 wo。

工人选择努力水平最大化其贴现效用。这就要比较怠工和不怠工所获得的效用的大小。定义 V_E^S 为怠工者的预期贴现终身效用；V_N^S 为不怠工者的预期贴现终身效用，V_U 为失业者的预期贴现终身效用。根据利率乘以资产的价值等于收益（红利）加上预期的资本增值（或资本损失）这一公式，可以得出下面两个等式。对怠工者而言，基本的资产等式为

$$rV_E^S=w+\frac{(b+q)}{V_U-V_E^S} \tag{5.11}$$

对非怠工者，式为

$$rV_E^N=w-e+(V_U-V_E^N) \tag{5.12}$$

解式（5.11）和（5.12），可得

$$V_E^S=\frac{w+(b+q)V_U}{(r+b+q)} \tag{5.13}$$

$$V_E^N=\frac{(w-e)+b\times V_U}{(r+b)} \tag{5.14}$$

当且仅当 $V_E^N\geqslant V_E^S$ 时，工人才不会怠工。我们称之为无怠工条件（NSC）。解式（5.13）和（5.14），可得：

$$w\geqslant rV_U+\frac{(r+b+q)e}{q} \tag{5.15}$$

或者，NSC 条件也可以表示为：q（$V_E^S-V_U$）$\geqslant e$。该公式明确地表明了无怠工条件的含义：除非被解雇会有惩罚，每个工人都会怠工。也就是说，如果员工失业后能立即找到工作，

即 $V_U=V_E^S$，那么，NSC 条件就不能得到满足。

式（5.15）表明，如果企业支付足够高的工资，工人就不会怠工。需支付的效率工资水平和以下因素正相关：

① 工作需要的努力程度（e）越高；

② 被解雇的预期效用（V_U）越高；

③ 被发现怠工的概率（q）越低；

④ 贴现率越高（短期怠工获得的收益和被发现解雇带来的损失的比较）；

⑤外生的离职率（b）越高（如果某人早就打算离职，那么他就更有可能怠工）。

怠工模型的意义

怠工模型表明，解雇的威胁为工人不偷懒提供了激励。如果所有的企业都支付相同的工资，不存在失业的话，工人偷懒就不会有任何损失，那么所有的工人都会偷懒。在这种情况下，每个企业为了杜绝偷懒，就会提高本企业的工资。当所有企业都提高工资，平均工资水平就会上升，就业率随之下降。市场均衡条件下，所有企业都支付高于市场出清的工资水平，失业（使被解雇的工人面临损失）就自动成为惩罚工人怠工的手段。失业工人即使愿意在较低工资水平工作，也不可能得到就业机会，因为如果企业以较低工资雇佣他们，这些工人一定会怠工。企业明白这一点，而工人没有可信的办法来证明他们一旦被雇佣就会努力工作。不仅如此，该模型还分析了影响效率工资高低的因素。根据工人效用函数，不怠工和失业的预期贴现效用差距决定了工人是否努力工作。无怠工条件（NSC）表明，效率工资的大小取决于失业保险金的高低，企业对工人监督的频率，工作本身的难易程度，经济环境的好坏以及工人对未来效用的贴现率等因素。这也说明了每个企业为激励员工努力工作需要支付的工资水平并不相同，而且，效率工资也不是一个固定不变的常量，它随外界条件的变化不断变化。

四、信贷配给理论

传统经济学理论认为，在完全信息和交易费用为零的条件下，利率（货币价格）能使信贷市场出清，因此不会出现信贷配给。然而，信贷配给作为实际存在的经济现象已经有很长的历史。现代信贷配给理论认为，现实中并不能满足完全信息和交易费用为零的完美假设。经济学家基于委托人与代理人之间信息不对称的原因，把信贷配给视为一种均衡现象。在竞争性的信贷市场上，在银行之间不完备竞争的过程中都有可能出现信贷配给现象。

（一）信贷配给的含义

埃利斯认为信贷配给是贷款者运用信贷标准配给信贷资金的过程。无论是在经济繁荣期还是经济萧条期，所有贷款者都必须规定信贷标准以规避信贷风险。那些能够并愿意支付所要求的利率但却因无法满足信贷标准的要求而被拒绝的借款者被称为“未被满足的边缘部分”，以和那些因价格太高而不愿意借款的借款者相区别。信贷配给在贷款总供给上的效应被称为“信贷可获性”，用以区分利率限制对可贷资金供给的影响。埃利斯第一次清楚地界定了“信贷可获性”和“信贷配给”概念，并阐明了它们间的关系。

有些经济学家认为，信贷配给是在利率一定的条件下贷款需求超过供给的一种信贷市场的典型现象。譬如，威尔逊将信贷配给定义为，在一定条件下，银行或其他信贷机构针对当时的利率水平，只准备给其客户提供数量有限的信贷资金（原因可能是货币权威部门的管制，也可能是银行本身），借款者的信贷需求不能得到全部满足，一部分信贷需求被配给掉了；霍奇曼则认为，信贷配给是指银行拒绝对借款者进一步提供贷款，尽管此时借款者愿意支付市场利率或更高的利率；贾夫和莫迪利亚尼 1969 年将信贷配给定义为，在商业银行实行的一定利率标准下，商业贷款的需求超过其供给的一种状况。

目前广泛接受的定义是斯蒂格利茨和韦斯给出的，他们认为，信贷配给是指在信贷市场可贷资金的供求均衡情况下像失业一样确实存在的一种经济现象。只有符合以下两种情况才称之为信贷配给：(1) 在一批看起来毫无差别的借款人当中，有些人借到了钱而有些人没有借到，而且那些被拒绝了的借款人即使愿意支付更高的利率他们还是无法借到钱；(2) 存在一批特定借款人，在给定信贷供给的情况下，他们不能以任何利率借到钱，但随着信贷供给的增加他们可以借到钱。

德姆塞茨和韦伯将信贷配给定义为，在一般利率条件下，对贷款的需求超过了供给。在此定义中，他们将在一般利率条件下信贷市场不能出清的现象描述为信贷配给，强调信贷合同中的价格因素，即“一般利率条件”。他们认为，非价格因素引起的借款人需求无法满足的情况不能称为“信贷配给”。如果因贷款合同中要求的抵押和担保等非价格因素的条件不能满足而引起借款申请被拒绝，不能称之为信贷配给；当投资规模增加导致投资回报率下降时，银行在特定利率水平上通常规定有贷款上限，也不能称之为信贷配给。此外，由于借款人未来现金流量、担保和抵押等条件不能满足要求而被拒绝贷款的情况，也不是信贷配给。

虽然学者们对均衡信贷配给的定义表述各异，但是表达的意思基本上是一致的，即由于贷款者运用信贷标准配给信贷资金，使部分借款人愿意支付现行利率，但是不能按照这种利率获得贷款时，就称其受到了信贷配给的限制。可见，信贷配给的实质是一种约束，它限制了资金借贷者间的最大贷款数量，因此，信贷配给通常低于最优水平。

（二）信贷配给理论模型

斯蒂格利茨和韦斯 1981 年在论文《不完全信息市场中的信贷配给》中，全面系统地从信息结构角度对信贷配给现象进行了分析，对不完全信息下逆向选择能导致作为长期均衡现象存在的信贷配给做了经典性的证明，从而为均衡信贷配给理论确立了微观基础。

斯蒂格利茨和韦斯认为，在信贷市场上存在着信息不对称，这种不对称表现在信贷市场上借款者拥有自己的贷款使用风险程度和能否按期还贷的私人信息，借款者如果不对银行如实报告其贷款投资的情况，银行在面对按期还款不同的众多借款者时，难以从借款者过去的违约情况、资产状况和贷款用途的资料中，事先就确定借款者的违约风险；贷款事后，银行无法完全控制借款者的用贷和还贷行为，借款者有可能采取风险行动，银行面临着违约的贷款风险。因此，银行的预期利润率不仅取决于贷款利率，而且取决于贷款风险的大小。如果贷款风险独立于利率，在贷款需求大于贷款供给时，银行高利率可以增加利润，信贷配给不会出现。但是当银行不能观察到借款者的投资行为时，提高利率反而会使低风险者退出信贷市场（逆向选择行为）；或者诱使借款者选择风险更高的项目进行投资（道德风险行为），从而使银行贷款的平均风险上升，预期收益下降。原因是：那些愿意支付较高利息的借款者正是那些预期还款可能性低的借款者，结果，贷款利率的升高可能不会增加银行的预期收益，从而银行会在较高的利率水平上拒绝一部分贷款，不愿意选择在高利率水平上满足所有借款者的贷款申请。

他们认为只要符合三个条件，信贷市场就存在信贷配给：第一，贷款者在采取所有可能的措施，对贷款申请者进行划分并控制他们的行为以后，仍然存在剩余的不确定性（即信息不完全性）。第二，变动利率或贷款合同等其他非利率条件造成的逆向选择效应和刺激效应特别强烈，使得银行完全使用这些手段分配信贷不是最优的。第三，瓦尔拉斯均衡条件决定的信贷供给量给银行带来的预期收益比其他某一个贷款合同还低。他们认为，“其中第一个条件总能满足，而第二、第三个条件可能满足，也可能不满足”，因此，信贷市场上并不总是存在信贷配给。但是，只要经济或金融市场上的风险略有增加，第二、第三两个条件就能满足，所以信贷市场在一般情况下都存在不同程度的信贷配给。

专 栏

简单的信贷配给模型

信贷配给模型由于存在逆向选择和道德冒险，银行贷款的预期利润并不总是与利率的高低同方向变化。如图 5-3 所示，当利率 $r<r^*$ 时，银行预期利润 π 与利率 r 同方向变化；当利率 $r>r^*$ 时，银行预期利润 π 与利率 r 反方向变化。在 r^* 点，银行的预期利润达到最大化，r^* 称作银行内部最优利率或均衡利率。在这个利率下，银行没有增加或减少贷款的刺激。

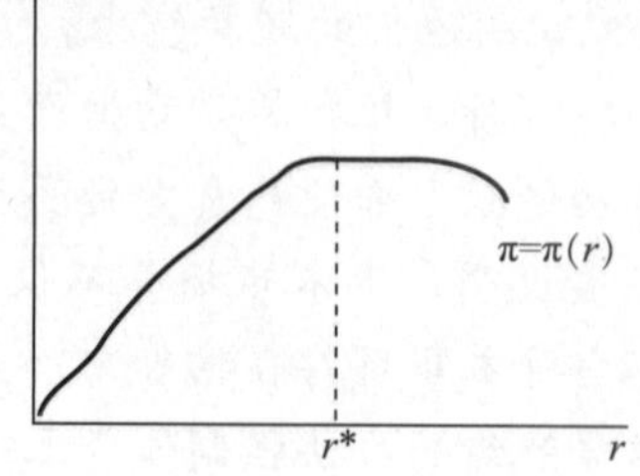

图 5-3 银行预期利润和利率的关系

假定可以根据风险大小、资信度和行为可控制程度等特征变量把借款人（投资者或厂商）划分为 n 组，银行对每组借款人都有一个内部最优利率 T_i^*（$i=1$，2，…，n），πi，(ri) 表示银行向第 i 组借款人索要贷款利率 ri 时的预期利润，因此，π_i（r_i）也是第 i 组借款人的借款函数。

在下图中，π_1（r_1），π_2（r_2）和 π_3（r_3）分别表示第 1，2，3 组借款人的借款函数。当银行的预期利润为 π^* 时，第 1 组借款人不会获得贷款，因为任何利率水平都不能使他们向银行提供等于 π^* 的利润。对于第 3 组借款人来说，银行利润最大化的最优利率是 T_3^*，但是这一组借款人希望在 r_3 的利率水平上获得贷款，因为 $r_3<r_3^*$。由于贷款有利可图，各家银行为争夺这一组借款人而竞相降低利率，直到 $r=r_3$ 时为止。对于第 2 组借款人来说，只有那些在均衡利率为 r_2^* 时能够提供 π^* 的利润的借款人才能获得贷款，其他借款人则不可能获得贷款。因此，如果以银行预期利润水平 π^* 画一条分界线，第 1 组借款人全部不能得到贷款，第 2 组借款人中有一部分人可以获得贷款，第 3 组借款人都可以获得贷款，这就出现了信贷配给。如果最优利率不变，银行的预期利润调低到 π^{**}，第 3 组、第 2 组借款人都可以获得贷款，第 1 组借款人中只有在最优利率为 r_1^* 时可以提供

π^{**}的利润的借款人才能获得贷款。这样，信贷配给的“门槛”降低了。

新凯恩斯主义者认为，信贷资金供给增加，贷款的成本降低，银行对借款人的投资风险和违约概率的乐观预期，都会使得银行的预期利润下调。在其他条件不变时，银行预期利润降低会使信贷配给面扩大，更多的借款人可以获得贷款。

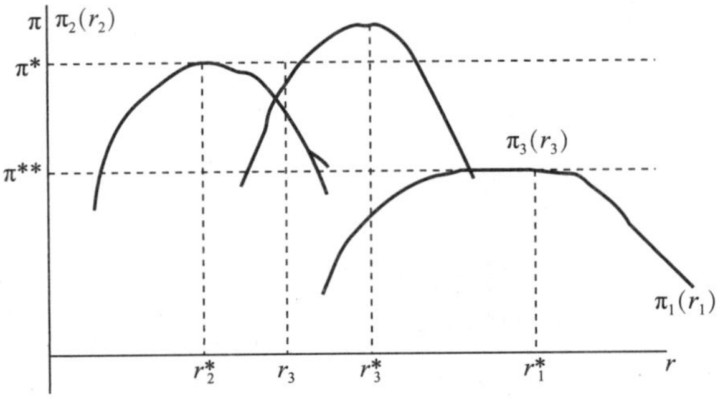

图 5-4　不同利率水平下的信贷配给

在银行预期利润为π^*时，第 1 组借款人之所以被排除在信贷市场之外，可能是由于以下原因：银行认为他们的投资项目的风险过高；他们的资信度较低；银行认为对他们的投资行为难以控制；以及银行难以识别他们的还款能力。

因此，在可以识别借款人的特征时，银行将愿意把资金贷放给那些风险小、还款概率大的借款人，在这种情况下，有些借款人即便愿意支付高于金融市场的利率或提供更多的贷款抵押或担保也得不到贷款。这说明，资本市场并不仅仅是在利率的调节下实现均衡，而且还在数量调节下达到均衡。当资本市场存在信贷需求大于信贷供给时，银行往往不是采用提高利率的办法而是采取信贷配给的办法强制使资本市场达到均衡。从宏观经济的层面来看，这时候的资本市场处在非出清状态。

实际上，信贷配给理论除了逆向选择模型的解释外，一些学者认为，违约风险、借款人等级分组、客户关系、道德风险、监督成本、产权和制度缺失等因素都会导致信贷配给。

第五节　道德风险

经济学中的道德风险并不等同于道德败坏。在经济活动中，道德风险问题相当普遍。正如亚当·斯密在《国富论》中所指出的：“无论如何，由于这些公司的董事们是他人钱财而非自己钱财的管理者，因此很难设想他们会像私人合伙者照看自己钱财一样地警觉，所以，在这类公司事务的管理中，疏忽和浪费总是或多或少存在的。”

一、道德风险的含义

道德风险是 20 世纪 80 年代经济学家提出的一个经济哲学范畴的概念。它的一般定义是“从事经济活动的人在最大限度地增进自身效用的同时做出不利于他人的行动。”或者是：当签约一方不完全承担风险后果时所采取的自身效用最大化的自利行为。

道德风险通常在下列情况下发生：由于不确定性和不完全的，或者限制的合同使负有责任的经济行为者不能承担全部损失（或利益），因而，他们不承受其行动的全部后果，同时也不享有行动的所有好处。可见，道德风险的定义包括许多不同的外部因素，可能导致无法获得均衡状态的结果，或者，均衡状态即使存在，也是没有效率的。

例如，当某人获得某保险公司的保险，由于此时某人行为的成本由保险公司部分或全部承担，此时保险公司就会面临道德风险。如果此人采取某项不当行动造成了损失，他自己并不承担全部责任，而保险公司往往需要承担大部分后果。此时，某人缺乏不违约的激励，所以只能靠他的道德自律。他随时可以改变行为造成保险公司的损失，而保险公司却不得不承担损失的风险。

小案例

校园内自行车保险面临的道德风险

获2001年度诺贝尔经济学奖的斯蒂格里茨在研究保险市场时，发现了一个经典的例子：美国一所大学学生自行车被盗比率约为10%，有几个有经营头脑的学生发起了一个对自行车的保险，保费为保险标的的15%。理论上讲，这几个有经营头脑的学生应获得5%左右的利润。但该保险运作一段时间后，这几个学生发现自行车被盗比率迅速提高到15%以上。为什么会这样呢？

因为自行车投保后，学生们对自行车安全防范措施明显减少。本例中，投保的学生由于不完全承担自行车被盗的风险后果，因而采取了对自行车安全防范的不作为行为。而这种不作为的行为，就是道德风险。

二、道德风险的分类

上例告诉我们，只要市场经济存在，道德风险就不可避免。道德风险通常可以分为两种类型——即隐藏行动的道德风险和隐藏信息的道德风险。

隐藏行动的道德风险模型：签约时双方信息是对称的；签约后，代理人选择行动（努力工作，还是不努力工作）；“自然”选择“状态”，代理人和自然状态一起决定可观察到的结果，委托人只能观察到结果，不能观察到代理人的行动和自然状态。这时，代理人容易采取危害委托人的行动。委托人问题是设计一个激励合同以诱使代理人从自身利益出发选择对委托人最有利的行动，如雇主和雇员的关系。

隐藏信息的道德风险模型：签约时双方信息是对称的；签约后，“自然”选择“状态”（可能是代理人的类型），代理人观察到自然选择，然后选择行动；委托人观察到代理人的行动，但不能观察到自然的选择。代理人比委托人拥有信息优势，可能隐藏或利用独占的信息，做出损害委托人的行为。委托人问题是设计一个激励合同以诱使代理人在自然的状态下选择对委托人最有利的行动，如企业经理和销售人员的关系。

譬如，隐藏行动的道德风险是指，委托人（P）向代理人（A）提供一个合约，接受与否由代理人决定。若代理人接受合约，则他会投入一定的努力，但自然条件（N）为开展的工作带来了噪声。假定代理人先于自然而行动，则最后的结果（Q）由代理人付出的努力和外来风险两者共同决定。其行动如图 5-5 所示。

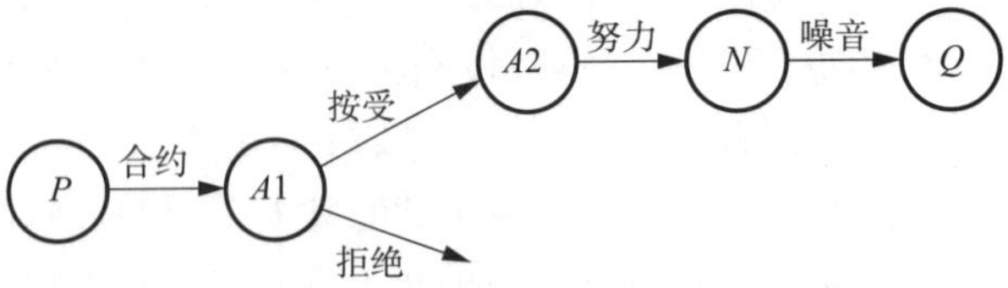

图 5-5　隐藏行动的道德风险的行动序列

专　栏

保险市场的两种不同的道德风险类型

在保险市场，当被保险人行为某种程度的改变，导致保险公司的费用提高，道德风险就会发生。举例说明，在医疗保险市场，因为被保险人不必再负担行为的所有费用，同时，也正是由于被保险人不用再承担医疗服务的费用，被保险人就会产生要求更加高价和更详尽的医疗服务的激励，但这些要求却并非是必要的服务。被保险人多消费的诱因，仅仅因为他们不用再承担医疗服务的全部费用。

被保险人行为的改变有 2 种类型。第 1 种是，危险行为本身导致的事前道德风险（Ex Ante Moral Hazard）。在这种类型中，被保险人以危险的态度选择行动，而导致保险公司必须承担更多的负面结果。例如，在购买汽车保险后，有些人可能会选择不锁车子或更多危险驾驶的行为，导致车子被偷或发生车祸的危险性增加；在购买火险后，有些人可能会较少关注防火措施，有可能在床上抽烟，或忘记更换火警预报的电池；在购买医疗保险后，一些人会减少对疾病诱因发生的预防措施，进而提高患病的机率。

第 2 种被保险人行为改变的类型是，一旦提供保险来承担被保险者的费用，被保险者对风险结果的负面反应，称为事后的道德风险（Ex Post Moral Hazard）。在这种类型中，被保险人不用危险的态度来导致更多负面的结果，但当保险范围增加时，他们要求保险公司支付更多。例如，没有健康保险，有些人由于费用太高和病情不严重，可能放弃医药治疗，但是健康保险可利用后，有些人可能要求保险提供人支付没必要发生的医药治疗费用，即在有医疗保险的情况下，消费者就医时所面对的价格降低了，因此消费者的医疗需求会增加。

三、道德风险产生的原因

产生道德风险的原因主要来自合同或契约的不完全性，从而引起了从事经济活动主体之间的效用冲突。契约不完全性的产生主要存在以下几种原因。

（一）信息不对称

从事经济活动的个体可能拥有独家信息。在某个行为者的行动后果可以同他人的行动后果相区分的情况下，即便这些后果可能受偶然的、无法观察的事态的影响，如果他们对风险持中性立场，只要按一个固定费用简单地把全部后果转嫁给这个经济行为者，问题可能很容易解决。事实上，这就是一个完全契约。契约不完全性问题的产生，正是由于经济行为者要避免风险，或者，不能把责任归于某一个经济行为者身上。

在经济行为者要避免风险的情况下，把全部损失或利益都由他们自己承担或享受，就意味着他们要承担随机事态的全部风险。他们既然要避免风险，就愿意购买对这种风险的保险。但是，对于其他经济行为者而言，把这些经济行为者的行动后果和他们不能控制的自然因素分开是不可能的。对后者保了险，那就不可避免地把那些代理人和他们自己行动的后果相分离。因此，当不可能把责任精确地归置于单个经济行为者身上时，也不能把后果完全地归置于他们。

由于某种产品必须与另一种劳务或产品一起使用，它们的实际效用受到使用条件和性质的影响，因此，这些产品的质量就难于确定。例如，药品必须和医生的服务联合使用，药品无效可能因为其质量低劣，也可能是由于医生的误诊（他可能开错了药方），或者是由于病人未能听从医嘱。在上述条件下，医生和病人都会产生道德风险的问题，他们可能会在诊断和使用药品上注意不够。因此，有关当事人之间的风险分担会引致道德风险问题，在信息为私人所掌握的情况下，即便所有的当事人对风险都持中立立场，道德风险也不可避免。

（二）合同订立障碍

不完全合同也可能起因于下列情况：由于签订详细的能适应各种情况的合同所花费的成本太大，因而个人就无法掌握有关信息。这一矛盾在涉及复杂交易和长期合同时显得更为尖锐。当有关未来的不确定性很大时，应该加以考虑的不测事件不论在性质上还是在数量上都更多。这可能不仅导致对预期和签署一个具体规定或要求采取相应行动的合同所需费用巨大，而且为应付每件不测事件采取适当行动而达成协议的费用很可能高不可攀。如果某个事件发生的可能性很小，而协议费用却很高，那么，听任合同含糊不清，在达成协议前等待不确定的因素获得解决，这样做可能是值得的。但是，这可能会导致道德风险问题。

当交易不太经常而且数额较小时，合同往往会因为费用昂贵而难以签订。零售商和消费者之间的大多数现期市场交易，均属此范畴。由卖方以“保证退款”或调换等形式提供的总括性合同，或可被开列出具体条款的合同所代替，但后者对消费者来讲又会存在道德风险。

当交易是随机的或者强制的情况下，根本就没有合同。交通事故中当事人一方加于另一方的意外损害，就是典型的例子。

有时，合同或许会受到法律限制或从事经济活动的资金限制。例如，即使经理们对风险持中立态度，如果不依赖外部资本，他们的资金仍然可能不足以成为独资经营者。因此，股票持有人和债券持有人必须分担风险，但由于经理们的信息优势，会导致道德风险问题的发生。

同理，当惩罚为法律所限制时，即便行动能在事后不费任何代价地观察到，道德风险可能仍然无法解决。例如，破产和有限责任的条款使借款人对极端不利的事态有了保险，但对他们从极端有利的事态中所获收益则未加限制。这可能导致借款人从事风险较大的项目，从而产生道德风险。

（三）合同实施障碍

合同实施的费用和其他限制是订立完全性合同的又一个障碍。当合同实施的费用极其昂贵时，忍受道德风险所产生的效率损失与试图实施最大可能地列出各种可能事变的合同相比，前者的效率可能较高。

若合同履行处在经济上不合算的条件下，合同必须具有自行实施的性质。正如劳动力市场上的通常状况，无论合同中是否有明确规定，这都不重要。要使合同有效，当事人必须随后采取符合自身利益的行动，即当事人必须估计到道德风险的可能影响。这个问题正是非合作对策理论的核心，它把道德风险定义为机会主义行为。

四、关于缓解道德风险的讨论

道德风险问题对经济的影响十分广泛，且难以解决。只要有风险，且人们厌恶风险，以及监督“努力”存在成本，就会产生道德风险。经济学家主要围绕以下几个方面探求如何缓解道德风险问题。

（一）最优合同

根据威尔逊和罗斯的开创性工作，对于一个代理者来说，最优的（通常是次优的）报酬结构是从观察到的变量中得出，而通常有“隐蔽行动”的假设。经济行为者为避免风险，其结果主要包括：① 最优合同要求委托人和代理人共同分担风险，由此产生了刺激作用不足的道德风险问题。② 高效率的合同应当利用一切可以利用的信息，也就是说，应该以对经济行为者隐蔽行动的可利用信息的统计推断为基础来构造合同。③ 上述报酬结构的具体内容因可利用信息的性质而存在差异，对未能解决的不确定因素以及代理人和委托人要求避免风险的程度都很敏感。

上述考察的结果使人感到困惑，因为现实生活中观察到的具有刺激性的合同往往很简单，而且对各种不同经济行为者和信息条件都是同一的。长期合同，无论是书写清楚还是蕴含在内容中的（委托关系），都通过对不利用短期信息优势提供一定报酬缓解道德风险问题。道德风险问题的缓解，也可以通过信息累积降低不确定因素。例如，保险合同中人寿保险业务中依据经验数据而确定差别费率。

（二）市场和制度的反应

市场反应会通过削弱或者增强合同特点以缓解道德风险问题。市场反应取决于竞争性质。市场的自由进入和经济行为者之间有尚未观察到的差异，会增添选择不当问题。正如上文所表明的那样，当经济行为者要避免风险时，合同总是要求当事人之间采用某种风险分担办法（共同保险）。因此，一般来说，经济行为者总是承担比他们愿意承担的更多风险。如果他们能从第三者手中买到更多的保险，则道德风险问题就会加剧，从而使原合同损失效率。这就要求合同订立具有排他性。例如，保险公司不允许因火灾、健康或事故造成的损害向不止一家公司索赔。显然，如果允许这种索赔，那么对共同保险的任何限制都有可能被突破。在极端情况下，经济行为者超额投保，会诱发如纵火那样的有意损害。

由于订立长期合同有利，上述排他性的趋势得到进一步加强。既要避免风险，又由于经济行为者资本有限而不能有效建立保证金，或者有必要承诺将来提供报酬以缓解短期的机会主义行为，中止合同则取消上述报酬，就构成了一种威胁。这就要求合同能为经济行为者带来某种额外收益，取消它，就会构成一种惩罚。例如，在业人员的效益应当较大地超过失业人员。

这就要求实行限制性分配制度，使它不因竞争而无效。如果某人被他的雇主解雇后又在别处以相同的工资被立即雇佣，而不是在较长时期里失业，那么，解雇的威胁是无效的。当寻找新职业要付出交易成本，或者，解雇所包含的信息为许多人所利用，则均衡状态方能形成。这种信息确实与其他厂商的雇佣决策有关，它的利用与否取决于获得这种信息的成本。但是，由于信息也有失实之处，道德风险问题显然不可能完全得到解决。

非市场制度也可能逐步减缓某些道德风险问题。职业许可证和证书制度限制了医生、律师及其他许多专业人员的人数。除最低质量保证和垄断这类问题之外，上述安排保证有关职业能得到超额收入，因而使撤销许可证就成为一项很重的罚金，从而减缓道德风险。

经济学家往往对政治进程中发生道德风险的后果有所忽视。施蒂格勒和佩兹曼分析了政府管理人员的动机。代理、合同和对策论的理论工具在这一领域里还有待于有效运用。既然政府的作用正在扩大而且政治过程中确实广泛存在权力滥用的弊端，那么，理论工作的应用肯定会产生巨大的效益。

（三）一般均衡和福利效应

道德风险对福利的相关问题，过去很少有人研究。斯蒂格利茨是个例外，他注意到，由于道德风险的存在，导致了次优合同的产生。在以次优合同为特征的经济中，任何两方当事人之间合同的变化都会对社会福利产生重要的第一阶效应，与阿罗—德布勒所描绘的经济相对比，后者在最优化条件下个人行动的第一阶效应是零。

道德风险可能导致限额分配和排队，隐蔽行动的次优化支出和资本市场上的不完全竞争。这一切不应令人感到吃惊，因为道德风险基本上是外部因素的一种形式。众所周知，当外部因素未曾转化为内部因素时，就会导致无差异曲线没有凹形，可能使均衡状态不存在以至没有效率。这种无效率状态的存在，意味着政府可能起一定作用。但是，政府干预可能引起的问题，也许比它解决的要多。例如，政府试图以普遍性收入（社会保险、所得税）保险的形式来补充欠缺的保险市场，已经在劳动积极性、避税和逃税等方面产生了严重的道德风险问题。这类市场不能发展的原因，至少部分的是由于这些道德风险问题。因此，政府提供这些服务，是否能增加福利，还是不清楚的。

思考题

1. 委托—代理关系的内涵及其应用范围?
2. 激励机制设计的目标和原则是什么?
3. 逆向选择与道德风险的区别与联系?
4. 何为“效率工资”，请从尽可能多的角度阐释其存在的原因。

第六章　甄别理论

在前面的章节中，我们已经详细讨论了信息不对称对市场交易以及市场机制所产生的影响。我们知道，信息不对称现象是普遍存在的，由此产生的逆向选择和道德风险问题使得竞争性的市场机制难以达到理想的效果。当然，市场也存在一些克服信息不对称问题的机制，比如在之前，我们多次提到的信号传递机制。处于信息优势的一方可以主动向处于信息劣势的一方传递信号，以显示自身的私人信息，促成市场交易的实现。在旧车市场上，高质量旧车的卖家可以为旧车提供一定期限的保修期，而这通常是低质量旧车的卖家难以提供的承诺，否则，他们将无利可图。这样一来，处于信息劣势一方的消费者便可以将旧车区分开来，市场交易得以部分地实现。

与信号传递机制相对应的是信息甄别机制。信号传递机制是处于信息优势的一方通过某种信号向处于信息劣势的一方显示自身的真实信息。信息甄别机制则是处于信息劣势的一方设计某种方案主动识别处于信息优势一方的真实信息。比如，在保险市场上，保险公司可以提供两种不同的保险合同，一种是低保费和低赔付比例的保险合同，一种是高保费和高赔付比例的保险合同。对于风险较高的投保者而言，选择第一种保险合同是不划算的，他们更倾向于选择第二种保险合同；而对于低风险的投保者而言，他们更倾向于选择第一种保险合同。这样，通过投保者自身的选择过程，处于信息劣势一方的保险公司就可以将客户的风险信息甄别开来。实际上，信息甄别机制正是斯蒂格利茨和罗斯柴尔德在《竞争性保险市场的均衡：论不完全信息经济学》一文中借由保险市场最早提出的。信号传递机制，我们已经多次进行介绍，本章，我们将对信息甄别机制展开讨论。

除了保险市场，劳动力市场和就业问题也是信息甄别机制的重要研究领域。作为中国学生，我们对保险市场和具体的保险合同没有那么深刻的体会，但即将面临就业问题的我们，劳动力市场的甄别机制值得深入的了解。因此，本章我们将以劳动力市场为例来向大家展示信息甄别机制是如何发挥作用的。文章最后，我们还会选取一些有代表性的实例来探讨其中可能存在的信息甄别机制。

第一节　劳动力市场的信息甄别

信息不对称现象在劳动力市场上也是普遍存在的，这里我们主要关注劳动者个人能力的信息。对于劳动者的个人能力，劳动者是处于信息优势的一方，个人能力是其私人信息。企业通常是处于信息劣势的一方，对于劳动者的个人能力很难有准确的把握。于是，可以预期像旧车市场那样，企业只能根据劳动者能力的平均水平给劳动者支付工资。高能力的劳动者会因为工资待遇不符合预期不选择这家公司，只有低能力的劳动者才会积极地应聘。当然，企业也不会坐等这一问题出现，通常我们会看到企业会设置一系列复杂的招聘程序，尽可能地将求职者区分开来，以得到心仪的人才。

这里，我们首先向大家介绍一篇关于渣打银行管理培训生招聘程序的博文，大家可以对公司的甄别机制有一个直观的印象。渣打银行是一家总部设在伦敦的全球性银行，其招聘程序非常具有特色，总共可以分为六步。第一步需要填写信息表，只要求提供简单的联络方式、你想要工作的职务和国家、可以开始工作的时间和学位或者非学位成绩。可以看出这一步是否可以顺利通过还是看你的在校成绩。第二步是一个职业倾向测试，看你的性格和优势是否符合渣打的文化和用人原则。这一测试并不难，只要照实回答就可，15～30分钟时间。第三步是20分钟的数理能力测试。一开始有一个不限时间的样题给你做，但正式的题目是必须要在20分钟内完成的。第四步是一个开放性题目的问答。第五步是第一次面试，有些会是简单的电话面试，主要是看英语口语、应变能力和表达能力。10～20分钟，问三四个问题，关于你自己的优势劣势，实习经历等。最后面试官会要求你用一分钟打动他，你会怎么说呢？最后一步是第二次面试，也是淘汰率最高的一关。整个面试加起来三十分钟左右，不需要做太多的准备。首先，用英文介绍一下自己的情况，以及优势和职业目标。然后，面试官会提出一些专业性金融问题要求你回答，这一步不仅考察你的金融知识，更重要的是看你面对不会回答的问题时如何应付等能力。

从这个招聘的流程不难看出，企业在甄别人才上是颇费心思的。经过这一轮的选拔，企业可以尽可能地获取劳动者个人能力的私人信息，从而选出最适合企业的人才。可以预见，要想从如此复杂的招聘程序中脱颖而出，劳动者必须在前期付出百倍的努力。以一名大学生为例（企业的管理培训生计划主要招收应届大学毕业生），在校期间他需要不但学业成绩非常优异，还要积极地参加和组织各种各样的活动，考取有价值的资格证书，拥有较好的实习经历等，从各个方面完善和提升自己的实力。这对于一般的大学生而言，难度太大或者很难兼顾各个方面，而能力较强的大学生则可能通过努力实现。这正是信息甄别机制得以发挥作用的关键，信息劣势一方所设计的甄别程序要能够区分信息优势一方的类型。

从道理上讲，信息甄别机制大致就是这些内容。作为经济学专业的学生，我们还需要了解信息甄别背后的运作机理。这里，我们主要参考陈钊老师在《信息与激励经济学》一书中构建的劳动力市场模型，来详细地介绍信息甄别机制的内在机理。我们将向大家呈现企业是如何甄别人才，挑选高能力劳动者的。

我们假设企业以劳动力的受教育程度作为甄别劳动力能力的依据，与信号传递机制一样，我们只考虑教育所反映的能力信号作用。这种假设值得我们思考。从渣打银行的招聘程序中可以看出，大学的课业成绩是企业对大学生进行甄别的第一关，学习成绩不好，其他的就没有必要谈了。而且从上面案例最后的面试中可以看出，即便专业性高如渣打银行也更看重你面对复杂问题的处理能力而非对专业性知识的了解程度。相比于对生产效率提高的影响，现在人们更关注的是教育的信号作用。因此，在我们学习信息经济学这门课程时，不要觉得自己没有兴趣，将来也不在学术上进一步深造，就认为没有认真学的必要。即使是面对自己不感兴趣的课程，也能够取得优异的成绩，恰恰是个人能力的体现，这才是企业看重不相关学科的学业成绩的原因所在。

一、模型设定

在劳动力市场上，企业根据劳动力的受教育程度设计工资方案，劳动者可以事先选择接受一定程度的教育。我们用 s 表示劳动者接受的教育程度，劳动者个人将承担接受教育的全部成本。在劳动力市场上 s 是可以被观察到的。我们假定企业的数量至少有两家，这样企业之间就存在对人才的竞争。企业将根据接受教育程度来推测求职者的能力并提供相应的工资 w，因此，工资被视作接受教育程度的函数：

$$w = w(s)$$

在此，我们有两个决策主体。首先是企业，企业决定工资方案；其次是个人，个人选择接受教育程度。我们需要找出这个劳动力市场上信息甄别的可能均衡，该均衡要求在给定对方策略的情况下，双方的策略都是最优的。具体而言，对于劳动者，给定企业的工资函数，他选择最优的受教育程度 s^*。对于企业，情况稍许复杂。在均衡状态下，企业间的竞争使得没有一家企业能够从劳动力身上榨取“超额利润”，因而企业只能获得零利润，提供竞争性的工资。此外，在雇佣的员工进入企业工作之后，企业将会发现它先前对于劳动力能力的判断是正确的。我们看到，在这样的一种均衡状态下，任何一方都不会主动改变自己的策略。

为了便于分析，我们需要进行一些具体的设定。我们将劳动力按能力不同抽象为两类，一类是高能力劳动力，他会给企业创造 2 单位的价值，另一类是低能力劳动力，仅给企业创造 1 单位的价值。假设低能力劳动力的比例为 p，高能力劳动力的比例则为 $1-p$.

劳动力的受教育成本由本人承担。这一成本既可能包括物质成本，如学费等，也可能包括非物质的成本，如学习本身可能会带来一种精神上的负担。我们假设低能力劳动力和高能力劳动力的受教育成本分别为：

$$c_L = s$$

$$c_H = 0.5s$$

也就是说，我们认为接受相同的教育，高能力劳动力付出的成本较低，即高能力劳动力更能轻松地获得学历。并且，在相同的受教育程度下再提高同样的教育水平，高能力劳动力付出的额外成本也会较低，即同样是大学学历，想要再获得硕士学位的话，低能力劳动力所要付出的额外成本会更高。

两类劳动力的效用如以下两式所示，都取决于工资和受教育成本：

$$U_L = w - c_L = w - s$$
$$U_H = w - c_H = w - 0.5s$$

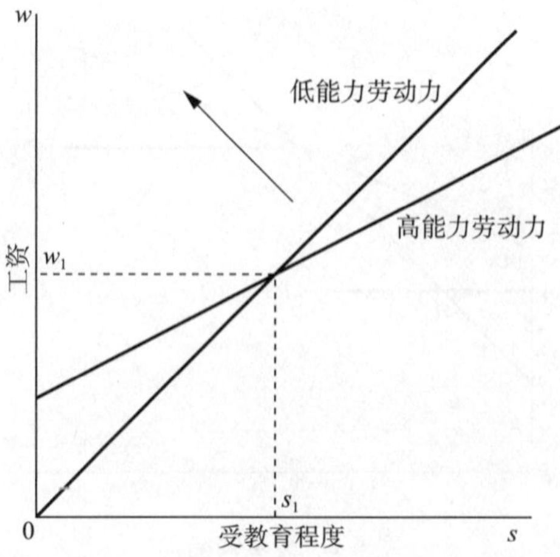

图 6-1　两类劳动力的无差异曲线

这样，我们就能够绘制出两类劳动力的无差异曲线。图 6-1 绘出了其中的两条。我们看到，由于低能力劳动力的无差异曲线比较陡峭，因此这样的两条无差异曲线只能相交一次。图中的箭头表示效用提高的方向。无差异曲线在纵轴上的截距则刚好表示劳动力的效用水平。图中可见，低能力劳动力的那条无差异曲线刚好表示所有使效用为零的工资与受教育程度的组合，途中的（s_1，w_1）是其中可能的一种组合，在此组合下，高能力劳动力的效用大于零。事实上，由于高能力劳动力的无差异曲线较为平缓，因而给定任何一个受教育程度（大于零）与工资的组合，高能力劳动力获得的效用必定大于低能力劳动力。

二、分离均衡

在信号传递和信息甄别的相关研究中，通常我们都会考察两种可能存在的均衡状态，分离均衡和混同均衡。实际上，你会发现市场很少处于我们经济研究中的所说的均衡状态，但是当我们从寻找市场均衡的角度出发，分析市场从不均衡到均衡，再由均衡到不均衡的过程时，我们在现实生活中所看到的现象都能得到合理的解释。

分离均衡，是指在均衡状态下，不同类型的代理人（处于信息优势一方）所选择的可被观察的指标的最优水平是不同的，因而委托人可以通过该指标来区分不同类型的代理人。

在这里，这个可被观察到的指标就是代理人的受教育程度。假定企业对求职者的能力有这样的判断：所有受教育程度超过 s_1 的求职者都是高能力的，所有受教育程度不足 s_1 的求职者都是低能力的。于是，相应的工资方案为

$$w(s) = \begin{cases} 1, s < s_1 \\ 2, s \geqslant s_1 \end{cases}$$

该工资方案的一种可能情况如图 6-2 中的曲线 $ABCD$ 所示。在此工资方案下，均衡的

受教育程度是多少呢？特别是，图中的 s 真的能够区分两类劳动力吗？

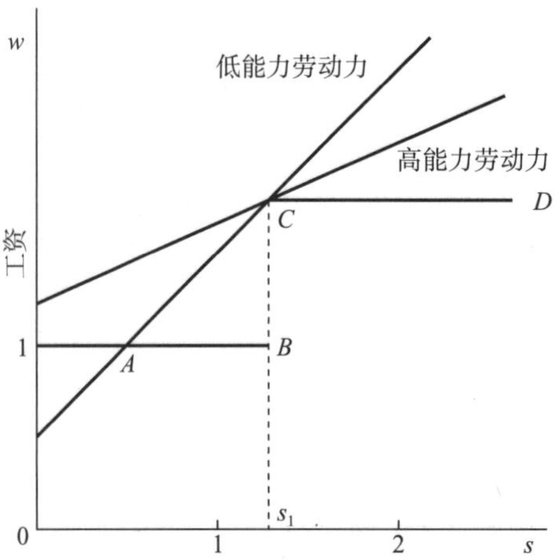

图 6-2　分离均衡

首先，我们不难推断给定企业的这种工资方案，那么均衡的受教育程度要么是 0，要么是 s_1，这是因为，在这里教育只是起到一种“信号”的作用，因此 s_1 的受教育程度已经使企业认为劳动力是高能力的，接受再多的教育就只会导致受教育成本的上升，没有任何必要。任何大于 0 小于 s_1 的受教育程度也是不理想的，因为，既然这样的受教育程度并不能使企业认为劳动力是高能力的，那么这些受教育成本就不应该付出。也就是说，两类劳动力只会在图 6-2 的 A、C 两点中进行选择。

那么，这两类求职者会分别做出怎样的选择呢？我们通过在图 6-2 中画出经过 C 点的两类劳动力的无差异曲线来加以分析。如图 6-2 所示，由于该图中的 s_1 大于 1 小于 2，因此，图中线段 CB 与 AB 的长度之比在 0.5 到 1 之间。在图 6-1 中，我们已经看到，两类劳动力的无差异曲线的斜率分别为 0.5 与 1。因此，经过 C 点的高能力劳动力的无差异曲线与纵轴的截距必然在 1 和 2 之间，而经过 C 点的低能力劳动力的无差异曲线与纵轴的截距必然在 0 和 1 之间。也就是说，对于高能力劳动力而言，选择 C 点所代表的受教育程度，并获得工资要好于不受教育只获得低工资，而对于低能力劳动力选择图中 A 点所表示的不接受教育而获得低工资是最好的。这样两类劳动力的最优选择结果也正好符合企业对于求职者能力的判断，即受教育程度为 s_1 的是高能力劳动力，受教育程度为 0 的是低能力劳动力。因而上述情况的确符合我们前面对均衡的定义。

这样的一种均衡就被称为分离均衡，因为此时企业根据不同的受教育程度区分两类不同类型的劳动力，分别为他们提供不同的工资。

事实上，按我们之前的假设来看，在信息甄别机制中分离均衡中唯一可能的情况如图 6-3 所示。此时，企业向高能力劳动力提供的均衡工资方案是：受教育程度为 1，工资为 2；向低能力劳动力提供的工资方案是：受教育程度为 0，工资为 1。其他的工资方案都不能构成均衡。比如说，若甲企业向高能力劳动力提供的工资为 2，但要求的受教育程度大于 1，那么只要在该工资方案基础上降低对高能力劳动力受教育程度的要求并同时把工资制定在略微低于 2 的水平上，乙企业就能够吸引全部的高能力劳动力并获得正利润。这与我们对均衡的要求相矛盾，因此可能的分离均衡如图 6-3 所示。

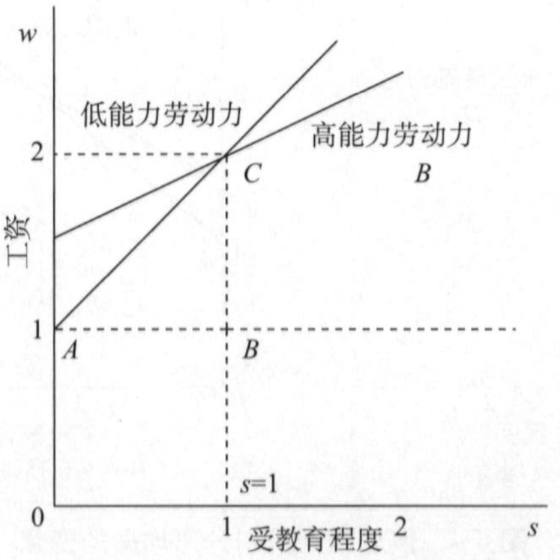

图 6-3 信息甄别机制下唯一的分离均衡

这一结果是易于理解的，因为企业是同质的，所以没有哪家企业能凭借自身的某种优势而获得正利润。并且，为了保持竞争力，它们只能是提供最优吸引力的工资方案。而且，对于低能力的劳动力来说，即使提供 2 单位的工资，他也不会接受超过 1 的受教育程度。从图 6-3 可以看出，2 单位的工资和超过 1 的受教育程度组合会使低能力劳动力的无差异曲线右移，其效用水平会低于 1。被当作是低能力劳动力获得 1 单位，不需要接受教育却能获得 1 单位的效用。因此，对于高能力劳动力来说，企业设置 1 单位的受教育水平要求已足以将其甄别出来。

从图 6-3 中还可以看出，两类劳动力都获得了大于零的效用，即高于他们的保留效用，这是企业间竞争的结果。一旦委托人是垄断的，那么代理人就可能只能获得保留效用。同时我们发现，如图 6-3 所示，高能力劳动力的效用总是大于低能力劳动力的效用。图中，C 点是使低能力劳动力恰好不伪装的临界点。在 C 点两类劳动力得到相同的工资，接受相同程度的教育，但是高能力劳动力由更低的受教育成本而获得更高的教育。

那么，我们应该如何理解，为什么当前企业设置的甄别程序越来越复杂，既要求大学生成绩优异又要求各个方面的能力突出，还要有比较好的实习经历等呢？按照上文我们的思路可以给出一个合理的解释。在以上的分析中，我们有一个很重要的假设就是不同能力劳动力接受教育的成本函数不同。在那里，我们假设低能力劳动力和高能力劳动力的受教育成本分别为

$$c_L = s$$
$$c_H = 0.5s$$

现在我们将低能力劳动力接受教育的成本函数改为 $c_L = 0.75s$，然后看这对信息甄别机制可能的分离均衡的影响。这个改动是非常合理的。以大学教育为例，在高校扩招之前，大学学历是很难取得的，通常只有很少的人有机会接受大学教育。但是，高校扩招以后，情况就变了，大学招生数量明显增加，获得大学学历并不是一件困难的事情。

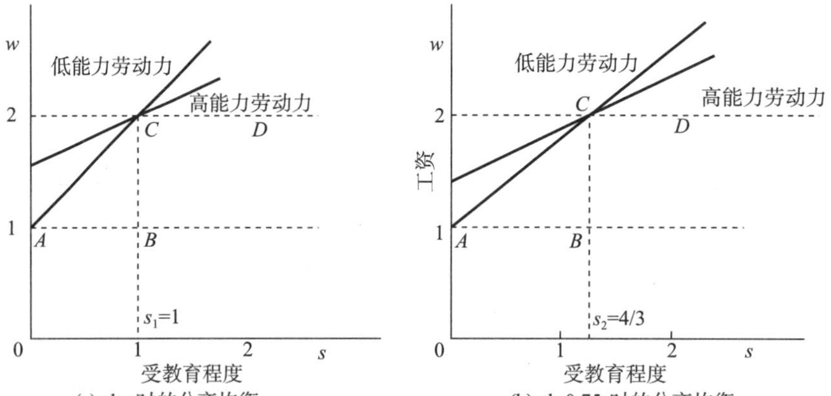

(a) cl=s时的分离均衡　　(b) cl=0.75s时的分离均衡

图 6-4　信息甄别机制分离均衡的变化

图 6-4 是低能力劳动力受教育成本降低之后，分离均衡所要求的受教育程度的变化情况。此时，均衡的受教育程度为 4/3①，相比于之前 1 单位的受教育程度增加了 1/3。也就说，当低能力劳动力受教育成本降低之后，分离均衡所要求的受教育程度提高了。获取大学学历变得容易之后，企业所要求的高能力劳动力的要求提高了。图 6-4（b）与图 6-4（a）相比，高能力劳动力的效用降低了，因为此时企业要求他们接受的教育水平提高了，成本也就提高了。回到刚才的问题，企业的甄别程序越来越复杂，对大学生的要求越来越高就是因为仅凭大学文凭已经不能有效区分应聘者的水平，需要不断提高要求才能有效地甄别出高能力的人才。相应地，作为劳动力本身的大学生们就需要付出更多的努力、辛苦和汗水了。

三、混同均衡

混同均衡是指在均衡状态下，不同类型的代理人所选择的可被观察到的指标的最优水平是相同的，因而委托人不能通过该指标来区分不同类型的代理人。在这里的劳动力市场的模型中，混同均衡是指所有劳动力选择的受教育程度是相同的这样一种均衡状态。此时，企业难以凭借受教育程度来区分两类劳动力，只能按平均生产效率提供工资。

什么样的情况下才会出现混同均衡的情况呢？当我们假定企业了解劳动力接受教育的成本函数时，信息甄别机制是不存在混同均衡的情况的②。但是，如同我们上文提出的情形，当劳动力的成本函数发生变化，企业知道出现了变化，但不清楚变化的具体情形时，混同均衡的情形就可能出现了。

① 按照分离均衡要求，这个临界点使得低能力劳动力接受教育的效用略低于不接受教育时的效用水平。从数值上可以近似看作相等。此时，我们有 $2-0.75s=1$。由此，得 $s=4/3$。

② 具体分析可参照陈钊老师的《信息与激励经济学》。类似的许多教材都对甄别机制均衡的存在性做了抽象的讨论，这里我们不做赘述。我们想大家介绍一种可能的混同均衡情形，以使大家更好地理解甄别机制的混同均衡情形，尤其是在与我们密切相关的劳动力市场上。

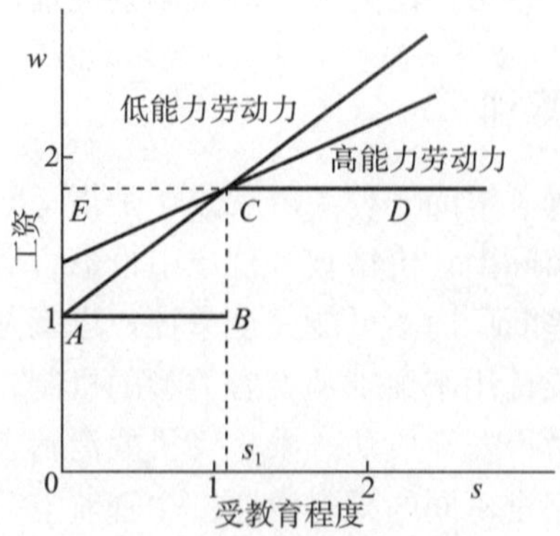

图 6-5　可能的混同均衡

图 6-5 给出一种可能的混同均衡。同样，我们假定低能力劳动力的成本函数不再是 $c_L = s$，而是变为 $c_L = 0.75s$。

假定企业不了解这种变化的具体程度，但是知道已经出现了变化，他们对劳动力能力的判断是，当求职者的受教育程度不足 s_1（$s_1 < 4/3$）时，他肯定是低能力的，反之，则有 p 的可能性为低能力的，有 $1-p$ 的可能性为高能力的。图中曲线 $ABCD$ 是基于上述判断的工资曲线。求职者会如何选择受教育程度呢？显然，高能力劳动者会接受 s_1 程度的教育，而低能力劳动力在接受 s_1 程度的教育与不接受教育之间是无差异的（图中低能力劳动力的无差异曲线同时经过 C 点和 A 点）。我们假设此时低能力劳动力选择 s_1 的受教育程度。做这样的假设是无碍的，因为不妨把企业所要求的受教育程度限定在比 s_1 小但又无限接近的水平。事实上，此时选择 C 点是低能力劳动力的弱占优策略，即选择这样的策略总不会比选择其他策略更差。

在上述条件下，两类劳动力的选择都是最优的，并且企业关于求职者能力的判断在均衡状态下被证明是正确的，因此，这种情况也符合我们对均衡的定义。这种现象同样是可以理解的，还是以上文我们提到的接受大学教育成本下降之后的情形为例。当企业意识到大学教育的成本出现了变化，但不能精确地把握时，企业只能认为拥有大学学历表明应聘者有一定的概率是高能力的劳动力。这样一来，企业只能按照自身的信念提供一个平均工资 $E[E=1\cdot p+2(1-p)=2-p]$，显然此时，高能力劳动力获得的工资水平下降。与图 6-4（b）所示的有效分离均衡相比，高能力劳动力的效用水平下降，低能力劳动力的效用水平则没有变化。更重要的是对于企业来说，这种均衡状态下，难以有效地对劳动力进行区别。可以想见企业不得不增加更多的要求，设计更多的甄别方法来对劳动力进行筛选。

第二节　信息甄别机制的应用

至此，我们以劳动力市场为例，对信息甄别机制的经典理论分析做了简单的介绍，我们看到处于信息劣势的一方设计的甄别机制是如何区分信息优势一方的类型的。实际上，除了劳动力市场、保险市场以外，很多经济现象都可以从信息甄别机制的角度进行理解。

而且信息甄别机制还可以看作是更广泛意义上的机制设计理论的一个具体应用。

一、价格歧视与信息甄别

价格歧视现象是我们比较了解的一种经济现象，是指垄断厂商通过实行差别化的价格策略，来实现最大的利润。实际上，价格歧视现象中也蕴含着信息甄别的原理。这里，对于每个消费者的支付能力，垄断厂商不可能完全掌控，也就是说处于信息劣势，而歧视性的定价策略恰恰是垄断厂商设计用来甄别消费者类型的机制。

航空业在价格歧视方面做得非常成功。乘坐飞机的消费者大致有两种，商务旅行者和个人旅行者，通常他们具有完全不同的支付意愿。尽管航空公司之间存在激烈的竞争，但是一般只有一家或两家公司提供特定城市之间的双向飞行服务。对于面对两类消费者的垄断厂商来说，最优的定价策略一定是对具有较高支付意愿的消费者索取高价，对具有较低支付意愿的消费者索取低价。但是仅仅从旅客身份信息上，航空公司很难断定哪些消费者是商务旅行者，具有较高支付意愿，哪些消费者又是个人旅行者，支付意愿较低。

此时，我们会看到航空公司会设计很多不同的机票定价方案来区分消费者的类型，获得最大的利润。一种方法是推出一些附加条件的打折机票供消费者选择，通常越是提前预订，价格越是优惠。对于个人旅行者而言，他可以提前规划好出行方案，提前预订机票。而对于商务旅行者而言，显然，很难做到提前很长时间进行预定，他们需要的是灵活的出行服务。

航空公司还有一种常用的定价策略是在飞机上区分头等舱和经济舱。这个方法也可以有效甄别具有不同支付能力的消费者。头等舱的消费者可以享受更高水平的服务：更多的空间、更美味的食物和更好的关注度等，而经济舱则不具备这样的条件。这样一来，那些富有的追求享受的消费者会选择购买头等舱，普通消费者则去购买经济舱。

平新乔老师在《微观经济学十八讲》中还提到了一个比较经典的价格歧视案例，“巴黎地铁”方案。在1985年，巴黎地铁管理部门，鉴于顾客拥挤而采取了两档票价制。其做法是：将地铁的车厢分为两档，一档的价格高，另一档的价格低，而事实上每一档的车厢中的座位数与座位质量完全一样，两档车厢的目的地也完全相同。尽管事实上两类车厢完全一样，但由于第一档车厢的票价高，只有对座位非常渴求的消费者才会出高价去第一档车厢，这样，乘坐第一档车厢的旅客人数就比较少，车厢显得宽松，旅客的座位也有了保证；而由于第二档车厢的票价较低，进入这一类车厢的旅客就较多，座位不一定有保证。这里，不同的票价实质上把顾客分了类，有效地解决了乘坐地铁的拥挤问题。

类似许多价格歧视案例都可以从信息甄别机制的角度去考虑。

二、维克瑞拍卖

拍卖是一种十分古老的市场形式，古今中外有各式各样的应用：希腊、罗巴时代奴隶的买卖、荷兰的花市、索思比的古董拍卖、采矿权、空中频道使用权、政府公债的标信、公共工程的发包等。在拍卖中，很明显也存在信息的不对称分布，投标人对标的物价格的最高接受程度是投标人的私人信息，物品的卖方很难掌握。如何以最小的成本让投标人按最高价投标是卖方需要精心考虑的问题。

威廉·维克瑞教授是我们信息经济学的重要奠基人之一，1996 年获得了诺贝尔经济学奖。维克瑞教授获得诺贝尔奖，主要因为他的两项研究奠定了信息经济学的基础。一是他在 20 世纪 40 年代中期对所得税的研究，二是他在 20 世纪 60 年代初期对投标与喊价的研究。而对于投标与喊价的研究可以说是维克瑞最重要的学术贡献。

各种各样的秘密投标与公开喊价看起来大不相同，维克瑞将之归纳成两种：荷兰式与英国式。荷兰式喊价是荷兰花市所使用的规则，喊价者由高价往低价喊，第一个举手者赢得标的物，并付出当时喊到的价格；英国式喊价则由竞标者由低往高出价，最后出价者赢得标的物，并付出他所喊的价格。秘密投标的规则（Sealed First Price），一般是由竞标者秘密写出标的金额再公开开标，由标金最高者中标，并以其出标为售价。荷兰式喊价的竞争者在决定何种价格该举手时，与秘密投票者在决定应该如何出标时，有着相同的考虑因素，故两者的均衡策略会相同，结局也会相同。

有没有与英国式喊价相对应的秘密投标呢？有！这就是著名的维克瑞投标法，其规则基本上与传统投标相同，唯一不同点是赢标者付出的价格，不再是他所出的标，而是第二高标，故又称“次高价投标法”。很奇妙的是，若采用这种投标法，投标者的最好投标策略，就是依照自己对标的物的评价据实出标。而其好处是方便投标者，如此投标者在决定其出标时，只要评估自己的需求，而不需要费力去搜集与评估每一个竞争对手的需求，所以大大地减少了投标者的准备工作。

比如，一件拍品价值 1 000 元，在正常情况下，每一位竞拍者都会压价，不讲真话。而维克瑞拍卖法告诉竞拍者，报价的多少只是决定你能否得到拍卖品，而不决定你付多少钱。你如实报价 1 000 元，别人报价 970 元，你只需支付 970 元。反之，你不讲真话，报价 970 元，你的竞争对手报价 1 000 元，那么你不但失去了你很想要的拍卖品，还让你的竞争对手从你的假话中得了便宜。

除了比较各种投标与喊价的关系，维克瑞也指出在适当条件下，卖方采纳这四种销售方法的任何一种，预期收入都是一样，这就是著名的收入相等原则。这样的结果指出，既然每一种投标或喊价对卖方都无差别，当然是用最方便买方竞争的维克瑞投标法了。

在实际应用上，维克瑞投标法也逐渐被人们所采用，例如，美国的国库券拍卖，不过他们采用的是修改过的版本，称为单一价格投标法，允许标的物的数量大于一件，而得标的人可以超过一个。规则如下：投标者出标的时候要决定需要的数量与单价，买方再将所有的出标价格由高到低排列，以对应国债的发行等于总量为限，优先配给出价高者，而价格则订为分配不到标的物者的最高出价。由于得标者不论其出价的高低都出相同的价格，故称单一价格法；而价格由没有得标者的最高出价决定，故仍然维持了维克瑞投标法的特色，亦即大家都会根据自己的真实评价来出价。

思考题

1. 试区分信号传递机制与信息甄别机制的异同。

2. 分离均衡与混同均衡的内涵？以保险市场为例，说明可能存在分离均衡与混同均衡的情形。

3. 在我们的信息甄别机制中，如果低能力劳动力的受教育成本变为 $c_L = 0.6s$，对分离均衡将会产生什么影响？这种变化意味着什么？

4. 试举一个文章中未提及的信息甄别的经济现象，并加以分析。

第七章　搜寻理论

搜寻理论认为，人们对信息的搜寻是有成本的。所谓“信息”，阿罗认为，信息就是指根据条件概率原则有效地改变概率的任何观察结果。广义地讲，任何事件或事物都包含或传递信息。搜寻就是决策者将样本空间中的选择对象转变成选择空间中的选择对象的活动。搜寻成本则是指搜寻活动本身所要花费的费用，这种费用有时指搜寻活动所需要的开销，有时也可以指等待下一次机会所付出的代价。

既然存在搜寻成本，那么，对搜寻者而言，他所面临的选择就是：“搜寻”或“停止搜寻”。如果搜寻者决定“停止搜寻”，就意味着他在已有的机会集合中选择一项行动，搜寻过程结束；如果搜寻者决定“搜寻”，就意味着他继续搜寻新的选择对象。

必须指出，随着搜寻次数的增加，得自搜寻的边际收益总是下降的。当搜寻活动使搜寻的预期边际收益等于边际成本时，搜寻活动才会停止。这里，搜寻额外价格的预期边际收益是指追加一次搜寻所带来预期最低价格的减少量乘以购买量。搜寻额外价格的边际成本由时间、交通费用、信息费用构成。为什么离退休老人经常可买到物美价廉的商品？其中的主要原因在于离退休老人的时间等机会成本小于其他人员，其搜寻的边际成本较低，这样，离退休老人搜寻的战略地位就优于后者。假如离退休老人进入市场第一次搜寻时发现价格相差越大，他采取第二次搜寻的可能性也就越大。这意味着，从一个给定的搜寻次数中得到的边际收益越大，价格的差距也就越大。

第一节　搜寻理论的历史传承

“搜寻”一词最先由乔治·斯蒂格勒提出。他把“搜寻”定义为：某一买者要购买时，总要询问许多卖者以确定最合适的价格，搜寻信息的不对称和价格的离散性是搜寻的前提。如果信息是完全对称的，买者从一开始就知晓商品的价格分布和地理分布，那么买者不需花费任何成本就可以买到使他效用最大化的商品；如果价格不是离散分布而是连续分布，那么买者可以根据已知价格推断未知价格，搜寻的成本和时间都可节省。但现实并非如此，所以需要搜寻。斯蒂格勒的搜寻理论这样表述：为了使购买者的效用最大化，他需要不断搜寻更多的价格，直到从购买中得到的预期节约额等于再多拜会一个销售商的代价为止。然后，他停止搜寻，从他遇到的报价最低的销售商那里购买产品。

搜寻理论把搜寻分为固定样本搜寻和连续搜寻。该理论认为，人们对信息的搜寻是有成本的。既然存在搜寻成本，那么，对搜寻者而言，他所面临的选择就是："搜寻"或"停止搜寻"。如果搜寻者决定"停止搜寻"，就意味着他在已有的机会集合中选择一项行动，搜寻过程结束；如果搜寻者决定"搜寻"，就意味着他继续搜寻新的选择对象。必须指出，随着搜寻次数的增加，获得来自搜寻的边际收益总是下降的。当搜寻活动使搜寻的预期边际收益等于边际成本时，搜寻活动才会停止。这里，搜寻额外价格的预期边际收益是指追加一次搜寻所带来预期最低价格的减少量乘以购买量。搜寻额外价格的边际成本由时间、交通费用、信息费用构成。

人力资本和物质资本积累是推动经济增长和社会进步的两大支柱，但是在 21 世纪 50 年代以前，经济学家仍然把人力资本视为一种均值的自然禀赋，直到 50 年代中期经济学家在发现工业化国家的产出增长率大大高于劳动和资本投入增长率而形成的增长"残差"时，意识到把人力资本投入单纯地视为量的增加而不考虑质的改进是有问题的。20 世纪 60 年代初，著名经济学家舒尔兹结合经济增长问题的分析明确地提出了人力资本的概念，他把人力资本投资划分为四类：教育投资、在职培训、劳动力流动和健康投资。其中劳动力的合理流动以及劳动力与工作岗位之间的配置效率是影响劳动力市场效率的一个关键因素，对已有的人力资本存量的利用效率以及经济的长期增长有着极其重要的影响。

最早开始着手进行一般人力资本流动理论研究的是斯蒂格勒和麦科尔，他们提出了工作搜寻模型。自此之后，工作搜寻就成为现代劳动经济学分析的主要范畴之一。并且从 20 世纪 60 年代末期开始，以帕森斯、乔瓦诺维奇、戴尔蒙德、匹萨里迪斯、莫滕森和麦克纳为代表的一批经济学家，以劳动者和就业岗位的异质性以及劳动力市场信息的非对称性和非完全性这种更加接近于现实经济的假设条件，对微观劳动力市场中的工作搜寻行为以及整个劳动力市场的职业匹配效率进行了研究并且取得了非常丰硕的成果，其研究成果对国民经济运行中的就业管理政策，社会福利政策，教育培训政策以及工资政策等都提供了新的分析框架。

搜寻理论主要是针对市场信息不完全的情况下，在一定的行为假定条件之下，描述个人如何采用一套理性的决策法则，进而推演出合乎理性逻辑的结果。即运用一些特定的、不完善技术对资源配置进行分析，这些技术用于告知经济行为者交易机会、并且把市场上潜在的交易者聚集在一起。但至今为止，搜寻理论应用最为广泛的领域还是在劳动经济学中对工作搜寻行为的分析。

对搜寻行为的分析主要沿着两条主线。其一是从斯蒂格勒提出的"最优样本规模法则"，也就是所谓的"斯蒂格勒决策法则"。其后许多经济学家，尤其是莫滕森和麦克纳对如何确定取样企业最优数量的"最优样本规模法则"理论发展做出了进一步的贡献。这一理论的主要方法是搜寻者以追求最高工资期望值与搜寻成本的差额最大化为目标，在每一家厂商提供不同的工资条件下选取最合适的厂家数量作为搜寻的对象，然后根据新古典的最优化理论，人们将持续地搜寻到这一数量，使得进一步搜寻的边际收益等于边际成本。此时，搜寻者接受其中可以得到的最好工作条件的岗位。

因为这是一种非序贯决策的工作搜寻方式，所以这种研究方法并不能很好地描述人们在现实中的工作搜寻行为。自麦克尔和莫滕森之后，工作搜寻理论主要采取了一种序贯决策的分析方法，也称之为“最优中止法则”。这种方法采取了另一种更加符合现实情况的假设，即劳动者在进行搜寻的过程中，首先会存在着一个心理上的“保留工资”，它表示劳动者可以接受的最低工资，一般来说，这种最低的工资由劳动者的生活费用所决定，在理论的分析过程，这一价格等同于劳动者失业时的闲暇价值。在绝大多数关于工作搜寻的理论中，保留工资这一概念都具有核心的地位。在这些模型中，搜寻者于搜寻前都会确定一个最佳的保留工资，然后作为搜寻时接受或者拒绝的依据，若搜寻的企业提出的工资等于或者大于保留工资，则接受这一份工作，反之则拒绝。

与“最优样本规模法则”相比，“最优中止法则”具有许多优越之处。首先，如果采用最优中止法则，其最大化未来收入的期望现值更高；其次，这种方法更加具有现实意义。比如说，契约一旦在现实生活中订立，那么必须在签订雇佣合同不久之后履行，而不是等到所有的厂商都已经搜寻完毕之后再决定是否接受这一雇佣合同，而且了解工资报价水平的分布可能本身就是工作搜寻过程中的一个组成部分。最后，采用“最优中止法则”的序贯抽样的方法更具有分析上的可操作性，因为一旦某种序贯战略被使用，那么抽样的规模就是一个随机的变量，其分布也是由“最优中止法则”所决定。因此在分析的过程中，随机抽样规模就被解释为一种随机搜寻期间的长短分布。并且，这种对搜寻期间长短分布在理论上的含义可以从实证上得到证明。

随后，沿着“最优中止法则”发展的工作搜寻理论模型，一般是采用李普曼和麦克尔文中讨论的方式。即以无限序贯搜寻模型的基本假设为基础，然后针对其假设条件加以放松，从而发展出各种不同的模型。无限序贯搜寻模型的基本假设如下：

（1）搜寻的期限是无限制的；

（2）搜寻者被假定为目前正处于失业状态；

（3）搜寻者的成本假定固定不变；

（4）搜寻者依据其保留工资来判断是否接受厂商所提供的工作机会，一旦接受，工作契约立即生效，没有工人反悔或厂商撤回等情形：若拒绝，只能等待下一个机会；

（5）搜寻者被假定为风险中立者。

无限序贯搜寻模型是工作搜寻理论最基本的理论框架，莫滕森、格诺纳等多位学者曾相继研究，同时对从劳动力市场的微观层面来解释菲利普斯曲线中失业率和通货膨胀率之间的关系也有极大的贡献，从工作搜寻和职业匹配的角度奠定了菲利普斯曲线的微观基础，证明了失业率与通货膨胀率之间的负相关关系。

随后的模型都是根据这个模型的基本假定，分别放松其假设条件，进而发展出五种不同类型的模型。

（1）限期序贯搜寻模型，此模型最早由格诺纳提出，是针对假设 1 和假设 3 的条件加以放宽，认为搜寻者的工作生涯有限，单位搜寻成本随着时间的延长而上升。因此，随着失业期间的延长，保留工资会逐渐地降低。

（2）在职搜寻模型，此模型最早由伯德特提出，是针对假设 2 的条件加以放宽，认为在劳动力市场中除了存在失业者对工作的搜寻外，还存在大部分在职搜寻的情况，并且开始将搜寻强度的概念引入分析的框架。

（3）学习型搜寻模型，此模型是针对假设 4 的条件加以放宽，搜寻者在搜寻之前并不确切知道工资的条件概率分布，而是在搜寻的过程当中不断地了解和学习市场中工资条件的具体分布，从而不断调整“保留工资”水平。

（4）回溯型搜寻模型，此模型最早由李普曼和麦克尔提出，是针对假设 5 的条件加以放宽，认为如果当期放弃某一项工作机会，往后搜寻仍然可以回溯并选择最适合的工作。

（5）预期效用极大化模型，此模型是针对假设 6 的条件加以放宽，在冯·诺依曼—摩根斯坦效用函数的基础上，将劳动力市场风险引入分析框架，假设搜寻者是为了极大化一生效用的折现值而进行工作搜寻。在这一分析框架中莫滕森证明了如果劳动力市场中工资率分布的方差扩大，搜寻者将提高其“保留工资”，失业率和空岗率都将相应的提高，即贝弗里奇曲线出现外移的情况。

进入了 20 世纪 90 年代以后，工作搜寻理论试图采用一种建立在马尔可夫决策理论之上的框架来对个体工人工作经历进行时间序列分析。在莫滕森和纽曼提出的模型中，将劳动者在不同职位之间的跳槽行为，选择进入或者退出劳动力市场的决策行为都被视为劳动者所面临的空岗、岗位薪酬以及闲暇的时间价值这三种随机因素所做出的一种反应。这种发展对在随机动态的分析框架中，为劳动力市场中个体劳动者对不同时点上的就业机会以及对这些机会的反应来决定市场中工资率、失业率和空岗率的高低，提供了一种全新的视角。

第二节　价格离散

通过搜寻模型，经济学家说明了价格离散现象。我们知道，具有相同质量的商品常常以不同的价格出售，并且都有人购买。这种不同价格的序列，称为价格离散。造成价格离散的原因，归结起来有三个方面。

第一，市场是变化和分散的。在一个供给和需求条件从来不变的领域里，人们可能会预期这里将出现基本上完全的信息，信息（或知识）从来不会变得过时。因而，目前每一次搜寻都将获得一个恒久的收益。但事实上，信息（知识）正以一定的速度变得陈旧过时，这个速度取决于市场的性质和买者与卖者的一致性。供给和需求条件越不稳定，市场价格就越容易变化。如果单个买者和卖者频繁地进入或离开某个确定的市场，他拥有的平均信息量就比较少，从而使市场原有买卖者的市场知识老化，结果，市场价格形成了一定程度的离散。

第二，市场经营过程中销售条件的差异性。不同的市场，当其中部分商家能为客户提供更为优质的服务和更多的消费选择时，将形成同质商品价格离散；同时，“商誉”和广告投入等因素，均能导致市场价格形成离散。因此，可以预见如果厂商对于他们的成本函数（价格竞争和非价格竞争所产生的成本费用）有不同的反应，则厂商制定价格的政策就呈现出差异性，市场价格将进一步离散。

第三，商品的异质性。具备相同功能的消费品的质量差别，往往是市场价格离散的主导因素。事实上，即使是同质商品，由于时间、空间上的差异，市场价格也会出现离散。具有同样功能的消费品之间的质量差别，往往形成市场价格离散的主要因素。商品质量差别离散程度与相应的市场价格离散程度呈现正相关。另外，即使是同质商品之间，市场价格同样会出现离散，这主要是因为空间的分离（地区差异）和资源供求的概率波动引起的。

第四，销售条件的差别和市场规模的变化。厂商对由价格竞争和非价格竞争所产生的成本函数的反应不同，其制定价格的政策就有所不同，这会使市场价格进一步离散。此外，市场规模，如交易量和市场交易人数的变化，也会使价格的离散幅度发生变化。价格离散程度随着市场规模（贸易量和参与市场交易人数多寡）的变化而变化。市场规模的扩大，将使得人们获得价格离散程度的知识成为一种有利可图的行为。因此，价格离散将使得部分市场参与者开始专门从事收集与处理市场信号，形成产业链的进一步细分（如形成专业化的咨询公司、信息公司或信息经纪人）。

价格离散具有重要的经济意义。价格离散使市场信息变得不完全，导致了市场代理人之间的信息差别。价格离散还为人们搜集市场信息的行为提供激励。价格离散幅度越大，市场发育则越不成熟。因此，价格离散幅度可作为衡量市场发育状况的一种指示器。

正是由于市场价格离散，或信息分布的离散，信息需求者进行搜寻才有利可图。假如搜寻成本与个人的收入无关，那么一个人收入的上升会使他更多地搜寻。但时间价值一般是搜寻成本的主要组成部分，而一个人的时间总是有限的，其时间价值可以按其收入水平来衡量。这样，我们通常都能预测到，随着个人收入的上升，他搜寻某种给定商品的次数将下降；若收入保持不变，搜寻成本的增加总是要降低搜寻的次数。

第三节　价格离散的技术性表述

通过对价格离散幅度的测度可以确定市场的无知程度，即价格离散幅度可作为市场发育状况的一种显示器。价格离散幅度越高，市场发育程度越不成熟，就越需要人们对之进行宏观调控和管理。在此引入价格离散率作为测度价格离散幅度的一种方法。价格离散率可以较为直观地反映市场价格的离散程度。

为使问题简单化，这里讨论一种同质商品的价格离散状态，不涉及两种及两种以上商品的价格离散状态，即排除两种及两种以上商品的市场价格离散状态之间的相互影响。只对同地区一种同质商品的价格离散率进行测度的模型，称之为价格离散率的基本模型。

设某市场 S 中有 m 家商店，他们被分为 x 组，在某个既定时间，他们对某种同质商品 Q 的开价分别有 p_1，$p_2 \cdots p_n(n<m)$ 种，且 $p_1<p_2<\cdots<p_n$。因此，p_1，$p_2 \cdots p_n$ 必定分别对应 x_1，$x_2 \cdots x_n$ 组商店，令 x_1，$x_2 \cdots x_n$ 组内的商店数分别为 t_1，$t_2 \cdots$，t_n 显然 $t_1+t_2+\cdots+t_n=m$。

（1）当 $D=p_n-p_1$ 时，称 D 为市场价格离散幅度，即在既定时间内 Q 在 S 中价格的最大波动范围。

（2）当 $\bar{p}=\frac{t_1p_1+t_2p_2+\cdots+t_np_n}{t_1+t_2+\cdots+t_n}$ 时，称 $\bar{p}$ 为 Q 在 S 中既定时刻的平均市场价格。

（3）这个价格的标准差为 $\delta=\sqrt{\frac{\sum_{i=1}^{n}(p_i-\bar{p})^2t_i}{\sum_{i=1}^{n}t_i}}$ （7.1）

则称 $\alpha=\frac{\delta}{\bar{p}}$ 为既定时刻商品 Q 在市场 M 中价格离散率。从上述模型构成可以看出，市场价格离散率主要受三种因素的影响，一是经营商品的商店数量 m，特别是经营商店的分类数目 n；二是价格离散幅度 D；三是价格在经营商店中离散的概率分布 U（p）。其中，最后一种为主要因素。

第四节 信息搜寻的一般原理

由于商品价格的离散，从而形成信息搜寻行为。通过建立信息搜寻模型可以了解价格离散程度和搜寻次数的关联，同时还可了解信息搜寻的其他相关影响因素，并判断最优搜寻次数。

一、价格离散与信息搜寻

（一）信息搜寻方式

由于市场价格（或是信息分布）离散，需求者从而进行搜寻活动，可以采用的搜寻方式非常多，一般有以下 7 种常见的搜寻方式。

（1）交易区域化。作为最古老的搜寻方式，其出现可以追溯到中世纪的欧洲、中国唐朝的坊市制度。坊市制度规定买卖双方不得在集市以外进行交易，同时也禁止在非坊市时间进行市场交易行为，并且所有入市经商的商贾均必须向政府缴纳相应的市税。交易区域化提高了市场搜寻效率。在现代社会中，交易区域化的一种突出表现形式为定期招开产品展销会，这也是一种交易区域化信息搜寻方式。

（2）专业化贸易商的存在也是一种搜寻方式的表现形式。潜在的买卖者通过专业化贸易商的集中化专业贸易活动得到相互需要的市场信息或信号。

（3）广告形式。通过发布分类广告，买卖双方可以通过交换信息方式来获得商业信息，并从交易中获利。

（4）信息资源共享。两个买家之间的比较价格，形成共同享用各自搜寻到的价格信息。例如，两个买家各自走访 S 个卖家，同时逐一比较，买主实际上走访的卖家为 $2S$ 个。这样就排除了买主走访同一个卖主的可能性。

（5）直接走访。进行实地调研或者访谈都是一种信息搜寻的经典方式。

（6）专业或非专业化信息机构或个体。这不仅仅包括信息公司、职业介绍所、婚姻介绍所和专业咨询公司等机构，同时包括自由信息经纪人、媒人等专业人士。

(7) 通信搜寻。通过电话咨询、邮件求职等形式都形成信息搜寻的方式。

(二) 价格离散与搜寻的关联

生活中到处都存在信息搜寻的实例。比如，生活中与人们息息相关的买菜做饭的实例，我们明天都可能去菜市场买菜，而在菜市场讨价还价几乎成为买卖双方在市场交易过程中永恒的主题。通常有闲暇时间的退休老人比较愿意和小贩讨价还价，同时老人也更容易买到价廉物美的商品。这是为什么呢？这其实可以用价格离散与搜寻的关系加以解释。

(1) 在菜市场中，买主和菜贩之间对菜蔬的质量和成本信息的了解程度差异性较小(蔬菜的优劣，凭借肉眼就能够分辨；蔬菜的价格可以通过集市交易信息公布栏进行公示以便大众了解)。菜市场的搜寻过程是多次反复进行的，买主通常积累较多的搜寻和谈判经验。购买蔬菜几乎是每天都进行的日常交易行为，其搜寻的边际成本较低。

(2) 离退休老人的时间成本较低，退休老人可以通过多次搜寻来降低市场价格离散率。当价格离散扩大时，搜寻到最低价格预期收益将会有所增加。当价格离散增加时，个人的边际收益向上递增，结果造成个人对信息的需求也就相应地向上移动，这是搜寻与价格离散关系的第一个特征。这一过程可用图 7-1 表示。令 s 为搜寻时间等成本，U 为搜寻的预期收益。S 表示搜寻密度或数量。在边际成本曲线 MC 不变的条件下，当市场价格离散率提高时，搜寻的边际收益曲线由 MR 移动到 MR'，搜寻数量从 S_1 提高到 S_2，搜寻收益增加 (U_2-U_1)。

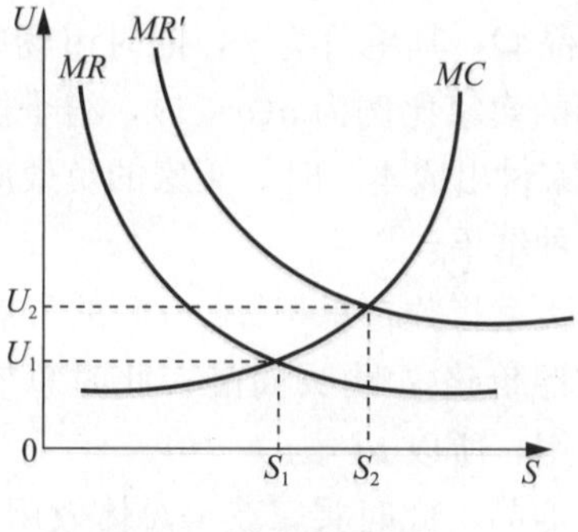

图 7-1　价格离散与搜寻

当价格离散率固定，搜寻边际成本的下降，也将导致搜寻次数的增加。相反，如果个人的搜寻密度增加，同质商品的价格离散程度将会减少。如果搜寻密度非常低，行业内的价格分布将呈现出明显变化的特征。

图 7-2 则说明搜寻密度与价格离散的市场均衡价格如何同时被确定。其中 P 表示价格离散，s 表示搜寻密度，曲线 V 表示生产者对消费者搜寻密度 s 的反应，曲线 T 则表示消费者对价格变化和搜寻的反应。消费者的搜寻反应可以用曲线 T 与生产者反应曲线 V 的交点来表示搜寻密度和价格离散的均衡价值。当消费者搜寻反应曲线为 T_1 时，对应的均衡搜寻密度为 s_1。当消费者的搜寻边际成本上升时，消费者的搜寻反应曲线将由 T_1 左移至 T_2。曲线 T_2 与 V 相交决定的均衡价格离散程度加大，消费者的搜寻密度由 s_1 降低到 s_2。

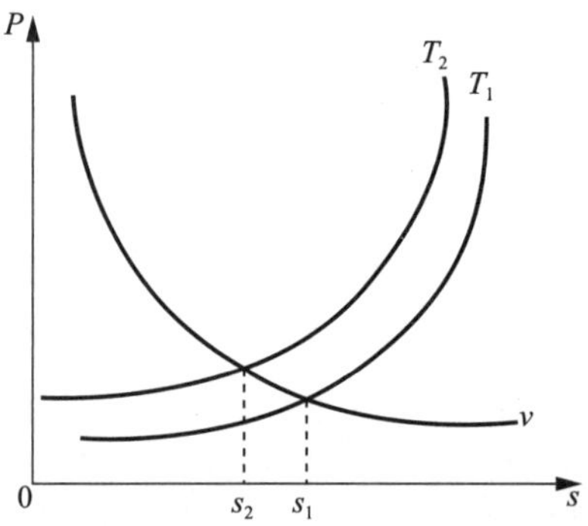

图 7-2　搜寻密度与价格离散的均衡价值决定

即使买卖双方都对信息有所需求，但双方在搜寻时仍然存在较大的差异。这种差别主要体现在搜寻对象的识别难易程度上。一般来说，潜在买家识别潜在卖家往往要比潜在卖家识别潜在买家要容易。同样，打工者识别雇主要比雇主识别打工者要容易得多。

第五节　信息搜寻模型

假设某市场中存在一个商品 Q，其单价为 p，同时市场中部分商品对每件商品均能给予 d 的折扣。假设不给予折扣的卖家比例为 $q(q<1)$，给予折扣的卖家的比例为 $1-q$。函数 $u(x)$ 表示买家通过搜寻卖家付出成本 c 时，买家的负效应为 $u(-c)<0$。

买家搜寻卖家可能出现三种结果：

（1）买家没有购买行为，买家将独自承担 $u(-c)$ 的负效用。

（2）买家可能无折扣地按照价格 p 购买商品，此时总效用为 $u(-c)+u(-p)$，这里，由于得益于拥有商品的效用，所以 $u(-p)>0$。

（3）买家购买有折扣 d 的商品，此时买家获得总体效用为 $u(-c)+u(-p+d)$。

显然，由模型可知：

$$u(-p)<u(-p+d) \tag{7.2}$$

模型假设买家将做出二中择一的选择：要么接受折扣，要么不接受折扣进行购买。这就意味着，买家只进入一个店铺并购买相关商品，或者进入另一个店铺以折扣形式购买相关商品；否则，买家将走访第二家商店，并且无论第二家商店是否有折扣都买下商品。这样，买家从第一种选择中得到的预期效用 U_1，必然是通过走访商店的负效用加上购买商品获得的预期效用。

$$U_1=u(-c)+[qu(-p)+(1-q)u(-p+d)] \tag{7.3}$$

买家从第二种选择中获得的预期效用 U_2 是买家走访第一家商店的负效用，加上购买折扣商品带来的预期效用之和。如果在第一家商家得不到概率为 q 的折扣，买家将走访第二家商家。此时，买家将再次承受负效用，但是无论是否购买，其预期效用为

$$qu(-p)+(1-q)q(-p+d) \tag{7.4}$$

因此U_2可以表示为

$$U_2 = u(-c) + (1-q)u(-p+d) + q[u(-c) + qu(-p) + (1-q)u(-p+d)] \tag{7.5}$$

如果将p，d和q赋予一定数值，则买主采用何种选择行为将完全取决于搜寻成本的大小。首先，设定方程式（7.4）等于方程式（7.5），则有：

$$(1-q)u(-p) = u(-c) + (1-q)u(-p+d) \tag{7.6}$$

同时令方程式（7.6）中$c=c_o$，假定

$$(1-q)u(-p) > u(-c) + (1-q)u(-p+d) \tag{7.7}$$

那么，$U_1>U_2$，即第一种选择要优于第一种选择。如果，

$$(1-q)u(-p) < u(-c) + (1-q)u(-p+d) \tag{7.8}$$

那么，$U_1<U_2$，即第二种选择要比第一种选择好。

由于方程式（7.8）有别于方程式（7.7），当p，d和q都已知时，方程式（7.7）中右半部分下降意味着c的变化，也即是$u(-c)$负效用提高。因此，当$U_1>U_2$时，$c>c_o$。由方程式（7.8）可知，当$U_1<U_2$时，$c<c_o$。U_1、U_2与c的关系如图7-3所示。通过对方程式（7.4）和（7.5）的分析可知，对于c的任意值，U_2曲线要比U_1陡峭。当$U_1<U_2$时，搜寻成本c相对比较小，搜寻就会被推崇。相反，当$U_1>U_2$时，搜寻成本c相对比较大，买家就乐意直接选择在第一家商店购买商品，而放弃进一步搜寻。

以上为简化起见，将买家的搜寻次数定义为最多2次。如果不限制搜寻次数，只考虑每次搜寻的收益2，如果市场有m家商店，其中一半商店有折扣0.5m给予商品Q以d的折扣，要价为A，而0.5 m的商家则没有折扣，要价为B。其中$A<B$。则可以预见，随着买家搜寻次数的增加，直到m次搜寻，搜寻的最低预期价格将不断下降，直到到达A价格为止。

当卖家要价p存在0～1之间的正态分布时，搜寻次数与期望的最低价格关联可以表现为以下特征：

（1）n次搜寻的最低价格为$n*(1-p)^{n-1}$；

（2）平均最低价格为$\frac{1}{n+1}$；

（3）平均最低价格的方差为：$\frac{n}{(n+1)^2(n+2)}$。

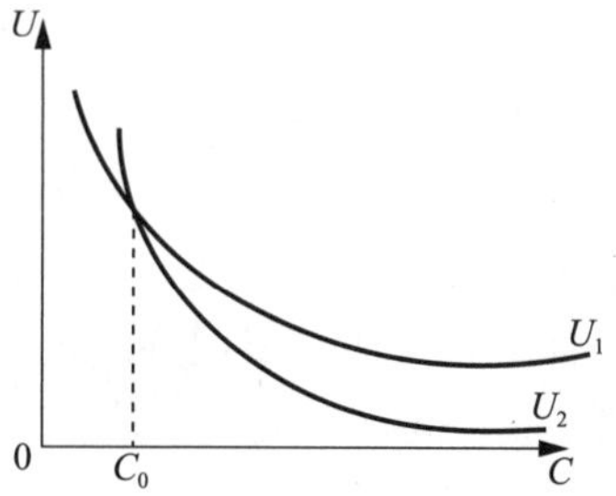

图7-3　搜寻模型

从买家角度考虑，每次搜寻的节约额为买家准备购买商品数量 q 乘以作为搜寻结果的价格减少的数额，加上由于价格下降而增加的购买量的平均节省额。由于因价格下降而增加的购买量的平均节省数额较小，所以在一般计算中此项将被忽略不计。由此，搜寻结果的价格减少数额可以表示为 $\left|\frac{\partial P_{\min}}{\partial n}\right|$，搜寻的节省额可以近似地表示为购买的数量与每单位产品节省额的乘积 $q\times\left|\frac{\partial P_{\min}}{\partial n}\right|$。

最佳搜寻次数的确定

随着搜寻次数的增加，每次搜寻的边际效用增加量都会相应减少。对于任何搜寻活动而言，无限制增加搜寻次数将得不偿失。最佳搜寻次数是由搜寻成本和搜寻的预期收益之间共同决定的。搜寻理论认为，最佳搜寻次数是搜寻的边际成本等于预期的边际收益时的搜寻次数。从图 7-4 可知，横轴宝石搜寻次数 N，纵轴表示搜寻成本与收益 S。C 表示搜寻成本曲线，而 D 曲线则表示搜寻收益曲线，a 表示最佳搜寻次数临界点，n_1 表示最佳搜寻次数。当 $N\leqslant n_1$ 时，搜寻是经济的；相反，当 $N>n_1$ 时，搜寻是不经济的。

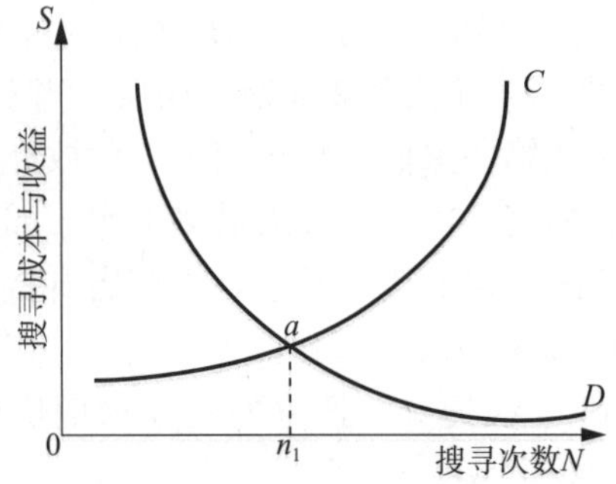

图 7-4　最佳搜寻次数的决定

第六节　搜寻理论的应用

一、"谈恋爱"模型

个体是否采取搜寻行动，一方面与个体的边际搜寻成本有关，而且与个体所处的博弈战略地位有关。以"鲜花插在牛粪上"的社会学问题为例。人们发现，美丽动人的姑娘身边常伴着其貌不扬，甚至中下水平的小伙子。反之，身材魁梧且英俊的小伙子往往找相貌平平的姑娘为妻。假设在同等条件下，美丽姑娘搜寻的机会成本高于相貌普通的姑娘，为简单化，假设后者为 1 时，前者为 2；同样，英俊小伙子搜寻的机会成本也高于相貌普通的小伙子，假设后者为 1 时，前者为 2。又假设相貌美丽或英俊的收益为 2，相貌普通的收益为 1。

(a) 美丽的姑娘不搜寻时的情况。英俊的小伙子有搜寻和不搜寻两种选择。如果英俊的小伙子搜寻，两者均衡的支付。姑娘为 2（英俊的收益 2），小伙子为 0（美丽的收益 2 减去搜寻成本 2）；如果英俊小伙子不搜寻，双方支付为 0。相貌普通的小伙子也有搜寻和不搜寻两种选择。如果他采取搜寻策略，两者均衡支付，姑娘为 1（普通的收益 1），小伙子为 1（美丽的收益 2 减去搜寻成本 1）；如果普通小伙子不搜寻，双方支付均为 0。

（b）美丽的姑娘搜寻时的情况（这种情况是很少的）。如果英俊的小伙子也搜寻，双方支付各为 0（收益减去搜寻成本）；如果英俊的小伙子不搜寻，两者均衡支付，姑娘为 0，小伙子为 2。如果相貌普通的小伙子也搜寻，双方支付中姑娘为－1，小伙子为 1；如果相貌普通的小伙子不搜寻，双方支付各为 0。

英俊小伙子、相貌普通的姑娘和小伙子的搜寻与不搜寻支付情况，可以由表 7-1 给出。

由表 7-1 可知，美丽姑娘谈恋爱的可能性有 6 种支付组合，即（0，0），（2，0），（0，2），（－1，1），（－1，2）和（1，1），前 5 种支付组合属于不稳定均衡，最后一种组合是稳定均衡，即相貌普通的小伙子搜寻而美丽女孩不搜寻的组合。在这个均衡点上，男女双方的收益均为 1，总收益达到最大化 2，效率与公平达到完美结合。同理，英俊小伙子谈恋爱的 6 种组合中，当相貌平平的女孩搜寻而相貌英俊的男孩不搜寻的组合属于稳定均衡，支付组合为（1，1）。这说明市场参与者是否采用搜寻行为和搜寻收益、搜寻成本以及搜寻前自身所处战略地位紧密相关。

		小伙子			
		相貌英俊		相貌普通	
		搜寻	不搜寻	搜寻	不搜寻
姑娘 相貌美丽	搜寻	0,0	0,2	-1,1	-1,2
	不搜寻	2,0	0,0	1,1	0,0
姑娘 相貌普通	搜寻	1,-1	1,1	0,0	0,1
	不搜寻	2,0	0,0	1,0	0,0

表 7-1　恋爱搜寻博弈模型

如果采用混合策略纳什均衡求解，其结果同样如此。假设美丽姑娘为局中人 A，其混合策略为以概率 p_1 搜寻，以概率（$1-p_1$）不搜寻；相貌普通姑娘为局中人 B，其混合策略为以概率 p_2 搜寻，以概率（$1-p_2$）不搜寻。又假设英俊小伙子为局中人 C，其混合策略为以概率 p_3 搜寻，以概率（$1-p_3$）不搜寻；相貌普通的小伙子为局中人 D，其混合策略为以概率 p_4 搜寻，以概率（$1-p_4$）不搜寻。

令局中人 A 的预期支付为 U_A，则有

$$\begin{aligned} U_A &= 0\times p_1\times p_3+0\times p_1\times(1-p_3)+(-1)\times p_1\times p_4+(-1)\times \\ &\quad p_1\times(1-p_4)+2\times(1-p_1)\times p_3+0\times(1-p_1)\times(1-p_3)+ \\ &\quad 1\times(1-p_4)\times p_4+0\times(1-p_1)\times(1-p_4) \\ &=-p_1\times(1+2p_3+p_4)+(2p_3+p_4) \end{aligned}$$

由于 $1+2p_3+p_4>0$，则 $2p_3+p_4>-1$ 恒成立，因此要使 U_A 最大化，必须使 $p_1=0$。

同理可得：

$$U_B = p_2 \times (1-2p_3-p_4)+(2p_3+p_4)$$

$$U_C = -p_3 \times (1+2p_1+p_2)+(2p_1+p_2)$$

$$U_D = p_4 \times (1-2p_1)+(2p_1-p_2)$$

由于 A 的最优策略为使 $p_1=0$，因此

$$U_D = p_4 - p_2$$

这样要使 U_D 最大化，则需要使 $P_4=1$，即局中人 D 的最优策略是取 $p_4=1$。因此

$$U_B = 1+2p_3 \times (1-p_2)$$

$$U_C = -p_3 \times (1+p_2)+p_2$$

由于 p_2 和 p_3 都不小于 0，则要使 U_C 最大，则必须使 $p_3=0$。

同理，要使 U_B 最大，则必须使 $p_2=1$。这时候，该博弈的纳什均衡解为 $p_1^*=0$，$p_2^*=1$，$p_3^*=0$，$p_4^*=1$。即美丽的姑娘和英俊的小伙子不搜寻，相貌普通的姑娘和小伙子搜寻。

二、最佳恋爱次数

假设谈恋爱次数为 T，每次恋爱耗费的时间、金钱与精力构成的边际成本 $MC_1=b$，因每次继续搜寻更好的对象而放弃的婚姻机会产生的边际成本（如婚姻产生的安逸与幸福感，家庭的天伦之乐等）为 MC_2，考虑到年龄、社会舆论压力、生理变化等因素，边际机会成本与恋爱次数成正比，即 $MC_2=aT$，每次恋爱获得的边际收益为 MR，爱情作为一种特殊商品，也存在边际收益递减的特点，爱情的满意度随着时间推移而递减，因而边际收益与恋爱次数成反比，即 $MR=\frac{C}{T}$。

在寻觅最佳伴侣的过程中，更多地搜寻会提高效用，同时也会增加成本（一般情况）。搜寻将会停止直到边际成本与边际收益相等（$MC=MR$）。

假定 $MC_1=1$，$MC_2=\frac{1}{4}T$，$MR=\frac{6}{T}$

当 $MC=MR$，得到 $1+\frac{1}{4}T=\frac{6}{T}$，

解得 $T=3.29$

当 $T=1$，$MR=6$，$MC=1.25$，差额 $B=6-1.25=4.75>0$；

当 $T=2$，$MR=3$，$MC=1.75$，差额 $B=3-1.5=1.5>0$；

当 $T=3$，$MR=2$，$MC=1.75$，差额 $B=2-1.75=0.25>0$；

当 $T=4$，$MR=1.5$，$MC=2$，差额 $B=1.5-2=-0.5<0$。

因此，最佳恋爱次数为 3 次，理性的人就可以找到自己的意中人。

当然，变化成本和收益的现值，我们将获得其他结论。但总而言之，大多数人的恋爱次数都在 2～3 次之间。此外，消费者为购买耐用消费品走访商店或百货公司的最佳搜寻次数也多在 2～3 次之间，大学生毕业后找到理想工作的跳槽次数也大多在

2～3 次之间。

思考题

1. 浅论菜市场交易过程中信息搜寻过程和讨价还价策略的形成。

2. 在现实生活中，价格离散现象普遍存在，你还能发现其他引起价格离散的原因吗？

3. 用搜寻理论来解释网恋现象。

4. 2～3 次是许多搜寻行为的稳定均衡点，中国民间有谚语“事不过三”，就蕴含这质朴的搜寻理论。请用生活中的实例来说明“事不过三”是最优搜寻行为。

第八章　信息在资源配置中的作用

经济学是研究如何有效利用和配置资源的学科。经济学中有关资源配置的分析与信息概念联系紧密。路德维希·冯·米塞斯（1922）认为，有效资源配置的关键在于能否获得有关资源是否稀缺的信息。信息资源配置涉及的领域十分广泛，既涉及信息产业内部的生产效率，又涉及整个社会资源的配置效率；既有微观层面的生产经营问题，又有宏观层面的政策、规制问题。

第一节　信息结构及其作用

任何形式的社会资源配置都是在一定信息结构基础上进行的。因此，要想对社会资源的配置方式和具体内容进行有益的分析，必须对信息结构的基本内容及其作用有所了解。下面我们对与资源配置理论密切联系的团队信息结构、厂商信息结构和经济体制信息结构理论进行简要地描述。

一、团队信息结构

团队经济理论是由雅各布·马尔萨克于20世纪50年代创立的。该理论认为，一个团队是由具有共同利益和信息，并控制不同决策和基于不同（可能）信息进行决策制订的众多决策者组成的。事实上，关于团队的经济理论可以被认为是一种资源配置（特别是信息资源配置）的经济理论，它主要包括两项内容：一是决策参数（任务）和团队成员中信息资源的配置；二是有效决策规则、任务和当前信息资源配置的特征。

设 a 代表团队行动；M 代表团队内的成员数量；每个团队成员 m 控制一个行动，称为 am。团队的结果效用取决于团队行动 $a=(a1, a2, \cdots, am)$ 和环境状态 s。如果用 $u(a, s)$ 代表团队的效用，那么函数 u 就称为团队的收益函数。

在选择一个行动之前，各个团队成员 m 都收到一个信息信号 ym，该信息信号由环境

状态 s 决定，即

$$ym = Ym(s)$$

Ym 为团队成员 m 的信息函数。其中

$Y = (Y1, Y2, \cdots, Ym)$，称为团队的信息结构。

团队的预期效用依赖于团队的信息结构、环境状态的概率以及在决策问题上的结构等，而信息结构则取决于团队观察和交流的方式。假设团队成员的信息结构是相同的，在这种情况下，团队的决策问题一般都相同。通常将这种情况用信息被集中来解释。相反，如果至少有两个以上的团队成员之间有不同的信息函数，那么，就称之为信息被分散。一般认为，团队的信息结构可以表明团队中的资源配置状况。

二、厂商信息结构

在发达国家的大部分企业中，生产并不是以市场为媒介，而是以大厂商的内部组织作为媒介。在团队经济理论基础上，经济学家开始注意厂商内部的信息结构问题。

在团队经济理论中，厂商的基本单位是代理人，代理人的决策和信息都处于离散状态，为了使厂商某些已知的收益函数最优化，需解决的问题是如何确定信息资源的配置和个别代理人采取的决策规则。决策规则必定是描述厂商有限行动空间的代理人信号的一个函数，我们将代理人信号的选择方式称为厂商信息结构，代理人决策规则的选择方式称为厂商决策结构。

团队信息结构取决于团队的观察和信息交流的途径及方式。在团队信息结构的基础上，厂商形成了两类典型的基本信息结构：即垂直信息结构，也称为等级式信息结构；以及水平信息结构，也称为民主式信息结构。前者如采用垂直一体化管理模式的厂商信息结构，后者如采用横向联营管理模式的厂商信息结构。在具有垂直信息结构的企业中，管理者拥有企业技术可能性的完备的先验知识，但是，他们不能完全控制影响这些技术可能性的突发事件，以及在企业中采取灵活的修正行动。在具有水平信息结构的企业中，生产决策由那些在开始时仅有不完备的技术知识的半自治企业共同制定，通过更好地使用某个方面的知识，管理者逐渐能够对突发事件有更为快速灵活的反应。

美国企业通常采取垂直信息结构模式，而日本企业通常采取水平信息结构模式。不同企业对不同信息结构的选择，与企业的生产结构具有密切的关系。例如，美国汽车制造商生产的一辆汽车，其购买价值的45%由企业内部所生产，55%由企业外部所生产；而日本企业所生产的每一辆汽车中，企业内部所生产的只占总购买价值的25%。

一般而言，选择垂直信息结构的企业强调的是通过技术控制来实现经济效率，或者说，该类企业强调通过工作的专业化与合理的等级控制来实现经济效率。与此相反，选择水平信息结构的企业注重通过对某个部门知识的应用和在实践中学习，从而有效地解决问题并实现经济效率。因此，当一个问题被发现时，具有垂直信息结构的企业是从整个组织的角度做出一般性合理决策。但是，当所获信息质量不高时，管理者就可能无法有效地解决已经认识到的问题；同时，由于该类型企业的次级代理人没有决策权，它们因此可能缺乏及时向上级反映问题和以准确快速方式执行上级指令的动力。这样，使用垂直信息结构必然涉及管理者有限理性带来的控制成本，以及由于缺乏对次级代理人的刺激而产生的执

行成本。

在选择水平信息结构的企业中，由于次级代理人能够参与企业管理，并应用某个部门的知识和在实践中学习的机会参与企业决策。因此，这类企业中的次级代理人就有动力对于出现的事件做出快速有效的反应。但是，由于该类企业中的次级代理人对组织的整个操作机制的理解只是局部的，因此，他们在协调各自之间的决策与组织目标保持一致方面的能力必然是有限的。尽管在实践中学习可以提高这方面的能力，但无疑将出现在时间方面的较大的效率成本。由此可见，由于对那些影响其他次级代理人活动的信息缺乏及时的集中处理，其结果是通过水平合作的次级代理人解决问题的能力也将是有限的。肯尼斯·阿罗提出采用垂直一体化方式解决企业内部的信息交流问题。按照该理论，在企业的垂直一体化程度方面，选择垂直信息结构的企业一般要高于选择水平信息结构的企业。

三、经济体制信息结构

在比较经济体制理论中，信息结构具有这样的含义：信息结构是收集、传递、处理、储存、检索和分析经济数据的机制和渠道。研究信息结构，就是分析信息传输渠道和信息传输所使用的语言。在各个厂商及厂商内部团队成员的信息结构基础上，特别是在厂商所处的社会政治和文化结构基础上，形成了一定范围内经济体制的信息结构。

信息传输渠道是以信息流的方向来解释的。一般认为，经济信息流有两种基本方向——纵向信息流和横向信息流。纵向信息流是指在等级制的上下部门或组织之间信息流动的数量和质量；横向信息流是指在等级制的同级代理人之间，或者没有等级关系的代理人之间信息流动的数量和质量。

在中央计划经济体制下，纵向信息流是经济信息流的主要方式；在市场经济体制下，横向信息流是经济信息流的主要方式，而且，横向信息流是构成市场经济体制的本质；在混合经济体制下，横向信息流和纵向信息流对于经济发展具有同样的重要作用。可见，混合经济体制的目标和具体的运行机制，决定着横向信息流与纵向信息流之间究竟由何种信息流占据主导地位。

总体而言，根据不同经济体制中信息流不同的信息传输方式，可将比较经济体制范畴的信息结构划分为四种基本形式：完全横向信息结构（单纯市场体制）、完全纵向信息结构（单纯计划体制）、横向信息量多于纵向信息量的信息结构（偏于市场的混合经济体制）、纵向信息量多于横向信息量的信息结构（偏于计划的混合经济体制）。

第二节　价格信息对资源配置的作用

价格是商品交换的产物。交换过程以及与交换过程直接联系的生产、流通过程是价格信息的直接发生源。在生产、流通、交换等活动得以进行的场所，即企业和市场上，每时每刻都在产生着庞大的原始信息流。价格信息就是指市场参加者提出的价格中隐含的市场知识。通常，标准的竞争性模型关注价格系统在传递稀缺信息方面的作用和效率。价格促使供求相等。举例说明，如果原油供给突然下降，那么油价就会上升，从而向消费者传递少消费油的信息。消费者无须知道其他消费者的行为，或者供给量下降了多少，总的来说，消费总量降低了。那么，具体而言，市场价格体系是如何传递信息的呢？或者说，市场价格体系如何使市场参加者获得有效信息从而指导资源配置的呢？

一、一个简单的价格信息模型

假设市场商品价格处于正常离散状态，某个卖主销售商品 Q 的正常成本为 C，而预期售价为 P，并有买主预期从该卖主处购买商品 Q。这样，在提出价格时，将有两种情况发生：

第一种情况由买主先提出价格。如果买主提出价格 P'，且 $P' > P$。若卖主毫无经验地对价格 P'一口应承，这时，买主将从卖主所应承的价格 P'中获得这样的信息：$P' > P$。在这种情况下，买主或者有条件地勉强买下产品，或者以在此获得的信息为指导走访其他商店以寻求更低的价格。如果买主提出价格 P'，且 $P' > P$，但卖主有经验地假装表示他无法接受 P'，双方经过讨价还价，并且最终以 P'成交。这时，卖主以其经验掩盖了 P'所隐含的商品 Q 的成本信息，从中获得利润为 $(P' - P) + (P - C)$。

第二种情况由卖主先提出价格。如果卖主按正常售价 P 提出价格，买主从报价 P 中可以大致了解到商品 Q 的成本信息，因为必然有 $C<P$；如果卖主以大大超出正常售价 P 提出价格 P'，也就是说，价格 P'包含有商品的大量虚假成本信息（市场噪声），这时买主能否以合理价格购买商品，取决于买主的市场知识和讨价还价的经验，或者是否采取走访商店等搜寻价格的活动。

如果买主具有较为全面的市场价格知识，在卖主提出价格 P'后，提出试探性价格为 $1/2 \cdot P'$，且 $1/2 \cdot P'$大致等于 P。这时，卖主从买主提出的价格 $1/2 \cdot P'$中可以获得这样的信息：买主具有较为全面的市场价格知识，首先提出试探价格为 $4/5 \cdot P'$，那么买主只能以大于或等于 $4/5 \cdot P'$的价格购买商品。

该模型显示，无论对于市场上的买主，还是卖主，市场价格对于他们都包含有一定的信息内容，并且买卖双方可能同时利用同一价格所包含的信息内容来调整他们在讨价还价中的策略。而且，市场参加者能否充分利用价格的信息内容，在很大程度上取决于他们进入市场时所具备的市场知识。

信息经济学的研究认为，在稳定的均衡市场中，价格可以在以下意义上交流信息：一部分非正式的市场参加者能够从市场出清价格水平中推导出其他正式的市场参加者的信息。这个研究结论不仅对于有效市场的讨论具有重要的意义，而且可以进一步得出这样的知识：非正式的市场参加者的需求程度，既依赖于他们观察到的均衡价格传递多少信息，同时又依赖于其他市场的供求结构。由此可以提出两个假设命题：

1. 市场均衡价格是否包含有完备信息的总量？格拉斯曼和斯蒂格利茨（1976）认为，在某些情况下，一个均衡价格可能就是市场信息的一个总量。从这个意义上讲，均衡价格表明每个市场参加者都了解全部的市场信息，当这种信息的完备总量（即市场均衡价格）出现时，任何个别的市场参加者可资利用的具体信息对于他们来说都将是多余的。

2. 市场参加者的平均观察价格是否包含了所有的信息，或者，即使在所有观察者都相同的情况下，平均观察价格是否也都传递了所有的信息？加巴德等（1979）认为，平均观察价格将包含所有的市场信息。但他们同时认为，平均观察价格在所有观察者都相同的条件下也传递所有市场信息的假设不能成立。

一般而言，市场价格从其“产生”（提出价格），传递，到“消亡”（价格失效或被修正），无不包含有市场信息的内容。但是，市场价格的信息内容的存在不是孤立的，他们必须以一定的市场经济环境状态为基础，离开了一定的市场经济环境状态，单纯的价格对于市场参加者而言并没有多少现实的经济意义。因此，市场参加者只有在一定的经济环境状态下才能利用价格的信息内容进行市场活动。

举例说明，假设股票投资市场上有经纪人 A 和经纪人 B，且 A 和 B 互为竞争者。在此考虑两个问题：第一，经纪人 A 是否从 B 的报价中获得信息；第二，经纪人 A 和 B 是否在其他经纪人报价基础上各自形成独立的报价。首先，我们注意到，在任何时候，每个经纪人一般都会知道某些对于他的竞争者不利而又不为其所了解的信息。其次，由于信息的生产和传递是具有成本的，所以，即使在纯粹的竞争状态下，只要竞争者获得买主或卖主有关报价的信息是具有成本的，那么，这些报价无疑将是以离散的状态存在的。由于市场经纪人也同时认识到这一点，因此，每个经纪人都将通过观察他们竞争对手的报价来了解市场信息。

具体来讲，如果经纪人 A 通过观察经纪人 B 的报价发现其报价低于经纪人 B 的平均报价，他就可以因此而推测出他没有估计到市场公共净需求的水平。由此可见，如果经纪人通过观察其他经纪人的预定价格而获得有价值的新信息，那么，他们就会被引导去调整自己的报价水平，以此作为他们观察其他经纪人报价的一个函数。即经纪人 A 的交易水平部分地依赖于其竞争对手经纪人 B 的交易水平。

基于上述分析，作为对其他经纪人报价观察的一个函数，经纪人 A 和 B 都将修正他们各自的报价水平。所以，对于那些处于交易频繁，且具有较高边际状态的经纪人来说，在交易当天确定的各种均衡价格是非常重要的。因此，在均衡价格状态下，经纪人对于所有可以获得的信息都很敏感。其他经纪人的任何报价，以及这些报价分布的任何变化，都有可能作为一种市场信号影响经纪人的报价决策。其结果是，作为观察其他经纪人报价分布水平的一个函数，经纪人在均衡价格状态下将形成他们各自独立的报价。

总而言之，不同条件下的市场价格将包含不同的信息内容，市场参与者对于其他市场参与者的价格观察也将随着环境的变化而获得不同质量的信息内容。但是，一旦某个市场参与者以观察其他市场参与者的价格变化作为自身制定价格的参数，这就是市场价格的信息内容发生作用的结果。

二、价格体系的功能

价格体系的一个重要作用，就是作为市场信息系统或市场信息交流工具，紧密地、有效地和廉价地传递厂商经济决策所需的各种市场信号和经济信息。

市场信息广泛地分散于每个市场参与者的活动之中，正式的市场参与者都是一方面生产市场价格信息，另一方面又在观察和传播价格信息。信息分散的现实状况使人们认识到单纯的计划集中难以达到有效的资源配置，经济制度中应当有与这种分散的信息状况相适应的分散计划和决策。在这种经济环境中，市场信息通过每个市场参加者的决策而传递给每一个人；而每个市场参加者的各种价格决策及其结果的集合，则构成了我们通常所说的市场价格体系。能够使这些分散信息集中有效地得到传播的唯一“自然”机制，就是市场价格体系。

哈耶克认为，如果想了解价格体系的真正功能，我们就必须把它作为一种传递信息的机制加以考虑。确切地说，价格体系就是利用信息在发生作用，价格体系的最重要的特点就是信息的经济。在这里，哈耶克涉及信息经济学的一个有趣的问题，即市场价格体系是由于价格体系首先利用了信息而发生作用呢？还是由于价格体系首先具备信息功能而使人们利用它来获取信息呢？显然，哈耶克认为是前者。然而，从一个角度来讲，价格体系首先是具备传递信息的功能，人们才使用它来进行信息传递；而从另外一个角度来讲，首先是人们自觉或不自觉地使用价格体系来传递信息，才使价格体系具备了信息传递的功能。

弗里德曼将传递信息看作是价格在组织经济活动方面的第一种作用，其重要性超过了价格在组织经济活动方面的第二种作用（提供刺激）和第三种作用（决定收入分配）。在弗里德曼看来，价格体系传递信息的功能有四种：

1. 价格体系只传递重要的信息，并且只传递给需要了解这些信息的人们，即价格体系对于不重要的信息会自发的采取抵制而消除其存在的可能。此外，价格体系传递的信息还会自动的选择信宿，从而使信息的配置达到最优化。

2. 价格体系实现有效传递信息的主要问题就是保证每一个使用这种信息的人能够获取它，不让那些不需要信息的人将其束之高阁。弗里德曼相信，价格体系能够自动地解决这样的问题，因为，一方面，传递信息的人受到一种刺激而寻找能使用信息的人，而且这些传递信息的人能够达到他们的目的；另一方面，能够使用信息的人也能得到他们所希望得到的各种信息。

3. 通过价格体系传递信息，人们还能够从这种传递中获得信息和利润。例如，《华尔街日报》的每天行情表提供的市场信息，并不是出于利他主义，而是因为公布市场信息能够增加报纸发行量获得更高的利润。一般来说，组织良好的市场和专业化通信设备构成价格体系传递信息的基本方式，而事物间供求逻辑也构成价格体系的另外一种重要的信息传递方式。

4. 如果阻止价格自由地反映供求状况，那么，将会妨碍市场信息的准确传递。例如，反常的通货膨胀造成的重大不利影响之一，就是使价格传递信息的作用失灵。

传统经济理论强调价格（相对价格）作为资源配置的信号所起的作用。然而，价格作为资源配置的指示器存在许多限制。由于存在不能通过竞争的市场体系进行协调的外在性事物（如技术的外在性、信息的外在性等），价格体系可能难以达到最优资源配置所需要的条件，特别是在经济的增长方面。但无论如何，价格体系仍然包含了人们所需要的各种市场信号和经济信息，每个市场参与者都能从价格体系中获得他们希望得到的信息，而没有必要去处理他们所不关心的信息，这充分显示出市场秩序在处理信息方面的效率和灵活性。可见，市场价格体系是一种信号器，它不带强制地使每个人适应他自己毫无所知的环境和经验。更重要的是，价格体系为每个市场参与者提供了这样的信息：各个不同的经济主体以何种规模生产何种商品为宜，或者如何以最低成本充分使用现有资源。

市场经济的优势归根结底在于信息方面的优势。或者说，市场秩序之所以优于其他经济秩序主要在于它在资源配置方面能够充分运用许多特定事实的知识，这些特定事实的知识分散存在于市场上无数人中间，任何个人都无法掌握它们。既然市场信息是分散的，那么，以分散决策为基础的市场秩序也就比其他经济秩序能够更好地发挥信息效率。由于信息结构及其效率在很大程度上决定了社会资源配置的效率，所以，市场体制在信息方面的高效率使其在资源配置方面也具有高效率的特征。

三、格罗斯曼—施蒂格利兹悖论

在信息经济学理论中，价格体系如何指示人们对新的经济环境做出反应呢？价格体系如何从了解信息的市场参与者那里传递信息给那些未了解这些信息但又需要这些信息的市场参与者呢？又如何从不同的市场参与者那里收集或积聚不同的信息呢？目前，这些问题以格罗斯曼—施蒂格利兹悖论形式得到高度概括。

按照格罗斯曼—施蒂格利兹的理解，价格体系是收集不同个人信息的信息收集者。当人们观察价格体系后，他们就能够完全预测出在市场和价格中的可资利用的数量关系。但如果人们最终认识到价格体系可以完全预测未来价格，那么，他们将不再根据他们自身的信息来确定其需求，而是仅仅依据市场信息决定其需求。而且，由于价格体系能够完全预测现价，因而不需要通过期货市场进行套期保值，这就意味着不存在任何交易。可是，如果没有贸易，也就没有市场；而没有市场，人们对市场就会有不同的认识。其结果是，参与者又产生对期货市场的需求，这就是所谓的格罗斯曼—施蒂格利兹悖论。该悖论也可表述为：如果市场完全搜集了市场参与者的私人信息，市场参与者的需求将不再依赖于他们自身所拥有的信息。

格罗斯曼—施蒂格利兹证明：第一，在市场经济范围内，如果不存在任何噪声，那么，市场的总体均衡不存在；第二，如果信息是完全的，将不可能存在一般意义上的市场均衡。该定理事实上是格罗斯曼—施蒂格利兹悖论另外的一种表述形式。如果没有任何噪声，且某些交易者获得信息，那么，获得信息的市场参与者掌握的所有信息都将通过价格体系传递给无信息的市场参与者。因此，作为价格制订者的每个拥有信息的市场参与者都认为，如果他成为无信息的市场参与者，价格体系传播的信息将不会改变，这样，结果并不是一个市场均衡。另外，如果没有市场参与者获得信息，每个没有信息的市场参与者将不会从价格体系中获得任何信息，这样，没有信息的市场参与者也就希望成为拥有信息的市场参与者。

下面以股票市场的信息为例，进一步说明格罗斯曼—施蒂格利兹悖论。通常假设股票市场在信息方面是有效的，这意味着在任意一个指定时期内，股票价格反映有关主要股票的所有信息。然而，这种情况并不表明市场中的每个个人都了解所有信息，显然，股票市场中存在消息灵通的经纪人，也存在信息不灵通的经纪人。于是，前者将根据股票价值抬高或压低股票价格，而后者由于没有更多的信息难以对股票现价进行讨价还价。

这样存在一个问题：假如每个市场参加者都相信股票价格是合理的（或股票被合理地定价），那么市场中将没有人有积极性去搜寻新的信息；如果没有人搜寻新的股票信息，也就没有任何新的股票信息出现；而没有新的股票信息的出现意味着股票市场在信息方面并不是有效合理的。因此，该结论与上面的假设相矛盾。格罗斯曼—施蒂格利兹悖论为我们研究和观察价格体系在资源配置方面的作用提供了新的分析角度和理论基础，是信息经济学，乃至微观经济学在资源配置研究领域重要的基础理论。

四、信息资源配置失灵

1874 年，法国经济学家里昂·瓦尔拉斯创建了瓦尔拉斯一般均衡理论后，经帕累托、希克斯、谢尔曼、萨缪尔森、阿罗、德布鲁以及麦肯齐等经济学家的改进和发展，最终形成现代一般均衡理论。其中，20 世纪 50 年代，阿罗和德布鲁对一般均衡存在性的公理化证明，更是奠定了现代西方经济学中一般均衡理论的基础。

福利经济学第一基本定理表明竞争性均衡市场具有帕累托效率的三个条件：① 拥有充分的市场；② 所有生产者和消费者都处于竞争状态；③ 如果存在市场均衡，那么，在这种市场均衡条件下的资源配置将达到帕累托效率。反过来讲，如果福利经济学第一基本定理中的假设条件不成立，那就意味着通过市场进行资源配置是低效率甚至是无效率的，这时的市场状态就称为市场失灵。实际上，市场失灵的产生就是由于市场至少不能满足福利经济学第一基本定理中的三个条件之一的结果。福利经济学第一基本定理中的三个条件都与信息的产生和传播，尤其是与信息差别有关。

福利经济学第一基本定理的第一个条件是充分市场，也即市场需要具有完全信息。产品在市场中没有价格意味着市场不完备，可能导致市场丧失。市场丧失会使市场参加者，甚至社会成员无法向其他社会成员发出或接收相互交易的信息。

例如，假设有一家钢铁企业和一家铁路公司，钢铁企业是否开工投产的决策需要得到铁路公司是否能够在限制时期内正常营运的支持，铁路公司只有在钢铁企业已经开工的情况下才会有利可图。如果只有钢铁的现货市场，铁路公司和钢铁企业就不能将自己的利益信息通过市场传递给对方。这样，由于双方信息不能相互沟通和有效配合，从而导致市场出现不充分现象，这是市场失灵的一个典型的例子。因此，市场数量不足导致市场信息的扭曲，是构成市场失灵的原因之一。

福利经济学第一基本定理的第二个条件是所有市场参加者的行为都是竞争性的。即市场参与者的行为都是既定价格下的最优化选择行为。这个约束条件意味着，尽管每个市场参加者都是以自我利益最大化为中心，但他们似乎都不能影响价格。在市场价格既定时，市场参与者都按照效用最大化原则采取行动，即每个人都将价格看成是固定参数。这从信息论的角度来讲，这个约束条件意味着市场信息在所有市场参与者之间均匀分布。若从信息效率的角度来看，在这种条件下的信息效率是最高的，从而该信息结构导致的市场决策及其效用也是最优的。当市场参与者都不是市场价格的服从者时，也就是说，当自我利益的最大化动机刺激市场参与者采取行动能够影响未来价格并以此牟取高额利润时，福利经济学第一基本定理的第二个条件就不再成立，垄断是这类市场失灵的典型情况。

福利经济学第一基本定理的第三个条件是市场处于均衡状态。也就是说，市场上的所有商品都服从阿罗—德布鲁模型。由于均衡是市场的一个理想支点，因此许多偶然因素的介入都有可能使均衡市场转化为非均衡状态，特别是市场数量的扩大将会破坏市场均衡。举一个简单例子来说明，当某个厂商在本行业采取竞争性行为，并且产品价格高于边际价格，那么，该厂商将持续地提供该种商品。但是，如果市场消费者对该产品的需求是稳定的话，并且该产品价格等于边际成本，那么，市场就不会出现供求相等价格，这样，市场均衡态势也就不复存在。显然，出现这种结果的具体原因在于生产厂商与厂商产品消费者之间的信息差别。

在现实经济条件下，市场失灵是普遍存在的。从广泛意义上讲，市场失灵的原因是多方面的。但是，无论如何，不完全信息或信息对称导致的信息差别都是市场失灵的一个主要原因。正如前文所述，由于不完全信息或信息差别导致的市场失灵具有两种典型形式：一是逆向选择，二是道德风险。在具有逆向选择和道德风险的市场中，委托人和代理人之间签订的经济合同是低效率的，在这种低效率合同环境下社会资源往往难以得到合理有效的配置。逆向选择和道德风险诱发的市场失灵的存在似乎发出这样的一个信号：政府应当发挥经济作用。然而，政府对逆向选择和道德风险不加选择的干预可能会导致更多的经济问题出现，医治一种形式的市场失灵可能导致另外一种形式的市场失灵的发生。当然，主张采取非市场形式解决信息性市场失灵问题并不意味着承认非市场机制不会面临信息问题，事实上，政府面临的信息和刺激问题并不比市场少，但非市场机制毕竟能够解决某些由于逆向选择和道德风险带来的市场失灵问题。

第三节　信息资源的宏观配置

信息资源配置是以人们的信息资源需求为依据，以信息资源配置的效率和效果为指针来调整当前的信息资源分布和分配预期的过程。通常认为，信息资源配置包括两层含义：

一是广义的信息资源配置，指将有用的信息及其与信息活动有关的信息设施、信息人员、信息系统、信息网络等资源在数量、时间、空间范围内进行匹配、流动和重组；

二是狭义的信息资源配置，指将有用的信息在不同的时间和不同地区、不同行业、不同部门进行分配、流动和重组。

信息资源有效配置的目标就是实现信息资源在社会各行业中的均衡合理配置，以期实现社会经济福利的最大化。

一、信息效率

在研究信息效率时，通常将信息系统划分为信息和生产两个子系统，并将信息子系统和生产子系统各自的投入效果与经济系统的实际产出效果联系起来进行研究。信息子系统所产生的是经济数据的搜集、传递、加工、存储、检索、分析、命令或其他指示的联系与沟通、决策实施的评价中的必要反馈。

信息经济学主要考虑厂商获得信息的效率，而经济信息学则主要研究经济信息处理的效率。由香农信息量公式可知，当经济信息体系的可能状态为概率相等时，信息熵 H 达到最大。

$$H_{\max}=-\sum_{i=1}^{n}P(X_i)\log P(X_i)$$

但是，现实生活中的经济信息系统必然受到各种社会因素约束，因而，经济信息系统

的实际平均信息量必然少于最大信息量，即

$$H \leqslant H_{\max}$$

信息效率（记为 E）等于实际平均信息量与最大平均信息量之比，即

$$E=\frac{H}{H_{\max}}$$

显然，E 的区间在 0 与 1 之间，当 E 等于 1 时，经济信息系统完全不受约束，经济竞争处于完全自由状态；当 E 越接近于 0 时，经济信息系统越不自由，E 等于 0 时，经济信息系统完全受到约束，经济系统内部不存在自由竞争。

设某地区有四家生产同等同质产品的厂商，同时该地区有两家邮购这四家厂商生产产品的专业营销公司；又设每家厂商的产品只销售给其中一家营销公司，这样，在厂商与营销公司构成的产销（经济或信息）系统中，当该产销系统处于完全自由竞争条件下，共有 24 种可能环境状态出现的概率相等，故该产销系统的最大信息熵为

$$H_{\max}=-\sum_{i=1}^{16} P(X_i)\cdot\log P(X_i)=-\sum_{i=1}^{16}(1/16)\cdot\log(1/16)=4(\text{比特})$$

然而，实际的环境条件必然会使产销系统受到某种形式或因素的制约。厂商之间、营销公司之间，以及这两者之间不可能不受制约地进行完全自由竞争，因而各种可能环境状态出现的概率并不平等。该产销系统的实际信息熵必然小于最大信息熵。

下面考虑两种情形下的信息效率。

（1）第一种情形假设在 24 种可能环境状态中，将不会出现的环境状态（$P=0$）有 6 种，出现概率增大的环境状态（$P=1/4$）有 2 种；出现概率保持不变的环境状态（$P=1/16$）有 8 种。则，该产销系统的实际信息熵

$$H(1)=-2\times\frac{1}{4}\times\log\frac{1}{4}-8\times\frac{1}{16}\times\log\frac{1}{16}=3(\text{比特})$$

故，该产销系统的信息效率

$$E(1)=\frac{H(1)}{H_{\max}}=\frac{3}{4}=0.75(\text{比特})$$

（2）第二种情形假设政府或垄断集团对该经济系统施以更加严格的管制，因而有以下情形出现：不出现的环境状态（$P=0$）有 12 种；出现概率增大的环境状态只有 4 种，其中，1 种环境状态出现的 $P=1/2$；1 种环境状态出现的概率 $P=1/4$；其余 2 种环境状态出现的概率 $P=1/8$。则，产销系统的实际信息熵

$$H(2)=-1\times\frac{1}{2}\times\log\frac{1}{2}-1\times\frac{1}{4}\times\log\frac{1}{4}-2\times\frac{1}{8}\times\log\frac{1}{8}=1.75(\text{比特})$$

故，该产销系统的信息效率

$$E(2)=\frac{H(2)}{H_{\max}}=\frac{1.75}{4}=0.4375(\text{比特})$$

由此可知，具有 $E(1)$ 的经济信息系统比具有 $E(2)$ 的经济信息系统的市场机制要完善的多，竞争水平也高得多。

上述分析表明，信息效率可以作为经济控制参数，反映了经济系统的受控程度；同时，信息效率也可以作为资源配置效率的观察参数，资源配置的有效性有赖于市场信息的

较高效率和计划信息的有效性。总之，资源配置最优化本身意味着最优信息效率。

二、信息资源宏观配置

对信息资源的基本认识，可以概括为以下三点：

第一，社会活动生产和设计的信息资源极其丰富，人们难以进行准确的测度。通过分析，我们选择数据库资源，专利和商标资源，图书报刊资源和视听资源作为信息资源的最基本要素。这四类基本要素能力统称为信息资源生产能力。

第二，信息资源问题不是一个单纯的信息产品生产能力问题。信息资源的生产需要信息源，新的信息资源的传播又可能产生更新的信息资源。我们把信息资源的传播储存和处理能力，统称为资源发展潜力。

第三，模型的目的决定了它以何种方法和形式表述其分析对象。建立在信息资源生产能力发展潜力基础上的信息资源丰裕系数模型以操作性为前提，在一定层面上它可以较为全面准确地测度信息资源的内在发展。

目前，有关信息资源测度的一种代表性模型是日本学者齐藤忠夫和猪濑博，以及日本学者高崎望等创立和发展的信息资源生产与传播测度模型。该模型通过测度信息流中每个组成信息字节来分析国家信息资源的生产和流动。希望从信息产品的生产能力与发展潜力角度分析信息资源的发展水平。

一般地，信息资源生产能力和发展潜力可以通过所谓信息资源丰裕系数的大小得到测度。信息资源丰裕系数值简称 R 值，即

$$R=R_1+R_2$$

其中，R_1 表示基本信息资源生产能力，其公式为

$$R_1=\frac{P_1+P_2+P_3+P_4}{M}$$

P_1 代表数据库数量；P_2 代表获得专利和商标数量，P_3 代表图书报刊出版数量；P_4 代表视听产品生产数量；M 代表测度期测度范围内的人口总数。因此，R_1 事实上可看作是一国或地区测度期测度范围内的人均生产信息资源的能力。

R_2 表示基本信息资源的发展潜力，其公式为 $R_2=S_1+S_2$。其中，S_1 代表信息资源的储备潜力，S_2 代表信息资源的处理潜力。S_1 和 S_2 的测度公式分别为

$$S_1=\frac{I_1+I_2+I_3+I_4+I_5+I_6}{M}$$

式中，I_1 代表计算机拥有量（计算机绝对数、普及率、用户数量）；I_2 代表文化设施拥有量（图书馆、信息中心、档案馆、博物馆、文化馆）；I_3 代表新闻设施拥有量（电台、电视台）；I_4 代表娱乐设施拥有量（电影院、剧院、体育馆、电视机拥有量）；I_5 代表邮电设施拥有量（邮电局网点、邮电业务量）；I_6 代表能信设施拥有量（通信网点、电话机拥有数量）。

S_2 的计算公式表达为

$$S_2=\frac{T_1+T_2+T_3+T_4+T_5}{M}$$

式中，T_1 代表测度范围内的识字人数（或识字率）；T_2 代表中小学、高等教育在校人数（或教育机构普及率）；T_3 代表科研人员数（或科研机构普及率）；T_4 代表政府部门人数；T_5 代表咨询机构人数。

三、信息资源配置的方式

信息资源是战略性社会资源，它的有效配置不仅受社会信息结构的约束，而且通过信息的分散和集中来实现。信息资源配置方式包括市场配置、计划配置和市场与计划双重配置三种。

（一）信息资源的市场配置

信息资源的市场配置是由信息资源供需双方以市场价格和市场供求变化等分散信息为主要依据，自由做出选择。从某种意义上来说，市场就是一种价值规律自行调节的经济体制和经济运作方式，与“计划”或“国家调节”相对应。

信息资源的市场配置是基于信息不完全和非对称的市场条件的，市场配置信息资源是通过经济信息或市场信号来消除或减少信息市场活动中的不确定性，从而实现信息资源的配置。一方面，由于市场信息本身的特性、市场分割、信息传播系统和人类的“有限理性”等因素的限制，市场活动的参与者所需的信息资源并不能全部无偿的获得；另一方面，市场活动的参与者中总有某些个人掌握着其他市场参与者不了解但需要的信息资源，这些信息在某些情况下可能被掌握者所垄断而不能得到传播，但在某些情况下，掌握信息的市场活动的参与者却希望自身掌握的信息能够有效地提供给其他社会成员。

然而，掌握信息的个人不愿无偿地向其他未获得信息的个人提供信息，而在某些情况下提供信息还需要掌握信息的个人付出成本。对于供求双方而言，通过市场价格信息可以实现自动调节供求关系，完成信息资源的买卖交易，从而围绕价格机制、供求机制和竞争机制等市场机制，以价格信息、供求信息、竞争信息等市场机制要素信息的交互作用来实现信息资源的市场配置最优。实践证明，市场机制能根据近期信息资源消费者的需求来开发和分配信息资源，通过市场价格信息和市场供求信息的变化，直接约束信息资源的流向和流速，从而有利于缓解用有限的相对稀缺的信息资源满足无限多样化的需要这对矛盾，对信息资源的短期有效配置起着良好的引导作用。

在实际的经济活动中，特别是发展中国家，市场体系发育都还不够成熟，市场机制本身还存在着许多缺陷，市场中的资源不能完全自由地流动，而且地区间和行业间存在许多障碍，价格信号经常不能及时和真实地反映资源的稀缺程度，因而市场机制常常无法有效地自动配置资源，从而使得放任的自由市场会偏离最佳状态，而信息市场的组织机制也同样存在着这些问题，它对信息资源的市场配置存在着一些自身无法克服的缺陷，这主要表现在以下几个方面：

（1）信息市场本身并不能保证一个最有利于信息生产的市场结构。

（2）市场不能自动创造一个良好的外部环境，制定与信息活动有关的法律、政策。

（3）现实的市场信息并非完全透明。市场信息有已知的“白色信息”，半知的“灰色信息”和未知的“黑色信息”。这种情况的存在，加上市场体系和市场机制也不可能尽善尽美，信息资源供需双方均只能根据现期价格信息和市场供求信息的状况，对下一期行为做出预测和判定，这就使得信息市场上的经济活动带有很大的随意性和盲目性。也就是说，市场信息传递虽然迅速敏捷，但市场调节天然存在事后调节的滞后性，从而决定了市场调节速度的相对缓慢性。另外，市场调节主要是根据市场信息的变化进行的，因此，市场调节还易造成市场调节目标偏差和市场调节成本偏高。

（4）信息产品和信息生产具有的一些特殊属性和规律，与一般市场相比，信息市场的资源配置功能可能相对要弱一些，原因突出地表现在以下几个方面：

第一，信息具有外部效应。信息商品和信息服务既有正的外部效应，又有负的外部效应。当其具有正的外部效应时，信息生产的边际私人收益小于边际社会收益，生产者掌握着信息却并不愿意投入信息生产，从而导致信息生产的不足，信息资源配置无效；当其具有负的外部效应时，将会把成本强加给市场上并不直接消费信息商品和信息服务的消费者或其他生产者，从而使信息市场偏离均衡，信息资源配置也是无效的。

第二，信息的公共物品属性。信息消费的非排他性、非竞争性所导致的“搭便车”问题，使得信息生产者的成本无法通过市场机制自动的得到有效的补偿，从而导致生产不足。

第三，信息商品的垄断性。信息商品和信息服务的垄断表现在两个方面：一是信息商品和信息服务的初始成本很高，因其可以几乎没有成本的大量复制，即边际成本很低，并且边际收益呈现递增的态势，使最先的研制开发者在生产上形成垄断地位。而信息产品的连带消费，会对消费者形成“锁定”效应，这又进一步强化了市场领先者的垄断地位；二是信息的生产都具有创造性，保护其合法权益需要用法律来排除信息商品的共享性而形成垄断。这个时候就会形成垄断价格，使市场价格高于边际成本，导致信息资源的市场配置无效。

第四，对于不直接面向市场的信息活动，是非营利性的。教育和基础性研究这类基础性信息活动的开展，并不是出于商业目的，市场机制无法对其进行自行调节。

所以，信息资源的市场配置更擅长于短期配置，更容易在市场信息通道非常畅通、信息获取、信息交互成本很低的情况下实现信息资源配置优化。但是，在信息不完全的现实经济环境中，特别是在具有不利选择和败德行为的条件下，市场机制对信息资源的配置难以达到最优。

（二）信息资源的计划配置

信息资源无限丰富，但是相对人们对信息资源的现时需求和专业需求，信息资源的供给显得明显不足，信息资源的供给并不能完全按照供求比例的变化调整其价格。而且，现实生活中信息系统并不健全，信息资源的供需双方，在市场上不能及时得到自己所需要的有用信息。也即市场调节过程是在信息不完全的情况下进行的，市场机制的作用是有限的，因此，信息资源的配置有必要寻找一种新的配置方式，计划配置信息资源可能克服市场配置的弱点，发挥其优势。

信息资源的计划配置就是指政府运用经济、法律、行政、劝导等手段，按照信息经济发展总体目标分配现有信息资源和信息资源获取权限、信息资源开发与使用权限等。信息资源的计划配置必然要求国家有一个诸如信息资源管理委员会之类的权力机构，规范信息分类，规定信息交互渠道、保护信息资源的正常开发、使用等。

政府对信息资源的计划配置主要依靠三个工具：

(1) 财政工具。通过对教育、科研和信息基础设施建设的直接投入，推动信息产业的发展，从而带动整个国民经济的增长；

(2) 税收工具。对技术创新活动和高新技术企业减免税收以鼓励创新活动；

(3) 产业政策工具。政府可以通过产业政策引导和促进产业结构升级，刺激和推动知识密集型产业的发展。

通过上述工具，政府能够在宏观上把握与调节整个社会的信息资源的合理分配和利用。

计划配置信息资源有其明显的优势。通过政府的计划配置，信息资源可以达到信息经济宏观制衡、信息产业内部结构协调、保护市场竞争、优化信息经济整体效益等目的。

首先，影响社会信息总供给与社会信息总需求的因素很多，因此，要实现信息经济的高速、持续发展，就必须由政府根据信息资源总供求信息、物价信息等，采用政府行为，配置信息资源。

其次，信息产业包括通信产业、数据库产业、信息咨询业等，其内部结构是否合理，发展比例是否协调，取决于政府的宏观调控，信息资源的计划配置可以实现这种调节。

再次，社会、经济高速化进程以及高度发达的现代信息技术的支撑使得信息资源共享的范围越来越广，但是信息保密现象、信息壁垒也越来越多。在信息化社会中，拥有大量信息资源的企业、机构或部门，往往以某种形式联合起来，形成部门垄断、地区垄断或“自然垄断”。不同的垄断形式，其作用是不同的。有些垄断是一种认为约定，如版权，旨在帮助信息商品价值的实现，从而促进信息商品的生产与供给。某种信息商品的价值若不能实现，其再生产和同类产品的生产必将受到影响，供给会相对不足。有些垄断则是厂商为达到自身利益的最大化而刻意造成的，旨在限制信息资源的共享。面对不同形式的垄断信息资源的行为，政府可以采取措施，对有利的垄断进行保护，对不利的垄断加以限制，而这恰恰是计划配置信息资源的优势。

最后，信息经济的发展追求整体效益优化，经济效益并不仅是开发、利用信息资源部门的问题，而应包括整个社会的信息经济效益。政府采用计划配置信息资源就可以减少信息资源消费者的非理性行为，避免地区寻求本位主义利益，避免少数经济组织使用信息资源产生外部负效应。

采用计划配置信息资源，一方面可以克服市场配置信息资源的不足，避免市场配置的滞后性、盲目性，减少信息资源的浪费；另一方面，也是信息产业发展的客观要求。在国民经济中，信息产业是新兴产业、主导产业，主导产业的发展对国民经济的促进作用很大，但其发展的社会经济环境相对较差，需要政府的投入，扶植和引导。

当然，信息资源的计划配置也有不足之处。政府在配置信息资源时，政府难于做到掌握充分的市场信息，对私人市场反应的控制也非常有限；即使政府拥有充分的信息，但在不同方案之间作出选择时仍会遇到很多困难，政府决策会影响到很多人，但是作出决策的却只是一少部分人，不论这少数决策者处于什么样的情况，在做出配置决策时总不免带上主观偏好的色彩，诸如偏好高投资、高速度，而忽视经济效益、经济稳定和信息产业内部结构；偏好行政方法，而忽视经济手段和法律手段；偏好直接控制，而忽视间接控制。而且计划调节过程中可供决策的信息贫乏，决策过程过于烦琐，决策机制不完善，可能造成政府行为迟钝或决策失误，从而影响信息资源配置的优化程度。

（三）信息资源的双重配置

纯粹的计划经济或者完全自由放任的市场都难以单独承担信息资源配置功能。各国经济发展的实践证明，在大多数时候，市场能够以更低的成本配置资源，但同时市场如果失灵也要求政府必须进行适度的干预，即采用市场与计划相结合的方式来配置信息资源。

市场配置与计划配置之间存在着对立统一的辩证关系，二者的结合在功能上具有互补性，在效应上具有协调性。因此，采用市场与计划混合配置信息资源，既可以避免在信息不完全的现实经济环境中，特别是存在逆向选择和道德风险的条件下，市场配置效率的低下，也可以避免在信息不完全的条件下，计划配置资源出现更多，更严重的信息贫乏问题。事实上，如果充分考虑信息资源配置中的各种信息问题，不管以市场为主导还是以计划为主导的双重配置方式，其资源配置效率可能会优于单纯的市场配置或单纯的计划配置。至于以市场配置为主还是以计划配置为主，则应视具体的经济环境和信息资源配置的具体要求而定。

思考题

1. 弗里德曼认为价格传递信息功能有哪些方面？
2. 以股票市场的信息为例，说明格罗斯曼—施蒂格利兹悖论。
3. 试述福利经济学第一基本定理的基本内容。
4. 政府如何能实现对信息资源的有效配置？

第九章　信息商品的需求与供给

随着人类社会由“土木钢铁”时代转向“4C”时代，信息消费在社会消费中处于越来越重要的地位，并成为信息经济学研究的重要内容。在社会主义市场经济体制下，信息是供求双方经由市场提供的。为此，本章将介绍信息市场的运行机制，信息商品的供给与需求状况以及信息商品的供需均衡，在此基础上研究信息消费过程、信息消费的影响因素、信息消费的效益。通过本章的学习，要求：理解信息市场机制，信息商品的供给与需求弹性以及信息的供需均衡；了解信息消费过程的各相关环节；了解信息消费的影响因素；理解信息消费产生的效益。

第一节　信息市场机制

一、信息商品与信息市场

（一）信息商品及特性

信息商品是指用来交换的信息产品或服务，即它是人们通过收集、加工、传递和存储所形成的，并且用来交换的信息或服务。信息商品丰富多样，类型众多，从信息商品载体的视角看，信息商品包含有形的信息商品与无形的信息服务。前者如出版物、机读产品、研究报告、声像产品等，后者包括文献服务、检索服务、咨询服务等；从信息商品的产生领域看，信息商品包括经济信息商品、科技信息商品、娱乐信息商品与政府信息商品等；从信息商品生产的链条上看，有研发信息、生产信息、营销信息与管理信息产品等；从信息商品的加工深度上看，可分为一次信息商品、二次信息商品和三次信息商品，等等。

信息作为商品是在人类社会发展到一定历史阶段所产生的。随着社会经济的发展，商品的生产、交换、分配和消费各环节所涉及的范围和规模不断扩大，商品需求者为了获取商品往往需要付出一定的搜寻成本，而生产者为了销售商品也需要付出一定的传播成本和搜寻消费者的成本。当各种搜寻成本越来越高时，经济社会中客观上就要求信息作为一种商品出现，这也就有了专门从事信息生产、组织和交易的信息产业。尽管信息商品古已有之，但作为大规模交易的商品只是近几十年，尤其是信息社会到来以后才出现的。

信息是一种特殊的商品，具有一系列不同于一般物质商品的特征。第一，信息商品是非物质性的，信息商品生产出来后要依赖于物质载体，但它又可以依存于不同的物质载体，一则信息可存储于CD、MP3、磁带上，但其信息内容是完全一样的，并不因载体的性质而改变。所以，信息商品具有物质载体依赖性与非物质性双重特点。第二，消费的无损耗性，物质商品在消费和使用中一般自身会逐渐消耗和磨损，但信息商品则不会。尽管其物质载体会磨损，但其可在载体间进行转移，转移后的信息仍具有原来一样的使用价值或效用。第三，消费的共享性，信息商品在购买者取得所有权后，可将信息内容复制到其他形式的物质载体中去，或者不改变物质载体的形式直接将信息内容传播给第三方，从而实现信息共享。第四，时效性与无形损耗，信息商品在特定的时期对于需求者来说其效用价值是有差别的，例如，明天的天气预报、今天的股价对今天来说有价值，但昨天的天气预报、昨天的股价对于大多数人来说，价值会很小。再如电子类信息商品更新换代非常快，一旦新商品推出后，原来的信息商品其效用价值会变小，很快会被淘汰或使用量大幅减少。也正是从这个意义上说，信息商品不但具有时效性，也具有无形损耗的特征。第五，积累性与再生性，信息商品生产出来后，不仅可以满足同时期人类的需要，还可以通过保存、积累和传递，达到时间点上的延续，满足后代的需要。同时，在量的累积的基础上，信息产品还可以被加工，被不断创新，实现其再生。第六，信息商品还往往具有高固定成本与低复制成本的特性，由于信息商品的研发生产需要投入大量的资金与高端生产设备，所以其生产中的固定成本会较高，但产品一旦研发成功后，其边际成本会非常低，所以信息商品往往是最容易被侵权的产品。

（二）信息市场及类型

所谓信息市场，就是媒介信息商品交换的场所。通过信息市场，和其他商品一样，信息商品可以被纳入整个经济活动，进行流通、交换。实际上，信息商品市场不仅涉及信息商品、信息商品交换场所，还涉及信息生产者、经营者、用户及其经济活动和经济关系，因此，信息商品市场从广义上又可被理解为信息市场上经济活动和经济关系的总和。

类似于纷繁多样的信息商品，信息市场也多种多样，具有多种类型。这里仅举几种常见的类型。第一，从信息商品的所属层次看，信息商品市场可划分为一次信息商品市场、二次信息商品市场、三次信息商品市场。一次信息商品市场主要经营人们在科研、生产和管理等活动中的原创性成果，最具代表性的当属技术市场，它提供各种技术产品和技术服务。二次信息商品市场和三次信息商品市场主要以信息工作成果和信息系统提供产品为交换对象。二次信息商品市场中最具代表性的就是数据库市场，这是以计算机为中心的各种信息技术用于信息加工处理和存储传输所形成的信息商品的流通领域。三次信息商品市场主要向用户提供各种信息研究成果、研究报告、可行性论证报告、决策支持报告、市场调研报告等。第二，从交易的性质和形式上看，可以将信息商品市场划分为：产品型信息商品市场与服务型信息商品市场。前者如转让科研成果、出售数据库、出售资料等；后者主要提供智力型服务。第三，从组织形式上看，信息商品市场有固定型信息商品市场、通信型信息商品市场、临时型信息商品市场和联营型信息商品市场之分。固定型信息商品市场有着固定的经营机构和交换场所，进行着长期的信息交易活动，如信息机构设立的科技信息咨询服务中心。通信型信息商品市场一般采用通信联系的方式进行信息业务洽谈和交易。像信息发布、交易会等形式的市场则属于临时型信息商品市场，它具有发布信息集中、及时、影响大、受益面广的特点。联营性信息商品市场是由若干个信息商品经营机构联合组建的经营性市场，机构之间互为代办信息商品的交易业务。第四，从信息商品的种类上看，信息商品市场有经济信息、科技信息、综合信息商品市场之分。第五，信息商品市场还可以从时间角度来划分，区分为现货市场、期货市场、贷款市场；从空间上来划分，有地方性市场、全国性市场和世界性市场。

二、信息商品市场的特点与功能

信息商品与物质商品相比，具有不同的性质，因而信息市场也具有不同于物质商品市场的特点。

1. 市场形态的多样性与复杂性

信息商品包括信息产品、也包括信息服务，并且每一种商品和服务具有极强的个性，这导致信息交换的范围极广、交易形式多样、交易关系复杂。信息商品还具有共享性、易复制性等特点，这导致它很容易被他人无偿使用、非法复制，再加上信息商品具有依附性，生产又往往是单件的，具有高附加值，易导致定价不合理和交易行为紊乱等情形，因此信息市场的管理和协调也比较困难。

2. 信息市场的隐蔽性

信息商品在很多情况下并不像物质商品那样陈列出售，交易形式不是简单的货物易手，而是信息传递，甚至在商品尚未生产出来以前就已经确定交换关系，而当信息商品生产出来之后易手，其交易关系并未结束，生产者在信息商品的使用过程中会继续提供服务，消费者也常在利用信息商品创造收益的同时不断向生产者提供费用。信息商品交换的这种特殊性，要求有法律、行政手段和契约形式等来确保交换秩序的正常进行。

3. 信息市场时空的无限性

信息不受时空的限制，信息商品可以借助现代通信技术跨越时间和空间在供需双方之间实现交易和转让。跨地区、跨国的信息交流使得信息市场的概念真正超越了有形市场的狭隘范围，消除了空间上的地域制约和限制。

4. 信息市场垄断性因素的主导性

在一次信息商品市场上，信息商品生产是非重复的，商品的独占性给予了商品经营者实施垄断的条件，使得在这类市场中垄断因素居于主导地位。这也给信息市场的管理者提出了更高的管理要求。

5. 信息市场供求关系的扩张性

经济社会信息化是当今社会发展的一个趋势，政府、社会、企业和个人的行动越来越依赖信息，对信息商品的需求不断上升，同时，信息产业的发展和信息商品化程度的提高使得信息商品的供给也呈扩张趋势。

信息市场是统一市场体系的重要组成部分，它既具有一般商品市场所具有的功能，同时也具有自身的一些特有功能。具体来讲，信息商品市场的主要功能有：

1. 信息商品的价值实现功能

信息商品的价值实现是信息商品生产者的根本目的，也是其得以从事再生产的前提。信息商品价值能否实现，取决于信息生产者生产的信息商品是否符合消费者的需求，是否物有所值。信息市场提供了一个让商品生产者了解市场需求信息，让消费者评估商品效用，便于商品使用价值转手的场所，进而具有了市场价值实现的功能。

2. 市场交换的评价与监督功能

在信息商品的交换过程中，信息市场对于信息商品的各种特性指标，如新颖性、先进性、科学性、可靠性及可能的经济效益，都能予以客观的检验和公正的评价，这既是对信息商品质量的确认，也可以为供需双方议价提供参考依据，这是信息市场对信息商品本身的监督。同时，信息市场还要对交换的过程，交换的方式予以监督，以保证信息商品交换的合法性。

3. 信息的存储与整序功能

信息商品市场要实现信息商品的交换，需要将收集到的信息商品有序化并存储起来，以备提供服务和销售。信息从无序状态演变为用于交换信息产品，是人类劳动的结果，这一劳动过程实际上就是信息的收集、整序、存储、处理的过程，它是由信息市场决定的。

4. 资源配置与调节功能

信息市场是信息商品供需双方实现使用价值与价值互换的场所，同时，它也提供了指导供需双方生产与消费的价格信号，从而具有了在行业内部与外部配置资源的功能。

5. 技术创新推进功能

信息市场给信息流通和技术创新提供了外部环境，同时也施加了外在压力，有利于技术创新。

三、信息市场机制

信息市场机制，或称市场运行机制是指市场有机体内各构成要素相互联系、相互制约、相互影响的过程和功能。信息市场机制是一系列从属机制的有机组合，这些从属机制间通过相互影响，相互作用调节着信息商品的生产和消费。这里着重介绍信息市场的供求机制、价格机制、竞争机制和风险机制。

（一）信息商品市场的供求机制

信息供给与信息需求，是信息商品市场上相互联系、相互对立、相互制约的两种现象，是信息市场存在的前提条件，是市场运行和发育的决定性因素。信息生产和需求是具有不同要求和利益的相互对立的市场主体，出于不同动机和目的产生的市场行为，具有比一般物质商品需求和供给更独特和复杂的特点。

信息生产者和信息需求者由于具有复杂的动机和目的，具有不同的要求和利益，使得信息商品的供求常常存在错位。这种错位现象不仅表现在供给与需求的时空不一致，而且形式和渠道也不一致，从而导致产销分离、供需脱节，这使得信息市场常常出现供过于求和供不应求两种现象。但不同于物质商品市场，信息市场的供过于求和供不应求不是指同一种商品生产过多或生产过少，而是指某一范围、某一性质、某一领域的信息商品而言。对于同一种信息商品不存在这样的问题。因为信息具有非消耗性和共享性，某种信息商品一旦生产出来，就能在不同的时间点和空间点上满足多次的，反复的消费需求。所以，信息市场上的供不应求和供过于求实质都表现为消费者所需要的信息商品“无货可供”。

信息的供需失衡给生产者提出了明确的生产方向和动力，会促进供需失衡的转化，这是供求机制发挥作用的重要体现。不过信息市场的供求机制作用也有其独有的一些特点，比如供求机制对市场的作用力度要小于一般市场，这主要是由于信息生产和消费都是复杂劳动，专业性强，难度极大，生产过程和消费过程都具有较高要求。从信息商品本身的特性来看，其通用性较差，适用面较窄，可替代性小，只能在特殊条件下应用。这就使得信息商品的生产和消费都处于相对稳定的状态，从而弱化了对市场的作用。

（二）信息商品市场的价格机制

信息商品价格形成的基础是其自身的价值，但其也要受到市场供需关系、竞争形态、垄断程度和信息商品的成本等因素的影响。价格机制反映的是价格变动与市场供求变动之间相互制约和相互联系的关系。信息市场价格变动会调整生产者的行为，驱使他们尽快将那些使用价值大、效用高、收效快的信息商品推向市场，同时也促使他们尽量降低成本消耗，减少不必要的浪费。信息需求者也会根据信息价格调整自己的需求行为，但需求者主要是根据信息商品的预期效用大小来决定是否购买的，只要信息商品的预期效用价值足够高，其需求弹性就非常小，价格敏感度低。

价格机制对信息商品市场运行的作用是多方面的，在不同的作用层次上价格机制有不同的功能。价格机制对生产同种商品的企业来说是竞争的工具，因为生产同种商品的企业为了在市场上占据更多的有利地位，必须在保证质量的前提下尽量压低价格，以商品的价廉物美取胜。价格机制对生产不同商品的企业来说，是调整生产方向和生产规模的信号，从而促使信息生产各部门大体地按比例地协调发展。

运用价格机制，不但要考虑商品的供求关系，还要考虑商品的需求弹性。所谓需求弹性，简单来说，就是指需求对价格的感应性。需求弹性提供了衡量价格下降或上升一定比率所引起的需求增加或减少比率之间关系的数据。对不同商品来说，价格变动所引起的需求量变动幅度是不同的。信息商品的需求弹性较小，其价格与总收益成同方向变化，即价格上升，总收益增加；价格下降，总收益减少。

（三）信息商品市场的竞争机制

信息市场的竞争是信息商品的供、需、中介各方在信息商品的生产、开发、经营、交易和消费过程中，为了争取有利的市场地位而进行的相互竞争。信息市场的竞争是信息商品经济运动中的普遍现象，是信息商品价值得以实现的必要条件和表现形式。通过优胜劣汰机制，信息市场的竞争促进了信息产业的优质高效发展，更低廉，更优质地满足了信息消费者的需求，促进了信息产品的供需平衡。

信息市场的竞争同一般物质商品市场相比，竞争具有一定程度的有限性。主要原因在于，信息生产和消费具有鲜明的个性，严格地说，不存在完全相同的信息生产过程和信息消费过程。这就使得信息市场被多元分割，成为许多相对独立的部分，各生产者提供效用不同、性质各异的信息商品，各自占有属于自己的那部分市场。但信息产品的这种个性和差异并不是绝对的，竞争仍是常态，只不过采取不同的表现形式。这些表现形式具体可归纳为以下几个方面：

第一，在较大范围内，同类信息商品会有各种不同水平的竞争者去生产，尤其是那些效用大，能够创造较好经济效益的信息产品，更是生产者竞相开发的目标。

第二，虽然信息商品的可替代性小，通用性差，但是消费者仍旧会对不同的信息商品具有一定程度的适应性，而且总会选择那些适应面宽的信息商品，因此，即使生产不同信息产品的生产者之间也会产生竞争关系。

第三，信息市场的中介人之间会产生激烈的竞争，以实现更多的信息交易额，获取更多的收入。

第四，信息市场需求一方之间的竞争主要表现在利用信息商品之后的最终产品的竞争。最终产品生产增多，信息利用者的盈利会减少，需求方希望自己购买的信息商品具有某种程度的垄断性和专有性，不希望被多次转让、大量出售。这种竞争要求减少同类商品的供给量，这显然与信息生产者利益相矛盾。其结果是，提高信息商品的价格，再用法律保护该信息商品使用权的垄断，以便利用信息后使自己的最终产品取得竞争优势。

（四）信息商品市场的风险机制

信息市场的风险是指在信息市场运行中由于各种因素的影响而随机出现的使信息市场主体利益受到损害的可能性。信息市场上的生产者在生产、经营、销售以及用户在利用、开发信息产品的时候，都要承担一定的风险，这些风险将直接影响到信息在市场中的交换，以及在交换中的交换价格等。

1. 信息生产者承担的风险

信息生产者由于以下三方面的原因会使生产出的信息有一定的误差。

① 信息商品本身不能直接体现效用。信息商品的需求与社会经济发展水平密切相关，对它的需求一般都是潜在的、间接的，这就给信息生产者对市场的预测带来了障碍，往往影响预测的准确性。预测失准对产品销售将产生三种不同影响。一是预测完全错误，也就是市场对该信息产品需求几乎为零，这将可能导致生产者严重亏损甚至破产；二是预测过低，包括需求量过低和产品档次过低，这都将使市场需求得不到满足，生产者也无法得到最大利润；三是预测过高，包括需求数量过高和产品档次过高。由于信息商品可以经过多次转让，所以需求数量过高不会影响生产者，而产品档次过高会使产品价格昂贵，从而影响产品销售数量，导致产品积压，使生产者资金无法正常周转。

② 信息研究方法本身的误差。信息工作最基本的功能在于从已知信息推测未来的发展，从而为决策提供必要的依据。但是任何预测都不可能是百分之百可靠的，从技术上说，任何的预测手段都是有条件的、有误差的。如有的预测方法需要大量的、完备的、准确的基础数据，也有的方法，特别是数理统计诸方法本身就规定了其误差范围，也就是说，其准确度只能保持在某个范围内。

③ 由信息生产者工作失误造成。工作失误的类型很多，如选用方法不当、数据不准

确、提供报告迟于要求而造成损失等。

2. 信息经营者承担的风险

经营者在信息市场中起到疏通营销渠道，将信息交易活动由现实可能性转化为必然性的作用。中介人的利益与交易成交额息息相关。因此，他们在经济活动中承担风险。中介方承担的风险来自供求双方。

中介方在供求双方之间既要为供给方负责，也要为需求方负责。在对需求方负责的时候，风险是由供给方带来的。因需求方从中介方购得信息商品以期发挥作用，如因质量不高、效益不好，将会使需求方追究中介方责任，这就要求中介方有较高的知识水平和良好的职业道德，才能使自己在交易中保持不败。

在对供给方负责时，风险是由需求方带来的。因需求方不一定将信息商品使用费一次付清，而是在该信息商品发挥效用、取得经济效益之后才付清。因此，当需求方因某种原因不能从信息商品中取得预期效益，或无资金，往往拒付费用，使中介方不能及时回收资金，也就不能向供给方付款。信息商品转让与使用是受一定法律约束的。中介方也可能要承担一定的法律责任。这样看来，中介人的风险是与其参与的交易活动的交易额成正比的。

3. 信息用户承担的风险

一般需求者都追求最大效益，但效用大的信息商品价格也高。这就使购买信息商品给需求方带来风险。风险因素包括：信息商品本身质量，即效用；需求者本身能否吸收利用该信息商品；需求者对某信息商品的垄断性。

如前所述，信息商品的效用是隐形存在的。这就要求需求者自身具有较高的专业知识水平，能够判断该信息商品对于自己的效用大小。也就是说，如果需求者没有相应的技术和水平，可能对信息商品所涉及的高技术内容不能理解和运用，致使该信息商品不能完全、甚至根本不能发挥作用，或者因资金不足，会使效用延缓发挥或发挥不充分，这些都将给需求方带来损失。生产者对自己产品的估价也可能有一定程度的误差，所以价格高的产品其效用不一定大，甚至有些重复开发的产品同样也会以高价出售，这就要求需求方有较强的鉴别能力，在鱼龙混杂的情况下购买真正高效用的产品，否则将造成损失。

信息商品具有共享性，这与需求者要求的使用权的垄断是矛盾的。这就形成了同一信息商品在不同需求者之间取得其使用权后，在发挥其效用方面进行竞争，竞争总有失败者，这就给需求者带来风险。需求者应尽快发挥信息商品的效用，尽可能保持自身的垄断性。

第二节　信息商品的需求

信息需求是信息消费的基础和前提，是信息消费的动力源泉，没有信息需求就没有信息消费，任何信息消费行为都是在信息需求支配下的行为，所以研究信息消费首先要了解信息需求。

一、信息需求及其特性

（一）信息需求的含义

现实生活中人们为了满足物质生产、信息生产和生活的需要往往产生对信息的需求。经济学意义上的信息需求指的是在某一时期内，在信息市场内按照某一价格水平，消费者愿意并且能够购买的信息商品的数量。它隐含两个条件：一是信息消费者愿意购买；二是信息消费者具有支付能力，这种支付能力主要指货币支付能力，但也包括时间精力支付能力以及认知能力。仅有前一条件只能被看成是信息欲望或需要，同样，没有购买意愿也不会形成信息需求。

在理解信息需求含义时，还要区分信息需求与信息需求量两个概念的区别，前者是一个集合概念，指的是在影响需求的其他因素不变的条件下，在所有可能的价格下信息需求量的集合。而信息需求量则指的是在某一信息价格水平下，信息消费者愿意而且能够购买的信息商品的数量，它是信息需求集合中的一个元素。一定时期内所有信息商品需求之和，形成信息总需求（量）。

（二）信息需求的特性

信息需求是信息需求主体的行为，信息需求者有三类：个人、企业与社会组织、政府。个人是社会的主体，是社会的最基本生存单位，他们需要与其自身生存和发展的各种相关的信息；企业与社会组织是社会的经济与社会细胞，为社会以及经济的发展提供生存资料、发展资料及社会服务，它们需要与企业、社会组织生产、管理、服务相关的信息；政府是社会管理及服务部门，需要协调和优化配置社会资源、保证社会安定和发展的各类信息。他们所需的信息千差万别，这些信息有以下主要特性。

1. 需求的多样性

信息需求与人类基本需要的所有方面都有密切关系。因此人类的信息需求是多方面的，需要不同领域的信息，需要不同种类载体的文献信息，需要不同语言以及来源的信息，需要不同时间跨度的信息。

以信息需求主体之一的个人为例，按照心理学家马斯洛的五层次需要论，人们需要有关生理、安全、社交、尊重、自我实现等五个层次的信息需求。人类科学和人类学教授吉布·福乐斯更将人类的需求动机划分为 15 个方面。

2. 需求的社会性

信息需求者都是社会化的主体，其信息需求的内容不完全是主体的意志决定的，而是由一定的社会发展状况所决定。

3. 需求的发展性

随着社会的发展进化，需求也在发展变化。社会主体对信息的需求从不重要到重要，从单一向多元，从少量到大量，从低级到高级演进。

4. 需求的潜在性

信息需求一般处于潜在状态中，需要一个认识或被唤起的过程，需求在产生以后，进而才能被满足。

5. 需求的有效性

信息需求的有效性一方面指信息消费者在信息需求的基础上，有了对信息产品和信息服务的需求动机，进而实施对信息产品和服务的占用；另一方面指消费者的信息需求得到满足后，其消费的结果与预期结果相符。

二、信息需求的影响因素

（一）信息商品的价格

一般商品需求中存在需求规律，即当影响需求的其他因素不变时，商品的价格与需求量之间呈反向变化关系。大多数信息商品和服务的需求也遵循该规律，当信息商品或者信息服务的价格上涨时，其需求量就会减少；反之则增加。

（二）信息消费者的收入

对于大多数信息商品或者信息服务，当信息消费者的收入增加时其需求也会随之增加。（俄罗斯学者帕尔凯维奇曾发现一国信息需求的增长大约与人均国民收入的平方成正比）反之，需求量将会下降。但是对于某些信息商品来讲，其需求反而会随着信息消费者的收入的增加而降低。如人们对于低端计算机的需求反而会随着其收入的增加而降低，进而转向高性能的计算机的消费。

（三）相关信息商品或者信息服务

相关信息商品或服务是指信息商品或服务的替代品及互补品。替代的信息商品或者服务是指在性能上相近，可以相互替代。如对于传统图书和期刊，其替代品是数字图书和电子期刊，当传统图书和期刊的价格太高，消费者就转向对数字图书和电子期刊的消费，降低传统图书和期刊的需求。互补的信息产品或服务是指几种信息产品的需求呈反方向变化。如对于电脑发烧友来说，其电脑主机是其自己组装的，如果零配件的价格很高，将会影响其组装电脑主机的行为。

（四）科学技术水平

信息机构和信息企业是重要的信息生产者，它们在一定的科技条件下生产信息，这也就需要投入信息。科技越发达，生产的信息越多，从而要求投入的信息也越多。

（五）经济发展水平

随着经济的发展，特别是市场经济的确立和发展，信息商品的需求也越大，这是由于在整个国民经济中，信息经济发展的速度较快的缘故。

（六）其他因素

除了上述信息需求的影响因素之外，信息消费者的兴趣爱好、信息素质、消费心理、信息产业、信息市场以及社会信息化环境等都是影响信息需求的因素，在此不再详细论述。

三、信息需求函数与需求曲线

信息需求函数是研究信息市场上信息消费者对各种信息商品的需求规律的一种经济计

量模型。根据常识，人们购买一种商品的数量取决于其价格，在相同条件下，一种物品的价格越高，人们愿意购买的数量就越少，反之就越多；人们购买一种商品的数量还取决于消费者的收入，其收入水平越高，需求量越大，反之就越小。影响信息需求的因素很多，但最主要的因素包括信息商品的价格和信息消费者的收入，所以信息需求函数可以表示为

$$Di = f(P_i, R_i, r_i) \tag{9.1}$$

式中，D_i 表示信息消费者对第 i 种信息商品的需求量；P_i 表示第 i 种信息商品的价格；R_i 表示信息消费者的收入；r_i 是随机变量，表示影响信息需求的其他因素。一般情况下，r_i 可忽略不计。应用信息需求函数可以研究信息需求的数量和结构，也可以分析信息需求的弹性。

信息商品需求曲线反映的是信息商品需求量与信息商品价格之间关系的曲线，它从左向右下倾斜，斜率为负。信息需求曲线向右下方倾斜的原因主要是由于信息商品替代效应与收入效应所致。当某种信息商品价格升高时，信息消费者会转向其替代信息商品的消费，降低了涨价信息商品的消费量，该信息需求量就会下降，如传统书籍、期刊和杂志的价格上升时，消费者会转向其替代品——数字图书、电子期刊和电子杂志的购买，导致上述信息商品的需求量下降。同时，此类信息商品价格的上升也意味着消费者购买力的下降，消费者因收入减少也会减少对该商品的购买，另外，部分原来有购买力的消费者因价格上涨也可能退出购买的行列，这都导致需求量的减少。而当该信息商品价格下降时，情况正好相反，信息需求的替代效应与收入效应会使得该信息的需求量上升。

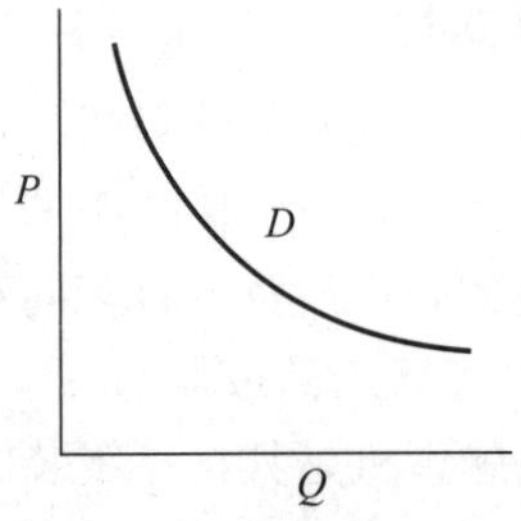

图 9-1　信息需求曲线

注：P 表示信息商品的价格；Q 表示信息商品的需求量；D 表示信息商品的需求曲线。

四、信息的需求价格弹性

（一）信息商品的需求价格弹性的含义

需求的价格弹性是指当一种物品的价格发生变动时，该物品需求量变动的大小。同理，信息商品的需求价格弹性是指信息商品的需求量对价格变动的反应程度或敏感程度，通常以信息需求价格弹性系数作为反应程度的指标。信息需求价格弹性系数的值等于信息需求量变动的百分比与其价格变动的百分比的比值，其计算公式为：

$$E_D = \frac{\text{信息需求数量变化百分比}}{\text{信息价格变化百分比}} = \frac{\dfrac{Q_2 - Q_1}{(Q_1 + Q_2)/2} \times 100\%}{\dfrac{P_2 - P_1}{(P_1 + P_2)/2} \times 100\%} \tag{9.2}$$

式中，E_D 表示信息需求价格弹性；P_1 表示信息商品原来的价格；Q_1 表示与 P_1 相对应的

信息需求数量；P_2 表示变动后的信息商品的价格；Q_2 表示与 P_2 相对应的信息需求量。

一般来讲，信息商品的需求量与其价格反方向变化，故信息需求价格弹性的值为负，通常对其取绝对值，所以信息需求价格弹性系数总用正数来表示。信息商品的需求价格弹性随着其价格和需求量的变化而变化，在不同的价位区间其需求价格弹性随着其价格和需求量的变化而变化，在不同的价位区间其需求价格弹性不同。

（二）信息需求价格弹性及其需求曲线状况

1. 信息需求完全无弹性（$E_D=0$）

当信息需求完全无弹性时，无论信息商品的价格怎样变化，信息需求量对于其价格变动的反应程度几乎是零，其信息需求曲线是垂直于信息需求量数轴的直线，如图 9-2 中的 D_1 曲线所示。某些非常有价值、非常重要的信息产品或者信息服务，如大学图书馆中的核心学术期刊以及严重传染病的防治及治疗信息等，都不会因为价格的变动而影响需求量。

2. 信息需求完全有弹性（$E_D\to\infty$）

当信息需求完全有弹性时，即使信息商品或者服务的价格不发生或者发生微小的变化，其需求量就会无限增加，信息需求曲线是垂直于信息价格数轴的直线，如图 9-2 中的 D_2 曲线所示。

3. 信息需求单位弹性（$E_D=1$）

当信息需求为单位弹性时，信息商品需求量变动的幅度与其价格变动的幅度相同，但是按同比例反方向变动，此时信息需求曲线是一条正的双曲线，如图 9-2 中的 D_3 曲线所示。

4. 信息需求富有弹性（$1<E_D<\infty$）

当信息需求富有弹性时，信息需求量的变动幅度大于其价格的变动幅度，此时信息需求曲线是一条斜率的绝对值小于 1 的直线，如图 9-2 中 D_4 曲线所示。

5. 信息需求缺乏弹性时（$0<E_D<1$）

当信息需求缺乏弹性时，信息需求量的变动幅度小于其价格的变动幅度，此时信息需求曲线是一条斜率的绝对值大于 1 的直线，如图 9-2 中 D_5 曲线所示。如一些比较低端的计算机及手机，即使价格下降幅度很大，因为人们都追求高性能和多功能的信息产品，所以不会对其产生需求，其需求量上升很有限，这类信息产品的需求就缺乏弹性。

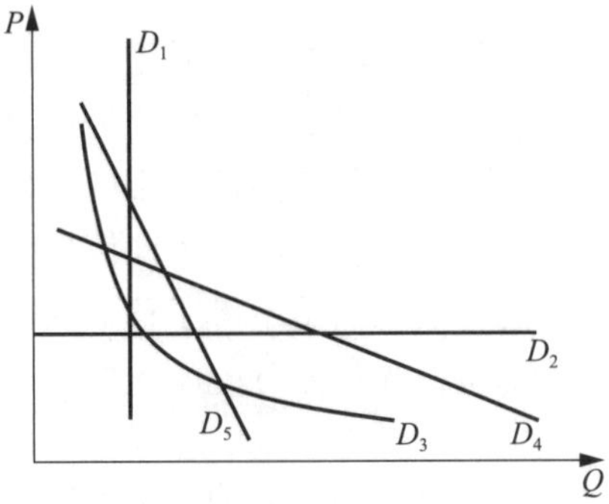

图 9-2　信息商品的需求弹性

注：P 表示信息商品的价格；Q 表示信息商品的供给量；D 表示信息商品的需求曲线。

在以上五类需求弹性中，前三种是需求弹性的特例，在现实中很少见。信息商品的需求弹性常见的是后两类，即需求弹性富有弹性和需求缺乏弹性，这与普通商品的需求弹性类似。

影响信息商品需求弹性的因素通常有信息商品的效用、信息商品能够满足用户需求的范围和程度、用户消费预算中信息消费支出的比例、信息商品的使用寿命、信息商品的可替代性等。不同的因素对信息需求弹性的影响程度和作用方式各不相同。

（三）信息需求价格弹性与信息供给方收益的关系

（1）当信息需求缺乏弹性时，信息产品价格变动对供给方总收益的影响：对于信息供给方来说，其生产的某种信息产品如需求缺乏弹性时，其价格的上升会增加信息供给方的收益，其价格的下降则不会增加其收益。所以对于信息供给方来说，当其生产的信息产品的需求缺乏弹性时，不要考虑通过降低信息产品的价格的途径来增加其收入。

（2）当信息需求富有弹性时，信息产品价格变动对供给方总收益的影响：对于信息供给方来说，其生产的某种信息产品如需求富有弹性时，其价格的轻微上升就会使需求量大幅度降低，则其总收益减少；当其价格轻微下降时，则需求量会大幅度增加，其总收益增加。所以对于信息供给方，当如果其生产的信息产品的需求富有弹性时，要通过降低信息产品或服务的价格的途径来增加其收益。

（3）当信息需求具有单位弹性时，信息产品价格变动对供给方总收益的影响：对于信息供给方，其生产的某种信息产品的需求具有单位弹性时，其价格变动幅度与其需求量变动的幅度相等，所以价格的上升或者下降不会引起总收益的变动。所以对于信息供给方，如果其生产的信息产品或者服务具有单位需求弹性的不要考虑通过价格的变动来提高其总收益。

第三节　信息商品的供给与供需均衡

一、信息供给

信息供给，通俗地讲，就是信息供给主体，如信息企业、信息营销部门或信息经纪商向用户提供信息。经济学意义上的信息供给要强调的是这样两点：第一，信息供给是供给意愿与供给能力的统一，缺乏任何其中一条都不构成信息的供给；第二，信息供给指的是一个集合的概念，是在一定时期内以任一价格向信息市场提供的信息。信息供给是众多供给主体的共有行为，在一定的时期内，信息供给主体向信息市场所提供的信息商品的总和形成了信息的总供给。另外要注意，信息供给不等于整个社会信息存量，后者还包括未进入市场的信息，即那些在组织内部交换和计划分配的免费信息以及不为出售而生产的所有信息。

现实中的信息供给是一个包含信息生产、分配、传播等环节的复杂过程，它是一个由信息企业、信息用户、信息经纪人、信息市场等相互作用、相互联系的要素结合而成的有机循环过程。信息商品的生产不是为了满足信息生产者本身的需要，而是为其他经济部门、决策部门和技术机构，及其他用户提供有价值的知识信息的。因此，信息商品的供给必须以用户需求为导向。

二、影响信息商品供给的因素

信息供给主体提供信息产品的目的就是为了赚取利润，尽管影响信息商品供给的因素很多，但最主要的因素应该包括信息商品的价格、投入成本以及生产技术要素等。

（一）价格因素

信息商品的价格越高，生产者的利润就越多，就愿意生产更多的信息商品。因此价格上升，信息商品的供给量就增加，反之亦然。在可复制信息商品供给的诸因素中，价格是最重要的因素。

（二）投入成本因素

生产成本是决定信息商品供给的一个关键因素，当一种信息商品的生产成本相对于市场价格而言较低时，生产者大量供给该信息产品就有利可图，供给量就会增加；反之则供给量降低。

（三）生产技术要素

如果生产信息商品的技术水平较高，则生产效率高，生产单位产品的社会必要劳动时间就会低于该产品的平均劳动时间，因此该信息产品的单位成本就低，则利润就高，所以在相同的价格下该信息产品的市场供给量就大；反之，则供给量就会降低。

（四）信息市场发育状况

如果信息市场不发达，信息需求多由其他非市场途径得到满足，则信息存量就不能转化为信息供给。

（五）其他因素

像信息投资、信息人才、信息企业或机构对信息市场上需求的预期和互补商品价格的变动等因素都会影响供给。

三、信息供给函数与信息供给曲线

信息供给函数是研究信息市场上信息商品供给规律的一种经济计量模型。信息商品的供给不仅与信息商品自身的价格有关，而且还与信息生产过程中投入的生产成本以及生产技术相关，因此信息供给函数可以表示为

$$S_i = g(P_i, C_i, R_i) \tag{9.3}$$

式中，S_i 表示信息生产经营者对第 i 种信息商品的供给量；P_i 表示第 i 种信息商品的价格；C_i 表示生产第 i 种信息商品所耗费的成本；r_i 是随机变量，表示影响信息供给的其他因素。一般情况下，r_i 可忽略不计。应用信息供给函数，不仅可以研究信息供给的数量和结构，而且还可以分析信息供给的弹性。

信息供给曲线是一条从左向右上方倾斜的曲线，它表示当信息商品价格上升时，信息供给量上升；当信息商品价格下降时，信息供给量下降。如图 9-3 所示。信息供

给曲线从左向右上方倾斜原因在于，信息供给方都是理性的经济人，以追求自身利益最大化为目的，价格上升时，利润空间变大，信息供给方自然会增加信息产品的供给数量。

具有上述供给特性的商品主要是可复制的信息商品。有些信息商品同上述供给规律并不吻合。比如科技信息商品（专利等），由于它具有独创性、完整性和生产一次性的特点，无论其价格如何变化，也没有再生产的必要。如果需求者众多，生产者和经营者只能在不同的价格之间选择，既不会因购买者多而生产出同样多相同内容的专利产品出售，也不会因价格不同而修改信息产品的内容和信息量。对于这类信息产品而言，信息商品价格的变化并不会导致其供给量的变化。还有一些信息商品，如不可再生型的信息产品，价格上升时，供给量可能因存货转为现货出售而增加，但在其价格继续上升时，可能因价格预期的改变，导致其供给量减少，这类信息商品的供给曲线也不符合供给规律。

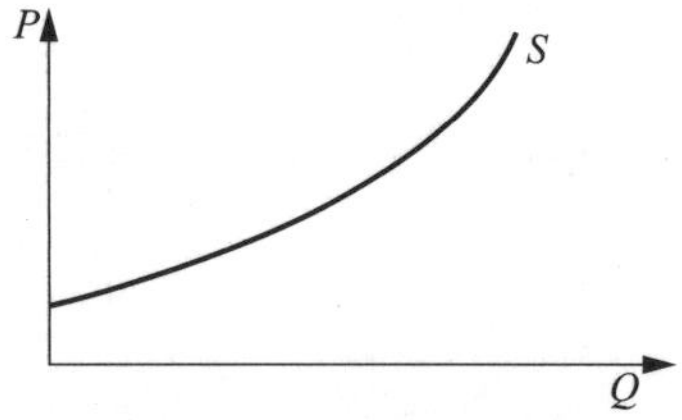

图 9-3 信息供给曲线

注：P 表示信息商品的价格；Q 表示信息商品的供给量；S 表示信息商品的供给曲线。

四、信息商品的供给价格弹性

（一）信息供给价格弹性及计算

信息商品的供给价格弹性反映的是信息商品的供给量对价格变动的反应程度，通常用供给价格弹性系数作为反应程度的指标。信息供给价格弹性系数等于信息供给量变动的百分比与价格变动百分比的比值。信息的供给价格弹性系数可以用公式表示为

$$E_s=\frac{\text{信息需求数量变化百分比}}{\text{信息价格变化百分比}}=\frac{\dfrac{Q_2-Q_1}{(Q_1+Q_2)/2}\times 100\%}{\dfrac{P_2-P_1}{(P_1+P_2)/2}\times 100\%} \tag{9.4}$$

式中，E_S 表示信息供给价格弹性；P_1 表示信息商品原来的价格；Q_1 表示与 P_1 相对应的信息供给量；P_2 表示变动后的信息商品的价格；Q_2 表示与 P_2 相对应的信息供给量。

根据商品的供给价格规律，商品的供给量与其价格同方向变化，所以商品的供给价格弹性的数值为正数。信息的供给价格弹性也遵循该规律，故其供给价格弹性的值也为正数。信息商品的供给价格弹性随着其价格和供给量的变化而变化，在不同的价位区间其供给价格弹性不同。

（二）信息商品供给价格弹性类型及其供给曲线

信息商品的供给价格弹性同一般物质商品类似，也有五种情形。

1. 信息供给价格完全无弹性（$E_S=0$）

当信息供给价格完全无弹性时，无论信息商品的价格怎样变化，其供给量都不变，供给量对于价格变动的反应程度是零，其供给曲线是垂直于信息供给量数轴的直线，如图 9-4 中的 S_1 曲线所示。

2. 信息供给价格完全有弹性（$E_S \to \infty$）

当信息供给价格完全有弹性时，即使信息商品的价格不变化，其供给量都可以无限增加，其信息供给曲线是垂直于信息价格数轴的直线，如图 9-4 中的 S_2 曲线所示。如计算机操作系统软件、计算机应用软件等信息产品，其生产成本递减，且增加一份拷贝的成本几乎为零，所以即使价格不变或下降的情况下，其供给量也会迅速增加。

3. 信息供给价格单位弹性（$E_S=1$）

当信息供给价格为单位弹性时，其供给量变动的幅度与价格变动的幅度相等，其供给曲线是一条通过原点且斜率为 1 的直线，如图 9-4 中的 S_3 曲线所示。

4. 信息供给价格富有弹性（$\infty > E_S > 1$）

当信息供给价格富有弹性时，信息供给量的变动幅度大于其价格的变动幅度，其供给曲线如图 9-4 中 S_4 曲线所示。

5. 信息供给价格缺乏弹性（$0 < E_S < 1$）

当信息供给价格缺乏弹性时，其供给量的变动幅度小于价格变动幅度，其供给曲线如图 9-4 中的 S_5 曲线所示。

图 9-4 中的信息供给曲线都用直线表示并不准确，只是为了大致反映信息供给曲线的一种趋势，并不是确切的信息供给曲线，确切的供给曲线要通过供给量表来计算确定。

在上述五种情形中，信息供给富有弹性和缺乏弹性的情况比较常见。决定信息商品供给弹性的因素很多，像信息商品的来源渠道、信息商品的层次、质量、生产成本、生产的难易程度、生产规模、信息环境等都会影响弹性系数的大小。

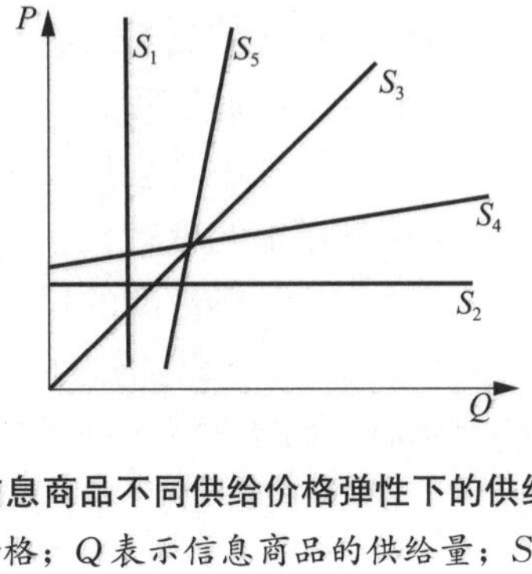

图 9-4 信息商品不同供给价格弹性下的供给曲线状况

注：P 表示信息商品的价格；Q 表示信息商品的供给量；S 表示信息商品的供给曲线。

五、信息商品的供需均衡

（一）信息商品的供需均衡

信息市场上供给和需求之间相互联系，相互作用，会形成均衡的供需。如图 1-5 所示，当信息需求大于供给时，信息价格会上升，这时，需求的力量受到抑制，而供给的力量会上升，使市场趋于均衡。相反，当信息供给大于需求时，价格会下降，这时供给意愿受到抑制，需求意愿受到激励，市场将趋于均衡。信息市场均衡的机理类似于一般物品市场。

需要指出的是，上述信息商品依靠价格机制实现的均衡是以可复制性的信息产品为例的，是一种理想化的状态，且不考虑时间因素。实际生活中的情形要比这复杂。比如，供求平衡上要有时滞，有些信息商品的供求不平衡并不表示供不应求或供过于求，而实际就是信息根本不适合对方需要。另外，在供求失衡扭转的难易程度上有很大差别，如可复制型信息商品供给较易，而深化型信息商品因生产受生产条件的限制，受知识产权的保护，而需求的针对性又较强，供需失衡的扭转较为困难。

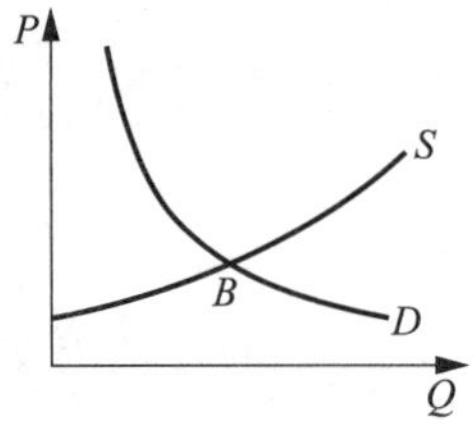

图 9-5　信息供需均衡曲线

注：P 表示信息商品的价格；Q 表示信息商品的供给量与需求量；S 表示信息商品的供给曲线；D 表示信息商品的需求曲线；B 表示信息供需均衡点。

（二）影响信息供需均衡的因素

1. 信息消费者的收入水平

商品需求中存在收入效应，即消费者收入的升降会影响到其对商品的购买意愿。信息商品也同样如此，消费者收入的增减也会导致信息需求的增减。另外，信息消费属于高层次的消费，其需求属于富有弹性的情形，所以居民收入的变化会导致信息的需求有很大变化。当消费者收入提高时，消费者购买力增强了，会扩大信息消费，同时会使潜在的信息需求转变为现实需求，这时，信息需求量增加幅度较大；反之，信息需求量减少。所以消费者收入的变化会引起需求曲线的移动，从而形成新的信息供需均衡点。假设市场上信息供给曲线不变，当信息消费者的收入增加时，信息需求曲线将向右移动到 D_1，形成新的信息供需均衡点 B_1；当信息消费者的收入减少时，信息需求曲线将向左移动到 D_2，形成新的信息供需均衡点 B_2。信息供需均衡的变化状况如图 9-6 所示。

2. 信息消费的外部性

信息消费的外部性是指在信息消费过程中，信息消费主体的消费行为影响了其周围的

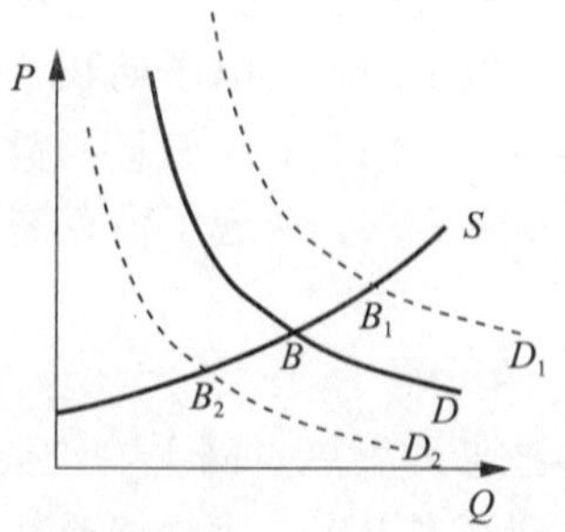

图 9-6　信息消费者收入的变化对信息供需均衡的影响

注：P 表示信息商品的价格；Q 表示信息商品的供给量与需求量；S 表示信息商品的供给曲线；D 表示信息商品的需求曲线；B、B_1、B_2 表示信息供需均衡点。

人或者社会，但是该信息消费主体并未因此而获得相应的补偿或者付出应有的成本。消费的外部性有两种情形，正外部性或负外部性。前者是说一个信息消费主体在消费信息商品时，不仅给自己带来了效用，而且也给其他人或者社会带来积极影响，而负外部性则指他自己的消费只给他带来效用，社会为此要付出代价或成本，他自己并没有给予社会补偿。当信息消费者进行的信息消费具有正外部性时，其自身获得效益的同时还对其外部产生了社会效益，但是信息消费者并没有获得相应的补偿，降低了其进行信息消费的积极性，这会减少该信息产品或信息服务的需求，信息供需均衡点将向左移动，在市场及相关各因素的作用下形成新的信息供需均衡点。当信息消费者进行的信息消费具有负外部性时，其自身获得效益的同时会对其外部产生负的社会效益，也就是说信息消费者的个人成本小于社会成本，但是信息消费者并没有对社会给予相应的补偿，因此促进了其信息消费的积极性，这会提高对该信息商品的需求，信息供需均衡点将向右移动，在市场及相关各因素的作用下形成新的信息供需均衡点。

3. 信息商品的体验性

在经济学中把商品分为搜寻商品和经验商品。搜寻商品是指其特性可以通过用户在购买时的直观感觉就能辨别的那类商品；而经验商品是指只有用户使用一段时间以后才能辨别和了解其特性的商品。

信息商品和信息服务是一种典型的经验商品，消费者在购买时，由于双方信息的不对称，消费者在购买之前无法完全了解其性能和质量，只有使用一段时间之后才能了解其具体的性能和质量，因此在信息消费过程中存在着很高的风险，影响了其信息消费行为，从而降低了对于信息商品和信息服务的需求，因此信息商品的体验性特征使得信息供需均衡向左移动。

4. 互联网对信息供需均衡的影响

互联网是一种信息传递和交流的平台，它的出现，极大地改变了人们的生存及生活方式，对市场上信息的供需均衡产生了影响。

① 互联网对信息商品或者信息服务价格的影响

互联网使网上商店成为一种时尚，网上销售相对于传统商店中的销售可以省去很多中间的流通环节，使成本降低，消费者可以从中获得低价及方便的实惠，刺激了其信息消费行为。如许多电影、音乐、歌曲、电子图书、电子期刊、操作系统软件、应用软件等数字信息产品都可以通过网络进行销售和传输。对于信息消费者来讲，不但购买手段方便、快捷，而且价格便宜，因此刺激了信息需求，引起了信息需求量的增长，使供需均衡点向右移动。

② 互联网对信息消费者偏好的影响

互联网的普及以及网络智能技术的发展，网上购物能投消费者所“好”，使网上购物更加人性化。如通过互联网登录到当当书店，当你选择某本图书以后，当当书店的网页上立刻会为你推荐其他同类内容的书籍，并且告诉你其他购买你所选的这本书的人同时还买了哪些图书，这种智能的网络服务技术能够识别出顾客的爱好和消费倾向，并能够根据这些信息向顾客提供个性化的服务，因此可以锁定顾客，增加这些信息商品的需求量，使供需均衡点向右移动。

③ 互联网使潜在的信息消费者转变为现实的信息消费者

方便快捷的互联网技术使信息消费者的搜寻成本大大降低，互联网上的产品极其丰富，并且商家还可以通过网络与顾客进行实时的交流，为其提供满意的信息产品和信息服务。这种方便快捷的网络购物方式节约了消费者的购物时间和成本，刺激了消费者的购买欲望，使得许多潜在的信息消费者转变为现实的信息消费者，因此增加了信息需求量，使供需均衡点向右移动。

第四节　信息商品的消费

信息消费是指在一定的信息环境下，具有支付能力的消费主体为了一定目的的需要，对获得的需求信息进行处理、消化吸收后形成知识、并应用知识获得相应效益的过程。它是信息生产和信息交流过程的延续，是信息产品及服务发挥作用的必需环节，是信息产品及服务的最终归宿。信息消费具有不同于一般物质商品的特性与过程，其影响因素与消费效益也具有自身特点。

一、信息消费的特性

信息消费是一个对获得的信息进行处理、消化吸收后形成知识，并应用知识获得相应效益的过程，它具有一些不同于物质消费的新特征。

（一）信息消费具有消费无损耗及再生性

一般的物质资源是稀缺的，在消费的过程中不断减少，而信息产品的消费不是一次性的价值转移，而是可以被反复消费并且在使用过程中没有被减少和损耗，并且信息在消费过程中还可以再生出新的信息和知识资源，供给消费者持续消费。

（二）信息消费具有投资的特性

信息消费过程的一个重要环节就是形成知识，而知识是就是力量，在信息社会知识就是财富，因而信息消费也可以说是投资。如企业或个人在发明创新的过程中，要产生一系列的信息消费行为，这本身就要花费大量金钱，当发明创造获得专利以后，就会为企业或个人创造出巨额财富。教育消费也是一种典型的信息消费行为，但也是一种投资行为。

（三）信息消费具有边际效用递增的特性

物质消费具有边际效用递减的特性，而信息消费正好相反。消费者在信息消费过程中，使其知识水平不断增加，对所获得的信息的理解程度逐步加深，这些信息在其知识形成过程所起的作用越来越大，并且知识是系统的、可以增值的，当消费者消费的信息越多，再消费一条信息时，他从中获得的效用就越大，这就是信息消费的边际效用递增。如果一个人的信息素质较低，增加一条信息对其产生的效益可能较小，因为他从中发掘的内涵较少，而一个高素质的人，当其消费一条信息时，他可以充分发掘这条信息的使用价值，其消费的效用就大于信息素质低的消费者。

（四）信息消费具有锁定性

消费者在某种信息产品的消费过程中，花费了大量的时间、精力和金钱，并且熟悉该信息产品的使用，如果转向其他信息产品，消费就要重新开始。这样就会产生巨大的转移成本，由于这种成本太大，消费者在消费了某种信息产品后就往往不愿意转向其他功能相同的信息产品，这就是信息消费的锁定性。比如，在消费者熟悉使用 Microsoft Office 办公软件后，就不愿意再去使用 WPS 等办公软件了，因为消费者要重新花费时间和金钱去学习，转移成本太大。

（五）信息消费具有共享性和公共物品性

所有的物质商品都具有排他性，一旦物质产品被某个消费主体占有，其他消费者就丧失了对该产品进行消费的权利，信息产品则不同，同一种信息可以同时被多人拥有和使用，并且在消费过程中互不影响。信息同时可以被许多消费者消费而不会影响其中任何一个人的消费利益的特性又使信息消费具有了公共物品的特征。

（六）信息消费的网络化特性

在信息消费时代，便利的网络购物方式突破了时空的限制，信息消费者可以在任何时间和地点，基于通信网络，通过电话或计算机购物。互联网在商业上的应用，使消费者只需要按一下鼠标，就可以在网站上寻找需要的信息，并且还可以通过电子邮件等手段把需要的信息及意见反馈给商家进行及时沟通。这种方便快捷的信息消费方式推动了信息需求和信息供给的有效互动。在信息消费的方式上，可以实现无纸化、无现金流动，整个消费过程通过网络完成。

（七）信息消费具有积极和消极的两面性

互联网飞速发展的今天，网络信息消费已经成为工作、生活中必不可少的一项活动。网络信息消费在为人类带来便利的同时也带来了很大危害，如很多青少年迷恋于互联网，互联网为他们了解世界、增长知识带来了便利，但同时网上的一些黄色信息、暴力游戏等也严重危害了他们的身心健康。

此外，信息消费还有层次性、外部性效益、非均衡性以及资源互换等特性，在此不一一赘述。

二、信息商品的消费过程

（一）信息需求

信息需求是信息消费的起点，个人、企业、社会组织与政府都是信息的主体，他们基于种种不同的目的而需要信息。信息学界的学者在考察这些主体的信息需要动机时，往往将其还原为个人或自然人，因为其他主体或法人也是由自然人组成的，其需求行为也是自然人的行为。美国著名心理学家马斯洛的五层次需要论更全面地概括了这种作为社会的人，作为从事实践活动的人为了实现自己的存在而产生的总体需要及为此而产生的信息需要。认知过程论者不同于马斯洛的需要满足论，而把信息需要归于人的认知过程。如德尔文认为信息需要产生于个人知识的不连续性和知识差；贝尔金认为个人知识状态的异常产生了信息需要。行为障碍论者，如古格·弗林则认为知识的缺乏会导致人的行为障碍，由此产生了信息需要。

（二）信息获得

信息消费主体有了信息需求以后就会产生信息搜寻行为，其信息搜寻行为可以通过与他人交换，通过信息服务系统或者通过自己搜索三种方式获得。这些获得途径部分是要付费的，部分是免费的。信息在获取过程中要受到信息需求方的信息收集与评价能力、信息消费者的偏好、信息消费者的支付能力、获得能力及获得成本等因素的影响。

（三）信息处理

消费者在获得信息消费品以后就要对其进行处理，也就是对信息的吸收过程，是消费者对信息的认知加工，涉及人脑的认知与思维过程。在信息处理过程中，消费者吸收其合理部分，去掉不相关或者无用的部分，使其所获得的信息能够服务于消费者自己的工作和生活，并能够为消费者创造出相应的信息消费效益。

（四）知识形成

知识的形成是信息消费过程中，消费者通过思维系统将吸收的信息及客观知识与其所拥有的主观知识进行匹配，进而形成新的主观知识，并在其后经过消费者重新表述后成为新的客观知识的过程。信息消费过程中知识的形成可以用布鲁克斯方程来描述。

知识的形成必须以信息消费者经过信息处理后发生了变化的主观知识结构为基础，以信息处理过程中吸收的信息为素材，所以可以用布鲁克斯方程来表述新知识的形成机制：

以 $K[S]$ 表示信息消费者的主观知识结构，$\triangle I$ 表示信息消费者在信息处理过程中吸收的信息量，也就是其原有信息及知识量基础上的信息增量，则

$$K[S]+\triangle I=K[S+\triangle S] \tag{9.5}$$

$K[S+\triangle S]$ 表示信息消费者接受信息处理过程中吸收的信息量以后所产生的新的知识结构，即新的知识，包括主观知识和客观知识。

（五）信息消费效益

信息消费主体把其信息消费活动前期过程中所形成的知识应用到具体的决策行为中，

使决策的不确定性降低；通过将形成的知识应用到生产及生活中，优化了资源配置，使稀缺的物质和能量资源得到置换；通过信息消费活动使消费主体的信息素质得到提升，从而提高整个社会的生产力水平。这就是信息消费的效益，它是信息消费的最终目标。

总结一下，信息商品的消费是一个由信息需求、信息获取、信息处理、知识形成并获得消费效益的过程。信息消费主体由于工作、生产、生活和管理等需要，首先有了信息需求意愿，它构成信息消费的动力，其后消息需求者开始收集、筛选并处理信息。信息处理的结果使消费者获得了深层次的信息，与其自身拥有的信息和知识相结合，在其创新思维和创新能力的共同作用下，形成自身的主观知识，使信息消费主体的知识结构不断优化，信息素质不断提高。信息消费主体的主观知识经过表述后又形成了客观知识。信息消费主体把自身获得的新知识应用到生产、工作、生活、管理及决策过程中，获得相应的信息消费效益。

消费主体获得信息消费收益以后，提高了收入水平，再次增强了其信息需求的欲望，这又促使他产生了更高层次的信息需求，开始进行新一轮的信息消费活动。所以，信息消费活动实际上是一个不断从低级向高级发展进化，螺旋式上升发展的过程。

三、影响信息商品消费的因素

根据信息消费的定义，信息消费是指在一定的信息消费环境下，消费主体购买、使用消费客体的过程，因此，影响信息商品消费的因素主要就是信息消费环境的因素、消费客体或是信息消费品供给方面的因素，消费主体或信息消费需求方面的因素。在信息消费过程中，这三者对信息消费的影响既有其独立作用的一面，同时三者之间又相互作用，彼此影响。

（一）影响信息消费的环境因素

人们的消费活动总是在一定的环境中进行，消息消费也不例外。信息环境是指人类信息生态系统中人类及社会组织周围一切信息交流要素的总和，它包括：人及社会组织；人类社会赖以生存与发展所积累的各种信息；用于信息传输、信息开发、信息利用的各种信息技术及社会信息基础设施；信息法律、政策与信息伦理；信息文化等。信息环境的状况影响信息消费，既可以促进信息消费也可以阻碍信息消费。

在构成信息消费环境的诸要素中，信息技术的发展及社会信息基础设施的不断完善具有关键性作用。近几十年来，得益于信息科学技术迅猛发展及“信息高速公路”的建设，社会信息环境不断向数字化、网络化和智能化的方向发展，大大推进了信息消费，同时也丰富了信息消费的内容，改变了信息消费的方式，并促进了信息消费结构的优化。但信息总量的“爆炸式”增长以及对信息技术的应用不当，也对信息消费产生了许多负面影响：如信息泛滥成灾，信息污染严重，数字鸿沟加剧，信息消费的门槛逐渐提高，信息垄断及冲突加剧，信息犯罪突出，信息过载问题普遍等。

（二）影响信息消费的供给因素

影响信息消费品供给方面的因素，属于影响信息消费的客体方面因素，包括信息产品、信息市场、信息产业因素等。

1. 信息产品因素

作为供给方因素的信息产品是信息消费的对象，其质量、价格、新颖程度以及是否容易使用等因素对信息消费活动有重要的影响。

① 信息产品质量。信息产品同物质产品一样，其质量的好坏对于消费者的信息消费行为具有重要的影响。在合理的收入和价格水平下，信息消费者总是会选择质量最好的信息产品与信息服务。质量好的信息产品将会促进信息消费者的消费活动；质量差的信息产品会挫伤消费者的积极性，将阻碍信息产品的信息消费活动。

② 信息产品价格。信息消费活动属于高层次的发展享受型资料的消费，只有生存资料得到充分满足以后才能对其进行消费。信息需求的变化与价格的高低成反比，价格越高，对信息消费品的需求量就越小，反之越大。一般来说，生活必需品的需求价格弹性较小，而信息消费品属于非生活必需品，其需求的价格弹性较大，所以信息产品的价格对信息消费的影响大。

③ 信息产品的新颖性和实用性。人们普遍都具有猎奇心理，追求个性及刺激是大多数消费者的消费心理，因此信息产品在提高质量、降低价格时，还应提供新颖的外观以刺激他们的消费。信息产品的实用性强，会促进消费，反之会阻碍消费。

④ 信息产品易用性。消费者购买信息产品的目的是为了使用，如果使用比较复杂，需要消费者有较高的信息素质，并且要对其进行详细的了解，学习如何使用，会浪费消费者的时间和精力，因此是否具有易用性将会影响消费者对其进行消费的意愿。

2. 信息市场因素

信息市场是联系生产者和消费者的桥梁，信息商品供需双方通过信息市场进行交易，使信息商品及服务等扩散并应用到社会经济活动的各个领域，使之转化为直接的生产力，所以信息市场的发达及完善程度将会影响消费者的信息消费状况。目前，中国信息市场中充斥着大量的虚假信息及伪劣商品，由于信息不完全及信息不对称所造成的“劣币驱逐良币”等问题大量存在，使信息市场无法发挥其正常功能，从而影响信息消费活动。

3. 信息产业因素

信息产业是高新技术产业的核心，为信息消费提供了坚实的物质基础，是信息消费的支撑体系。信息产业对信息消费的影响主要表现在：

① 信息产业的发达程度从总体上决定信息消费的发达程度。从消费对象上看，信息产业提供信息消费所需要的信息产品和信息服务，信息产业的产出总量和内部结构直接决定信息消费的消费方向选择和内部结构形态。

② 信息产业的不断发展推动信息消费的发展。新的信息产品和新的信息服务往往创造出新的信息消费需求和新的信息消费方式，引导信息消费的不断更新和发展。

③ 信息产业结构的变动方向制约着信息消费结构的变动方向。信息产业结构的变动受到技术因素和信息消费需求对生产的反馈等因素的制约，这样，其变动速度和周期长短，在消费对象的供给上制约着信息消费结构的变动速度和周期。

（三）影响信息消费的需求因素

影响信息消费需求方面的微观因素，属于影响信息消费的主体方面因素，主要包括消费者个体的人口统计特征变量（如年龄、收入、文化程度、职业和社会地位等）、信息素质（信息能力、信息意识）与心理因素（价值观、心理偏好）等。

1. 人口统计特征因素

人口统计因素包括如年龄、性别、收入、职业、学历、民族、家庭生命周期等按人口统计学变量区分的因素，它们是消费主体的显性因素。

① 年龄

在生命阶段中，不同年龄的信息消费者，其时间、精力等要素的投入量不同，对信息消费有不同影响。一般的情形是，时间越充足，精力越充沛，信息消费效果越好，信息消费量越大；相反，时间和精力不足，将会阻碍信息消费。第 21 次中国互联网络发展状况统计调查结果显示，年轻人更热衷于信息消费，并且钟情于新兴的获取信息的渠道。而年长者相对保守，他们更加习惯于通过传统的报纸、电视等信息渠道了解新闻，对新兴信息产品关注度也不高。

② 经济收入

经济收入决定货币支付能力，从这个意义上说，信息消费者的经济收入，从实际可行性方面规定着信息消费者信息需求的数量和结构。信息需求富有弹性，居民收入的变化对其影响较大。在价格不变的条件下，信息消费者收入的增加相当于信息消费的购买力增强，同时也使那些潜在的信息需求转变为现实的信息需求，所以信息需求量相应地就会增加；而信息消费者的收入减少，相当于信息消费的购买力下降，所以信息需求量相应地就会减少。居民信息消费水平可以通过居民通信消费数额、主要信息产品普及率等指标来衡量。下表显示了1997—2005 年中国城乡居民家庭收入与部分信息商品消费水平之间的关系。

表 9-1　　中国城乡居民家庭收入与部分信息商品消费水平

年份	城市居民家庭人均可支配收入（元）	农村居民家庭人均纯收入（元）	人均通信费数（元）	彩电普及率%		电脑普及率%		固定电话普及率%		移动电话普及率%	
				城市	农村	城市	农村	城市	农村	城市	农村
1997	5 160.3	2 090.1	122	100.5	27.3	2.6		37.4	6.1		
1998	5 425.1	2 162.0	142	105.4	32.6	3.8		42.8	9.0		
1999	5 854	2 210.3	174	111.6	38.2	5.9		48.2	12.9		
2000	6 279.98	2 253.42	233	116.6	48.7	9.7	0.5	54.4	19.7	19.5	4.3
2001	6 859.6	2 366.4	281	120.5	54.4	13.3	0.7	60.7	26.6	34	8.1
2002	7 702.8	2 475.6	359	126.4	60.5	20.6	1.1	68.8	31.1	62.9	13.7
2003	8 472.20	2 622.24	424	130.5	67.8	27.8	1.4	80.5	37.0	90.1	23.7
2004	9 422.0	2 936.4	455	135.8	75.8	33.1	1.9	93.6	43.7	111.4	34.7
2005	10 493.03	3 254.93	499	134.8	84	41.5	2.1	94.4	59.6	137	50.2

注：根据 2005 年、2006 年《中国统计年鉴》与 2005 年、2006 年《中国信息年鉴》整理。

收入水平不仅影响信息消费数量而且对其结构也有影响，白振田通过对北京城市部分居民家庭的调查，证明了收入对信息消费所产生的影响，调查显示，中低收入群体主要以传统的信息产品和服务为主 ，如书刊、电影、收音机等；高收入群体以高档信息产品为主，如移动电话、DVD 等；少数高收入、高智力群体以计算机网络消费为主。由于收入等级差距的存在，不同收入群体的通信费支出也存在较大的差距。

③ 职业

职业及工作任务与信息偏好、社会活动量有密切关联，是决定他们信息需求类型的最根本因素。职业不同、承担的任务不同，对信息的需求自然也很不相同。在职业方面，用户的职责和作用不仅影响着用户所需信息的范围、类型和数量，而且决定了用户所需信息的获得方式。第 21 次中国互联网络发展状况统计调查结果显示，网民中学生的比例仍为最高，达到 28.8%。

④ 学历

学历反映个人所受的教育及知识水平。“由于信息消费是一种知识型和智力型消费”，知识层次越高，获取信息的能力则越强，信息消费的能力也越强。虽然用户的职业与工作任务相同，但所受的教育及知识水平不同，在信息需求方面也将产生明显差异。

2. 信息素质因素

所谓信息素质，国内一般译为信息知识、信息能力、信息素养。1979 年，美国信息产业协会把信息素养解释为人们知道在解决问题时利用信息的技术和技能。信息消费与一般物质消费的不同之处在于信息消费更注重消费者本身获取信息的能力。消费者的信息素质是整个信息消费过程中一个重要的影响因素。同样的信息商品，由于消费者信息素质差异，可能产生的效用有很大的差别。一方面，高素质的信息消费会产生高质量、高水平的信息需求，从而促进信息消费水平的提高，而信息消费水平的提高反过来又可以从信息的知识性功能上来提高信息消费者的信息素质，两者之间相互促进，相得益彰；另一方面，如果信息消费者的信息素质较低，将会降低其对信息消费水平的要求，从而制约信息消费的发展，信息消费的不足，反过来又会进一步限制信息消费者信息素质的提高，两者相互制约，从而阻碍信息消费的发展。信息素质主要包括以下两个方面的内容：

① 信息意识

信息消费者的信息意识包含了三方面的含义：一是对信息具有敏锐的感知力，这是对信息的一种特殊的、内在的心理倾向，能够从大量的、习以为常的，甚至微不足道的事物或者社会现象中，发现并迅速捕捉到自己需要的有价值的信息，并将之应用到日常的生活及工作决策中；二是对信息具有持久的注意力，能够把自身的注意力长久地集中在发现、了解、搜集、组织可以利用的信息上，对信息的注意已经成为一种习惯；三是对信息的洞察力，这是能够准确判断信息的价值，并对其进行筛选，过滤出对自己有用信息的能力。有无信息意识决定着人们捕捉、判断和利用信息的自觉程度，而信息意识的强烈与否对能否挖掘出有价值的信息、对信息获取能力的提高起着关键的作用。同样重要的信息，有的人善于发现，有的人却漠然视之，这正是由于各人的信息意识强弱不同所致。人们只有具备了信息意识，才能自觉去捕捉信息，分析信息以及利用信息，才能提高对信息及信息产品的敏感性，保持对信息持久的注意力和对信息及信息产品价值的判断力与洞察力。

② 信息能力

信息能力主要是指信息的获取、加工处理、利用及信息知识创造等的能力。在被问及科研人员利用信息资源过程中遇到的最大障碍是什么时，46%的科研人员认为是不了解相关信息资源；36%的人认为是因为缺乏信息检索知识，还有36%科研人员认为是因为语言障碍；另12%的科研人员认为是因为缺乏计算机网络知识。由此可见，信息消费者的信息能力高，就能在纷繁无序的信息中筛选、甄别出其所需要的信息，并能熟练应用有关信息技术从而更好地利用这些信息。信息消费者的信息能力又包括信息技术能力、信息认知能力和信息获取、组织及利用能力。

3. 信息消费的成本因素

信息具有经济成本，而且信息搜寻是一个成本递增的过程。按照斯蒂格勒的观点，信息成本应包括时间成本和"鞋底"成本，前者指信息搜寻所耗费的时间，后者则是指交通成本和其他查询费用。当信息消费者所涉及的预期收益或者风险损失很小时，由于信息本身的成本以及搜寻的时间等成本的影响，他们通常不会在信息消费上花费太多；反之为了降低风险，减少损失，确保利益，其必须进行信息消费，但是必须控制在一定的限度内，以确保效益的最大化。

4. 信息消费的不可逆性及示范效应因素

人们对经济地位的追求，在空间上表现在与他人相比，在时间上表现在与自己的过去相比，因此人们的消费支出不仅受到当期自己收入的影响，而且还受到其周围人消费行为的影响。

① 消费示范效应对于信息消费的影响。杜森贝里认为每个人的消费偏好之间是有联系的，因此决定了人与人之间的消费会互相影响。如果考虑到这种相互影响，那么消费者的总效用不仅取决于其自己的消费支出，而且还取决于他人的消费支出，即消费者自己相对于他周围其他人的收入水平。如果其他人的消费支出增加，而其本人的消费支出不变，那么本人的消费总效用相对来讲就减少了，为使其总效用不变，就必须增加其自己的消费支出，这就是消费者之间在其消费上互相影响的结果。我们把这种低收入的消费水平向高收入的消费水平看齐的现象，称为"示范效应"。根据位置消费理论，人们在相对经济地位上的追求在空间上就表现为与他人相比，也就是人们的信息消费支出不仅受其当期收入的影响，更受其相对收入的影响，也就是说还会受其周围人们的信息消费行为的影响，这就是信息消费者的攀比行为，我们可以把这些信息消费行为统称为信息消费的示范效应。

② 信息消费的不可逆性对信息消费的影响。杜森贝里认为消费决策取决于消费习惯，即消费者的消费具有"棘轮效应"，也就是不可逆性。该理论认为，对于消费者来说，增加消费容易，减少消费则很困难。当高水平生活的人的实际收入降低时，他们不会立即降低其消费水准，而是继续保持其在收入最高期时所达到的消费标准，很难降下来，就像"棘轮"一样，只能前进，不能后退，因此消费习惯形成以后具有不可逆性。信息消费行为的不可逆性普遍存在，居民的信息消费行为中，其前期的信息消费行为将会影响后期的信息消费行为。居民的信息消费水平不会由于当期的收入下降而立刻随之下降，而是会延续保持一段时间才会发生缓慢的改变，因此信息消费不可逆性对居民后期信息消费水平的延续具有重要的影响作用。如用过手机、计算机、电脑网络、数码产品等电子信息消费品

的人，不会由于收入的下降而放弃这些产品，同样也不会使用比以前使用过的档次低的产品。

四、信息消费效益

任何消费活动都会产生效益，信息消费活动也不例外，只是信息消费活动所产生的效益比物质消费所产生的效益要复杂些。关于信息消费活动的效益可从内部和外部两个角度来分析。

（一）信息消费内部效益

居民、企业及政府是信息消费的三个主体，对信息消费内部效益的分析，我们依此顺序展开。

1. 居民信息消费产生的内部效益

居民的信息消费的内部效益主要有：提高居民的信息素质；丰富居民精神生活；增强法律意识；消除不确定性；可以缩短时空的距离，真正达到“无需等待，无需远行”的境界；可以产生资源的置换作用，使稀缺的、有限的时间及物质能量资源得到节约；提高经济增长率。

2. 企业信息消费产生的内部效益

企业信息消费会带来在管理、生产、营销等诸环节成本的下降和效率的提高。

首先，企业信息消费会沿物流方向产生一系列的效益，主要表现在：信息消费使企业获得了信息、信息技术及信息服务，通过应用，降低了企业新产品的设计和生产成本，降低了对现有产品的改进成本，缩短了新产品的研发周期；应用电子商务支撑的供应链管理系统，足不出户就可以进行全球采购，节省了流通时间；通过信息技术支撑的供应链管理、即时性生产管理、客户关系管理等的应用压缩了库存；通过电子商务系统，降低了企业的交易成本；通过客户关系管理系统的应用及时获得销售情况、客户对产品的评价等信息，缩短了企业的服务时间，有利于及时调整企业的生产和决策，提高产品质量，不断地提高顾客的满意度和忠诚度，提高企业品牌的价值。由此，企业通过信息消费节约了大量的物质、能源、人力以及资金。

其次，企业信息消费会沿资金流方向产生一系列的效益。企业应用会计电算化提高了企业财务结算的工作效率、企业资金的周转速度、企业资金的利用率；企业应用即时生产管理系统，减少了库存，实现零流动资金，同时也减少或杜绝了大量的呆账、死账，使资金在有效的时间内流通次数增加，提高了企业资金单位时间内的价值；电子商务技术的应用降低了企业的库存，减少了资金的占用，加速了资金流的流动，实现资金的快速循环和有效利用；效率的提高使占用资金周转的周期缩短，可重复应用频率增加，资金占用的提前期会产生新的时间价值，而资金的时间价值是企业效益中巨大的组成部分，是一种潜在的价值。

最后，企业信息消费会沿信息流方向产生诸多效益。企业通过信息消费活动使企业员工快速、及时、准确地获得各种需要的信息，减少了企业在生产、经营、管理及决策过程中信息收集和处理的时间和人力；使企业管理人员可能及时获取大量信息，有助于他们逻辑地、辩证地和系统地思考问题，提高了决策者的决策理性，提高管理决策的科学性和合理性；节约了工作人员处理信息所消耗的大量时间和精力，使他们转向其他富有创造性的工作；信息技术的消费可以加速信息流在企业内部和企业间的流动速度，实现信息的有效整合和利用；信息技术的消费使企业的管理体制更趋于合理化，管理效率和水平更高。这些效益主要是隐蔽性效益，往往容易被忽视。

3. 政府信息消费产生的内部效益

政府的信息消费也具有巨大的内部效益，如政府的信息化可以大大提高办事效率，增强政府的透明性，提高决策质量、增强调控能力，减少冗员，节约政府开支等。

（二）信息消费外部效益

1. 信息消费外部性的含义

信息消费的外部性是指在信息消费的过程中，信息消费主体的消费行为影响了周围的他人或者社会，但是该信息消费主体并未因此而给予相应的补偿或者取得相应的报酬的情况。消费外部性所产生的影响可能是积极的，也可能是消极的。据此，我们可以将信息消费的外部性划分为正的外部性和负的外部性。信息消费外部性的本质就是个体成本与社会成本、个体收益与社会收益不相等。

2. 信息消费外部性的特性

① 信息消费外部性具有“时间差”

这是指信息消费的外部性的显现将经历一个较长的过程，教育和学习是信息消费外部性这一特点的典型代表。家庭对子女进行十几年教育上的信息消费，不但使其获得了良好的知识和技能，将来会获得较高的收入，同时家长也获得了一种光宗耀祖的荣誉感，这就是家长进行信息消费的外部性，但其经历的时间跨度较长。

② 信息消费既具有直接的外部性又具有间接的外部性

信息消费既可以产生直接的外部性，同时又会产生间接的外部性。比如，一个落后地区的农户在信息消费活动中找到了一个具有比较优势的项目，使自己获得了丰厚的利润，同时其他农户会模仿他的行为，也从中获益，这是信息消费的直接外部性；当模仿的农户形成规模以后，就会吸引更多的商家，最初的信息消费者也会从中获得更多的收益，这就是信息消费的间接外部性。

③ 信息消费外部性具有区域性

生活中的人都是理性的经济人，因此会向着有利于自己的环境发展。经济发达地区的人通过信息消费提高了素质，会留在当地工作，促进了当地经济的发展。而经济落后地区的人通过信息消费提高了自身的素质后，都流向了经济发达地区，从而有利于发达地区经济的发展。这就是信息消费外部性的区域性。

④ 信息消费外部性具有累积性、渐进性

每个信息消费者日常的信息消费行为的外部性都很小，但是这种微小的信息消费的外部性日积月累就会产生巨大的外部性。如一个人使用手机、电话、收音机等信息产品，所产生的信息消费外部性是很微弱的，但是随着时间的延续，越来越多的人开始应用，其外部性就会放大，同时也会促进一个产业的诞生和发展。

⑤ 信息消费外部性的代际性

信息消费不仅能为消费者带来收益，同时也能够为消费者的后代带来收益。教育信息消费提高了消费者的素质，而具有较高素质的消费者会让他们的后代接受良好的教育。研究表明，当代人的素质影响后代，甚至一定程度上决定了后代人的素质，因此高素质的当代人口会产生高素质的后代人口，反之亦然。

⑥ 信息消费外部性具有积极和消极的两面性

手机、电话、传真、互联网络等信息消费，为自己带来便利的同时也为其他信息消费者带来了便利，这就是信息消费积极的外部性；在进行这些信息消费过程中也会产生电子垃圾、信息污染等危害环境和社会的行为，这就是信息消费消极的外部性。

3. 信息消费外部性的计量

按照传统福利经济学的观点，一种经济活动的外部经济或外部不经济，就是该种活动的社会影响与个人或私人影响的差值。从费用的角度来看，外部不经济的外部费用就是社会费用与私人费用的差值。这里所说的个人或私人费用是指通过市场表现并反映在产品或服务价格之中真正发生或支付的费用。社会费用是该经济活动带来的社会真正承担的全部费用，即私人费用与外部费用之和，可以用以下公式表示：

$$SC = PC + EC \tag{9.6}$$

式中，SC 表示社会费用，PC 表示私人费用，EC 表示外部费用。

借鉴福利经济学对于外部性的研究思想以及生产和消费外部性的定量研究方法，我们可以计量信息消费的正外部性和负外部性。

信息消费负外部性的计量：信息消费的负外部性产生的主要是成本，所以对于信息消费负外部性的计量可以用信息消费所产生的成本来进行分析。在进行信息消费的过程中，除了信息消费主体自身所产生的费用以外，还会对其外部产生费用，这就是信息消费的外部成本。信息消费的外部成本可以用下面的公式来表示：

$$E_iC = S_iC - P_iC \tag{9.7}$$

式中，E_iC 表示信息消费所产生的外部成本；S_iC 表示信息消费产生的社会成本；P_iC 只表示信息消费的个体成本。

信息消费正外部性的计量：信息消费的正外部性产生的主要是效益，所以对于信息消费正外部性的计量可以用信息消费所产生的效益来进行分析。在进行信息消费的过程中，除了信息消费主体自身所获得的效益外，这种信息消费活动还会对信息消费主体的外部产生效益，也就是福利，这就是信息消费的正外部性。信息消费的正外部性可以用下面的公式来表示：

$$E_iB = S_iB - P_iB \tag{9.8}$$

式中，E_iB 表示信息消费所产生的外部效益；S_iB 表示信息消费产生的社会效益；P_iB 表示对于信息消费主体自身所产生的效益。

4. 信息消费外部性的纠正

当信息消费产生的外部性为负时，信息消费主体的个体成本低于社会成本，但是个体收益却高于社会收益，这是一种损人利己的行为，如果得不到纠正，将难以实现资源的优化配置；当信息消费产生的外部性为正时，信息消费主体的个体成本高于社会成本，而个体的收益却低于社会收益，这是一种利他行为，如果这样的信息消费行为得不到补偿，将会抑制个体信息消费的积极性和创造性，同样不利于资源的优化配置，难以达到资源利用效率的帕累托最优状态。

纠正信息消费的外部性，单靠市场难以做到，必须有政府的介入。对于信息消费的负外部性问题政府可以通过税收、罚款等经济手段来解决；也需要通过信息立法、执法加以规范。对于信息消费正外部性同样可以采取经济手段，如税收优惠，补贴来给予补偿，当然也可以通过其他手段，如政治褒赏等给予鼓励。

第五节　现实信息消费问题探讨：以西部农村群体信息消费能力现状与引导为例

信息消费是指消费主体以信息为基础而进行的对信息化产品、信息服务、信息化过程的消费。信息消费包括信息主体、信息消费品、信息消费环境三个结构要素。中国西部农村的经济比较落后，信息消费能力也较弱。各级政府已加大了信息设施与装备的投入，改善西部农村的基本设备和条件，但是西部农村群体的信息消费能力并没有得到相应的提高。消费能力的强弱直接影响着人在生产中的积极性和能动性，影响着人生产的动力。因此，如何在现有的条件与设备上，充分发挥已有条件的作用，促进西部农村群体有目的地进行信息消费，已经成为提高西部农村群体信息能力，推动西部农村经济循环且健康发展的重要举措。

一、农村信息消费的现状与特点

（一）信息消费意愿现状分析

信息消费意愿是人们购买信息消费品的主观意愿，它反映了人们想消费的程度。西部农村群体的信息消费意愿是比较强烈的。问及在价钱可承受的前提下若有很有用的农业技术方面的资料是否愿意购买时，72.13％参与调查者表示非常乐意购买和愿意购买，另有16.38％为勉强愿意购买，只有11.48％明确表示不愿意购买。信息消费意愿是影响信息消费的一个直接因素，也是促进信息消费时必须激励的一个因素，西部农村群体较强的信息消费意愿将为进一步加大和激励消费提供前提条件。

（二）信息消费倾向现状分析

消费倾向是居民收入中用于消费支出的部分。西部农村群体的消费倾向中，非信息消费占的比例大。家庭收入支出前二位是修建房屋和购买日常生活用品及服装，这说明西部农村群体主要是将住房和生活用品作为改善生活条件的首要目标，尚处于生存型消费阶段。信息消费用于家庭收入支出的比例较小，只占家庭支出的32％。其中教育占了一半的比重，这与教育体制改革后教育收费大幅增加有关，也反映出社会发展和竞争的加剧使农民更加意识到教育的重要，加大了对教育的投入。但是西部农民用于信息服务费、购买信息产品和职业技术培训等信息消费项目的支出却很少，这说明他们虽然意识到技术与知识的重要性，但却没有主动地去消费。

（三）信息消费行为现状分析

1. 信息消费需求明确，但需求满足度不高

西部农村群体有 80.91％的人明确自己在日常的生产和生活过程中有信息需求，最想得到的三类信息是良种推广技术、栽培新技术、农产品深加工技术、病虫害防治技术，劳动力技能培训、信息技能培训，以及农村生活信息、疾病预测及防治、卫生知识、保险及合作医疗信息等。该群体的信息需求满足度不高。主要原因有虚假信息太多，不敢使用；无人帮助，不知道如何获取；政府及相关机构提供的信息太少；获取信息的费用高，等等。可见，该群体缺乏对信息的判断能力，缺乏对信息源的了解，且没有找到合适的信息消费途径。

2. 信息消费道德观念较薄弱，存在盲目信息消费

西部农村群体在信息消费时，信息道德观念较薄弱。在问及是否会因价钱便宜而购买“盗版光碟或磁带”时，参答者中 26.29％表示会买，且有 9.56％建议大量生产。盗版光碟或磁带质量差，常有信息失真的状况，很可能会误导农民。但农民因经济状况的限制而去消费，这种盲目的信息消费在农村是常见的。

3. 自我发展的信息消费程度低

西部农村群体虽然意识到各种生产、生活的技术和信息的重要性，但是为了获取技术和信息而进行的消费是很少的。购买信息产品和进行专业的职业技术培训在西部农村是很少见的。

4. 信息装备现状

① 个人信息装备

西部农村群体的个人信息装备提高较快。根据对 2281 人的个人信息装备的调查统计，分别有 68.35％、49.08％、87.49％、16.05％的参答者分别安装了电话、使用手机、拥有电视机和计算机。这些个人信息装备为加大和刺激西部农村群体的信息消费提供了保障。

② 地区信息装备

西部农村群体对地区信息设施有一定的了解。在问及最喜欢去的获取信息的场所有哪些时，分别有 26.80％ 和 23.47％的参答者喜欢去农技服务推广站和文化娱乐室，另有 18.90％的人喜欢去图书馆，只有 17.79％去网吧，利用农业行业协会或专业合作社的人最少。地区信息装备为西部农村群体提供了信息消费的环境与渠道。

二、西部农村群体信息消费中存在的问题

（一）消费意愿与消费行为的矛盾

人们的消费行为应该是满足个体消费意愿的。西部农村群体尽管意愿高，但消费中面临消费抉择时由于产品与服务特性和其他主客观因素，导致了其不理性的消费行为。由于不理性的消费行为，农民没有体会到消费后的满足感，就会从心理抵触信息消费，甚至会抑制消费意愿，这是一个消极的循环。

（二）信息装备力与实际消费间的矛盾

西部农村群体在使用个人信息装备时所支付的费用不高。根据对个人信息装备每月支出费用的调查统计，近半的农民每月电话费在 30 元以下，过半的农民每月手机费在 50 元以下。该群体的电视装备率比其他装备高，也是其信息消费的主要信息源之一，但是仍有 57.82%的农民每月收视费在 10 元以下，其中几乎占一半的人是不交收视费的。该群体接触网络的人较少，月上网费多在 15 元以下。从这些数据可以看出，西部农村群体的信息装备力虽有所提高，但利用效果不佳。

西部地区的镇或村在上级的支持下，基本上都建设了图书馆、农技服务推广站、农业行业协会或专业合作社、文化娱乐室或网吧等地区信息设施。但在调查中发现，多数农民并不主动地去利用这些设施，利用信息设施的农民很难分得清所需信息在哪个设施更容易找得到。如果农民利用了某个设施，一般不会积极地去发现并利用其他设施，一旦获取信息受阻，他们就会放弃，并对该设施产生不信任的情绪，从而使得地区信息设施利用率更低。

三、导致西部农村群体信息消费能力弱的原因

（一）人均纯收入低

西部农村群体信息消费意愿是较强烈的，但是实际消费却很少，这主要的原因就是收入低。根据课题组调查资料显示，按人均纯收入多少分组，人均纯收入较高的群体，信息消费能力较强，而人均纯收入较低的群体，信息消费能力较弱，这说明信息消费能力强弱与其收入呈正相关关系。2005 年，西部地区农民人均纯收入仅为 2 356 元，与同期全国农民人均纯收入 3 255 元有着较大的差距。西部农民收入水平低会制约农民的消费需求，从而制约农民消费能力的进一步提高。

（二）教育落后

根据课题组调查资料分析，学历越高，信息消费能力就越强；学历越低，信息消费能力越弱。信息消费能力的强弱与其学历高低呈正相关关系。西部地区经济的落后限制了教育的发展，西部农村群体学历统计如表 9-2 所示。

表 9-2　　西部地区学历分布表

学历水平	未上过正规学校	小学	初中	高中或中专	大专	本科及以上
人口比例	7.36%	21.05%	37.05%	20.88%	7.15%	6.51%

资料来源：《西部农村群体信息消费能力现状与引导》本课题组调研分析结果。

人们使用信息满足需求的消费过程，主要是对信息内容吸收和利用的过程。在这个过程中，用户的知识、智力和能力水平等素质因素起着重要作用，而教育是人们提高这些素质的重要保障。从表 9-2 可以看出，西部农村群体受教育程度偏低，这在很大的程度上就限制了该群体的信息需求和利用信息的能力，从而制约其信息消费。

（三）政府物资投入与信息服务脱节

中国政府实行西部大开发战略，推进社会主义新农村建设，在财力、教育、基础设施

等方面做了很多工作。这些工作在一定程度上提高了西部农村群体的信息消费能力。政府已将各种信息、信息设施送到了村口，但是西部农民并没有去利用和消费，在信息消费品与信息主体之间存在着“最后一公里”的问题。

（四）信息服务主体

信息消费“最后一公里”的问题需依靠信息服务主体来解决，但是目前成效不大。中国西部地区的信息服务主体一般只有各级农业信息服务部门与教育科研机构。各级农业信息服务部门发展不成熟，服务不到位，虽为农民开设了电话咨询服务、短信服务、网络信息服务等服务业务，但是还存在着信息内容质量较低，没有针对性，数据更新慢等问题。另外，西部地区农业信息服务人员少，信息素质和信息技术能力较低，与农民之间的沟通与互动不足。没有高素质的信息服务人员，农民享受不到高质量的服务，会影响农民进行信息消费的热情。这些问题使得许多服务变为形式，不能满足农民的信息消费需求。

教育科研机构，特别是高校图书馆也提供信息服务，但是一般不把农民作为信息服务的对象，与农业信息服务部门之间缺乏联系与协调，在引导信息消费上做得不足。

四、区域信息共享机制下的信息消费引导

（一）区域教育—科研— 农村合作信息服务机制对信息消费的作用

区域教育—科研—农村合作信息服务机制是指在特定区域内，由当地政府、教育科研机构和农村基层发挥各自的优势，分工协作，积极探索多种模式，共同为本地农民提供信息能力培育与信息服务的机制。政府起着主导作用，提供一定的资金支持与政策咨询，保障实践活动三方之间的联系畅通，及时把成功的案例和模式推广。教育、科研机构利用其信息资源、技术资源和教学资源的优势，提供信息消费能力培育与信息服务的资源内容，直接实施培育并参与服务，收集实施培育与服务的案例与反馈意见，总结与提升培育与服务的经验与规律。农村基层要组织并召集村民，保障本村与相关基层组织或协会的合作，提供在村里开展活动时的支持。并协助教育、科研部门收集培育与服务的资料、案例与反馈意见。教育、科研机构和农村基层需将自己的工作报告反馈或提交给本地政府。该机制对提高西部农民的信息消费起着积极的作用。政府为信息消费提供了政策保障与物质支持；教育、科研机构为信息消费提供内容保障，为农民提高信息消费能力提供了培育机会。农村基层与农民最亲近，能很好地感受农民的信息消费需求，将这些需求提供给教育、科研机构，从而保证信息内容有针对性的提供与信息消费能力培育有的放矢。

（二）政府的信息消费引导作用

1. 政策上的引导

国家在信息设施装备投资结构上，应向西部地区倾斜，并出台一些优惠政策，以鼓励、吸纳、引导各类信息服务主体，如教育科研机构、外国资本、民营资本积极参与投资建设。政府应多渠道筹集资金推进农村电信与网络发展，在信息产品的消费中，如电话的安装、电脑的购买等方面，国家在鼓励的同时，进一步加大投入的力度，并通过有效途径降低西部农民使用手机、电话及上网的成本。对于已从事农业信息服务的部门或企事业单位，给予政策支持，让他们更有信心来从事更为广泛的农业信息服务。政策引导将会大大

改善西部农村的信息消费环境。

2. 法律上的引导

政府应完善信息消费立法，加大信息消费法律法规的宣传力度，加强信息市场的监管力度。规范信息消费市场是提高西部农村群体信息消费水平的保障。政府应对信息消费涉及的信息产品、技术、电子商务、信息安全、隐私保护、资金安全、消费者权益保护等方面做到有法可依；对提供虚假、低劣信息产品等侵害消费者权益的行为要严格执法；引导西部农民正确认识自己的权利与义务，加强法律道德观念，以此减少农民盲目的信息消费。

3. 教育与科研部门的信息消费引导作用

① 教育上的引导

信息消费是一种高层次的文化消费，它对消费者的信息素质要求较高。要提高信息消费水平，改变消费观念，应有意识地对西部农村群体进行信息消费素质的培养。教育与科研部门应该因地制宜，通过各种方式对不同的群体进行信息素质的培育。对于正在上学的群体，应该在学校进行信息素质教育。对于不上学的群体应提供培育的机会，加强他们的信息意识，提高信息能力。提高了西部农村群体的素质，改变了他们的观念，提高了对知识与信息的认识水平，才能改变他们的信息消费行为，增强信息消费能力，从而为信息消费提供人力资源保证。

② 资源上的引导

教育与科研部门，特别是高校图书馆，有着丰富的信息资源，有先进的服务手段和服务功能。教育与科研部门应与农业信息服务部门分工协作，拓展信息服务的内容，推进资源整合，规范信息采集。开发与维护农业生产生活方面的数据库，保证数据的准确与丰富，给农民提供及时有效的信息。然后结合当地农村科学致富的实际，以应用技术为主，提供通俗易懂的满足农民消费需求的信息，解决农民信息闭塞、来馆不易、查找资料困难等问题。

4. 农村基层组织的信息消费引导作用

① 桥梁作用

农村基层组织是政府与农民之间的中介，应向政府表达农民的消费意愿，同时还可以组织农民贯彻执行政府的方针政策，认识信息消费相关的法律法规。农村基层组织也是信息服务主体与农民之间的中介，既可向信息服务主体反映农民的信息消费需求，同时还可以召集农民接受教育培训，把从信息服务主体获取到的信息服务传递给农民。

② 引导农民利用信息服务

政府与各类信息服务主体为西部农村群体提供了各种信息服务，如农村远程教育与信息服务系统、农信通、农技热线等信息服务系统，图书馆、农业行业协会或专业合作社、文化娱乐室、农技服务推广站等地区信息装备，农业网站与农业咨询系统等网络服务。农村基层组织应该引导农民认识这些信息服务。只有农民从这些服务中得到效用，这些信息服务的利用率才会提高，也只有引导农民得到益处，才能促使他们主动地进行信息消费。

思考题

1. 什么是信息市场，信息市场的基本特征有哪些？
2. 分析信息市场的主要机制。
3. 简述信息商品的供给与需求弹性。
4. 简述信息消费过程的各相关环节。
5. 论述影响信息消费的因素。
6. 论述信息消费产生的效益。
7. 收集有关资料并分析中国目前城乡信息消费的现状及其影响因素。

第十章　信息商品的成本与价格

信息的商品化，使人们对信息商品的价值与价格有了一定的认识。一切商品都具有价值与价格，信息商品也不例外。本章主要介绍信息商品的成本、信息商品的价值与使用价值、信息商品的定价策略、定价方法以及信息商品的理论定价。通过本章学习，要了解信息商品成本的定义、类型以及构成；理解信息商品成本的变动规律及转嫁；熟悉信息商品的价值及实用价值；掌握信息商品的定价策略及定价方法。

第一节　信息商品的成本

信息商品的成本是构成信息商品价值和价格的一个重要因素。研究信息商品的成本，明确信息商品成本的概念与类型、不同类型成本的构成与变动规律、信息商品成本转嫁的对象、方式与原因等，不仅能加强对信息商品价值的理解，为合理确定信息商品的价格提供依据，而且有利于信息企业全面准确地核算生产经营中的劳动消耗，采用有效的组织措施，挖掘潜力，厉行节约，降低信息商品生产经营和利用成本，提高经济效益。

一、信息商品成本的概念与类型

（一）信息商品成本的概念

成本是经济学中的一个重要概念，但在不同的经济学分支学科中，成本的含义又不完全相同。在西方经济学中，成本是指生产商品或劳务时，为使用生产要素而付出的费用的总和，由于生产要素包括劳动力、资本、土地、原材料、能源和企业家才能等，所以成本也就包括地租、工资、利息以及材料、动力、燃料和管理费用等。西方经济学成本中所包含的利润主要是指正常利润，即社会平均利润，而经济学中的利润则是指超额利润，即高于社会利润水平的利润。在马克思主义政治经济学中，成本是指生产过程中消耗的不变资本（生产资料的转移价值）和可变资本（劳动者为自己劳动所创造的产品的价值，类似于工资）两个部分。会计学中的成本也不包括利润，与政治经济学中的成本基本相同。目前，会计学界对成本概念的认识比较一致，将成本定义为对象化的消耗。广义的会计成本是指为取得资产或达到选定的目的而发生的应发生的价值牺牲，狭义的会计成本仅指生产成本。

在中国，大部分经济学学者认为成本是商品价值构成中的 c 和 v 之和。

关于信息商品的成本，一般认为，在生产过程中使用了的信息材料、消耗了的物质材料、投入了的劳动量就构成了信息产品的生产成本。

我们认为，信息商品的成本是信息产品生产和获取过程中物质材料、信息材料和活劳动消耗的费用。

（二）信息商品成本的类型

信息商品成本可按不同的标准划分出不同的类型。

1. 信息生产成本、信息服务成本、信息用户成本与信息完全成本

按信息商品生产经营和利用的主体不同，信息商品成本可划分为信息生产成本、信息服务成本、信息用户成本和信息完全成本，这是信息商品成本划分的一种主要方法，研究信息生产成本、服务成本和用户成本是信息商品理论研究的重要内容。信息生产成本是指信息商品生产者在生产信息商品过程中所消耗的各种费用。信息服务成本是指信息商品经营机构在提供信息服务商品的过程中所消耗的各种费用。信息用户成本是指信息用户在获取和利用信息商品的过程中所消耗的各种费用。信息完全成本则是指信息商品从生产过程直到最后消费过程所消耗的全部费用，实际上是信息生产成本、信息服务成本和信息用户成本的总和。

2. 固定成本与可变成本

按成本与信息产品产量的关系不同，信息商品成本可分为固定成本和可变成本。信息商品的固定成本是指在短期内不随信息产品的产量变动而变动的费用，由使用期限较长、不易随时增减的要素费用构成，如信息企业的建筑与设备折旧费用、信息网络维护费用等。信息商品的可变成本是指随信息产品的产量变动而变动的费用，如信息商品生产经营和利用过程中的物资消耗费用、能源消耗费用、信息材料消耗费用、通信费用等。

3. 总成本、平均成本和边际成本

信息商品的总成本是信息商品的固定成本与可变成本之和。若用 TC 表示信息商品的总成本，用 FC 表示信息商品的固定成本，用 vc 表示信息商品的可变成本，则有：$TC=FC+VC$。信息商品的平均成本是指单位信息产品的成本，即总成本除以信息产品的总产量所得到的成本。若用 AC 表示信息商品的平均成本，用 Q 表示信息产品的产量，则有 $AC=TC/Q$。信息商品的边际成本是指在一定的基础上再增加或减少一个单位的信息产品（或单位信息量）所花费的成本，即增加或减少一个单位信息产品而使总成本变化的增量。若用 MC 表示信息商品的边际成本，用 $\Delta(TC)$ 表示总成本的增量，用 ΔQ 表示信息产品的单位增量，则有：$MC=\Delta(TC)\ /\Delta Q$。边际成本在信息商品生产经营中有着重要的

意义，在不同产量基础上，增加一单位信息产品所需增加的成本是不一样的，所以信息商品的边际成本也会随着信息产品产量的不同而变化。如果边际收入，即增加一个单位产品所能增加的收入，大于边际成本，则增加产量能使总利润增加；若边际收入小于边际成本，则增加产量会使总利润减少。

4. 个别成本与社会必要成本

按成本形成的范围不同，信息商品的成本可分为个别成本与社会必要成本。个别成本是指单个信息企业生产的单位信息产品或提供信息服务时实际耗费的生产要素所支付的费用。它反映一个信息企业的生产技术水平和管理水平的高低。社会必要成本是在一定范围内所有生产同类信息产品或提供同类信息服务所需的部门平均费用。一方面，社会必要成本标志着一定社会范围内生产某种信息商品或提供某种信息服务所必需的消耗，另一方面，社会必要成本也标志着社会的信息生产技术水平和管理水平。信息企业应努力降低个别成本，这不仅可以增加企业本身的盈利，而且能够为降低社会必要成本创造条件。

5. 机会成本

在西方经济学中，机会成本是指把一定的资源用于生产某种产品而放弃另一种产品的产量或价值，也可以说，是利用一定的资源获得某种收入而放弃的另一种收入。这是在生产经营决策中，以未选择方案所丧失的利益为尺度来评价被选择方案的一种假定性成本。在信息商品的生产经营活动中，也同样存在着机会成本。例如，一定量的信息资源既可以用来生产二次信息产品，也可以用来生产三次信息产品，为生产三次信息产品而放弃生产二次信息产品所减少的收入就是三次信息产品的机会成本。机会成本有两类：一类是完全信息条件下的机会成本；另一类是非完全信息条件下的机会成本，信息商品的生产经营也会产生这两类机会成本。完全信息条件下的机会成本是指信息生产者完全知道把一定的资源用于生产两种以上信息产品或开展两种以上的服务的获利情况，但由于资源有限，只能从事其中一种信息产品的生产或一种信息服务项目，无能力顾及其他，而放弃其他信息产品生产和信息服务活动的机会。这类机会成本是不可避免的。非完全信息条件下的机会成本是指信息商品生产经营者对所能从事的信息商品生产经营活动的情况不十分了解，将拥有的资源投入到某一活动中所要付出的代价。例如，由于信息不完全，信息商品生产经营者所从事的信息生产经营活动不是收入最高的，或者所从事的信息生产经营活动并不可行只好中途停止或转向，从而造成损失。这类机会成本损失可以通过信息的搜集与利用而减少或避免。

二、信息商品成本的构成

在不同的信息商品生产经营与利用领域，信息商品的成本构成是不完全一样的。下面分信息生产成本、信息服务成本和信息用户成本进行讨论。

（一）信息生产成本的构成

信息商品生产成本主要由以下四大部分构成：

1. 质能材料消耗费用

由于大部分信息商品必须以物质为载体、信息商品生产也必须有相应的建筑，必须使用仪器和设备等，所以信息商品生产离不开物质材料和能源的支撑。信息商品生产成本中的质能材料消耗费用包括生产信息商品所使用的原材料（如纸张、油墨、色带、磁盘等）费用、燃料动力费用和各项固定资产（如房屋、计算机、通信设备、印刷设备、试验设备等）费用。原材料和燃料动力在信息商品生产中被直接消耗掉了，故其费用应一次性计入生产成本中，而固定资产并非一次性消耗，其费用是通过折旧的方式进入信息商品的成本。质能材料费用可以直接计量且容易计量。计量方法主要是沿用物质商品生产领域生产成本的计量方法。

2. 信息材料消耗费用

信息商品生产实际上是对信息材料进行不同程度的加工。为了生产信息商品，信息商品生产者必须花钱购买信息资料和搜集信息。用于搜集信息和购买信息资料的费用就是信息商品生产中的信息材料消耗费用。这类费用包括：

① 购买信息资料和信息的费用，如购买图书、报刊资料、文献数据库、内部信息资料、专利信息等的费用。

② 信息调研费用，如围绕信息商品开发和生产进行实地调查和考察的差旅费和咨询费等。

③ 通信费用，即在信息商品生产过程中与外部进行信息交流的电话费、传真费、网络使用费、联机检索费等。

④ 信息材料时效损失费用，即信息商品生产者掌握的信息材料因时效问题而损失的费用。由于信息材料是非消耗品，不会在一次使用中消耗掉，在以后的其他信息商品生产中还可以再次或多次使用，所以信息材料费用并非真正被消耗掉了的信息材料的费用，虽然其中一部分信息费用是一次消耗掉了，如通信费用，但大部分信息材料费用不能一次性计入生产成本之中。然而，信息材料费用计入成本的方法又不同于固定资产，不能采用每年相等的折旧率进行折旧。哪些信息材料费用应一次计入信息商品生产成本，哪些应分次计算信息商品生产成本，每次计入多少都要视具体情况而定。信息材料费用也可采用折旧的形式计入成本，但折旧系数不是固定的，也不是每年都折旧，而是使用一次，折旧一次。折旧系数应随着使用次数的增加而逐渐减少，因为为了生产某一信息商品而购买的信息资料和搜集的信息，主要是用于这种信息商品的生产，在以后的信息商品生产中的作用会降低，而且随着时间的推移，信息资料的价值会自然降低。据此，还可以得出一个结论：生产某种信息商品的信息材料消耗费用中不能只计算为生产这种信息商品新购买的信息材料费用，还应加上用于该信息商品生产的原有信息材料的费用。

3. 劳动力消耗费用

信息商品生产需要花费信息人员的劳动，用于补偿信息商品生产人员及其辅助人员的劳动力消耗的费用也是信息商品成本构成的主要部分。这类费用包括参与信息商品生产的各类人员的工资，信息商品生产企业所发放的各种奖金、津贴和补贴，信息生产人员的教育培训费用等。这部分费用计入生产成本，应注意并考虑以下几个方面的问题：

① 是否将信息商品生产者的全部收入计入生产成本。应当明确，补偿信息商品生产者劳动力消耗的费用并非个人的全部收入。信息商品生产者的个人收入包括按劳分配、按需分配和按资分配三部分。按劳分配部分包括各种工资、津贴和超工作量奖金以及创造发

明奖金等；按需分配部分包括降温取暖费、副食补贴费、困难补助费等；按资分配部分包括利息、股息、红利等。很明显，按劳分配部分中的发明奖金、按需分配部分中的困难补助费用以及按资分配的部分不应计入信息商品生产成本中。

② 哪些费用不应一次性计入成本。在劳动力消耗费用中也同样存在着一些费用是否一次性计入信息商品生产成本的问题。一般说来，信息商品生产过程中所支付的工资及其附加费用应一次性计入生产成本，而为生产某一信息商品而支付的教育与培训费用应分次计入生产成本，这是因为对人员的教育和培训具有长期效用，在一次信息商品生产过程中经过培训的人员，其所掌握的知识和技能不仅仅能用于这一次，而且在以后的信息商品生产中还用得上。

③ 离退休人员的工资如何计入生产成本。在中国，为了体现社会主义制度的优越性，每月要给离退休人员发放一定数量的工资，但这部分人员并非直接参与信息商品的生产活动。如果离退休人员的工资不计入信息商品生产成本，信息企业难以承受这笔费用；若计入信息商品的生产成本，又难于为信息用户接受：在现阶段，离退休人员的工资费用应计入信息商品生产成本，分摊到所生产的各种信息商品中去。而随着中国社会主义市场经济体制逐步建立和完善，相应的社会保障制度也会建立与完善，到那时，离退休人员的生活费用将由社会承担，离退休人员的工资费用也将从信息商品生产成本中剔除。

4. 其他费用

在信息商品生产过程中，有时因资金不足需向银行贷款或向其他部门和个人借款，借贷款须付利息。信息商品生产部门还需要支付管理费用或向有关部门缴纳一定的管理费用。利息和管理费用等都是信息商品生产成本的组成部分。

综合起来，信息商品生产成本的构成如图 10-1 所示。

- 信息材料消耗费用
  - 原材料消耗费用
    - 质能材料消耗费用
      - 燃料动力消耗费用
      - 固定资产折旧费
      - 原材料消耗费用
    - 信息材料消耗费用
      - 调研费用
      - 信息资料购买费
      - 时效损失费用
      - 通信费用
  - 劳动力消耗费用
    - 工资
    - 附加费用
    - 教育与培训费用
  - 其他费用
    - 利息
    - 管理费用

图 10-1　信息商品生产成本的构成

（二）信息服务成本的构成

由于信息服务也需要相应的空间场所和设备，需要物质材料和能源，需要服务人员和管理等，所以总的说来，信息服务成本也是由材料消耗费用、劳动力消耗费用和其他费用三大部分构成。然而，信息服务也有不同于信息产品生产的特点，各部分费用的构成比例与信息生产成本有较大的差别。信息服务成本构成中的物质材料消耗主要是信息场地、建筑与设备等固定资产的折旧费用，原材料和能源消耗费用较少。信息资料购置与贮存费用在信息服务成本中占有很大的比例，是构成信息服务成本的主体。信息服务劳动力消耗费用和管理费用所占的比重也大于信息生产成本中劳动力消耗和管理费用所占的比重。

（三）信息用户成本的构成

信息用户成本由以下三部分构成：

1. 质能消耗费用

信息用户为了获取与利用信息商品，有时也需要购置必要的设备和工具，也需要消耗一些物质材料和能源，但这类费用相对较少，不是信息用户成本的主要部分。

2. 购买信息商品和接受信息服务所消耗的费用

用户在购买信息商品或接受商品化的信息服务时，要直接向信息商品和信息服务提供者交付费用，这就是用户购买信息商品和接受信息服务的费用。这部分费用也包括用户获取信息时的通信费用和差旅费。

3. 时间成本

信息用户的时间成本是指用户在获取和利用信息过程中所花费的时间折算的费用，实际上是用户在获取和利用信息商品中的劳动力消耗费用，有些时间成本介于机会成本范畴。用户的时间成本包括以下几个方面：一是路途时间。即用户为获取信息而花费在路途的时间。这部分时间视用户与信息服务机构的距离远近而异。随着交通和通信事业的发展，用户的路途时间成本会逐步减少。二是等待时间。信息服务有时会出现不同程度的阻塞，需要用户花费时间排队等待，在信息查询、信息处理、图书馆借书等信息服务项目中常常出现这种情况。三是信息获取时间。用户在接受信息服务时，需要一定的时间。如通过电话获取信息时的通话时间，图书馆开架借阅中用户查找所需文献的时间，接受咨询和听课的时间等。四是信息吸收时间。对所获得的信息，用户需要花一定的时间进行消化、吸收，掌握信息商品的内容。这部分时间有的与信息获取时间重合，即信息获取与信息吸收同时进行，有的与信息获取时间不同步，即在获得信息后专门花时间消化与吸收。时间成本在用户成本中占有相当大的比重。

三、信息商品成本的变动规律

信息商品成本的变动规律是指信息商品成本随信息商品产量与服务量以及信息服务项目与用户关系变化而变化的规律。

（一）信息生产成本与信息商品产量的关系

要研究信息生产成本与信息商品产量的关系，必须先明确怎样描述和表示信息商品的产量。物质商品的产量容易描述和表示，而信息商品的产量描述却比较复杂。信息商品的产量因信息商品的类型不同而有不同的表示方式：对于物质型信息商品来说，其产量可用册、张、件等单位来描述，而且物质型信息商品的产量易于计量，同物质商品产量的计量没有多大差别；对于深化型信息商品来说，其产量可用比特（信息量）、字、篇等单位来描述；对于扩张型信息商品来说，其产量可用条、款、则等单位来表示；对于信息服务来说，可用服务时间、服务人数、服务人次、销售量、借阅量等作为产量，用小时、人、人次、册次等单位来表示。

1. 物质型信息商品生产成本与产量的关系

物质型信息商品生产成本与产量的关系跟物质商品与其产量的关系相似。不同类型的物质型信息商品的成本与产量的关系有所区别。

物质型信息商品生产的固定成本不因是否生产和生产多少而变化，可以说物质信息商品的固定成本与其产量无关，不随产量的变化而变化，是一个常数。平均固定成本是固定成本除以总产量所得，即每个单位信息产品分担的固定成本。随着产量的增加，每个单位信息产品所分担的固定成本下降。物质型信息商品固定成本和平均固定成本与其产量的关系如图 10-2 所示。

物质型信息商品的可变成本及平均可变成本与其产量的关系非常密切。如图 10-3 所示，不生产时、可变成本为零；随着产量的增加，可变成本开始快速增加（曲线斜率很大），产量继续增加时，可变成本的增加速度会降低（曲线斜率变小），过了 B 点后，可变成本随产量增加而增长的速度又开始增大。物质型信息商品的平均可变成本是各种产量时的可变成本除以产量所得，开始时随产量的增加而下降，过了 B 点所对应的产量后，随着产量的增加而上升。这主要是因为在信息商品的生产过程中，各种生产要素的有机结合从开始而后延续是逐步和谐的，随着和谐程度提高，劳动生产率也相应提高，消耗的单位可变成本下降。而过了 B 点后，随着生产规模的扩大，各种生产要素又进入到新的磨合阶段。由此可见，B 点所对应的产量的平均可变成本最低。

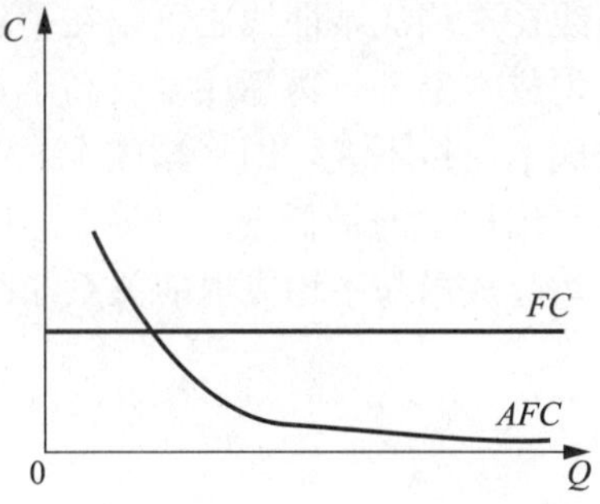

图 10-2　物质型信息商品固定成本

注：*FC*：固定成本；*AFC*：平均固定成本和平均固定成本与产量的关系。

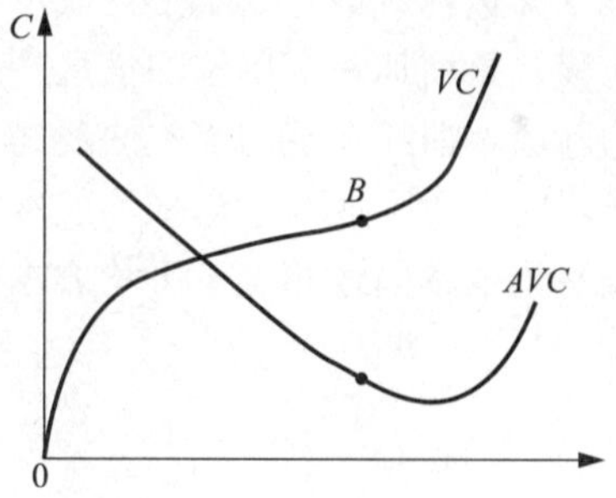

图 10-3　物质型信息商品可变成本

注：*VC*：可变成本；*AVC*：平均可变成本和平均可变成本与产量的关系。

由于信息商品的总成本是其固定成本与可变成本之和，所以把物质型信息商品可变成本曲线向上平移一个等于其固定成本的距离，便形成了物质型信息商品的总成本曲线。总成本与产量的关系如图 10-4 所示。信息商品的平均总成本是平均固定成本与平均可变成本之和，把物质型信息商品各种产量时的平均固定成本曲线与平均可变成本曲线的纵坐标值加到一起，就是在该产量时平均总成本曲线的纵坐标，连接这些点便得出了平均总成本曲线。物质型信息商品平均总成本与产量的关系如图 10-5 所示。

边际成本是增加或减少一个单位信息产品而使总成本变化的增量。当产量单位很小时，边际成本为 $d(TC)/dQ$，这就是总成本曲线的斜率。因此，可根据物质型信息商品总成本曲线在各点上的斜率画出其边际成本曲线，如图 10-6 所示。

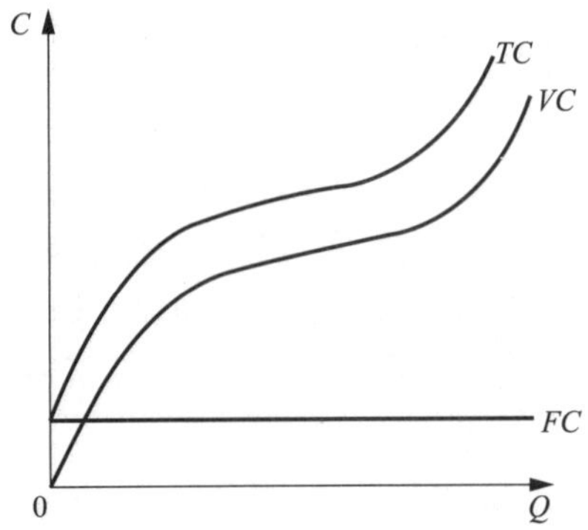

图 10-4　物质型信息商品总成本与产量的关系

注：*TC*：总成本；*VC*：可变成本；*FC*：固定成本。

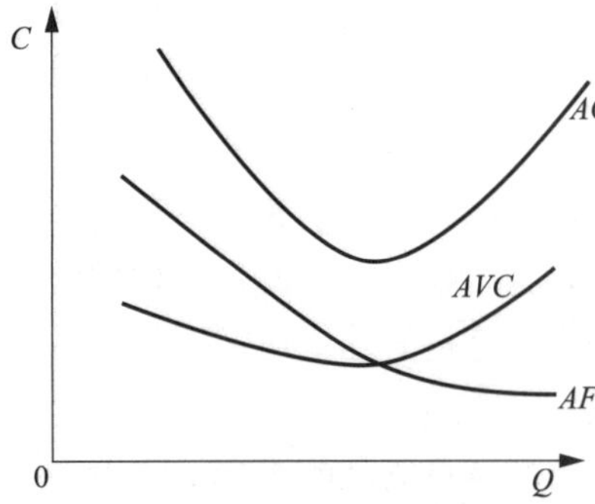

图 10-5　物质型信息商品平均总成本与产量的关系

注：*AC*：平均总成本；*AVC*：平均可变成本；*AFC*：平均固定成本。

由于产量较低时，总成本的斜率逐渐减小，那么边际成本曲线应呈下降趋势。过了报酬递减阶段之后，总成本曲线的斜率逐渐增大，边际成本就呈上升趋势。

物质型信息商品的边际成本与平均成本之间有着密切的关系。在平均成本下降阶段，每增加一个单位的信息产品都会导致平均成本减少，这说明为增加最后一个单位信息产品的成本（即边际成本）低于平均成本，故边际成本曲线在平均成本曲线之下。在平均成本上升阶段，每增加一个单位的信息产品，都会导致平均成本上升，边际成本就高于平均成本，边际成本曲线在平均成本曲线之上。只有当平均成本保持不变，即平均成本曲线的斜率等于零时，边际成本才与平均成本相等。这时正是平均成本的最低点。可见，边际成本曲线与平均成本曲线相交于平均成本曲线的最低点。边际成本与平均成本的关系如图 10-7 所示。

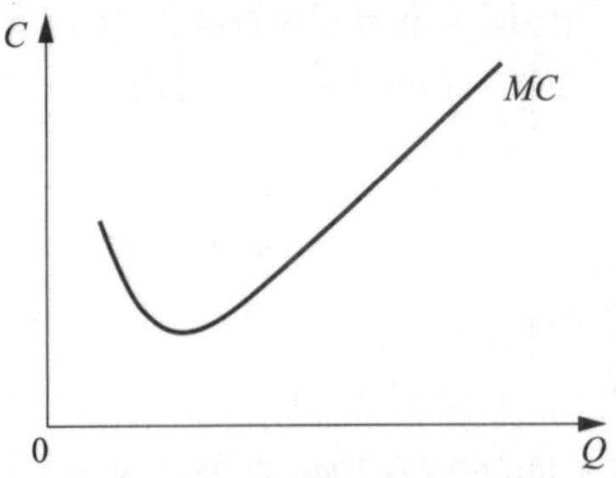

图 10-6　物质型信息商品边际成本与产量的关系

注：*MC*：边际成本；*AC*：平均成本。

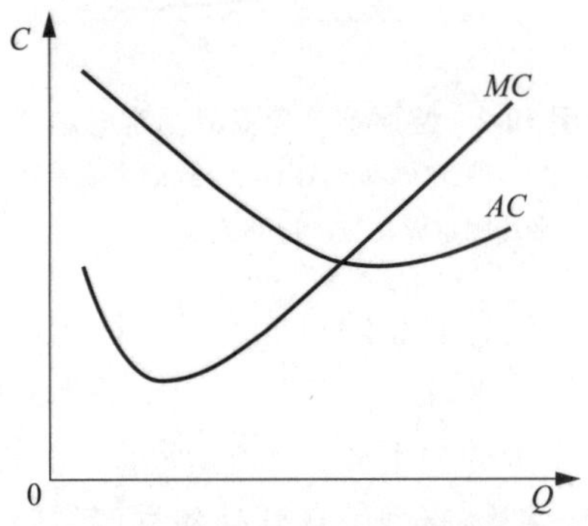

图 10-7　物质型信息商品边际成本与平均成本的关系

注：*AC*：平均总成本；*AVC*：平均可变成本；*AFC*：平均固定成本。

2. 深化型信息商品生产成本与产量的关系

在物质型信息商品生产中，只要投入了人力和物力，就能得到相应的产品。与物质型信息商品生产不同，深化型信息商品的产量随人力、物力投入的变化关系非常复杂，会出现不同的变化情况。这里仅讨论以下三种类型的深化型信息商品边际成本与产量的关系。

① 信息量渐增型生产。在深化型信息产品生产中，也会有类似于物质型信息商品生产的情况，即投入一定的人力与物力后，总会取得相应的成果，信息量的增加是比较均匀的。与物质型信息商品生产不同的是，其生产时间不能以天、小时或更小的单位来计算，而是用较大的时间单位来计算，也就是说，并非花费一小时的劳动就能生产出相应的信息量，但也不会在很长的时间内不出成果。这种情况与物质型信息商品的边际成本与产量的关系相似，如图 10-6 所示。

② 信息量突增型生产。在深化型信息商品生产中，经常会遇到这样的情况：经过很长一段时间的研究，仍不能出成果，而在某一时刻，研究会取得重大突破，信息量突增，突破前后信息量相差很大。这就是信息量突增型信息商品生产。如果用突破前后的信息量除以这期间的成本费用代表其边际成本，则信息量突增型生产的边际成本曲线有以下三种情况：一是边际成本逐级上升，表示信息量的增加越来越困难，如图 10-8 所示；二是边际成本逐级下降，表示取得突破后，研究工作越来越顺利，如图 10-9 所示；三是边际成本逐级上升与逐级下降相间，如图 10-10 所示。

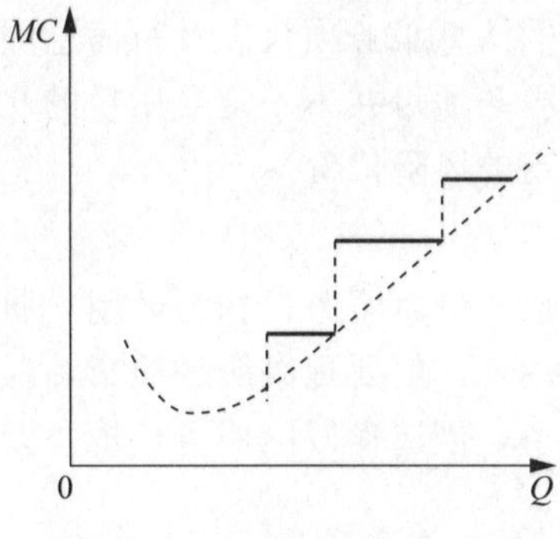

图 10-8　深化型信息商品边际成本随产量逐级上升

注：*MC*：边际成本；*Q*：产量。

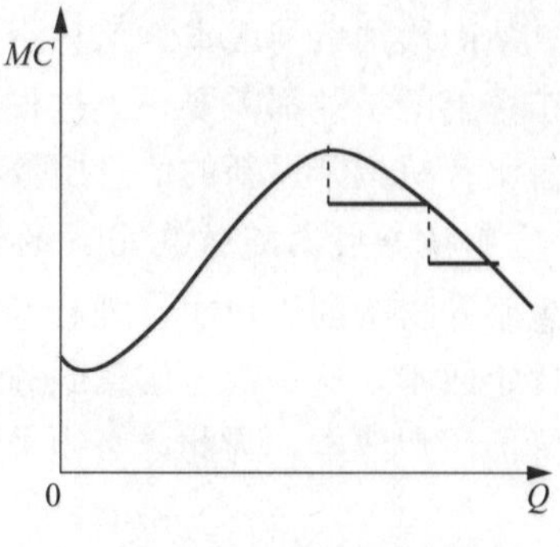

图 10-9　深化型信息商品边际成本随产量逐级下降。

注：*MC*：边际成本；*Q*：产量。

③ 信息量无增型生产。有些深化型信息商品的生产出于生产本身具有较大的难度，加上研究人员水平和研究条件有限，无论投入多少生产经费，花费多少时间，也不能出成果，这时信息产品生产的边际成本为无穷大，如图 10-11 所示。

（二）信息服务成本的变动规律

影响信息服务成本变动的因素较多，主要有信息服务项目、信息用户和服务量等。这些因素对信息服务成本变动的作用是综合性的，但为了论述方便，下面分别讨论信息服务成本随这三种因素变动的情况。

1. 信息服务成本随信息服务项目的变化

信息服务机构可以向用户提供现有的服务项目，也可以向用户提供新的服务项目。信息服务机构提供现有信息服务项目，不需要增加建筑、设备投资，固定成本基本不会增加，而且由于服务人员轻车熟路，工作效率逐渐提高。可变成本的增加有所下降，从而导致边际成本下降。

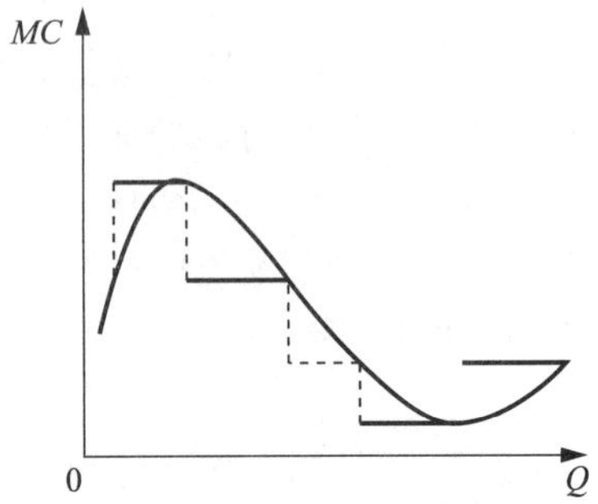

图 10-10　深化型信息商品边际成本随产量逐级上升与逐级下降相间

注：MC：边际成本；Q：产量。

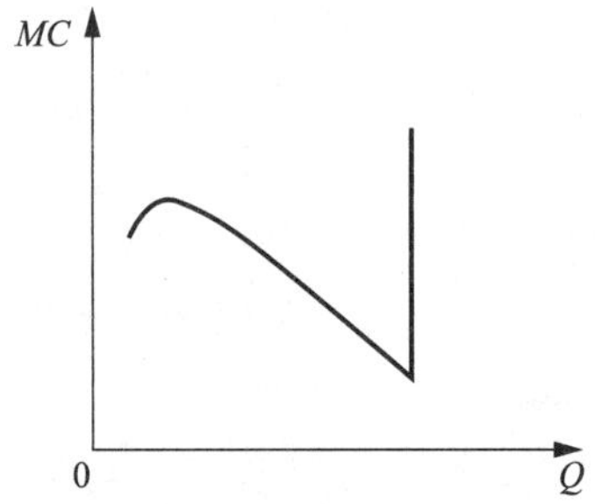

图 10-11　深化型信息商品边际成本无穷大

注：MC：边际成本；Q：产量。

信息服务机构开发新的服务项目，需要增加相应的信息设备，增加信息网络的组织和维护工作以便进行信息资料的搜集与整理，这必然会导致固定成本的提高，而且信息服务人员对新的服务项目有一个较长的适应过程，开始时工作效率较低，甚至还要进行上岗前的培训，从而增加可变成本。信息用户熟悉和了解新的信息服务项目以及新信息服务项目在信息市场上的扩散都需要一个过程，有些新的信息服务项目并不一定受用户的欢迎，由此，信息服务机构开发新的信息服务项目还要付出一定的风险代价。

2. 信息服务成本随信息用户的变化

信息服务机构的用户中，既有老用户，也有新用户。信息服务机构为老用户服务需要较高的固定成本，这是因为信息服务机构为了稳住老用户，就要提高服务质量，改善服务条件，降低用户成本，为此，必须采用先进的信息设备，创造良好的服务环境，固定成本上升。

信息服务机构发展新用户，为新用户服务需要增加宣传和公关费用。增加信息服务人员了解和熟悉用户的时间，而且由于新用户不熟悉服务项目，不能与服务人员很好配合，也会增加服务时间。所以，为新用户服务需要较高的可变成本。

3. 信息服务成本随服务量的变化

总的来说，在服务项目和用户基本不变的情况下，信息服务的固定成本和可变成本都会随着信息服务量的增加而下降。但是，信息服务的劳动力消耗费用并非只受信息服务量的影响，还必须考虑信息服务空闲时间。在信息服务过程中，不可能每时每刻都有用户前来要求服务，必然会出现服务空闲时间，而在服务空闲时间内，服务人员一般不能去做别的事情，所以空闲时间的消耗应分摊到服务量中去。

（三）信息用户成本的变动规律

1. 用户成本随信息服务机构的变化

用户从原有的信息服务机构接受信息服务时，由于信息服务机构与用户之间相互了解较多，用户熟悉信息服务机构的部门设置、有关规章制度、服务项目和服务设施等，只要信息服务机构不增加新的服务项目，用户获取信息的时间会较短，也不需要添置新的设备，而且还可能得到优惠，故用户成本较低。当用户转向新的信息服务机构，接受其他信息服务机构的服务时，要花较多的时间熟悉和了解其服务项目，用户的时间成本会增加。此外，用户转向新的信息服务机构可能还需要添置或改进有关设备和设施，也就是说，用户转向新的信息服务机构也可能会增加固定成本。

用户与信息服务机构的关系还有另外一种情况，即用户是面向多个信息服务机构还是面向单个信息服务机构。用户从多个信息服务机构获取信息，可保证信息量大面广，且可相互比较、验证，保证信息的准确可靠性，但可能造成不必要的重复，增加时间成本和货币支出。用户如果只从一个信息服务机构获取信息，就不可能全面而详尽地了解并得到有关信息，这就有可能导致用户在信息不完全的情况下造成机会成本的增加。

2. 用户成本随信息服务项目的变化

用户利用原有信息服务项目，会随着利用次数的增加而逐渐熟练，也不必增添设备，故固定成本与可变成本都会逐渐降低。当用户利用新的信息服务项目，一般都需要添置必要的设备，即使不需添置设备，也需要花费一定的时间来熟悉新的服务项目，在开始利用新的信息服务项目时，时间会增加。

四、信息商品成本的转嫁

（一）信息商品成本转嫁的概念

一般情况下，商品的销售价格不会低于其成本，因为以低于成本的价格出售商品会导致企业的亏损。但是，信息商品交易过程中，常常会遇到以低于成本的价格出售信息商品的情况。用户在获取和利用信息商品时不需要支付所获得的信息商品的全部或部分成本，用户未支付的成本由其他机构或个人来承担，这就是信息商品成本的转嫁。有时，用户不必支付任何费用就能得到信息商品，信息商品的成本全部转嫁给其他机构和个人；有时，用户只需支付信息商品成本的一部分，将其余部分转嫁给其他机构或个人。前者为信息商品成本的全部转嫁，后者为信息商品成本的部分转嫁。

（二）信息商品成本转嫁的对象与方式

信息商品的转嫁对象是指信息商品的成本转嫁于谁。信息商品的成本可以转嫁于全体公民或部分公民、物质商品生产者、信息商品生产者、有关组织和个人等。转嫁方式有以下四种：

1. 税收拨款式转嫁

当信息商品转嫁于公民时，公民在政府的政策、法律规定下，以纳税人的身份向政府交纳享用信息产品及信息服务的费用，政府又以财政拨款的形式向信息商品生产者支付信息商品的成本。公共型信息商品的成本一般用这种方式来转嫁，实际上是取之于民而用之于民。

2. 依附式转嫁

这种转嫁方式就是将信息商品的成本依附于其他商品或服务上，转嫁到其他商品的生产经营者身上，信息商品成本转嫁给物质商品生产者时，大部分属于这种转嫁方式。一些信息商品成本是计入物质商品生产和销售中，并未单独作为信息商品出售。例如，目前中国生产物质商品的厂家基本上都把研究开发费用、广告宣传费用等信息费用计算在物质产品的成本之中。这种转嫁从形式上看，信息商品所依附的物质商品生产经营者是信息商品成本的承担者，而最终归宿是这种物质商品的消费者。

3. 低价销售式转嫁

有些信息商品以低于其成本的价格出售，而将一部分成本转嫁于信息商品生产者、信息服务者或公民。转嫁于信息商品生产者或服务者时，用户未支付的成本由信息商品生产者或服务者从利润或其他信息商品中支出。转嫁于公民时，其转嫁部分由国家补贴。

4. 拉赞助式转嫁

一些组织和个人出资赞助信息商品的生产和信息服务用户在使用信息商品和信息服务时不需要支付费用或少支付费用。

（三）信息商品成本转嫁的原因

虽然物质商品生产经营中也存在着成本转嫁的问题，但其转嫁远远小于信息商品成本转嫁，而且转嫁的原因也比较单一。信息商品成本转嫁主要有以下四个方面的原因：

1. 社会经济活动及其发展的需要

出于信息对社会经济发展和各项社会经济活动的发展有着重要的作用。社会经济和活动领域的各个方面都要充分地利用信息，如果一切信息产品的成本均由用户来承担，势必影响信息产品的流通面和利润率，从而影响社会经济的发展。若一切教育费用都由受教育者承担，各级各类学校都按教育成本向学生收费，就会有很多人因为交不起学费而失学，这就会影响教育事业的发展，影响一个国家公民的科学文化素质；如果各级各类图书馆的各项服务都实行有偿服务，按成本或高于成本向读者收费，图书馆文献信息资源的利用就会受到限制，图书馆在社会主义精神文明和物质文明建设中的作用也就不能很好地发挥。

2. 信息商品与物质商品的不可分性

有此信息商品不能以独立的形态出现在商品市场上，而必须依附于物质商品进入市场。物质商品说明书是与物质商品的使用不可分的，没有一个生产经营者将物质商品的说明书作为信息商品另外出售，而是随着物质商品一起交给用户。然而，并非产品说明书是赠送的礼品，实际上说明书的生产成本已计入物质商品的生产成本之中。

3. 促进信息商品或物质商品销售和利用的需要

信息商品生产者将信息商品低价出售主要有三种目的：一是为了打开新开发的信息商品的销路，争占市场；二是为了处理积压的信息商品；三是为了提高信息产品或信息服务的利用率，如图书情报机构的文献信息服务不收费或少收费主要是为了提高文献信息的利用率。物质商品生产者不向用户收取广告费、宣传费，而将其成本转嫁于其他方面的主要目的是为了扩大商品的销售量。

4. 信息产品商品化程度较低

产品的商品化对成本转嫁的影响很大。物质商品成本转嫁之所以少于信息商品，是因为物质产品一般都是以商品形式出现的，信息产品的商品化程度不及物质产品，其成本转嫁必然大于物质商品。由于信息产品商品化程度较低，人们的思想观念尚未完全转变，有些信息商品成本太高，若全部由用户承担，用户心理上承受不了；有些信息产品未商品化，人们可通过非市场途径得到同样的信息或类似的信息，迫使一部分本来应由用户承担的信息成本转嫁于其他机构或个人；有些信息商品被人为地禁锢在产品的范围内，不准进入市场，致使其成本转嫁于公民或其他机构。

（四）信息商品成本转嫁的影响

信息商品成本转嫁这种不可避免的信息经济现象对社会经济和信息产业的发展既有正面影响，也有负面影响。

1. 信息商品成本转嫁的正面影响

信息商品成本转嫁的正面影响主要有四个方面：一是有利于减轻信息用户的经济负担，克服用户因经济原因或心理原因而不涉足信息市场的情况，激发用户的信息市场需求；二是可以促进信息商品的广泛利用，提高信息商品的利用率，使信息商品能充分地发挥其作用，提高信息商品生产经营的社会效益；三是可以将部分信息商品成本转嫁于物质商品生产者或附于物质商品中，有利于促进物质商品的销售和使用；四是在中国，信息商品成本转嫁能使信息商品具有部分福利品的性质，能较好地体现社会主义制度的优越性。

2. 信息商品成本转嫁的负面影响

信息商品成本转嫁的负面影响主要有三个方面：一是导致了信息商品成本承担的不公平性，使信息商品使用者不承担全部成本，而未使用信息商品的机构和个人却要承担一部分信息商品的费用；二是会使信息市场机制不能正常地发挥作用，给信息市场的发育和培育带来了不良影响；三是不利于信息商品生产经营机构回收生产和服务成本，不利于信息产品的扩大再生产，会影响信息产业的发展。

第二节　信息商品的价值与使用价值

一、信息商品的价值

马克思认为商品是使用价值和价值的矛盾统一体。使用价值和价值存在于统一体中、又具有排他性和对立性。信息商品也不例外，也是使用价值和价值的矛盾统一体。但是信息商品又是一种特殊的商品形态，其使用价值和价值都具有其他物质商品所不具备的各种特性。

（一）信息商品价值及价值量

信息商品，同其他形态的商品类似，也是人类劳动的产物，是信息商品生产者根据不同的目的和要求，按照一定的程序和方法，进行信息采集、整理、分析研究、形成新的信息内容并加以物化的产物，撇开劳动的具体形式，其实它也凝结了无差别的人类劳动，因此它具有价值。信息商品的价值就是凝结在信息商品中的无差别的人类劳动，它是信息商品的社会属性，体现了信息商品的生产者与需求者之间交换劳动的关系。

信息商品的价值量同样是由信息商品中所含的社会必要劳动时间决定的。在这个问题上，有部分人认为，对于大部分信息商品而言，是存在社会必要劳动时间，但像独此一份的“专利、技术诀窍”等信息产品，由于在生产上是第一件，从生产工序和工步上也可能具备唯一性，无法类比，因而许多人认为它们不存在社会必要劳动时间。其实，这一类的信息商品也存在社会必要劳动时间，这里的关键，是对社会必要劳动时间的理解。“社会必要劳动时间是在现有的正常的生产条件下，在社会平均熟练程度下，制造某种使用价值所需要的时间”。我们在理解它时，在强调“现有的正常的生产条件”“社会平均熟练程度”这两个基本前提时，不能忽视社会必要劳动时间的形成前提。它“是在生产者背后，由社会过程决定的”，是在交换过程中被买方承认的那部分劳动时间，它排斥在现有的正常生产条件下，在社会平均熟练程度下的劳动时间中不能还原为社会必要劳动时间的个别劳动时间。结合发明创造类信息商品，唯一性的生产条件即为“现有的正常的生产条件”，唯一性的生产水平即为平均熟练程度。这似乎就是说，个别劳动时间就是社会必要劳动时间，其实不然，这类信息商品生产的个别劳动时间转化为社会必要劳动时间还必须通过交换——这个“社会过程”来社会化、平均化。社会化、平均化的结果是个别劳动时间或低于或高于或等于社会必要劳动时间。社会化、平均化的过程，实际上是价值规律的作用过程，它能促使发明创造类信息商品的生产者提高生产水平，努力缩短生产时间。

信息商品价值量的计量，主要涉及两个指标，一是作为价值量决定因素的社会必要劳动时间的计量，二是货币形态价值量的计量。在计量信息商品的社会必要劳动时间时，问题的关键是复杂劳动与简单劳动的换算问题。因为，作为全社会价值衡量标准的是简单劳动，而信息商品多是复杂劳动。换算大致可按这一思路来进行，即以一定的简单劳动为标准，把信息生产的劳动消耗标准确定成一种系数（如强度系数、复杂系数、弹性系数），再以一定的接受教育和训练的经历为基数，根据各种学历和资历，对信息生产人员分别确定各种劳动量的参数，学历和资历越高，相应的系数就越大，其高级劳动所创造的价值量也相应较大。简单劳动是由社会必要劳动时间决定的。而这个社会必要劳动时间，需要由信息商品生产的具体劳动时间通过市场交换，使不同种、不同质和不同生产条件的劳动进行比较，比较其是否符合需求，比较劳动复杂程度，熟练程度及效率效用的高低，并表现为货币的多少，然后折合，转化为一个量来确定。

对于货币价值量的计量可以通过下面的公式计算。

$$W=C+V+M \tag{10.1}$$

式中，W 为商品的价值；C 为不变资本，即转移价值；V 为可变资本，即必要劳动；M 为剩余价值。

C 中包含了两个部分：C_1，生产信息商品时投入的物质材料的价值，这与物质商品相同；C_2，生产信息商品时投入的信息材料的价值，C_2 的投入创造了生产信息的客观条件。其中 C_1 是一次性转移的，C_2 的转移不一定是一次性的，C_2 的大小取决于信息材料卖方让渡的使用价值及其承担的价值大小。必要劳动 V 也分为两个部分：V_1 为同类性质的体力劳动者的体力劳动支出；V_2 为劳动者具有创造性的脑力劳动支出。一般来说，在生产信息商品时，V_2 部分的价值量要远远大于 V_1；M 是剩余价值，为体力劳动与脑力劳动共同创造的剩余价值，它在价值量上要远大于 $C+V$，这是信息商品价值区别于其他非知识性物质商品的基本特征之一。因此，上式也可以表述为

$$W = C_1 + C_2 + V_1 + V_2 + M \quad (10.2)$$

信息商品价值式中各项原则上可以量化，但具体计算相当困难，特别是 V_2 及 M。

（二）影响信息商品价值实现的因素

生产信息商品的经济目的在于实现其商品价值。不论是网上信息资源还是网外信息服务，不论是已整序的信息资源还是非整序的零散信息，其信息资源的商品化首先是为了实现其商品价值。影响信息商品价值实现的因素较多。在这些因素之中，信息本身的质量是基本因素，用户环境则是关键因素。而信息商品市场在信息商品的价值实现过程中起主导作用。

1. 信息商品的质量

信息商品的质量取决于多个因素，但其中最重要的是信息类型对用户需求的适用性、信息含量和信息新颖性三个方面。

信息类型要符合用户需求，这是实现信息商品价值需要具备的首要条件。任何针对某一对象或某特定用户生产的信息商品，其类型首先必须要符合用户需求，用户才能产生获取意愿。即使是针对社会多个领域、多个层次用户的信息集成产品或商业网站的信息资源建设，其种类也要符合相应的社会信息需求，这样才能够产生一定大小的相应的社会信息消费群体。否则，生产者即使付出很多的劳动，也难以产生相应的社会信息消费群体，信息商品的价值实现也将受到影响。

信息含量即一种信息商品必须要具有的内容深度、必要的相关说明及其他必要的各种附加结构要充足，这是实现信息商品的价值必须要具备的基本条件。一种信息商品的信息含量是否充足，决定用户对这种信息商品的可使用性能否产生足够大的信息使用效果。即使一种信息商品其类型符合用户需求，但如果内容过于简单，深度不足，缺乏必要的附加结构，用户使用这种信息后难以得到预期大的利益，甚至无法使用信息，其信息商品的市场交换能力必然受影响。在很多情况下，用户的信息需求特点是复杂的，不同的用户对信息商品的内含信息量或内容深度的要求并不相同。信息商品生产人员生产某种信息商品时，至少其内含信息量或内容深度要达到一定的程度，而且其各种附加结构要充足，说明要充分，以便能够保障特定用户或用户群体使用信息后的预期利益。

信息内容的新颖性是提高用户的信息使用效果，促进信息商品的价值实现要具备的重要条件。绝大多数的信息商品都具有不同程度的时效特点。对用户来讲，越是代表最新发展水平的科技信息、社会信息和经济数据，其使用效果也越大。相反，内容过时的、陈旧的信息难以保障用户预期的信息使用效果。有些过时的信息甚至可以变成毫无用处的废品，如果不及时更新或更换，就可以影响整个数据库或信息商品资源的质量，影响其商品价值的实现。

2. 用户环境

用户环境包括三个方面的内容：用户的信息获取能力，用户对信息内容的吸收能力，以及用户的信息实施条件。用户的信息获取能力是购买与利用信息的前提，要使用户具有这一能力，需要基本的信息获取工具及相关的基础设施。用户对信息内容的吸收能力也影响用户对信息的需求，进而影响信息价值的实现。用户难以吸收信息内容主要有两个方面的原因：一是信息商品内含知识的深度和结构等明显超过用户可接受的水平；另一个是对外文信息的使用能力差。要提高用户对信息内容的吸收能力，一种途径是信息服务部门要根据用户的某种特定需求，尽可能提供通俗易懂的信息资源。对一部分产品开发型的信息来讲，其商品价值的实现还需要用户具备相应的人才、资本和其他一定的物质条件等。否则，即使为用户提供经济开发价值很高的重要的信息情报，也无法实施该信息。

3. 信息商品市场

信息商品市场也是影响信息商品价值实现的重要因素，信息商品市场的发育程度如何直接影响信息商品的流通量或交换量，制约信息商品的价值实现。发展与培育信息商品市场必须合理布局信息商品市场，充实信息管理人才、信息设备，提高市场可处理信息资源量。

二、信息商品的使用价值

（一）信息商品的使用价值

信息商品的使用价值在于它对人们在学习、研究、管理、决策、生产等诸方面的有用性。美国信息经济学家马克·波拉特指出，信息是人们认识事物的媒介，人们的行动无论是什么都包含有信息处理的因素，如果没有信息处理，便意味着没有认识功能，人们则似乎没有活动。所以任何信息商品都可以满足人们的某种需要，都具有使用价值。需要说明的是，信息商品的使用价值仅指载体中所含信息的使用价值。作为信息商品实质的信息，其本身是无形的，是以一定的符号系统固化在一定的物质载体上的，信息商品的使用价值在于信息中无形的语义内容，并不包含载体的使用价值，也不因载体的改变而改变。

信息商品作为一种特殊形态的商品，它的使用价值及其实现过程有其特殊性。

1. 同一信息商品对不同的使用者具有不同的使用价值，或者说信息商品的使用价值具有多维性

信息商品是一种精神产品，它的使用价值通常不是指它本身的直接的有用性，而是指它被应用后发挥的效用，由于同一信息商品对同一时间内使用的不同用户有不同的作用方面，因而对不同的人表现出不同的使用价值。同样一本书，有人看是为了开阔视野，增长知识，有人看是为了解决某一具体问题，而有人看仅仅是为了消遣。由于不同的人有不同的目的，只是对特定信息的特定部分感兴趣，因而在利用了该信息商品后，该信息商品就表现出不同的使用价值。同样由于使用者自身条件的不同，如知识水平、智力条件、环境条件、设备技术条件等不同，对信息商品的开发程度是不同的，也会导致同一信息商品因人而表现出不同的使用价值。

2. 信息商品使用价值的共享性

物质商品的消费表现为占有和消耗，其使用价值具有排他性。也就是说，物质商品只能被一个购买者消费，卖方卖出该产品后，自己也就失去了对该商品的使用权，物质商品的使用权与所有权是一致的，所有者只有一个，表现为有彼无此。而信息商品是一种精神产品，使用权和所有权是可以分离的。一般的信息商品在进行交换的时候，原来的信息持有者虽然出售了该信息产品，但失去的只是包含信息内容的物质载体，仍然掌握着信息中的语义内容，也就是说仍然持有该信息商品的使用价值。这就是我们平常所说的“你有一

个苹果，我有一个苹果，我们彼此交换，那么每人仍只有一个苹果。而你有一种思想，我也有一种思想，我们彼此交流这些思想，那么我们每人将各有两种思想”。一件信息商品在其商业寿命期间可多次用于交换，在空间上可以同时使用，在时间上可以相继使用。所以信息商品是一种购买者有所得，出卖者无所失的商品，它的使用价值具有共享性。

对于一些特殊的信息商品如专利等，虽然在一段特定的时间内表现为垄断和独占，但是，如果用发展的观点从整个流通和使用的历史来看，这些信息商品的使用价值最终也是要被共享的。

3. 信息商品使用价值的不确定性

物质产品的生产和使用具有确定性，在一定条件下，投入与产出之间有着必然联系，它的使用价值一般是可以预料的，而信息商品作为一种脑力劳动的成果，投入与产出之间一般没有什么必然联系。同时，由于信息商品使用价值的共享性，可供多人、多次、多方面地重复使用，效用在不同时间，不同用途，不同用户的使用中逐步发挥出来，使用价值的实现是一个空间和时间的延续行为，这也使得它的使用价值难以预测，表现出使用价值的不确定性。

（二）信息商品使用价值实现过程的特殊性

信息商品的使用过程，就是一个经由用户消化，吸收并作用于决策或付诸实践的过程，它的使用方式即使用价值实现过程同其他产品有许多不同之处。

1. 使用价值实现的间接性

一般物质产品被占有后，即获得了它的使用价值，但是否获得信息商品的使用价值，并不在于获得该信息产品的形式或载体，而是取决于信息产品在行为过程中实现某种效益或实现的程度如何。信息商品并不能立即地、独立地给使用者带来直接的利益，因为它往往不是直接作用于科研、生产或活动，它的使用价值的实现必须与使用者的智力劳动相结合，是一个再认识、再创造的复杂过程。没有使用者经过一定程度的分析处理并作出某种决策或实施某种行动，信息的使用价值就不可能实现。所以它的实现是间接的。

2. 无形损耗

对于物质产品，其使用价值的实现是以其商品的物质消耗为基础的。信息商品是一种精神产品，就信息本身而言，并没有物质的成分，它的使用价值在于信息中无形的语义，人们使用的是信息本身，因而是一个无形的过程，并不存在物的消耗过程。信息商品使用价值的实现也不存在对信息内容的消耗，只存在着由于信息的更新和替代引起的无形损耗，和对载体的一定程度的磨损。另外，物质商品尽管也有无形损耗，不过同信息商品相比，前者的损耗速度要远小于后者，比如信息产业中的摩尔定律就揭示信息产品性能上升与价格下降的一个周期只有18个月左右，而“新摩尔定律”——光纤定律则指出，Internet频宽增加一倍，成本同时下降一半的周期只有9个月左右，比芯片变革的速度还快一倍。

3. 衍生性

物质商品的使用价值在它的生产过程中一般就已经确定下来了。信息商品虽然在生产它的时候也有一定的目的和方向，但在使用过程中，经过某些适应性的变化（有时甚至不加改变）之后，便可以不断地衍生出新的用途。这些新用途的拓展常循着两个途径，一是经过横向转移，扩大了使用价值的范围或者领域；二是经过纵向渗透，继续开发了一系列的相关产品甚至新的产品，从而获得了更多的经济效益。

由于信息商品使用过程中的上述特性，以及使用者自身的智力条件和应用条件等的差异使得使用价值的利用状况存在多种可能。

① 信息商品所包含的全部使用价值被使用者吸收和利用，用公式表示就是 $S(I)=U(I)$。其中，$S(I)$ 代表该信息商品的全部使用价值，$U(I)$ 表示使用者使用某信息商品后吸收利用了的信息。这种情况一般是在以下几种条件下发生：第一，获取的使用价值正好是用户本身没有的；第二，信息商品所包含的全部使用价值正好是使用者需要的且能够吸收的。

② 使用者只吸收了部分使用价值，即 $S(I)\supset U(I)$，这可能是因技术条件，也可能因使用者的水平不够造成的。

③ 使用者没吸收任何使用价值，用公式表示就是 $S(I)\cap U(I)=¢$。其中的原因主要有三种：第一种，信息商品的使用价值使用者以前全部都具有；第二种，使用者还不知道这种使用价值；第三种，使用者完全没有这种能力吸收或利用这种使用价值。

4. 使用者获得的使用价值超出了原有信息商品的使用价值，用公式表示为 $S(I)\neq U(I)$，这可能是因为使用者在使用信息商品的过程中，通过智力活动的再创造，产生了新的信息，超出了原定的使用价值。

第三节　信息商品的价格决定

一、信息商品定价的理论基础

经济学中关于价格理论的讨论相当丰富，虽然这些价格理论是严格假设下的模型解释，它们还是给我们现实生活中的信息商品定价奠定了一定的基础。目前的信息商品定价理论主要集中在以下几个方面。

（一）古典经济学理论

应用古典经济学理论解释信息商品价格的形成，包括效用价格论、供求价格理论、生产费用理论。

1. 效用价格论

效用价格论认为信息商品的价格主要由信息使用后可能产生的效用来决定。原因在于信息商品的生产不存在平均化的社会必要劳动时间，没有一个稳定的价值衡量标准，而效用能够比较正确地反映信息商品的价值，因此效用也就成了信息商品的价格形成基础。根据该理论，效用为使用该信息商品后的预期收益（或损失）与不使用该信息商品的预期收益（或损失）相比，两者之差就是信息价格的最高值：

$$P(I)\leqslant\sum_{i=1}^{n}P_{i}j_{i}-\sum_{R=1}^{n}Q_{R}H_{R} \tag{10.3}$$

式中，Q_R 是使用信息 I 前事件发生的概率；H_R 是使用信息 I 前的可能收益；P_i 是使用信

息 I 后事件发生的概率；J_i 是使用信息 I 后的可能收益。可以看出，信息商品效用越大，信息商品的价格就越高，反之则越低。

效用价格实际是消费者愿意支付的价格，由于不同需求者对同一信息商品的效用评价会有所差别，有时可能差别很大，因此，如果使用效用价值来确定信息商品的价格，只能给出一个价格范围。而且，由于消费者对效用的评估是隐性知识，信息商品销售者进行定价时很难了解消费者的效用评价，因此，效用定价也具有很大的不确定性。但是由于信息商品是经验型商品，其效用的发挥和实现很大程度上取决于消费者的感受和满意程度。

2. 供求价格论

供求价格论认为市场的供求关系决定了信息商品的价格。对于单独的厂商来说，他们没有能力控制市场价格，而只是价格的被动接受者。如图 10-12 所示，S 表示供给曲线，D 表示需求曲线，E 是均衡点，E 所对应的价格 P 是信息商品的供求平衡价格，所对应的数量 Q 是信息商品的均衡需求量。

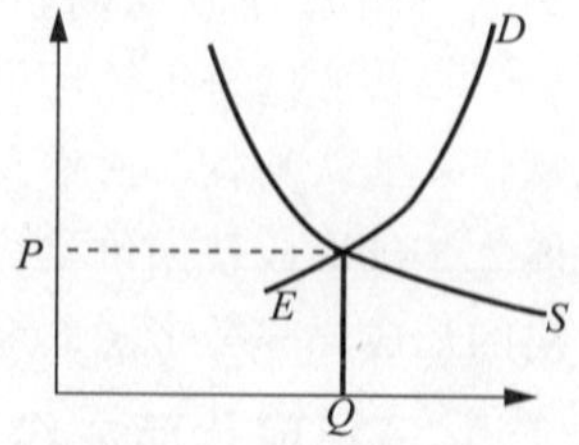

图 10-12　供求均衡价格

这种观点非常强调信息商品的市场供求，买卖双方的讨价还价能力，对于信息商品本身的使用价值与价值不太关注。在市场经济中，这种观点有一定道理，但市场供求毕竟还是与产品本身的使用价值、价值有关，而在产品没有定价前，其供求关系是未知的，因此，供求价格论作为信息商品二次定价的重要参考因素，用于首次定价有些难度。

3. 生产费用论

生产费用论认为信息商品的价格取决于商品的生产成本与耗散费用，以及利润率。公式表达为

$$P=C+C\cdot r \tag{10.4}$$

式中，P 为信息商品价格；C 为生产成本；r 为产品利润率。

从公式上可以看出，信息商品的生产成本越高，其价格越高；企业利润水平越高，信息商品的价格也越高。由于行业平均生产费用在一定时期内是固定的，行业内各企业的生产成本和利润是雷同的，因而信息商品价格在一定时期内会表现出一定的相似性。

（二）马克思劳动价值论

该理论运用马克思的劳动价值论解释信息商品的价值和价格。马克思劳动价值论认为价值量由信息商品生产的社会必要劳动时间决定，价格的形成以价值为基础，是价值的货币表现。

该理论对信息商品价值和价格的解释，学界也有些不同看法，一是认为信息商品特殊，不可能准确计量信息商品的社会必要劳动时间，于是也就无法衡量它的价值；二是信息商品中的社会必要劳动时间实际上是个别劳动时间，那意味着生产开发某一信息商品的劳动消耗越大，其价值就越大，价格就越高。信息商品就不必节约劳动时间，不必讲求效率，这不符合商品经济一般规律；三是商品交换在充分竞争、供求平衡，不存在垄断的情况下进行，价值才能决定价格，而信息商品的生产具有唯一性、独创性，即经济学意义上的垄断性，不符合价值决定价格的市场条件。

但这些批评意见也不为所有人所赞同，桂学文提出，马克思曾经指出："只有劳动才是我们在任何时候都能够用来估计和比较各种商品价值的最后和现实的唯一尺度"，马克思也提出了复杂劳动的化简问题，个别劳动时间转化为社会必要劳动时间是一个技术问题，中国有学者也已提出解决的方法。另外，马克思及其后的一些学者也提出了价值向价格的转化问题，即在简单商品经济条件下，市场价格表现为简单的市场价格，以市场价值为轴心。在竞争的市场格局中，市场价格表现为竞争的市场价格，生产价格是其波动的轴心。在垄断的生产格局中，市场价格表现为垄断的价格，垄断价格是其波动轴心。

马费成糅合了效用价值论与劳动价值论，提出不同层次的信息商品可用不同的理论来解释。他认为，一次信息商品的价格主要决定于效用或效益价值，二次信息商品以劳动价值为基础形成费用价格，而三次信息商品兼有一次信息商品和二次信息商品的特征，其价格的形成要充分考虑其劳动价值和效用价值。

（三）现代西方经济学理论

借助于现代西方经济学关于价格理论阐述信息商品的价格问题，包括边际成本理论、垄断价格理论和均衡价格理论。

1. 边际成本理论

边际成本理论是在完全竞争市场的假设前提下，企业为实现自身利润最大化，将再生产一单位产品的边际成本（*MC*）等于消费者的边际效益（*MB*）时的价格确定为信息商品的价格。公式表达为

$$P=MC=MB \tag{10.5}$$

这是不考虑个性化的外部性的社会最优价格，它既实现了企业的规模产量也实现了社会效率，达到了帕累托最优。但在信息市场中，市场表现出的是垄断与竞争的双重特性，完全竞争的市场状态是不存在的。所以，单纯的边际成本理论难以成为信息商品实际定价的基础。

2. 垄断价格理论

垄断价格理论以信息商品具有垄断性作为前提，承认信息商品生产商对商品所持有的垄断权利。这种垄断权利源于由各行业自身特点形成的自然垄断，也可以源于人为规定的法律和权利，如知识产权法。当市场处于垄断状态时，厂商为保证收回投资，实现利润最大化，通常会以高于平均成本的价格定价，形成垄断价格。垄断价格的形成，一方面保证了信息商品生产者的利益，并为其提供了继续生产的激励，另一方面却造成了净损失，降低了社会效率。

可以看出，垄断价格理论是一种与产权相关的信息商品价格理论，信息商品的价格与产权之间存在着一定的关系。无论信息商品表现出的是公共物品属性、私人物品属性，还是垄断特性，只要是产权属性不同，商品的价格都会随之改变。

垄断者定价这种方式在信息市场上是存在的，但是大部分信息商品的供需还是处于竞争状态的。

3. 均衡价格理论

均衡价格理论认为信息商品的价格应该以生产费用为基础，兼顾一定时期的市场状

况，包括综合考虑供求关系、垄断特征和竞争程度等因素而制定出的均衡价格。这个价格体现了市场上多种因素的作用，既是一个主动的价格，也是一个被动的价格，它实现个体收益与社会收益的均衡。

总结以上理论可以发现，马克思劳动价值论和效用价值论，主要从信息商品的价值或使用中的期望收益出发，揭示了信息商品价值和价格的实质内涵；供求价格论和垄断价格论，主要从信息商品市场的角度出发，考虑宏观的市场结构和企业实力，有助于解释整个信息商品市场的价格问题；生产费用论和边际价格论，主要从信息商品生产过程本身出发，从微观角度考虑信息商品的价格制约因素，有助于说明不同信息商品的价格差异；均衡价格论则考虑了多种经济因素的交叉作用，其解释能力似乎更强一些。

国内有些学者针对上述理论存在的不足，也尝试提出了其他一些理论，如综合要素价格。它以信息生产成本为基础，以效用为核心，兼顾需求、垄断、竞争等市场因素，建立了由供需双方共同作用来确定信息商品价格的模型。

以上是信息商品价格形成的理论解释，因为其特殊性，信息商品的定价实际上还受其自身多种因素影响，下面我们试图分析这些特点对其价格的影响机理。

二、信息商品特点对价格形成的影响

和物质商品不同，信息商品一般具有以下三个典型特性：零边际成本、信息悖论、非竞争性消费。这 3 个特性严重影响着信息商品市场及其需求与定价。

（一）成本结构的特殊性

信息产品是一种特殊的商品，与一般的商品不同的是它在成本构成上具有高固定成本和低变动成本的显著特征，这是由信息产品的生产所决定的。信息产品的生产通常分成两个阶段：在第一阶段是智力的创造性劳动阶段，需要大量的投入才能创造出第一个信息产品。这一阶段所投入的高固定成本是一种沉没成本，布鲁斯·金格马形象地称之为“首稿成本”。而生产的第二阶段则主要是机械性复制阶段，由于复制信息的成本很低，因此，只需很低的边际投入便可生产产品。因此与高额的首稿成本相比，信息产品的边际成本几乎为零。例如，编制一个软件程序可能需要上千万美元，而刻录（复制）一张光盘却花费不到 1 美元。信息产品在成本构成上的这种特点使信息产品的定价遇到了困难。因为依据传统经济学理论，竞争市场均衡时厂商定价的根据是 $MR=MC=P$（其中，MR 是边际收益，MC 是边际成本，P 是产品价格）。但事实上，由于信息产品的边际成本通常都很低，因此，如果信息产品采用边际成本的定价方法，那么生产信息产品所耗费的前期高额固定成本就难以得到补偿。不仅如此，信息商品的这种成本结构还导致了以下显著结果。

1. 产生自然垄断（Normal Monopoly）

根据非斯曼尔德对自然垄断的定义：如果某厂商平均成本最低处产量足以满足整个市场需求的话，就存在自然垄断。又据鲍莫尔定义：如果产业成本函数在相关产出范围内是次可加时，产业是自然垄断的，平均成本递减就意味着可加性。可见，零边际成本的特性使得信息商品可以无限扩大产量以逐渐降低平均成本，而这个产量完全可以满足整个市场需求，因此信息商品市场存在自然垄断。自然垄断为企业提供了垄断势力。在现实社会中，企业既可以制定高价格尽快收回投资，也可以用低价格战略阻止新进入者进入市场。

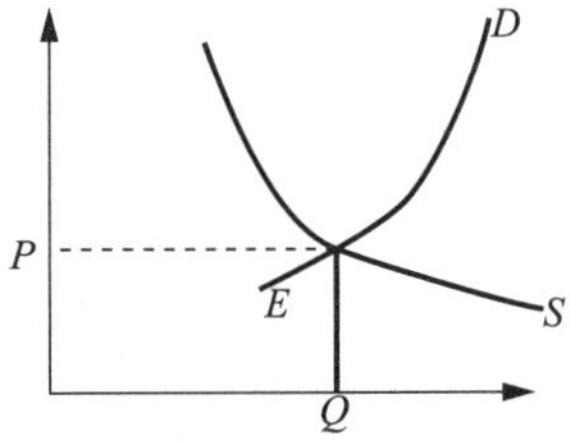

图 10-13　普通生产的平均成本曲线

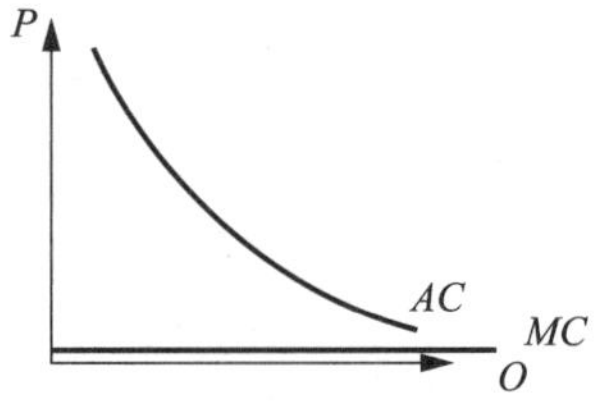

图 10-14　具有自然垄断特性的平均成本曲线

2. 为价格歧视提供可能

由于边际成本为零，信息商品提供给额外顾客的成本几乎不受边际成本约束，所以生产商在顾客可能接受的最高价格与自己可以接受的最低价格间，可以任意制定一个有针对性的价格，也就是生产商可以实施价格歧视，用多个价格甄别消费者，避免将消费意愿较低的消费者被排除在市场之外。尽管这种价格歧视备受争议，它还是增加了社会总产出和社会效率，当然也增加了生产者收益。

图 10-15、图 10-16 显示了价格歧视如何扩大生产者收入的情况。

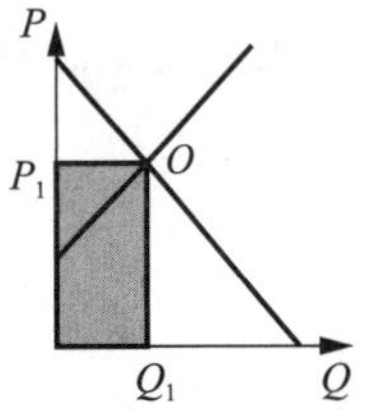

图 10-15　无价格歧视

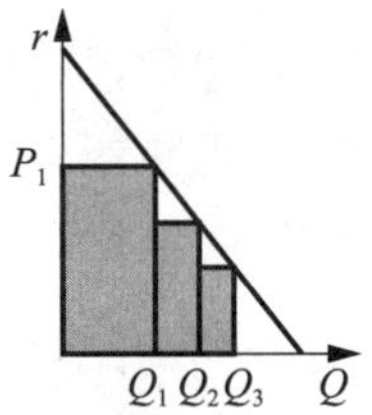

图 10-16　有价格歧视

3. 规模经济

信息商品生产商普遍具有扩大规模的意愿，因为边际成本为零，取消了生产规模的约束，而产出规模越大，产品的平均成本越低，产品越易出售。所以信息产品具有规模经济效应，即规模越大，经济效益越高，社会效率越高，反之越低。

4. 转售成本低

信息商品的再生产就是制作一份新的拷贝，它的制作相对物质产品来说较为简单，如果首先购买信息商品的人制作拷贝并转售他人，将会严重改变市场供求结构，并且会促使价格降为边际成本，导致信息市场崩溃。

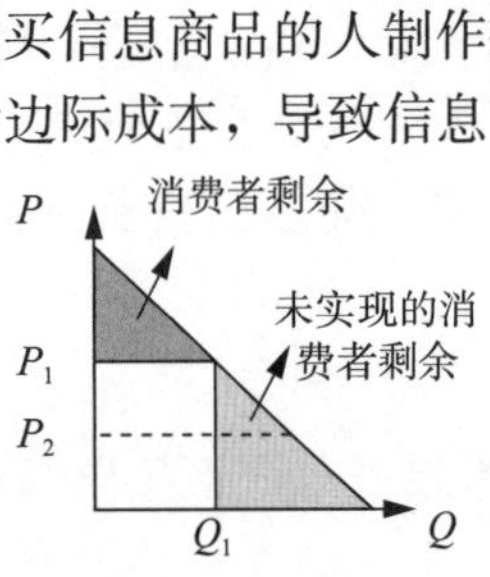

图 10-17　信息没有被转售

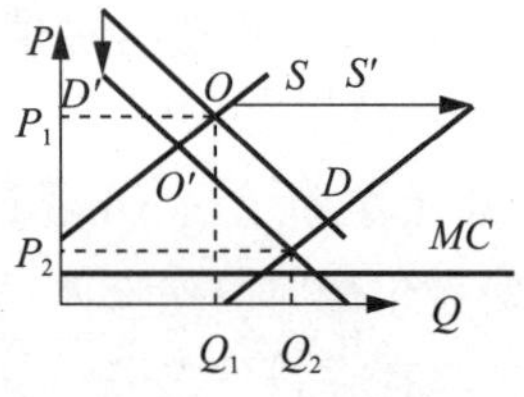

图 10-18　转售情况下的供给与需求曲线变化

在图 10-17、图 10-18 中，浅灰色区域的未实现的消费者剩余吸引着最先购买信息商品的消费者去转售该信息商品。如果该消费者复制并转售此信息商品，他可以用低于均衡价格 P_1 的价格 P_2 出售，这样会增加市场供给量并导致供给曲线 S 向右移动到 S'，而市场的消费者如果预期到信息商品价格会以 P_2 出售，就会停止购买直到价格降为 P_2，从而需求曲线 D 下降到 D'，结果最终的均衡点由 O 移动到 O'，信息商品价格由 P_1 降到 P_2，而需求量因价格下降而最终增加为 Q_2。转售者获得深灰色区域的消费者剩余。这种情况可以用盗版市场证明。

（二）信息悖论

信息商品普遍是一种体验性产品，就是说消费者对产品体验在前，而对价值判断在后，这就使得消费者可能因为体验过之后，掌握了这条信息内容，而放弃购买愿望，结果信息生产商无法出售商品。尽管厂商采取了很多组合销售的策略，阻止了消费者发生类似行为，仍旧无法完全消除这种现象，因为这是由信息商品的特点决定的，例如，消费者可能把书店当作免费的图书馆，随意翻阅而不购买，店员无法阻止这种行为，结果书店效益低下。

（三）非竞争性消费

信息的可共享性是信息商品非竞争性消费的基础，信息商品的这种特性，使得它可以同时为多人消费，而价值不一定有损耗。例如，股票市场的预测信息可以同时被多人购买，当然价值可能在不同的购买者手中不一，但是购买者之间互相并不影响各自的消费，尽管后来购买者获得的价值不一定有前购买者高。这种非竞争性消费特性还导致以下结果。

1. 信息商品被顾客转售

首先购买信息商品的消费者获得了信息内容后，如果他转售此信息商品，并不会减少他的收益，反而会增加一笔额外收入，补偿了他付出的成本，因此他就具有了转售的积极性，在产权保护不健全或者监测成本高昂时，这种行为很有可能发生。转售类型包括两种：①以低价格向无此信息商品的需求者转售；②如果存在价格歧视，转售者可能以较低价格获得，而以较高价格转售给高端市场，赚取差价。

2. 改变消费者价格预期

如果消费者预计到信息商品会很快地被转售，而在转售过程中，其价格肯定会逐步降低，消费者可能就会改变价格预期。原来可能愿意以 100 元购买的信息商品，现在只愿意花费 50 元购买，并等待他人转售。例如，在大学生中二手教科书的转让是有相当市场的。

3. 改变市场供需结构

由于信息商品可以共享使用，很多时候多个消费者愿意共同购买一件信息商品，分时或同时共享使用，实际上这种共享使用没有降低任何一个人的消费感受，只是降低了总的消费量，例如，报纸市场，一份报纸的传阅率是 3～4 人；在影碟租赁市场，一般影碟可能被 1 人租赁 10 人观看。这种行为降低了市场的需求，迫使高价格存在。如图 10-19、图 10-20 所示，无共享消费的社会总需求为曲线 D，价格水平为 P_1，产量水平为 Q_1；而有共享消费时社会总需求曲线左移到 D'，价格水平降低为 P_2，产量水平降低为 Q_2。

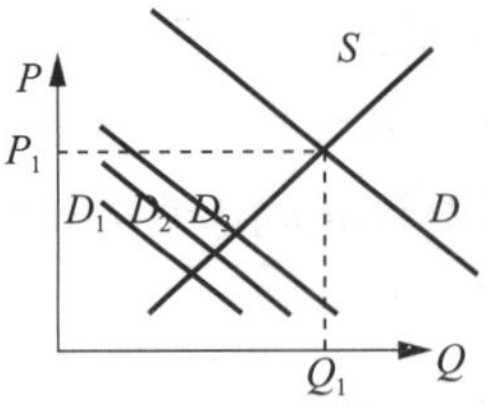

图 10-19　无共享消费

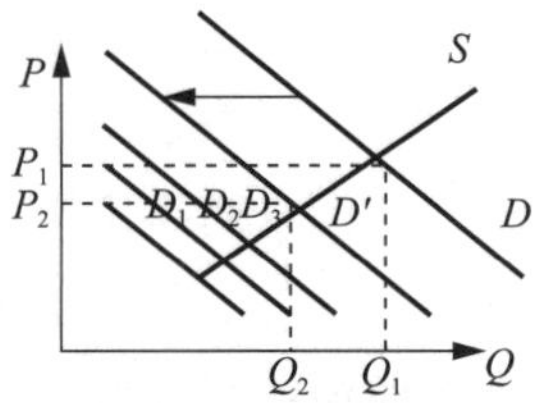

图 10-20　共享消费

（四）信息市场竞争模式

经济学一般把“纯粹竞争市场”（Purely Competitive Market）定义为有多个竞争者同时生产同类型、无差异商品的市场。例如，小麦市场、谷物市场、股份销售市场等，都是纯粹竞争市场，而垄断竞争市场（Monopolistic Competition Market）则是指不存在大量相同产品，但各种产品间存在替代性的市场。例如，汽车市场、飞机市场等，都是垄断竞争市场，显然，纯粹竞争市场更接近于完全竞争市场，市场上的单个生产者没有决定价格的实力。但是，在垄断竞争市场上，由于产品差异性存在，单个生产者拥有一定的决定产品价格的权利。

观察信息商品市场的商品形态、生产商数量、竞争和垄断状况，可以发现，它更像一个垄断竞争市场，而非纯粹竞争市场。事实上，正是由于信息商品生产过程的特殊成本结构带来的自然垄断特性和信息商品消费过程中的体验性，使得信息生产商都具有一定的垄断势力，而且信息商品的体验特性带来的产品个性化和顾客感受加大了顾客被锁定的力度，降低了产品间替代率。例如，企业对财务管理软件的选择有很大的历史依存性，在长期使用过程中，软件的升级都必须依赖最初的软件提供商；消费者对某种休闲杂志的偏好可能会持续一生，尽管每年都会有类似杂志出现等。此外，知识产权法规保护赋予产权所有者垄断的权利也导致垄断形成，而且保护力度越大，垄断势力也超大。例如互联网上的MP3音乐免费下载网站就因为音像出版商的诉讼而被迫退出市场。

从20世纪90年代开始的信息商品市场的快速膨胀，一方面是技术进步的内生性因素影响，另一方面也是高投资和高利润的交叉作用。从结果来看，目前的信息商品市场普遍拥有多家实力相当的厂商，以大（中）型数据库软件市场为例，Microsoft、IBM、Oracle、Syloase四家公司几乎瓜分了这个市场。

由此看来，信息商品市场是一个垄断竞争市场，接近于张伯伦的垄断竞争市场模型，即存在多个垄断厂商的有限竞争状态。所以，张伯伦的垄断竞争市场模型是分析现有信息商品定价策略的基础。

三、信息商品定价策略

由于信息商品市场接近于垄断竞争市场模型，所以这种市场的特点和信息商品自身的特征共同决定了信息商品的具体定价策略。其主要定价策略包括：

（一）多重定价

多重定价是指厂商对于同一件信息商品通过不同角度进行分割或者组合，赋予不同价格。多重定价比实行单一垄断价格对生产者更有利，它能使生产者获得更多的生产者剩余

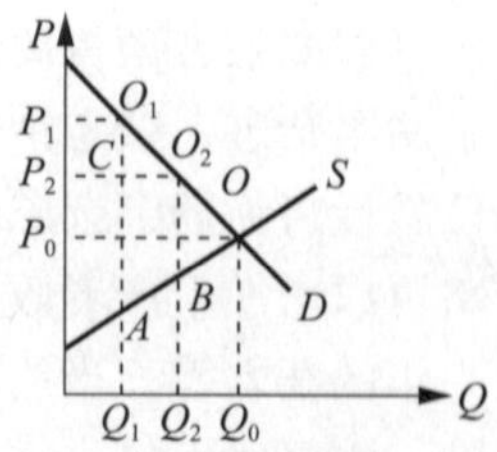

图 10-21 多重定价

（利润），进而为信息产品的生产和创新提供更好的保障和激励。多重定价也使具有较低支付意愿的消费者的需求得到满足，使消费者剩余增加，从而改善了经济效率。从某种意义上说，它是一种“更为有利”的价格歧视。下面以两重价格定价为例对此作以简单说明。

我们知道，总需求曲线 D 是由具有不同支付意愿的消费者需求的总和。当价格制定在比较高的水平上时，市场满足的只是具有较高支付意愿的那群消费者的需求，而具有较低支付意愿的消费者的需求却不能被满足。正如图 10-21 所示，当价格定在较高的垄断价位 P_1 时，产出为 Q_1，而数量为（Q_0-Q_1）的具有较低支付意愿的消费者被排除在市场之外。此时的净损失用$\triangle O_1AO$ 的面积表示。而实施两重价格定价时，则必须制定一个相对较低的价格 P_2（$P_0<P_2<P_1$）。之所以制定比 P_1 更低、比 P_0 更高的价格是因为在这个价格区间的定价才能保证产出的扩大，从而保证价格歧视是有利的。同时实施 P_1 和 P_2 的双重价格扩大了产出，产出水平由 Q_1 增加至 Q_2，从而使（Q_2-Q_1）数量的消费者的需求得到满足，净损失也减少至$\triangle O_2BO$ 的面积。

实施多重价格要具备以下前提条件：一是准确的市场细分和消费者甄别。二是要避免消费者套利。为防止消费者套利，卡尔·夏佩罗和哈尔·瓦利安提出了两种方法：降低高端市场的产品价格使之更具吸引力；或者降低低端市场的产品质量使之吸引力减小。此外，还要确保用户不能将低端产品转换为高端产品。

实际上，市场细分和防止顾客套利有时还不能完全保证多重价格策略的顺利实施，因为当顾客感到被“歧视”了而加以反对时，多重价格策略也难以实施。为避免顾客感到被“歧视”，多重价格策略的实施应尽可能地建立在产品适度差异化的基础上。对信息产品而言，实现对同一产品或相似产品的顾客认知价值差异化的主要策略是信息产品的版本差异化。即信息产品的生产者通过提供信息产品的不同版本，实施不反映成本的不同价格，让消费者自我选择来实现利润的最大化。进行版本差异化的具体策略包括：分别依据信息产品的时滞、信息产品的载体、使用权限、质量、存储容量、附加服务等进行版本差异化。

（二）捆绑定价

捆绑定价是指将两种或两种以上的相关产品，捆绑打包出售，并制定一个合理的价格。这种销售行为和定价策略在信息商品领域常常出现，例如微软公司将 IE 浏览器与 Window 98 计算机操作系统捆绑出售。此外，微软的 Office 软件也是一个典型的捆绑销售商品，捆绑销售的收益体现在其价格上。为说明此问题，让我们举个例子来看，有两位教授斯塔夫和希恩，两本杂志《经济学人》和《经济报道》。教授斯塔夫愿意为《经济学人》付出 160 元，而只愿意为《经济报道》付出 120 元，教授希恩愿意为《经济学人》付出 120 元，愿意为《经济报道》付出 160 元，如表 10-1 所示。

表 10-1 购买某种杂志愿意付出的价格 单位：元

教授	《经济学人》	《经济报道》
斯塔夫	160	120
希恩	120	160

假如杂志销售商想实现收益最大化，他只有为每本杂志定价为120元，两位教授都买了两本杂志，杂志销售商总收入为480元；假如杂志销售商将两本杂志捆绑出售，那么每位教授将为捆绑杂志付出280元，这样，杂志销售商将有560元进账。显然，捆绑定价策略可以增加生产者收入。事实上，很多信息商品都在捆绑销售，例如，ERP软件、订阅一年的杂志等。当然，捆绑商品的好处不止如此，它还可以降低用户的搜索成本、使用难度、交易成本等。

捆绑定价的实现需要一定的条件，具体表现在：①捆绑定价产品要具有一定的市场支配力；②捆绑定价产品之间有关联性，最好是互补性的。这种互补不仅仅是指产品之间的功能性互补，还包括捆绑定价的产品在消费者心中被联系在一起或可以被联系在一起，并且产品之间对彼此的竞争地位有显著影响。③捆绑定价产品目标顾客的重叠性，在捆绑定价中，两种产品的目标市场应有较大交叉的部分，这样才能保证两种或几种同时捆绑定价销售的产品是目标消费者所需要的。④捆绑定价产品之间市场定位的同一性，依据消费者的职业、收入、交易水平等变量将社会划分为不同的阶层，而不同的社会阶层在消费习惯、消费心理等方面存在较大的差别。因此，在对产品实施捆绑定价策略时，就要求捆绑产品市场定位至少是相同的或者相近的。

信息商品捆绑定价销售的常见方式有：信息商品组件捆绑；信息商品用户捆绑；信息商品定制捆绑和反捆绑。

（三）歧视定价

歧视定价是一种常见的定价策略。企业为了实现收益最大化，针对不同用户的支付能力制定了不同的收费价格，从而使各类用户都能购买该商品，这是一种以顾客为核心的定价策略。

皮古提出了著名的一、二、三级价格歧视，一级价格歧视是指将消费者最高意愿价格确定为商品卖价的行为，它的特点是完全剥夺了消费者剩余。二级价格歧视是指垄断厂商把商品购买量划分为两个或两个以上的等级，对不同等级的购买量索取不同的价格。比如对于一种商品，如果购买数量超过一定的限度，则可以获得一个较低的价格或一个价格折扣。二级价格歧视较多地出现在社会公共事业中，比如政府的批量采购常常可以获得一个较大的价格折扣，这可以以政府机关对“格力”空调的采购价格远远低于市场零售价来说明。三级价格歧视是指垄断厂商把购买者划分为两个或两个以上的类别，对每类购买者收取不同的价格。每类购买者就是一个单独的市场，比如针对中老年人、学生和一般人制定不同的价格。

歧视定价类型包括两种：基于对象和基于空间。基于对象是指根据顾客的身份、收入水平实施价格歧视，例如，杂志出版商针对大学图书馆、教授和学生制定的三种不同价格，而实际上成本是一样的（图10-22）（*MC*为边际成本；*AC*为平均成本；*MB*为边际收益；*D*为需求曲线）。

基于空间是指根据顾客所属国度或者地区实施价格歧视。例如，国际报纸发行商针对一份报纸在不同国家或地区制定不同的发行价格，当这种价格差别和成本差别不成比例时，就存在价格歧视。

当一家垄断厂商能够向每个消费者索取他愿为每单位商品支付的最高价格时，厂商就实现了完全价格歧视或一级价格歧视。

每个消费者均需求一单位的信息商品，但他们为这一单位商品所愿支付的金额各不相同，产生了向下倾斜的需求曲线。假定厂商知道每个消费者愿意支付的最高金额，能够防止转卖发生，它就可向每个消费者索取他愿支付的最高价格，从而不给消费者留一点消费者剩余。厂商的销售对象是任何一个愿意支付不低于厂商边际成本的价格的消费者。如图10-23所示，实施完全价格歧视的垄断厂商销售Q单位商品，最后一个边际消费者支付的价格为P。每位对信息商品评价大于边际成本的顾客都买到了商品，并接受了其支付意愿的价格，所有互惠的贸易都进行了，没有无谓的损失，由于消费者的剩余为零，市场的全部剩余以利润的形式归于信息商品提供商。

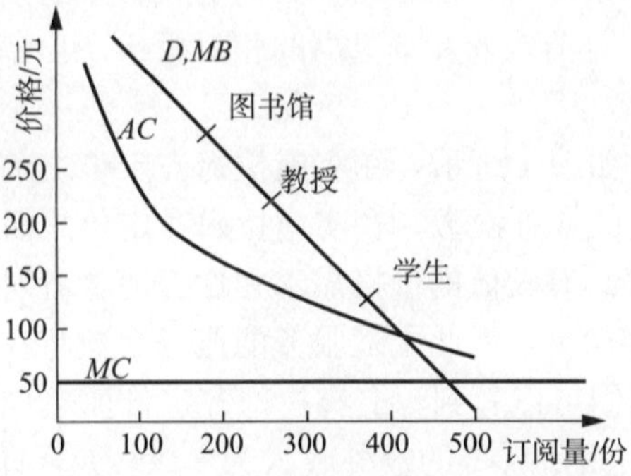

图 10-22　实行价格歧视和分段市场的结果

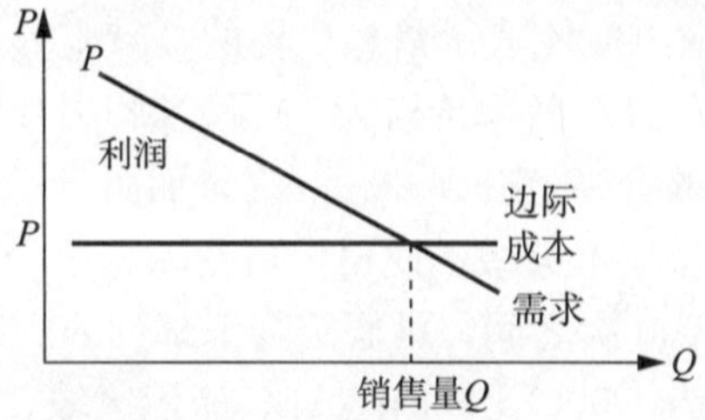

图 10-23　完全价格歧视

当信息商品提供商得到消费者偏好的准确信息，可能推断出每个消费者的消费者剩余，以实施完全的价格歧视。具体而言，就是个人定制和个人定价。首先，信息技术的发展使信息服务的个性化设计或定制服务越来越容易实现，定制服务使其对消费者具有最大的效用；然后，分析出消费者的消费偏好、购买力、累计总额等信息；最后对价格进行个人化。由于现代通信技术的成熟和良好的交互性，使厂商可以一对一建立智能定价系统，彻底剥夺消费者剩余。

（四）拉姆齐价格

1. 拉姆齐价格的定义

拉姆齐价格是一系列高于边际成本的最优定价。它能资助商品和服务的提供，当某一商品或服务的价格提升所产生的净损失小于运用额外收入所产生的净收益时，经济效率就提高了。

在信息机构提供的一系列信息商品中，既有核心业务，也有一般业务，且其具有不同的投入产出函数特性。核心业务是信息机构存在的主要价值所在，具有较大的消费者效用系数，能给消费者带来更多满足和消费者剩余，因而具有较大的社会效益，需要信息机构切实提高其质量和水平；一般业务是提升核心业务水平的附加业务，其存在更多的是向信息机构提供经济效益。拉姆齐定价充分把握信息商品的特点，合理利用两种业务的不同，通过对一般业务收取高于边际成本的费用，将额外收入用于资助核心业务的提供和发展，使得一般业务价格提升产生的消费者剩余净损失小于运用额外收入产生的消费者净收益，从而增加消费者剩余，提高资源配置效率。

2. 拉姆齐定价实例

下面以信息机构的日常业务为例，对拉姆齐定价机制进行具体阐述。为简化分析过程，假定信息机构只开展两项业务，即信息咨询和文献服务（包括打印、传递等）。信息咨询是图书馆的核心业务，通过运用科学的分析和统计方法对各种信息进行分加工处理，从而为政府机关、企事业单位、社会团体等的决策活动提供极具价值的信息，具有较高的社会效益，也是图书馆必须加大资金投入、花大气力建设的。文献服务是信息机构的一般业务，它合理利用合作信息机构丰富的文献资料，结合便利性提高读者的支付意愿，通过提供文献传递和资料复印收取一定的报酬，具有较大的经济效益。然而经济效益只是针对图书馆，社会效益却是面向社会各界，在实际条件下，核心业务为消费者带来的效益远高于一般业务。因此，较之一般业务，核心业务对消费者具有更高的相对投入产出率，设其为 k，显然存在 $k \geqslant 1$，为便于下文分析，设 $k>2$。

图 10-24 表示信息机构的文献服务市场。如图 1 所示，在实施拉姆齐定价之前，文献服务的经济效率价格为 10 元/次以及 1 000 次的业务次数。在实施拉姆齐定价之后，文献服务的价格上升到 20 元/次，而由于一般业务具有较低的价格需求弹性，消费者对价格的变化反应不灵敏，使得价格变动量小于需求变动量，因此文献服务的业务次数将在 500 次到 1 000 次之间，可假定其下降到 800 次。我们可以看到，实施拉姆齐定价而造成的效率损失为 1 000 元，即△ABC 所示区域，而图书馆所获得的额外收入为 8 000 元，即□*BCDE* 所示区域，消费者剩余的总损失为两者之和，即 9 000 元。此时，为弥补实施高于边际成本的拉姆齐价格而造成的消费者剩余损失，信息机构可将额外收入 8 000 元投入信息咨询业务。由于 $k>2$，即信息咨询业务的消费者剩余投入产出比率大于文献服务的消费者剩余投入产出比率，因此，8 000 元的投入带来的消费者剩余增加量一定大于投入金额量，即它带来的消费者剩余增加值至少为 16 000 元。如此一来，消费者用 9 000 元的成本损失换来了 16 000 元的成本收益，消费者剩余的净增值达到了 7 000 元，在牺牲自身部分利益、资助信息机构核心业务建设开展的同时，最终也获得了核心利益更多的回报。

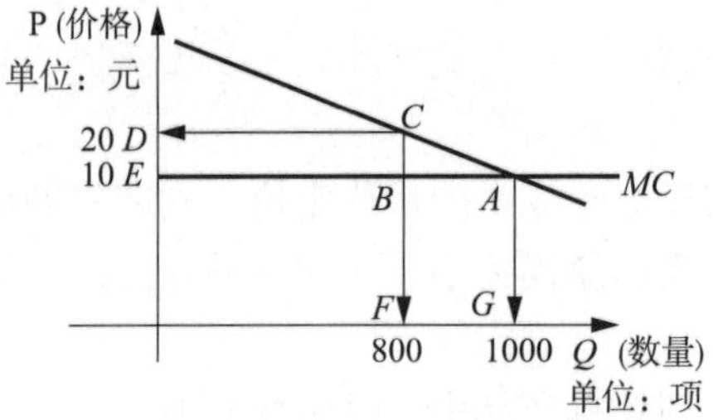

图 10-24　信息机构文献服务业务的拉姆齐定位

(3) 拉姆齐定价优势

拉姆齐价格在信息商品市场以及其他信息服务机构是相当普通的，因为它增加了社会福利，是一种有效定价方式。

首先，拉姆齐定价机制运用高于边际成本的价格，从信息机构的一般业务中获取一定的资金，并用其资助生产函数更高的核心业务的建设，从而为消费者赢得更多的利益，这点与垄断价格单纯榨取利润形成鲜明对比。其次，拉姆齐定价机制资助发展的业务具有较高的生产效用和社会效应，在同等投入下具备弥补高价产生的效率损失，并提高消费者剩余的能力。正如国家的税收政策：商家通过向国家机关交纳税款而不是自己筹资，让更具专长的国家机关进行经济基础设施建设，为经济活动提供良好的环境。信息机构的拉姆齐定价等同于信息机构向消费者收取的税收，并利用其在专业领域的特长生产出更有价值的信息商品和服务，最终提高消费者剩余，实现帕累托最优。

第四节　案例分析：微软公司的定价策略

信息商品给人们及社会带来了巨大的经济效益。但由于信息商品的一些特殊性质，如非消耗性、高固定成本、低边际成本等，使不同用户对同一信息商品的价值可能存在很大分歧，从而使得信息商品的价格往往难以确定，同时各个单位对自己的信息商品的定价方式也各有不同。究竟如何对信息商品进行定价，才能最佳体现其价值，并给本单位带来最大效益，是一个值得深入探讨的问题。

我们以微软公司作为一个案例进行分析，微软在亚洲市场上取得了巨大的成功，仅在中国就占领了近90%的市场。微软之所以如此，除了其产品质量高以外，其灵活的定价策略也立下了汗马功劳。

1. Windows NT 的定价

WindowsNT 是我们所熟知的操作系统。微软在为 Windows NT 定价时，对其提供了 Windows NT 工作站和 Windows NT 服务器两种版本。前者售价 260 美元，后者售价根据配置不同在 730 美元到 1 080 美元之间波动。两者售价差别这么大的原因，是因为 NT 工作站运行网络服务器时只能同时接受 10 个话路，而服务器版本则可以接受任何数量的话路。

2. Office 的定价

微软的 Office 取得了很大的成功，获取了办公室市场大约 90%的份额。Office 中包含一个文字处理程序、一个电子表格处理程序、一个数据库处理程序和一个演示工具。微软将这四个产品捆绑在一起出售。

3. IE 浏览器是免费的

微软曾在互联网上免费派发 Internet Explorer，而且还向原始设备制造商和 ISP 付钱，使其将 IE 设为“默认”浏览器。

4. Office 的群体定价

微软的 Office XP 价格显示，一般的普通售价为 399 美元，对企业售价为 499 美元，而对高校教授和科研工作者售价仅为 149 美元。

微软采用以上定价策略，究其深层原因，是由于它充分利用了信息商品的一些独有特性。

第一，利用了信息商品的外部效应特性。与物质商品不同，信息商品具有很强的外部效应，一部分人的使用，会对另一部分人产生影响，促使另一部分人使用。这种外部效应会产生正反馈，即成功产生更大的成功。所以，运用恰当的定价方式，对取得一定的市场份额十分重要。

第二，利用了信息商品高固定成本、低边际成本的特性。在信息商品生产出来前，需要做大量的投入，而当商品生产出来以后，再生产一份该商品的成本却趋近于 0。正是由于信息商品具有这种高固定成本、低边际成本的特性，微软才能大量地免费派发其浏览器 Internet Explorer。一般来讲，消费者对于免费使用的产品都不会太排斥。当消费者免费体验到了该产品的好处，微软在消费者心目中的形象便自然提升了；一旦微软的整体形象树立后，消费者往往也会爱屋及乌，倾向于信任微软的其他产品。这样做的另一个结果就是容易产生垄断的现象。

第三，利用了信息商品的匹配特性。信息商品常常要结合在一起使用。例如，硬件间的相互匹配，操作系统与应用程序方面的匹配，应用程序与其升级版本之间的匹配等。考虑到这种匹配性，用户在面临新的但不兼容的信息商品的选择时，往往使用原有的信息商品。Office 捆绑销售的成功，就与信息商品的匹配特性有很大联系。

第四，利用了信息商品的高科技属性。由于这种特性，用户更倾向于选择已掌握的信息商品。Windows NT 工作站和 Windows NT 服务器的价格相差甚远，而事实上，Reilly 软件公司经过科学分析后指出，这两种操作系统本质上是一样的，核心程序只有很小的改动。一般用户由于专业知识有欠缺，只好购买较熟悉的信息产品。

第五，利用了信息商品的体验性特性。不同的用户对同一信息商品有不同的体验，对其价值的判断也不尽相同。微软 Office 群体定价软件就是根据用户的不同消费心理和承受能力制定了不同的价格，以获取最大利润。

思考题

1. 简述信息商品成本的概念、类型及其构成。
2. 简述信息商品成本与信息商品产量的关系。
3. 影响信息商品价值实现的因素。
4. 试述信息商品的特点及其对信息商品价格形成的影响。
5. 论述信息商品定价策略，举例说明。

第十一章　信息技术与信息产业

现代信息技术催生了信息产业，使之成为国民经济的战略新兴产业和新的经济增长点，随着信息产业的迅速发展，其在一些发达经济体已经成为支柱产业，了解信息技术的内涵和特点，研究信息产业的发展规律，对于理解由于信息经济的发展而出现的新的经济现象，发展传统的经济理论具有重要意义。

第一节　信息技术及其与经济增长的关系

一、信息技术概述

（一）信息技术的定义

当今社会，信息技术（Information Technology，IT）已经广泛地融入到了人们的生产生活中，这个词也就越来越受到人们的关注。对于信息技术的定义，不同的学科领域、不同的学者有不同的看法。

（1）信息技术就是能够扩展人的信息器官功能的一类技术的总称。这个定义是最基本的。

（2）信息技术是指有关信息的产生、检测、变换、存储、传递、处理、显示、识别、提取、控制等技术，这种定义带有明显的技术取向色彩。

（3）信息技术是指能够完成信息的获取、传递、加工、再生和使用等功能的一类技术。或者，信息技术是指感测、通信、计算机和智能以及控制等技术的整体，这是从人的信息器官功能方面定义的。

（4）信息技术是人类在生产实践和科学实验中认识和改造自然的过程中所积累起来的获取信息、传递信息、存储信息、处理信息及使信息标准化的经验、知识、技能和体现这些经验、知识、技能的劳动资料有目的的结合过程。

（5）信息技术是针对信息的采集、描述、处理、保护、传输、交流、表示、管理、组织、存储和补救而采用的系统和工具的规范、设计及其开发。这是国际标准化组织（ISO）和国际电工委员会的定义。

上述定义分别从信息技术的外在表现形式和内在本质进行了描述，综合来看，信息技术是指涉及信息的生产、收集、存储、处理、流通和应用的技术、相关方法、制度和技能，以及相关工具和物资设备等。信息技术涵盖软、硬信息技术范畴，也就是说，信息技术是涉及信息的一切自然技术和社会技术，包括劳动者的技能，信息劳动工具和信息劳动对象，包括信息技术的管理制度、方法体系、解决方案、系统集成和服务体系等。

（二）信息技术的分类

目前，信息技术依据不同学科领域、不同学者的分类标准，可分为以下几类。

（1）按工作流程中的基本环节的不同，信息技术可分为信息获取、传递、存储、加工及标准化技术。信息获取技术包括信息的搜索、感知、接受、过滤等。信息传递技术指跨越空间共享信息的技术。信息存储技术指跨越时间保存信息的技术，如印刷术、照相术、录音术、录像术、缩微术、磁盘术等。信息加工技术是对信息进行描述、分类、排序、转换、浓缩、扩充、创新等技术。信息标准化技术是指使信息的获取、传递、存储、加工各环节的有机衔接，与提高信息交换共享能力的技术。

（2）按表现形态的不同，信息技术可分为硬技术（物化技术）与软技术（非物化技术）。前者指各种信息设备及其功能，如显微镜、电话机、通信卫星、多媒体电脑。后者指有关现行获取与处理的各种知识、方法与技能，如语言文字技术、数据统计分析技术、规划决策技术、计算机软件技术等。

（3）按照信息的技术载体或信息技术的支撑技术，信息技术分为微电子信息技术、光电子信息技术、超导电子信息技术、分子电子信息技术、生物信息技术。

（4）按照技术要素，信息技术分为微电子技术、通信技术、计算机技术、网络技术、软件技术等。

（5）从扩展和延伸人类的信息器官功能角度，信息技术可分为获取信息的信息技术，如遥感、遥测技术等；传输信息的信息技术，如通信技术、存储技术等；处理和再生信息的信息技术，如智能技术、人工神经网络技术等；应用和反馈信息的信息技术，如调节技术和控制技术等四大类。

（三）信息技术的特征

与其他技术相比，信息技术具有以下主要特征：

1. 高度的战略性

随着信息技术的发展和应用，世界各国已经越来越清楚地认识到信息技术对一个国家的政治、经济、军事及国际地位的重要性，信息技术已成为衡量一国综合国力的重要标志之一。如何开发和利用信息技术已成为各国首先考虑的重大战略决策。

2. 巨大的渗透性

信息技术是一个综合性、交叉性极强、涉及范围极广的技术领域，它已广泛地渗透到传统的产业部门，进行技术改造，促进产品更新换代，提高产品质量，减轻劳动强度，节约能源和材料，提高工作效率。目前，新兴电子信息技术应用的重点还扩展到了办公室业务、家庭生活、医疗保健、教育、交通、通信、电信、商业、科研、娱乐、保安、金融、气象、资源勘探、军事、大众传媒等各个方面，对产业结构、就业结构及人们的生活方式、思维方式均产生了深远的影响。

3. 极强的时效性

信息技术的发展越来越迅猛，其自身的创新性、交互性、兼容性、复杂性、替代性、标准化和覆盖面等方面的更新速度更是让人惊叹。例如，计算机的发明虽不到50年，但现今第六代产品的研制已形成热点；微型计算机出现才20多年时间，不仅设计工艺几经革命，而且新机种纷纷问世。特别是当前的数字技术革命正促进着电脑、电信、电视等方面的技术走向大规模融合，使信息产业的发展呈现出日新月异的景象。

4. 高度的竞争性

信息技术及其产业化的竞争，已远远超出了企业与企业以及产业集团之间的商业竞争范围，而成为国与国之间在军事、政治、经济竞争领域的战略制高点。

5. 高度的创新性

信息技术的创新是建立在现代科学技术的最新成就和多学科交叉基础上的新的进步，主要来源于大规模科学研究和重大的发明创造。目前，世界信息技术的更新速度是每年增加3倍，信息技术专利每年超过30万件，科研资料的有效寿命平均只有5年。20世纪以来，信息技术领域的几项重大突破——半导体、计算机、卫星通信、光导纤维等都体现了信息技术的高度创新性。当代经济的增长与技术创新的联系越来越紧密，发达国家40%～90%的经济增长要归功于技术的创新。

6. 高度的增值性

信息技术的高增值性主要取决于信息产品生产中的低消耗与高产出、高附加值。一方面，在信息产品的生产、流通及提供利用的过程中，大量运用先进的信息技术直接或间接地减少了生产中的物质与能源消耗，从而降低生产成本。另一方面，信息劳动是脑力劳动，而脑力劳动是一种高效率、高收益的劳动，有些信息劳动能在短时期内创造出超过其本身价值多倍的价值。例如，日本在发展传统产业中，特别注意利用信息技术，使工业生产的能源利用率比美国高25%～40%，数控机床的运用也使动力成本下降了22.5%。

7. 高额的投入性

信息技术是知识、人才、资金密集的新兴技术群体，因而，信息技术的研究与开发需要大量的资金投入。例如，美国半导体工业的研究开发费用占销售额的比例大约是8%～12%，设备投资的比例约为15%～25%。同样，美国为了开发360系列计算机，总投资达50亿美元。此外，信息技术产品的生命周期短，更新换代速度快，为了抢占市场，往往需要一次性的快速、大量的投入。

8. 高度的风险性

信息技术的研制和开发需要耗费大量的人力、物力、财力和时间。并且信息技术处于当代科学技术发展的前沿，不论从其自身的发展角度来看，还是从其对相关领域的影响来看，都具有高度的超前性和先导性，因此，其自身的发展和对其他领域的影响同样具有不确定性。另外，信息技术的研究与开发是和市场紧密联系在一起的，再加上其极强的时效性，往往巨额的投资意味着巨大的风险，一旦决策失误，就会招致惨重的损失。

二、经济增长理论概述

经济增长通常是指一个国家或一个地区的产品和劳务数量的增长，既可以用国内生产总值的增量来表示绝对的增长水平，也可以用国内生产总值的增长来表示相对的增长水平。经济增长方式主要有粗放型增长和集约型增长两种类型，它可以反映一个国家或地区一定时期的经济发展规模与经济活动效益状况，是衡量经济运行质量的依据。

1. 古典经济增长理论

古典增长理论可以说是现代经济增长理论思想的渊源。古典经济学家对经济增长问题的研究源于当时特定的历史条件。当时英国的政治、社会和经济环境处于一个大的变革时期，工业革命已拉开序幕，经济运行方式出现了大的变化。因此，分析经济增长的过程及其主要决定因素成为英国古典经济学家研究的主要方面。这些经济学家主要有魁奈、斯密、马尔萨斯、李嘉图等人，其中比较有代表性的是斯密、李嘉图和马尔萨斯所提出的增长理论。

(1) 亚当·斯密的增长理论。亚当·斯密在其经典著作《国民财富的性质和原因的研究》(1776) 中最早论述了经济增长问题，提出了许多认识经济增长的基本概念。他的经济增长理论主要贡献在于：引入了劳动分工和区分了“生产性”与“非生产性”两类劳动。斯密认为生产性劳动占全部劳动的比例以及由劳动分工引起的劳动生产率的提高是决定国民财富增长的主要因素。在第一次工业革命的萌芽阶段，斯密敏锐地意识到技术进步对提高工人劳动生产率起关键作用。

(2) 李嘉图和马尔萨斯的悲观论。尽管斯密对于上升的物质繁荣的前景比较乐观，然而整个 19 世纪，经济学家们对于稳定上升的经济增长的机会持比较悲观的态度。

大卫·李嘉图在《政治经济学与赋税原理》(1817) 中提出了认识经济增长的一个重要概念，即报酬递减规律。他同意斯密对资本积累的强调，然而通过其论证得出了一个悲观的结论。他指出，在土地上增加投资，得到的回报会不断减少。他的模型缺乏技术进步的概念，在报酬递减规律的支配下，人口增长和资源消耗与资本积累和市场扩大之间的竞争，最终将使资本积累停止，人口保持稳定，经济增长最终将趋于停止，即达到所谓的“停滞状态”。

马尔萨斯通过对现有人口发展趋势的分析，认为产出受制于有限的土地，人口的压力会使经济状况恶化到劳工们处于仅能维持生存的最低生活水平。马尔萨斯分析道：一旦工资高于最低生存线，人口将会增加；低于最低生存线的工资水平将会导致死亡率升高，人口将会减少。只有在最低生存工资水平上才会实现人口的稳定均衡。

古典经济增长理论认为，投资和积累过程是经济增长的核心。到了 20 世纪初，奥地利经济学家约瑟夫·A·熊彼特向古典经济学的这种悲观论调提出了挑战，在其论著《经济发展理论》中提出了两个重要的主题：一是创新是经济发展的核心，创新使物质繁荣的增长更加便利。二是，创新不仅仅是偶然发生的，而且还需要企业家行为。

(3) 凯恩斯主义经济增长理论。古典经济学之后，主流经济学家对关于经济增长问题的研究在相当长的一段时期内注意很少，研究重心转向资源配置问题。复兴的主流就带有这种重心变化的特点，20世纪三四十年代，牛津大学的R·哈罗德和麻省理工学院的E·多马在凯恩斯宏观经济模型的基础上提出了关于经济增长的新的数学模型。他们所分析的核心问题是：一国经济要实现充分就业的长期稳定增长所应满足的条件。虽然研究的出发点不尽相同，但在基本内容上是一致的，故一般被称为哈罗德—多马增长模型。

哈罗德—多马增长理论认为经济增长主要依靠增加资本存量，这样才能和劳动力的增长以及能提高单位工作时间产量的技术改进保持步调一致。

2. 新古典经济增长理论

新古典经济增长理论与古典经济增长理论的主要区别在于：通过引入外生技术进步因素来修正总量生产函数，以解释经济持续增长的动力问题。50年代由索洛和斯旺提出的增长理论奠定了新古典经济增长理论的基础。

真正使新古典经济增长理论受到重视的是其对生产函数中的技术进步因素的强调和引入。为了解释经济增长的长期持续性，索洛首先在生产函数中引入了技术因素变量。它假设技术是一种外生变量，并且保持一种固定的增长速度，即技术进步率。由于技术进步的存在，即使资本—劳动比率不变，资本的边际收益也会不断提高，因此，技术进步可以抵销资本边际收益随人均收入增加而递减的倾向，使其永远保持在零或某一贴现值之上，保证人均资本积累过程在长期内不会停下来，这样一来人均收入的增长将保持一种持续势头。从这一增长过程可以看出，技术进步是长期经济增长的决定因素。

新古典增长理论虽然摒弃了古典经济增长理论中的规模收益递减的假设，引入了生产要素之间可替代的假设，同时强调技术进步的重要作用，具有了较强的解释能力，但是，它将技术进步——这一长期经济增长最根本的决定因素归结为外生因素，没能说明技术进步来自何处，这一点是无法令人满意的。

3. 新经济增长理论

20世纪80年代中期以来，以罗默和卢卡斯的著作为开端，经济增长理论研究出现了新的高潮。这一研究的动力是，认识到了长期经济增长的决定因素是极为重要的，同时摆脱了新古典增长模型技术进步外生化的束缚，将技术进步内生化，因此这些模型被称作内生经济增长模型。

最早将技术进步内生化的是阿罗在1962年提出的“干中学”模型。阿罗认为技术上的改善既不是自发产生的，也不是由公共部门提供的公共投入品，它来自于私人部门的生产或投资活动。但是，阿罗虽将技术进步内生化，并未改变资本边际收益递减的趋势，从长期看，无法保持长期增长。

到了80年代中期，罗默在阿罗增长模型的基础上，将经济增长理论研究带入了一个新的发展时期。罗默最大的贡献是其强调经济外部性的作用，认为技术（知识）的外部性完全可以保证产出相对资本与技术的弹性大于1，因而资本的边际收益由递减转变为递增，这样一来，人均收入的增长率随时间而递增，经济增长表现为发散的过程，罗默的这一结论克服了阿罗模型的上述不足。

在新经济增长理论的发展过程中，很重要的一点就是认识到有形资产并不是生产中所使用的唯一资本。“人力资本”，即通过教育和培训增加的人类的基本技能——被认为至少是重要的。因此，芝加哥大学的罗伯特·卡斯以发展了一种颇具影响力的新的经济增长模型。该模型的假设前提是：人力资本，不同于有形资本，它能够不断增加边际收益而不是递减边际收益，因此人力资本允许经济无穷地增长。

70年代，作为新古典经济学中市场结构理论的延续，产业组织理论有了较大的发展，由斯蒂格利茨、伊塞尔等人发展起来的垄断竞争模型，为罗默的第二代增长模型奠定了理论基础。在罗默的第二代增长理论模型中，垄断在经济增长中的作用体现为它推动了技术创新，因为企业为获取垄断利益，必然倾向于不断推出新产品，这就要求企业重视研究与开发活动，因为熊彼特最早提出垄断力量在企业创新过程中的重要性，所以罗默的第二代增长模型有时又被称为“新熊彼特增长模型”。

新经济增长理论与20世纪60年代的新古典经济增长理论相比，更加注重经验研究以及理论和数据间的关系。但内生技术理论发展至今，还没有像新古典增长理论中的技术进步理论那样，完全形成受同时期众多经济学家认同的基本模型，尽管它们的共同特点是显然的，但由于所考察内生技术进步实现机制的角度不同，形成的模型体系相对松散，影响了这些理论在实证中的应用。

从增长理论的演进历程可看出，古典经济增长理论注重物质资本、土地及劳动力对经济增长的作用，新古典经济增长理论逐步注意到技术进步的作用，但把技术进步与劳动力增长率、储蓄率等都假定为外生变量，内生经济增长理论把技术进步内生化，认为技术创新通过增加中间产品数量、提高产品质量以及不断向外扩散，推动经济持续增长。新经济增长理论解答了传统经济学理论无法解释的一个难题，即资源要素投入有限的情况下，经济何以持续增长的问题。技术的进步在经济发展逐步突显其地位的重要性，这是经济与社会发展的必然结果，特别在当前的知识经济社会中，只有靠技术创新、技术进步才能真正实现国家、地方经济的跨越式的、可持续的、集约型的、良性健康的发展。

三、信息技术与国内外经济增长的关系

20世纪中叶以来，随着信息技术的出现和突发猛进发展，引发了一场信息革命，产生了以信息技术为主导的新兴信息产业群。1992年世界信息产业的产值为5 350亿美元，1995年增长到5 930亿美元，1996年已达6 880亿美元，成为全球第二大产业，仅次于金融业。到20世纪末，世界信息产业的产值超过1万亿美元，成为世界第一大产业。由于信息产业的特点和其对国民经济以及其他产业的推动作用，各国都竞相大力发展本国的信息产业。2007年世界信息产业规模达到42 527亿美元较2006年增长了9.1%。

（一）信息技术与美国的经济增长关系

美国是当今世界发展信息产业最成功的国家，其信息产业规模居世界首位，2006年整个产业产值达到6 530亿美元，占美国整个GDP的5.7%。美国信息技术水平远远领先于其他国家，一般认为美国信息技术特别是计算机技术领先欧洲和日本10～15年。美国1993—1999年计算机软件和服务产业保持了年平均10.4%的速度增长，硬件产业年均增长13.2%，而同期美国经济整体年均增长速度在5%左右。在1993年至2003年，信息产业对美国整个经济的实际增长率的平均贡献达到了31.55%，最高年份甚至达到了72%，

同期其他产业的发展也得益于信息产业提供的新装备和国民收入的提高，也和信息产业的高贡献率分不开。同时，美国的信息产业和其他产业在市场机制的作用下相互渗透、协调促进，共同促进经济的增长。

（二）信息技术与印度的经济增长关系

印度信息产业的发展是以软件产业为主来推进的。印度是一个经济相对比较落后的发展中国家，但它的信息产业发展却令人瞩目，尤其是软件产业发展迅速，已经成为世界上仅次于美国的第二软件大国。在20世纪80年代到90年代，印度软件产业以年均50%的速度增长，目前印度大约有3 000多家大中型软件公司，拥有高层次的软件研究开发人员100多万人，具有较为雄厚的软件开发实力和很高的开发水平，2000年的软件产业产值达59亿美元，占世界软件市场的16.7%，作为发展中国家中软件工业的佼佼者，印度2000年的软件出口额达到了39亿美元。印度软件产品不仅在东南亚具有很大的市场，而且大量出口到美国、日本、欧洲等信息产业大国的市场，其中大约60%的印度软件销往美国。世界500强跨国公司中的相当一部分公司的软件产品来源于印度。印度之所以在信息软件产业方面取得了巨大的成就，是与印度政府制定了相应的产业政策分不开的。印度政府把发展信息产业作为高科技研究和开发的重点，把微电子、计算机和通信技术作为振兴经济的三大支柱。印度信息产业的发展，其成功的经验同样在于它采取了一种符合国情的发展道路。

（三）信息技术与中国经济增长的关系

改革开放以来，中国信息产业取得了举世瞩目的成就，中国信息产业保持了持续快速健康发展。“十五”期间，全国信息产业规模扩大了2.3倍，利税总额、软件产业销售收入年均增长12.4%和39.9%，电子信息产品出口年均增速高达35.3%，五年累计吸收外资1 000亿美元。电子信息产业综合实力显著增强。2005年信息产业增加值完成1.13万亿元，其中电子信息产业7 100亿元，通信业4 172亿元，规模以上企业销售收入完成3.3万亿元，增长24.3%，其中软件产业实现销售收入3 000亿元，增长23.7%。利税总额完成1 600亿元，增长6.7%。产品出口完成2 500亿美元，增长20.5%。

从总体上看，中国信息产业增长速度很快。1996—2004年，中国GDP绝对增长率由16.09%上升到16.43%，增长了0.35个百分点，而同期信息产业增长率和电子信息制造业增长率分别增加了15.86个百分点和28.2个百分点，这说明中国信息产业对经济增长的拉动作用是很大的。

四、信息技术与经济增长的关联作用

从国内外经济增长的轨迹和对信息产业的发展战略来看，信息产业越来越受到各国的重视，随着社会信息化进程的加快，信息产业已成为跨世纪的支柱产业，其兴衰决定着整个经济的走向，信息产业作为经济增长的一部分与经济增长有着密切的联系。

（一）信息产业对经济增长的影响

1. 信息产业对经济增长的直接影响

信息产业作为经济活动的组成部分，其就业规模和产值规模的不断扩大，意味着经济活动规模的扩大，信息产业自身的发展直接促进了经济的增长。

2. 信息产业对经济增长产生的间接影响

信息产业对经济增长的间接影响主要表现为，信息产业与其他产业之间存在着很强的关联性。一是信息产业与其他产业存在着前向关联性。信息产业的发展要依赖于其他产业对信息产业产品的需求，其他产业部门对信息产业最终产品的需求越大，信息产业的发展就越有效地促进其他产业的扩张，从而推动其他产业的发展。二是信息产业与其他产业存在后向关联性。信息产业的发展也依赖于其他产业的最终产品，信息产业对其他产业部门最终产品的需求越强烈，就越能有效地促进其他产业的发展。如金融保险业和房地产业是信息产业的组成部分，他们与其他产业和信息产业内部行业有着较强的前向联系和后向联系。房地产业可以带动建材业的发展，金融保险业能带动信息设备制造业、信息基础设施、房地产业的发展，居民收入水平提高对金融保险业和房地产业的需求也会增强等。科学文化教育事业也是如此。一方面，社会各行各业对它们的需求日趋增大，使其对社会发展产生较大的推动作用；另一方面，科学文化教育事业对信息设备、信息基础设施的需求增大，带动着这些行业的发展，从而信息产业通过对经济产生直接和间接影响，使产业结构得到调整，朝着优化方向提升，最终提高经济增长率水平。

（二）经济增长对信息产业的影响

经济发展水平是信息产业发展的基本要素之一，它决定着信息产业发展的规模和水平，经济发展的水平越高，信息产业发展所需的技术、人才、资金、设备、基础设施等条件越好，就越能极大地促进信息产业的发展。

第二节 信息产业概述

一、信息产业的内涵

由于研究的目的、方法、角度、重点等不同，国内外学者对信息产业的理解也不相同，具有代表性的有以下几种：

（1）日本学者普遍认为，信息产业是为一切信息的生产、采集、加工、存储、流通、传播和服务等有关产业的总和，并将这个“总和”分为两个部分：一是信息技术产业。它是生产信息技术产品、提供信息劳动资料的产业，具体包括信息机器产业、软件业、提供信息媒介业等；二是信息商品化产业。指使用信息机器进行信息的收集、加工、分配等提供信息服务的产业和在信息技术支持下，代理社会、企业和家庭生活等方面的信息化活动的产业，其活动是使信息产业化。

（2）美国信息产业协会（AIIA）认为，信息产业是依靠新的信息技术和信息处理的创新手段，制造和提供信息产品和信息服务的生产活动组合。1997 年，北美行业分类系统重新定义信息产业，认为信息产业是指那些“把信息转变为商品的行业”。

（3）欧洲信息提供者协会（EURIPA）认为，信息产业是指提供信息产品和服务的电子信息工业。

（4）中国学者认为，信息产业是指国民经济活动中与信息产品和信息服务的生产、流通、分配、消费直接有关的相关产业的集合。信息产业是生产、交换、存储、分析信息内容，或者为信息内容的生产、交换、分析、存储提供基础设施、工具、方法的相关企业机构和关系的总和。

上述对于信息产业的定义都存在着一定的局限性，但可以明显看出，信息产业的外延是在不断地扩大，是一种演进的概念。

综合来看，信息产业通常是指，从事信息技术、设备制造以及信息的生产、加工、存贮、流通与服务的新兴产业群体。信息产业分为三大部分，一是信息技术及设备制造业，二是信息服务业，三是信息开发业。信息技术及设备制造业（简称“信息技术产业”）是开发、制造并销售设备，提供信息媒介的产业，它的核心是提供信息技术设备。信息服务业是使用信息技术设备进行信息搜集、加工、存贮、传递等提供信息服务，培养信息人才以及提供专业化信息的产业，它的核心是进行信息服务。信息开发业是从信息服务业中分离出来的，包括两大部分，即软件业和信息内容业。信息内容业包括三部分，即数据库制作业，电子出版业和网上其他信息业。

二、信息产业的分类

随着科技进步和经济的发展，信息产业的外延是不断扩大的。最早人们把计算机产业（包括集成电路业），信息处理产业（包括软件业）和信息媒介产业作为信息产业，后来人们又把信息传播业、信息流通业、知识生产业等扩大成为信息产业。信息产业成为一个行业多、领域宽、涉及面广的产业。为了对信息产业有一个比较全面和准确的了解，国内外从不同的角度对信息产业进行了分类。

（一）国际上关于信息产业的分类

1. 北美产业分类体系（NAICS）

北美产业分类体系（NAICS）是美国、加拿大、墨西哥三国 1997 年联合制定的产业分类标准，该标准首次定义了信息业，并将信息产业作为了一个独立的产业部门。NAICS 体系每年更新一次，2002 年该体系如表 11-1 所示。

表 11-1　　2002 年北美产业分类标准 NAICS 中的信息产业

产业分类号	行业名称	备注
51	信息产业	—
511	出版业（不包含互联网）	—
5111	报纸、期刊、书籍、数据库出版业	含数据库、邮寄目录、贺卡、其他出版业
5112	软件出版业	含软件发行、咨询、定做、维护
512	电影和录音业	
5121	电影和视频业	含电影院、露天电影院和邮寄服务
5122	录音业	含综合录音
515	传播业	不含互联网

续表

产业分类号	行业名称	备注
5151	广播和电视	—
5152	有线电视和其他付费节目	—
516	互联网发行和传播	—
517	电信业	—
5171	有线载波	—
5172	无线载波	不包含卫星传播
5173	转播权转售或拍卖	—
5174	卫星载波	—
5175	有线销售网和其他节目分销	与有线载波有线电视及付费节目不同，这里指销售网络
5179	其他电信	—
518	网络服务、搜索引擎、数据处理服务业	—
5181	网络服务和搜索引擎	—
5182	数据处理、主机和关联服务	—
519	其他信息服务业	含新闻辛迪加、图书档案馆和其他非网上信息服务

资料来源：查先进．信息经济学［M］．北京：清华大学出版社，2007.

由上表可看出，信息产业主要包括：生产及发布信息和文化产品的单位；提供方法和手段；传输和发布这些产品的单位；信息服务和数据处理单位；电信和网络服务。从表11-1中可以看出，电信和网络服务作为新兴产业，已成为信息产业的主要产业。

2. 联合国ISICRev. 3.1版信息产业归并分类

2002年联合国统计委员会参考了《北美产业分类体系》的“信息产业”，对原有版本进行了增补工作，制定了一个基于ISIC的信息产业分类。ISICRev. 3.1将国民经济从A到Q分为13个门类，62个大类。表11-2是与广义信息产业相关的行业。

表11-2　　ISICRev. 3.1与信息产业相关行业（2002年3月）

行业分类号	行业名称	说明
D——制造业（15～37）		
30	办公、会计、计算机设备制造	如复印机、打字机、计算机及周边产品等
32	音频、视频、通信器材和设备制造	—
321	电子管、电子器件	—
322	电视、广播发射台及电报电话服务	—
323	电视广播接收装置视听制作相关品	—

续表

行业分类号	行业名称	说明
I——交通运输、仓储和通信		
64	邮政和通信	—
642	电信	视听、信息传播、网络维护、接入服务、电信服务
K——房地产、租赁和商业活动		
72	计算机和相关活动	—
721	硬件咨询服务业	硬件产品应用解释
722	软件发行、咨询服务和供应	含软件咨询服务、定做、维护和网页设计等
723	数据处理	
724	数据库、网上信息内容发行	数据整理、数据库使用授权、网上数据库，电子书籍等发行、搜索引擎和各类网站
725	办公室、会计、计算机设备维护	—
729	其他计算机相关活动	计算机故障恢复软件安装服务及其他
O——其他团体、社会和个人活动		
92	娱乐文化和其他体育活动	—
921	电影、广播、电视和其他娱乐业	广播电视的制作、发行和音乐、文化活动的组织和发行
922	新闻组织	新闻辛迪加、新闻媒介或代理、自由作家
923	图书档案博物馆和其他文化活动	含植物园、动物园和自然保护区（在NA-ICS中信息业没有包含文化活动类）

资料来源：查先进．信息经济学［M］．北京：清华大学出版社，2007.

（二）国内关于信息产业的分类

依照信息产业发展的现实状况和特点，中国学者从广义和狭义的角度对信息产业结构进行了分类。

1. 广义信息产业的分类

广义信息产业是指一切与信息生产、流通和利用有关的产业，不仅包括信息技术和信息服务业，而且还包括教育、科研、出版、新闻、广告，甚至金融、保险等产业。具有代表性的是司有和提出的信息产业结构分类。

司有和认为，信息产业包括三大部门，即信息技术设备制造部门、信息商品化部门、准信息部门，并且对每一大类包含的具体行业做了详细的界定，具体如图 11-1 所示。

2. 狭义的信息产业分类

狭义的信息产业是指从事信息技术研究、开发和应用、信息设备与器件的制造，以及信息服务提供的综合性生产活动。主要由两部分构成：一是信息技术和设备制造业；二是信息服务业。有代表性的就是陈禹在《信息经济学教程》中提出的信息产业分类体系，具体如图11-2所示。这种分类体系常被政府用作评价信息产业的发展状况和发展规模的研究。

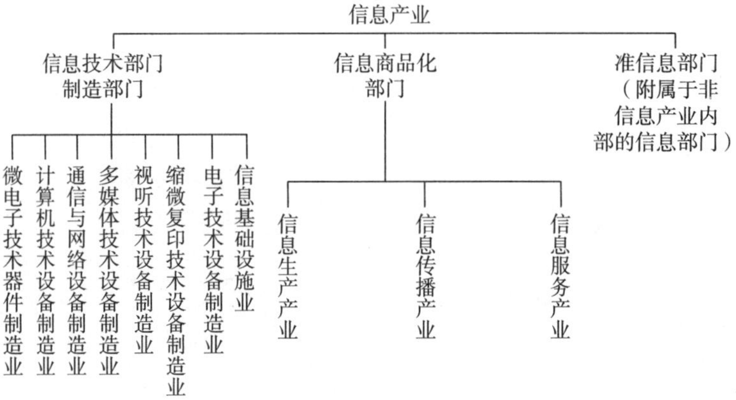

图11-1　司有和信息产业分类体系

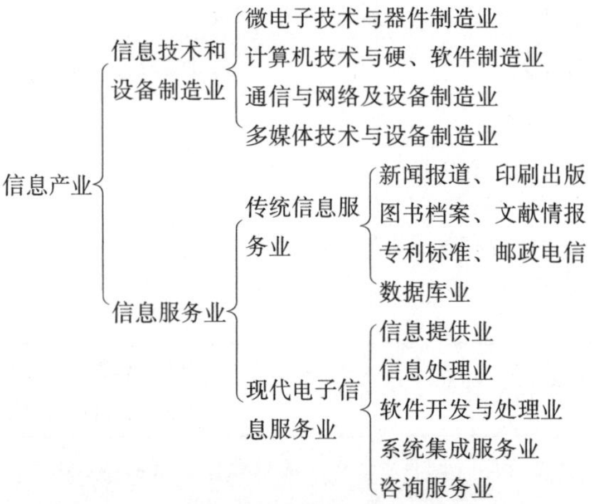

图11-2　陈禹的信息产业分类体系

综上所述，国内外关于信息产业的分类体系各有不同，不过涵盖的国民经济核算体系中的产业类别是比较相似的，涉及面广泛。由于信息产业的内涵和外延随着历史条件的不同而不同，因此，关于信息产业的分类体系也会随着历史的发展而变动。

三、信息产业结构

（一）信息产业结构的内涵

“产业结构”一词出现于20世纪50年代中期，当时日本在制定经济战略的讨论中用产业结构来表述对产业之间关系的研究。之后人们对产业结构的确切含义和用法还存在着不同的看法，直到20世纪70年代初，人们对产业结构有了一致的认识。产业结构是指一个国家国民经济领域里各种产业之间的相互关系结构。现在一般认为，产业结构也有广义和狭义之分。狭义的产业结构理论主要研究产业之间的关系，广义的产业结构理论中还应包括研究产业内企业之间的关系。

产业结构的变化和经济发展是对应的，这种对应关系主要表现在不同的经济发展阶段，产业结构会做出相应的调整。因此，信息产业结构是指信息产业与国民经济其他各产业之间的联系和数量比例关系。包括两层含义：一是与其他产业之间的结构关系，二是信息产业内部的结构关系。

（二）信息产业结构的形态

信息产业结构是反映信息产业的具体方面，信息产业结构所涉及的方面较多，主要包括部门结构、劳动力结构、技术结构、人才结构、产品结构。

1. 部门结构

信息产业的部门结构反映着信息产品和服务在不同部门之间相互联系的流转过程和比例关系，部门结构的形成是建立在社会分工和协作的基础上的，因此，信息产业的部门结构就是信息生产和服务的社会化、专业化、协作化以及相互作用和发展的结构。

（1）波拉特以是否向社会提供信息产品和信息劳务为特征，将信息产业划分为第一信息部门和第二信息部门。直接向社会市场提供信息产品和信息劳务的部门称为第一信息部门，只把信息产品和信息劳务提供给组织内部消费，并不直接进入社会市场的部门为第二信息部门，如表 11-3 所示。

表 11-3　　信息产业的部门结构

<table>
<tr><td rowspan="5">信息产业</td><td></td><td>信息设备制造部门</td><td></td></tr>
<tr><td rowspan="3">第一信息部门</td><td rowspan="3">信息商品化部门</td><td>信息生产部门</td></tr>
<tr><td>信息传播部门</td></tr>
<tr><td>信息服务部门</td></tr>
<tr><td>第二信息部门</td><td>准信息部门</td><td></td></tr>
</table>

（2）金建在《信息产业经济学论纲》一书中认为，按照信息产品的生产和信息服务的性质来划分，信息产业包括生产部门和非生产部门两大类。在生产部门中又可区分为直接信息生产部门和间接信息生产部门（如图 11-3 所示），直接生产部门是最基本的信息生产部门，既包括信息出版、图书情报、邮电通信、科研教育等传统的信息产业部门，也包括信息处理、数据库服务、软件开发等新兴的信息产业部门；间接信息生产部门是指在非信息生产部门和其他产业中存在的信息机构。

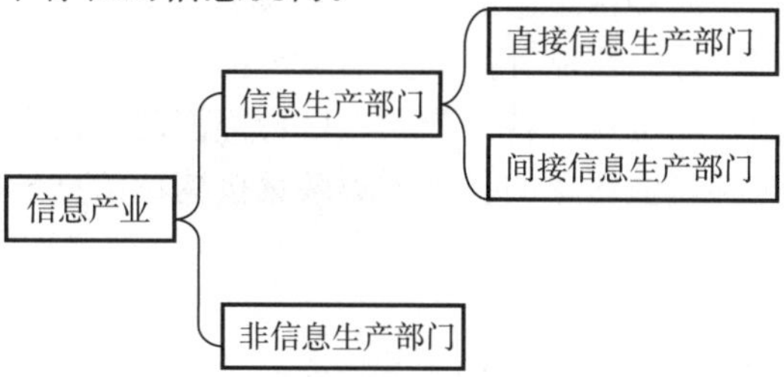

图 11-3　信息产业的部门结构

（3）按照信息产品和信息服务的形态划分，有物质生产部门和非物质生产部门之别，物质生产部门主要生产为信息产品提供物质基础和有形信息产品本身；非物质生产部门主要生产无形的信息产品和信息服务。

（4）按照信息产品和信息服务的最终用途划分，信息产业可分为信息生产资料生产部门和消费资料生产部门，信息生产资料生产部门指为信息产品生产提供生产工具和其他物质条件的部门；信息消费资料生产部门是指为信息产品生产提供生活消费和信息消费服务的部门。

（5）按照信息产业的生产和交换过程及活动特点划分，信息产业可分为第一信息部门、第二信息部门和第三信息部门。第一信息部门是指所有向市场提供信息产品和信息服务的部门与企业；第二信息部门是指不向市场出售而为本单位内部提供信息产品和服务的信息部门与企业；第三信息部门是指为信息产品和服务提供所需基础设施和工具的部门与企业。

（6）按照信息产品的生产经营方式和信息产品的性质划分，信息产业可分为信息生产部门、信息咨询部门、信息传递部门、信息传播部门、信息传授部门和信息技术与设备制造部门，具体划分如图 11-4 所示。

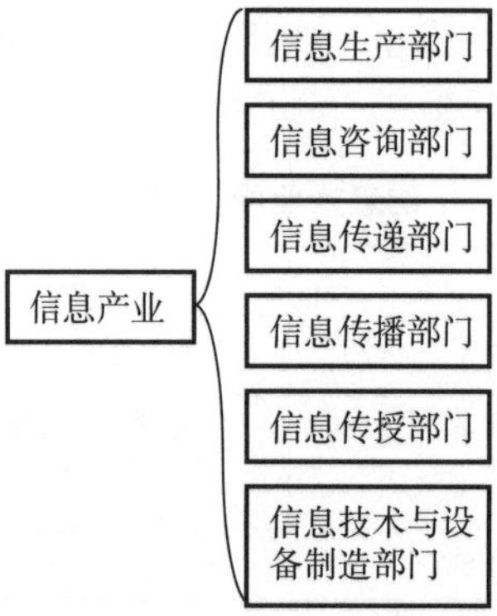

图 11-4　按照信息产品的生产经营方式和信息产品的性质划分的信息产业部门结构

其中，信息生产部门是指对信息进行创新性加工，生产深化型信息产品部门，包括科学研究、技术开发、管理决策、软件开发等部门；信息咨询部门是指对信息进行搜集、整理、处理和提供利用的部门，包括计算机信息处理服务、统计、图书情报、咨询等部门；信息传递部门是指为信息交流和信息商品交换提供通道和场所，以被动信息传递服务为主的部门，包括邮政、电信、信息商业等部门；信息传播部门是指主动采集信息并主动向社会提供信息的部门，包括广播电视、新闻报刊、广告等部门；信息传授部门是指以传授知识型信息为主的部门，包括产业化了的各级各类教育机构；信息技术与设备制造部门是国际发展约定俗成的部门。

2. 信息产业的技术结构

信息产业是一种技术密集型产业，其运行和发展离不开多种技术的支持。信息产业中的技术结构是指不同类型技术与不同技术水平的构成及比例关系。按不同的标准，信息产业的技术结构有多种划分方式。

（1）从技术的功能与作用来看，信息产业的技术结构包括信息获取技术、信息传递技术、信息处理技术和信息利用技术等。

（2）从技术的特征来看，信息产业的技术结构由传感技术、通信技术、计算机技术、控制技术等组成。

（3）从技术的适应程度看，信息产业的技术结构由落后技术、适用技术、先进技术和高新技术的功能组成。

（4）从信息的微观载体来看，信息产业的技术结构可分为微电子信息技术、光电子信息技术、超导电子信息技术、分子电子信息技术。

（5）从信息技术的支撑来看，包括信息材料或载体的材料技术、生物技术以及提供信息技术发展空间的空间技术。

信息产业中的技术结构是一个不断发展变化的过程，是一个技术门类日益增多、技术水平逐渐提高的过程。但是不同国家，不同信息产业部门的技术结构有很大的差异，有些国家信息产业的技术水平较高，现代高新信息技术在信息产业的技术构成中占有很大的比例，一些国家信息产业的技术水平较低，仍处于传统信息技术阶段或传统信息技术向现代信息技术过渡的阶段。

根据上面对信息产业的技术结构的分析与阐述，我们可以绘制一个如图 11-5 所示的信息产业技术结构。

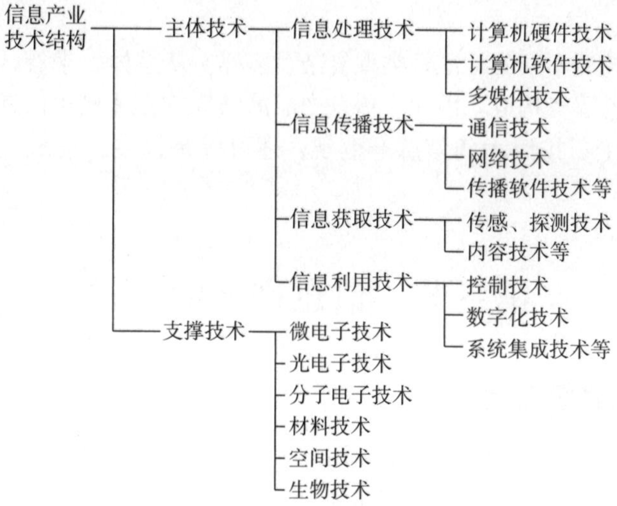

图 11-5　信息产业技术结构

资料来源：左美云．知识经济的支柱——信息产业［M］．北京：中国人民大学出版，1998.

3. 信息产业的人才结构

人才是信息产业运行的主体，没有各种各样的人才，信息产业就不能成为一个产业。信息产业的人才结构是指从事信息产业的各种人才的比例关系。

(1) 从人才的知识结构看，信息产业的人才结构由各种专业型人才（如科技信息人才、经济信息人才、法律信息人才、管理信息人才等）和复合型人才所组成。

(2) 从人才的学历结构来看，信息产业的人才由大专、本科、硕士、博士等不同学历的人才所组成。

(3) 从人才的智能结构来看，信息产业的人才结构由理论研究型人才、技术操作型人才、组织管理型人才和业务工作型人才所组成。

由于信息产业是一个智力密集型产业，故对人才的知识结构和智能结构要求较高，在信息产业中，高学历、高职称、高智能的人才应占很大的比例，不同的信息产业部门对人才的要求也有所差异，信息生产业、信息传授业、信息咨询业等行业中应以学术水平较高、研究能力较强的理论研究型人才为主。

4. 信息产业的产值结构

信息产业的产值结构是指信息产业的总产值、信息产业各部门的生产总值占国民生产总值（GNP）或国内生产总值（GDP）比例的实际分布。前者是信息产业外部结构的产值结构，后者是信息产业内部结构的产值结构。通过信息产业的产值结构，既可以清楚地看到整个信息产业或信息产业各部门对国民经济的贡献程度，也可以清楚地看出信息产业内部各部门之间的关系。

5. 信息产业的产品结构

产品结构是信息产业微观结构中最基础的一种结构形态。由于信息产品是信息产业生产经营活动的成果，其结构及变化也必然反映出信息产业资源结构、人才结构、技术结构的构成与转换，信息产业产品结构的变化，也会导致信息产业人才结构、技术结构和部门结构的变化。

信息产品结构按照不同的标准，类型复杂、多样。从总体上来看，信息产品是由信息本身及其载体和信息服务构成，因此，信息产品的结构首先体现在信息源、载体和信息服务之间的相互关系上。按照大的信息产业观，还可以是设备、技术、内容、服务之间的关系。

第三节　信息产业的演进

一、信息产业的演进历程

人类的“信息消费”与“信息活动”与生俱来。信息产业是个古老的行业，同时，它又因时代的变迁和技术的发展体现着不同的内涵，信息产业发展与演进的历程充分体现了信息产业的这一特点。

在人类诞生的最初期，人依靠手势、眼神传递信息，依靠“结草记事”。语言的形成是人类信息交流中的革命性进展，而文字的出现则是人类文明的重大转折。文字的出现使信息活动逐渐与其他活动分离开来，信息行业开始出现。文字出现后，最初主要以甲骨、竹简、衣帛等为载体，由于信息工具（载体）的制约，信息的传播十分困难，传播范围也十分有限，因而信息业的规模很小，信息业只是处于萌芽初期。真正对信息业的发展起关键性作用的是造纸术和印刷术的发明与应用。由于从根本上解决了信息的大批量复制和传播困难的难题，两项发明不仅促进了信息业的形成，而且有力地推动了人类的文明。以造纸术和印刷术的发明与应用为标志，信息产业从形成到发展，先后经历了以下几个阶段：

（一）传统信息产业时代（西汉至16世纪中叶）

传统信息业时代，是以传统图书为信息传递工具和载体的时代，是图书逐步普及的时代。这一时期信息业的代表性部门包括传统的图书出版业、造纸业、印刷业；图书发行业。

纸的发明，既为当时的经济活动增加了新兴造纸业，同时推动了图书、报纸等出版物的出版发行和邮政业务的发展。图书业的真正诞生是在中国西汉末期。当时，在长安太学附近的槐树林下形成一个买卖书籍和各地土产的“槐市”。随后，专门卖书的书肆便应运而生。书肆的出现是图书销售业的真正开端。为了满足书肆的要求，专门复印书的工作也就随之出现。在印刷术发明之前，主要是人工抄写，专门从事抄写的人被称作“佣书人”。应该说，他们是中国最早的出版工作者。宋代发明了活字版印刷术后，印书量大增，更加促进了书肆、书坊的发展。魏晋南北朝时期，图书销售业更加扩大，出现了专门的大书商。

在西方，出版业的萌芽是以公元前5世纪希腊雅典出现书肆为标志的。到公元207年，罗马还正式成立了由自由公民组成的抄写人行会，规定抄写按行数计酬。据考证，当时的书肆，除了出售图书之外还可以出租图书，供个人阅读或转抄，这已经是图书服务业的萌芽了。

报纸的原始形态是以传播官方文书为主的手抄报纸。早在公元前59年，古罗马执政官凯撒命令在街头设立一块木制的布告牌，每日在牌上公布元老院议事的情况，这就是今天新闻报纸的雏形。中国报纸原始形态叫作“邸报”，是一种古代官府用以传递朝政文书的抄本和政治情报，后世则称朝廷的官报为“邸抄”。

这一阶段信息业发展的特征是，作为信息支撑部门的造纸、印刷技术较落后，信息生产能力与效率低；在封建社会的条件下，信息的获取和学习仍只是少数特权阶级的“专利”，信息的传播范围仍十分有限，因此，这一阶段信息产业的总体规模不大。

（二）大众媒介传播时代（16—19世纪中期）

工业革命开创了人类发展的新纪元。随着近代科学技术的迅猛发展和民主化的普及，人类对信息的需求剧增，传统的印刷业和图书出版业远远不能满足这一需求。近代科学的发展为解决信息的大批量印刷问题提供了可能。1588年，奥地利人艾钦格创办了世界上第一个具有固定刊名的期刊《博览会报道》，艾钦格被誉为西方近代报业的先驱。1665年1月5日，世界上第一种科学期刊《科学家周刊》在巴黎创刊。现代报纸和期刊的出现，开创了信息业发展的新时代——大众媒介传播时代。

大众媒介传播时代信息产业发展的特点是，传统的图书出版业规模进一步扩大，现代造纸、印刷技术与产业迅速发展，以报刊为主要载体的媒介影响到千家万户。据统计，这一时期的报纸和科学期刊，大约每10年就会增加10倍。仅在1789年法国大革命发表《人权宣言》的6个月里，就有250种期刊创刊。到1900年，已达到1万种。与近代报刊的快速发展同步，通信社作为向客户提供信息产品的专门信息机构开始出现。世界上第一个通信社是1835年在法国巴黎诞生的“哈瓦斯通信社”。接着，美国港口新闻社1848年创建于纽约，成为社会关注的中心。

（三）现代信息产业时代（1844年电报的诞生至20世纪中期）

从1844年人类历史上第一封电报的发出起步，信息产业的发展迈入了以电信号为传输载体的现代信息产业的新阶段。这一阶段是信息产业突飞猛进的发展阶段，是信息产业走向现代经济发展前台，日益扮演重要角色的新阶段。在这一阶段，先后出现了一系列信息技术的革命性创新，包括：1876年，电话发明；1866年成功铺设大西洋电缆；1920年，世界第一个广播电台——KDKA广播电台开播；1926年英国广播公司进行了世界首次电视传输。每一次信息技术上的重大突破，都会成为信息产业内涵和规模扩充的更高、更大、更坚实的基础。图书出版、印刷造纸、大众传媒尽管仍在继续增长，但广播电视业和通信产业成为现代信息产业的代表性产业。

（四）计算机和互联网为中心的时代（20世纪中期至今）

1946年，世界上第一台计算机诞生，开创了信息产业发展的新纪元。随着计算机技术与通信技术的日趋结合，互联网的逐步普及，人类迈入了全新的“数字经济”时代，步入了“数字化”生存，信息产业被赋予了全新的内涵。数字化改变了传统通信、广播电视业的历史、数字通信、移动通信迅猛发展，互联网成为引领时代的新兴产业。今天，现代信息产业已经成为引领时代发展的火车头。

20世纪90年代是信息产业大发展的年代，其发展是和网络革命联系在一起的，随着全球信息化的迅猛发展，1996年美国修改了国内电信法，此后互联网热潮高涨。1995年成立仅16个月，未盈利一分钱的网景公司公开上市，这家投资1700万美元的公司一夜之间变成市场价值20亿美元的巨人，创造了互联网时代的第一个神话，此后，“新经济”的狂潮势不可挡。

二、信息产业演进的表现形式

（一）信息产业演进的直接表现形式

信息产业的演进直接表现为信息产业结构和信息产业组织的演进。

1. 信息产业结构的演进模式

信息产业结构即信息产业的产业结构，指信息产业内部各子产业或行业之间在技术、投资、人才、需求等方面的比例关系。信息产业结构的演进表现为行业之间的关系和行业的退化与成长。

(1) 信息产业层次结构的演进

信息产业在层次结构上表现为信息工业占较大比重向信息服务业占较大比重、信息服务业占较大比重向信息开发业占较大比重的演进，即信息工业→信息服务业→信息开发业。信息产业的层次结构的演进表现了信息产业结构的高级化。由此，我们可以做如下定义

$$IM=\text{信息工业总产值}\quad IS=\text{信息服务业总产值}$$

$$ID=\text{信息开发业总产值}\quad TI=\text{信息产业总产值}$$

$i_1=\dfrac{\text{信息工业总产值}}{\text{信息产业总产值}}=\dfrac{IM}{TI}$，反映了信息工业占信息产业总产值百分比大小。若 $i_1>0.5$，则说明信息产业缺乏产业高度，需要大力发展信息服务业和信息开发业；若 $i_1<0.2$，则有两种可能：一种是产业结构高级化了；另一种是产业结构配置不够合理。

$i_2=\dfrac{\text{信息服务业总产值}}{\text{信息产业总产值}}=\dfrac{IS}{TI}$：反映信息服务业占信息产业总产值的百分比大小。若 $i_2>0.5$，则表明信息产业的应用水平很高，产业结构具有较高的产业高度；另外，也可能是信息产业结构不合理，尽管应用水平较高、应用领域广泛；若 $i_2<0.2$，则表明信息产业缺乏高度，需要大力进行高度化发展。

$i_3=\dfrac{\text{信息开发业总产值}}{\text{信息产业总产值}}=\dfrac{ID}{TI}$，反映信息开发业占信息产业总产值百分比大小。若 $i_3>0.5$，则表明信息产业具有相当高的产业高度，但同时也可能存在产业结构配置不合理，需注意信息工业与信息服务业的发展；若 $i_3<0.2$，则表明信息产业缺乏高度，应注重保证产业结构合理化前提下，促进产业结构高度化。

在信息产业开始阶段会出现 $i_1>i_2>i_3$，有时甚至 i_1 远大于 i_2 或 i_3；在信息产业中间阶段会出现 $i_1\approx i_2\approx i_3$，三大信息产业并行发展；在信息产业后阶段将出现 $i_1<i_2<i_3$，有时甚至 i_1 远小于 i_2 或 i_3。在保证各信息产业发展合理性前提下，随着信息技术创新与不断深化，会出现信息产业从信息工业为主导向信息服务业为主导转移，再从信息服务业为主导到信息开发业为主导的转移，表明信息产业逐渐向高度化方向演进。

目前中国信息产业发展情况大致属于开始阶段，随着 i_1 逐渐变小，i_2 或 i_3 相对变大，中国在21世纪中叶之前将过渡到中间阶段；新兴工业化国家如韩国、新加坡等大致处于中间发展阶段，明显表明信息开发业正成为主导信息产业，占据信息产业总产值的较大比例。

为了更好地考察信息产业结构的演进过程，我们再定义

$i_4=\dfrac{\text{信息服务业总产值}+\text{信息开发业总产值}}{\text{信息产业总产值}}=\dfrac{IS+ID}{TI}$，$i_4$ 越大，表明信息产业的产业结构高度越高，反之亦然。

$i_5=\dfrac{\text{信息服务业总产值}+\text{信息开发业总产值}}{\text{信息工业总产值}}=\dfrac{IS+ID}{TM}$，$i_5<1$，表明信息产业的产业结构高度低；$i_5>1$，表明信息产业的产业结构高度好。

信息产业的软化系数 $i_5=\dfrac{i_4}{1-i_4}$，i_5 越大，说明一个国家信息化水平越高，信息产业层次结构越高级化。

当信息产业软化系数小于1时，信息工业在信息产业中占一个很大的比重，这时信息产业的产业结构既不是合理，也缺乏高度；当信息产业软化系数大于1时，信息工业在信息产业中占的比重越来越小，这时信息产业结构越来越合理，也越来越高级化。

信息产业的软化系数 $i_6=\frac{\text{信息开发业总产值}}{\text{信息服务业总产值}}=\frac{ID}{IS}$，$i_6>1$，表明信息产业的产业结构高度比较高；$i_6<1$，则表明信息产业的产业结构有待加强其高度化（见表 11-4）。

表 11-4　　　信息产业层次结构演进

信息产业结构演进阶段	i_1	i_2	i_3	i_4	i_5	i_6
开始阶段	>0.5	<0.2	<0.2	<0.5	<2	<1
中间阶段	≈0.33	≈0.33	≈0.33	≈0.66	≈2	≈1
后阶段	<0.2	$0.2<i_2<0.5$	>0.5	>0.66	>2	>1

资料来源：陶长琪．信息经济学［M］．北京：经济科学出版社，2009.

（2）信息产业技术结构的演进

信息产业不断向前演进的实质是信息技术的迅猛发展。信息技术发展的最终目的是应用，在应用中更便利地改造着劳动对象。随着信息获取技术瓶颈的突破，信息应用技术中的数字化接口技术、智力技术等又将制约其发展，成为一个新的瓶颈。这一阶段发展可以分为以下四个阶段（如表 11-5 所示）。

表 11-5　　　计算机和互联网时代信息社会演进的四个阶段

第一称谓	计算机时代	网络时代	内容时代	智能时代
第二称谓	控制时代	通信时代	传感器时代	集成时代
大致时间段	20 世纪 60—80 年代中期	20 世纪 80 年代中期至 90 年代中期	20 世纪 90 年代中期至 2015 年	2015—2115 年
瓶颈技术	信息处理技术	信息传输技术	信息获取技术	信息应用技术

从以上信息产业技术演进的阶段可以明显看出信息技术的演进遵循“瓶颈转换规律”。技术结构的不平衡发展使得一个技术瓶颈刚刚解决，新的一个相关联的瓶颈又出现了，整个技术结构在瓶颈解决和转换中得到了动态的协调，最终实现技术结构的合理化和高级化。

信息产业技术结构中的主导技术大致沿着这样一条路径演进：信息处理技术向信息传输技术、信息传输技术向信息获取技术、信息获取技术向信息应用技术演进。即信息处理技术→信息传输技术→信息获取技术→信息应用技术。信息技术主体技术的演进，在信息产业的行业结构上表现出的是信息行业结构的合理化；信息技术各子技术的高级化，则使信息产业行业结构高级化。

2. 信息产业组织的演进模式

按产业经济学解释，产业组织是以生产、消费、市场、价格、投资、福利等微观经济学理论为基础，具体分析个别企业，研究产业内企业间竞争与垄断的关系。它包括三个基本范畴，即市场结构、市场行为与市场绩效。由于信息产业是新经济下的一种产业，不完全等同于传统产业，从而信息产业组织有其本身的一些特征：①信息企业的规模经济与有效竞争能力更多依赖其技术创新与知识创新的能力；②虚拟组织大量出现，企业的平均寿命呈现下降趋势；③企业之间的兼并重组越来越广泛，越来越多的知识创新基地或技术创新基地承担着创新的主要任务。信息产业组织的演进表现为企业之间的关系和企业的退化与成长。

（1）信息产业组织在市场结构方面的演进

信息产业是一种知识与智力密集型产业，包含信息工业、信息服务业和信息开发业。从市场结构来看，信息工业在国内外发展较为稳定，企业垄断性较为突出，这主要由信息工业特点决定。信息工业相对投资较大，规模性突出，所以一般由政府部门出资兴建或由一些大型企业集团涉入经营，这就造就了该类企业市场集中度较高，也形成了较高的市场进入壁垒；另外，也会带来产品的差异化程度不同，无论是在产品的设计、结构、质量还是在产品的售后服务与研发上都会有不同程度的差异，这些都给信息工业类企业带来市场的垄断性。随着国际贸易的深化，特别是世界贸易组织的完备以及信息技术组织ITA成员国增多，信息工业的国际化程度也越来越高，出现信息工业从区域垄断向国际垄断演进的特点，目前全世界前十位信息工业企业市场集中度已达到50%以上。在中国，联想集团国内市场占有份额也近50%。随着大集团战略实施，企业兼并重组将促使垄断性程度增强。

信息服务业包含信息咨询业、出版业、邮政业和电信业等，除信息咨询业外，出版业、邮政业与电信业一般由政府部门或一些国有控股企业进行经营。其与信息工业一样垄断性较强，规模性突出，市场集中化程度较高，市场进入壁垒高，产品存在差异性，少数几家企业占据市场较大甚至全部的市场份额。加入世界贸易组织后，竞争机制逐步引入到邮政业与电信业，使信息服务业出现一个新的市场结构格局，从而出现信息服务业从完全垄断到寡头垄断演进的特点，不但有来自国内企业的竞争，也有来自国外一些大企业的挑战。至于信息咨询业仅占据信息服务业很小份额，其主要由竞争性企业进行经营，目前在市场上分布较为分散，竞争性也较强，集中度相对不高；但信息咨询业将随信息技术尤其是网络技术的应用，形成从完全竞争到垄断竞争的演进趋势，未来将出现几个大型信息咨询企业控制较大市场份额。

信息开发业是信息产业发展的高级阶段，也是发展最快的一种信息产业，主要由软件开发业、数据库开发业与电子出版业等构成，一般由私人进行经营。其主要特点是市场分散、经营企业较多、市场竞争异常激烈，一般在发展开始时期投资规模较小，专业性较强，市场进入与退出壁垒也低，在市场上同种行业也较多。随着市场竞争的加剧，不断地有企业失去市场竞争力而退出市场，另外也不断地有新企业进入市场，能够在市场上站稳脚跟的企业将不断增加资金、人才、技术等要素的投入，逐步发展壮大自己，形成规模经济，从而产生一定程度上的垄断性，并且会随着市场竞争力增强而由行业垄断到地区垄断再到国际垄断。美国的微软公司、戴尔公司是这种企业的典范，它们的发展靠的是强烈竞争所激发的强大市场竞争能力，产品具有明显质量与价格优势。然而信息开发业中大多数还未形成规模经济的中小型企业偏多，它们在某点上也有一定的比较优势，存在其生存空间，随着社会分工越来越细致化和复杂化，也需要能适应这种分工协作的中小型企业存在。应该说信息开发业逐步由完全竞争向垄断与竞争并存趋势演进，信息开发业中的企业也逐步从中小型企业向大、中小型企业并存方向演进。

(2) 信息产业组织在市场行为方面的演进

市场行为主要由价格行为、非价格行为以及企业组织政策组成。当信息产业的一个新领域开辟出来后，在市场发育初期，大多数企业由于技术创新薄弱，营销方式落后，对市场需求的影响和调节能力十分有限，一般情况下，价格策略是这时企业唯一可能有效运用的策略，加之初级阶段市场的层次较低，影响了竞争的空间和层次。因而大多数信息企业这时都把竞争看成是一种威胁，只要有可能就尽量回避和减轻竞争，竞争的手段主要采取价格竞争，在制定价格时采取阻止进入定价行为与驱除竞争对手定价行为。当市场竞争者较为稳定时，企业可能也会采取成本加目标利润定价行为，从不合理的价格行为逐步向合理价格行为演进。

在经过第一阶段的价格战为主的竞争后，企业认识到这不是有效的获取更多市场份额的途径，开始注重以产品技术创新和产品质量树立自己的品牌，同时深入挖掘消费者的需求类别和层次，并提供相应的带有差异性的产品去适应和满足。这种通过技术上的创新形成产品的差异性以扩大市场份额是第二阶段非价格行为的典型表现，并且会表现得越来越突出。因而该阶段信息产业会以非价格行为不明显向明显演进。随着市场往高层次大容量发展，技术创新需要投入的资金越来越大，而创新项目成功的概率却很小。在这种情况下，企业逐渐认识到个体在巨大的创新风险面前难以有所作为，而通过建立合作和联盟，或进行企业兼并重组以实现创新方面的优势互补、风险共担、成果共享，因而在这个阶段更多表现为垄断竞争特点。以全球电信市场为例，由于各国电信管制的放松，各国电信企业快速分化重组，已基本形成五大全球战略联盟，即 World Partners、Concert、Global one、Unisource 和 C &W (Cable and Wireless)，这些联盟的兴起使当今电信行业的发展跨入了一个崭新的时代，全球电信网也在向着无缝、无国界的方向发展。所以在该阶段信息产业从区域性企业兼并重组向全球性企业兼并重组演进。

综合来讲，从市场行为看，信息产业组织将从价格行为向非价格行为演进，再从非价格行为向兼并重组行为演进。

(3) 信息产业组织在市场绩效方面的演进

市场绩效主要是用产业的规模结构效率、资源配置效率与技术进步程度等指标来进行反映。从产业的规模结构来看，信息产业组织表现出一个明显的特点：大中小型企业互为依存、双向演进的规律。对于大企业来讲，有可能衰退分解成中小型企业，甚至可能倒闭；而中小型企业则有可能被兼并，或因受到风险资金、金融资金的支持而发展壮大成大企业，如微软公司的操作系统、英特尔公司的芯片技术以及网景公司的浏览器等在其为小企业时都是非主流技术，而受到风险投资基金的支持后都快速成长为大企业，这些技术也相继成为主流技术。总之，在大企业的数量呈现出一种增长势头的同时，因非主流技术创新的散点太多而有越来越多的中小企业的诞生，同时大企业与中小型企业双向演进也越来越频繁。所以信息产业组织从市场规模结构来看，应是从中小型企业向大型企业单向演进方式过渡到中小型企业与大型企业双向演进方式。

从资源配置来看，由于信息产业是高风险、高增值的新兴产业，所以信息企业一旦抓住了技术创新的机会，就会显示出很高的成长性，而一旦企业无视新技术的出现，就会被技术创新的浪潮所淹没、淘汰。信息企业显示出较高的企业进出度以及较快的要素和资源流动率，有人做过统计表明信息企业在企业进出率这个衡量企业变化程度指标上，要比传统企业高出 3 倍到 4 倍，要素与资源流动比率也比传统企业高出 2 倍至 3 倍，且呈现越来越明显趋势。为了进行资源最优配置，企业间兼并重组在信息产业中越来越普遍，且由原先的中小型企业之间兼并重组发展到大型企业与中小型企业之间兼并重组，再发展到大型企业与大型企业之间的兼并重组，规模越来越大，资产重组效率也越来越高。所以从资源配置角度来看，信息产业组织是从低效率配置的企业占多数向高效率配置的企业占多数演进。

从技术进步程度来看，由于信息产业是一种高技术密集型产业，产业的发展很大程度上依赖其技术创新能力，另外，产业的发展也不断地推动着技术创新的加快，技术因素对企业经济的贡献率也呈递增趋势，所以信息产业中的企业无论其大小都十分看重技术水平。当今世界顶尖的信息企业能够成功地占据市场较大份额完全得力于其强劲的技术创新能力，通过创新使产品差异化程度明显高于同类企业，所以企业每年拿出总收益的相当比例用于新产品研制与开发，大型企业多进行主流技术的研究，而中小型企业多进行非主流技术研究，但随着中小企业逐步壮大，会把技术创新推向一个更高层次。因而从技术角度看，信息产业将从对技术进步与技术创新的逐步依赖向高度依赖与相互协调演进。

由以上可知，信息产业结构的演进表现为信息产业的内部产业结构的合理化与高级化，信息产业组织的演进表现为信息企业的成长与退化。信息产业结构的优化表明信息产业在内部结构的产业层次上升级，即由二次产业（信息工业）向三次产业（信息服务业）、再向四次产业（信息开发业）占信息产业主导地位转化。而信息企业的成长与退化更多地体现为企业规模的扩缩，以及行业规模的扩缩。因而在信息产业的演进中，信息产业结构更多地表现为信息产业质的提升，而信息产业组织更多地表现为信息产业量的扩张。

（二）信息产业演进的间接表现形式

信息产业的演进间接表现为信息产业对传统产业乃至整个国民经济和社会的作用，即产业信息化、经济信息化和社会信息化。正是因为产业、经济和社会生活的信息化需要大量的信息产品，才为信息产业的演进提供了一个巨大的市场需求空间。需求结构的合理化、高级化牵引着信息产业结构的合理化和高级化。另外，信息产业组织从市场供给方面推动着信息产业结构的合理化和高级化。信息化对信息产业的需求牵引可具体表现为企事业单位的信息化改造和修建各种信息基础设施，比如信息高速公路。信息产业组织对信息产业的供给推动在产业政策上可具体表现为因势兴建各种信息产业基地，利用基地的“聚集经济”作用，推动信息产业的演进。

信息产业的演进使得信息产业逐渐实现合理化、高级化，进而促使国民经济各产业之间的关系能得到合理化和高级化，从而使社会生产力得到空前提高。这包含两个方面的意义：一是信息产业使国民经济信息化，使国民经济从质上得到提升；二是信息产业占国民经济的比重增加，从量上使层次高的产业得到扩张。

总的来说，信息产业演进的表现形式如图 11-6 所示。

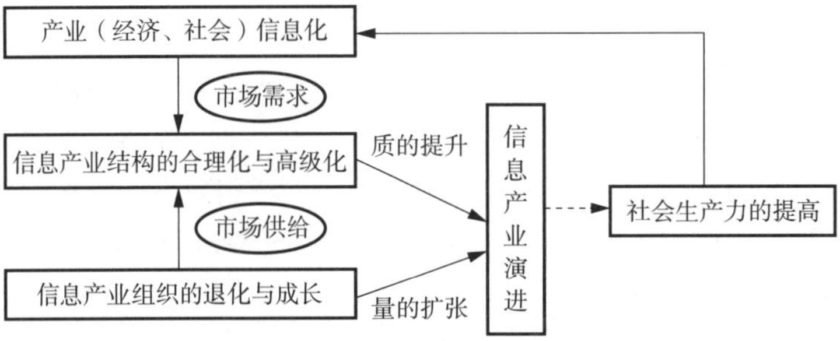

图 11-6　信息产业演进的表现形式

三、信息产业演进的影响因素

信息产业的演进是受到信息的生产结构、市场结构、就业结构、消费结构、教育结构、国民经济结构、政策结构、自然环境结构以及人口结构等条件的制约。这些因素又包含众多的因子形成一种合力，从各个方面影响信息产业的发展，从而使信息产业呈现出一个由量变到质变，由低级到高级的发展过程。信息产业结构的变化，是许多经济和非经济因素综合作用的结果，几乎可以说，一切影响经济发展的因素都直接或间接作用于信息产业结构，推进或抑制信息产业结构的发展变化。这些因素包括技术进步、资源条件、政府的有关政策、劳动力素质和流向、资金投入、平均供求关系等。

（一）影响信息产业结构演进的内在因素

1. 国民经济的发展水平

衡量国民经济发展水平的主要指标之一是国民收入，这是一个国家一定时期内可供支配的全部劳务和物质财富总量，体现着一个国家一定时期的经济实力。国民经济发展水平与信息产业结构是相互影响、相互制约的。信息产业结构的变动对于国民经济发展水平的影响，主要表现为对其他产业结构的渗透和转移，并促使国民经济出现不同程度的增长。反过来，一定时期的国民经济发展目标、战略措施对信息产业结构也有相应的要求，并通过投资、价格等更为直接的手段影响信息产业结构的变化。国民经济发展水平还直接制约着信息产业结构变化的程度和范围，限制着信息产业结构的变动条件。因为一定的国民经济水平下，可供支配的劳务和财富总量是一定的，分配给信息产业各个部门的投资是有限的，所以信息产业结构的调整或变化不可能超越相应的国民经济发展水平所能提供的物质条件，必然要受到一定时期的国民财富和劳务总水平的限制。

2. 资源条件

信息产业结构的形成和演化，与本国的信息资源和自然资源、社会资源、人才资源的供给状况密切相关。由于各国的地理位置、领土大小不同，它们所拥有的自然资源、社会资源、信息资源和人才资源都不相同。虽然各国都有相应的信息产业发展目标和实施战略步骤，但在不同的资源条件下就必须对信息产业结构作相应调整。资源条件包括资源的分布、资源的质量和数量。目前世界上日本、美国之所以在信息产业中占据主要地位，就因为充分利用了人力资源和社会资源，利用国外的优秀人才来开发信息资源，使其经济发展水平达到较高的程度。亚洲新兴工业化国家和中国台湾、香港的信息服务业和软件产业发展迅速，也是有效地利用了熟练劳动力和对外开放这些丰富的社会资源、信息资源。虽然随着科学技术的发展，资源结构对技术先进国的制约和影响会越来越小，但是这种影响永远不会被彻底消除。当代自然资源的影响程度已呈现出逐步减弱的趋势，信息资源、人力资源的影响作用正在日益上升，使信息产业结构的变动受此影响更直接了。

3. 技术变动

科学技术进步在当今世界是决定和影响各国信息产业结构变动的重要因素。它通过技术结构变化和技术水平的提高，为信息产业提供了新的有效的生产经营手段，导致新的劳动方式的出现，在根本上改变了信息产业在国民经济中的地位，促进信息产业结构向高度化演进。

（二）影响信息产业结构演进的外在因素

根据产业经济学原理，产业结构的变化，首先是产业主体人从事产业经济活动的结果，而经济活动，因为具有高度目的性，所以是一种人为的事物。人为事物的共同特征则是由其内外部环境的统一所决定的，统一就是目标的实现，影响经济活动主体决策的一切客观因素就构成外部环境。实际上，经济活动主体是根据某些主要因素，或其他组合的某种特征做出反应的。一个产业尽管面临各种各样的外部环境因素，但可以把它归纳为几个主要环境因素，如供需弹性、劳动流向、经济政策、资金流向、劳动生产率以及产业间的相互带动作用。具体来讲，决定信息产业结构变动的外部因素，主要体现在以下几个方面：

1. 需求弹性与供给弹性

市场需求是商品经济活动的前提，它决定着一切经济活动存在的价值，同时，市场需求也决定着某种产业存在和发展的必要。信息产业是社会劳动分工的产物，分工的结果使信息产业处于矛盾的地位，一方面是对其他产业功能的排斥，另一方面，又是对其他产业的高度依赖。这种依赖体现在：为了实现该产业劳动的价值，要有社会或其他产业对它的需求，为了该产业物质消耗的补偿，要依赖其他产业供给生产资料，如果需求弹性很小，产业的扩张就失去意义，缺乏动力。因此，对信息产业的需求就构成信息产业能否扩张和发展的主要因素。同时，如果信息产业的供给弹性能够与需求弹性相适应，也就具备了信息产业发展的先决条件和约束条件。但是，信息产业同其他产业一样，需求具有“柔性”，供给具有“刚性”，两者之间变化的过程缺乏同步性和协调性。因此，供给和需求的矛盾在信息产业结构中都是客观存在的。

2. 劳动生产率

劳动生产率的变化对信息产业的扩张和发展也起着十分重要的限制作用。如果信息产业的劳动生产率很低，就意味着实现信息产业发展需要投入的劳动量将会很大。由于投入产出效率低，该产业的发展必将受到信息资源开发不足的限制，随着劳动生产率提高，这种限制将逐步减弱。当代信息产业的劳动生产率也存在着先进的与落后的，电脑化的和人工的多种形式。这需要不断地调整和提高，才能保证信息产业的劳动生产率有一个较快的增长。

3. 产业间的相互带动作用

由于信息产业的需求和供给变化是非同步的，在国民经济中的各产业之间发展也是非均衡的。信息产业的发展要依赖于其他产业对信息的需求，如果在市场竞争条件下，社会对信息产品的需求增加到使信息产业的供给饱和时，也相应带动了其他产业的发展，这种一个产业发展引起对其他产业的需求增加，从而带动这些产业发展的作用称为后向带动。由于信息产业并非资源约束型产业，其发展的瓶颈在于需求约束型。世界上许多发达国家都在利用信息产业的非资源约束型来寻求产业之间关联的后向带动产品，以便通过扩大出口方式来促进信息产业发展。

4. 国民经济整体对产业的约束与要求是整体效益优化

就整个信息产业的体系而言，其产业结构应具有较高的整体效益。对国民经济而言，要求信息产业有外部环境的约束条件——整体效益优化，即为其他产业的后续扩张创造条件，使国民经济整体获得协调发展。否则，即使单方面激励信息产业得到的发展，而不考虑产业体系对单个产业附加的外部环境因素，信息产业的扩张和发展也是不能长久的。

5. 社会协调因素的介入

由于产业之间的相互关联，产业之间供给与需求相互可以补偿，除了生产替代产品的产业之外，刺激其他产业的扩张同时也为自己后续扩张创造了条件，因此，社会协调因素介入将有可能使外部经济效果与产业潜能在很大程度上保持一致（即指产业扩张同时为自身后续扩张创造条件）。

6. 国家政策与法律的作用

国家政策对信息产业结构的变动影响是人所共知的，尤其是经济政策体现了国家各级政府关于经济活动的意志。它通过经济杠杆和行政手段来鼓励和限制产业的发展。经济政策不仅具有诱导性和强制性，而且具有强烈的波及效果。它可以直接扶植或限制信息产业的结构变动和发展速度，同时也能够制约绝大多数影响信息产业结构的因素，间接地影响信息产业结构变动。对于信息产业，国家通过干预信息资源在产业间的分配和产业的组织，以制定达到一定国民经济目标的政策。例如，通过投资政策、利率政策、税收政策、进出口政策等来扶植信息产业组织，培育信息产业的市场，优化信息产业结构。

政治制度和法律手段也是影响信息产业结构变动的外部因素。在不同的社会政治制度和思想意识形态下，信息产业结构成长的环境不同，其结构变化的进度和规模也不同，对于扶植或限制信息产业发展的经济政策所给予的法律保护措施也就不同，一旦法律手段施用正确，政治思想观念紧跟时代，对信息产业的顺利发展和结构变动将产生重大影响。特别是政治制度和思想意识形态的变化，对于信息产品的结构成长将会产生很大的波及效应。

四、信息产业的发展趋势

进入 20 世纪后，由于关键信息技术发展方向有新的变化，如产业技术数字化、网络化以及技术成果产业化等，由于信息技术产品市场的规模扩大、结构提升和分布变动等因素的影响，目前信息产业的发展呈现出下述趋势。

（一）信息产业发展的全球化态势

信息产业的全球化即信息产品与服务跨国界，无论是采购、生产，还是经营，都在全球范围内进行。主要表现为信息产品生产的全球化和信息产品销售市场的国际化，跨国经营成为时代发展的主流。还表现在研究开发不仅在国内的企业、政府、研究开发机构间协同进行，而且还在全球范围内协同进行；产业转移和扩散呈梯级式发展，发达国家居于产业链的高端，新兴工业化国家和地区处在中端，而广大发展中国家多数处在低端从事加工和组装。

（二）信息产业发展的软化趋势

20 世纪 90 年代后期以来，各国信息产业明显从传统的硬件业向软件业和主要基于互联网的信息服务业倾斜，如软件开发、系统集成、数据库服务、各类在线信息服务等发展迅速，尤其是商业数据库，无论在规模、结构、质量等方面都有了很大程度的提高。美国的商业数据库业发展更是迅速，已经成为美国信息产业的一大支柱。信息产业呈现明显的软化趋势和特征，这是信息产业结构更加合理化和高级化的表现。

（三）技术创新成为信息产业竞争的核心

在知识经济时代，技术发展日新月异，技术淘汰加快，产品的生命周期缩短，表现为频繁的硬件更新和软件升级。信息产业的成长很大程度上受制于人们的创新程度，无视技术创新的企业只会被淘汰出局。当前信息产业在竞争领域集中化，主要集中在核心技术、关键技术在创新方面的竞争。

（四）产、学、研的合作日益加强

很多国家和地区通过建立科技园区，从体制上加强大学、科研机构和产业界的合作。这种合作可以发挥园区的集聚功能和辐射功能，能够充分发挥大学的科研优势，为信息产业的发展提供所必需的人才，优化科研成果转化进程。此外，许多国家还建立了由国家最高领导层主持的官、产、学结合的领导体制，对信息产业的领导日趋高层化。

第四节　信息产业发展规律及其特征

一、信息产业的发展规律

信息产业的发展规律依赖于信息技术的发展，而信息技术的发展是一个十分复杂的过程，有其内在的规律性——瓶颈转换规律。但信息产业由于其构成的分支部门多，其发展过程中影响因素（主观、客观因素）多，因而并不呈现明显的瓶颈规律。在信息产业中，无论是信息产品制造业，还是信息服务业，都明显存在以下一些现象，即收益递增、规模经济、范围经济、成长经济和差异经济等现象。

（一）信息产业中的收益递增机制

1. 收益递增机制形成的原因

（1）信息产业发展依赖的主要资源——知识资源的共享性

传统的工业和传统的农业是物质资源依赖型的经济。物质资源具有唯一性和排他性，随着资源开发程度的加深，开发成本不断上升，最终导致收益递减。而在知识依赖型经济中，情形是迥然不同的。信息产业发展，所依赖的主要资源是具有共享性的知识资源，随着开发强度的不断加大，知识和信息越来越丰富，而且有助于以后开发成本的降低，并对竞争者形成一种壁垒。因此，在知识资源开发应用上占优势的国家和企业，在竞争中也占优势，呈收益递增趋势。

（2）企业内部的原因

首先，高固定成本。在信息产业中，设计与生产工艺复杂，需要在研究、开发和工具阶段进行大量初始投入，形成较高的固定成本，而一旦推向市场，再增加产量，成本相对较低。如芯片制造是资本密集程度最高的产业。目前，开办一家蚀刻 0.35 微米晶体管的芯片厂要耗资 25 亿美元，建造生产 0.07 微米晶体管超级芯片的硅片厂要花 100 亿美元，而原材料成本很低，芯片生产的基本原料是硅和电力，其成本仅占总成本的 1%～2%。因此，产量越高，单位成本越低，利润相应增加。成本结构的这种特点使企业不断扩大市场份额、扩大产量，从而降低成本、提高质量，形成有利于快速发展的正反馈机制，以获得更大的市场和更长远的利益。

其次，学习效应。虽然现代社会中技术进步大多是寻求新思想、新产品和更好的生产方法的结果，但是也有一些技术进步是通过经验产生的，即“干中学”，增加产量带来了学习效应。关于技术变化的研究证明，技术能力随着生产的发展而发展。换言之，技术能力不能像购买一种商品一样轻而易举地得到，相反，它们是一种“传递式”的或“无声的”能力，这种能力取决于它们自身积极地参与生产过程，建立这种能力的种种知识是通过边干边学，在消费中学习，以及通过在相互交流、相互合作中学习的。

学习效应在信息产业中起着非常重要的作用，因为在信息产业中，知识优势代替了物质优势成为产业发展最重要的因素。因此，信息产业中，人力资源、技术能力是一个企业最可宝贵的财富，学习效应成为企业重要的竞争优势。

（3）企业外部（用户）的原因

传统经济学对收益递增现象的分析多是从企业内部寻找原因的，其实，企业外部即企业产品或服务的用户也是收益递增的重要源泉。企业外部原因主要有：

首先，合作效应。信息产品的生产成本不仅随着产量增加而下降，使用的增加也会使收益增加。采取与其他经济实体类似的行为所带来的优势，即合作效应，可以使市场份额领先的企业获得收益递增效益。

其次，深度的顾客适应。高技术产品通常难以使用，用户需要较多的培训和学习才能掌握。因此，一旦选择了某种产品并在培训上已大量投资，用户在适应之后就不会轻易地转移到其他产品上，这一方面是由于转换成本太高，另一方面老产品升级通常只需要少量的追加投资。所以，较广的用户基础有利于占领未来的市场。

再次，信息蔓延。当预购者从几种技术性产品中做出购买选择时，对产品的了解往往依赖于原先的购买者所做的推荐，因此，买者众多的产品比买者较少的产品具有被更多人了解的机会。而风险厌恶者倾向于购买了解较多的产品。所以，早期偶然占据了较多市场份额的企业就具有信息反馈优势，在某种环境下，仅凭这种优势，一种产品就可能最终控制市场。我们将这种现象称为信息蔓延，并认为这是形成收益递增的原因之一。

最后，注意力经济。在当前“信息爆炸”的时代，信息产品数量和种类激增，而消费者的注意力是有限的，他们真正利用到的信息与可取用的信息总量相比，占的比例并不高。这种信息产生和信息处理之间的不平衡使得消费者的注意力成为一种宝贵的财富。“在信息经济中，注意力就是货币单位”。吸引了顾客注意力的企业，就在一定程度上锁定了顾客，从而创造了收益递增的开端。

2. 收益递增机制作用下发展信息产业的策略

由于信息产业发展受收益递增和正反馈机制的不良影响，如产品或技术选择中可能的低效率、路径依赖、锁定等。对此，发展中国信息产业及在产业政策中应注意以下五个问题。

（1）适度的扶持和鼓励联合政策

通过加强高技术产业所依赖的国家基础研究力量，鼓励产业中的企业以各自的资源联合起来，共同分担进入成本，分享市场营销网络以及技术知识和标准，甚至结成战略联盟的产业政策，有利于提高国际竞争力。

（2）突破锁定

锁定易形成垄断，不利于企业竞争，通过谈判或强制的行政命令手段就可以以较低的成本转换到新的平衡系统中。此外，采用“改变规则”的方法也是击败锁定市场的巨人企业的有效方法，因为改变规则后，所有的企业在某种程度上又站在了同一条起跑线上。

（3）防止潜在的低效率

由于收益递增和正反馈机制的作用，信息产业的发展可能会被锁定于较差的发展路径中。起初进步缓慢但长期潜力巨大的技术易于被排斥，从而将产业发展锁定于较差路径且难以逃脱。因此，应当运用适当的产业政策来对产业的发展进行引导。我们认为，政府的干预是非常必要的，可以在相当程度上防止潜在的低效率。

（4）开放的技术创新发展战略

在信息产业中，由于收益递增机制的作用，高技术也不一定就必然能获得高附加值，把技术创新与市场联系起来才是最关键的一步。企业必须采用开放的技术创新发展战略，如果企图通过技术封闭战略来保持技术优势，将不可能赢得较大的市场份额，并最终丧失发展的生命力。

（5）改变营销观念，致力于开拓市场

信息产品的营销活动中，应当注意克服两种观念。第一种观念是以传统的工业时代的“成本—利润”方式为产品定价和营销。第二种观念是认为产品的技术优势是导致商业成功的唯一决定因素，这两种观念都忽视了市场的作用，尤其是在信息产业中，收益递增机制使得市场份额的重要性远远超过了眼前利益，甚至技术优势。因此，经过营销努力，建立起一套行业实施标准是信息产业经营的最理想状态。

（二）信息产业的自然垄断

所谓自然垄断，是指生产一种商品所使用的技术可以导致一个市场上只有很少几个厂商。当一个厂商的平均成本在市场上可能容纳的产量范围内不断下降时，自然垄断就会出现。如图 11-7 所示，当平均成本随着生产规模的扩大而下降时，就出现了规模经济。

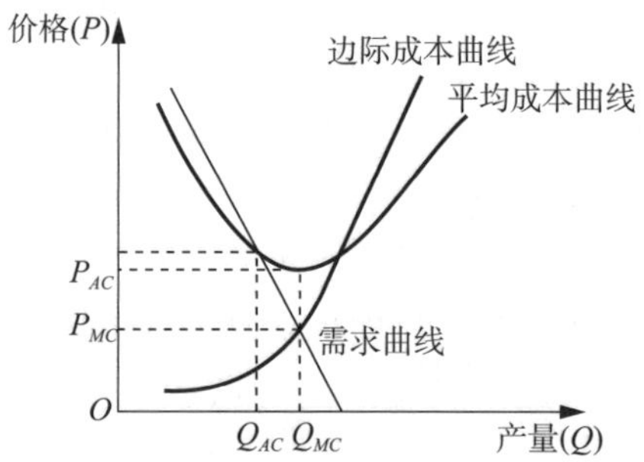

图 11-7　自然垄断下的成本曲线示意图

自然垄断具有高额的初始投资性质，一旦投入生产后，单位产品或服务的边际成本是非常低的。当高额的固定成本和微小的边际成本并存时，就会出现自然垄断的情况。具有自然垄断的信息产业如果能够获得政府财政和其他投资集团的支持而得到高额的初始投资的话，必将带动其他相关部门的投资，这些投资活动将提高经济发展的活力，提供更多的就业机会和发展的可能性。一旦这些信息产业部门开始进行生产产品和服务时，其低廉的边际成本将对社会经济产生极大的刺激效应，大幅度、大面积地降低社会其他生产部门的生产和服务成本，从而刺激全社会的经济增长。

（三）规模经济

规模经济是促进经济增长、提高资源利用率的重要手段，是产业成熟的标志。对信息企业而言，关键问题是如何利用规模经济特点创造竞争优势，并通过管理创新、组织创新等方式，不断发展规模经济。如图 11-8 所示，产量 q 与规模经济的关系如下。

当 $q<q_1$ 时，q 增加使平均成本下降，此时为规模经济。

当 q 在 $q_1\sim q_2$ 之间时，边际成本等于平均成本，此时，规模收益不变。

当 $q>q_2$ 时，边际成本 MC 大于平均成本 AC，则出现规模不经济。

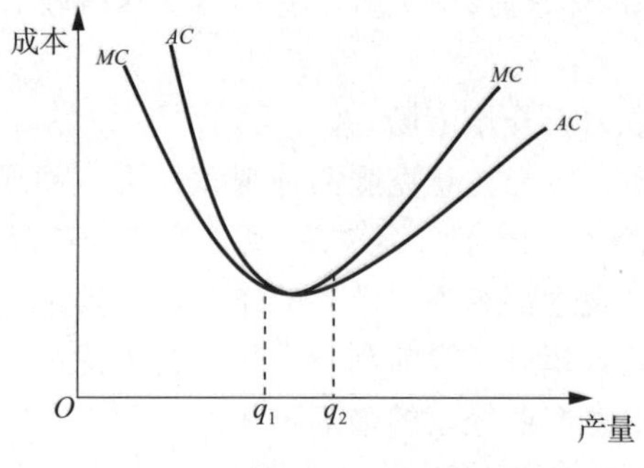

图 11-8　规模经济、规模收益不变和规模不经济示意图

边际成本曲线 MC 与平均成本曲线 AC 的交点标志着最低经济规模，企业在选择生产能力规模或进行资本投资时，至少要大于这一产量水平。信息产业是规模经济非常明显的产业。

（四）范围经济

范围经济是指联合生产多种产品比分别生产这些产品花费更少的情况，因而也称多产品经济。其实质是成本的节约，即以更低成本配置资源，从而获得竞争优势。

1. 范围经济形成的原因

（1）合成效应

当多种产品在技术上、生产上和销售上具有共同的特征，可以相互借鉴、相互促进、优势互补时，就会产生合成效益，大幅度降低成本。

（2）内部市场

多产品企业可以形成企业内部市场合理配置资金和人力等资源，替代市场机制的资源分配功能，获得收益。在外部市场不完善时，作用尤为明显。

（3）减少经营风险

有关联的企业共同经营会大大降低经营风险。但无关联的企业进行多角化经营不但不会降低风险，反而会加大风险。

（4）扩大发展空间

在某种产品上企业往往会受到来自市场和法律的限制，因而，进行多产品经营能够有效地扩大企业的发展空间。

2. 范围经济与规模经济的关系

对于信息产业而言，规模经济和范围经济两者统一于一体，规模经济是建立在范围经济基础之上的，即多品种的规模生产和经营。在柔性制造系统中，规模经济和范围经济必然是相辅相成的。规模经济的源泉实质是分担固定成本，当固定成本由一种产品分担时，即为传统意义上所说的规模经济；而当由多种产品分担时，即为范围经济。因此，柔性制造系统为规模经济和范围经济的统一提供了条件。由于信息的共享性，信息商品本身的层次性特点，信息服务业几乎天然具有范围经济的特征。信息企业扩大规模，发展范围经济，一个重要的途径就是进行企业间兼并、重组和联合。

（五）成长经济

成长经济是指企业在成长过程中，通过对自身“未利用经营资源”潜力的充分开发而获得的经济性。这里，“经营资源”指的是赖以取得经济利益而使用的生产要素，即人才、技术、经营方法、商标、信誉、客户关系等。

1. 企业中总是存在着未利用资源的原因

（1）资源的不可无限分割性

企业的最低生产水平只有等于由各种资源的最小可能单位生产的各种产品的最大生产量的最小公倍数时，不可分割的生产资源才能得到充分利用。但是，由于生产过程、市场情况的复杂性，实现这种关系几乎是不可能的，因此未利用资源总是存在的。

（2）资源间的永不平衡性

尽管企业可以通过范围经济尽可能利用现存资源中未利用的资源，但该过程又必须追加新的资源，从而产生新的未利用资源，即资源间永不平衡。

（3）活的经营资源

存在于信息资源和人力资源中的知识资源、智力资源是一种活的资源，它能通过学习效应自动积累起来，从而加速企业内未利用资源的积累。

由于未利用资源积累和沉淀在企业中，因此企业总有一种冲动，最大限度地发挥出自身资源的利用，而这种努力是具有其经济性的，而且是永无止境的，这就是成长经济。

2. 成长经济的特点

在企业中所积累的最一般的未利用资源是信息资源，且永远存在。它具有不同于其他资源的特点。

（1）通常是一个企业所特有，其他企业无法用金钱在市场上买到，易形成企业独特而持久的竞争优势。

（2）具有共享性，利用其扩展新业务对原有业务影响小、成本低。所以，充分利用企业积累的信息资源，是实现成长经济的重要途径。

3. 成长经济的意义。

在信息产业中，强调成长经济具有特殊的重要意义：

（1）信息产业作为一种知识性产业，知识、技术、诀窍、方法等无形的信息资源比任何其他有形资源都具有更为重要的意义。

（2）由于大企业具有较多的未利用资源，因而成长经济在大企业中表现得尤为明显，相对而言，中小企业更注重其规模经济。而实际发展中，中小企业的发展享受的更多是成长经济的效益，成长经济理论能很好地解释这些矛盾问题，具有重要的实际意义。

二、信息产业的特征

信息产业作为21世纪的战略性产业，具有许多与其他产业不同的新特点。

（一）信息产业是新兴带头产业

由于信息资源已成为现代社会第一战略资源，促进和实现社会信息化的信息产业自然就成为今天和未来社会发展中最大的战略产业。在工业发达国家，微型计算机和微处理在近10年内已经发展到2500多种，它正逐步取代钢铁、造船、汽车、石油等作为社会经济发展战略产业的传统地位，成为当代社会的带头产业。在新技术革命的推动下，以信息技术产业为主的高新技术产业构成了新兴的产业群。无论是宇航卫星通信、生物工程、海洋开发、光纤通信、新材料工业、新能源产业还是新兴服务产业，都离不开具有核心地位和先导作用的信息产业作为其应用开发的突破口和带头部门。可见，信息产业是具有战略性的新兴带头产业，对国民经济的发展具有明显的先导作用。

（二）信息产业是更新快、变动大的产业

信息产业的形成与发展与信息技术的更新换代紧密相连，而信息技术的进步可以说是日进千里。以计算机的芯片制造为例，芯片是计算机的核心构造，由于电子技术的进步，使越来越多的晶体管被集成在同样大小的芯片上，芯片的功能日趋强大。目前，已进入亚微米时代，芯片上的导线宽度达到0.5～1微米，不到一根头发宽度的1/100，一块相同大小的芯片已能给出整个世界的地图。因而，以信息技术为基础的信息产业的更新速度是其

他产业所不能比拟的。信息技术产业的迅猛发展，直接推动了经济的高速增长。

（三）信息产业是高渗透性的产业

由于信息传播的广泛性和信息技术的高渗透性，决定了信息产业也是一个渗透性极强的产业。信息产业的渗透性表现在两个方面，一是信息产业部分地融合在社会和产业的各个部门，其中主要是制造业和服务业，即第二产业和第三产业。二是信息产业的表现形态（指行业形态、职业形态、产出形态等）为独立型和融合型两种类型。信息产业的渗透性促使生产资料的机械要素、物理要素、化学要素及其他要素有机结合，对科学技术转化为生产力起到了高度的催化作用。

（四）信息产业是高投入型产业

信息产业中设备的制造和软件的生产，均需要大量的资金和高智能投入。正如英特尔公司总裁戈登·穆尔所言，芯片生产是世界上最花钱的事，开办一家生产 0.35μm 晶体管的芯片厂要投资 25 亿美元；建造生产 0.07μm 晶体管超级芯片的硅片厂要耗费 100 亿美元。加上配套投资，综合项目的投资将高达上千亿美元之多。

（五）信息产业是高增值型产业

信息产业的劳动生产和发展速度明显高于一般企业，据统计，经济合作与发展组织各国的信息产业产值 16 年共增长 4.7 倍。而同期，制造业中的非高科技产品的产值则是增长 3.3 倍。中国手工业、传统产业和信息产业的劳动生产率相比，现阶段约为 1∶1∶100，充分表明信息产业具有手工业和传统产业不可比的高效生产率和旺盛的生命力。信息产业的这种高增值性，使发达国家不惜耗费巨资进行垄断性开发，如高清晰度电视、多媒体技术已进入美国、日本、欧洲的实用化竞争阶段。

（六）信息产业是知识、智力密集型产业

现代信息技术是以微电子为基础，以计算机为核心，以光纤和卫星通信为先导的。信息产业的形成和发展，是信息技术转化为社会生产力的结晶。现代信息技术作为信息产业的高新技术，知识与智力劳动所占的份额大大增加。信息技术产业特别是信息设备制造业，从信息基础设施上为信息产业服务并与信息产业的发展紧密相关的信息服务业，如新闻报道、咨询服务、图书情报、出版印刷、软件编制、科研教育等都是以知识文化的开发、采集、传播为职能的知识密集型产业。

（七）信息产业是高就业型产业

虽然微电子、办公自动化等信息技术的应用，带来了某种程度的结构性失业现象。但从长期看，信息产业的发展，将会带动社会其他产业的发展，并开辟多种新职业，对劳动力的需求大量增加。例如，在美国、日本、加拿大、英国、德国等国家，信息职业占全部职业的比重在 20 世纪 70 年代就达到了 28％～41％。

（八）信息产业是省能源、省资源的无公害产业

信息产业的发展，一方面可在一国或地区的产业结构中起到结构性节省资源、能源的作用；另一方面可通过向社会和各种产业、领域提供各种信息技术、信息设备，从而起到直接或间接节省资源、能源的作用。此外，信息产业本身是一种无公害的可持续发展产业。

（九）信息产业是增长快、综合性强的复合型产业

信息技术是信息产业的核心技术，两者的发展是紧密相连的。近年来，由于信息技术飞速发展，使得信息产业也呈现出一个加速发展的态势，并呈现出以科研、开发为先导的发展特点。同时，信息产业又是综合性较强的产业，它是集信息收集与处理、信息流通、信息服务、信息传播、信息设备生产等功能于一身的复合型产业。

思考题

1. 试对马尔萨斯的增长理论做简要评述？
2. 新古典经济增长理论的主要内容是什么？
3. 举例说明信息产业中存在的规模经济与范围经济？
4. 信息产业为什么是21世纪的战略性产业？

第十二章　信息经济测度理论

目前，信息化已成为世界各国社会、经济发展的必然趋势，如何测度一个国家或地区的信息经济发展水平及信息化发展程度也已受到各国政府、学者的高度重视。而要考察一个国家或地区的信息化程度，不能单凭抽象论证和主观推断，必须要深入实际，获得真实、详细的数据，以便做出相应的定量测度分析和评估，这就是信息经济测度问题。

对信息经济进行研究，是分析信息经济对整个国民经济的贡献，以及经济结构的变化和未来发展趋势的重要手段。信息经济测度理论和方法形成于 20 世纪 60 年代，在 70 年代获得了较快的发展，并在 80 年代得到了较为广泛的应用。目前，在国内外信息经济测度研究领域中，形成了比较有影响的两大分支：一是从经济学范畴出发的以信息经济为对象的宏观计量，以美国经济学家所进行的研究为代表。该分支从人类信息活动的经济角度和生产结构与就业分类角度，研究了信息产业运行机制，考察信息经济在 GNP 中的占比。其中 F. 马克卢普、M. U. 波拉特、M. F. 鲁宾等经济学家做出了巨大贡献。二是从衡量社会的信息流量和信息能力等方面来反映社会的信息化程度，主要依据某些综合的社会统计数字构造测度模型，比较有代表性的是日本经济学家提出的信息化指数模型。而由中国国家信息化测评中心提出的信息化综合指数法也属于第二类分支，极大地推动了中国在信息化测度理论方面及实践方面的发展。

第一节　马克卢普信息经济测度理论与方法

信息经济的测度理论与方法起源于 20 世纪 60 年代，是由美国经济学家费里茨·马克卢普最早提出的，1962 年马克卢普在其著作《美国的知识生产和分配》中首先提出“知识产业”（Knowledge Industry）的概念，并在此基础上建立起对美国知识生产分配的最早的测度体系，即马克卢普信息经济测度模式。

一、马克卢普信息经济测度理论

马克卢普对知识产业的研究，是从微观的市场竞争与垄断的不完备性开始的，最后扩展到对宏观的知识产业的研究。马克卢普的研究不仅包括专利制度的研究与发展投入，而且包括国家各级教育，以及与教育制度相联系的知识生产与传播的各类社会活动，甚至包括几乎所有的知识与信息资源配置活动，由此形成其对知识产业的研究，逻辑过程为产业组织研究—剖析垄断与竞争的不完备性—分析抑制竞争的因素（专利制度）—专利价值及其与研究开发投入的关系—教育—与教育相关的其他生产知识的基础性活动—美国知识生产与分配—知识产业研究。

马克卢普认为，知识产业是为自身消费，或者为他人消费而生产知识，或从事信息服务和生产信息产品的组织或机构，如厂商、机构、组织或部门，甚至可能是个人或家庭。根据以上定义，马克卢普把知识产业分为教育、研究开发、通信媒介、信息设备、信息服务 5 个层次，知识产业及其五个层次划分是马克卢普信息经济理论的核心，在此基础上马克卢普建立了对美国知识生产与分配的最早的测度体系。马克卢普信息经济测度体系主要包括以下几个部分。

（一）教育产业

包括各种各类的教育，如家庭教育、职业培训、宗教教育、军事教育、中小学教育、高等教育、商业与职业培训、政府教育项目、公共图书馆、隐含的教育成本（学生放弃的收入、建筑物与场地的隐含租金、免税学校的成本、交通、书籍与衣料）等。

（二）研究与开发方面

包括基础研究、应用研究、发展研究。

（三）通信媒介产业方面

包括印刷与出版、文具办公用品、摄影、录音、戏剧、音乐、电影、广播、电视、广告、公共关系、电话、电报、邮政服务、会议等。

（四）信息设备产业方面

包括印刷业设备、乐器、电影设备、电话和电报设备、信号设备、测量观察和控制仪器、计算机设备、办公用设备等。

（五）信息服务产业方面

包括专业服务（法律服务、工程建筑服务、医疗服务、会计）、财政金融服务（支票存款银行业、证券经纪人、保险代理人、不动产代理人）、批发商的知识服务、政府活动等。

表 12-1　马克卢普知识产业分支

教育产业	研究与开发	通信媒介产业	信息设备产业	信息服务产业
家庭教育	基础研究	印刷与出版	印刷业设备	专业服务
职业培训	应用研究	摄影、录音	乐器	法律服务
宗教教育	发展研究	戏剧、音乐和电影	电影设备	工程建筑服务
军事服务教育		广播、电视	电话和电报设备	医疗服务
中小学教育		广告、公共关系	信号设备	会计
高等教育		电话、电报与邮政	测量、观察和控	财政金融服务
商业与职业培训		服务、会议	制仪器	支票存款银行业
政府教育项目			计算机设备	证券经纪人

续表

教育产业	研究与开发	通信媒介产业	信息设备产业	信息服务产业
公共图书馆		广播、电视	办公用设备	保险代理人
隐含的教育成本		广告、公共关系		不动产代理人
学生放弃的收入		电话、电报与邮政服务、会议		批发商的知识服务
建筑物与场地的隐含税金				政府活动
免税学校的成本				
交通、书籍与衣料				

资料来源：查先进．信息经济学［M］．北京：清华大学出版社。

二、马克卢普信息经济测度方法

马克卢普信息经济测度方法就是在上述信息经济测度理论体系的基础上，利用“最终需求法”将信息经济测度体系中的各个项目从现存的统计体系中挑选出来，然后逐个进行测算和平衡，测度出美国知识产业的生产与分配过程。

最终需求法（又称支出法、最终产品法）是测度国民生产总值的两种主要方法之一，公式为

$$\mathrm{GNP}=C+G+I+(X-M)$$

式中：C——消费量，即消费者（或个人）对最终产品和服务的需求量与消费量；

G——政府采购，即政府对最终产品和服务的需求量与消费量；

I——投资量，即厂商对最终产品和服务的需求量与消费量，或者说，代表企业、组织和政府对固定资产和物质储备的总投资；

X——进口额，M代表进口额，$X-M$代表出口净额，即产品和服务的进口与出口差额。

根据最终需求法，马克卢普选择1956年和1958年为测度基准年，对1958年美国信息经济进行了测度，测度结果如表12-2所示。

表12-2　　1958年美国知识产业测度

知识产业分支	价值（百万美元）	构成比例（%）	占国民生产总值比例（%）
教育	60194	44.1	12.6
研究与开发	10990	8.1	2.3
通信媒介	38369	28.1	8.0
信息设备	8922	6.5	1.9
信息服务	17961	13.2	3.8
知识生产总量	136436	100.0	28.5

资料来源：靖继鹏，张向先，李北伟．信息经济学（第二版）［M］．北京：科学出版社。

通过对1958年美国信息经济的测度，可以得出以下结论：

第一，1958年美国知识生产总值为1364亿美元，约占同年美国国民生产总值的28.5%；知识产业各分支对国民生产总值的贡献从大到小排序为：教育、通信媒介、信息服务、研究与开发、信息设备，其结果对于分析国家经济发展结构与投资结果具有重要意义。

第二，1947—1958年，美国国民生产总值中知识产业的综合增长率为10.6%，即知识生产的增长率是其他生产部门平均增长率的2.5倍。据此，马克卢普预测在不久的将来，美国知识生产产值将接近或超过国民生产总值的一半。

同时，马克卢普还计算得出了1958年美国知识产业经费来源（表12-3），可以看出，消费者是知识产业发展最大的支持者，而政府对知识产业的财政支持程度最低。这样的结论为后来发展知识产业的国家在制定信息产业发展战略和政策方面提供了重要的参考依据。

表12-3　　1958年美国知识产业收入来源测度

知识产业收入来源	价值（百万美元）	百分比（%）
政府	37968	27.8
企业	42198	30.9
消费者	56270	41.3
总计	136436	100.0

资料来源：查先进．信息经济学［M］．北京：清华大学出版社，

此外，马克卢普还统计了美国信息职业劳动者的收入分配情况，为人们提供了一项关于信息产业迅速发展的有力证据。据统计，1947—1958年，美国信息职业收入按10.68%的年平均增长率增长，其中电视业、计算机业增长最为强劲，如表12-4和表12-5所示。

表12-4　　1947—1958年收入增长率超过10%的美国信息职业一览

信息职业		收入增长率（%）	
		1954—1958年	1947—1958年
教育	中小学教育	9.5	（1948—1958）12.0
	高等教育	13.2	（1948—1958）7.5
	联邦教育项目	24.9	
研究与开发	基础研究	17.97	（1949—1958）16.4
	应用研究	18.8	（1949—1958）16.4
通信媒介	出版（书籍、小册子）	10.7	7.4
	速记	19.6	6.1
	广播电视业		
	电视	14.8	77.2
	广播电视维修	3.7	18.3
	广播电视投资	（1954—1957）10.7	（1947—1957）18.3
	电话	9.3	10.9

续表

信息职业		收入增长率（%）	
		1954—1958 年	1947—1958 年
信息设备	电话电报设备	10.6	
	计算机及其设备	104.4	
	办公用设备零部件	（1953—1958）30.2	6.2
信息服务	专业服务：会计服务	（1953—1958）11.8	
	金融服务：证券经纪人	9.4	12.2
	各种商业服务	10.6	15.5

资料来源：陈禹，谢康．知识经济的测度理论与方法［M］．北京：中国人民大学出版社．

表 12-5　　1954—1958 年美国信息职业收入的平均增长率

知识职业	收入的平均增长率（%）	知识职业	收入的平均增长率（%）
教育	13.95	信息设备	22.16
研究与开发	18.38	信息服务	7.96
通信媒介	6.33		

资料来源：陈禹，谢康．知识经济的测度理论与方法［M］．北京：中国人民大学出版社．

如表 12-4 和表 12-5 所示，大多数信息职业收入的增长势头都非常强劲，明显高于同期传统职业收入的增长率。在各类信息职业中，通信媒介职业的平均收入增长较为缓慢，而信息设备生产与操作职业增长最快。

三、马克卢普信息经济测度理论与方法的评价

马克卢普的信息经济测度理论与方法是最早的宏观信息经济学的测度量理论和方法，具有开创性的意义，特别是马克卢普使用的“知识”与“知识产业”的概念已成为经济学理论的基本概念。但是，马克卢普的信息经济测度理论与方法也确实存在着某些缺陷，以致招来种种批评。对于这些批评，归纳起来包括三个方面。

（1）关于“教育”划归信息产业的问题。有人认为，将教育划归信息产业使他们感到不安。尤其是某些大学教授和学生，认为将大学比作“知识工厂”是破坏了大学的自由和独立于社会之外的传统。

（2）马克卢普提出的“知识”与“知识产业”概念范畴过于宽泛，非常模糊，这种概念本身的不确定性导致实际测度时，数据的选择和测算具有较大的主观性，测度某些产业的非市场交换价值时更是如此。

（3）关于测度指标体系设计问题。马克卢普将许多未列入国民生产总值现行核算体系的社会活动和准职业都列入测度指标体系，但其测算方法又采用国民生产总值的核算方法，这样测算出的数据难免缺乏科学性。

第二节　波拉特的信息经济测度理论与方法

继马克卢普之后，美国经济学家马克·尤里·波拉特有关信息经济的研究最为突出。其研究成果于1977年出版的9卷本《信息经济》（*The Information Economy*）成为世界各国对信息经济学的研究以及对信息经济测度的典范之一。波拉特以马克卢普的理论为基础，对信息经济的理论与方法进行了开创性的研究，提出了一整套测度信息经济规模和结构的方法，1981年OECD（经济合作与发展组织）成员国开始采用波拉特的理论和方法测算各国的信息经济规模和国民经济结构。

一、波拉特信息经济测度理论体系

波拉特认为信息经济理论目标之一是探讨信息商品及服务的生产、处理、流通所创造的财富在美国国民财富中占有多大的比重，从而分析美国经济结构的变化与未来发展趋势。其信息经济测度理论的思路是：首先，明确若干概念，为理论分析的量化奠定基础；其次，从市场角度，按信息市场的供求关系分析信息经济的结构；最后，按市场与非市场的性质区分不同类型的信息活动，从而建立起可操作的测度体系。

在波拉特信息经济测度理论中涉及一些概念。

（一）信息活动

信息就是组织化的、可传递的数据。信息活动是指与消耗在生产、处理和分配信息商品及服务过程中所有资源相关的经济活动，或者说，在信息产品及服务的生产、处理与分配过程中所消耗的一切资源中都包含有信息活动。也就是说，一切用于处理、使用和传播的全部人力、机械、商品和服务都是信息活动所要消耗的资源。

（二）信息资本

信息资本是指对与信息生产和信息服务相关的各种信息设施设备的投资。如一切满足于厂商和个人对信息的需要的打字机、计算器、复印机、终端设备、电子计算机、电话、传真机、微波天线、接收装置等。办公室、教学楼等“信息建筑物”的基本作用，在于为从事信息活动提供不可缺少的环境（或信息环境），因而它们也被认为是信息资本的组成部分。此外，各种社会机构或组织还消耗大量的信息产品和服务，如通信业务、商业咨询业务、法律咨询业务、纸张、办公用品等。它们或者构成社会信息活动的一部分，或者作为信息消耗品计入信息投资额。

（三）信息劳动者

波拉特将社会劳动者分为三大类，即信息劳动者、非信息劳动者和复合劳动者。

他认为，为满足个人、厂商与政府对信息的需要，社会出现以提供信息服务或生产信息为中心的职业劳动者，即信息劳动者，如教师、工程师、设计师、科研人员、绘图员、管理人员、秘书等。

波拉特从美国422种职业中归纳出五种信息类型的信息劳动者，即知识生产与发明者、知识分配者、市场调查与管理人员、信息处理工作者和信息机械操作者。其职业种类和所从事的职业如表 12-6 所示。

表 12-6 波拉特测度理论关于美国信息劳动者分类及信息职业一览

信息劳动者	信息职业种类	信息职业
知识生产与发明者	科学、技术工作者	物理学家、数学家、社会科学家、工程学家
	私人信息服务提供者	律师、法官、医生（50%）、设计师、建筑家等
	电子计算机专家	程序师、系统分析师、其他计算机专家
	金融专家	会计师、保险精算师、银行及金融管理者
知识分配者	教育人员	各类教师、教练员、体育教师
	公共信息提供者	图书馆员、档案管员、博物馆员、文化管理员
	与大众传播相关的职业	作家、艺术家、编辑、读者、广告制作者、播音员等
市场调查和管理人员	信息收集人员	统计调查员、走访员、检查员、测量员、统计员等
	市场调研人员	买卖方调研员、广告代理人、推销员、销售代理人的等
	计划、管理工作者	行政官员及经营者（公务员、各级官员、车间主任（50%）、高工资职员（50%）等，作业管理工作者（包括事务管理人员、邮政车辆管理人员、航空管制员、生产管理人员等）
信息处理工作者	非电子信息处理劳动者	各类秘书、文书管理员、通信办事员、各类信息投递员、统计办事员、各类记录员、各类检察员、注册员、检验员、收发员（50%）、铁路乘务员
	电子信息处理劳动者	银行窗口、核算办事员、账簿员、现金出纳员、打字员、销售（零售）（50%）、持政府执照人员（50%）、放射线技师等
信息机械操作者	非电子机械操作员	速记员、复印机操作员、装订排字员、制版工、印刷机操作员、照相制版工等
	电子机械操作员	账簿核算操作员、计算机操作员、账目机操作员、印刷机操作员、办公机器保管员等
	电气通信劳动者	电报操作员、电话操作员、电话装置修理员、电话架设员、广播操作员、广播电视修理员等

（四）信息职业

波拉特认为，信息职业划分的标准是看劳动者的主要收入是否来源于从事服务或信息劳动。基于此，波拉特将社会职业划分为两大类，即信息职业和非信息职业。信息职业主要是指从事符号信息处理活动或从事某种高智能性的符号信息处理活动（如知识创造性的新发明活动）的职业；非信息职业主要是指从事机械性操作活动的职业，如机床操作师等。

波拉特进而将信息职业还细分为约 30 种小类，他认为其中约 28 种职业具有显著的复合特征，并进一步将这 28 类职业划分为两种类型（如表 12-7 所示）：一种是信息部门与服务部门各占 50%的复合职业；另一种是信息部门与工业部门各占 50%的复合职业。

表 12-7　　波拉特测度理论复合职业一览

信息部门与服务部门各占 50%		信息部门与工业部门各占 50%
医生	船长、海员、零售人	其他分类的车间主任
持有政府证书的护士	商人	木材检查员、测量员、定级员
营养师	协会工作人员	其他分类的检查员
临床检查技师	站长	线路测量员
保健记录技师	零售店主（薪给）	制造业检查员、试察员
放射诊断技师	零售店主（自营）	定级员、分类员
广告宣传人员	个人服务业主（薪给）	
设计人员	个人服务业主（自营）	
销售场所（除食品以外的）	事业服务业主（薪给）	
事务员	事业服务业主（自营）	
零售事务员	收发员	

注：①薪给——零售店主拥有经营权，不拥有所有权；
②自营——零售店主既拥有经营权又拥有所有权。

二、波拉特信息经济测度方法

为了便于对信息活动进行量化、测度，波拉特依据信息活动的产品和服务是否在市场上直接出售为标准，将国家信息部门划分为一级信息部门（Primary Information Sector，PIS）和二级信息部门（Secondary Information Sector，SIS）。一级信息部门是指那些向市场提供价格信息商品或服务，参与市场交换的厂商部门，这是信息市场的主体；二级信息部门是指那些满足政府或信息企业内部消费而提供的信息生产与服务的部门。

波拉特信息经济理论的核心是如何建立可以量化的信息经济测度体系，但建立测度体系两大主要问题，一是建立一级信息部门，二是寻找出一种较为合理而又较为准确地估算二级信息部门服务价值的方法。

对一级信息部门的测度，波拉特首先从美国“国家产业划分标准”（SIC）中识别出 116 个信息行业，并将它们归纳为 8 大类，构成一级信息部门，如表 12-8 所示。

表 12-8　　波拉特信息部门分类体系

	信息部门	信息行业
一级信息部门	知识生产与发明行业	研究与开发产业、发明性产业（民间）、民间信息服务
	信息分配和通信行业	教育、公共信息服务、正式通信媒介、非正式通信媒介
	风险经营	各类保险业、各类金融业、投机经纪业
	调研与调控行业	调研与非投机经纪业、广告业、非市场调控机构
	信息处理与传递服务行业	非电子处理业、电子处理业、电信业务基础设施
	信息产品行业	非电子性消费或中间产品、非电子性投资产品、电子性消费或中间产品、电子性投资产品
	某些政府活动	联邦政府中的一级信息部门、邮政服务、州和地方教育
	基础设施	信息建筑物及租金
二级信息部门	政府公共部门、民间管理部门	

资料来源：查先进．信息经济学［M］．北京：清华大学出版社．

在确定了一级信息部门的基础上，波拉特分别采用了最终需求法和增加值法测算了信息部门的产值。最终需求法在前面已有介绍，此处不再详述。增值法是将所有部门的销售额或营业收入扣除从别的部门购买生产资料的支出之后的余额相加，求得一定时期内社会生产的新增加值总额的一种计算方法。用增值法可以在一定程度上避免 GNP 的重复计算问题。用增值法测定信息市场的产值时，需运用投入产出矩阵，并把其产品不采用商品形态的非独立的信息部门的增值也计算进去。

二级信息部门的结构要比一级信息部门复杂得多，波拉特假设不在市场上销售的信息服务的价值是由生产这种服务所消耗的劳动构成，由此可认为二级信息部门的附加值由两部分组成：一是非信息部门内信息工作者的收入；二是非信息部门所购置的信息资产的折旧与损耗。在波拉特理论中，非信息部门内的信息部门被称为准信息部门，一般是指非信息部门内部执行计划、财务管理、通信、电子计算机处理、研究开发、技术服务和文秘等活动部门，如表 12-9 所示。

表 12-9　　非信息产业内部典型的准信息产

假设产业类别	投入	产出
电子数据处理	电子计算机、外围装置、程序设计、咨询	电子数据处理服务
广告	艺术家、照相排版技术、电视影片装置	广告、宣传
书信打字员	秘书、打字机、纸张	书信、商业电函
复印	静电复印机、机械操作人员、纸张	复制品
印刷	印刷机、装订机、印刷装订技术人员	印刷物
直接邮递	地名印刷机、计算机、档案、印章机、信封	邮政服务
研究开发	研究室、电子数据处理、科学家、技术人员	新知识、发明专利
杂志剪贴	报纸、杂志、办事员	新闻信息服务
经营管理	管理职员、通信、电子数据处理、经营咨询	计划
会计	会计员、簿计、计算机设备、电子数据处理、通信	会计信息
法律	律师、通信、电子数据处理	法律咨询
专利、著作权	知识生产（著作、唱片、发明）	专利费
图书检索	图书、档案、橱柜、图书管理员	信息积累、检索

波拉特通过测度那些直接支持二级信息部门运行所消耗的各种劳动力和资本的价值，推算出这些部门中不直接进入市场的信息服务的“准市场”价值。即二级信息部门的增加值由以下两个可测度的投入量构成：第一，在非信息产业内就业的信息劳动者收入；第二，非信息产业内购买的信息资本折旧。据此，波拉特利用美国劳工统计局编制的按产业划分的详细的就业结构矩阵，将该矩阵中的职工人数变换为职工收入，从而可以根据产业分类测度美国非信息产业内部的信息劳动者收入额。同时，他利用美国经济分析局编制的按产业分类的资本流量矩阵，通过预先设定若干假设条件，从而计算出非信息产业内部信息资本折旧。这样，波拉特通过非信息部门内部的信息劳动者收入和信息资本折旧两大数据，建立起二级信息部门的账户体系。

这样，波拉特按一级信息部门和二级信息部门结构分类建立了信息经济测度体系，并运用最终需求法和增值法对美国 1967 年信息经济进行了测度（结果如表 12-10 所示），最终研究结论主要有以下 4 点：

（1）利用最终需求法计算，1967 年美国一级信息部门占美国 GNP 的 21.9%，二级信息部门对最终需求的销售占 GNP 的 3.4%。

（2）利用增值法计算，1967 年美国 GNP 的 25.1%来源于一级信息部门，二级信息部门对国民生产总值的贡献率为 21.1%，即 1967 年美国 GNP 的 46%是由信息部门通过市场和非市场创造的。其中，在一级信息部门创造的增加值中，大约 10%来自政府部门，90%来源于民间部门。

（3）1967 年，美国每 1 美元物品的 17%，即 17 美分为信息产品或服务；美国家庭购买的服务中，约 36%属于信息服务，64%属于非信息服务；美国每 1 美元投资的 18%左右用于信息机械设备或信息建筑物上。

（4）1967 年，美国信息劳动者人数占就业总人数的 45%，而信息劳动者总收入占就业者总收入的 53.52%，信息部门人员收入比非信息部门就业人员收入平均高 38%。另外，波拉特通过考察，认为 1955 年以后所有信息部门就业人数比重迅速提高，大约一半的劳动力都与某种信息服务有关，到了 20 世纪 70 年代该比例已达到 55%。

表 12-10　　1967 年美国信息经济结构

生产	中间消费			最终需求	占 GNP 比例（%）
	一级信息部门	二级信息部门	非信息部门		
一级信息部门	69 754	78 917	0	174 585	21.9
二级信息部门	0	616	227 778	27 440	3.4
非信息部门	59 538	0	571 503	593 363	74.6
增加值	199 642	167 826	427 920	GNP=795 388	
占 GNP 比例（%）	25.1	21.1	53.8		

资料来源：陶长琪．信息经济学［M］．北京：经济科学出版社．

三、波拉特信息经济测度方法的评价

波拉特信息测算方法是迄今为止世界上关于信息经济与信息产业分析和测算方面最权威的方法，具有很大的实用性和可操作性。它从经济学角度出发，采用经济统计的语言，首次从国民经济各部门中识别出信息行业，开拓性地以定量的方式反映出信息行业在整个国民经济部门中的比重，并创造性地对二级信息部门进行了明确划分和测度，这对研究信息产业与国民经济结构及其他产业部门间的内在联系具有重要意义。许多国家和地区均用此方法对本国或地区的信息经济发展水平进行了分析和测算。

波拉特的贡献主要体现在以下 3 个方面：

（1）提出经济的两大领域划分观点，一个是包含有物质和能源的转移的领域；另一个是包含从一个模式向另一个模式的信息转换的领域。

（2）首次以信息商品是否进入市场交换为标准，将信息部门划分为一级信息部门和二级信息部门两类部门，使人们对信息产业的概念、结构和产值构成有了较清晰的认识。

（3）科学性较高，国际影响和国际通用性较强，测度结果具有国际可比性。值得提出的是，波拉特方法是目前世界上比较通用的方法。

但是，随着其理论方法的运用，波拉特信息经济测度方法论的缺陷越来越明显，有许多需要改进之处。

（1）波拉特对信息活动、信息行业、信息职业的划分缺乏统一的科学标准，对信息经济概念的分析存在内部的逻辑矛盾。测度模型的有些环节存在非逻辑处理方法，尤其是他对知识范畴的“随意”扩张，与科学思想方法相矛盾。

（2）测算中所采用的某些方法和某些数据欠合理，如二级信息部门劳动者创造的价值在时间和空间上都存在不小的差异，因而使测算结构的可比性受到影响。

（3）波拉特方法的运算非常烦琐，对统计资料的要求比较高，波拉特本人在测算中，因数据难以获得而采用估算方法，增添了主观因素，有失规范性，降低了测度结果的准确性、可信度。如果加上计算、统计方面的人为误差，更降低了结果的可比性。

（4）波拉特测度方法本身属于宏观信息经济测度范畴，但信息商品和信息服务的微观经济特性却削弱了他们使用投入—产出法分析的基础。

第三节　日本信息化指数模型

一、信息化指数测度方法

除去前面介绍的马克卢普与波拉特测度方法外，在国际上影响较大的就是 1965 年由日本学者提出的“信息化指数”测度方法。信息化指数法是一种测算社会的整体信息水平及信息化程度的方法，它既能纵向反映某国（或地区）的信息化进程，又能横向比较不同国家和地区间的信息化程度。

信息化指数测算方法是从信息量、信息装备率、通信主体水平、信息系数四个主要因素来体现社会的信息化程度的。它具体包括 11 个变量，其模型结构如图 12-1 所示。

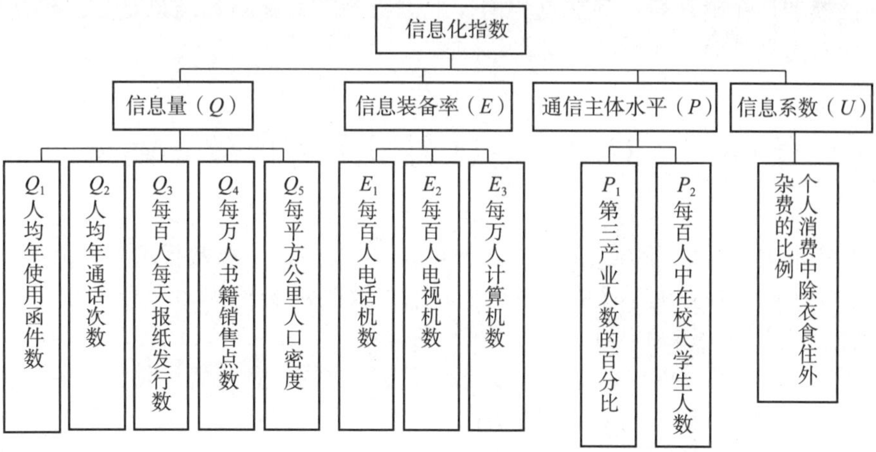

图 12-1　日本信息化指数的模型结构

由于上述 11 个变量是不同质的量，无法直接进行比较，故首先需要转换成指数，最后求得反映信息化程度的总指标——信息化指数。

求最终的信息化指数的方法一般有两种：一步算术平均法和二步算术平均法。一步算术平均法假设 11 个分指标对最终信息化指数的贡献是一样的，各分指标所占的权重都为 1/11。首先将基年各项指标的值指数定为 100，然后分别将测算年度的同类指标值除以基年指标值，求得测算年度的各项指标值的指数，再将各项指标值指数相加除以项数，就可得到最终的信息化指数。二步算术平均法假设 4 个大的指标及每组组内的变量对最终信息化指数的贡献是等同的，但不同组的变量对最终信息化指数的贡献不同（同一组内的变量数越多，一个变量相对的贡献越小，即每一组变量的权重各不相同）。这种方法先分别计算出 Q、E、P、U 这四个组的指数平均值，即对每一组的变量指数值求平均值，再对分组的指数平均值求算术平均值得出最终的信息化指数。显然，这两种算法的最终结果会有所不同。

二、日本信息化指数模型的评价

信息化指数法注重从与社会信息活动相关的各个方面来进行测算，所用的统计资料比较容易获得，参数少，因而具有较强的可操作性和对比性。同时，这种方法将信息化发展进程的相对阶段和相对差距用量化的方式反映出来，在有较完整的时间序列数据的情况下还可对今后的信息化发展趋势作出预测，而且通过细致的数据处理和对比分析，也可发现一些信息化过程中的结构性失衡或缺陷。

但该方法并不是完美无缺，主要缺点如下：

(1) 该模型过于简单，不够全面。该模型只选择了 4 个主要的信息化指标进行统计测算，而没有考虑到信息活动的其他重要方面（如信息需求利用程度和规模等）。

(2) 该模型是在多年以前提出的，而当今社会变化异常迅速，信息技术飞速发展，该方法中具体分解的 11 个指标已经不能适合当今信息化水平的测度，而且在不同的国家（地区）或是在同一国家（地区）的不同发展阶段，这 11 个指标在社会信息化过程中所起的作用不同。

(3) 该模型采用算术平均得出综合的测度结果（信息化指数），不能适当区分出不同参数或不同因子的贡献大小，简单平均的算法可能掩盖实质上的差异。

(4) 该模型是在确立某一基准点的前提下进行测算，其测算结果是无量纲的相对值，该值只有相对意义，而无绝对的意义。

第四节　IUP（信息利用潜力指数）模型

信息利用潜力（Information Utilization Potential，IUP）指数模型是由联合国教科文组织委托美国加利福尼亚大学图书情报研究院伯克教授和该组织顾问、法国学者迈纽主持提出的一种测度方法。1980 年 11 月完成第一阶段工作，1982 年 11 月发表最终报告。

IUP（信息利用潜力指数）模型是多变量、多层次的信息环境评估模型，包括反映一个国家信息基础结构和信息利用潜在能力的各种变量共达 230 个。其中，27%反映国家的基本条件，20%反映信息的需求和使用，53%反映信息资源和活动。这 230 个变量按结构和功能两大方面进行分组，产生出 21 个结构组和 17 个功能组，分别属于 3 个结构子集和

6 个功能子集。

该模型的数据处理主要包括：(1) 对原始数据进行标准化，得出各变量的无量纲的值；(2) 按不同的组合方式求其某一部分或全体的算术平均值，即产生一系列的 IUP 指数，有的是分组 IUP 指数，有的是总 IUP 指数。其中，最重要的一个综合指数称作信息因子 EF—IUP 指数，是有关变量组加权平均的综合结果，其权重是根据因子分析的结果来确定的。

IUP 模型是信息宏观测度迄今所运用的规模最大的一个模型，适用于多个国家（特别是发展中国家）或地区的信息活动状况、信息利用潜力等的分析比较。IUP 方法所运用的各层次的值都要经数据检验及专家论证，因而比较客观、可靠。而且该方法比较灵活，使用者可根据情况和需要来选择和采用其中的部分参数。但是 IUP 模型试图将各类信息活动中的有关参数都包括在一个系统内，因此层次多、参数量大、计算复杂，影响了 IUP 模型应用的广泛性。

第五节　厄斯的经济——信息活动相关分析方法

美国人克里夫特·厄斯在 1982 年运用三因子多参数模型分析了 87 个欠发达国家的信息活动与经济社会发展的相关性。

厄斯的方法主要是通过 49 个变量作相关分析，衡量每个国家社会经济发展程度与其信息活动水平的相关性，然后确定以三个主要因子来衡量每个国家的信息活动水平。这三个因子是文字传播总量（Written Communication）、技术（Technology）、图书馆（Libraries）。每个因子下面又分多个参数，这样就构成三因子参数模型。然后根据每个因子的分析结果对 87 个不发达国家进行排序、分类。同时，社会经济发展状况则按 GNP 值排序，以反映经济实力对信息活动的影响。

厄斯的方法的意义主要在于相关分析，通过因子分析能概括出反映信息活动和经济发展水平相关关系的主要因子，为构造模型进行分析研究提供了很好的思路和依据。但由于社会的发展、技术的进步，这三个因子已不能代表当今信息化发展的状况，因此在具体应用时应根据本国国情将其中的指标加以改进。

第六节　中国信息化测评指标体系

国务院信息化工作领导小组在 1997 年全国信息化工作会议上，提出了国家信息化的定义：国家信息化就是在国家统一规划和组织下，在农业、工业、科学技术、国防及社会生活各个方面应用现代信息技术，深入开发、广泛利用信息资源，加速国家实现现代化的进程。根据上述定义，全国信息化工作会议还确定了国家信息化体系框架，包括信息资源、国家信息网络、信息技术应用、信息技术与产业、信息化人才、信息化政策法规和标准六个方面。

一、制定中国信息化水平测算指标体系的原则

中国在制定信息化水平测算指标体系时确定了以下基本原则。

（一）符合国家信息化建设的方针政策

建立国家信息化指标体系，按照国务院信息化工作领导小组已经确定的国家信息化体系及信息化六个要素来制定。同时按照国家信息化建设的方针政策，以信息化六个要素与信息化水平总指数作为一个有机整体，来构造反映中国信息化水平与发展程度的完整的信息化指标体系。

（二）符合国情并适合国际的比较

世界各国信息化飞速发展，信息化程度成为国家竞争力高低的重要标志。一些国家和国际组织开展了国家间信息化程度和信息化水平的比较研究工作。因此，中国信息化水平测算与评价的指标体系的确定，既要符合中国国情，能反映中国信息化发展的实际，也要考虑能与国家间信息化水平的比较相接轨的因素。

（三）具有综合性和可操作性

目前，在测算中国信息化水平及进行地区间比较的任务很急的情况下，我们建立信息化水平测算与评价的指标体系时，在考虑具有科学性的基础上，还要遵循两个主要原则：一方面指标体系要具有综合性，以尽量少的指标完成综合评价的任务；另一方面要具有可操作性，使设计的指标不仅能客观地反映问题，而且能取得较为准确的数据，完成测算的任务，以真正做到为政府宏观决策提供量化的依据。

（四）具有导向性

任何一种指标体系的设置，在实施中都将起到引导和导向作用。为了推动信息化的发展，信息化水平测算与评价指标体系将从促进信息技术应用、信息人才培养、信息产业发展、信息资源开发利用、提高信息化在国民经济发展中主导作用的效果等方面加以引导，使中国信息化水平的测算与评价指标体系建立在科学、可靠和可行的基础之上，建立在促进中国信息化水平的快速提高、尽快缩小与国际信息化发展差距的基础之上。

一、中国信息化测评指标体系

中国国家信息化推进办公室（及其前身）从 1993 年就把建立国家信息化指标体系作为一项重要工作，进行了大量的调研和组织制定工作。历时 8 年，在汇集各部委、各省市、各研究机构大量研究成果的基础上，2001 年 7 月，信息产业部正式公布了《国家信息化指标构成方案》（见表 12-11），并成立了“国家信息化测评中心”。

表 12-11　　国家信息化指标体系构成方案及说明

序号	指标名称	指标解释	指标单位	资料来源
1	每千人广播电视播出时间	目前，传统音频、视频信息资源仍占较大比重，用此指标测度传统音频、视频信息资源	小时/千人（总人口）	根据广电总局资料统计
2	人均带宽拥有量	带宽是光缆长度基础上通信基础设施实际通信能力的体现，用此指标测度实际通信能力	千比特/人（总人口）	根据信息产业部资料统计
3	人均电话通话次数	话音业务是信息服务的一部分，通过这个指标测度电话主线使用率，反映信息应用程度	通话总次数/人（总人口）	根据信息产业部、统计局资料统计

续表

序号	指标名称	指标解释	指标单位	资料来源
4	长途光缆长度	用来测度带宽，是通信基础设施规模最通常使用的指标	芯长公里	根据信息产业部、统计局资料统计
5	微波占有信道数	目前微波通信已经呈明显下降趋势，用这个指标反映传统带宽资源	波道公里	根据信息产业部、统计局资料统计
6	卫星站点数	由于中国幅员广阔，卫星通信占有一定地位	卫星站点	根据广电总局、信息产业部、统计局资料统计
7	每百人拥有电话主线数	目前，固定通信网络规模决定了话音业务规模，用这个指标反映主线普及率（含移动电话数）	主线总数/百人（总人口）	根据信息产业部资料统计
8	每千人有线电视台数	有线电视网络可用作综合信息传输，用这个指标测度有线电视的普及率	有线电视台数/千人（总人口）	根据广电总局、统计局资料统计
9	每百万人互联网用户数	用来测度互联网的使用人数，反映出互联网的发展状况	互联网用户人数/百万人（总人口）	根据 CNNIC、统计局资料统计
10	每千人拥有计算机数	反映计算机普及程度，计算机指全社会拥有的全部计算机，包括单位和个人拥有的大型机、中型机、小型机、PC 机	计算机拥有数/千人（总人口）	根据统计局住户抽样数据资料统计
11	每百户拥有电视机数	包括彩色和黑白电视机，反映传统信息设施	电视机数/百户（总家庭数）	根据统计局住户抽样数据资料统计
12	网络资源数据库总容量	各地区网络数据库总量及总记录数、各类内容（学科）网络数据库及总记录数构成，反映信息资源状况	吉字节（GB）	在线填报
13	电子商务交易额	指通过计算机网络所进行的所有交易活动（包括企业对企业、企业对个人、企业对政府等交易）的总成交额，反映信息技术应用水平	亿元	抽样调查
14	企业信息技术类固定投资占同期固定资产投资的比重	企业信息技术类投资指企业软件，硬件，网络建设、维护与升级及其他相关投资，反映信息技术应用水平	百分比	抽样调查
15	信息产业增加值占 GDP 比重	信息产业增加值主要指电子、邮电、广电、信息服务业等产业的增加值，反映信息产业的地位和作用	百分比	根据统计局资料统计

续表

序号	指标名称	指标解释	指标单位	资料来源
16	信息产业对 GDP 增长的直接贡献率	该指标的计算为：信息产业增加值中当年新增部分与 GDP 中当年新增部分之比，反映信息产业对国家整体经济的贡献	百分比	根据统计局资料统计
17	信息产业研究与开发经费支出占全国研究与开发经费支出总额的比重	该指标主要反映国家对信息产业的发展政策，从国家对信息产业研发经费的支持程度反映国家发展信息产业的政策力度	百分比	根据科技部、统计局资料统计
18	信息产业基础设施建设投资占全部基础设施建设投资比重	全国基础设施投资指能源、交通、邮电、水利等国家基础设施的全部投资，从国家对信息产业基础设施建设投资的支持程度反映国家发展信息产业的政策力度	百分比	根据信息产业部、广电总局、统计局资料统计
19	每千人中大学毕业生比重	反映信息主体水平	拥有大专毕业文凭数/千人（总人口）	根据统计局资料统计
20	信息指数	指个人消费中除去衣食住外杂费的比率，反映信息消费能力	百分比	根据统计局资料统计

国家信息化指标体系设置了六个一级要素，即信息资源、国家信息网络、信息技术应用、信息技术与产业、信息化人才、信息化政策法规和标准，同时选择能反映各要素水平的二级指标，并通过国家、部门和地区已有的和新增的统计报表以及有关单位抽样统计获取的数据进行统计分析，主要用于国家信息化发展水平地区间横向比较，并在此基础上拓展到纵向比较。指标的数据绝大部分在现有的统计数据中可以获得，个别没有的通过做特定调查也可较容易获得，基本上可以反映一个国家、地区或部门的信息化水平及发展趋势，并且对于科学评价国家及地区信息化水平，正确指导各地信息化发展及实现党中央提出的“以信息化带动工业化发展”的战略目标都具有重要意义。

三、国家信息化测评指标体系在实际中的应用

（一）信息化水平指数的测算方法

根据国家信息化测评指标体系，国家信息化测评中心利用修改和扩展后的日本信息化指数法即综合评分分析方法对全国及各地区的信息化水平进行测算和比较。

综合评分分析法的基本评价模型，通常多采用简单线性加权方法，即

$$II = \sum_{i=1}^{n} P_i W_i$$

式中：P_i——第 i 个评价指标无量纲化处理后的值；

W_i——P_i 的权重；

II（Informatization Index）——信息化水平总指数值。

采用综合评分分析法的具体测算过程为：

第一，对选择的指标进行相关分析，去掉相关性极高的指标，以避免相同因素在计算中占有过大的份额，以保证评价结果的合理性。

第二，对指标进行标准化处理，使量纲不同的各类指标值转化为可以直接进行计算的数值。

第三，采用德尔菲法确定权重，即专家评价与打分法。此方法一般用问卷方式，请研究该问题的有关专家进行打分，将专家打分的分数综合平均后作为权重。

中国国家信息中心编制的国家信息化水平测算的计算方法是：从具体的指标开始，逐项分层加权计算，最后汇总得出结果。

其具体计算公式可表示为

$$II = \sum_{i=1}^{n} \left(\sum_{j=1}^{m} P_{ij} W_{ij} \right) W_i$$

式中：II——全国或各地区信息化水平总指数值；

n——信息化水平构成的一级要素个数；

m——信息化水平第 i 个一级要素的二级指标个数；

P_{ij}——第 i 个一级要素的第 j 项指标标准化后的值；

W_{ij}——第 i 个一级要素的第 j 项指标在其中的权重。

（二）信息化水平指数增长速度的计算

综合评分法适用于测算某一年度全国及各省区市信息化水平指数（总指数与分类的六要素指数），测算出它们的基本水平与位次。但是，要考察信息化水平发展状况，由于各年度指标数据的区间范围不可能完全一致，就会造成计算结果不可比，因此可采用物量指标增长速度加权平均计算方法，来计算信息化水平指数的增长速度，即以选定的一年（基准年）为基期，计算信息化水平指数报告期与基期的增长速度，加权平均后逐层计算，得出比较年份信息化指数的增长速度。并以基准年为基础，计算出其他有关年份信息化水平总指数。在测算中，基准年份的选择和调整，可根据国家宏观决策的需要以及进行国际比较等需要来确定，并通过换算使按两个基准年份计算的指数可以进行比较。

思考题

1. 简述马克卢普信息经济测度体系。
2. 分析波拉特信息经济测度体系，并与马克卢普测度体系进行比较。
3. 目前已有的信息经济测度理论与方法有哪些？试分析比较它们各自的优缺点。

第十三章　图形理论

第一节　节点、边、路径、连接体和主体

在最近的几十年里，现代社会的复杂关联日益受到人们的关注，像迅速发展的互联网络，如病毒般传播的新闻和信息，以及凭借前所未有的速度和深度在全球范围内扩散的金融危机等，让我们无时无刻不感觉到我们与外界的联系。这些现象背后，都包含着网络、激励机制、群体行为等事物之间的关联。它们是建立在人们的联系之上，建立在现代社会之上的，我们的每一个决定都会对别人产生微妙的影响。这里我们将从这些现象背后的关系网络出发，来考察这个复杂且相互关联的世界。

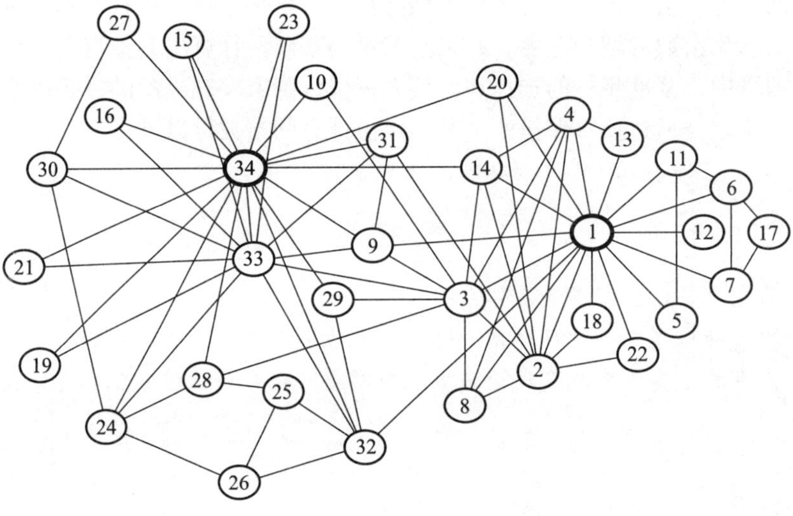

图 13.1　一个 34 人空手道协会内部朋友关系网

简单地说，网络是连接任意一些事物的图形，这种连接可能是基于任何一种背景设置，代表了事物之间的联系。图 13.1 是一个简单的由 34 人组成大学空手道协会的朋友关系网络。每一个成员用一个小圈和一个具体数字表示，如果他们在协会之外是朋友的话就用一条线将他们连接起来，这是网络结构图的一种典型绘制方式。可以看出，我们很难用简单的话语完整地描述一个网络图形，网络中的点有的处于非常中心的地方，有的处于非常边缘的地方，或者简单地处于一个部分内，或者连接数个紧密连接的不同部分。因此，我们首先应设计一种语言来描述网络结构特征，这是非常重要的第一步。

对于各种网络，对于连接，我们不仅关心个体间相互联系的结构，我们同样关注个体之间行为的相互影响，因为每个人的行为都会对别人产生或多或少的影响，进而促使网络结构发生变化。也就是说，我们除了要设计一种语言来描述网络的结构，还需要一种理解网络内部行为和博弈的机制。在网络背景下非常根本和核心的一点就是必须要有这样一种意识，你不是孤立存在的，你的每一个行为都会引起整个世界的变动。

“谁都不是一座孤岛，自成一体；每个人都是那广袤大陆的一部分。如果海浪冲刷掉一个土块，欧洲就少了一点。所以不要问丧钟为谁而鸣，丧钟为你而鸣。”

在全球化日益深化的今天，这一点更加明显，不管你是否意识到网络的存在，每一个人都会对身边的事物乃至整个世界产生影响；同样，我们也会受到别人的影响。于是，当整个世界成为一个密不可分的网络时，事物的产生、发展、演化都会变得十分微妙。我们看到一些产品、社交网站、自媒体等迅速地成长、壮大，像苹果手机、YouTube、Facebook 等。当我们分析它们成功的原因时，我们通常会提到比如“富者愈富，穷者愈穷，赢家通吃”，“非常细微的技术优势被放大”等。但是富者并不一定都变得更富、细微的技术优势也并不一定能被放大并取得成功。Facebook 成功了，其他更多的公司却失败了，像 Six Degree. com 等就消失了。若想理解他们成功和失败的原因，我们需要了解他们背后的网络动态变化原理。

若想充分理解高度关联的系统，我们需要网络结构、博弈论、大数据等诸多方面的知识，这些知识天然地分散在各个不同的学科之中。随着我们对网络研究兴趣的提升，我们有必要充分借鉴吸收各个学科的知识，利用系统集成的思维来充分地了解网络，这种集成也是本研究的一个重要研究目的。计算机技术、应用数学、算法研究为我们提供了一种描述网络结构、信息、系统复杂性的语言。经济学和博弈论的研究为我们构造了众多个体间行为的博弈模型，使我们可以更好地理解复杂群体的运行。社会学则为我们提供了众多典型的社会网络结构，为我们的研究奠定了坚实的理论基础。同时，各个学科也都存在着各自不可避免的局限性。经济学的研究过于理性，现实行为却往往存在于各种极端之间。社会学研究构造的典型模型，由于数据的局限性，通常研究的是小范围的群体。互联网的时代、信息爆炸的时代，大数据的背景是我们必须考虑的问题。各个学科相互借鉴、相互补充，让我们更好地理解网络。

图形是描绘网络结构的语言。互联网的雏形美国军方的“阿帕网”（Arpanet），至 1970 年 12 月一共有 13 个节点，分布在美国的十三所大学内，如果它们之间存在直接的连接，就用一个边将它们连接起来。

我们可以用图 13.2 描述当时的阿帕网。

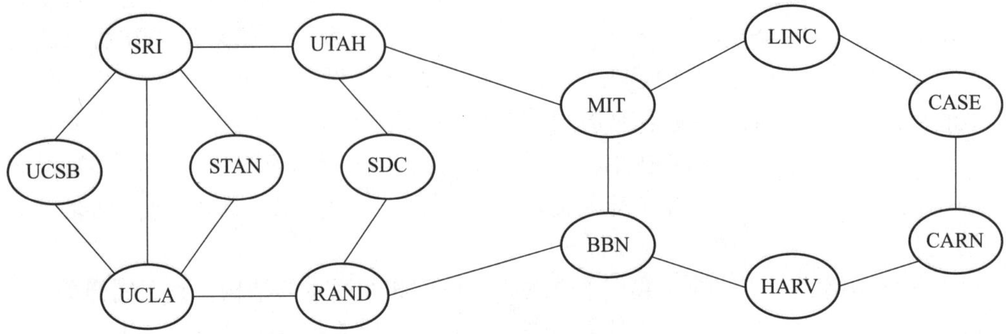

图 13.2　1970 年 12 月的阿帕网图形

图 13.2 是我们利用图形理论方法描绘的阿帕网网络图。我们利用这个网络图形来介绍一下图形理论的相关概念。我们用圆圈和字母代表一个事物，称为节点（node）。用横线连接两个节点，刻画它们的连接关系，称为连接或者边（edge），除非明确指出，我们的边是不具有方向的。路径是一系列节点的连接，通常我们所指的路径是节点不会重复出现的简单路径，比如 LINC，CASE，CARN，HARV 是一个路径。路径的起点和终点为同一个节点而形成一个封闭的图形时，我们成为环（cycle），如 LINC，CASE，CARN，HARV，BBN，MIT，LINC。对于一组节点，如果任意两个节点之间都存在一个路径，那么我们称之为一个连接体（connected components）；同时，我们要求每一个连接体都要包含所有相互连接的节点。图 13.2 只有一个连接体。图 13.3 是一个生物研究所（SGPP）的网络结构图。每一个节点代表一个研究员，如果他们之间合作发表过论文就将他们连接起来。从图中我们可以看出一共存在三个连接体，而且一个非常明显的最大连接体包含了大部分的研究人员，通常，我们将网络中最大的连接体称为主体。

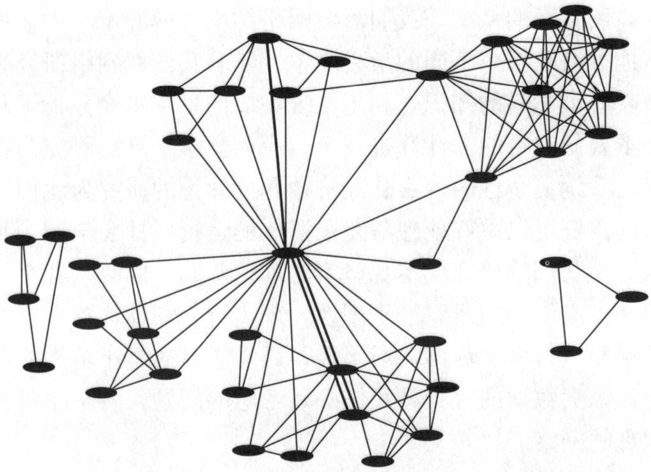

图 13.3　SGPP 内部成员学术合作网络图

从复杂的网络图形中寻找最大的主体是我们认识网络非常重要的一步，通常网络中只包含一个主体。如果同时存在两个以上大的主体，那么他们组合为一个主体的概率是非常大的，而且其组合的过程往往会给群体带来巨大的波动，有时会是灾难性的，比如新大陆的发现让两个原本相互分离的主体成为一体时，给美洲印第安人带来的灾难。对于相对简单的网络图形，寻找主体也是非常有趣的事情，

第二节 距离、单位距离搜索

我们不仅关注两个节点之间是否存在一个路径，同样想知道路径的“长短”，像是交通网络、互联网的链接以及疾病和新闻的传播路径等，路径的长短非常重要。我们定义一个路径的长度为路径所包含的边的个数，两个节点之间的距离为连接两个节点的最短路径。图 13.5 中路径 LINC，MIT，BBN，HARV，CARN 的长度为 4，而节点 LINC，CARN 之间的距离为 2。对于图 13.5 这样的网络图我们可以非常容易找出节点之间的最短路径，但是对于复杂的图形，寻找节点之间的最短路径往往是一件非常费力的事情。这里我们为大家介绍社会网络学中计算图形中节点距离的方法：单位距离搜索。

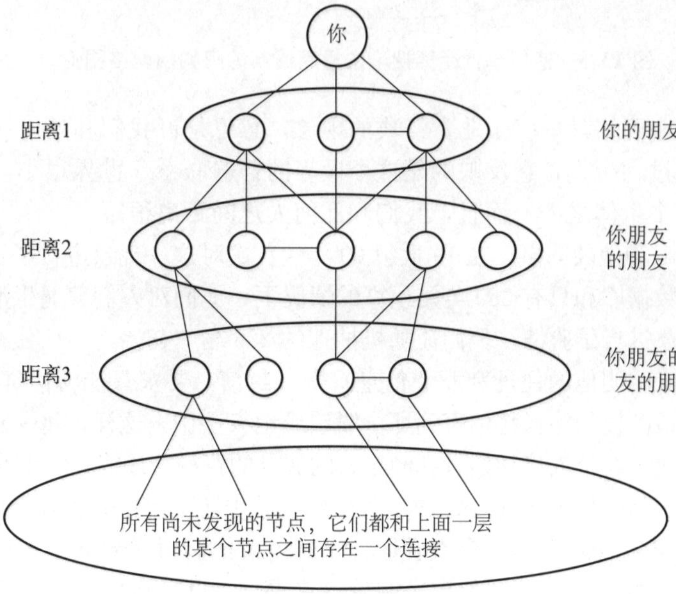

图 13.4 单位距离搜索模型

设想一个朋友关系的网络图，如果我们想知道你和某个人之间的距离，可以采取如下的方法：

（1）找出你所有的朋友，你和他们之间的距离为 1；

（2）找出你朋友的所有的朋友，那些已经是你的朋友的除外，你和他们之间的距离为 2；

（3）找出你朋友的朋友的所有的朋友，那些已经在第一和第二层的除外，你和他们之

间的距离为 3；

（…）一直按这种方法进行下去，连续找出下一层，每一层的节点有两点要求：尚未在前面出现并且和前一层的节点存在连接。

这种方法叫作单位距离搜索，因为我们从第一个节点开始每一次都寻找与上一个节点距离为 1 的点。这样，我们找到了计算图形中节点距离的方法，同时也为我们提供了绘制网络结构图形的一种非常规范的方法。我们可以把这种方法应用到任何一个图形当中，图 13.5 是我们按照单位距离搜索法重新描绘的阿帕网网络图形，从图中，我们可以很快的读出 MIT 与每一个节点之间的距离。

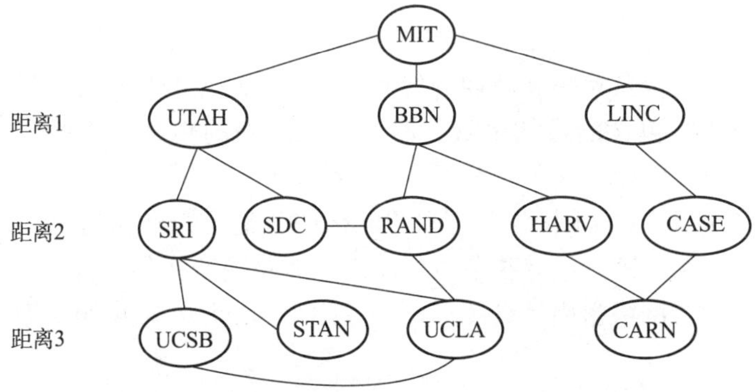

图 13.5　使用单位距离搜索法重新绘制的阿帕网网络图形

六度分离是社会网络学中一个非常经典的现象，意思是说我们和任何一个人之间要产生联系，中间不超过六个人，它反映的是这个世界的普遍联系。世界很小，不但我们每一个人都被包含在一个主体之内，而且，我们和任何人之间距离很短。

Stanley Milgram 和他的同事，在 19 世纪 60 年代首次对这一现象进行了实验性论证。在缺乏大型社交网络数据库和只有 680 美元预算的情况下，他们对人们普遍生活在一个紧密的朋友网络中这一现象进行了验证。他们让随机抽选的 296 名“初始者”向住在波士顿郊区的一个股票经纪人（已注明他的住址和职业信息）寄一封信，要求只能将信寄给他们的朋友，并选择他们认为的最简捷的路径将信寄到那位股票经纪人手中。这样，每一封信都经过朋友间的不断转手，形成了一个连接初始者和经纪人的朋友的路径。最终，64 封信寄到了经纪人手中，而其转手次数的中位数为 6。图 13.6 为他们实验中转手次数的频数分布图。

六度分离现象被发现之后非常令人震惊，直到今天他们研究的问题同样十分迷人，当然，对于六度分离有些问题需要我们事先明确。首先，六度分离中的六并不是一个精确的数字，不是说我们和世界上任何一个人之间的距离为 6，它只是说明我们处在一个紧密联系的“小”世界当中。其次，到底六度分离有多大的意义呢，我们和奥巴马之间的距离很近，我们就可以和他产生联系吗，正如 Milgram 和同事在他们的论文中指出的那样，如果我们把每一个人都看作是我们自己世界的中心，那么六度分离代表了六个不同的世界，倒显得我们之间的距离非常遥远。

当然不管对六度分离有多大的质疑，它向我们所阐释的道理确是非常有意义的：在社交网络中，任意两个人之间都存在一个很短的路径。尽管，你和你老板之间距离很近并不

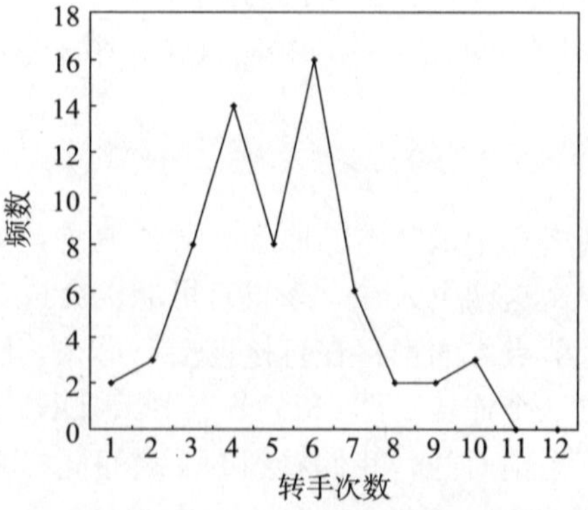

图 13.6　Travers 和 Milgram 小世界现象研究的频数分布图

能给你加薪，但是这种小世界现象为信息、疾病以及其他“传染性”事物的传播产生了巨大的影响。整个世界成为一个紧密联系的网络，我们都生活在了地球村当中，我们都不再是一座孤立的小岛。

Milgram 的研究缺乏对网络结构的清晰描绘和大数据的支持。Jure Leskovec and Eric Horvitz 分析了 MSN 的 240 万活跃用户的聊天数据，他们构建的网络图中，每个节点代表一名用户，如果两个用户之间在一个月的研究期内发生过双向的交流，就用一条边将两个节点联系起来，当然这一切都是用计算机语言实现的。作为微软公司的雇员，他们有机会接触整个数据库，不存在数据的遗漏问题。他们的研究结果表明在 MSN 网络中存在一个巨大的主体，包含了几乎所有的用户，而且节点之间的距离是非常小的。和 Milgram 的研究结果相似，节点间的平均距离为 6.6，中位值为 7。

到此为止，我们为大家介绍了图形理论的基本概念和社会网络结构领域的相关研究成果。这一节为我们描绘网络提供了一种规范的语言，同时，为我们介绍了我们生活的这个高度关联的世界，人与人之间形成的紧密网络。

第三节　强连接和弱连接

网络的一个重要作用就是连接部分和整体，告诉我们为什么局部小范围内个体之间的互动能带来整体的变化。这一节将主要解决两个问题：信息是如何在社会网络中传播的，不同的连接和节点在这一过程中扮演怎样的角色。我们将从研究社会学中著名的“弱连接的力量”出发。

20 世纪 60 年代末，Mark Granovetter 在他的博士论文研究中采访了很多刚刚找到新工作的人，询问他们是如何找到新工作的。他发现很多工作机会都是通过人际关系找到的，但出乎意料的是，这些人脉资源往往不是最亲密的朋友，而是一些仅仅是相互认识的熟人。你的朋友可能是最积极、主动地去帮助你找工作的人，但是为什么和你关系比较远的熟人却在你找到新工作的过程中发挥了最重要的作用。对这个问题的研究涉及社会网络学中两个非常重要的问题：一个是关于网络结构的问题，这些人际关系是如何跨越网络中的不同区域；另一个是网络中强连接和弱连接的问题。

在解释 Mark Granovetter 的问题之前，我们首先介绍一些社会网络学中的基本原理。

一、三元闭合

三元闭合理论是社会网络学中最基本的原理。通俗地讲，如果在社会网络中，两个人之间有一个共同的朋友，那么这两个人在未来很有可能也会成为朋友。用图形理论的语言讲，如果两个节点与另一个节点之间都存在直接连接，那么，随着时间的推移，我们有理由相信，它们之间也会形成一个连接。图 13.7 节点 BC，DE，GF 之间连接的形成就是三元闭合的结果，当然这并不是绝对的，我们看到 DG 之间同样形成了一个连接，而它们之前并没有与同一个节点相连。

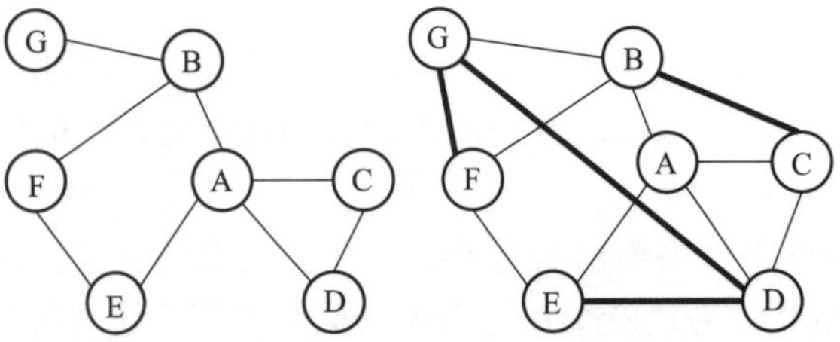

（a）新连接形成前　　（b）新连接形成后

图 13.7　三元闭合

在社会网络中，三元闭合非常普遍有三个方面的原因。首先是机会，如果我们和某个人之间有一个共同的朋友，那么我们相识的概率会比较高。其次是信任，如果某个人是我们朋友的朋友，那么，我们会更容易相信他。最后是激励，如果我们有两个朋友互不相识或者心存敌意，那么我们会有动力主动去介绍他们相识或者化解他们之间的矛盾。

三元闭合存在一个变化过程，对于节点在某个时点三元闭合的程度我们可以用一个指标来衡量，那就是簇系数。节点 A 的簇系数为随机抽选的 A 的两个朋友也是朋友的概率。在图 13.7 中，节点 A 的四个朋友可以存在 BC，BD，BE，CD，CE，DE 六组朋友关系，而在图 13.7（a）中只有 CD 之间存在朋友关系，所以此时节点 A 的簇系数为 1/6，在图 13.7（b）中，共有 BC，CD，DE 三组朋友关系，节点 A 的簇系数提高到了 1/2。

接下来我们为大家介绍三元闭合对解释 Mark Granovetter 的问题的帮助。

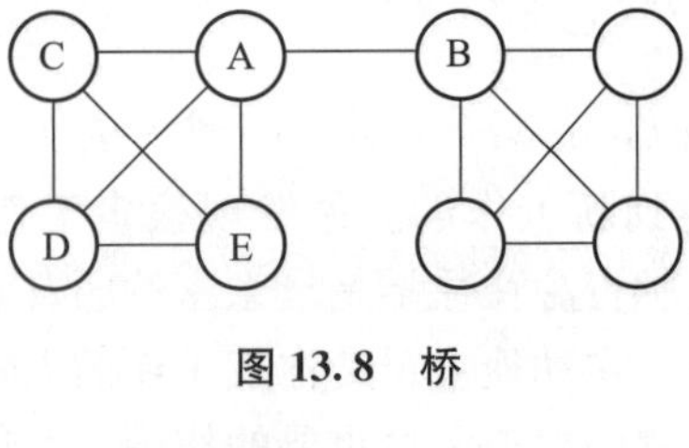

图 13.8　桥

首先我们为大家介绍一个非常重要的概念，桥。在网络中，如果去掉两个节点之间的连接会使其处于两个不同部分的话，我们称这个连接为广义的桥。图 13.8 中节点 A 共有四个朋友，BCDE，AB 之间的关系与 AC，AD，AE 之间有明显的不同，如果去掉 AB 这个连接，节点 A，B 将处于两个不同的部分之内，而连接 AC，AD，AE 则不存在这种情况，我们称连接 AB 为广义的桥。从第二节对主体和小世界现象的研究中，我们可以知道广义的桥是非常稀少的，即使 AB 之间不存在直接的连接，那么也会通过一条比较短的路径连接起来，比如在图 13.9 中，除了 AB 之间的直接连接，路径 AF，FG，GH，HB 也可以将 AB 连接起来。因此，我们为大家介绍狭义的桥的概念，如果两个节点之间存在连接却没有共同的朋友，那么我们称它们之间的连接为狭义的桥，也就是说如果去掉两个节点之间的连接会使它们之间的距离大于 2。这样，在图 13.9 中连接 AB 为狭义的桥，以后除非明确指出，我们所指的桥为狭义的桥。

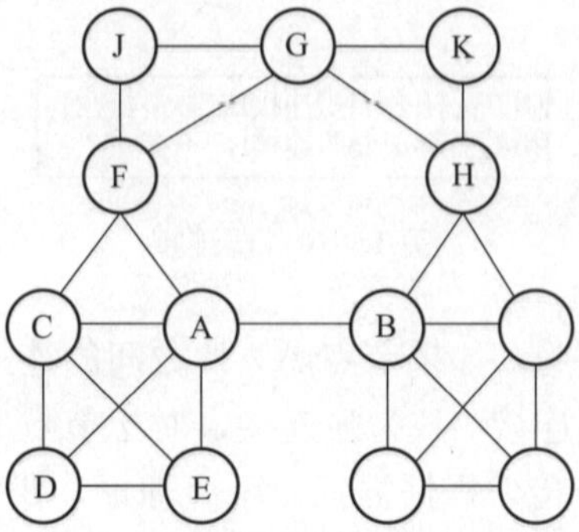

图 13.9　狭义的桥

虽然我们放松了桥的定义，我们依然可以看到桥在网络中是非常稀少的，而且通常它们起到了连接两个不同部分的作用。我们同样假设好的工作机会的信息是相对稀少的，从某人那里得到某个工作机会的信息意味着他能获得我们无法获得信息。这里我们有了对 Mark Granovetter 问题的第一个解释：如果节点 A 想要得到一些相对稀少的信息，比如关于某个工作机会的信息，类似信息通常会来自与其用桥连接的节点。那些与其紧密连接的部分，通常代表了最有动机为其介绍工作的朋友圈，但是因为他们所掌握的信息基本上是相同的，对于可能的工作机会等稀缺信息只能是有心无力。

当然，Mark Granovetter 的研究中并没有人说，“我是从一个与我用桥连接起来的朋友那里得到了新工作信息的。”那么，我们应该如何区分我们与普通熟人和亲密朋友之间连接呢，在社会网络中，我们用节点之间连接的强弱区分，强连接表示亲密的、相互熟知的朋友，而弱连接表示普通的、相识的熟人。

在三元闭合理论的介绍中，我们知道由于机遇、信任、动力三方面的原因，三元闭合非常普遍。那么，可以想象，当三元闭合中涉及的三个连接都为强连接时，三元闭合会更容易实现。如果，节点 A 与节点 B 和节点 C 之间都存在强连接，那么，节点 BC 之间很有可能存在连接。这里，我们就有强三元闭合理论：

我们说，节点 A 违背了强三元闭合理论，如果节点 A 与节点 B，C 之间都存在强连接，而节点 B，C 之间却不存在任何连接。

虽然可能存在一些例外情况不符合强三元闭合理论，比如说我们有两个非常要好的朋友，但是由于特殊原因，他们两个人之间都不知道对方的存在，但是在我们以后的研究中，我们假设强三元闭合理论是一条定理，这类似物理学上，物体从高处下落的速度为9.8m/s。

到此为止，对于连接我们有强弱之分，也有是否为桥的区别，那么它们之间有什么关系吗？我们有以下定理：

如果网络中的某个节点A满足强三元闭合理论，那么任何连接此节点的桥都为弱连接。

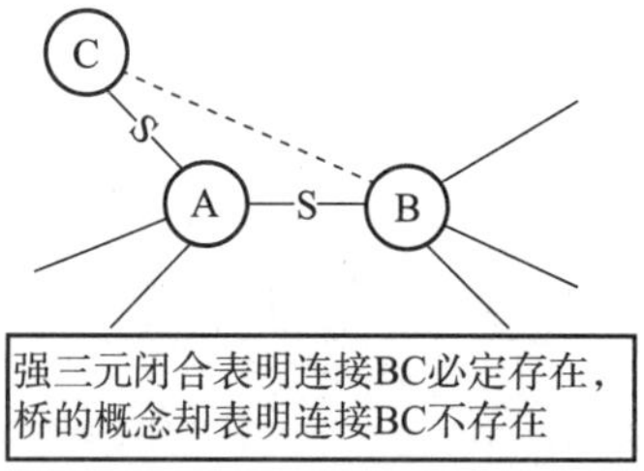

图 13.10　弱连接

我们可以从图13.10来证明，如果节点A，B之间的连接为桥，我们将用反证法证明此连接必定为弱连接。假设，连接AB为强连接，对于节点A，在它的周围一定存在一个节点C与其之间的连接为强连接，根据强三元闭合理论，我们知道节点BC之间必定存在一个连接，这样一来，即使去掉节点AB之间的连接，AB之间的距离为2，这不符合桥的定义（如果AB之间的连接为桥，那么去掉这个连接，AB之间的距离应大于2）。所以说，连接AB不可能为强连接，而必为弱连接。

于是，在网络中，弱连接起到了连接不同部分的桥的作用，而一些相对稀少的信息通过弱连接在网络中得以大范围地传播，这就是弱连接的力量。

二、连接强度

通信技术和互联网技术的发展为我们提供了大量社会网络研究的数据，我们可以定量分析连接强度与其在社会网络中发挥的结构性作用。

一个非常著名的案例就是Onnela等人对人际交流网络的定量研究。他们从一个电信服务商那里获得人们之间的通话记录，这个电信服务商为其所在国家20%的人口提供通信服务。在这个交流网络中，每一个电话用户为一个节点，如果在18个月的观察期内，两个用户之间存在双向的电话交流就用一条边将他们连接起来。因为他所研究的数据都是用户之间非商业行为的电话联系记录，而且我们不可能掌握所有用户记录其朋友等社会关系的电话本，这个网络可以近似地看作是这个国家社会网络的抽样。在这个网络中首先一个非常明显的现象就是存在一个主体涵盖了这个网络中几乎所有的节点（84%）。接着，Onnela等人用他们所获得的数据对连接强度与其在网络中的结构性作用进行了定量研究。

首先，定义一个指标，邻域重叠率，来度量连接的强度。

连接AB的邻域重叠率为同节点A，B同时相连的节点个数与同节点A，B之间任意一个相连的节点个数之比。

以图 13.11 为例，与节点 A，F 同时相连的节点只有 C，而与 A，F 之间任意一个相连的共有 B，C，D，E，G，J 六个节点，所以，连接 AF 的邻域重叠率为 1/6，同理，连接 AE 的邻域重叠率为 2/5，连接 AB 的邻域重叠率为 0。连接的邻域重叠率是介于 0 和 1 之间的一个数字，这样，我们可以对所有连接进行排序，进而区分强连接和弱连接，一般来说，邻域重叠率越低，连接越弱，按照之前我们对桥的定义，桥的邻域重叠率为 0。

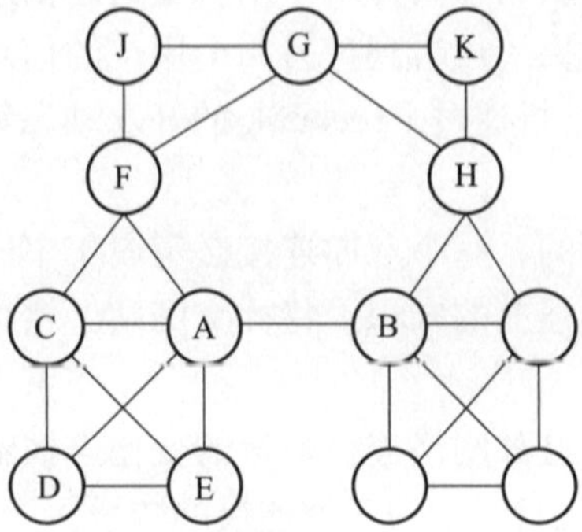

图 13.11

弱连接在网络中起到桥的作用，是指其在网络中能够有效地连接网络中的不同部分内的节点，而去掉它们会增加节点之间联系的难度。在大数据背景下桥是非常稀少的，这里我们放松对桥的定义，我们认定邻域重叠率低的节点比邻域重叠率高的节点更接近于桥。以图 13.11 为例，我们可以说连接 AF 比连接 AE 更接近于桥。同时，我们称邻域重叠率高的连接为强连接，邻域重叠率低的连接为弱连接。

连接的邻域重叠率与连接强度之间存在什么样的关系呢，"弱连接的力量"的相关研究告诉我们连接的邻域重叠率应该随着连接强度的提高而提高。

那么如何证明弱连接起到连接网络中一些相互分离部分的桥的作用呢，Onnela 等人采取了一种间接的方法。

将连接按照强度排序之后，从强到弱去掉原有的连接，我们发现网络中主体的规模缓慢地缩小；而当我们从弱到强去掉原有的连接时，网络主体的规模迅速地缩小，特别地，当我们去掉一个特定数量的连接时，主体规模有一个非常明显的缩小。这种对比间接地说明了弱连接在网中的桥的作用。

网络天然就是一个复杂的系统，尤其是大数据的背景下，我们很难完全掌握网络中的每一个节点，每一条连接，我们会更多地采用一些间接的方法来分析网络中的现象，尤其是在定量研究中。

随着社交网站、即时通信工具的兴起，社会网络发生着巨大的变化。人们的社会交往关系变得更加复杂，原先一些可能我们自己都忽略的社会关系，现在我们可以用社交网站等来管理。那么面对这些繁多的社会关系，我们应该如何清楚地认识它们呢，连接强度为我们提供了一个很好的分析视角。哪些连接是强连接，联系我们最频繁交往的群体？哪些连接是弱连接，仅仅是保持我们与那些朋友间的关系？下面我们将以 Facebook 的连接强度研究为例，为大家呈现社会网络学的最新研究成果。

Cameron Marlow 和他的同事研究了 Facebook 中用户的网络行为，分析他们与哪些好友之间的连接是紧密的联系，哪些好友之间的连接仅仅是做一个好友关系的记录，以此来研究 Facebook 活跃用户为我们呈现的社会网络新变化。在这个网络中，每个用户为一个节点。根据一个月观察，他们对用户之间的连接按照强弱程度做了三种分类：

一个连接为双向连接，如果两个用户都向对方发送过信息，并且都收到了回复，

一个连接为单向连接，如果用户向另一个用户发送过信息（不管对方有无回复），

一个连接为保持关系，如果用户看到过另一个用户的信息（不管他们之间是否发生过交流），这里，看到用户信息是指通过 Facebook 的好友动态等了解到好友的信息或者是浏览过好友的主页。

这些分类并不是相互排斥的，一个双向连接必定属于单向连接的范畴。

这样我们就利用关于连接强度的知识，将社交网站上错综复杂的社会关系和用户行为做了一个归类。

图 13.12 用曲线图表现了这种网络连接数量的变化，横轴为用户的所有好友数量（其好友列表中的人数），纵轴为我们划分的三种连接的数量。

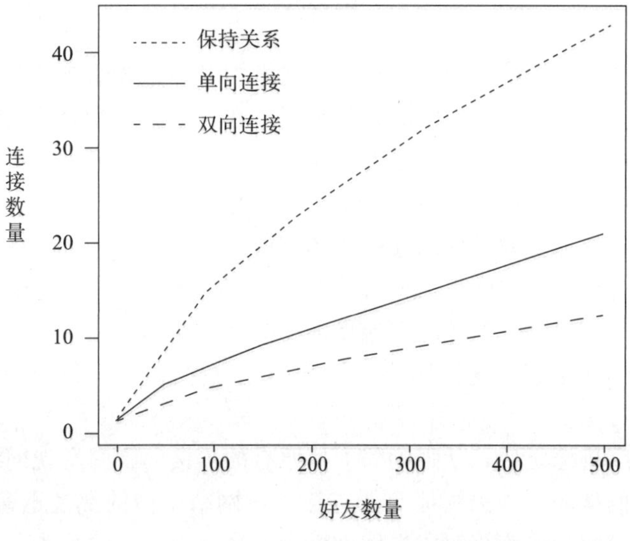

图 13.12 Facebook **中好友数量与不同连接数量的关系图**

从这张图中我们可以看到一个非常有趣的特征，即使是那些拥有大量好友的人通常与他们密切联系的朋友也只在 10 到 20 人之间，而那些他们主动去维持关系的好友也在 50 人之内。这种网络规模与连接数量的巨大变化在另一方面为我们展现了 Facebook 等社交媒介对社会网络的影响，比如它使用户的所有社会关系网络变得清晰，将很多用户忽略的弱连接保存起来等等。

从对 Facebook 中连接强度的研究中，我们可以看出，现代社交网络规模的扩大，一个很明显的特点就是弱连接数量的增加。我们知道，弱连接加速了信息在网络中大范围的传播，由此，我们可以更好地理解这些社交媒介对于信息传播和社会发展的作用。

三、闭合和结构点

到此为止，我们着重分析了网络中连接的作用，对于网络而言，我们不能忽视节点的作用。从我们对网络的观察可以发现，有的节点处于一个紧密连接的网络内部，而有的节点却处于连接各个部分的交点上，我们可以从图 13.13 中看出这种节点间的不同角色。

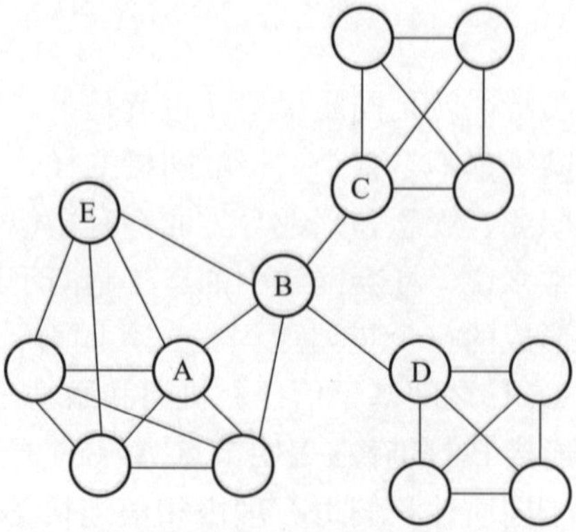

图 13.13　节点在网络中的不同角色

这个网络图中存在三个紧密连接的区域，节点 B 与节点 A，C，D，E 之间存在明显的差别，像 A 这样的节点，它处于一个紧密联系的区域之内，而对于 B 这样的节点，它处于连接三个区域的桥的交点上，我们也称其为结构点。

在社会网络学中，对于节点的不同作用都有研究。对于 A 这样的节点，它处于一个紧密连接的区域之内，在它的周围存在大量的三元闭合。我们前面讲的三元闭合形成的原因，信任、机遇、激励，在它的周围表现得更为明显，更能增加这个群体的团结性。它的不足之处就是很难接触到这个圈子之外的信息和机遇。

而对于 B 这样的结构点在网络中有三个方面的优势，首先，由于它位置的特殊性，更容易获得一些别人无法获得信息、机遇，更容易成功。其次，在科学研究领域，这样的人更容易接触到跨学科的知识，更容易出成果。最后，它通常发挥一个通道的作用，比如节点 C 若想融入节点 A 所在的圈子，通常会通过节点 B 进入。当然，如果从动态的角度看，很容易出现别的连接打破这种均衡，因为通常它与它所处的群体的整体利益可能存在冲突，任何群体都不想被单个节点所左右。对于 B 这样的节点也有它的弱点，相对来说，它在单个群体内部相互连接程度要比节点 A 低一些，因此很难获得节点 A 在群体内部的信任度。

第四节　网络与网络环境

到目前为止，我们的研究都是围绕网络本身展开的，我们更多关注的是网络中节点和连接的结构性角色和他们的动态变化。但是网络的形成、发展和演化都是在其所处的环境中进行的。网络环境是那些存在于网络的节点和连接之外，却对网络连接的形成和结构的变化产生影响的因素。在这一节中，我们将考察这些因素的影响机制，分析网络和环境的互动过程。通过观察，我们发现，外部环境同样能够在网络结构自身中找到痕迹。另外，通过将外部环境引入网络结构，我们可以在同一个框架内分析几种不同的网络结构变化过程。

一、同质聚集

社会网络的一个最基本的特征就是同质聚集，也就是我们和朋友之间各个方面的趋同性。一般来说，我们的朋友圈子都不是整个人口的随机抽样，我们和朋友之间在民族、宗教信仰、年龄、兴趣爱好、职业、观念和兴趣等方面都有相似性。当然，我们也有一些朋友和我们不太相似，但是通常来说，社会网络中的连接趋向于连接特征相似的人群。

我们在前面谈到了连接形成的一个重要原因是三元闭合：如果节点 A 和节点 C 有着共同的朋友节点 B，那么，A，C 之间基于信任、机遇和激励三方面因素可能会形成连接。同质性告诉我们连接 AB 和连接 BC 的存在表明节点 A，B，C 之间存在许多共同点，更容易相互信任，相互了解，基于同质性我们也有理由相信连接 AC 会出现，即使 A，C 意识不到他们有共同的好友。当然，三元闭合和同质聚集对于连接的形成并不是相互排斥的，只是我们分析问题的方式不同。

当然并不是所有的网络结构都能很容易地看出具有同质聚集的特征。对于任意一个网络，我们需要一种方法来度量其是否存在基于某个特征的同质聚集。

我们利用图 13.14 这个比较简化的网络图形来分析一下这一现象，这是一个班级内部的朋友关系网络。图中黑色的节点代表男生，白色的节点代表女生，我们想知道这个网络是否存在男生倾向于同男生交往，女生倾向于同女生交往的同质聚集现象。

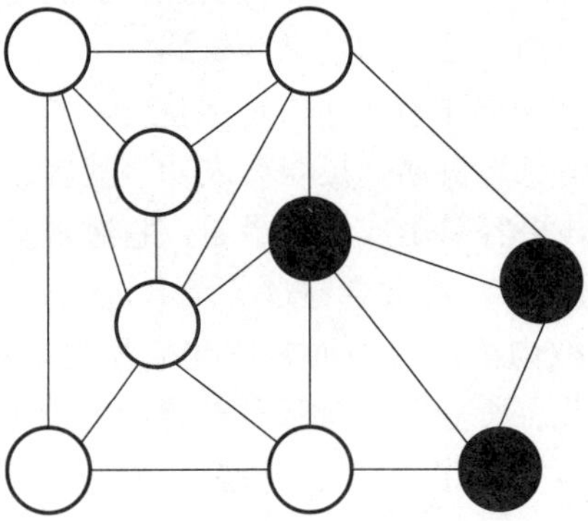

图 13.14　基于性别的同质聚集考察

假定网络中男生的概率为 P，女生的概率为 Q，随机选择一个连接，那么连接两端节点同为男生的概率为 P^2，同为女生的概率为 Q^2，连接两端为一个男生和一个女生的概率为 2PQ。图中一共有 6 个男生，3 个女生，共存在 18 个连接，其中五个连接为异性连接。因此有，P=2/3，Q=1/3，如果不存在同质聚集的特征，异性连接的期望数量为 18 * 2PQ=8 个，多于实际存在的 5 个，这个例子具有同质聚集的特征。

这样一来，我们就有了标准的同质聚集测度方法：

同质聚集测度：如果网络中异质连接的比例明显小于 2PQ，那么，我们就可以说有证据表明网络中存在同质聚集特征。

对于这个方法，有几点需要补充。第一，测度中的“明显小于”是如何衡量的，偏离多少才算是明显偏离，这里我们可以借助统计学的一些方法来测度。第二，也有一些网络中，异质聚集的程度明显高于 2PQ。第三，我们这里只是考察了两种特征的同质聚集问题，类似的思路我们很容易扩展到更多特征的同质聚集。

二、自主选择与社会影响

通过考察连接的形成过程和网络的动态变化，我们发现同质聚集特征的出现主要受到两种机制的作用：自主选择和社会影响。人们根据自身的民族、爱好等特征主动与相似的人发生联系的行为称为自主选择。人们不断地修正自己的行为等使自己和朋友等更加的协调的过程，我们称为社会化或者社会影响。在网络中，自主选择更多地表现为节点行为的变化对网络结构的影响，而社会影响表现为连接和网络结构变化对人们行为的影响。

对于网络连接和结构的变化，自主选择和社会影响这两种机制是同时存在的，都对网络连接和网络结构的变化产生影响。那么到底哪种机制的作用更加明显，他们的互动机制是什么样的呢？对这个问题的研究是非常有意义的。

比如，科学家研究了未成年人在学术成就和类似于抽烟、酗酒等不良行为之间的趋同性。大量案例表明未成年人有着类似于其朋友的行为，而且自主选择和社会影响两种机制在这其中也都有反应。未成年人趋向于选择类似于他们的群体和朋友圈子；反之，同龄人和朋友圈同样会对他们的行为产生影响。这些机制的轻重如何，如何互动，一个机制是否比另一个机制的作用更为明显，则较难测度。如果能够获得青少年吸烟、酗酒等不良行为的形成机制，我们可以更为有效地进行干预。若是自主选择机制的影响更为明显，那么我们对这些不良行为的干预应该直接锁定这些孩子，对他们进行教导；如果社会影响机制的作用同样十分高的话，那么我们也可以间接地干预这些人身边的同学，或者打断他们之间的连接，更为有效地根治这些不良行为。

这一节我们提出了导致网络中出现同质聚集的两种作用机理，自主选择和社会影响，这也是网络与其所处环境互动的两种机制，为了更好地刻画这两种机制，接下来，我们首先对原有的网络进行扩展，进而定量地分析这两种机制和其互动过程。

前文中，我们就外部环境对网络结构的影响是通过研究节点特征的相似性、节点行为等进行的，实际上我们同样可以把这些外部因素放到网络内部结构中，构建包含外部属性节点的更为复杂的网络。这里，我们把个人节点涉及的外部环境因素称为属性，比如他的工作场所、民族、宗教信仰等。

属性网络属于二分图的一种，与我们之前的网络图的不同之处就是，不仅包含了普通的节点，同时包含了属性节点。对于二分图而言，所有的连接都是跨越不同序列的，只能连接某个人和他参与的某个活动，不能出现人与人，活动与活动之间的连接。

图 13.15 为我们展示了苹果、谷歌等美国著名公司部分董事会成员和其所属公司的属性网络图。从这一个图中，我们可以看到属性网络图的特征。首先是分成两个序列，左边

的节点序列代表部分董事，右边的节点序列则为公司，这样一来就把网络的外部环境因素放到了网络结构本身中去，进而我们可以考察这些连接和节点间的互动关系。同一个人可以是两个公司的董事，这样我们可以看出，两个公司被相同一个董事联系起来，我们可以从中了解一些信息和相互影响是如何在不同公司之间传播的。两个人也可以被相同的公司联系起来，我们可以读出一些明显的社会关系。当然，我们所绘制的属性网络图不可能包含所有节点和它们的属性，例如这些董事会成员还可能是同一所大学毕业等其它属性。

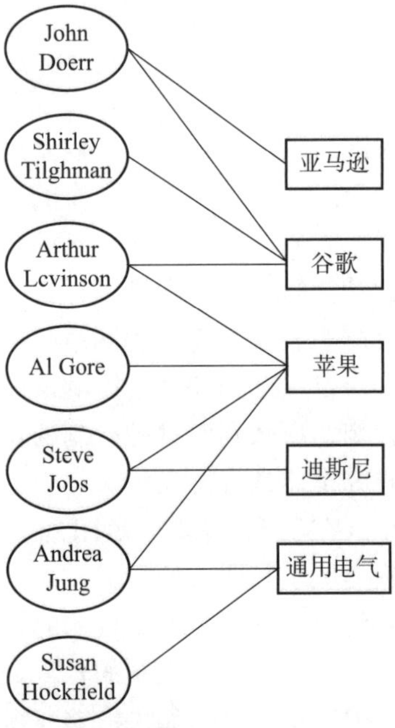

图 13.15　5 家美国著名公司的部分董事成员属性网络图

社会—属性网络是把社会网络和属性网络放在一起时形成的一种更为复杂的网络。图 13.16 是社会—属性网络的简单示意，图中 Anna 同时参加了科普志愿者协会和空手道协会，而 Daniel 和 Anna 共同参加了空手道协会。我们有代表每个人的节点，我们有代表属性的节点，有连接两个人的节点，也有连接个人与属性的节点，这就是我们的社会—属性网络。

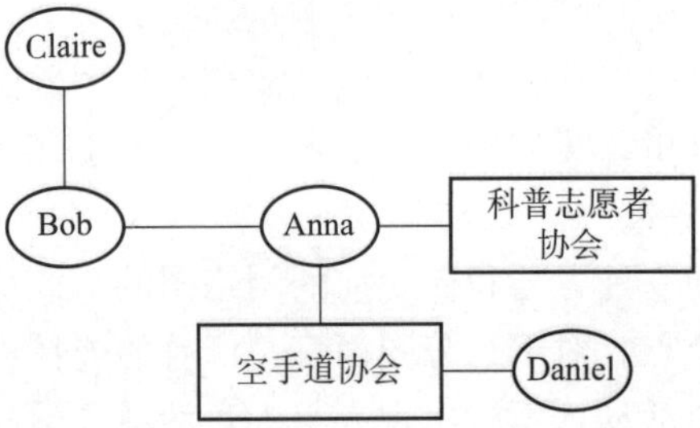

图 13.16　社会一属性网络的简单的例子。

网络结构总是不断变化的，我们之前学习了普通网络中三元闭合的连接形成过程。考虑到外部环境因素形成的更为复杂的网络时，我们以三元闭合为思路介绍另外两种非常重要的闭合过程：聚点闭合和友谊闭合。

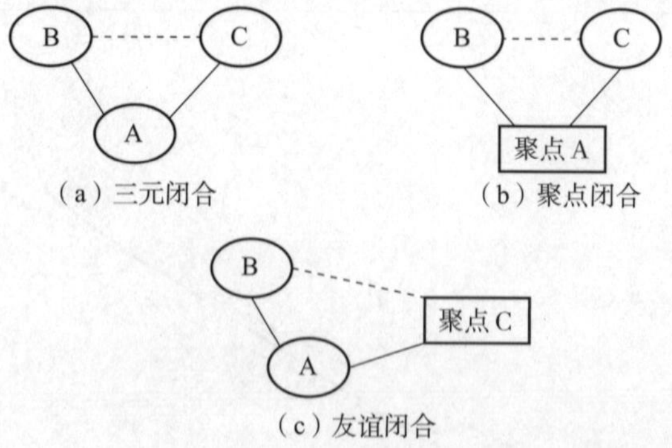

图 13.17　三种连接形成过程示意图

我们用图 13.17 分析连接形成的不同的三元闭合机制，图中圆圈节点代表人，方框节点为属性节点或者称为聚点。13.17（a）为三元闭合过程。13.17（b）为聚点闭合，节点 B，C 代表的两个人因为同一个属性形成连接的过程。这里我们引入了聚点的概念，它属于属性的范畴，当某个属性发挥连接不同节点的网络角色时，我们就可以称它为聚点。这里，节点 B 与节点 C 之间连接的形成，是他们主动去寻找与自身存在相似特点的群体并产生联系的过程，因此，聚点闭合可以看作是自主选择机制的作用。图 13.17（c）为友谊闭合。节点 B 代表的人，因为与节点 A 所代表的人之间已有的关系与节点 C 代表的属性之间形成连接的过程称为友谊闭合。这里原先节点 A，B 之间的连接，促使节点 B 参加了节点 C 这一属性活动，这体现了网络结构对节点行为的影响，因此，友谊闭合可以看作是社会影响机制的作用。

三、定量分析

这一节我们将利用大数据来定量地分析我们在上文中提到的相关理论和机制，观察这些机制所带来的微小变动是如何产生整个网络结构的变化的，以此考察网络环境与网络结构的互动。

我们想知道，在社会网络中如果两个人之间有一个共同好友，他们之间成为好友的概率有多大？如果两个人之间有两个或更多的好友，他们之间成为朋友的概率又会有什么样的变化呢？三元闭合的三个原因是信任、机遇和激励，那么理论上应该说更多的共同好友应该具有更高的连接形成概率。

我们将采用以下方法对网络结构进行观察度量

1. 我们对网络结构进行两次考察；

2. 对于任意 k，我们表示在第一次观察时存在 k 个共同好友却没有形成连接的每一对节点，记录符合的对数；

3. 记录第二次观察时上面所有尚未形成连接的各对节点之间形成连接的对数，定义 T(k)为这两个对数之比；

4. T(k)作为 k 的函数，就表示共同好友对连接形成的作用。

T(0)是没有共同好友时连接形成的概率，T(k)就表示三元闭合随节点间共同好友个数的变化而变化的规律。

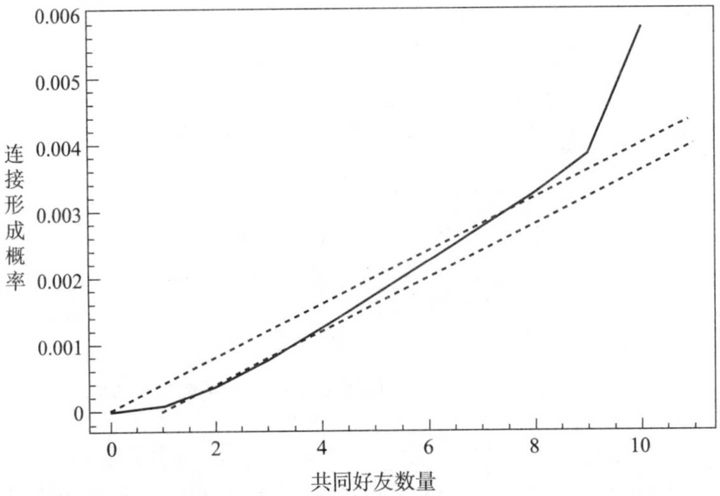

图 13.18 三元闭合的定量分析示意图

Kossinets 和 Watts 对美国一所规模比较大的大学共计 22000 名本科生和研究生所有的 Email 联系记录进行了一年的观察。他们构建了一个随时间变化的网络，如果在过去的 60 天里有过邮件交往表明两个人之间存在一个连接。他们用上面介绍的方法，绘制了每一对学生之间的 T(k)曲线，进而求其平均值。他们记录了每一对学生之间连接的形成概率随共同好友数量的变化规律。

图 13.18 是他们绘制的曲线图。T(0)非常接近于 0，之后随着共同好友数量的增多，连接形成的概率不断提高，从整体上看近似于一条直线。在 T(0)－T(1)－T(2)这个阶段，连接形成的概率有一个明显的向上转折，有两个共同好友进而成为朋友的概率接近于有一个共同好友而成为朋友的两倍。在 T(8)－T(9)－T(10)这个阶段，同样存在一个概率非常明显的提高，因为很少有两个人之间存在这么多共同好友，相互之间却不了解。

为了更好地理解这个曲线，他们还构建了两条基准线。假定一个比较小的概率 p，每一个共同好友都给他们一个较小的 p 概率成为朋友，假设这些共同好友之间的影响是相互独立的。如果两个人之间有 k 个共同好友，在某一天他们之间无法成为朋友的概率为 $(1-p)^k$，而成为朋友的概率则为 $1-(1-p)^k$。上面的红色基准线为 $T(k)=1-(1-p)^k$，下面的红色基准线为 $T(k)=1-(1-p)^{k-1}$。基准线和实际曲线都是线性的，说明我们的假设是合理的，但是实际曲线明显地向上转折表明：我们关于共同好友的影响相互独立的假定是值得商榷的。

用同样的方法，我们对聚点闭合和友谊闭合做了类似的研究。

Kossinets 和 Watts. 考察了他们大学的邮件数据库和每一个学生课表信息。这样一来，每节课为一个聚点，两个学生有一个聚点表示他们选修过同一门课。图 13.19 是他们绘制的连接形成概率与聚点个数的函数关系图，虚线为参考的基准线。

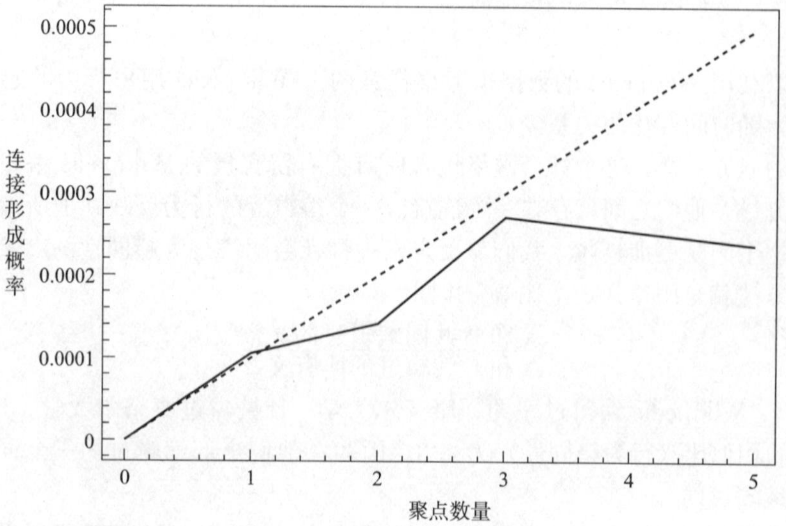

图 13.19　聚点闭合的定量分析

图 13.18 为他们绘制的曲线图，虚线为参考的基准线 T（k）＝1－（1－p）$^{k-1}$。从图 13.18、图 13.19 看，有一个共同的聚点和有一个共同的好友在数量上有着近似的效果，但是在这之后，聚点闭合和三元闭合呈现出了不一样的变化趋势，在 T（3）之后还有一个下降的趋势与我们所绘制的参考线有着明显的偏离。

对于友谊闭合还有 Wikipedia 的数据支持，这里存在我们所讲的更为复杂的社会－属性网络。节点为每个 Wikipedia 编辑者，都有一个用户的留言板界面，如果他们之间有过交流就用一个连接将他们连接起来，每一个 Wikipedia 词条为一个聚点，如果一个用户编辑过一个词条，它们之间就存在一个连接。这样，图 13.20 为我们绘制了一个用户编辑一篇文章的概率和与他发生过交流的用户中编辑过这个文章的人数之间的关系图。

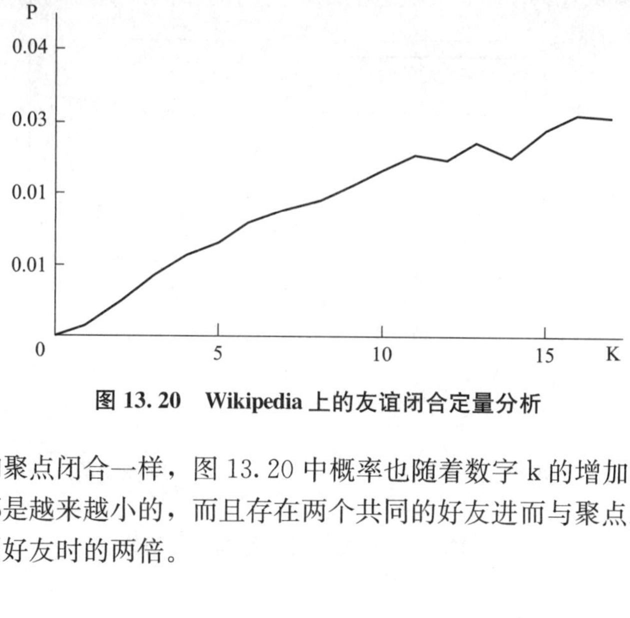

图 13.20　Wikipedia 上的友谊闭合定量分析

同三元闭合和聚点闭合一样，图 13.20 中概率也随着数字 k 的增加而提高，同样这些概率的边际变化都是越来越小的，而且存在两个共同的好友进而与聚点之间形成连接的概率是只有一个共同好友时的两倍。

到此为止，我们终于可以定量地研究一下自主选择和社会影响对网络结构演化中的互动机制了。

我们可以利用 Wikipedia 的数据来考察任意两个 Wikipedia 用户行为的趋同性与他们社会交往行为随时间变化的关系。

和上面的研究一样，这个社会网络包含所有拥有留言板的 Wikipedia 编辑者，如果两个编辑者交流过，他们之间就存在一个连接。一个编辑者的行为反映在他所编辑过的文章中。为了让这个问题更加具体，我们需要定义一种社会网络行为趋同性的度量方法。一个比较简单的方法就是用这样一个比值来度量。

$$\frac{\text{A 和 B 共同编辑过的文章}}{\text{A 和 B 编辑过的所有文章}}$$

比如 A 在 Wikipedia 编辑过纽约、康奈尔大学。B 编辑过康奈尔大学、斯坦福大学，那么 A，B 的相似比（行为趋同性）为 1/3，因为在他们全部编辑过的三个词条中有一个是他们共同编辑过的。

这个比率类似于我们在第三章提到的邻域重叠率，实际上这个比率可以看作是二分图中的邻域重叠率，

Wikipedia 中交流过的用户要比没有发生过交流的用户在行为上有着明显更高的相似性。因此，我们提出自主选择和社会影响的问题：趋同性提高是因为共同编辑过词条的人会主动建立联系呢；还是因为用户间的相识关系促使他们去编辑同一个词条，前者为自主选择，后者为社会影响。

因为每个 Wikipedia 用户的行为都是有时间记录的。我们很容易获得这种互动机制的原始图景。具体来说对于曾经交流过的每一对编辑按时间顺序记录他们的行为，时间在这里是离散的单位，任意 A 和 B 编辑过一个词条，时间就往前推进一步。接下来定义时间 0 为 A，B 第一次交流的时刻。这样我们就可以获得每一对 Wikipedia 用户的相似行为（共同编辑某个词条的概率）随时间的变动曲线。对这些曲线取平均值就得到了图 13.21 的曲线，以表示 Wikipedia 上所有曾经交流过的用户行为的相似性随时间的变动情况。

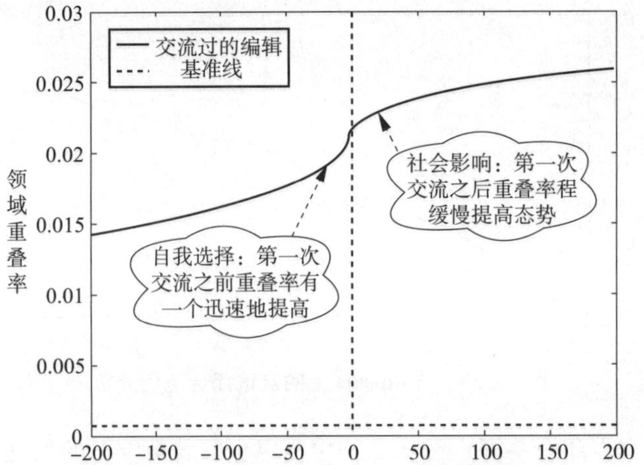

图 13.21 自主选择和社会影响的互动分析

有一些特征是我们很容易观察到的，首先在他们第一次交谈前后都有一个明显的行为相似概率增加过程。这说明，自主选择和社会影响机制都在发生作用，然而，这条曲线并不是围绕 0 点对称的，在 0 之前有一个明显更快的提高过程，展示了自主选择的显著作用，也就是两个 Wikipedia 编辑者在相遇之前有个明显的行为相似性加速过程。底下的线为随机抽选的一组 Wikipedia 编辑者行为相似性概率图，既非常低而且是保持不变的。这个曲线十分的平滑，因为这是我们在大量样本平均的基础上获得的。

四、谢林模型

这是一个非常著名的模型，为我们展示小范围内同质聚集趋势是如何导致种族分离现象的。在现实生活中许多因素导致了种族分离，但是谢林模型用一个简单的模型告诉了我们一个非常稳定的现象：即使没有人希望产生种族分离的结果，种族隔离依然是难以避免的。

X	X				
X	O		O		
X	X	O	O	O	
X	O			X	X
	O	O	X	X	X
		O	O	O	

（a）每个住户占据一个小格

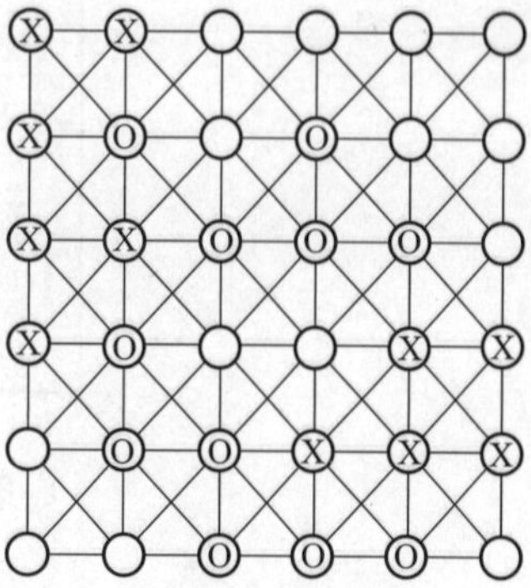

（b）图形上的相邻关系

图 13.22　谢林模型

模型的构建过程是这样的：我们假设有一群个体，我们称为住户，每个住户是 X 型或者 O 型，假设这两种类型代表了一些不变的特征，比如：民族、肤色、宗教信仰、母语等等；每个住户在一个小格子里，用一个二维空间模型代表一个城市，并把它分成无数个小格子；我们假设一部分小格子有住户，而另一部分则没有；一个住户的邻居是可以与他直接接触的住户，包括对角线上的所有住户，如 13.22（a）。我们可以用图形语言来描述，每个住户为一个节点，如果他们是邻居就用一个连接将他们联系起来，如 13.23（b）。

这个模型动态变化最根本、最重要的假设就是每个用户都希望至少有一些与它类似的用户相邻。我们假定对所有的用户都有一个共同的门槛 t，如果一个住户发现他身边与他相似的邻居数量少于 t，他就会主动的移动到一个新的小格子中去，我们称这个住户不满意他现在的住址，比如在图 13.23（a）中，我们对每一个不满足现状的用户加上一个*号，经过调整，我们可以实现所有人都满足的均衡，但在小规模数据背景下的研究，很难得出具有普遍性的结论。我们需要借助计算机对大数据进行分析才能看出一些典型变化。现代的计算机模拟技术让解决这个问题成为可能，在这里我们为大家介绍一些例子。Sean

Luke 的研究中，这些不满足的用户随机选择一个移动位置。最开始是一个 150 行×150 列的网格，每种类型有 10000 个住户，共有 2500 个空格子，门槛依然为 3，图 13.24 为我们展现了两种不同的效果图，起点不一样，在经过 50 轮的变动之后的结果。

X1*	X2*				
X3	O1*		O2		
X4	X5	O3	O4	O5*	
X6*	O6			X7	X8
	O7	O8	X9*	X10	X11
		O9	O10	O11*	

(a)

X3	X	6	O1	O2	
X4	X5	O3	O4		
	O6	X2	X1	X7	X8
O11	O7	O8	X9	X10	X11
	O5	O9	O10*		

(b)

图 13.23　谢林模型的小数据调整

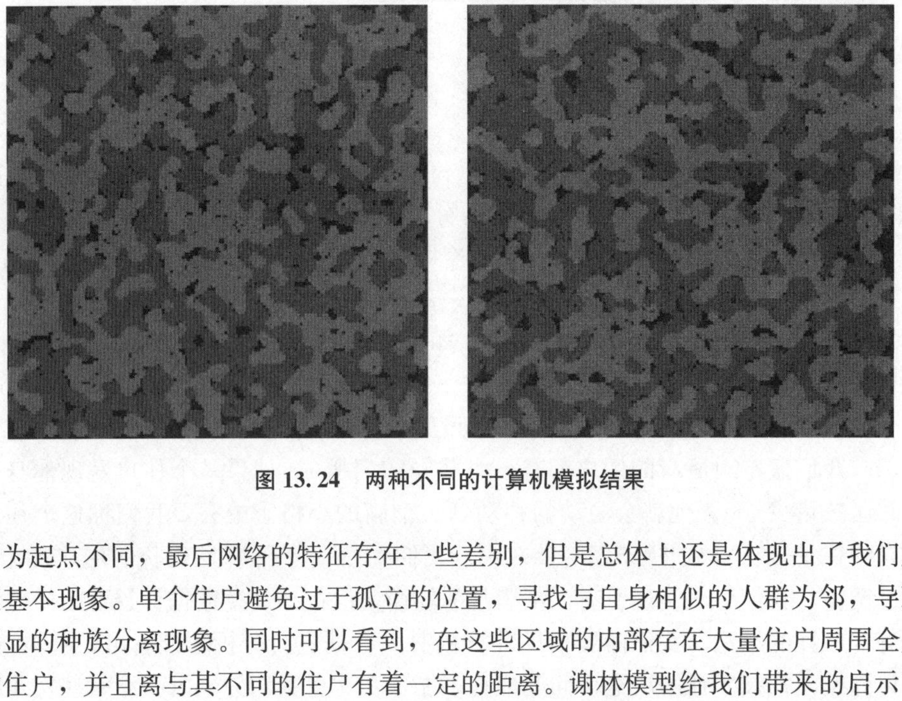

图 13.24　两种不同的计算机模拟结果

因为起点不同，最后网络的特征存在一些差别，但是总体上还是体现出了我们所期望的模型基本现象。单个住户避免过于孤立的位置，寻找与自身相似的人群为邻，导致了整体上明显的种族分离现象。同时可以看到，在这些区域的内部存在大量住户周围全是与其相似的住户，并且离与其不同的住户有着一定的距离。谢林模型给我们带来的启示可以概括为以下 3 点：

1. 空间的分离会发生，即使没有个体主动去寻求这种结果。

2. 我们可以设计一种结构让所有的住户都满足，如图 13.25 所示，所有的住户都满足，问题是从一个随机的点开始很难达到这种效果。

X	X	O	O	X	X
X	X	O	O	X	X
O	O	X	X	O	O
O	O	X	X	O	O
X	X	O	O	X	X
X	X	O	O	X	X

图 13.25 谢林模型的一种特殊形式

3. 当我们提高门槛值时，这种现象变得更为明显。图 13.26 中，我们设定了 t=4 的门槛，我们可以看到更为明显的同质聚集和异质分离现象，经过 20 轮的变化，聚集程度远超过门槛值为 3 经过 50 轮计算机模拟时的程度。

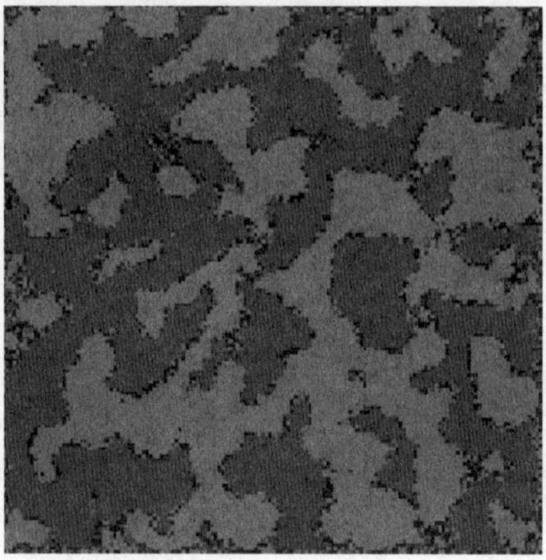

图 13.26 门槛值为 4 的计算机 20 轮模拟结果

第五节 合作和非合作关系

到目前为止，我们研究的网络中节点之间的关系都属于合作关系的范畴，比如友谊，合作关系，信息共享，团队协作等，但在现实中，节点之间还存在大量的非合作关系，像是对抗、冲突等。那么我们应如何理解混合了合作和对抗关系的复杂网络的运行机制呢，这一节将为大家区分这两种连接关系：合作关系和对抗关系，我们将利用结构均衡的框架来为大家简单地介绍这种复杂网路的运行机制。

假设我们有一个包含一系列个体的社会网络，在这个网络中所有个体之间都是相互熟知的，于是他们之间都存在一个连接，这种网络称为完整图形。我们可以给每一个连接赋予一个符号，“+”代表合作关系，“—”号代表对抗关系。在介绍结构均衡的知识时，我们要求所研究的网络图形均为完整图形。这使得我们研究的群体只能是一个相互熟知的小群体，类似于一个班级，一个小的机构，国际关系上的大国等等。在以后的研究中，我们可以不断地放宽这些限制，我们在这里为大家介绍的是网络结构演化的最基本、最核心的内容。

在引入结构均衡的概念之前，我们利用图 13.27 为大家呈现拥有三个节点，两种关系的四种可能的网络图，以分析它们结构的稳定性。

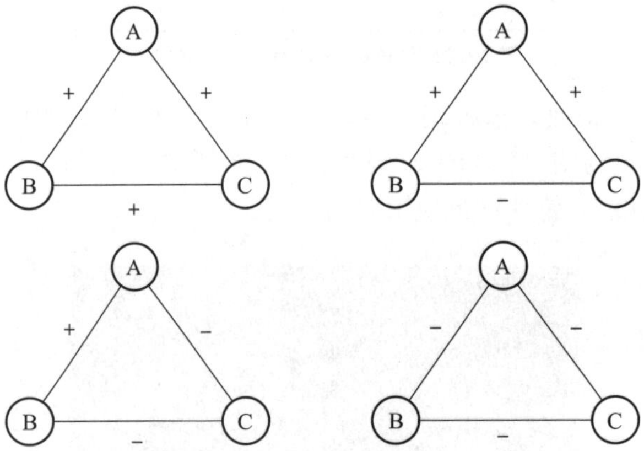

图 13.27 网络关系结构图

图 13.27 (a)，三个节点之间有三个合作关系，他们都是相互熟知的朋友，这个网络是非常稳定的，是均衡的。

图 13.27 (b)，三个节点之间有两个合作关系和一个对抗关系。以此图为例，节点 A 与节点 B 和节点 C 都是朋友，而节点 B 和节点 C 之间却是敌人。三元闭合的研究告诉我们，节点 A 有动力主动去缓和，解决节点 B 和 C 之间的对抗关系，这个网络结构是不稳定的，是不均衡的。

图 13.27 (c)，三个节点之间有两个对抗关系和一个合作关系，这意味着三个人中有两个人是朋友，而与另外一个人都是敌人，这个网络也是稳定和均衡的。

图 13.27 (d)，三个节点之间有三个对抗关系，我们都知道敌人的敌人就是朋友这个道理，在这样的网络结构中，任意两个节点都有相互合作对抗第三人的倾向，这个网络结构是不稳定的，是不均衡的。

这样一来，我们就可以定义结构均衡特性：对于任意三个节点，假定它们之间都存在连接，要么所有三个连接都是合作关系，要么正好有一个连接为合作关系。

平衡定律：如果一个完整网络图是均衡的，要么其所有的节点都是朋友，要么这些节点可以被分为两组：X、Y，其中，X 组内部各节点都是朋友，Y 组内部各节点都是朋友，X 中的每一个节点都是 Y 中每一个节点的敌人。

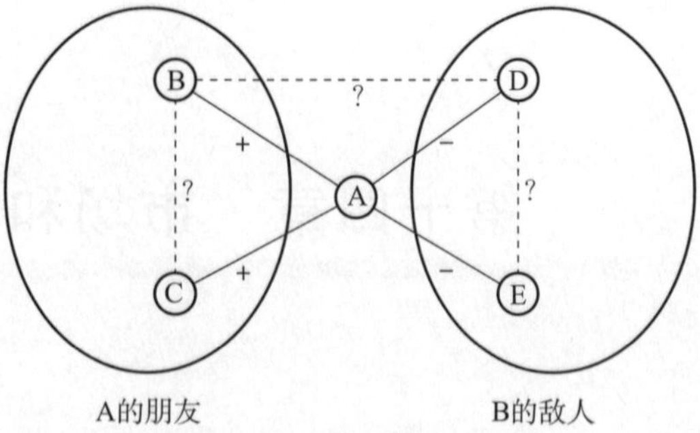

图 13.28　均衡网络示意图

平衡定律的证明，类似于前面章节对弱连接和桥的关系的证明，

假定已知一个完整的网络图，而且这个网络是均衡的。

如果网络中没有对抗关系，那么所有节点之间都是朋友；如果网络中至少有一个对抗关系，我们可以随机选择网络中的一个节点，我们称其为节点 A，网络中的其他节点要么是 A 的朋友，要么是 A 的敌人，我们将 A 的所有朋友归为 X 组，所有敌人归为 Y 组，以图 13.28 为例，我们需要证明以下三点：①X 组中任意两个节点为朋友；②Y 组中任意两个节点为朋友；③X 组中任意一个节点是 Y 组中任意一个节点的敌人。

对于①，随机抽选其中的两个节点 B、C，我们已知节点 A 与节点 B 和节点 C 之间都是合作关系，如果节点 B、C 之间为对抗关系，节点 A、B、C 之间将不再均衡，这与该网络为均衡网络相矛盾，所以说节点 B、C 之间必为合作关系，因此，X 组中任意两个节点都是朋友。

对于②，随机抽选其中的两个节点 D、E，已知节点 A 与节点 D 和节点 E 之间都是对抗关系，如果节点 D、E 之间也为对抗关系，节点 A、B、C 之间将不再均衡，同样与该网络为均衡网络的假设相矛盾，所以，节点 D、E 之间必为合作关系，因此，Y 组中任意两个节点都是朋友。

对于③，考虑 X 组中随机抽选的节点 B 与 Y 组中随机抽选的节点 D，已知节点 A 与节点 B 之间是合作关系，节点 A 与节点 D 之间是对抗关系，同样根据结构均衡的假设，节点 B 和节点 D 之间必为对抗关系。

到此为止，我们简单介绍了网络结构研究中结构均衡的基本理论。结构均衡理论开始关注网络中大量的非合作行为，为我们研究网络结构的动态变化提供了一个更接近实际的框架。

第十四章　市场和网络博弈

第一节　匹配市场

第十三章我们介绍的图形理论为我们呈现了众多分析网络结构的方法，博弈论的知识为我们理解网络中行为人的策略互动提供了非常有效的工具，接下来我们将结合这两种理论来具体地分析市场机制等经济问题。

市场天然具有网络的结构，在这里众多的参与者进行着买卖等活动。许多网络模型可以用来描绘和分析市场参加者之间的互动行为，我们将首先介绍几种不同的市场网络模型。最后在第三节网络分配理论中，我们将市场中的博弈看作是更宽泛的网络分配理论的一个近似，进而从社会网络的能力平衡角度来理解网络内的动态变化。

匹配（分配）市场是我们要考虑的第一类市场。在经济学和运筹学等学科中，匹配市场有着很长的研究历史。学者们用非常规范和标准的方式证明了，在人们对不同的商品有不同的偏好条件下，价格体系可以实现合理的分配，并且这种分配可以达到社会最优的状态。这里，我们将利用网络的相关知识通过渐趋复杂的模型顺次介绍这部分内容。我们假设商品按照人们的偏好分配到个人，这些偏好将用网络图形的形式表示，但是这里没有具体的买卖活动以及价格设置行为。

一、二分图和完美匹配

我们首先开始研究的模型叫作二分图匹配问题。

假设新学期开始，大学的宿舍管理员要把房间分配给学生，每一个房间只能住一个学生。每一个学生要提交一个表，列出他们可以接受的房间。学生们对于房间有着类似的偏好，比如都喜欢大房间、安静的房间、阳光充足的房间等，因此学生们交的表单存在重复问题。

我们可以用一个图形来描绘学生们呈交的表单。一列节点代表每个学生，一列节点代表每个房间，如果学生把某个房间作为他的可选项就用一个连接把他们连接起来。图 14.1（a）描绘了 5 个学生和 5 个房间组成的网络图形（学生 A，房间 1、2、3 都是他喜欢的房间；而学生 B 只有房间 1 满足他的要求等）。这种网络图形属于二分图，我们在第十三章介绍属性网络时最早提到过这种图形。二分图中节点被分为两个序列，每一条边连接两个序列中的各一个节点。在这里，两个序列分别为学生和房间。二分图可以非常形象地描绘节点和其属性之间的关系，进而也可以非常方便地描绘将一个序列中的节点匹配给另一个序列中的节点的匹配问题。

回到宿舍管理员的任务上：将房间按照学生的意愿安排给他们。在上面描绘的网络图形中，这个任务可以很好地表示出来，既然每一个连接代表学生和他的可选项，而我们希望给每个学生分配一个不同的房间，也就是要求对每一个学生要用一个连接将他和一个他可以接受的房间连接起来。图 14.1（b）展示了一种分配方式，我们用黑色的边连接学生和他分得的房间，这样一种方式也称为完美匹配。

二分图中，两个序列中有相同数量的节点，则完美匹配是这样一种分配方式，如果要把左边序列中的节点分配给右边序列中的节点，要具有以下两种特性：第一，对于左边序列中每一个节点都存在一个连接将它和右边序列中的一个节点联系起来；第二，不存在左边序列中的两个节点分配到右边序列的同一个节点的现象。完美匹配可以理解为二分图中随机抽取的一组连接，对于这些连接来说，二分图中的每一个节点都只是其中一个连接的一端。如果二分图存在完美匹配，通过绘制这些连接，我们就可以很好地证明它的存在，但是如果二分图中不存在完美匹配，我们如何证明它不存在完美匹配呢？

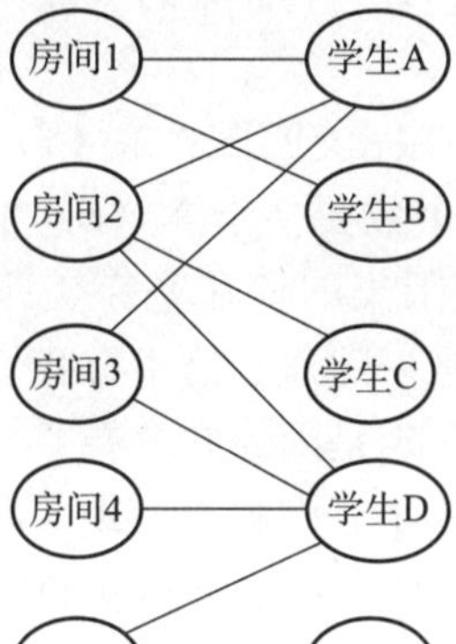

（a）二分图

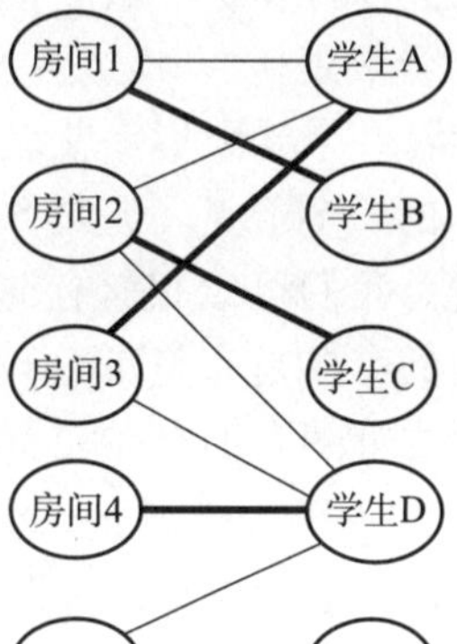

（b）完美匹配

图 14.1　一个简单的匹配模型

直观上，我们很难判断二分图是否存在完美匹配。人们可能会认为唯一能够证明完美匹配不存在的方式就是画出所有可能的匹配形式，说明不存在完美匹配。但事实上，我们有一种非常简洁的方式证明完美匹配的不存在。我们可以用图 14.2 来说明。首先图 14.2 展示了一种不存在完美匹配的网络图形，对于 A、B、C 三个学生，总共只有两个房间是可选项，这三个人中必定有一个人无法得到他想要的房间，这个二分图中不存在完美匹配。

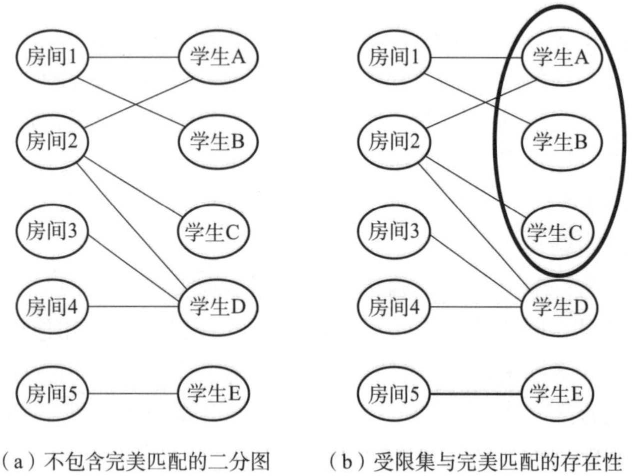

图 14.2 受限集与完美匹配

我们将图中这三个学生的组成的集合称为一个受限集，因为他们的存在使得完美匹配模式不存在。这个例子揭示了一个非常普遍的现象，我们可以用一种概括性的方式来表示。首先，对于二分图右边序列中的任意节点集 S，如果存在一个连接将左边序列的某个节点和节点集 S 中的任意节点连接起来，那么我们称左边序列中的这个节点为它的邻接。然后，我们定义节点集 S 的所有邻接节点组成的节点集为 N（S）。最后，如果 S 严格大于 N（S），也就是 S 中含有的节点个数严格多于 N（S）中含有的节点个数，我们称二分图中右边的节点集 S 为受限集。

如果二分图中存在一个受限集，就表明不存在完美匹配：N（S）中的每一个节点应该匹配到 S 中的唯一的一个节点，但是 S 中节点个数要多于 N（S）中节点的个数，所以不可能存在完美匹配。我们可以很轻松地证明受限集的存在是完美匹配不存在的一个障碍，事实上，受限集的存在是完美匹配不存在的唯一障碍。这里有我们的匹配定理。

匹配定理：如果二分图中不存在完美匹配，一定是因为它含有一个受限集。

Denes König 在 1931 年，Phillip Hall 在 1935 年分别独立发现了匹配定理的存在。如果没有匹配定理，我们可能会觉得二分图中不存在完美匹配是因为许多原因，而且有些原因可能是我们无法简单解释的。匹配定理简单明了地告诉我们二分图中不存在完美匹配的唯一原因是受限集的存在。对于匹配定理的证明，我们这里不做描述，感兴趣的读者可以参考相关的文章。

二、价值和最优匹配

上节中的二分图匹配问题描绘了一种非常简单的市场形式：行为人用可接受项目表达自己的偏好，完美匹配解决了如何根据行为人的偏好将物品分配给他们的问题，如果不存在完美匹配，那么一定是系统中存在一个受限集。

现在我们进一步扩展我们的模型。首先，我们假设行为人不再只是简单地用接受或拒绝来表示自己的偏好，而是用一个抽象的数字来表达一个物品对他的价值。以我们上节中学生和宿舍的匹配问题为例，学生不再只是呈交一个他们可接受房间的列表，而是对每一个房间都赋予一个抽象的数值，来表示获得这个房间时自己的满意程度。我们把这些数值看作是这些房间对于每个学生的价值（Valuation）。图 14.3 中有三个学生 A、B、C 和三个房间，三个房间对于 A 的价值分别为 12、2、4，对于 B 的价值分别为 8、7、6，对于 C 的价值分别为 7、5、2。我们可以理解为学生们对房间有不同的偏好，而且偏好的程度存在差异。

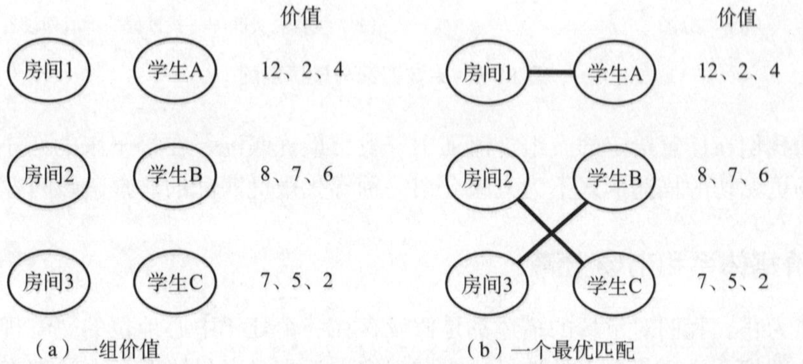

图 14.3　价值和最优匹配

这样当一组个体对另一组个体存在评价时，我们都可以引入价值的概念，进而，我们可以定义一种匹配的质量为所有个体获得的价值之和。比如图 14.3（b）中匹配的质量为 12+6+5=23. 如果宿舍管理人员可以获得每个房间对于每个学生的准确价值，那么一种合理的分配方式就是选择使学生们获得的价值最大的分配方式。我们把这种分配方式定义为最优匹配，因为它使学生的满足感之和最大。观察图 14.3（b），可以看出，这种匹配方式就是最优匹配。当然，这种分配方式虽然使得所有学生的满足感之和最大化，但并不是每一个学生都获得了最大的满足感，比如房间 1 对于三个学生来说价值最大，但是只能有一个学生获得它。

这种利用价值的概念寻找最优匹配的模式实际上是对二分图匹配问题的一个自然的推广，二分图匹配问题可以理解为它的一种特殊情况。还是以宿舍分配问题为例，假定有相同数量的学生和房间，每个学生仅仅要求提供一个他们可接受房间的列表，而不需要提供各个房间对他们的价值，这样我们可以获得一个二分图，如图 14.4（a）所示。我们想知道，这个二分图是否存在完美匹配，这里我们可以用价值和最优匹配的语言来详细地描述这个问题。如果某个房间出现在了某个学生呈交的列表上，我们定义这个房间对学生的价值为 1，如果没有，那么这个房间对学生的价值为 0，这样，我们把图 14.4（a）转化为如图 14.4（b）所示的包含价值列的图形。如果我们能够找到一种分配方式，使得每个学生都能获得一个对他来说价值为 1 的房间，也就是说存在一种匹配质量等于学生数目的匹配方式，那么完美匹配一定存在。这个简单的转变表明二分图匹配问题隐含在更为广泛的寻找最优匹配的问题中。

虽然最优匹配的定义十分的自然和通俗，但依然没有能够清晰地提供一种非常简洁的

（a）二分图　　　　（b）包含完美匹配寻找过程的价值列设置

图 14.4　完美匹配与最优匹配

方法来帮助我们在任意给定的一组价值列中寻找出最优匹配。在接下来的两小节中，我们将在对市场更贴切的描述形式下为大家介绍一种寻找最优匹配的非常微妙的方法。

三、价格体系和市场出清

到目前为止，我们对市场的描述都是假设存在一个处于中心地位的“管理员”通过收集每个人的数据，协调每个人的选择，来实现完美匹配或者最优匹配。虽然有很多类似市场交易的活动可以用这种方法来描述（比如我们的宿舍分配问题），但是更为标准的市场活动中是不存在这样的协调者的，市场更多情况下是行为人根据价格和价值独立做出决策的集合。价格体系可以承担分配者和协调者的角色，这对我们理解匹配市场非常关键。在后面的分析中，我们将会看到，如果我们用价格体系来代替“管理员”的角色，并且允许行为人根据价格和价值独立做出决策，我们同样会得到最优匹配。

为了更好地分析这种模式，我们不再沿用宿舍分配的例子，而是引入一个价格体系更为自然的市场情形。假设，我们有一组卖家（sellers），每人有一套房子待售，同时，我们有相同数目的一组买家（buyers），每个人想购买一套房子。类似于前面的例子，每套房子对每个买家都有一个不同的价值，定义卖家 i 的房子对于买家 j 的价值为 V_{ij}，下标 i，j 表明房子的价值取决买卖双方，假定价值都是非负的。为了简化我们的分析，假设每套房子对于卖方来说价值为 0，他只关心能从买家那里获得多少的收入。事实上，我们可以定义房子对于卖家来说有着不同的高于 0 的价值，这样，我们可以把价格体系定义为高于卖方价值的部分，并不会改变我们后面的分析结果。

假定，每一个卖家都把自己的房子推向市场，定价 $P_i \geqslant 0$. 如果买家 j 购买了卖家 i 的房子，定义买家 j 的支付为 $V_{ij}-P_i$。这样一来，给定一组价格，如果买方要实现他的支付的最大化，他应该从使 $V_{ij}-P_i$ 最大的卖家处购房。这里需要强调的是如果买家的支付 $V_{ij}-P_i$ 都是负的那么买方将不会购买住房，假设不买房时买家会获得 0 的支付。我们称使得买家 j 支付最大的卖家为买家 j 的首选卖家，如果买家 j 的所有支付 $V_{ij}-P_i$ 都是负的，那么买家 j 没有首选卖家。

图 14.5（b）—14.5（d）为我们展示了买家价值评价不同的情况下的三种不同价格设置，可以看出，买家的首选卖家随着价格体系的变化而变化。图中我们将买家与他的首

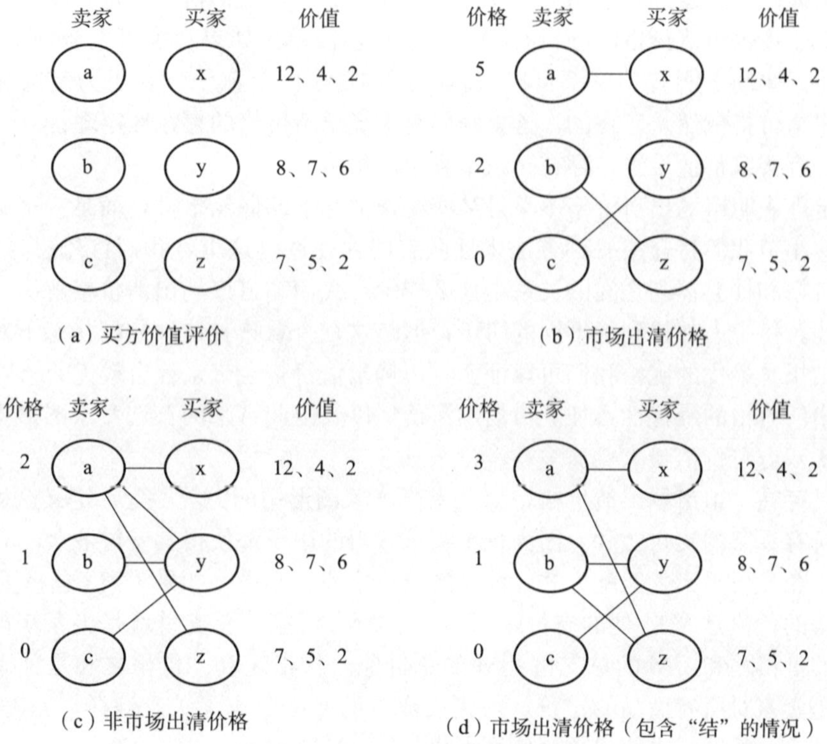

图 14.5　价格、支付、市场出清价格与匹配结

选卖家连接起来，比如在图 14.5（b）中，如果买家 x 购买 a 的房子，得到的支付为 12－5＝7，购买 b 的房子，得到的支付为 4－2＝2，购买 c 的房子，得到的支付为 2－0＝2，这样卖家 a 就是买家 x 唯一的首选卖家。同样的方法，我们可以得到其他买家的首选卖家。图 14.5（b）有一个非常好的特点，如果每个买家都只选择他最喜欢的房子，到最后每个买家都可以获得一个不同的房间，这里价格体系很好地解决了房子的分配问题。虽然在所买家眼里，a 的房子都是价值最高的，但是价格使得买家 y，z 不会选择它。我们称这样一组价格为市场出清价格，因为它使得每一个买家都得到了不同的房子。对比来看，图 14.5（c）中一组价格不是市场出清的，因为在这种情况下，买家 x 和买家 z 都只希望得到卖家 a 的房子，在每个买家都追求支付最大化的条件下，房子的分配问题没有得到解决。图 14.5（d）展示了市场出清的另一种可能。这里，如果买家之间可以进行有效地协调，那么每个买家都可以得到一个不同的房子（y 得 c 的房子，z 得 b 的房子）。在这样的价格设置下，买家支付最大化倾向会产生这种不同买家存在相同首选卖家的“结”（tie）的情况，这时虽然需要一些协调机制才能使得分配问题得到解决，我们依然称这组价格为市场出清价格。在许多情况下，“结”的状况是无法避免的，极端的情况下，我们假设每件商品对所有买家都有同样的价值，那么没有一种价格设置可以避免“结”的出现。

对于一组价格，将买家与他的首选卖家连接起来，由此形成的图形，我们称之为首选卖家图形（如果一个买家不存在首选卖家，他将不与任何卖家相连）。图 14.5（b）－14.5（d）绘制了三种价格体系下的首选卖家图形。至此为止，我们可以简单地说：如果在一组价格体系下的首选卖家图形存在完美匹配，那么这组价格体系是市场出清价格。

上面对于市场出清价格的分析有些过于理想和简单：如果卖家可以合理地设置价格，在个人利益的驱动下所有买家都可以获得不同的房子。事实上，在更为复杂和真实情况下，市场出清价格依然是存在的。这里我们有市场出清价格的存在性定理：

对于任意买家价值设置，存在一组市场出清价格。

这个定理表明市场出清价格不只是某些特殊情况下的偶然事件，而是一个必然存在的现象。下一小节我们将介绍一种方法来证明它的存在性。这里，我们首先思考一个问题：市场出清价格和社会福利之间的关系是什么样的。我们知道市场出清价格解决了买家的商品分配问题，每个人都得到了不同的房子，但是这是否意味着这种分配状态下对于买卖双方的整体结果是最优的呢？我们可以证明，市场出清价格会带来社会最优的结果。

市场出清价格的最优性：任意市场出清价格以及由此带来的首选卖家图形中的完美匹配使得买卖双方总价值最大化。

假定，存在一组市场出清价格，M 为首选卖家图形中的完美匹配，定义这种匹配中的总支付为所有买家的支付之和。因为每个买家获得的房子都使得其支付最大，M 就是所有匹配方式中总支付最大的匹配方式。前面的分析中我们知道，如果买家 j 选择了 i 的房子，那么他获得的价值是 V_{ij}，他的支付是 $V_{ij}-P_i$。所有买家的总支付就是买家获得的总价值减去所有的价格之和：M 的总支付＝M 的总价值－价格之和。价格之和是独立于匹配方式的，它是卖家对所有商品的定价，与买卖双方的匹配状态无关。这样，完美匹配 M 使得总支付最大化的同时也使得总价值最大化。

四、构建市场出清价格

现在我们回到更具挑战性的问题上：为什么市场出清价格一定存在。我们将随机设置一组买方价值评价，然后描述一种构建市场出清价格体系的程序。这个程序实际上是由一组拍卖品和一组买家（具有不同的偏好）构成的拍卖活动。这种类型的拍卖活动由经济学家 Demange，Gale 和 Sotomayor 在 1986 年做出详细地说明，但是类似的构建市场出清价格体系的程序却在七十多年前就由数学家 Egerváry 发现了。

这种拍卖活动的程序如下。首先，所有卖家将价格设置为 0，买家选择他们的首选卖家，观察产生的首选卖家图形，如果存在完美匹配，那结束拍卖。否则，我们知道存在一组买家构成的受限集 S，受限集 S 中的买家只愿意购买它的邻接集 N（S）中的卖家的房子，但是 N（S）中卖家的数目严格小于 S 中买家的数目。这样，我们可以说市场对于邻接集 N（S）中的卖家的房子存在过度需求。进而，N（S）中的卖家提高他们的房子价格一个单位，拍卖活动继续。这个程序中我们假定价格体系中最小的价格为 0，如果到达一个阶段，我们价格体系中的价格都严格大于 0，比如最小的价格 $p>0$，那么我们将所有价格都减去 p。这样，最终我们可以使得价格体系中最小的价格将为 0，同时也使得所有价格都达到相对最小的值。

我们将上面介绍的方法概括为更具普遍意义的如下拍卖程序：

（ⅰ）在每一轮的开始有一组价格，最小值为 0；

（ⅱ）绘制首选卖家图形，检测是否存在完美匹配；

（ⅲ）如果存在，程序结束，目前的价格体系就是市场出清价格；

（ⅳ）如果没有，找到一组受限集 S 和它的邻接集 N（S）；

（ⅴ）N（S）中的每个卖家同时提高价格一个单位；

（ⅵ）如果需要，从所有价格中减去相同的数量，直到最小的价格为 0；

（ⅶ）利用新的价格开始新一轮的拍卖活动。

图 14.6 是我们将上述程序应用结合图 14.5 来确定市场出清价格的过程。

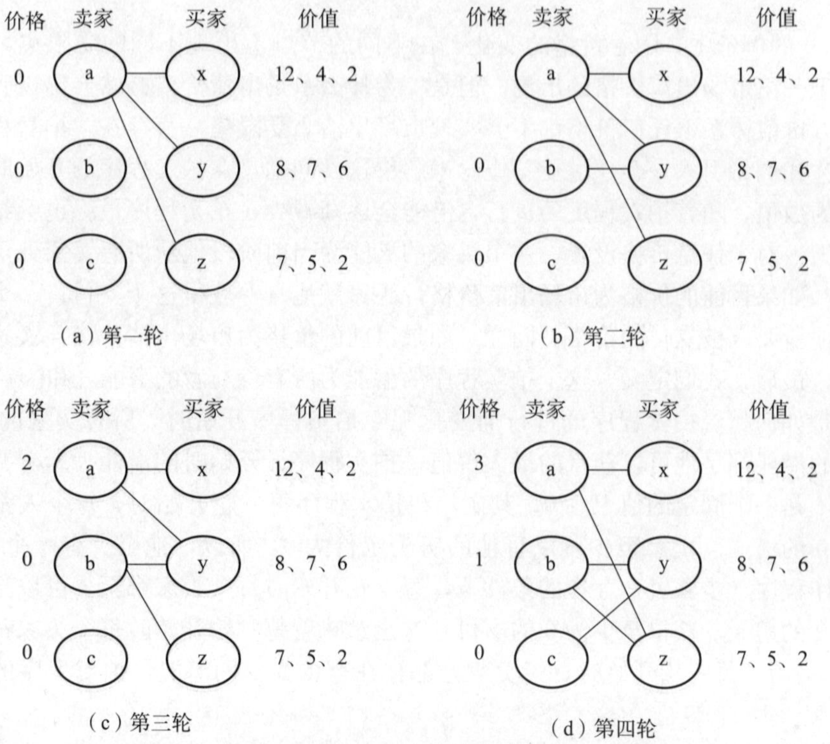

图 14.6　市场出清价格体系的构建程序

(a) 第一轮（first ground），所有价格设置为 0。所有的卖家形成一个受限集 S，N（S）中只包含卖家 a，因此，卖家 a 将他的房子价格提高 1 个单位，开始下一轮。

(b) 第二轮（second ground），买家 x，z 形成一个受限集 S，N（S）中同样只包含卖家 a，同样，卖家 a 提高一个单位卖价，开始下一轮。（可以看出，这里我们同样可以定义买家 x，y，z 组成受限集 S，卖家 a，b 构成邻接集 N（S）。这并不影响最终的市场出清结果，但它表明这个拍卖程序存在多种运行方式）。

(c) 第三轮（third round），所有的买家形成一个受限集 S，卖家 a，b 构成受限集 N（S），因此，卖家 a，b 同时提高一个单位卖价，继续下一轮。

(d) 第四轮（fourth round），在我们的首选卖家图形中存在完美匹配。这样，目前的价格体系就是市场出清价格，拍卖活动结束。

图 14.6 中的例子中关于这个拍卖程序有两点需要强调一下。第一，任意轮次中，当存在“过度需求”的卖家受限集 N（S）中包含不止一个卖家时，要求所有卖家同时提高

一个单位的价格。比如图 8.6 中的第三轮，受限集 N（S）中包含卖家 a 和 b，我们要求卖家 a，b 同时提高 1 单位的价格，形成第四轮中的初始价格体系。第二，图 14.6 中的拍卖程序形成的价格体系就是图 14.5（d）中的市场出清价格，可以看出，图 14.5（b）中的价格也是给定同样的买家价值评价体系下的一组市场出清价格。

这个拍卖程序的一个非常重要的特点是，只有当市场出清价格出现时，拍卖程序才会结束。因此，如果我们可以证明拍卖程序必然会结束，就可以证明市场出清价格必然存在。

图 14.6 的例子中，随着价格的变化，在不同的节点上出现不同的受限集，最终拍卖程序结束于一组市场出清价格的出现。但是，为什么市场出清价格必然会出现呢，是否存在一组买方价值体系下任何价格都不会实现市场出清，受限集一直存在，拍卖程序一直不会结束呢？我们将引入一个“潜能”概念来解决这一问题，在拍卖程序的开始时，潜能是一个有限的数值，随着拍卖程度的进行，潜能会逐渐减少，拍卖程序最终也会结束。我们定义潜能为：对于任意价格设置，一个买家的潜能为当前阶段他从所有卖家处可以获得的最大支付，如果目前的价格为市场出清价格，买家就能真实获得这个支付；一个卖家的潜能为目前他所要求被支付的价格，同样，如果目前的价格为市场出清价格，卖家就能获得这个支付；最后，我们定义，这个拍卖程序的潜能为所有参与者的潜能之和。

潜能是如何随着拍卖程序的进行而变化呢？拍卖程序开始时，所有卖家的定价为 0，每个买家的潜能都是他可以获得的最大价值，拍卖程序最开始时的潜能为所有买家的价值评价之和，是一个固定的值 $P_0 \geqslant 0$；其次，在拍卖程序每一轮开始时，每个人都可以有一个至少为 0 的潜能。卖家至少可以将他的房子定价为 0，所以，他至少有一个 0 的支付。在简化操作程序（步骤ⅵ）存在的条件下，每一轮开始时每个买家都至少可以选择购买一个价格为 0 的房子，获得至少为 0 的支付（这也意味着每一轮开始时每个买家都有一个首选卖家）。最后，每一轮开始时，买卖双方都存在至少为 0 的潜能，拍卖程序的潜能同样为至少为 0。

现在，只有当价格变化时潜能才会发生变动，这只发生在步骤（ⅴ）和步骤（ⅵ）。步骤（ⅵ），也就是我们的简化程序，不会改变拍卖程序的整体潜能，如果我们将每个价格减去 p，那么每个卖家的潜能就会减少 p，但是同时，每个买家的潜能也会增加 p。步骤（ⅴ），邻接集 N（S）中的每个卖家提高 1 个单位的卖价，拍卖程序的潜能是如何变化呢？这时，邻接集 N（S）中的每个卖家潜能会增加一个单位，而受限集 S 中的每个买家的潜能却要减少一个单位。受限集 S 是严格大于邻接集 N（S），这就意味着拍卖程序的潜能增加值至少比减少值小一个单位，因此拍卖程序的潜能至少会减少一个单位。每一轮拍卖程序运行时，它的潜能都会至少减少一个单位，而拍卖程序最开始时的潜能为一个固定值 $P_0 \geqslant 0$，这样，拍卖程序必然会在 P_0 步之内结束，市场出清价格必然会出现。

以上就是我们这一节的主要内容。市场经济中，行为人对商品有着不同的偏好和价值评价，我们可以用二分图形来描述这种市场形式，价格体系能够实现二分图中的完美匹配，从而将商品分配到每一个买家，达到市场出清和社会最优状态。

五、单物品拍卖与匹配市场的推广

这一节我们利用二分图形分析匹配市场，假定买卖双方的数量是相同的，但在现实生活中往往买卖双方的数量是不同的，而且匹配问题往往发生在买家数量多于卖家数量的情况下。这里可以将我们的研究结果推广到这些更为复杂的情况中。我们以单物品拍卖为例介绍一个简单的推广。

假设一个拍卖品有 n 个买家和卖家，这个拍卖品对买家 j 的价值为 V_j。为了可以在二分图的框架下进行分析，我们可以假设存在 n－1 个虚拟的拍卖品，这 n－1 个拍卖品对每个买家 j 来说价值都是 0。

以图 14.7 为例，假设三个买家 x，y，z 竞拍卖家 a 的一个拍卖品，这样在图中只有卖家 a 拥有真实的拍卖品，卖家 b，c 是我们虚拟的卖家，假定 a 的拍卖品和我们虚拟的卖家的拍卖品对三个买家的价值如 14.7（a）右边的价值列所示。通过我们上一节介绍的寻找完美匹配和市场出清价格的程序，最终我们确定了一组市场出清价格，如图 14.7（b）所示。最开始所有三个买家都把真实卖家作为自己的首选卖家，但是随着价格的提升（整个过程中，我们虚拟的卖家的拍卖品始终为 0），买家开始改变自己的首选卖家，最终只有一个买家选择真实卖家的拍卖品而其他买家选择了我们虚拟的卖家的拍卖品。这个过程中我们可以看到，当价值次高的卖家随着价格的提高不再选择真实拍卖品时，完美匹配和市场出清价格就会出现，换句话说，最终价值最高的买家得到了拍卖品，而他支付的价格为价值次高的买家的价值，这也是英式拍卖（轮流出高价）的最终结果。关于英式拍卖的相关知识，感兴趣的读者可以阅读相关内容。

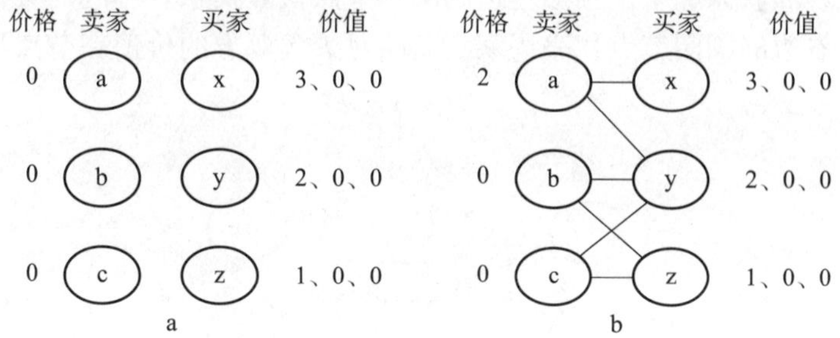

图 14.7　单物品拍卖与市场出清价格

第二节　中介市场

第一节最后，我们提到的英式拍卖问题描绘了一个可控环境下的价格设置行为。我们发现，如果一个卖家对他所拥有的一件物品实施轮流出高价的英式拍卖，买家们会按物品对他们的真实价值出价，那里买家按照卖家设计的程序选择某个价格投标。同理，我们可以设想只有一个买家和多个卖家的情形，要求卖家轮流出低价竞拍投标，最终，卖家会按他们的真实成本投标，这样就是卖家按照买家设计的程序选择价格。但是如果存在众多买家和卖家，价格机制和市场行为是什么样的呢？在大多数市场中，单个买家和卖家（这里指产品的生产者或者所有者）往往通过中介而不是直接进行交易，由经纪人、做市商、中间人等中介设置价格。从发展中国家的农产品交易到金融市场上的股票交易等众多市场环境下，这种价格设置机制都是主流形式。这一节我们利用中介网络交易模型来分析这一问题。

一、中介网络模型

中介网络模型建立在三个基本原则之上：单个的卖家和买家往往通过中介进行交易；并不是所有的卖家和买家都有机会接触到同样的中介；买卖双方各自的成交价格是不尽相同。同时，买卖双方在网络中的位置会影响他们各自的交易可选项，进而影响到各自的价格策略。

我们首先构建一个简单的网络来描绘从金融市场到发展中国家农产品市场上的交易行为和价格设置行为。模型虽然比较简洁，但是具备我们上面提到的重要特性。假设一种可以简单衡量的商品，每个卖家 i 有 1 单位商品待售，价值为 V_i，价格至少为 V_i 他才愿意出售；每单位商品对买家 j 的价值为 V_j，价格低于 V_j 时他才愿意购买 1 单位这种商品。没有人愿意拥有多于 1 单位的商品，多于 1 单位的商品对他们来说价值为 0。我们假定所有的买家、卖家和贸易商都知道这个价值分布。贸易在存在交易可能性的网络内进行，图 8.8 是我们对中介市场的一种标准化的网络图形描述方法，每一条连接都代表了一个可行的交易机会，假定贸易商作为买卖双方交易的中介，因此，每一条连接将一个买家或者一个卖家和一个贸易商联系起来。图形左边的圆圈节点代表卖家，中间的方框节点代表贸易商等中介机构，右边的圆圈节点代表买家。商品对买卖双方的价值在节点边上用一个价值列刻度。

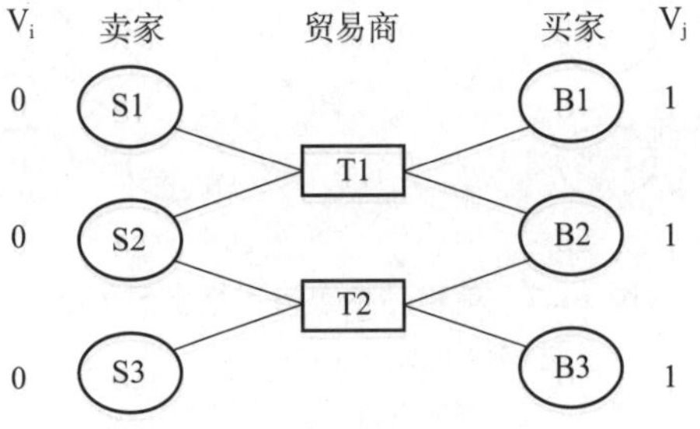

图 14.8　中介网络的标准描绘方式

和上一节匹配市场网络模型相比，这类网络图形除了中介的存在，还有一些不同的地方。第一，我们假定买家对商品有着相同的价值评价，匹配市场上我们允许买家对商品有着不同的评价。当然，我们可以将中介网络进行扩展，描述买家对商品有着不同评价的情况；这样分析起来会比较复杂，但是模型的基本结构和分析的结果不会有太大的变化。第二，中介网络的结构是固定的，外生的。比如农产品交易网络中，地理位置的差异决定了网络的结构，而股票市场的交易网络中，参与交易的资质和权限决定了网络的结构。在匹配市场中，我们也是首先引入了一种固定的网络，但后来我们重点在由买方价值评价内生决定的首选卖家图形上分析价格运行机制。

商品在买卖双方之间的流动由这样一种博弈决定：贸易商首先设置价格，再由卖家和买家做出各自的决策。我们定义贸易商 t 对每一个与之相连的卖家 i 提供一个买入价，记为 b_{ti}；贸易商 t 对每一个与之相连的买家 j 提供一个卖出价，记为 a_{tj}。图 14.9（a）中，该图为图 14.8 上的每一条连接添加一个数字，代表贸易商对买卖双方提供的报价。贸易商设定价格之后，每一个买家和卖家最多选择一个贸易商进行交易，这样就产生了商品的流动，图 14.9（b）中描述了在图 14.9（a）那样的价格设置前提下的商品流动形式。我们用带箭头加粗的连接表示存在商品流动的连接。

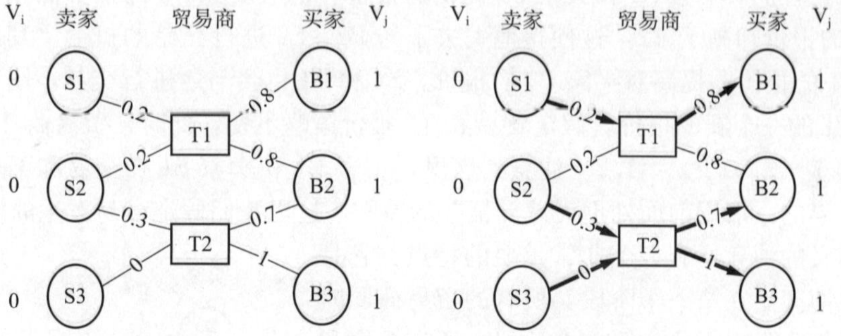

（a）价格　　（b）商品流动

图 14.9　价格设置与商品流动

由于我们假定每个卖家只有一单位商品待售，每个买家愿意购买最多一单位的商品，网络中每个连接最多有一单位商品的流动。另一方面，虽然我们对每个交易商的交易数量没有限制，但是，我们要求每个交易商的买入数量和卖出数量是相同的，也就是交易商的价格设置要使得接受其报价的买方数量和卖方数量相同。这里，我们可以假定如果贸易商无法实现买卖数量的相等会遭受很大的损失。最后，观察图 14.9（b），可以看到，虽然贸易商买入报价和卖家 S3 的价值相同，卖家 S3 依然选择接受报价；同样，虽然贸易商 T2 卖出报价和买家 B3 的价值相同，买家 B3 也选择接受报价。事实上，买家 B3 和卖家 S3 在接受和拒绝贸易商报价之间是无差异的。在这类模型中，我们假定如果买家和卖家在接受和拒绝报价之间是无差异，那么任何一种情况都是有可能发生的。在大多数市场模型中，找到处理无差异的方式都是非常重要的，因为大量交易都是在个体意愿边界上成交的。还有一种处理无差异的方式就是假定一个超出或低于边界值的很小的数值存在，使得交易在接近临界值处发生，比如在图 14.9（b）中我们假定贸易商对 S3 的买入报价为 0.001，对 B3 的卖出价为 0.999，这样 S3，B3 都会接受报价，我们可以把买入价和卖出价近似地看作 0 和 1。在这里，这种处理无差异的方式让我们的模型显得非常简洁。

分析一个博弈需要明确参与人的战略和支付，这里我们已经讨论了参与人的战略：贸易商的战略是选择买入价格和卖出价格，买家和卖家的战略是选择一个贸易商进行交易或则不参加交易。根据他们的战略，我们可以定义各个参与人的支付。贸易商的支付是从他参与的交易中获得的利润，等于他参与的交易中的买方报价之和减去卖方报价之和，同样，这里我们假定贸易商选择的进行交易的买卖双方数量相同。对于一个卖家 i，选择贸易商 t 进行交易的支付为 b_{ti}，不进行交易的支付为 V_i。第一种情况，卖家获得了的收入 b_{ti}，而在后一种情况，他自己保留商品，对他的价值为 V_i。这里我们假定商品对所有卖家来说价值 V_i 为 0. 对于一个买家 j，与贸易商 t 进行交易的支付为 $V_j - a_{tj}$，不进行交易的支付为 0. 对于前者，买家获得了商品却付出了 a_{tj} 单位的成本。以图 14.9（b）所描绘的价格设置和商品流动情况为例，第一个贸易商 T1 的支付为 0.8－0.2＝0.6，第二个贸易商 T2 的支付为（0.7＋1－0.3）＝1.4；三个卖家 S1、S2、S3 的支付分别为 0.2、0.3、0；三个买家 B1、B2、B3 的支付分别为 1－0.8＝0.2，1－0.7＝0.3 和 1－1＝0.

让我们回到图 14.9（b）两个贸易商的战略上。可以看出，贸易商 T1 做了几个不好的决策。首先看他对卖家 S2 和买家 B2 提供的报价，他对卖家 S2 的报价低于贸易商 T2，对买家 B2 的报价却高于 T2，这使得他失去了与 B2，S2 进行交易的机会。其次，适当降低对卖家 S1 的报价并提高对买家 B1 的报价，S1 和 B1 也会与之进行交易。图 14.10 描绘了贸易商 T1 的一个新的报价，假定贸易商 T2 报价策略不变，此时，贸易商 T1 的支付增加到（1＋0.6－0－0.4）＝1.2。注意到这里，买家 B1 和卖家 S1 在交易和不交易之间的支付是无差异的。沿用前面处理无差异情况的原则，这里我们假定交易发生的情况出现。

我们定义的博弈还有一个非常重要的特点：它是一个两阶段博弈。在第一个阶段，所有的贸易商同时选择买入报价和卖出报价；第二个阶段，所有买家和卖家做出交易决策。我们知道两阶段博弈的均衡结果不是简单的纳什均衡解而是子博弈精炼纳什均衡。但是，这里我们的这个两阶段博弈非常简单，尤其是第二个阶段：对每个卖家和买家来说，最优战略就是同提供最优报价的贸易商进行交易。因此这里通过寻找贸易商的纳什均衡解，就可以求解这个博弈的均衡。

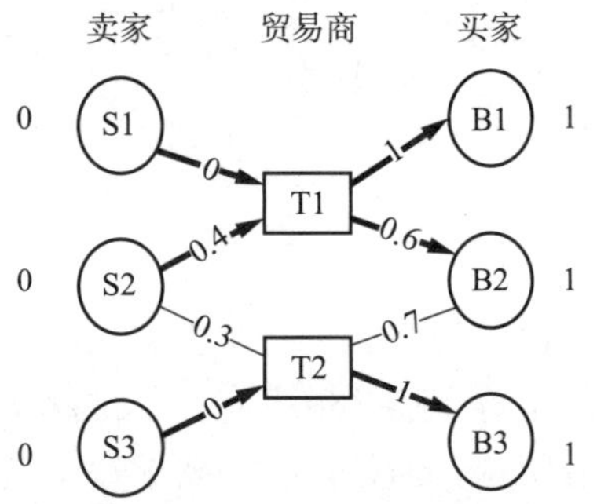

图 14.10　新的价格设置与商品流动

那么参与人，尤其是贸易商的最优战略是什么呢，博弈的均衡结果又是什么样的呢？为了更好地分析参与人的最优战略和博弈的均衡结果，我们首先将网络分解为两个简单的模块，对应中介网络中两种最基本的结构：垄断结构和完全竞争结构。垄断结构指的是买卖双方只能和一个贸易商进行交易的结构；完全竞争结构指的是买卖双方可以和多个贸易商进行交易的结构。进而，分析垄断结构和完全竞争结构下，中介交易网络的均衡问题。然后，我们一步步地构建前面提到复杂网络，从而分析任意中介网络结构下的均衡问题。在分析中，我们会看到网络结构和交易的可能性显著影响市场参与者的地位。

垄断结构中，买卖双方只能和一个贸易商进行交易，如图 14.11 所示。这里我们有一个对商品价值评价为 0 的卖家和一个价值评价为 1 的买家及一个贸易商。在这个网络的图形中，贸易商处于垄断地位，唯一的均衡是贸易商设置 0 的买入报价和 1 的卖出报价，买卖双方接受报价，实现商品从卖家到贸易商到买家的流动。这里，我们沿用了我们处理无差异情形的原则。

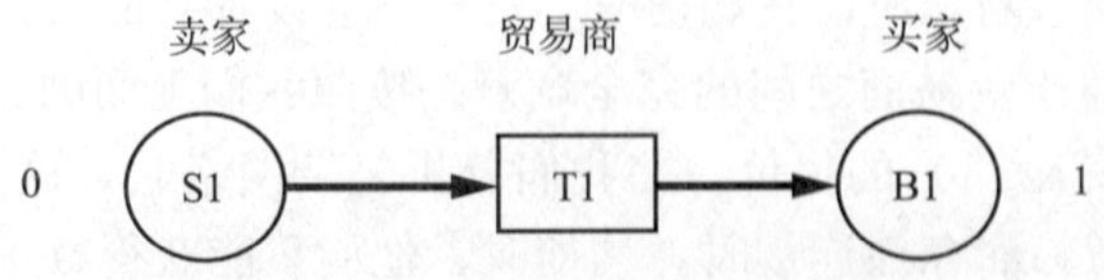

图 8.11　一个垄断结构交易网络图形

完全竞争网络结构中，买卖双方可以和多个贸易商进行交易，如图 14.12 所示。贸易商 T1 和贸易商 T2 在买入卖家 S1 的商品卖给买家 B1 的过程中存在竞争，那么此时，贸易商 T1 和 T2 的最优战略和博弈的均衡结构是什么呢？假定贸易商 T1 获得了这个交易机会并且获得了一个正的支付：比如买入价为 a，卖出价为 b，a>b。但是此时，贸易商 T2 由于没有参与这个交易，他的支付为 0，显然此时，他的战略不是他的最优战略，因为，只要他设置一个稍微高于 a 的买入价和一个稍微低于 b 的卖出价，那么他就能从贸易商 T1 手中夺过这个交易机会并获得一个高于 0 的正的支付。

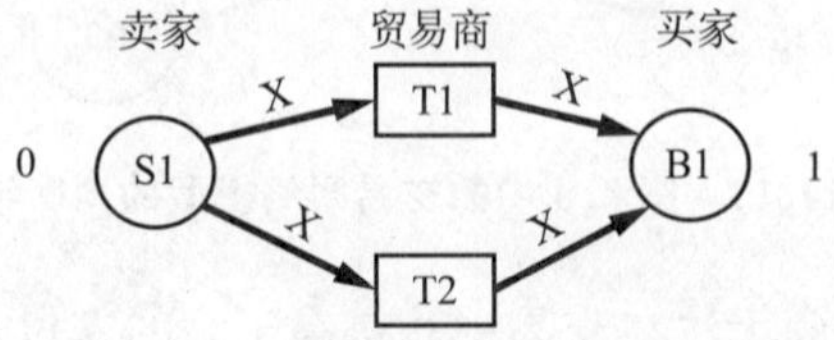

图 14.12　一个完全竞争结构交易网络图形

因此，在博弈均衡时，若想获得交易机会，任何贸易商必须设置相同的买入和卖出报价，获得 0 的支付。假定贸易商 T1 进行这项交易，他必须设置相同的买入报价和卖出报价 x。这里，我们沿用我们处理无差异的原则假定交易发生。那么，均衡时没有获得交易机会的贸易商 T2 的战略是什么样的呢？由于 T2 没有获得交易机会，而且不存在贸易商买入商品却不卖出的情况。所以贸易商 T2 的卖出报价 a≤x，买入报价 b≥x。但是，如果 a，b 不相同，a>b 的话，那么贸易商 T1 就可以适度提高卖出报价，降低买入报价，当然严格位于 a 与 b 之间，这时，贸易商 T1 仍获得交易机会，并且得到高于 0 的支付。所以在均衡时，贸易商 T2 的买入报价 b 和卖出报价 a 也相同，而且都为 x。也就是说在均衡时，贸易商 T1 和贸易商 T2 的买入报价和卖出报价相同，都为 x，我们假定其中的一个贸易商 T1 获得了这个交易机会，这里我们第二次运用了无差异情形的处理原则。

那么均衡时，x 的值是一个什么样的呢？显然，它应该处于 0 和 1 之间，否则，要么没有买家愿意购买，要么没有卖家愿意出售。事实上，这个［0，1］区间是我们对 x 所有的了解。虽然，贸易商在完全竞争结构网络中获得的支付为 0，但是其价格设置 x 的值却使得买卖双方获得不同的支付。如果 x 为 0，那么买方获得了全部的支付；如果 x 为 1，那么卖方获得了全部的支付；如果价格为 0.5，那么买卖双方平分了交易中的全部支付。最终均衡时的价格只能从交易网络外部寻找答案，网络博弈本身只能确定均衡结果的范围。

在分析了图 14.11 和图 14.12 两种基本模块的均衡问题后，我们可以进一步的分析前面提到的复杂网络的情形，我们用图 14.13 来为大家展示。卖家 S1 和 S3，买家 B1 和 B3

的交易被各自的贸易商垄断，所以在均衡时，贸易商会设置 0 的买入价和 1 的卖出价。卖家 S2 和买家 B2 将受益于贸易商之间的完全竞争。按照我们上面的分析，贸易商 T1 和 T2 将会设置相同的 x（0⩽x⩽1）的报价。在我们分析复杂网络时，这种方法同样是适用的。当买卖双方和唯一的贸易商存在连接时，均衡时，他们只能获得 0 的支付，因为贸易商处于垄断地位，可以将买入报价和卖出报价设置为比较极端的情形。另一方面，当两个贸易商都同相同的卖家和买家存在连接时，竞争使得他们在贸易中都无法获得高于 0 的支付。

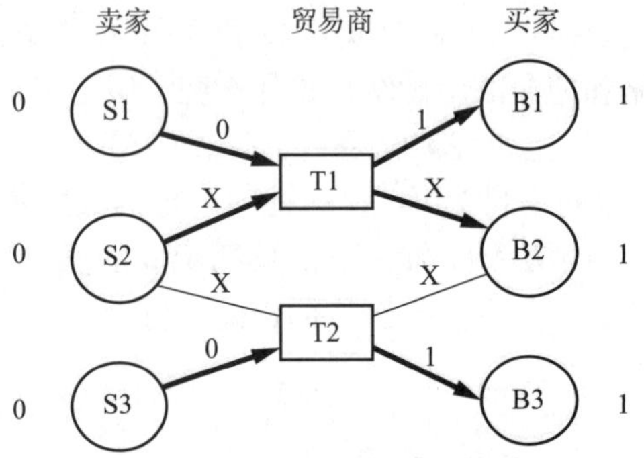

图 14.13　图 8.8 中的交易网络模型的均衡结果

上面的案例表明，贸易商无法在交易中获得高于 0 的支付是因为存在另一个贸易商的竞争。但是，还有一种网络结构，虽然不存在贸易商之间的直接竞争，贸易商仍然无法获得高于 0 的支付，我们称之为隐式完全竞争。

图 14.14 所示的网络中任何两个贸易商都不存在交易机会的直接竞争，但是在均衡时，所有贸易商只能设置相同的买入和卖出报价 x。这个纳什均衡的求解过程比较复杂，我们可以反过来看，在这样的一种价格设置情况下，任何贸易商偏离 x 的价格设置都是不明智的，相同的价格设置是给定其他参与人价格设置情况下的纳什均衡解。

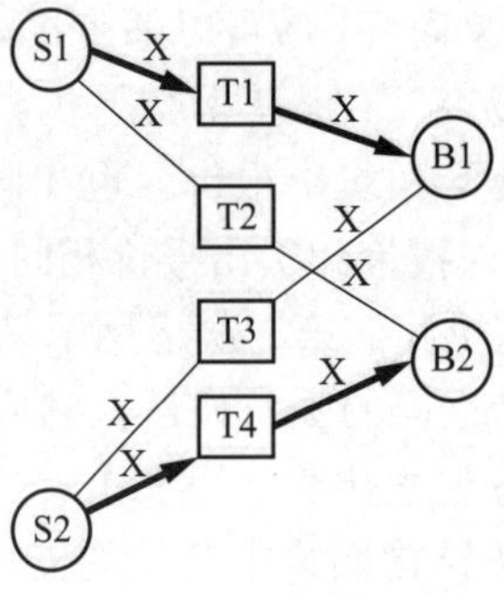

图 14.14　隐式完全竞争

二、中介网络均衡的应用：拍卖问题和涟漪效应

中介网络模型可以帮助我们很好地理解许多问题，这里我们为大家介绍对两个不同的问题的分析。第一，我们将从中介网络均衡的角度分析单物品的英式拍卖（价高者得）问

题；第二，我们将为大家展示网络结构的微小变动是如何带动整个网络节点的连锁反应的。

图 14.15 是我们用中介网络描绘的单物品拍卖问题。假设唯一的卖家 S1 有一件商品待售，四个潜在的买家对这个物品的价值评价分别为 w、x、y、z，假设 w>x>y>z。这里我们以四个买家为例进行介绍，当然，我们可以将模型扩展到任意数量买家。为了与中介交易网络模型保持一致，我们假定每一个买家都有一个不同的贸易商作为代理人，这样我们就有了如图 14.15（a）所示的网络图形。

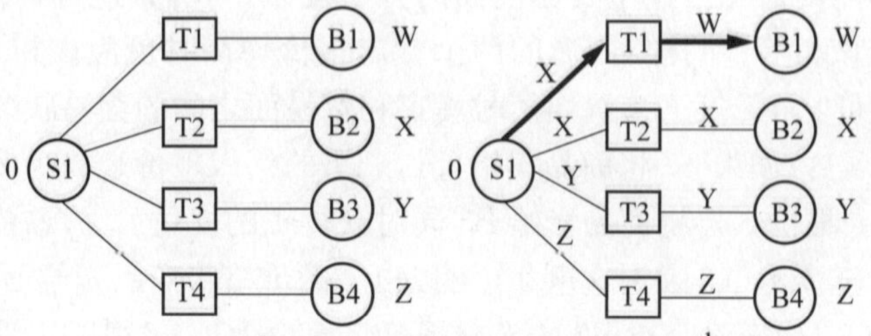

图 14.15 单物品拍卖与交易网络均衡

接下来，我们分析一下这个网络的均衡结果。贸易商 T1 能够提供高于其他所有贸易商的买入报价，因为他有能力将物品以最高 w 的价格卖给买家 B，而他只需提供 x 的买入报价就可以获得这个交易机会，这里我们利用了无差异原则。最终，博弈的均衡结果为贸易商 T1 以 x 的买入价格购入卖家 S1 的物品，然后以 w 的卖出价格售予买家 B1. 这里我们的得到的均衡结果和单物品英式拍卖的结果是一致的，对物品价值评价最高的买家获得物品，支付价格等于价值评价第二高的买家的价值。

我们的交易网络模型还可以帮助我们理解网络结构的微小变化是如何引起网络中各个节点支付的变化的。我们将看到对紧密连接的中介交易网络的微小冲击能够对整个网络产生深远的影响，类似于蝴蝶效应，我们称之为“涟漪效应”。观察图 14.16 的两个网络模型：第二个网络模型与第一个网络模型相比，只是在 S2 和 T2 之间增加了一个连接。我们首先分析这两个网络模型的均衡结果，然后考察它们之间的区别。

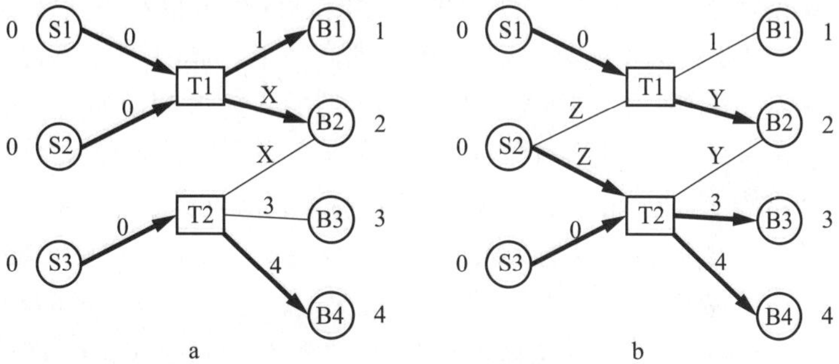

图 14.16 涟漪效应

在图 14.16（a）中，除了买家 B2，所有的买家和卖家都处于被垄断的地位，因此，均衡时他们的支付都为 0；我们沿用处理无差异情形的原则，假定 B1 和 B4 进行交易，而 B3 不发生交易。需要进一步分析的是两个贸易商对买家 B2 的卖出报价。均衡时，这两个卖出报价应该相等，假定为 x（$0 \leqslant x \leqslant 1$）。运用无差异原则，假定买家 B2 从贸易商 T1 处购买商品。注意这里，不可能出现买家 B2 从贸易商 T2 处购买商品的情形，因为买家 B2 最多能支付价格 2 给贸易商 T2，但贸易商 T2 有能力将商品卖到价格 4. 最终形成的均衡结果和商品流动形式如图 14.16（a）所示。

在图 14.16（b）中，增加了 S2 和 T2 之间的连接后，我们需要重新求解对 S2 和 B2 的均衡报价和商品流动情况。这里要比前面的分析复杂，我们分步求解。①对 S2 的两个买入报价均衡时应该相等；同样对 B2 的两个卖出报价均衡时也应该相等，记为相同的买入报价 z 和卖出报价 y。②接下来看均衡时卖家和贸易商之间的交易状况。均衡时 S2 会将产品卖给 T2 而非 T1：如果 S2 将商品卖给 T1，T1 的买入报价最高为 2，而 T2 完全可以支付超过 T1 的买入报价，再将商品卖给 B3 同时获得正的支付。③现在看卖出报价 y 值的范围。卖出报价 y 至少为 1，因为这里 T1 可以以 1 的价格将商品卖给 B1，而买家 B2 可以接受的报价最高为 2. 均衡时，对 B2 的卖出报价将至少为 1，否则 T1 没有动力与 B2 进行交易。同样，均衡时卖出报价 y 不会超过 2，否则，买家 B2 不会进行交易，T1 将丧失从买家 B2 处获得更高支付的机会。卖出报价 y 应该介于 1 和 2 之间。④再接下来看均衡时买家和贸易商的交易状况。我们已经论证 T2 会购买两单位的商品，因为他可以将商品以较高的价格卖给 B3 和 B4。因此，均衡时，T2 不会卖给 B2。因为卖出报价 y 至少为 1，所以均衡时，B2 将以介于 1 和 2 之间的价格从 T1 处获得商品。⑤最后，买入报价 z 值的范围是什么呢？它至少为 1，否则，T1 可以将 S2 的商品卖给 B1 获得正的支付。它不会超过 3，否则，T2 将不会从 S2 购买商品。买入报价 z 应该介于 1 和 3 之间。最终，我们分析的结果为：均衡时，买入报价 z 介于 1 和 3 之间，卖出报价 y 介于 1 和 2 之间，商品将从 S1 经 T1 流动到 B2，从 S2 和 S3 经 T2 流动到 B3 和 B4，如图 14.16（b）所示。

现在，我们进一步来看这两个网络模型。在图 14.16（a）中，贸易商 T2 能够将商品卖给许多迫切想得到商品的买家（他们对商品的价值评价非常高），但是他接触卖家的机会却很少。这类市场网络可以说存在限制商品流动的“瓶颈”。一旦 S2 和 T2 之间出现一个连接，网络结构变为图 14.16（b）所示的情形时，许多事情都发生了变化。首先，最明显的是，现在买家 B3 获得了商品，B1 却得不到商品了。此时，市场的瓶颈被打破，价值评价高的买家得到了购买商品的机会，价值评价低的买家失却了购买商品的机会。对于买家 B1 来说，这是一个“非邻近”效应：两个节点之间形成连接使他失去了获得商品的机会，而这两个节点没有一个和他相邻（存在连接）。其次，卖家 S2 现在处于一个非常有利的地位，因为此时，贸易商对其的买入报价 z 至少为 1。再次，均衡时贸易商对 B2 的卖出报价从区间 [0, 2] 减小为 [1, 2]。在某些情况，在连接形成之前的均衡中对买家 B2 的卖出报价 $x<1$，连接形成之后的均衡中对买家 B2 的卖出报价 $y \geqslant 1$. 这种情况下，我们可以说，买家 B2 在第一种情况下受益于卖家的弱势地位，但是当 S2 和 T2 之间形成连接时，这种受益就不复存在了。

虽然这个例子非常简单，但是已经向我们展示了网络结构变动对市场瓶颈和商品流动情况影响的复杂性。进一步扩展我们的模型，我们将看到，网络结构的微小变动对整个网络产生的连锁反应和深远影响。这种论证方式同样可以用于分析另一类非常有趣的问题：网络将被视为具有可塑性而且处在市场参与者的部分控制之下。以上面的例子为例，我们不禁要问 S2 和 T2 需要付出多大的代价才能在两者之间形成连接，使得网络结构从图 14.16（a）变为图 14.16（b）所示的情形呢？各个节点对这些连接的形成的成本和效益评价如何等等？感兴趣的读者可以去阅读相关的文献。

三、社会福利和贸易商的支付

在分析交易网络模型时，我们不仅关注其均衡结果，也想知道这种均衡结果是否是社会最优的，也就是说，这种均衡结果是否实现了所有市场参与者的支付和社会福利最大化。

在中介网络中，商品从卖家 i 到买家 j 为社会福利带来了 V_j-V_i 的增加值。这是买家 j 的价值评价超过卖家 i 的部分，在这个过程中支付的货币只是帮助实现商品从卖家到买家的流动，对社会整体支付没有影响。具体来说，如果商品通过贸易商 T 进行交易，贸易商 T 为卖家 i 提供 b_{ti} 的买入报价，为买家 j 提供 a_{tj} 的卖出报价，那么这个交易中卖家 i、买家 j 和贸易商 T 的支付之和为：

$$(b_{ti}-V_i)+(a_{tj}-b_{ti})+(V_j-a_{tj})=V_j-V_i。$$

因此，一个交易网络的社会福利就是所有交易实现的从卖家 i 到买家 j 的价值增加值 V_j-V_i 之和。这从道理上也是很容易理解的，因为本身社会福利反映的就是商品从原所有者到新所有者所带来的满足感的变动情况。

从涟漪效应中可以看出，社会福利的最大值，不仅取决于买卖双方的价值评价，网络结构同样非常重要。那些紧密连接的网络有利于商品流动，创造了较高的社会福利；而那些连接比较稀疏的网络，由于存在市场瓶颈等限制商品流动的结构，社会福利要小一些。以图 14.16 为例，图 14.16（a）的交易网络带来的社会福利为 $1+2+4=7$，这里无法将商品卖给价值评价最高的两个买家 B3 和 B4。然而，当 S2 和 T2 之间形成连接之后，这两个买家能够获得商品了，整个交易网络带来的社会福利增加到 $2+3+4=9$。简单的例子说明了紧密连接的网络对社会整体福利的重要性。

现在，我们看均衡时社会福利（社会总支付）在买卖双方和贸易商之间的分配状况。上面的分析中我们看到，随着网络结构紧密程度的提高，单个贸易商的地位在下降，支付在减少。这也引出了网络结构模型的一个基本问题：完全竞争模型的结构基础是什么呢？到底是什么特性使得贸易商能够获得正的支付，什么又使其只能获得 0 的支付？我们知道，贸易商若想获得一个正的支付，那么他在交易中网络中必须是“非常重要的”。如果存在其他的贸易商可以替代他的角色，即使在隐性完全竞争的网络结构中，贸易商也很难获得正的支付，如图 14.14 所示的情况。事实上，这种“重要”原则是非常关键的。但是，节点“重要”与否并不是显而易见的，这里，我们首先介绍两个非常有启发性的案例。

以图 14.17 为例，任意 x 的值都能实现网络的均衡，贸易商 T2、T4 没有获得交易机会但是锁定了 x 的值。当 $x=1$ 时，贸易商 T1、T5 能够获得正的支付，而当 $x=0$ 时，只有贸易商 T3 能够获得正的支付。进一步讲，虽然所有的均衡结果都能实现商品从卖家到买家的流动，社会福利也达到最大值3，但是，社会福利在买卖双方之间的分配却是不一样的，贸易商得到的福利（x－0＋1－x＋x－0＝1＋x）在1到2之间变动。

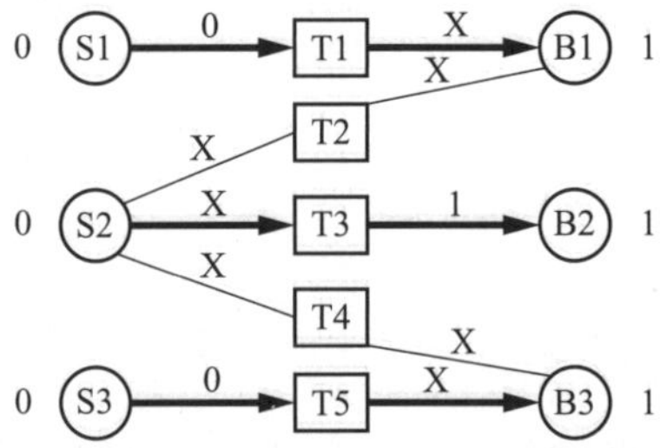

图 14.17　均衡结果与贸易的支付

第二个例子如图14.18所示，相比来说，和我们的直观观察不太相符。这里贸易商T1，T2相对于他们各自的卖家都处于垄断地位，但是均衡时，他们获得的支付都为0。我们看这个网络模型的均衡状况，所有可能的均衡结果应该如图14.18右面两个图形所示，贸易商对卖家的报价为0，对买家的报价应该相等。进一步，如果任何一个贸易商获得了正的支付，x或y大于0，失去交易机会的贸易商可以适当降低卖出报价重新夺回交易机会。因此，最终均衡时，贸易商不但对卖家的报价为0，对买家的报价同样为0，没有任何一个贸易商能够获得正的支付。

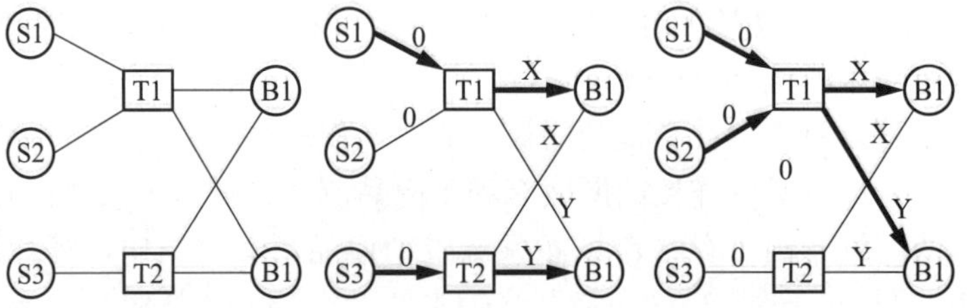

图 14.18　贸易商具有垄断力量却不“重要”的情形

这里还有一个反直觉的现象：贸易商T2只具有进行一个交易（将卖家S3的商品卖出）的条件，T1具有进行两个交易的条件，但是在均衡时T1只能获得0的支付。这里类似于一个小的贸易商同一个大的贸易商竞争的情形。虽然小贸易商不具有大贸易商进行大量的交易的能力，但是他的存在作为一种威胁起到了竞争的效果。

看完这些例子之后，我们回到我们的问题上：给定网络结构，什么样的情况下贸易商能够获得正的支付？这里我们引入重要连接的概念。假定，均衡时贸易商T同某个卖家或者买家存在一个连接e，如果去掉这个连接e，社会最优的福利状况会降低，那么，我们说连接e是贸易商T的重要连接。如果网络中贸易商T拥有重要连接，他在网络中就具有重要地位并能够获得正的支付。图14.11和图14.13中每个贸易商都有一个这样的重要连接，使得他们能够获得正的支付，而图14.12和图14.14中没有贸易商拥有这样的重要连接也没有贸易商能够获得正的支付。这种重要连接条件相比垄断力量更加具有解释力。在图14.18中，虽然去掉T1，社会福利状况会降低，T1在网络中处于非常有利的地位，但是 T1 并不存在一个连接，失去它会降低社会福利状况，所以，我么看到，T1 并没有因为他垄断的有利地位获得正的支付。

最后，让我们再来看一下我们对中介交易网络模型的分析同本章开始提到的市场（金融市场和发展中国家的农产品交易市场）的关系。我们构建的交易网络模型包含了这类市场的重要特征，但是也忽略了其他的一些特征。我们的交易网络模型反映了中介交易的局限性和交易的可行性，交易网络的均衡结果反映了市场报价的弹性。同实际的中介市场一样，我们的模型中商品流动的情况和中介的支付受到市场竞争形式的影响。但是，我们的中介模型没有去考虑买卖双方的价值评价的产生和变化以及他们的信息结构等问题，这些都是我们需要进一步研究的内容。

第三节　网络中的讨价还价与能力

我们在分析网络中的经济行为时，注重考察节点在网络中的位置是如何影响其能力的。我们能够对价格和能力做出具体的预测，但是在一些情况下，我们的分析只能得到一种可能性的范围。比如，在贸易商完全竞争网络结构中，我们可以证明所有贸易商都只能获得 0 的支付，但是对于卖家和买家之间的支付分配情况我们却无法具体确定。这类似于博弈论中的一个经典问题：当博弈中存在不止一个纳什均衡时，不同的纳什均衡对各个参与人来说是不一样的，需要额外的信息才能确定到底哪种纳什均衡最终会出现。

这一节，我们将通过网络中"能力"的视角来缩小我们对不同结果的预测，确定最可能出现的结果。这种视角主要来自社会学领域的研究，不仅可以帮助我们理解经济行为，对于理解一些社会规则也是非常有帮助。我们首先归纳一些基本原则来分析节点在网络中的位置是如何影响其能力的。然后，通过简单的数学模型来预测节点的能力和能力的强弱程度并将其运用到任意网络模型中。

一、社会网络中的能力

能力的概念是社会学中非常核心的主题。在社会学中，能力不只是个体在经济、法律、政治等领域拥有的天赋，更大程度上是个体在社会关系中的地位。在一个人与人之间相互连接形成的巨大的社会网络中，能力更多地表现为在个体之间的关系。社会学研究中，一个基本的主题是假定两个个体之间的社会关系能够给双方都带来价值。这里，我们对价值的概念模糊处理，因为明确价值的具体概念要根据研究的问题而定：在经济领域中，价值可以是两个人之间的合作带来的收入；在政治领域中，价值可以是两个人相互利用得到的好处；在朋友关系中，价值可以是两个人从中得到的社会和心理满足等等。在这些例子中，价值在双方之间可能平均分配也可能分配不均。比如，在经济合作中，一方可能获得一半以上的利润；在朋友关系中，一方可能处于中心地位，更加强势等等。这种价值在双方之间的分配可以看作是一种社会分配，能力就是对应于这种价值分配的不平衡(unbalance)，比如高能力一方获得更多的价值。

在一些简单情况中，这种分配的不平衡主要源于个体间特性的差距，在更多的情况下，尤其是在大的社会网络中，一个个体表现的更强势可能是因为他在网络中处于更有利的地位，有更多的机会获得其他相同的社会关系。这种关系的不平衡就超越了个体的特性而更多基于对网络结构的考察。不平衡性和能力源自于社会网络结构的思路伴随着社会学中网络分配理论得到了深入的研究。

我们有用一个简单的例子来介绍这个问题。考虑5个朋友组成的网络图形，如图14.19所示，用连接表示两者之间存在较强的朋友关系。从直观上看，节点B在网络中处于非常有利的地位，尤其是相对于其中的两个朋友A和C。那么，哪些原则可以帮助我们得到这个结论呢？这里我们列举几个主要原则：

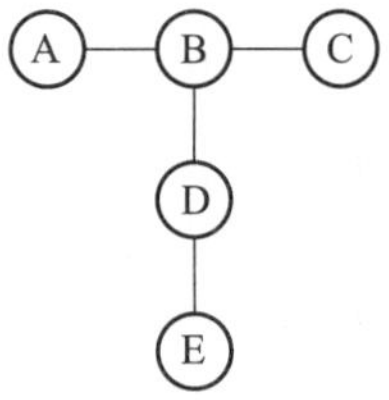

图14.19　一个简单的朋友关系网络

1. 依赖性。前面提到社会关系具有价值，节点A和C完全依赖于节点B才能产生这种价值，反过来节点B却拥有较多的选择。

2. 排除性。类似于第一条，节点B有能力排除A或者C。尤其是假定我们要求每个人选择一个最好的朋友，B具有单方面排除掉A和C中的一个的能力。（注意这里，B对于D不具有这种能力）

3. 满足感。这个概念源自心理学，具有边际递减的特点。同样假定社会关系具有价值，B能够获得高于其他人的价值，从而得到满足，同时，在连接数量的增多时，只有获得更高的分配比例他才有动力去维持。

4. 中间性。假定不只单个连接能够产生价值，路径更能够产生价值，那么就有中间性的问题了。假设一个节点位于较多的路径上（尤其是节点间的最短路径），那么它拥有更高的中间性。在这个例子中，B拥有更高的中间性，因为它是网络中许多节点之间路径的必经之路，这种某种程度上就是能力。从更高的层面看，中间性是寻找网络中心的中心测量的一个简单应用。不过，在以后的分析中，我们会发现，中间性原则在一些情况下并不能很好地区分网络中节点能力的大小。

二、网络中的能力和网络分配的实验研究

虽然上面提到的这些原则在许多情况下非常有解释力，但是在大多数现实环境中，我们无法定量地分析这些原则。因此，研究人员转向实验室，要求测试主体在可控的环境下进行标准形式的社会分配实验。这种研究方式在网络分配理论中得到广泛的应用，许多团队都做过相关的研究。这种实验最基本的观念是社会价值的概念。在实验中，社会关系创造的价值用一定数量的金钱表示，参与者可以进行分配。当然，这并不意味着个体只关注金钱的数量，我们将会看到，即使在实验室环境中，个体依然关注社会关系的其他方面，比如分配的公平性等。

虽然具体的实验各有不同，但大体上都是这样的：测试人员根据代表社会网络的简单图形占据各个节点；每个连接上都有固定数量的金钱；连接两端的测试人员可以协商（谈判，讨价还价）分配连接上的金钱。需要强调的是，最终，每个测试人员最多只能同一个与他相连的测试人员分配他们之间的连接上的金钱。因此，测试人员不仅要关注分得的份

额，还要考虑如何选择最有利的分配方问题。实验将重复多次，参与人可以重复进行分配。最终，我们观察经过多轮实验之后的分配结果。

这里，我们结合具体的例子详细地介绍一下其实施过程。

1. 选择一个小的图形（比如图 14.19），选择不同的实验测试人员代表各个节点。每个人都坐在电脑旁边可以和代表与其相连节点的测试人员进行即时通信。

2. 每个连接代表的社会关系可以用固定数量的金钱表示，比如1美元，连接两端的测试人员可以进行分配。这个分配相等或者不相等可以看作是连接所代表的社会关系的非对称性程度和节点能力的强弱之分。

3. 每个节点可以进行分配的对象是有限的。最普遍的情况下，假定每个节点每次只能和一个相连的节点进行分配，称为“1 人分配原则”。这样，在图 14.19 中，节点 B 每次只能和三个相连节点中的一个进行分配。

4. 现在看每条连接上金钱的分配方法。节点可以同时与其相连的节点进行分配协商，达成分配协议。节点间的协商有时间限制，而且，一旦一对节点达成分配协议，他们不能再与其他节点进行分配。

5. 实验重复进行多轮。每一轮中，测试人员和图形都是固定的。在每一轮的开始，在每个连接上放上同样的钱。实验重复进行多轮，允许节点间进行多次的博弈。我们最终观察多轮之后的分配情况。

这样，连接上的“社会价值”可以具体描绘：价值用金钱来代替，人们协商如何分配金钱。除非明确指出，我们沿用“1 人分配原则”，这一原则保证每个节点每次只试图保持一个最优社会关系，并谋求在这一关系中获得合理的分配。这个实验方法还可以进行多种扩展，一个有趣的考察是按参与者信息结构进行区分。参与者拥有完全信息指可以同时观察网络中每条连接上的价值分配形式，不完全信息指参与人只能了解他本身参与的连接上的价值分配形式。大量的研究结果表明，这种信息结构并不会对实验结果产生太大的影响。

接下来，我们开始讨论在比较简单的模型上进行分配实验的可能结果。我们将会看到，实验结果通常在直观上非常合理，而且相对比较稳定，进一步，我们可以论证决定节点在网络中的能力大小的原则。

图 8.20 是这类实验中用到的四种最基本的网络模型：长度分别为 1、2、3、4 的简单路径。尽管非常简单，却值得我们仔细分析。

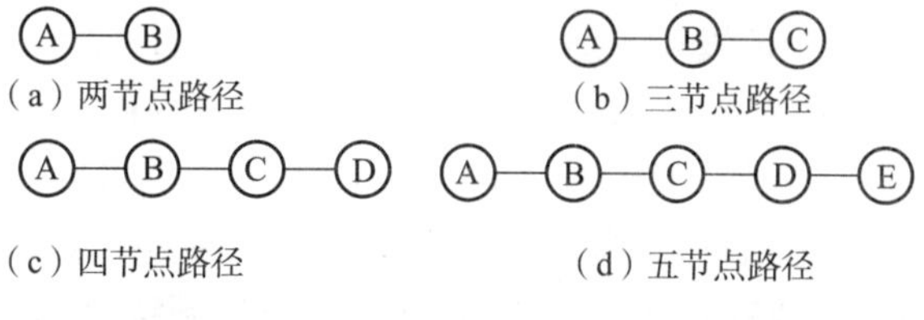

图 14.20　四种基本的网络分配实验模型

两节点路径（2－Node Path）。两节点路径非常简单：两个人在固定的时间内协商分配 1 美元。在博弈论领域内，对于双方支付严格负相关的背景下进行协商谈判时的均衡问题进行过大量的研究。通常，理论上最合理的分配结果是$\frac{1}{2}-\frac{1}{2}$的分配形式。网络分配实验中结果同样接近于这个比例。

三节点路径（3—Node Path）。对于三节点路径，直观上看，节点B在网络中的能力要高于节点A和C。比如，节点B可以威胁节点A他将选择节点C进行合作，而节点A又没有其他的备选项。在节点B与节点C的协商中也可以对节点C进行同样的威胁。在每一轮中，节点A和节点C中至少一个会被排除在分配之外。在实验研究中，人们发现，被排除在外的参与人通常会在下一轮提出更低的分配比例以获得分配的机会。这样，最终，A和C不断地被排除在外使得B能够得到几乎全部的钱（最近的一次实验表明B大约能得到5/6的比例）。

四节点路径（4—Node Path）。和前两个图形相比，四节点路径要比较微妙一些。四节点网络中，最终可能每个节点都能参与分配，节点A和B，节点C和D分别进行分配；也可能节点B和C进行分配，而节点A和D被排除在外。这样，B在能力上应该高于A，但是和三节点路径相比，这是一个“弱优势”。在三节点路径中，B可以排除掉A同C进行分配，C没有其他可选项。在四节点路径中，如果B排除了A，那么他必须做出很大的牺牲才能和C进行分配，因为C已经存在一个非常有利的选择项D。换句话说，B不与A进行分配的威胁在实际执行时代价很高。实验结果表明，B的这种“弱优势”通常使其只能获得7/12到2/3之间的分配比例。

五节点路径（5—Node Path）。五节点路径的实验结果更为微妙：节点C，虽然直观上看处于网络的“中心”位置，但在“1人分配原则”实验中处于劣势。这主要是因为C只能同B和D进行分配，而B和D都有着非常有吸引力的备选项。这样C和A、E被排除在分配之外的概率是一样的。在具体的实验中，C的情况要比A和E稍微好一些，但是不会好很多。这里，5节点路径表明简单的中间性原则在判断网络节点的能力时并不通用。当然，C这种劣势主要由于我们采用了“1人分配原则”。假设，我们规定，A、C、E每次只能参与1个分配，而B和D每次可以参与2个分配。此时，B和D需要C来充分利用他们各自的分配机会，C就有了排除某个分配对象的能力。

还有许多网络模型被用来进行过实验研究，我们可以运用上面四种网络结果来分析这些网络，比如图14.19的网络，网络分配理论家进行过许多研究。因为B有能力同时排除掉A和C，通常他能获得较高的分配比例。而这两个可选项的存在使得B和D很少进行分配，结果D除了E没有实际的可选项，D和E的分配往往非常平均。这些观察在实验中都得到了有效地证实。还有一个被广泛研究的网络称为“船首图形”，如图14.21所示。这里，通常结果为C和D进行分配而B和A进行分配。节点B在这个网络中的位置和四节点路径网络中B的位置类似：在船首图形中，B对于A有着谈判能力上优势，但是这种优势是一种弱优势，因为如果不和A进行分配，B只能和C或者D进行分配，而C和D两者可以进行分配。实验研究结果表明，节点B在船首图形网络中的表现要比四节点路径网络中的表现好一些。这里，可以这样解释：四节点路径图形网络中，节点B对A的威胁是和

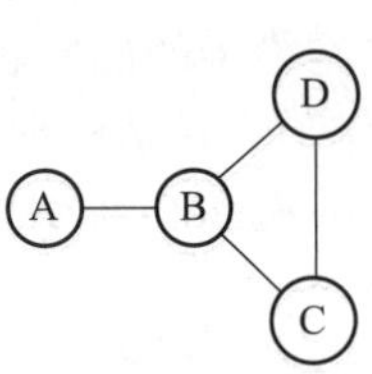

图14.21 船首图形网络

一个相对能力较强的节点C进行协商分配，而在船首图形网络中，节点B的威胁是和两个相对弱一些节点进行协商分配。

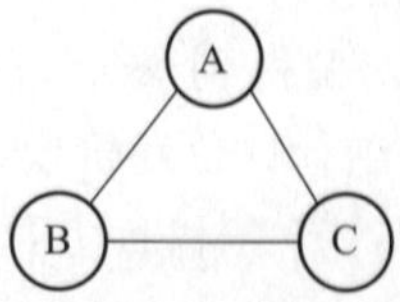

图 14.22　一个不稳定的分配网络

到目前为止，在我们所考察的网络模型中，参与人在限定时间内的协商分配最终都能产生一个相对一致的结果。但是也有一些网络，分配谈判的结果非常不稳定，各个参与人的支付也不好确定。我们看图 14.22 所示的网络图形：三个节点相互连接。可以想见，这个三角网络在实验中的运行结果是不确定的。每次只有一个分配进行，因此，当时间结束时，两个节点，假定为 A 和 B 可以进行分配，另外一个节点 C 将被排除在外。这样，下一轮，为了能够获得分配的机会，C 将愿意为 A 或者 B 提供一个较高的分配比例。假设，C 成功地获得了和 A 进行分配的机会，那么，下一轮 B 将会提供更高的分配比例给 A 或者 C 以获得分配机会。这个过程将会无限地重复下去：每轮都有一个节点被排除在外，下一轮会付出任何代价去获得分配机会，直到实验结束为止。在这样的情况下，最终的结果和各个节点的分配状况都是难以预测的。

三角网络和我们之前考察的网络的重要区别就在于在三角网络中不管我们假设哪两个节点进行分配，被排除在外的节点都有能力“挤进”新的分配中去。这使得网络模型无法获得一个稳定的结果。当然，应该注意到，在大的网络图形中，三角网络的存在并不一定会产生不稳定的结果，如图 14.21 中也包含一个三角网络，但是节点 A 的存在使得 AB 进行分配和 CD 进行分配的结果是一个非常强的稳定结果。

三、纳什讨价还价模型和最后通牒博弈模型

这样，我们讨论了网络分配实验领域的一系列网络，并分析了产生最终结果的一些非正式的理由。现在我们构建两个更为规范的数学模型来预测任意网络结构中的分配结果，进一步解释连接上价值分配平均或者不平均的原因，价值分配极端不平衡（三节点路径图形网络）和弱优势（四节点路径图形网络）产生的原因以及网络分配结果稳定和不稳定（如图 14.22 中三角图形网络）的原因等。虽然模型的理论基础非常简单，但是模型的解释力是非常强的。这两个模型建立在不同类型的两人互动基础之上。第一个，纳什讨价还价模型更符合数学上的偏好；第二个，最后通牒博弈，更符合人类实验的结果。

首先是纳什讨价还价模型，看一个简单的两人协商分配问题，假设在两节点 A 和 B 路径网络分配中协商分配 1 美元。现在，增加一个假设条件，我们假定 A 有 x 的外部选择，B 有 y 的外部选择。这意味着，如果 A 不满足他与 B 对 1 美元的分配结果，他可以选择不参与分配获得 x 美元的保留支付。同样，B 可以在任何时间选择不参与分配获得 y 美元的保留支付。可以想见，如果 $x+y>1$，那么 A、B 之间不可能达成双方都满意的分配结果。只有当 $x+y\leqslant 1$ 时，A、B 才有可能进行分配协商。因此，在分析两人协商问题时，我们要求 $x+y\leqslant 1$。

考虑到 A 希望在分配中至少获得 x，B 希望在分配中至少获得 y，协商问题的焦点就

是如何分配剩余的部分 s=1－x－y（s 至少为 0）。一个自然的预测就是如果 A 和 B 有着相同的谈判能力，他们将平均分配剩余的部分 s：A 得到 x＋0.5s，B 得到 y＋0.5s。这就是纳什讨价还价模型的均衡结果。纳什谈判解：当 A 和 B 协商分配 1 美元时，假设 A 的外部选择为 x，B 的外部选择为 y，x＋y≤1，那么纳什讨价还价模型的将果为：A 获得 x＋0.5s=0.5（x＋1－y）；B 获得 y＋0.5s=0.5（y＋1－x）.

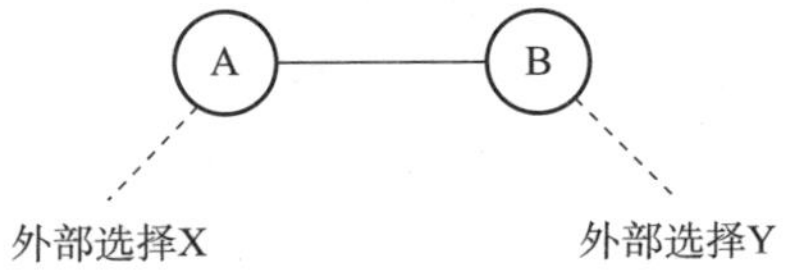

图 14.23　两节点不同外部选择下的讨价还价

在网络分配理论的相关研究中，这种分配结果有时也称为相互依存结果，因为，使得协商分配进行下去要求双方做出相同的让步。从更高的层面上看，纳什谈判的解强调了协商分配中的最重要的方面：在协商分配之前就要保证拥有较高的外部选择能力，这对于取得理想的结果是非常重要的。纳什谈判解是一个非常合理的预测结果，也符合实验研究的结论。

在人类实验中考察谈判问题时，我们一般假定两个人拥有相同的谈判能力。但是，这里我们有必要思考外部信息对谈判能力的影响。社会学家对虚假社会地位对谈判能力的影响进行过相关的实验研究。在这些实验中，两个人分配一些钱，同时让他们相信一个人地位高，另一个人地位低。比如，最近的一些研究中，两个人 A 和 B 都是大二的学生，但是，我们告诉 A，B 是一个成绩很差的高中生，告诉 B，A 是一个成绩非常好的研究生。这样，A 认为 B 地位较低，B 认为 A 地位较高。实验结果表明，这种对社会地位的不同信念对于分配结果有着显著影响，结果不同于纳什谈判解展示的结果。首先，每个参与人需要提交各自的外部选择情况。我们发现，当参与人认为对方社会地位较低时往往会夸大自己的外部选择，而参与人认为对方社会地位较高时倾向于降低自己的外部选择。对应的，当参与人认为对方社会地位较低时倾向于将对方的外部选择打折扣。换句话说，社会地位较低的参与人倾向于降低自己的外部选择，但是即使是这个降低了的外部选择也会被对方打折扣。总之，由于各种原因，被认为社会地位较高的参与人能够获得明显高于理论预测的谈判结果。这种身份效应对分配模型的研究是一个非常有趣的补充。但是，在构建最基本的网络模型时，我们一般将纳什谈判解作为一个基本结论，不去考虑谈判能力不对等的问题。

纳什讨价还价模型帮助我们理解两人协商分配的结果，其中，两人能力的差别来自于外部选择的不同。从原则上来看，这同样适用于非常极端地情况。以三节点路径网络分配问题为例，中间的节点拥有全部的谈判能力，因为，他可以将其他两个节点排除在分配之外。但是，在人类实验环境下，中间节点却不能将同伴份额一直降到 0 的程度，通常，我们看到的是类似于$\frac{5}{6}-\frac{1}{6}$的分配比例。是什么导致极端不平衡结果的范围被压缩呢？在人类分配实验中，研究者发现，处于绝对有利地位的参与人同样不愿看到这种不平衡结果出现。探索这个结果的一个最基本的实验方法叫作最后通牒博弈，它的运作形式如下。

类似于上一节讨价还价问题的框架，最后通牒博弈中，同样是两个人协商分配 1 美元钱，具体的程序却不同于前面的分析。①首先，将 1 美元给参与人 A，要求他提出一个和

B对这一美元钱的分配方法。也就是让他决定自己分得多少，B分得多少。②给B一个机会选择接受A的分配方案或者拒绝A的分配方案。③如果B接受，两个人按A的分配方案获得各自的比例。如果B拒绝，两个人都一无所获。而且，我们假定A和B在不同的房间内，只能通过即时通信工具进行交流。假定A和B在此之前互不相识，在此之后也不会再见面。所有这些就是要求这个博弈是一个一次性的互动过程。

设想，如果两个人严格偏好金钱最大化，他们的表现如何呢？很容易想到，对于B来说，只要在A提供的方案中，自己能获得正的支付，就接受该方案。考虑到B的这个偏好，A会给B一个尽可能少的钱以最大化自己的收益。最终，A获得无限接近1美元，B获得无限接近0美元的极端情况就会出现。这就是单纯谋求金钱最大化的个体博弈的结果：拥有绝对优势的一方给对方提供尽可能小的分配比例，处于绝对劣势的一方会接受对方任何报价方案。然而，在人类实验环境下，这种极端情况并不会出现。1982年，Güth等人对人们在最后通牒博弈中的具体表现进行了一系列非常有影响的实验研究。他们发现，扮演A的角色的人倾向于提供一个相对平衡的分配方案：平均来说，大约三分之二和三分之一的分配比例，许多参与人甚至选择平均分配的方案。同时，他们发现，非常不平衡的方案通常会被扮演B的角色的人拒绝。大量相关的实验研究表明，这些发现是十分普遍的，即使是在分配大量金钱的情况下。这些实验在许多不同国家进行过，这其中有一些不同的文化差异，但是这种相对平衡的均衡结果却是一致的。

这个结果的出现可以这样来理解：一个参与人的支付包含他对一个结果的评价，当参与人B意识到他只获得10%的份额时，他会觉得受到不公平的对待，产生一个较大的负的支付，抵消了这10%的份额，因此他会拒绝这个方案；当参与人A意识到参与人B会有这样的想法时，他就会主动提供一个相对平衡的分配方案。所有这些分析告诉我们在考察网络分配实验时，尤其是参与人存在较大的能力不平衡时，我们将会看到资源分配的不对称性，但是往往不会出现模型中那样的极端不平衡情形。

四、网络分配的模型分析：稳定结果

下面我们运用这些知识构建一个模型来近似地预测任意图形网络框架下的网络分配结果。

我们首先具体定义一下结果的含义。给定任意图形网络，网络分配结果包含以下两个方面：①对节点进行匹配，明确分配范围（谁与谁进行分配）。在“1人分配原则”下，每个节点最多能参与1个分配，也就是说，在网络图形中，1个节点只能参与一个匹配，处于一个连接的一端，最终会有节点无法参与到其中。②每个节点边上有一个数字，称为它的值，表示这个节点从参与的分配中获得的份额。如果，两个节点进行分配，那么，它们的值之和为1，表示它们按某种形式对它们之间的1元钱进行分配。如果一个节点最终没有参与任何分配，那么，它的值为0，表示它没有参与任何一个分配。

图14.24描绘了三节点路径和四节点路径网络图形的几种结果。对于任何网络来说，都存在各种可能的结果，我们的目标是确定网络分配实验中最有可能出现的结果。我们希望得到的结果具有的一个基本特性是稳定性：没有任何节点X可以给其他节点Y提供一个新的分配方案，使得X、Y双方都从中获益，打破现有的分配形式。例如在图14.24

(a) 中，C 被排除在分配结果之外，C 就可以提供 2/3 给 B，自己保留 1/3，这样，BC 分配就会取代 AB 分配。这种情况是不可避免的，因此，目前的这种分配结果是不稳定的。事实上，B 也有动力打破现有的分配形式以提高自己目前的状况。相对来说，图 14.24 (b) 中的分配结果是稳定的。虽然，C 的支付非常差，但是它却不能改善目前的情况。B 已经得到了 1 的分配，C 不可能为他提供更好的分配方案。

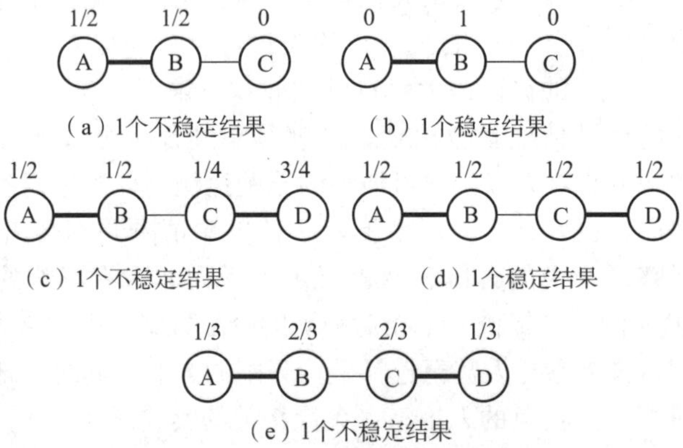

图 14.24　三节点路径和四节点路径图形网络的稳定和不稳定结果示例
(加黑的连接表示最终的分配结果)

我们可以将这种思路运用到所有网络的分析中，定义不稳定性为两个节点都有机会和动力去打破现有的分配形式。

不稳定性：对于任何一个分配结果，包含节点间的匹配形式和各个节点的值，如果存在一个连接 XY，节点 X，Y 没有参与分配，但是 X，Y 的值之和小于 1，那么，这个分配结果就具有不稳定性。

如果两个节点之间存在连接，他们就有机会进行分配；如果他们的值之和小于 1，他们就有动力去打破现有的分配形式。图 14.24 (a) 中的不稳定性表现在 BC 之间的连接，B、C 的值之和为 1/2，B 和 C 进行分配可以使双方都得到更好的结果。图 14.7 (b) 中没有产生不稳定性的连接，这种分配结果是稳定的。这样，进一步我们提出稳定性的概念。

稳定性：一个网络分配结果是稳定的，当且仅当它不包含不稳定性的连接时。

考虑到不稳定结果固有的脆弱性，稳定性的结果是实践中网络分配最有可能最终出现的结果。图 14.24 (c) 中连接 BC 上 B 和 C 的值之和小于 1，我们说这种分配结果是不稳定的；图 14.24 (d) 和图 14.24 (e) 的分配结果是稳定的。

稳定的网络分配结果除了在理论上非常具有解释力，也可以帮助我们更好地理解网络分配实验体现出的一些基本原则。首先，稳定的结果可以很好地解释网络中节点能力极端不均衡时出现的分配情况。回想图 14.24 (a) 中的三节点路径网络图形，我们知道，唯一的稳定结果就是节点 B 同节点 A 和 C 中的一个进行分配并得到全部的分配额。如果 B 得到的少于 1，没有参与匹配的连接就是一个不稳定性。这样，稳定性解释了为什么 B 在网络中处于占优的地位。在图 14.24 (d) 中，唯一的稳定结果就是“次中心”的节点 B 和 D 得到了值为 1 的分配。这个稳定结果同样解释了在五节点路径上中心节点 C 能力非常弱这一现象。虽然，我们知道在三节点路径和五节点路径网络分配实验中，并没有出现 0—1 这样极端的分配结果；相反，能力非常强的节点获得了大约 5/6 的分配。但是通过最后通牒博弈的分析，我们看到这事实上就是人类参与的分配实验中最极端的情形。所以说，当我们看到实践中出现类似于$\frac{1}{6}-\frac{5}{6}$的强势结果时，我们可以近似地将其看作一个有人类参与的 0—1 分配结果。其次，我们的分析可以让我们更好地理解不稳定结果出现的情形。比如像图 14.22 三角网络图形分配实验。我们可以从三角网络图形上不存在稳定结果的角度来更好地解释其运行状态。对于任何分配结果，一定存在一个节点没有参与匹配，假设为 C，其值为 0，参与分配的节点 A 和 B 至少有一个的值小于 1。这样，节点 C 和 A，B 之间的连接都会使得网络产生不稳定性。稳定性分析也有着明显的局限性。一种是它允许极端情形的存在，如上面提到的那样，事实上很多极端情形在人类实验中是不会出现的，但是我们也提到了，这种结果相对还好理解。一种更为主要的问题体现在当网络中的节点在能力方面具有微弱差别时，稳定性结果往往不是很明确。比如图 14.24（d）和图 14.24（e）都是四节点路径网络中的稳定性结果，事实上，只要 B 和 C 的值之和大于或等于 1，分配结果就是稳定的。

稳定性是我们理解网络分配实验的一个重要概念，但是对于节点能力差别微弱的网络分配结果的解释力是有限的，在这些网络上，存在大量可能的并不会出现的稳定结果。在接下来的部分中，我们对稳定性概念进一步精炼，探索在现实生活中最有可能出现的情况。

五、稳定结果的精炼：平衡结果

我们将分析的是在给定网络结构中有许多可能的稳定结果时，如何提取一个更为自然的结果，我们称之为平衡结果。平衡结果所体现的思想可以在四节点路径中很好地展示出来。图 14.24（d）是一个稳定结果，但是我们在实验中很少看到这种结果的出现。事实上，节点 B 和 C 在该网络中的表现是不正常的，它们有着潜在的备选项，但是这个平均分配的稳定结果并没有体现出它们的谈判优势。

这里，我们可以运用纳什讨价还价解将网络分配理解为一种谈判过程，其中外部选择的值由网络中的其他节点决定。图 14.25（a）描绘了平均分配的稳定结果，给定这些节点的值，可以看出，B 有着 1/2 的外部选择，因为他能够提供 1/2 给 C，让 C 与其进行分配。类似的，C 也有着 1/2 的外部选择，但是 A 和 D 的外部选择为 0。

全部为 1/2 这样的稳定结果的问题体现在，这种分配结果不是给定节点外部选择情况下的纳什谈判解。图 14.25（b）中，节点 B 的外部选择为 1/3，因为只要为 C 提供 2/3 的分配额，自己保留 1/3，可以将 C 从现有的分配中拉过来；节点 A 的外部选择为 0。这样，节点 A，B 之间$\frac{1}{3}-\frac{2}{3}$的分配结果是一个纳什谈判解。同样，C，D 之间的分配结果也是一个纳什谈判解。因此，图 14.25（b）中，四节点路径网络上的值的分布和分配结果具有一个非常理想的特征：每一个分配都是考虑到网络中其他分配和值得情况下的纳什均衡解。

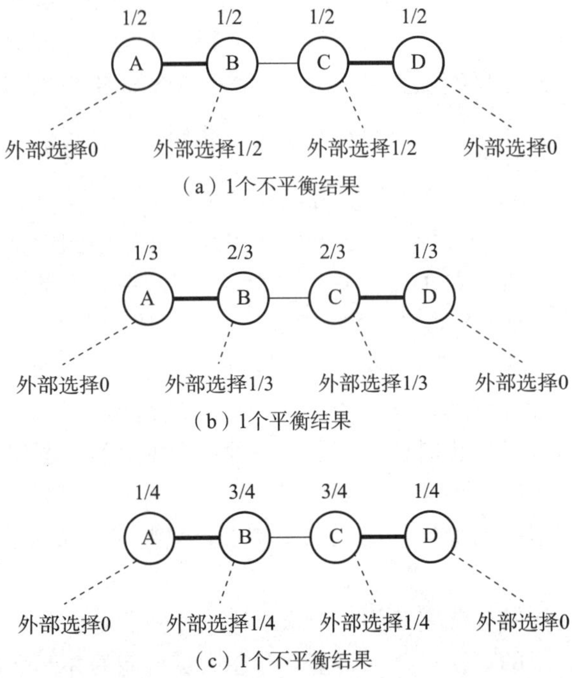

图 14.25　平衡结果和不平衡结果的区别

我们可以将平衡的概念推广到任意网络中去。首先，对于网络中的任何分配结果，我们可以按照上文分析四节点网络的方法，确定每个节点的最高外部选择值：那是他能从与其他节点的分配中能够得到的最大值。接下来，我们定义一个平衡结果。

平衡结果：给定节点最高外部选择条件下，如果对于匹配中的每一个连接，分配结果都是纳什谈判解，那么这个分配结果是平衡的。

现在看平衡结果与各种极端情形区别：一方面，平衡结果避免了如图 14.25（a）那样的 B 或 C 只能分配到相对较少的情形。另一方面，平衡结果不会出现如图 14.25（c）中 B 和 C 分配比例超过纳什谈判解的过高比例的结果。另外，可以看出，图 14.25 中所有的结果都是稳定的，但平衡结果只有一个。因此，这个例子中，平衡结果可以看作是稳定结果的精炼。事实上，对于任何网络，平衡结果都是稳定的。在平衡结果中，每个节点得到至少和它最高外部选择同样的分配额。因此，没有一个节点会主动打破现有的分配结果，以求获得更高的收益，分配结果是稳定的。平衡要比稳定性更严格，很多稳定结果都是不平衡的。

平衡结果非常接近人类实验的结果，这一点可以从四节点路径网络中得到证实，另外，船首图形网络也是一个很好地证明。图 14.26 的分配结果是船首图形上唯一的平衡结果：C 和 D 平均分配，使得 B 有 1/2 的外部选择，进而 A 和 B 形成$\frac{1}{4}-\frac{3}{4}$的分配结果。对比图 14.25 可见，平衡结果不但能够展示出节点之间微弱的能力差距，而且能够展示出不同网络分配结果间的细微差别，这里节点 B 在船首图形网络中的能力要稍强于其在四节点路径网络中的情况。

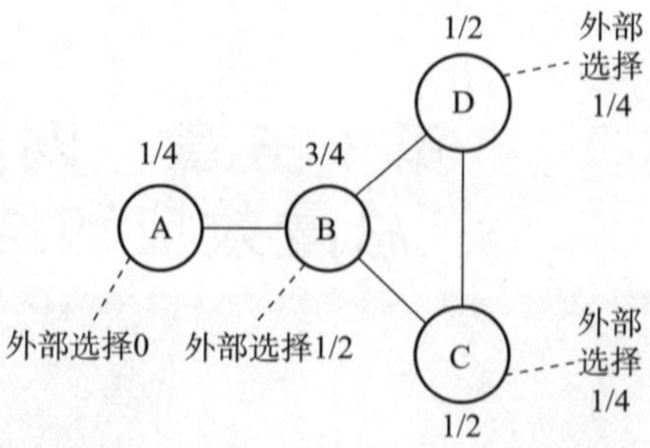

图 14.26 船首图形网络分配的平衡结果

平衡性结果对稳定性结果的精炼使得最终理论分析结果更加符合实验结果。平衡结果必定是一个稳定结果，我们在上面的分析中知道，稳定结果在三角网络等网络中是不存在的，所以，同样并不是任何网络中都有平衡结果。关于如何在任意网络中找出平衡结果，我们这里不做讨论。稳定性和平衡的理念也类似于合作博弈理论等领域的相关研究成果。对于这类问题的研究，尤其是对更复杂、更大的网络上的能力和分配结果的实验研究，都是非常前沿的研究领域。

第十五章　网络演化：总量效应和结构效应

第一节　从众行为和信息瀑布

观察人类历史，一个明显的现象就是不断有新的产品、技术、社会制度产生，成长和消失，尤其是当世界形成一个紧密连接的网络时，更新的速度也在迅速提高。人们行为间的相互影响是理解产品等在网络中迅速扩散的关键。人们往往有模仿别人行为的倾向，这并不是一种盲从，一个重要的原因就是在信息不完全的社会中，我们往往可以从别人的行为获得一些有用的信息。比如淘宝、京东等网站，我们第一次接触它们可能是看到许多人在用，于是也去浏览这些网站。当我们从整个群体层面去观察一个产品在网络中扩散的原因时，我们会惊奇地发现最初接受这个产品的人可能仅仅是因为很小的原因，很少的信息，而接着由于人们行为的相互模仿，导致这一产品得以迅速扩散。当理性人选择不考虑自身掌握的信息，而直接去模仿别人的行为时，又被叫作信息瀑布效应。最终，由于网络中信息瀑布的存在，微小的技术突破和优势就造就了产品的成功。另外一种非常重要的解释产品等在网络中扩散和人们模仿行为的理论是，我们会直接从中受益。我们可以看到对于微博等自媒体，它们的价值就体现在公众的参与度上，越多人参与，价值越高。

网络结构，纷繁复杂，但仍有一些是我们可以清晰刻画的。于是在结构清晰的网络中，瀑布效应将会呈现何种面貌呢？我们的研究证明，瀑布效应受到网络结构的影响。当我们观察一种产品在网络中扩散时，我们会发现有时他们会被限制在一些紧密连接的区域之内，有时如果将产品准确地投送到一些关键节点上，却能够迅速而有效的传播。

本章前两节主要探讨网络动态变化所形成的总量效应，虽然很多时候我们不能非常精确的描绘网络结构，但是这种网络动态变化依然会在整体上出现一些非常明显的特征。最后一节，我们详细探讨网络动态变化所形成的结构效应。

当人们处于一个相互连接的网络中时，他们的行为和决策不可避免地会相互影响，像持有的观念、选择的商品、参与的活动、利用的技术等等。观察这些相互影响产生的原因，我们会发现，很多时候选择效仿他人的行为对于每个人来说都是一个理性的选择。即使在某些情形下，这种行为选择有悖于我们之前的决策，选择效仿别人仍然是理性的。

举一个简单的例子，假设你到了一个陌生的小镇，需要找一家餐馆就餐，根据你之前了解的情况，你打算去餐馆 A。但是，当你到了镇上，你看到没有人在餐馆 A 吃饭，但是隔壁的餐馆 B 生意火爆，很多人在那吃饭。如果你相信其他人的口味偏好和你差不太多，而且他们掌握一些你不了解的信息，这时候相比于你之前的想法，跟着人们去餐馆 B 就餐就要比去餐馆 A 就餐显得更理性一些。为了更好地理解这背后的原因，假设每个人对于餐馆 A 和餐馆 B 的优劣都有着相互独立的不完全信息。如果已经有很多人选择餐馆 B 就餐，那么从他们行为选择中获得的信息就会强于你自己掌握的信息。此时，选择忽略你自己的信息，加入他们的行列就是理性的，我们称“羊群行为”“从众行为”或者说一个“信息瀑布”发生了。

通常信息瀑布容易出现在这样的情形中：参与人相继做出行为决策，后行动的人可以观察前面的人的行动，并从中获得一些相关的信息。在我们餐馆的例子中，当第一批就餐的人选择了餐馆 B，他就向后面的人传递了他们了解的信息。当后行动者放弃他们自己掌握的信息而根据前人的行动选择做出决策时，信息瀑布就产生了。在信息瀑布现象中，个体选择模仿别人的行为，但并不是盲目地模仿，相反它是根据有限信息做出的理性决策。信息瀑布可以部分地解释社会中许多类型的模仿行为，时尚潮流、畅销书排行榜上榜图书的进一步成功、消费者和厂家对某项技术的追逐、犯罪活动和政治运动的局部性爆发等等都可以看作是信息瀑布的案例。这些案例中，人们都是参考前人的行为做出决策。

模仿行为还存在另外一个重要的原因，那就是模仿别人的行为可以使我们从中受益。以最早传真机的销售为例，如果没有人拥有传真机，无疑，传真机对我们是没有什么用处的，因此当我们考虑是否要购买传真机时，了解其他人是否也有意购买和使用就非常重要了。这里，其他人选择购买传真机不只是向我们传递了传真机非常有用这个信息，同时，他们使用传真机这个行为直接影响到传真机对我们的价值。这种直接效益结果不同于我们之前讨论的情形：这里，其他人的选择直接影响了我们的支付，而不是间接地改变了我们的信念。许多从众行为包含了这两面的原因，比如，技术应用决策中，一方面我们可以从别人的应用中获得相关的信息；另一方面，我们也可以从和他们的兼容中直接受益。在一些情况下，这两种因素甚至相互矛盾：比如说，我们需要排很长的队到一个著名的餐馆用餐，这里，其他人的选择向我们传递了模仿别人行为的价值，但是另一方面，我们就得忍受一下从众行为带来的不便利了。这一节，我们将构建一些简单的信息瀑布模型，注重信息因素带来的从众行为；下一节，我们详细考察直接效益因素驱动的从众行为。

一、一个简单的从众行为实验

我们首先介绍一个由 Anderson 和 Holt 设计的从众行为实验。这个实验包含了上一部分我们讨论的要点：(a) 需要做出一个决策——比如，是否采用某项新技术，穿戴一种风格的服饰，到一个新的餐馆就餐等；(b) 人们相继做出决策，每个人可以观察到前面的人做出的决策；(c) 每个人都具有一部分私人信息，帮助其做出决策；(d) 每个人都不知道其他人掌握的私人信息，但是，可以根据其他人行为决策做出合理的推断。

假定，实验在一间教室内进行，有一群学生作为参与人。实验人员将一个不透明的罐子放在教室前面，里面装有三个玻璃球；同时，对学生说，有50%的可能罐子里有两个红球和一个蓝球，有50%的可能罐子里有两个蓝球和一个红球，前者称为“红球为主”罐子，后者称为“蓝球为主”罐子。现在，要求所有学生按顺序到教室前面从罐子里抽出一个球；看清颜色后将其放回，同时不要把球让其他同学看到。然后，每个学生推断这个罐子到底是红球为主还是蓝球为主，并把结果向其他学生宣布。假定，实验最后，每个猜对的学生会收到一定的奖金，猜错的学生没有任何奖励。向大家宣布猜测结果是这个实验的关键部分：对于还没轮到的学生，他不知道前面的人抽到的球的颜色，但是他知道前面的人的猜测结果。这类似于我们最开始提到的餐馆的例子：每个就餐的人需要选择最好的餐馆就餐，他不知道前面的人对这两个餐馆的评价，但是可以观察到他们的选择。

接下来，我们推测一下实验可能出现的结果。我们假定，每个学生能够利用他所听到的和看到的情况做出正确的推测。我们首先用一个直观的方法分析实验的结果，后面我们再用一个数学模型来详细论证。我们按顺序依次分析每个学生的情况。对于最前面的两个学生，情况相对直接一些，到了第三个学生，一些有趣的事情就发生了。

第一个学生。第一个学生遵循一个简单的决策规则：如果抽到一个红球，他会推测罐子为红球为主的罐子；如果抽到一个蓝球，他会推测罐子为蓝球为主的罐子。这就意味着，第一个学生的猜测结果传递了他所看到的全部信息。

第二个学生。如果第二个学生抽到和第一个学生猜测结果相同的球，他的猜测结果就是他所抽到的球的颜色。如果他抽到了和第一个学生猜测结果不同颜色的球，比如，他抽到了红色的球，但是第一个学生猜测这个罐子是一个蓝球为主的罐子。因为第一个学生的猜测结果就是他抽到的颜色，对于第二个学生，相当于他自己抽了两次，一次是红球，一次是蓝球。在这样的情况下，第二个学生猜测任何一种颜色都是合理的，这时，我们假定，他会猜他自己抽到的颜色。这样一来，不管第二个学生抽到了什么颜色的球，他的猜测结果同样传递了他所看到的全部信息。

第三个学生。如果前两个学生猜测的是不同的颜色，第三个人将猜测结果就是他所抽到的颜色。如果前面两个人猜测的结果是相同——比如他们都认为是蓝色的——但第三个人抽到的颜色是红色的呢？前两个人的猜测结果传递的是完全信息，对第三个人来说，相对于他自己抽了三次：前两次是蓝色，第三次是红色。在这样的情况下，他应该猜测罐子为蓝色为主的罐子，而忽略他自己抽到的球的颜色（这里，如果只考虑自己抽到的球的颜色，他应该猜测罐子为红球为主）。更一般地讲，如果前两个人猜测的结果是相同的，第三个人将猜测同样的结果，不管他从罐子里抽出的球的颜色是什么样的。教室里其他的同学只能听到他的猜测结果而看不到他抽到的球的颜色。在这样的情形下，一个信息瀑布开始了。第三个学生猜测和前两个学生相同的结果，不管他从罐子里抽出的球的颜色是什么，也就忽略了他自己的私人信息。

第四个学生及之后的学生。简化起见，这里我们只分析上面提到的前两个人猜测结果相同的情形，假设前两个人猜测的结果都是蓝色。这样的情况下，上面的分析表明，第三个学生也会猜测蓝色，而不管他抽到的球的颜色是红色还是蓝色。现在看第四个学生面临的情景，前三个学生都猜测蓝色。他知道，前两个学生的猜测结果传递的是完全信息，他们抽到的球的颜色就是他们的猜测结果。他也知道，在这种情况下，第三个学生也会猜测蓝色而不管他抽到的球的颜色，也就是说他的猜测结果不传递任何信息（关于他抽到的球的颜色）。这样一来，第四个学生在做决策时，面临的情况和第三个学生是相同的。不管他抽到的球的颜色是什么样的，都比不上最开始两个人的相同猜测结果更有助于其做出决策，他的猜测结果也会是蓝色。

剩下的学生面临的情况是相同的：如果最开始的两个学生猜测结果都是蓝色，那么之后所有人的猜测结果也都是蓝色。此时，一个信息瀑布就产生了：一旦最初的两个学生猜测了相同的结果，之后的猜测结果就变得没有价值了，对所有人来说最优策略都是依靠最初的很少的有效信息做出合理的推断。

下一部分，我们会构建一个不确定环境下的决策模型来论证学生猜测结果的合理性。这里，我们的讨论并没有考虑所有可能的情形，比如你是第六个学生，你听到的猜测结果是“蓝色、红色、红色、蓝色、蓝色”你应该猜测何种颜色呢？后面我们的决策模型可以给出参与人在所有可能的猜测结果序列下的决策结果。这里，我们先考察一下最初两个人猜测结果相同产生的信息瀑布现象。虽然，我们的实验情景比较简单，但是依然揭示了信息瀑布的一些基本特征。首先，我们看到，在这种比较规范的情景设置下，信息瀑布现象是非常容易产生的。同时，我们注意到，在所有人都绝对理性的情形下，所有人都做出相同决策的从众行为也是会发生的。其次，这也表明，信息瀑布可能会导致非最优的结果出现。假设，实验中，我们的罐子是一个红球为主的罐子。第一个人抽到蓝球的概率就是 1/3，第二个人抽到蓝球的概率也是 1/3，他们的抽取结果都是相互独立的，他们有 1/9 的概率都抽到蓝球。在这样的情形下，前两个人都会猜测蓝球，剩下的所有人也都会猜测蓝球，这样一来，所有人的猜测结果都是错的，因为我们的罐子是红球为主的罐子。这 1/9 的犯错概率并不会随着参与人数量的增加而改善，因为在这种理性的决策方法下，只要前两个人猜测的结果是蓝色，不管参与人的群体有多大，所有人的猜测结果都将是蓝色。第三，这个实验同样向我们展示了信息瀑布现象的脆弱性。假如，我们的实验有 100 个学生参与，前两个人猜测结果是蓝色，按照预期，剩余的学生的猜测结果也都是蓝色。但是现在，假定第 50 个学生和第 51 个学生都抽到了红色，然后，他们“作弊”，把球直接展示个其余学生。在这样的情形下，信息瀑布就被打断了，当第 52 个学生在做出决策时，他有四个真实的信息可以参考，第 1、2、50、51 个学生的猜测结果信息是有价值的，这其中，有两人抽到蓝球，两人抽到红球。此时，对他来说，他的猜测结果就是他抽到的球的颜色。这里，非常重要的一点就是每个人都知道前面 49 个蓝色的猜测结果所包含的信息含量是非常少的，因而它很容易被一个新的信息的进入而改变。这展现了信息瀑布非常脆弱的一面：即使信息瀑布进行了很长时间，它依然可能被很少的信息改变。当然，并不是所有的信息瀑布现象都很容易被改变，下一节，我们会看到由于直接效益产生的信息瀑布现象一旦产生就不容易被改变了。

二、贝叶斯规则及其应用举例

如果我们要构建一个模型来分析信息瀑布现象是如何产生的，我们必须要回答这样一些类似的问题，“综合我之前了解过的相关评论和现在我看到的餐馆就餐人数，这个餐馆比较好的概率有多高呢?”，“考虑到我抽到的球的颜色以及前面同学的猜测结果，这个罐子是红球为主的罐子的概率有多高呢?”

通常我们计算这些事件的概率时涉及条件概率，也就是在某一事件发生的情况下，另一事件产生的概率，比如当你抽到蓝球时，罐子是红色为主的罐子的概率。我们记事件 A 为罐子是红色为主的罐子，事件 B 为你抽到的球的颜色是蓝球，也就是求解 $Pr[A \mid B]$。我们定义条件概率

$$Pr[A|B]=\frac{Pr[A\cap B]}{Pr[B]} \tag{15.1}$$

类似的，我们定义 $Pr[B|A]=\dfrac{Pr[B\cap A]}{Pr[A]}=\dfrac{Pr[A\cap B]}{Pr[A]}$ (15.2)

这里，$Pr[A|B]\cdot Pr[B]=Pr[A\cap B]=Pr[B|A]\cdot Pr[A]$ (15.3)

进而，我们有 $Pr[A|B]=\dfrac{Pr[A]\cdot Pr[B|A]}{Pr[B]}$ (15.4)

方程 15.4 就是贝叶斯规则。当我们想要知道事件 A 在事件 B 发生的前提下的概率时，我们称 $Pr[A]$为事件 A 的先验概率，因为它表示我们在不知道事件 B 的情形下，事件 A 发生的概率。对应的，我们称 $Pr[A \mid B]$为事件 A 的后验概率，因为它表示我们在知道事件 B 的前提下事件 A 发生的概率。这里，事件 B 的出现通过方程 15.4 改变了我们对事件 A 出现概率的判断。贝叶斯规则可以帮助我们确定某个事件的概率，并以此作为决策者做出决策的依据。这里，我们首先介绍两个例子来描述这个规则的应用程序。

首先是一个关于目击者的证词的案例。假定，在某个城市中，80%的出租车是黑色的车，剩余 20%的车是黄色的车。一个目击者看到了一起飞车抢劫案，声称涉案的是一辆黄色的出租车。这里目击者的证词并不是完全正确的，在某些情况下，目击者可能错判出租车的颜色。这里，让我们假定，如果出租车是黄色的，目击者报告其为黄色的概率是 20%；如果出租车是黑色的，目击者报告其为黑色的概率是 80%。

要利用目击者的证词，需要用到条件概率的知识：如果目击者声称涉案出租车是黄色的，涉案出租车是黄色的概率是多少呢？我们用“true”表示涉案出租车的真实颜色，用“report”表示目击者报告的出租车颜色；用 Y 代表黄色，用 B 代表黑色。此时，我们需要确定 $Pr[true=Y \mid report=Y]$。

这个值，我们可以利用贝叶斯规则和已有的数据计算出来。

这里 $Pr[true=Y|report=Y]=\dfrac{Pr[true=Y]\cdot Pr[report=Y|true=Y]}{Pr[report=Y]}$ (15.5)

我们知道，$Pr[report=Y|true=Y]$是 0.8（这可以看作目击者证词的准确度）。$Pr[true=Y]$是 0.2（这是黄色出租车的概率，可以近似看作涉案出租车是黄色的这一事件的先验概率）。对于分母，我们可以这样来考虑，有两种可能目击者会报告涉案出租车是黄色的：一是涉案出租车确实是黄色的，目击者报告正确；二是涉案出租车本来是黑色的，目击者误报为黄色。第一种情况可以这样测算，$Pr[true=Y]\cdot Pr[report=Y|true=Y]=0.2\cdot 0.8=0.16$

第二种情况为 $Pr[true=B]\cdot Pr[report=Y|true=B]=0.8\cdot 0.2=0.16$

$$\begin{aligned}Pr[report=Y]&=Pr[true=Y]\cdot Pr[report=Y|true=Y]\\&+Pr[true=B]\cdot Pr[report=Y|true=B]\\&=0.16+0.16=0.32\end{aligned}$$

代入公式 15.5，我们有

$$Pr[true=Y|report=Y]=\frac{Pr[true=Y]\cdot Pr[report=Y|true=Y]}{Pr[report=Y]}=\frac{0.2\cdot 08}{0.32}=0.5$$

因此，我们可以得到如下结论，如果目击者声称涉案出租车是黄色的，那么涉案出租车的颜色是黄色或黑色的可能性是各占一半的。如果没有目击者，我们一般会认定涉案出租车是黑色的概率更高一些，因为毕竟这个城市出租车 80%都是黑色的。但是同时，我们也应该看到目击者的证词也不能使我们准确地认定出租车的颜色是黑色或者黄色的。

这里，我们再为大家介绍一下垃圾邮件的过滤方法。贝叶斯规则是第一代垃圾邮件过滤器的重要组成部分，之后的垃圾邮件过滤器中它也是不可或缺的部分。我们可以用以下这个案例来描绘垃圾邮件过滤和贝叶斯规则之间的关系。假如说，你收到一封邮件，邮件的主题中包含"瞧瞧这个"（check this out）这个短语。仅仅根据这个短语，不管发件人的信息和邮件的具体内容，这封邮件是垃圾邮件的概率有多大呢？这实际上是求一个条件概率的问题：Pr[垃圾邮件 | 主题包含"瞧瞧这个"]

求解这个概率的具体值，我们需要了解你邮箱的一些情况，以及主题中"瞧瞧这个"短语的应用情况。假设你邮箱中 40%的邮件是垃圾邮件，剩余 60%是你希望收到的邮件。同样，假设，垃圾邮件中有 1%包含"瞧瞧这个"这个短语，非垃圾邮件中只有 0.4%包含"瞧瞧这个"这个短语。用概率的形式表述，这意味着，Pr[垃圾邮件]=0.4，这是我们在不知道任何信息的情况下对于一封邮件是否为垃圾邮件的先验概率。同样，我们有，Pr["瞧瞧这个" | 垃圾邮件]=0.01 和 Pr["瞧瞧这个" | 非垃圾邮件]=0.004

这样，我们有

$$Pr[\text{垃圾邮件}|\text{“瞧瞧这个”}]=\frac{Pr[\text{垃圾邮件}]\cdot Pr[\text{“瞧瞧这个”}|\text{垃圾邮件}]}{Pr[\text{“瞧瞧这个”}]}$$

根据已有的数值，我们知道分子为 0.4 * 0.01=0.004。对于分母我们按上例中提到的方法计算

$$\begin{aligned}&Pr[\text{“瞧瞧这个”}]=Pr[\text{垃圾邮件}]\cdot Pr[\text{“瞧瞧这个”}|\text{垃圾邮件}]\\&+Pr[\text{非垃圾邮件}]\cdot Pr[\text{“瞧瞧这个”}|\text{“非垃圾邮件”}]\\&=0.4\cdot 0.01+0.6\cdot 0.004=0.0064\end{aligned}$$

这样，我们有，$Pr[\text{垃圾邮件}|\text{“瞧瞧这个”}]=\frac{0.004}{0.0064}=\frac{5}{8}=0.625$

换句话说，虽然垃圾邮件占你收到的邮件总数的概率小于一半，但新邮件主题中若包含"瞧瞧这个"短语，它就很有可能是垃圾邮件。我们可以将邮件主题中的这个短语视为一个弱信号，它为我们提供了邮件是否为垃圾邮件的一个证据。在具体应用中，垃圾邮件过滤器根据邮件中各种不同的信号来对邮件进行综合判断，比如，邮件本身的内容中包含的文字，邮件主题中的其他短语，发件人的性质（是否与你相识？使用的邮箱是什么类型的？）等。每个信号都可以修正对邮件是否为垃圾邮件的判断，邮件过滤器再根据这些判断做出综合判断。比如，如果上面提到的邮件发件人是一个和你有着密切往来的人，这个

信号表明他发送的邮件是垃圾邮件的概率很低，即使这封邮件主题中包含了“瞧瞧这个”这个短语，我们也不会认定它为垃圾邮件。

三、贝叶斯规则与从众行为实验

现在，我们运用贝叶斯规则来论证从众行为实验中学生们的推断过程。首先，这里每个学生的决策都是根据一个条件概率做出的：每个学生都是根据他听到和看到的情形估计罐子是红球为主还是蓝球为主的条件概率。为了提高猜测结果的准确度以获得相应奖励，如果条件概率 Pr[蓝球为主｜所听和所见]>1/2，他会猜测蓝色为主。相反，如果 Pr[红球为主｜所听和所见]>1/2，他会猜测红色为主。如果两个条件概率都是 0.5，假定两个猜测结果是无差异的。

根据实验的设计，我们知道最开始，红球为主和蓝球为主的先验概率都是 0.5：Pr[蓝球为主]$=Pr$[红球为主]$=\frac{1}{2}$

现在根据实验的设计，我们假定第一个学生抽到了蓝球，此时他想确定 Pr[蓝球为主｜蓝球]的值，可以根据贝叶斯规则来计算：

$$Pr[\text{蓝球为主}|\text{蓝球}]=\frac{Pr[\text{蓝球为主}]\cdot Pr[\text{蓝球}|\text{蓝球为主}]}{Pr[\text{蓝球}]}$$

其中，分子为$\frac{1}{2}\cdot\frac{2}{3}=\frac{1}{3}$。

分母 Pr[蓝球]$=Pr$[蓝球为主]$\cdot Pr$[蓝球|蓝球为主]$+Pr$[红球为主]$\cdot Pr$[蓝球|红球为主]$=\frac{1}{2}\cdot\frac{2}{3}+\frac{1}{2}\cdot\frac{1}{3}=\frac{1}{2}$

分子分母相除，我们得到，Pr[蓝球为主|蓝球]$=\frac{1/3}{1/2}=\frac{2}{3}$

此时，这个条件概率是大于 0.5 的，我们可以认定，如果第一个学生看到了一个蓝球，那么他的猜测结果就是蓝球为主。注意这里，除了提供判定的基础，贝叶斯规则同时提供了一个概率，2/3，可以近似看作猜测结果的准确度。

对于第二个学生，计算过程非常相似，这里，我们跳过他直接考查第三个学生的猜测过程，也是信息瀑布的可能的开端。同样假设前两个学生猜测结果都是蓝球为主，第三个学生抽到了一个红球。前两个学生的猜测结果传递的是完全信息，因此，第三个学生知道他面对的情形类似于从罐子里抽了三次，结果分别为蓝球、蓝球、红球。他想要确定的是条件概率 Pr[蓝球为主｜蓝球、蓝球、红球]来帮助自己做出决策。应用贝叶斯规则，我们有

$$Pr[\text{蓝球为主}\mid\text{蓝球、蓝球、红球}]=\frac{Pr[\text{蓝球为主}]\cdot Pr[\text{蓝球、蓝球、红球}\mid\text{蓝球为主}]}{Pr[\text{蓝球、蓝球、红球}]}$$

因为每次的抽取过程都是相互独立的，Pr[蓝球、蓝球、红球｜蓝球为主]的值是三个独立概率的成绩：Pr[蓝球、蓝球、红球｜蓝球为主]$=\frac{2}{3}\cdot\frac{2}{3}\cdot\frac{1}{3}=\frac{4}{27}$

确定 Pr[蓝球、蓝球、红球]的值，同样，我们考虑两种不同的情况下的概率之和：罐子是蓝球为主时和罐子是红球为主

$$Pr[\text{蓝球、蓝球、红球}]=Pr[\text{蓝球为主}]\cdot Pr[\text{蓝球、蓝球、红球}|\text{蓝球为主}]$$
$$+Pr[\text{红球为主}]\cdot Pr[\text{蓝球、蓝球、红球}|\text{红球为主}]$$
$$=\frac{1}{2}\cdot\frac{2}{3}\cdot\frac{2}{3}\cdot\frac{1}{3}+\frac{1}{2}\cdot\frac{1}{3}\cdot\frac{1}{3}\cdot\frac{2}{3}=\frac{6}{54}=\frac{1}{9}$$

这样，最终我们可以得到 $Pr[\text{蓝球为主}\mid\text{蓝球、蓝球、红球}]=\frac{4/27\cdot 1/2}{1/9}=\frac{2}{3}$

因此，第三个学生会猜测蓝球为主（同时我们知道他有 $\frac{2}{3}$ 的概率是对的）。和前面一样，此时尽管他抽到的球是红球，但是根据此前听到的信息他无视了这一信息。

最终，一旦这三个学生的抽取过程结束，所有之后的学生可利用的有效信息和第三个学生一样，他们都按相同的计算方法计算，产生了猜测结果都为蓝球的信息瀑布现象。

四、一个简单的广义上的信息瀑布模型

现在我们重新看从众行为实验的设计动机：对于人们根据自己的私人信息和前人的行为相继做出决策的所有场景，这个实验都可以看作是它们的一个标准化的抽象描绘。我们构建一个更为广义的模型来描述这些场景，然后利用贝叶斯规则证明，在这种广义的模型中信息瀑布也会形成，而且随着参与人数趋于无穷，信息瀑布形成的概率趋近为 1。

假设一群人（用数字 1，2，3…表示）相继做出决策：个体 1 先做决策，个体 2 再做决策，依次类推。假设他们需要做的决策就是接受或拒绝某一个可选项：可以是是否采用某项新技术、是否按某种风格着装，是否到某家餐馆就餐，是否选择某条路线等等。

模型的第一组成部分：世界的状态。在所有一切开始之前，在任何一个参与人做出决策之前，我们假定世界处于两种随机状态：要么接受这个可选项是一个正确的选择，要么接受这个可选项是一个错误的选择。我们假定，世界的这两种状态是由一些随机事件决定的，参与人无法明确观察到，但是他们可以根据他们看到的情形做出合理的推断。比如说，世界处于这样两种随机状态：到一家餐馆就餐是个好主意和到这家餐馆是个错误的选择。模型中的参与人知道这两种情形都是可能存在的，他们将利用一切知识做出推断。我们将世界的这两种状态表示为 G 和 B：G 表示接受这个可选项是正确的选择，B 表示接受这个可选项是个错误的决策。我们假设每个参与人都知道这个事实：世界处于 G 和 B 两种状态是随机的，处于 G 的概率是 p，处于 B 的概率是 1－p。这可以看作是 G 和 B 的先验概率；或者说 $Pr[G]=p$，$Pr[B]=1-Pr[G]=1-p$。

模型的第二组成部分：支付。每一个参与人都会因为他们选择或者拒绝这个可选项而获得一个支付。如果参与人拒绝这个可选项，他的支付为 0。如果参与人接受了这个可选项，他的支付取决于这个可选项是一个好的选择还是一个差的选择。我们假定，如果这个可选项是一个好的选择，接受这个可选项可以使参与人收到一个正的支付 $v_g>0$。如果这个可选项是一个差的选择，接受这个可选项将使参与人收到一个负的支付 $v_b<0$。假定在没有任何信息的情况下，对于参与人来说，接受这一可选项获得的支付为 0，也就是说 $v_g p+v_b(1-p)=0$ 这意味着，在参与人获得任意其他信息之前，接受和决绝这一可选项能够得到的期望效用是相同的。

模型的第三组成部分：信号。除了支付，我们的模型还需要反映私人信息的影响。假定，在任何决策做出之前，每个参与人都会得到一个私人信号，这个信号提供关于接受某一可选项是好主意（正确的选择）还是坏主意（坏主意）的一些信息。这个私人信号用来模拟参与人获得的私人信息，它将改变最初接受这一可选项是否合理的先验概率 p。我们要研究参与人在不确定性环境下的决策问题，因此我们假定这个私人信号并不能完全消除参与人面临的不确定性，但是它确实传递了一些关于这一可选项的私人信息。我们假设存在两种可能的信号：一种是高的信号（记为 H），表明接受这个可选项是个好主意；一种是低的信号（记为 L），表明接受这个可选项是个坏主意。假设如果接受这个可选项是个好的主意，通常高的信号出现的概率更高一些：$Pr[H\mid G]=q>\frac{1}{2}$，而 $Pr[L\mid G]=1-q<\frac{1}{2}$。类似的，如果接受这一可选项是一个坏主意，那么低的信号出现的概率更高一些：$Pr[L\mid B]=q$，$Pr[H\mid B]=1-q$，假设 q 和上面的值相同且大于 1/2。我们可以用图 15.1 中矩阵来描述。

		状态	
		B	G
信息	L	q	1−q
	H	1−q	q

图 15.1　两种实验状态（G 或 B）下，高低信号出现的概率

我们看一下从众行为实验和这个更抽象的模型之间的关系。实验的两种可能的状态可以理解为房间中的罐子是蓝球为主和红球为主。我们可以将接受可选项理解为猜测蓝球为主；如果罐子真的是蓝球为主，这就是一个好主意（G），如果罐子是红球为主，这就是一个坏主意（B）。接受可选项是一个好主意的先验概率是 p=1/2. 这个实验中的私人信息就是参与人从罐子里抽到的球的颜色。如果参与人抽到了蓝球，它就是一个高的信号，因此 $\mathrm{Pr}[H\mid G]=\mathrm{Pr}[\text{蓝球}\mid\text{蓝球为主}]=q=2/3$

现在我们来分析模型中参与人是如何做出决策的。首先，考虑参与人根据自己的私人信号做出决策的情形，然后，我们引入其他参与人决策对他的影响。

假设一个人获得了一个高的信号（H）。这样他的期望收益就从 $v_gPr[G]+v_b\cdot Pr[B]=0$ 变为 $v_gPr[G|H]+v_bPr[B|H]$. 根据贝叶斯规则，我们有 $Pr[G|H]=\frac{Pr[G]\cdot Pr[H|G]}{Pr[H]}=$

$$\frac{Pr[G]\cdot Pr[H|G]}{Pr[G]\cdot Pr[H|G]+Pr[B]\cdot Pr[H|B]}=\frac{pq}{pq+(1-p)(1-q)}>p$$

计算分母中 $Pr[H]$ 分两种获得一个高的信号的情形：接受可选项是好主意和接受可选项是坏主意。后面分母中因为 $pq+(1-p)(1-q)<pq+(1-p)q=q$，所以，最终我们的结果大于 p。因此，当参与人收到一个高的信号，他会提高他对这个可选项是一个好主意的概率判断。最终，参与人的期望收益将从 0 变为一个正的数值，他将接受这个可选项。一个相似的计算可以证明，如果参与人收到一个低的信号，他将拒绝这个可选项。

在从众行为实验中理解人们如何相继做出决策的重要一点就是理解人们如何根据多重

信号做出决策。根据贝叶斯规则，我们也不难推导出当参与人收到一组独立形成的信号序列 S（包含 a 个高的信号和 b 个低的信号，这些信号按某种分布间隔出现）时如何做出决策。我们有如下结论：

（1）如果 $a>b$，后验概率 $Pr[G \mid S]$大于先验概率 $Pr[G]$；

（2）如果 $a<b$，后验概率 $Pr[G \mid S]$小于先验概率 $Pr[G]$；

（3）如果 $a=b$，后验概率 $Pr[G \mid S]$等于先验概率 $Pr[G]$。

这样，如果参与人收到的信号序列中高的信号的数量多于低的信号的数量，他将接受这个可选项；如果他收到的信号序列中高的信号的数量少于低的信号的数量，他将拒绝这个可选项。下面我们简单证明一下这几个结论。

利用贝叶斯规则，首先我们有 $Pr[G \mid S]=\frac{Pr[G] \cdot Pr[S \mid G]}{Pr[S]}$，这里 S 中包含 a 个高的信号和 b 个低的信号。对于分子中 $Pr[S \mid G]$，我们知道信号的出现是相互独立的，因此 $Pr[S \mid G]=q^a\ (1-q)^b$。对于 $Pr[S]$，我们知道在接受可选项是个好主意和接受可选项是个坏主意这两种情形下 S 都会出现。因此，我们有

$$Pr[S]=Pr[G] \cdot Pr[S|G]+Pr[B] \cdot Pr[S|B]=pq^a(1-q)^b+(1-p)(1-q)^a q^b$$

进而，我们可以得到

$$Pr[G|S]=\frac{pq^a(1-q)^b}{pq^a(1-q)^b+(1-p)(1-q)^a q^b}$$

我们想要知道这个结果 $Pr[G \mid S]$和 $Pr[G]=p$ 之间的关系。我们可以这样来理解，当 $a>b$ 时，分母 $pq^a\ (1-q)^b+\ (1-p)\ (1-q)^a q^b<pq^a\ (1-q)^b+\ (1-p)\ q^a\ (1-q)^b=q^a\ (1-q)^b$

$$Pr[G|S]=\frac{pq^a(1-q)^b}{pq^a(1-q)^b+(1-p)(1-q)^a q^b}>\frac{pq^a(1-q)^b}{pq^a(1-q)^b+(1-p)q^a(1-q)^b}=\frac{pq^a(1-q)^b}{q^a(1-q)^b}=P$$

这样，我们就可以证明 $a>b$，$Pr[G \mid S]>Pr[G]$。同样，我们可以证明 $a<b$，$Pr[G \mid S]<Pr[G]$；$a=b$，$Pr[G \mid S]=Pr[G]$。

接下来我们详细分析参与人如何相继做出决策。和之前一样，我们假定每个参与人都能够观察到前面参与人的决策行为，但是不知道前面参与人所掌握的信息。在我们的模型中，这意味着，参与人能够获得他们自己的私人信号和之前所有参与人是否接受可选项的情况，但是他们不能够看到之前所有人收到的具体的私人信号。

这个推理过程和从众行为实验中学生们的相继决策过程非常相似。

1. 参与人 1 会根据他的私人信号做出决策。(这里及以后，我们说参与人根据他的私人信号做出决策，指的是一种简单的情形，就是说如果参与人收到一个高的信号，他将接受可选项，如果参与人收到一个低的信号，他将拒绝接受可选项)。

2. 参与人 2 知道参与人 1 的决策真实地反映了他收到的私人信号，因此这类似于参与人 2 收到了两个信号。如果这两个信号是相同的，参与人 2 的决策就非常简单。如果这两个信号不同，我们知道参与人在接受与否之间是无差异的。这里我们假定他将根据他的私人信号做出决策。这样，无论任何一种情形，参与人 2 都会根据他的私人信号做出决策。

3. 参与人 3 知道参与人 1 和参与人 2 的决策真实地反映了他们收到的信号，因此，这相当于参与人 3 收到了三个独立的信号（两个根据推测获得，1 个是自己本身收到的）。我们知道如果收到的高的信号居多，参与人 3 将选择接受；如果收到的低的信号居多，参与

人 3 将选择拒绝。这意味着，如果参与人 1 和参与人 2 做出相反的决策（比如他们收到了相反的信号的情形），那么参与人 3 将根据他的私人信号做出决策。这样，后面的参与人就会知道参与人 3 是根据他自己收到的私人信号做出决策的，参与人 3 的决策反映的私人信号就可以在他们以后的决策中使用。另一方面，如果参与人 1 和参与人 2 做出了相同的决策，参与人 3 将会追随他们的选择而忽略自己收到的私人信号。这样，后面的参与人就会知道参与人 3 的决策并不能反映他收到的私人信号的真实情况。后面的决策者将面临和参与人 3 同样的处境，此时，一个信息瀑布就产生了：没有参与人会根据他们收到的私人信号做出决策，从第三个参与人开始，所有人的决策都会和最初的两个人一样。

现在，让我们看第三个人之后的任意一个参与人所面临的情形，我们就考察参与人 N 面临的情形。假设，参与人 N 知道他前面的所有参与人的决策都真实反映了他们各自的私人信号。这时，同样有几种情形需要考虑。

（1）如果参与人 N 之前观察到的接受决策和拒绝决策数量相同，那么参与人 N 将根据他的私人信号做出决策。

（2）如果参与人 N 之前接受决策和拒绝决策数量不同并且相差为 1. 那么要么参与人 N 的私人信号会使得他在拒绝和接受之间无差异，要么参与人 N 的私人信号会使参与人 N 坚定地选择数量居多决策。任何一种情形下，参与人 N 都会根据他的私人信号做出决策。

（3）如果参与人 N 之前接受决策和拒绝决策数量不同且相差为 2. 这样，无论参与人 N 收到的私人信号是何种情形，都将抵不过多数决策的影响。最终，参与人 N 将遵从前面数量居多的决策。进而，参与人 N+1，N+2 和之后的所有参与人都会知道参与人 N 忽略了自己的私人信号。他们面临的情形和参与人 N 是一样的，他们也会忽略自己的私人信号，遵从多数人的选择，这样一个信息瀑布就产生了。

最终，我们可以将参与人的决策总结如下：如果接受和拒绝的数量相差为 1，每个参与人就会简单地根据他收到的私人信号做出决策；一旦接受和拒绝的数量相差超过 2（包含 2），一个信息瀑布就产生了，所有参与人都会忽略自己的私人信号，遵从大多数人的决策。图 15.2 描绘了这个过程的一个简单情形，这个曲线每次向上或向下只波动一个单位，因为每个决策只会产生一个接受和一个拒绝决策。一旦接受和拒绝的数量之差越过了围绕 X 轴的狭窄的水平区域，或者说曲线远离 X 轴至少两个单位，一个信息瀑布就产生了。

最后，我们可以看到要使这种差异保持在这个狭窄的范围（−1 和 1 之间）之内是非常困难的。比如，当人们都在根据自己的私人信号做出最终决策时，出现连续三个人做出相同决策的情形，一个无穷的信息瀑布就产生了（这并不是信息瀑布产生的必备条件，但是一旦出现三个相同决策的情形，信息瀑布必定产生）。我们会看到三个相同决策出现的概率在 N 趋于无穷时是趋近为 1 的。这里我们将前 N 个人分为三人一组的新序列（参与人 1，2，3，参与人 4，5，6，参与人 7，8，9，以此类推）。对于每个新的序列来说收到相同信号的概率是 $q^3+(1-q)^3$。所有新序列都不出现相同信号这种情形的概率是 $(1-q^3-(1-q)^3)^{N/3}$。随着 N 趋于无穷，这个值趋向于 0. 这就表明，随着参与人数趋于无穷，信息瀑布产生的概率趋近为 1。这样一来可以说在模型中信息瀑布这一现象总是能够出现。

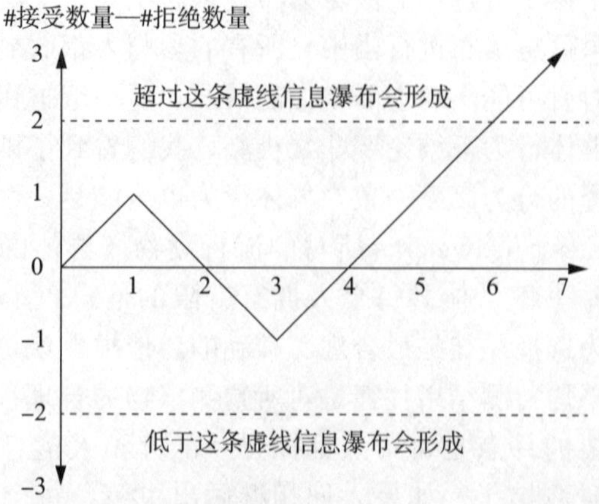

图 15.2　当接受和拒绝的数量之差超过 2 之后，信息瀑布就产生了

到此为止，我们的分析就基本结束了，还有几个小的要点我们需要再说明一下。这个模型可以说是参与人相继做出决策问题的一个最简单模型。更一般的情况下，人们可能只能观察到一部分前人的决策，同时，因为每个前人私人信号所传递的信息可能是不相同的，所以每个人获得的支付可能不尽相同。我们的模型可以进一步地扩展，但是我们会看到最终的结论是非常相似的：当人们只能观察到其他人的行动，不能完全掌握别人的信息时，最开始人们会根据自己的私人信息做出决策；随着时间的推移，理性的参与人会放弃自己的私人信息，效仿大多数人的行为选择。

五、信息瀑布现象的启示

对于信息瀑布现象，一开始我们根据简单的从众行为实验得到了一些直观上的启示，这里我们可以根据前面的抽象模型进一步分析一下。

1. 信息瀑布可能是错误的。即使接受某一可选项是一个错误的选择，最开始的两个参与人也是有可能收到高的信号的，这种情况下，信息瀑布就产生了，即使对于整个群体来说接受这个可选项是个错误的选择。

2. 信息瀑布的产生可以基于很少的信息。信息瀑布现象一旦产生参与人就会忽略自己的私人信息，因此，只有信息瀑布开始前的信息才会对整个群体的行为产生影响。这就意味着，如果信息瀑布现象很早就产生了，群体所能获得的大部分私人信息都没有被利用。

3. 信息瀑布现象非常脆弱。上面第二点，信息瀑布的产生基于很少的信息，这使得信息瀑布很容易产生，同时也使得信息瀑布现象很容易结束。一个主要表现就是，如果某个参与人掌握了稍微多一点的信息，即使已经进行了很长时间的信息瀑布也会出现反转。

举例来说，假设我们模型中一个接受可选项的信息瀑布正在进行中：这意味着在信息瀑布产生之前，高的信号的数量超过了低的信号的数量达到了 2 个。现在，假设中间的某个参与人收到了两个私人信号，而且都是低的信号。那么这个参与人面对的就是数量相同的有效信号。对他来说接受与否就是无差异的，我们通常假设他会根据自己的私人信号选择拒绝这个可选项，这个接受可选项的信息瀑布现象就结束了。类似的一个公共的信号也会产生相似的结果：如果信息瀑布进行当中，所有的参与人都收到了一个公共信号，接下来的参与人在做出决策时就可能出现上面类似的情况。更一般地讲，或许信息瀑布现象给我们的主要启示就是对群体行为下结论要非常小心，我们看到了即使所有参与人都非常理性，即使所有参与人选择的行为高度一致，群体行为也可能是一个错误的选择。

信息瀑布现象和 James Suroweickis 所写的流行读物《群体的智慧》所揭示的道理形成了有趣的对比。在那本书里，他讲每个人拥有有限的信息，个体可能会做出错误的选择，但是整个群体的行为选择往往是最合理、准确的。他举例说，如果每个人对一个事物独立做出猜测，群体的平均猜测结果往往是对所猜测事物的合理预测，比如对展览会上公牛重量的猜测。这里重要的一点是每个人都拥有一部分私人信息，并且他们独立做出预测，并不知道其他人的猜测结果。如果人们相继做出决策，每个人都知道前人的猜测结果，我们就回到信息瀑布的问题上去了。这时，期望人们的平均猜测结果非常精准就非常困难了。Suroweickis 在书中也提到了这一点，提醒人们注意。

这些观察表明信息瀑布的出现会对个体和群体的行为产生影响。一个非常容易受到的影响的群体决策场合就是面试中问题。假如说公司的人力资源部门要在应聘人 A 和应聘人 B 之间做出选择。在这样的情形下，通常是部门的成员围坐在一起，分别表达他们的观点。此时，如果这些人认为他们对于这事情应该有着相似的判断，信息瀑布现象很快就会出现：一开始几个人都表示倾向于选择 A，其他人可能就会认为他们也应该选择 A，即使最初他们更倾向于选择 B。我们讨论的信息瀑布现象表明，这种结果的出现也并不完全是屈服于社会压力的表现，更可能是理性决策的结果，毕竟其他人的选择可以给你提供一些相关的信息。这些考虑也表明让一群专家聚在一起共同讨论一件事情，一方面可以创造机会让大家相互交流，另一方面，他们之间可能会产生相互影响。或许让他们先独立进行研究，然后再聚在一起相互讨论可能会达到比较好的效果。同时，对于这些人而言，表达的先后顺序也可能会对最终形成的结果产生影响。

企业的经营者也可以利用这种信息瀑布现象达到销售某件产品的目的。如果他们能够让一部分人首先使用这个产品，可能后面的人就会模仿前人的选择，尽管这一产品可能比不上其他类似产品。如果后面的人只能观察到前人的选择，而不了解前人的使用效果，这种策略会更有效一些。同样，如果前面消费者的使用效果可以获得或被了解到，那么错误选择的盲目购买行为就可以有效避免。

第二节　网络效应

在前面的章节中，我们讨论了人们模仿他人行为的两种主要原因。一种是基于信息因素：因为其他人的行为传递了他们所知道的一些信息，观察并效仿他们的所作所为（即使有悖于你自己的想法）很多时候都是理性的选择。这是我们在第一节讨论的焦点。另一种原因是基于直接效益，也称网络效应：很多情况下，采取和别人相同的行动可以使你从中受益。这是我们在这一节将要讨论的焦点。是否采用某项技术的决策往往存在网络效应，因为对于技术来说，和其他人的互动和兼容往往是非常重要的价值所在。比如，在传真机最初进入市场的时候，对于潜在购买者来说，它的价值取决于有多少人在使用这个产品。社交网站和其他自媒体的价值也具有相似的特性：他们的价值往往取决于其他人的使用状况。

这里我们讨论的外部效应指的是正的外部性。我们知道，当个人的福利状况受到其他人的影响，但是并没有相应的支付存在时就会产生外部性。比如，社交网站对你的价值取决于网站的用户数量。当有新人加入这个社交网站时，他会给你带来一个正的福利增加，但是你并没有因此就要支付一笔钱，这就是正的外部性。这一节主要考察网络效应带来的正的外部性，在我们的分析中支付主要取决于使用产品的用户数量，暂不考虑他们的具体连接形式。本章最后，我们再讨论网络连接的具体结构及其产生的正的外部性。当然，和正的外部性相对应，负的外部性也会存在，比如交通堵塞问题，这里我们暂不考虑。同样，并不是所有的产品都具有外部性，比如你买了一杯咖啡，喝掉给你带来了正的福利增加，但是同时你已经有相应的支付，这种情况下就不存在外部性。

一、没有网络效应的经济形式

本节我们考察一个假设的产品销售市场，首先考察不存在网络效应（消费者不在意有多少人在使用这件产品）时，市场的运作形式；然后，我们再考察当网络效应存在时，市场会发生什么变化。

我们考察有大量潜在购买者的市场，每个人对整个市场的影响很小，他的决策并不会影响到整个市场的状态。比如，每个人要考虑是否购买一片面包，这不会影响到面包的市场价格，其他人也是一样。当然，在实际市场上，消费者的数量往往是有限的，每个消费者会对整个市场产生或大或小的影响。但是相对于整个市场而言，每个消费者的影响是微乎其微的，我们在模型中暂时不考虑这种影响。从形式上，我们可以用介于 0 和 1 之间的一个数字来描绘所有消费者，这样模型中就可以不用考虑单个个体的影响。也就是说，每个消费者被命名为一个不同的真实数字，同时消费者的总量为 1。这种方式在数学上非常有用：比如这里，名称为 0 和 x（$x<1$）之间的一组消费者代表了总体中占比为 x 的一组消费者。同时，我们假定消费者是连续的。

假定每个消费者最多需要 1 单位的商品；获得 1 单位商品对于不同的消费者来说有着不同的内在收益。如果没有网络效应，那么消费者购买商品的意愿只取决于这个内在收益。当存在网络效应时，消费者购买商品的意愿除了商品对其的内在收益，还取决于商品的使用数量，通常使用数量越多，消费者的购买意愿越强。这里我们对网络效应的研究就是分析当后一种因素发生作用时会产生什么变化。在此之前，我们首先考察当不存在网络效应时市场的运作形式。

如果不存在网络效应，商品对于每个消费者的效用可以用一个保留价格的概念来描绘，它指的是消费者愿意为每单位商品付出的最高价格。我们假定消费者按保留价格的高低分布在 0 和 1 之间。因此，如果消费者 x 比消费者 y 有着更高的保留价格，那么 $x<y$。用 $r(x)$ 表示消费者 x 的保留价格。在本章中，我们将假定函数 $r(\cdot)$ 是连续的，没有两个消费者有着相同的保留价格，也就是说函数 $r(\cdot)$ 随着消费者从 0 到 1 是

严格递减的。

假定一单位某商品的价格是 p：每个人都可以支付价格 p 获得一单位商品。因此，保留价格至少为 p 的消费者将选择购买，保留价格低于 p 的消费者不会购买。因此，如果价格为 $r(0)$ 或更高，那么没有人会购买；如果价格为 $r(1)$ 或更低，所有人都会选择购买。让我们看价格 p 严格介于 $r(1)$ 和 $r(0)$ 之间时的情形。在这一范围内，存在一个唯一的数值 x，使得 $r(x)=p$：如图 15.3 所示，因为 $r(x)$ 是一个严格递减的连续函数，那么它必定和水平线 $y=p$ 在某处相交。

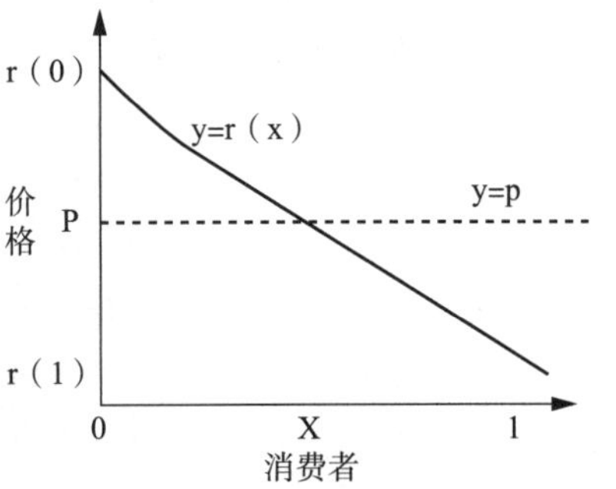

图 15.3 保留价格与价格

这意味着，0 和 x 之间的所有消费者都会选择购买商品，x 之上的所有消费者不会选择购买：总体中占比为 x 的消费者会选择购买。对于任何一个价格 p，都存在一个对应的 x，整体中占比为 x 的消费者会选择购买。这里，价格和消费者数量之间的关系可以理解为商品的反需求函数。

假设市场是完全竞争的，商品可以以每单位 P^* 的价格无限供应，同时，我们假定 $r(0)>p^*>r(1)$。这样，我们可以重新解读前面图 15.3 所示的情形，将 x^* 理解为商品的均衡产量，如图 15.4 所示。

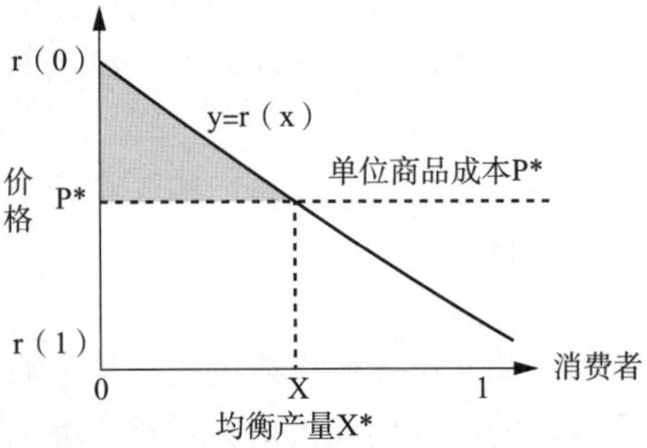

图 15.4 均衡产量

注意这里，x^* 代表了消费者对这一商品消费的均衡消费数量。如果消费者中占比小于 x^* 的消费者购买了商品，那么就存在一些有购买动力的潜在消费者没有买到商品，他们的保留价格高于 p^*。此时，对于这一商品就有一个向上的购买推动力，因为有部分想买却没有买到。另一方面，如果占比超过 x^* 的消费者购买了这一商品，那么就有一部分本来不愿意购买商品的消费者选择了购买，因为他们的保留价格低于 p^*。此时，对于这一商品就有一个向下的消费压力。

这个均衡产量具有一个非常重要的特性，就是它实现了社会最优。我们看这个分配形式的社会福利状况，这里我们可以将其理解为消费者的保留价格之和与对应产量的生产成本之和的差异程度。现在，如果社会能够生产足够多的商品提供给占整体比例为 x 的消费者，那么如果将商品卖给 0 和 x 之间的消费者，社会福利将会达到最大，因为 0 和 x 之间的消费者是对商品评价最高的一部分消费者。与此同时，x 的值为多少是最合适的呢？因为消费者 x' 对社会福利的贡献为 $r(x')-p^*$，所以当 0 和 x 之间的消费者获得商品时，我们可以将社会福利理解为曲线 $y=r(x)$ 和水平线 $y=p*$ 之间的区域。从图形上看，当 $y=r(x)$ 降到水平线 $y=p*$ 之下时，可以理解为对社会福利产生负的影响。这样一来，我们要把曲线 $y=r(x)$ 和水平线 $y=p*$ 之间所有正的区域都汇聚起来，负的区域排除掉，就要选择 x 取均衡的 $x*$ 值，这样，均衡产量 $x*$ 就是社会最优的。

接下来，我们引入网络效应，我们会看到市场的几个重要特性会发生根本变化。

二、存在网络效应的经济形式

这一节，我们讨论一个存在网络效应的商品市场模型，这里我们采用 Katz 等人提出的一个一般化的方法。当存在网络效应时，对于一个潜在的消费者来说，他的保留价格和商品的用户数量都要考虑。在模型中描绘这两种因素有一个简单方法：假设如果整体中占比为 x 的人都在使用这一产品，那么商品对于消费者 x 的保留价格为 $r(x)f(z)$。$r(x)$ 和前面一样，表示商品对消费者 x 的内在收益，$f(z)$ 用来刻画整体中占比 z 的人使用这一产品对用户的价值。这个新函数 $f(z)$ 随着 z 的增大而增大：它表示产品的使用者数量越多，给消费者带来的价值增加越多。$r(x)f(z)$ 表示消费者的保留价格取决于消费者的内在收益和商品的用户数量这两个方面，并且随其增加而增加。

为了和社交媒体和通信技术保持一致，我们先假定 $f(0)=0$：如果没有人购买某件商品，那么其他人也不会愿意购买这件商品。在后面，我们会考察 $f(0)$ 不等于 0 时的情形。我们假定函数 f 为一个连续函数。最后，为了使讨论简单一些，我们假定 $r(1)=0$。这意味着，如果愿意购买商品的人所占比重趋近于 1，他们愿意付出的价格将趋近为 0。这个假设对我们的最终结论不会产生影响，但是可以使得分析过程更简洁一些。

因为消费者的购买意愿受到商品的使用者数量的影响，每个消费者在做出购买决策时需要合理地预测使用者所占比重。假设商品的价格是 p^*，消费者 x 预期整体中占比为 z 的消费者将购买商品，那么当 $r(x)f(z)>p^*$ 时，x 才会选择购买。我们首先分析，当消费者能够准确预测商品使用数量时的情形；之后，我们将考察当消费者的预测不准确时，从整体层面上将会发生的动态变化。

我们讲消费者能够准确预测商品消费数量，就是说消费者对于商品的使用者所占比重形成了一个共同预期：如果消费者预测整体中占比 z 的消费者会购买商品，那么基于这一预期，最终选择购买商品的消费者占比会达到 z。我们称这个消费者消费数量为自我实现预期均衡：如果所有人都预期整体中占比 z 的消费者会购买这一商品，那么这一预期会由于人们的行为而自我实现。

那么，当价格 $p^*>0$ 时，均衡值 z 是什么样的呢？首先，如果所有人预测 $z=0$，没有人愿意购买，那么每个消费者 x 的保留价格都是 $r(x)f(0)=0$，低于 p^*。最终没有人会选择购买，这个 $z=0$ 的共同预期就实现了。

现在看 z 严格介于 0 和 1 之间的情形。如果正好整体中占比为 z 的消费者选择购买，这部分消费者在哪个范围之内呢？很明显，如果消费者 x_1 购买了商品且 $x<x_1$，消费者 x 也会购买。因此，这组消费者应该处于 0 到 z 之间。那么 p^* 值如何保证正好这部分消费者选择购买，其他消费不会购买呢？最低的保留价格属于消费者 z，为 $r(z)f(z)$，因此，$p^*=r(z)f(z)$。

我们可以总结如下：

如果价格 $p^*(p^*>0)$ 和数量 z（严格介于 0，1 之间）构成一个自我实现预期均衡，那么 $p^*=r(z)f(z)$.

这和不存在网络效应时的情形形成鲜明对比。前面，我们看到要使商品的售出数量多一些，价格要降低一些，或者说价格越高卖出的商品越少。这主要是由于不存在网络效应时，均衡数量 x^* 由 $p^*=r(x^*)$决定，而 $r(x^*)$随 x 增加而减小。存在网络效应时，商品市场就复杂一些了，此时消费者对商品的需求量受他们预期的商品需求量影响，也就是由更复杂的方程 $p^*=r(z)f(z)$决定。由于我们假定 $f(0)=0$，任意价格 p^* 和需求量 $z=0$ 构成一个均衡结果：如果所有人都预测商品没有需求，没人愿意消费，生产者也不会生产。

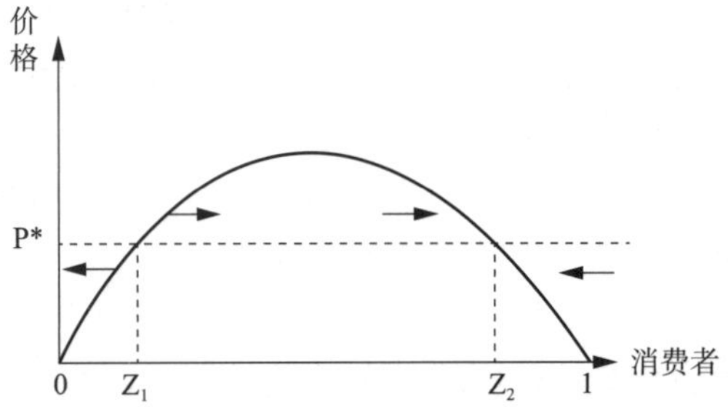

图 15.5　存在网络效应的经济均衡的一个具体示例

要确定是否还存在其他均衡结果，需要知道函数 $r(\cdot)$和 $f(\cdot)$的具体形式以分析方程 $p^*=r(z)f(z)$。这里，我们考虑 $r(x)=1-x$，$f(z)=z$ 的一个具体例子。此时，$r(z)f(z)=z(1-z)$，我们可以得到一个图 15.5 所描绘的抛物线：$z=0$ 和 $z=1$ 时，它的值为 0；$z=1/2$ 时，它达到最大值 1/4。当然，一般来讲，函数 $r(\cdot)$和 $f(\cdot)$不必是这个例子中的形式，但是通常我们会得到图 15.5 所示的形状。

利用这个具体的例子，我们可以准确地找出所有的均衡结果。如果 $p^*>1/4$，那么 $p^*=r(z)f(z)$无解，唯一的均衡结果就是 $z=0$。这对应于商品定价过高，没有人希望购买的情形。另一方面，当 p^* 介于 0 和 1/4 之间时，$p^*=z(1-z)$就存在两个解，如图 15.5 水平线 $y=p^*$ 和抛物线 $z(1-z)$相交的两点 z_1 和 z_2。这样，就存在三个可能的均衡：z 值为 0，z_1，z_2。对于这三个 z 值，如果人们能正确预期整体占比为 z 的消费者会购买商品，最终消费者购买的比重就会达到 z。

这个例子中有两点是我们首先会注意到。首先，直观地讲，自我实现预期均衡对应于“消费者信心”的加总结果。如果人们对某件商品的成功没有信心，网络效应的存在使得没有人愿意购买，这种信心的缺失导致商品最终的失败。另一方面，对于同样的商品，同样的价格，如果人们对于商品的成功有信心，那么最终可能就会有相当比例的消费者购买商品，带来商品的成功。这种多重均衡存在的可能性是存在网络效应经济的典型特征。另一个值得注意的地方是关于需求曲线的特性。和图 15.3 中简单的下降的需求曲线相比，图 15.5 中的曲线强调了价格和均衡产量之间的复杂性。具体来说，当价格 p^* 下降到 1/4 之后，“高”的均衡 z_2 向右移动（和前面简单的需求曲线相似），但是，“低”的均衡 z_1 向左移动，接近占整体非常小的比例。接下来，我们将详细对比分析这两个均衡之间的关系。

三、稳定性，不稳定性和转折点

我们继续沿用图 15.5 所示的具体例子。首先，我们看为什么除 0，z_1，z_2 之外的 z 值不能构成一个均衡。假设现在整体中占比为 z 的消费者购买了商品，而这个 z 值不是三个均衡产量之一。

1. 如果 z 值介于 0 和 z_1 之间，那么对商品的需求量就有一个下降的压力：因为 $r(z)f(z)<p^*$，对消费者 z_1 及 z_1 以下的消费者来说商品的保留价格小于 p^*，他们会后悔购买商品。这将推动需求量的下降。

2. 如果 z 值介于 z_1 和 z_2 之间，那么对商品的需求量就有一个“向上”的推动力：因为 $r(z)f(z)>p^*$，消费者 z 及稍微高于 z 的一部分消费者就有消费的需求。这将推动需求量的上升。

3. 最后，如果 z 超过 z_2，那么又会存在一个向下的压力：因为 $r(z)f(z)<p^*$，消费者 z 及之上的消费者同样后悔选择购买商品，这将推动需求量的下降。

z 值的这三种非均衡形式对于均衡结果 z_1 和 z_2 有着有趣的影响。首先，它表明 z_2 具有较强的稳定性特征。如果稍微超过 z_2 的消费者购买了商品，那么之后需求会被拉回到 z_2；如果略微少于 z_2 的消费者购买了商品，需求会被推到 z_2 的水平。因此，如果人们对某商品的预期需求量在 z_2 左右，那么最终我们将会看到结果稳定在 z_2 的水平上。

但是，当人们的预期需求量在 z_1 附近时，情况就不一样了，就会非常不稳定。如果稍微超过 z_1 的消费者购买了商品，那么对商品需求产生的向上推动力就会推动需求从 z_1 到更高的均衡结果 z_2。如果略微少于 z_1 的消费者购买了商品，那么向下的推动力将使需求量降低到 0 的均衡结果。这样，只有当占比为正好为 $z1$ 的消费者购买了商品，我们才会达到一个均衡；如果占比稍微偏离这个值，系统将会向下和向上到一个差别非常大的均衡点。这样，z_1 就是一个不稳定的均衡结果；它对商品的成功来说实际上是一个临界点或者说是一个转折点。如果企业生产的一件产品，能够使消费者对其需求量的期望超过 z_1，他可以利用这个向上的需求推动力使市场份额达到更高的稳定均衡结果 z_2。另一方面，如果消费者的期望略微低于 z_1，向下的压力将使市场份额将为 0。z_1 这个值就是企业若想成功必须翻越的“驼峰”。

这种对均衡的理解提示我们可以这样来理解价格 p^*。如果企业将商品的价格定得比较低一些，降低 p^* 的值，将达到两种有益的效果。此时，图 15.3 的需求曲线与一个相对较低的水平线相交，较低的均衡 z_1 将左移，这个转折点就比较容易超过。同时，较高的均衡 z_2 会右移，如果企业能够越过转折点，最终的市场份额 z_2 将变得更大。当然，如果定价过低，p^* 低于商品的生产成本，企业将会发生损失。但是作为价格策略的一部分，这些损失将会由于商品以后的成功而弥补。这种价格策略可以理解现在许多企业提供免费试用，较低的入门价格甚至免费等行为。

我们前面看到不存在网络效应时的均衡结果具有社会最优的特性，均衡结果使得消费者的保留价格和商品的生产成本之间的差异达到了最大，消费者剩余最大，实现了社会最优。但是，当存在网络效应时，均衡结果通常就不是最优的了。概括地讲，主要原因在于每个消费者的选择都会影响到其他消费者的支付。假设，我们处于一个用户规模为 z^* 的稳定均衡状态。消费者 z^* 的保留价格最低为 $r(z^*)f(z^*)=p^*$。现在看 z^* 和 z^*+c(假定 c 非常小)之间的一部分消费者。这部分消费者都不会购买商品，因为 $r(z)f(z^*)<p$。但是如果他们购买了商品，所有购买者 $x(x<z^*)$都会受益，商品对他们的价值将从 $r(x)f(z^*)$提高到 $r(x)f(z^*+c)$。然而介于 z^* 和 z^*+c 之间的消费者在做出各自的决策时并不会考虑这个效果。很容易找到对于现有消费者效益增加超过介于 z^* 和 z^*+c 之间的消费者所受损失的情形。在这样的情况下，这个均衡结果就不是社会最优的。这个例子也表明，一般来讲，存在网络效应时商品的市场供给低于社会最优的产量。

四、对市场的一个动态观察

还有一种方式来理解这个非常有启发性的临界点概念。我们讨论的焦点一直是人们对商品需求量能够做出准确预测时的情形。现在让我们看一下，如果消费者对商品的需求量有着一个共同的预期，但是我们允许这个预期可能并不准确时会发生什么。

如果大家都预测整体中占比 z 的消费者会购买商品，那么对于消费者 x 来说，只有 $r(x)f(z)\geqslant p^*$ 时，他才会选择购买。如果一群人都愿意购买，那么这群人应该介于 0 和 $\hat{z}$ 之间，要求 $\hat{z}$ 满足 $r(\hat{z})f(z)=p^*$。等价于

$$r(\hat{z})=\frac{p^*}{f(z)} \tag{15.1}$$

$$\hat{z}=r^{-1}\left(\frac{p^*}{f(z)}\right) \tag{15.2}$$

这提供了计算结果 $\hat{z}$ 的一个方法，但是只有当存在 $\hat{z}$ 使得方程 15.1 成立时才行，否则结果就是没有人购买这种情况。因为 $r(\cdot)$是一个连续函数，从 $r(0)$降到 $r(1)=0$，因此，只有当$\frac{p^*}{f(z)}\leqslant r(0)$时，方程 15.1 有解且唯一。因此，我们可以定义一个新的函数 $g(\cdot)$，给出所有共同预期 z 值之下的 $\hat{z}$。

当共同预期为 $z\geqslant 0$，结果 $\hat{z}=g(z)$，这里，

$g(z)=r^{-1}\left(\frac{p^*}{f(z)}\right)$，如果$\frac{p^*}{f(z)}\leqslant r(0)$成立；否则 $g(z)=0$。

我们以图 9.6 的例子为例具体看一下，$r(x)=1-x$ 和 $f(z)=z$。这里，$r^{-1}(1-x)=1-x$。同时，$r(0)=1$，$\frac{p^*}{f(z)}\leqslant r(0)$就是 $z\geqslant p^*$。因此，在这个例子里

$g(z)=1-\frac{p^*}{z}$ 当 $z\geqslant p^*$，否则 $g(z)=0$

我们可以用图 15.6 所示的曲线描绘函数 $\hat{z}=g(z)$，除了曲线的简单形状，它和 45°线 $\hat{z}=Z$ 可以为我们所讨论的均衡、稳定性和不稳定性提供一个可视化的图形描绘。首先，这两个函数 $\hat{z}=g(z)$和 $\hat{z}=Z$ 相交处就是我们的自我预期均衡结果：此时，我们有 $g(z)=z$，如果所有人预期整体中占比 z 的人会购买，那么最终占到总体比例为 z 的人会选择购买。当曲线 $\hat{z}=g(z)$处于 $\hat{z}=Z$ 之下时，对商品的需求量就存在一个向下的压力：如果大家都预期整体占比为 z 的人会购买商品，最终的结果会偏离这个预期，商品的需求量出现向下的偏离，因为此时实际愿意购买的用户低于大家预期的用户数量。对应地，当曲线

$\hat{z}=g(z)$处于$\hat{z}=Z$之上时，对于商品的需求量就会存在一个向上的推动力。

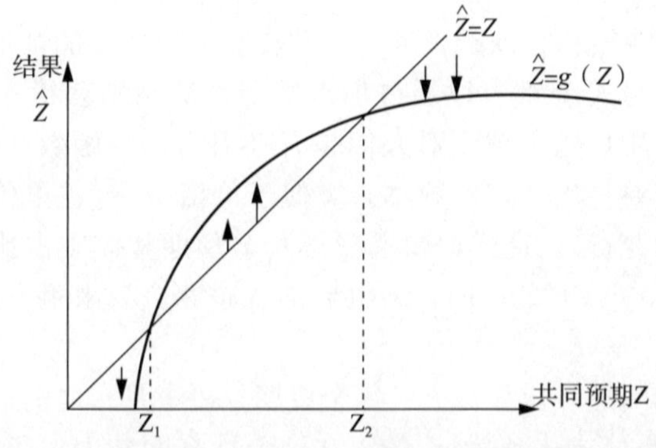

图 15.6　函数 $\hat{z}=g(z)$，共同预期与实际需求结果

从图形上，我们还可以更好地理解均衡结果的稳定性特性。根据曲线在均衡结果 z_2 附近的相交形式，我们可以看出它是非常稳定的：此时存在来自于下面的向上推动力和来自上面的向下推动力。另一方面，曲线在均衡结果 z_1 附近的相交形式使其变得非常不稳定：此时存在来自下面的向下的压力和来自上面的向上的推动力，均衡结果很容易被这种情形所扰乱。

图 15.6 所示的特殊图形是由我们选择的函数形式所导致的，但是这其中所反映的道理是具有普遍意义的。如果存在网络效应，商品的预期使用者和实际购买者之间就会存在这样一种情形，更一般地如图 15.7 所示的比较平滑的形状。曲线 $\hat{z}=g(z)$ 和 $\hat{z}=Z$ 相交，根据曲线从上面或者是从下面穿越 45°线 $\hat{z}=Z$，我们有或稳定或不稳定的均衡结果存在。

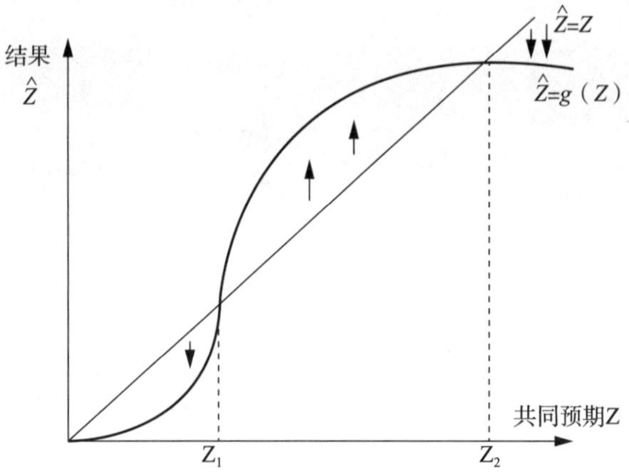

图 15.7　图 15.6 的推广

下面我们对动态行为进行分析。20 世纪 70 年代，Mark Granovetter 等人利用图 15.6 和图 15.7 所示的图形来分析存在网络效应时整体的动态行为。他们着重分析了参与某项具有网络效应的活动的人数随着时间的增减变化。为了分析这一类问题，区别于消费者对某项实物（比如传真机）的购买决策，我们考虑人们评估是否加入某个大型社交网站的情形，在这里人们可以与朋友聊天，分享一些有趣的东西等。之所以要考虑是否加入某个社交网站的情形而不再是购买某种商品的决策，主要是因为这种参与决策要更加灵活一些，而购买一个实体商品的决策往往缺乏弹性。虽然转变了所考察的情形，我们所使用的模型依然是相同的。每个参与人 x 都可以通过加入某个社交网站获得一个内在收益，用函数 $r(x)$表示；社交网站的用户数量越多对人们越有吸引力，由函数 $f(z)$表示。对应地，假定使用这个社交网站需要付出一定的成本，类似于价格 p^*（这里价格更可能是时间上的成本而不仅是金钱上的花费）。这样，如果参与人 x 预期整体中占比为 z 的人会加入这个社交网站，那么当 $r(x)f(z)\geqslant p^*$ 时，x 也会加入进来。这和我们之前分析的情形是一样的。

假设时间按固定的间隔（比如每天、每个星期、每个月）向前运行 $t=0$，1，2，……在时间 $t=0$ 时，最初整体中占比为 z_0 的人在这个社交网站中，我们称为初始用户规模。接下来，用户规模随着时间变化按如下的方法动态变化。在每个阶段 t，人们考虑是否加入到某个社交网站时，对用户规模的共同预期与上一阶段相同。在刻画共同预期和最终结果的函数 $g(\cdot)$中，意味着 $z_1=g(z_0)$，每个人在 $t=1$ 的阶段预期用户规模为 z_0. 在此之后，$z_2=g(z_1)$，因为在第 2 阶段每个人都预期用户规模为 z_1；更一般地讲，对于任意 t，我们有 $z_t=g(z_{t-1})$。很明显，这个假定意味着人们的行为是"短视"的：他们在评估加入的效用时假定未来的情形和现在一样。不过，这在人们通常掌握较少信息，以及行动规则比较简单和潜在用户数量非常大的情形下是比较合理的。而且这种假定所产生的动态变化和我们之前讨论的均衡概念非常匹配，这种动态变化最终达到一个比较稳定的自我实现预期均衡结果，下面我们详细讨论。

整体的动态行为可以在图形上描绘，同样不失严谨性。我们放大曲线 $\hat{z}=g(z)$在两个均衡结果附近的情形，如图 15.8 所示。

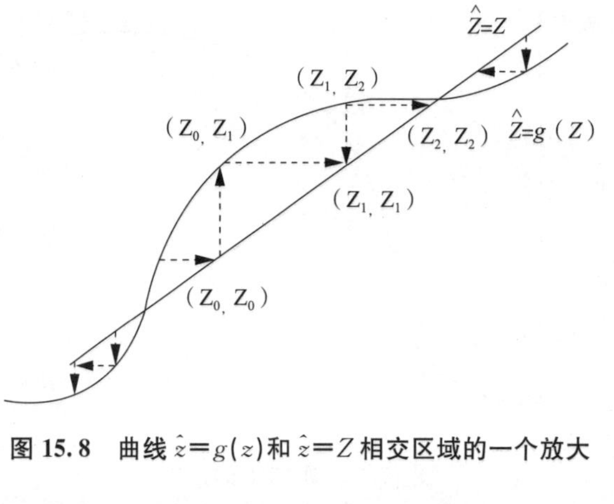

图 15.8　曲线 $\hat{z}=g(z)$和 $\hat{z}=Z$ 相交区域的一个放大

初始用户规模为 z_0，我们希望根据 $z_1=g(z_0)$，$z_2=g(z_1)$，$z_3=g(z_2)$……分析用户规模随时间的变化情况。我们可以通过追踪点（z_t，z_t）来观察用户规模的变动；这些点都在对角线 $\hat{z}=Z$ 上。我们从一个点到下一个点的分析方式如图 15.8 所示。我们首先将初始用户规模定位在对角线 $\hat{z}=Z$ 上。要确定 z_1，我们只要沿垂直方向延伸到曲线 $\hat{z}=g(z)$，这样我们就可以获得 $z_1=g(z_0)$的值。接着，我们再将用户规模 z_1 定位对角线 $\hat{z}=Z$ 上；

我们可以从点（z_0，$z_1=g(z_0)$）水平延伸到对角线 $\hat{z}=Z$。这样，我们就根据用户规模在第一阶段的变化从点（z_0，z_0）移动到了点（z_1，z_1）。这是基本的运行方式：每一阶段 t，我们可以根据当前的用户规模 z_{t-1} 确定最终的用户规模 z_t。我们首先从点（z_{t-1}，z_{t-1}）垂直移动到点（z_{t-1}，z_t），接着我们从点（z_{t-1}，z_t）水平移动到点（z_t，z_t）

图 15.8 同时描绘了我们根据用户规模的变化所追踪到的一系列点的情形。当我们分析曲线 $\hat{z}=g(z)$ 在对角线 $\hat{z}=Z$ 之上的情况时，我们的点向上移动，到达两个函数相交的最近的点。当 $\hat{z}=g(z)$ 在对角线 $\hat{z}=Z$ 以下时，我们的点向下移动，到达两个函数相交的点。注意这里，在稳定的均衡结果附近，点是往相对的方向变动；而在不稳定的均衡结果附近，点是往相反的方向变动。

这个简单的用户规模动态变化规律再次展现了稳定和不稳定均衡结果对用户规模最终情形的影响。稳定的均衡结果会吸引两边的用户规模向其靠拢，而不稳定的均衡结果类似于“分水岭”，用户规模将从这一点向两个相反的方向发展。

五、网络产品与相关产业

我们的相关讨论和模型分析为我们分析存在网络产品的相关产业的演化提供了一些有益的视角。下面我们从定性的角度讨论一下我们可以从这些模型中的得到的一些启示。我们将继续使用“用户规模”作为整体中购买商品的比例。

首先我们从图 15.5 开始，假设一个新的产品有着较高的初始生产成本——特别地，假定水平线 p^* 超过了抛物线的顶点。在这样的情况下，唯一的均衡是用户规模 $z=0$。如果过一段时间，成本降低了，水平线 p^* 与抛物线相交于两点，接近图 15.5 所示的情形，将会出现三个均衡结果。但是，当 p^* 较大，接近图中抛物线顶端时，可能并不会有产品能够卖出去。如果存在需求，消费者预期用户规模应至少为 z_1，当 p^* 较大时，这个 z_1 也会很大；考虑到之前没有产品能够卖出，这个预期是很难达到的，最终产品的需求量不会很大。但是，随着生产成本的持续下降，临界点降低（z_1 趋近于 0），用户规模 z_1 越来越容易实现。一旦消费者对商品有了信心，用户规模达到 z_1，最终稳定的均衡结果将是 z_2。因此随着成本的降低，最初商品的销售量会很少，一旦产品的销售出现好转，我们将会看到销售量会迅速增加到一个稳定的点。

如果企业要销售某种具有网络效应的产品，应该如何根据这个思路设计营销策略呢？假设你经营一家公司，主要销售某种具有网络效应的产品：可能是一个软件，通信技术，社交网站等等。只有超过转折点 z_1，产品的市场销售才会取得成功。从很小的规模开始，期望缓慢地开拓市场是很难成功的，因为除非你的产品得到广泛使用，对于任何潜在消费者来说，它的价值都很低。这样，在你的商品大范围的推广之前，你必须取得足够多的初始用户。通常，你可以设置一个较低的初始价格，甚至免费来吸引一些初始用户。这个价格低于生产成本可能会使你产生一部分损失，但是一旦达到转折点，产品取得成功之后带来的利润就能够弥补这部分损失。另一种可行的方式，就是利用一些明星的影响力带动其他人选择你的产品。这同样包含网络效应的影响，但是从总量层面无法具体分析，我们将在本章最后结合网络的具体的结构分析这种情形。

最后，我们来分析当几家公司推出多个相互竞争的产品，每个产品都具有网络效应时的情形。微软从兴起到逐渐垄断个人电脑操作系统以及 20 世纪 80 年代 VHS 战胜 Betamax 成为音像制品标准格式的案例是这方面比较经典的案例。在这些相互竞争的产品都具有网络效应的案例中，通常，会出现一个产品处于绝对优势的领导地位，很少出现多个产品都很成功的案例。最先超过它本身转折点的产品吸引了大量使用者，这使得其他竞争性产品的吸引力下降。最先到达这个转折点是非常重要的，某种意义上要比做成“最好”的产品更重要。假如，产品 A 具有用户规模 z，那么对消费者 x 来说，其价值为 $r_A(x)f(z)$；若产品 B 也具有用户规模 z，对消费者 x 来说，价值 $r_B(x)f(z)>r_A(x)f(z)$。假设两个产品的生产成本相同。我们可以说产品 B 应该是更好一些的产品，但是如果产品 A 率先进入市场，并超过转折点，产品 B 就很难生存了。这些思考为我们提供了对具有较强网络效应的市场形态的一些直观印象。Brian Arthur 在 1996 年的《哈佛商业评论》里总结了这类市场的一些典型标志，“市场不稳定性（市场往往向领先商品倾斜），多重潜在结果的可能性（不同的情形下，不同的网络产品最终会成功），不可预测性，市场的路径依赖，赢家通吃”。当然，我们在讨论产品 A 超过产品 B 的情形时，假定没有出现改变产品 A 的垄断地位的情况。如果拥有产品 B 的企业大幅度提高产品 B 的性能并且进行合理地市场推广，那么产品 B 依旧可以取代产品 A 成为垄断性的产品。

六、总量效应和个体效应的结合

到现在为止，我们的网络效应模型中假定产品的用户规模为 0 时，其对消费者来说价值为 0，我们用 $f(0)=0$ 表示。我们可以进一步考察更一般的网络效应的情况，这里我们分析即使消费者是第一个使用者，商品对他来说依然存在一定价值的情形。我们将这类模型称为结合了个体效应和总量效应的模型。这里，我们有 $f(0)>0$，$f(z)$ 随 z 增加而增加。我们并不试图考虑这样一类模型中所有可能的情形，相反，我们通过一个具体的例子来分析在结合了个体效应和总量效应之后产生的重要特性。

我们假定函数 $f(z)=1+az^2$，继续沿用 $r(x)=1-x$ 的简单情形。因此当用户规模为 z 时，对于消费者 x 来说，商品的价值为 $r(x)f(z)=(1-x)(1+az^2)$

现在我们利用前面对市场动态变化的分析方法分析此时的情形。我们将假定价格 $p*$ 严格介于 0 和 1 之间。当所有人预测用户规模为 z 时，实际购买商品的消费者为 $\hat{z}=g(z)$，同样，

$$g(z)=r^{-1}\left(\frac{p*}{f(z)}\right)，如果\frac{p*}{f(z)}\leqslant r(0)成立；否则\ g(z)=0。$$

同样，我们有 $r^{-1}(1-x)=1-x$。因为 $r(0)=1$，$f(z)\geqslant 1$,，$p^*<1$，这意味着 $\frac{p*}{f(z)}\leqslant r(0)$ 始终成立。同时，我们有，$g(z)=1-\frac{p*}{1+az^2}$

将函数 $\hat{z}=g(z)$ 和对角线 $\hat{z}=z$ 在图 15.9 中描绘出来，我们得到这样一种形状。最早的模型中 $f(0)=0$，用户规模为 0 是一个稳定的均衡结果：如果所有人预测没有人会购买某件商品，那最终没人购买。当 $f(0)>0$ 时，即使当某个消费者是这件商品唯一的买家时，这个商品依然是有价值的。此时，用户规模为 0 就不再是一个均衡结果（$p^*<1$）：即使所有人都预期没人会购买这件商品，最终仍然会有人购买。我们想知道当用户规模为

0 时，接下来用户规模（商品需求量）的动态变化形式。图 15.9 同时展示了用户规模从 $z_0=0$ 到 $\hat{z}=g(z)$与 $\hat{z}=z$ 的第一个交点（z^*，z^*）。这是我们从用户规模为 0 开始动态变化达到的一个稳定的均衡结果的过程。

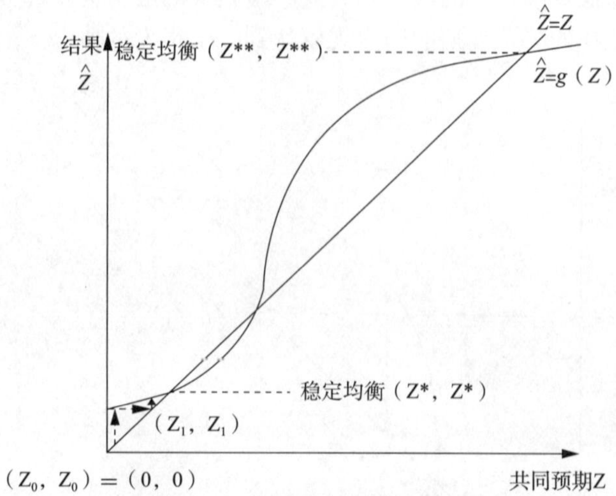

图 15.9　f(0)＞0 时，$\hat{z}=g(z)$与 $\hat{z}=z$ 形状的一个具体例子

注意这里和前面 $f(0)=0$ 的模型不具有直接可比性。前面，如果商品的用户规模为 0，这个商品就是无用的。企业对这类商品在做市场推广时必须要设法达到那个较低的不稳定的均衡结果才能最终取得成功。但是当 $f(0)>0$ 时，用户规模可以从零增长到一个较大的稳定均衡结果 z^*，如图 15.9 所示。换句话说，这里，用户规模可以从零开始缓慢地、自主地增加而不需要借助于外力达到临界点才能推动用户规模的增加。

在我们上面的例子中，拥有这个商品的企业可能不满足于这个自我实现的均衡结果，因为，还存在一个更大的稳定的均衡结果（z^{**}，z^{**}）。但是，从零开始用户规模无法自主达到这个高的均衡结果，因为它在 z^* 处被一个“瓶颈”阻挡住了。这里，我们将向大家展示，市场的一个较小变动可以使从零开始的用户规模的均衡结果产生一个较大的变动。假设，公司将价格 P^* 稍微降低一些，到一个新的 q^* 值，$q^*<p^*$，这样可以得到一个新的函数 $h(z)$描绘共同预期和均衡结果之间的关系

$$h(z)=1-\frac{q*}{1+az^2}$$

这就重新定义了一个新的动态变动过程。随着 q^* 变小，曲线 $\hat{z}=h(z)$向上移动，直到不再和 $\hat{z}=z$ 在（z^*，z^*）附近相交，如图 15.10 所示。然而，$h(\cdot)$仍然存在一个接近于函数 $g(\cdot)$上较高的均衡结果（z^{**}，z^{**}）较高的均衡解。

一旦 $g(\cdot)$向上移动足够多，不再与 $\hat{z}=z$ 在（z^*，z^*）附近相交时，用户规模从零开始的变动就会发生很大的变化：它将越过 z^* 到达一个更高的值 z^{**} 附近。这里有一个很自然的原因：如图 15.10 所示，（z^*，z^*）处的瓶颈出现了一个狭窄的通道，此时从点（0，0）开始的动态变化将使用户规模一直到达稳定的均衡（z^{**}，z^{**}）附近。

这一现象展示了存在网络效应的模型中，市场条件的微小变动是如何对结果产生重大

影响的。图 15.9 和图 15.10 的对比涉及存在网络效应的产品进行市场推广时非常重要的特性。在图 15.10 中，产品推广到需求最强的一部分消费者手中，但是却不能使产品扩展到所有潜在的用户，尤其是那些对产品需求并不十分强烈但是占比很大的一部分用户。然而，一旦价格稍微降低一些，产品就会对大众产生较大的吸引力，原先需求并不强烈的一大部分人最终也会选择购买，均衡的用户规模达到一个很大的值。

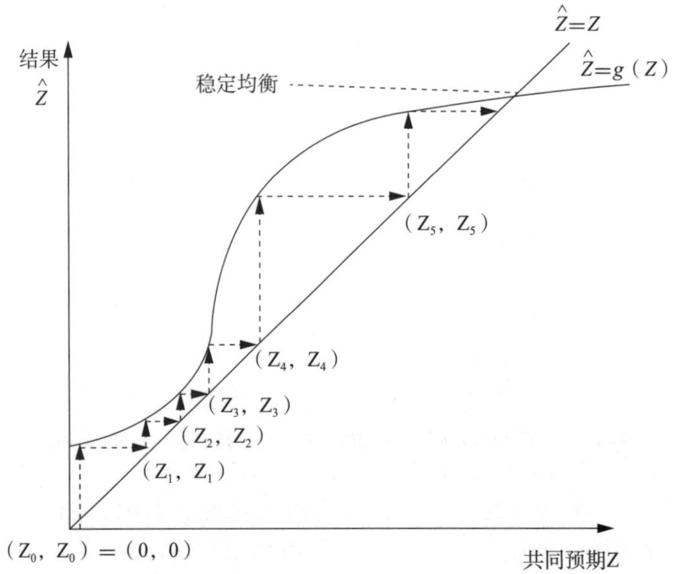

图 15.10　价格略微降低，曲线 $\hat{z}=g(z)$ 向上移动带来的变化

第三节　网络中的扩散问题

考察新的观念和发明创造等在人群中的扩散过程时，一个基本的立足点是我们认为个体的选择依赖于其他人的选择，由此会产生信息瀑布现象。这些问题背后的社会网络可以从两个不同的层面考虑：一个是我们将网络视为一个相对无定型的群体集合，我们进而从总量角度观察产生的结果；另一个是我们详细地考察网络的具体结构，观察个体如何受特定的网络“邻居”的影响。前面两节我们从总量层面分析群体的动态变化，假定个体都是同质的。这一节我们将考察具体的网络结构，并在此基础上分析网络中的群体行为等问题。

首先我们可以找到很多具体的案例，在这些案例中，我们不能简单地从一群同质的个体角度去分析。我们同外界的很多交往都是有一定的局域性的，相比整个群体的决策行为，我们往往更关心身边的朋友或者同事的决策。比如，在工作中，我们一般会采用和我们合作伙伴兼容的技术，而不是社会中最流行的技术。这样结合具体的网络结构分析个体的决策行为和图形理论中我们对同质聚集问题的分析类似。在那里，我们考察了人们是如何和相似的人群产生联系，并努力同身边的人产生一致性的现象。不过那里我们虽然考察具体的网络结构，但没有具体分析个体的决策行为，我们简单地假定个体都有趋近同质群体的偏好，没有分析这背后比较基本的原则。而这一章前面几节，我们分析了群体产生一致性的一些基本原理：信息效应和直接利益效应。信息效应指其他人的决策行为能够传递他们掌握的信息；直接利益效应指我们可以从与他人采取相同决策行为中直接受益。接下来，我们将结合具体的网络结构和这些基本原则来探索社会网络中个体的决策原则和由此产生的网络中的一致性行为。

我们将重点考察当人们的决策受到周围的人影响时，一些新的行为、社会活动、观念、发明和技术等是如何通过社会网络从个体到个体之间扩散的。对这一问题的分析将以社会学中有着很长的实证研究历史的创新扩散问题为基础。在 20 世纪中期，出现了大量的对创新扩散问题的经典研究，为研究新技术和观念在群体中的扩散问题提供一个基本的研究思路。早期的一些研究考察个体间的扩散问题时集中于信息效应：个体的决策行为传递的信息影响了它们的网络“邻居”，并促使他们采用同样的技术等新的事物。这其中，最具影响力的是 Ryan 和 Gross 对美国依阿华州地区农民采用玉米杂交种子的研究以及 Coleman 等人对美国医生使用四环素问题的研究。在 Ryan 和 Gross 的研究中，他们通过与农民进行交谈，收集农民决定采用杂交玉米种子的原因和时间信息；他们发现大多数人从种子经销商处最先了解到杂交种子，但社区里的邻居采用杂交种子的经历才是使他们最终决定采用杂交种子的主要原因。Coleman 等人在分析医生选用新药物时更进一步，他们绘制了医生间的社会联系网络，并分析他们采用新药物的决策问题。虽然这两项研究关注不同社会群体和技术，却包含了同样的一些特征。首先，由于缺少了解，人们认为采用新技术风险较高，但最终结果显示新技术非常有效，人们才开始逐渐采用新技术。其次，在这两个群体中最先采用新技术的人具有同样的特质，像是较高的社会经济地位和喜欢冒险等。最后，这两个问题背后的决策行为都受到清晰的社会网络结构的影响，在这里，人们能够有效地观察到他们的邻居、朋友的行为。还有一种对创新扩散问题的研究集中在直接利益效应而非信息效应，像是电话、传真机、电子邮件等技术的扩散问题主要是由于人们通过这些技术可以和已经采用这些技术的朋友进行交流而获益。

随着这些研究不断出现，研究者开始探索适用于其他扩散问题的一些基本原则。比较有影响的是 Everett 的研究，他总结和分析了一些原则并考察了那些具有相对优势的技术失败的原因。一般来讲，包括：复杂性，人们是否可以有效地理解和使用；可观察性，人们是否可以了解某项技术并观察其他人的使用效果；试用性，是否可以减轻风险程度；最重要的或许是兼容性，新技术要能够有效地融入要进入的社会系统。对于兼容性，同质聚集可以看作创新扩散的一个障碍：人们倾向于和周围的人保持一致，某项“外面”的技术要想进入一个紧密连接的社会群体中会非常困难。考虑到这些问题，接下来，我们开始构建模型来分析某项创新在社会网络中的扩散问题。

一、网络扩散问题的模型分析

我们对一个新行为扩散问题的分析建立在一个更为基本的个体决策模型基础上：当个体根据他们周围人的选择做出决策时，一个特定的行为方式就开始沿着网络连接传播。构建这样一个个体层面的模型既可以依据信息效应也可以依据直接利益效应。这一节，我们主要研究后一种情形，从 Stephen Morris 的一个直接利益效应的简单模型出发。选择直接利益效应的网络模型主要基于这样一种考虑：我们都处于一些社会网络内，朋友、熟人和同事网络等等；在这些网络中，越多的人采用某种行为，则我们的获益越高。在这些情况下，只要我们周围采用这种行为的人达到一定比例，单纯的个人利益取向就会促使我们同样采用这种行为。比如，我们更容易和使用相同技术的人合作，更愿意和有着相同信仰和观念的人进行交往等等。

这些情形可以用一个协调博弈很好地概括。假定在一个社会网络中，我们考察这样一种情形，每个节点有两种行为选择，A 和 B，如果节点 v 和节点 w 相互连接，他们会倾向于选择相同的行为。我们用这样一个博弈来描绘，v 和 w 是参与人，A 和 B 是战略或行动选择。双方的支付如下：如果 v 和 w 都选择行为 A，每人可以获得一个正的支付 a；如果两个人都选 B，每人可以获得一个正的支付 b；如果两个人选择了不同的行为，每人都只能得到 0 的支付。我们可以用图 15.11 这样一个支付矩阵来描绘。当然，我们可以考虑更为一般地协调博弈，这里我们尽量保持简单一些。

	w: A	w: B
A	a，a	0，0
B	0，0	b，b

图 15.11　A—B 协调博弈

这描绘了网络中一个连接上的情形；每个节点 V 和它的相连节点进行着同样的博弈，它的支付是这些博弈中获得的支付总和。这样，V 的策略选择将根据它所有的相连节点的选择确定。V 面临的基本问题可以这样描绘：假定，它的相连节点有的选择 A，有的选择 B；V 应该选择什么样的策略以最大化它的支付呢？很明显这取决于相连节点两种选择的数量之比和支付 a，b 的大小。假定，V 的相连节点中，占比为 p 的节点选择行为 A，占比为（$1-p$）的选择行为 B；也就是说，如果节点 v 有 d 个相连节点，那么 pd 选择行为 A，（$1-p$）d 选择行为 B，如图 15.12 所示。

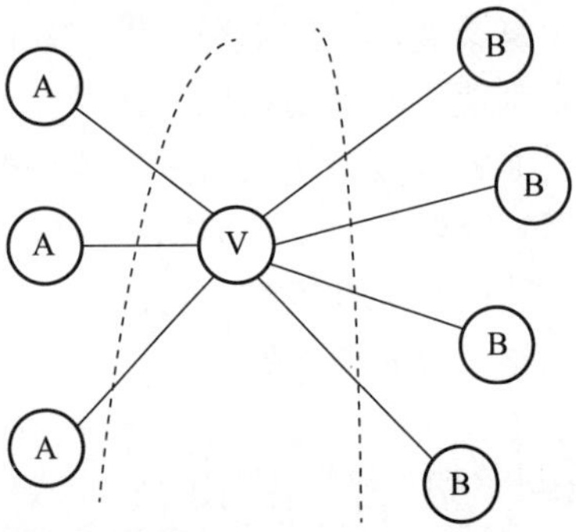

图 15.12　v 根据它的相连接点的选择在 A 和 B 之间做出选择

因此，如果 v 选择 A，它可以获得一个 pda 的支付，如果选择 B，它能获得一个 $(1-p)db$ 的支付。这样，A 是一个更好地选择，如果满足，$pda\geqslant(1-p)db$，或者说满足 $p\geqslant\frac{b}{a+b}$。我们用 q 代表不等式右边的部分。这个不等式描绘了一个非常简单的门槛规则：它表明，如果你周围的人中占比至少为 $q=b/(a+b)$ 的人选择行为 A，那么你也应该选择 A。从直观上可以这样理解：如果 q 值很小，A 就是更具吸引力的行为选择，你周围很少一部分人选择行为 A 就会使你也选择 A；如果 q 的值很大，你周围很多人选择行为 A 才会促使你选择行为 A。另外，当 $q=b/(a+b)$ 时，我们假定节点会选择 A。这是一个非常简单或者说短视的个体行为决策模型，每个节点根据它的相连节点当前的选择做出行为选择。我们同样可以考察每个节点在做出决策时有着更为长远考虑的情形。

下面我们谈一下瀑布行为。在任意网络中，这样的网络协调博弈存在两个明显的均衡状态：每个人都选择 A 或者每个人都选择 B。至于扩散问题，我们需要确定在某种情形下，从一种网络均衡到另一种网络均衡状态转化的难易程度。还有就是其他“混同”均衡的可能形式：网络中一部分选择 A，另一部分选择 B 的情形。特别地，我们考虑下面这样一种情形。假设最开始网络中所有的节点选择 B 作为初始的默认选择。然后，网络中的一小部分节点选择了 A。我们假定，最初这部分节点选择 A 是由于博弈之外的一些因素导致的，其他节点继续采用评估其从协调博弈中获得的支付来做出决策。考虑到有一部分节点选择了 A，他们的相连节点也会有一部分转向 A，接着又会有一部分节点转向 A，依次进行，这样就可能存在一个潜在的瀑布行为。什么情况下，网络中的所有节点会全部转向 A？什么情况下不存在这种可能，是什么导致了 A 的扩散的终止？很明显，答案将依赖于网络结构以及转向 A 所要求的门槛值 q 的大小等。

上面的讨论描述了模型的全部内容。最初有一小部分节点选择 A 而其他人都选择 B，接着时间一步步向前推移；在每一步，每个节点都是用门槛规则确定是否从 B 转向 A。当所有节点都转向 A，或者当没有节点愿意再转向 A，出现 A 和 B 同时存在的稳定状态时，扩散过程结束。

下面我们用图 15.13（a）所描绘的社会网络来具体呈现这一过程。假设协调博弈中 $a=3$，$b=2$；这意味着两个相连节点都选择行为 A 的支付是它们都选择行为 B 的 1.5 倍。代入门槛值的公式，我们可以看到要使某个节点从 B 转向 A 要求至少它的相连接点中占比至少为 $q=2/(2+3)=2/5$ 的选择了 A。现在，假定节点 v 和 w 是最初选择行为 A 的节点，其他节点仍选择 B。在图 15.13（b）中，我们用加黑的节点表示采用 A 的节点，没有加黑的节点表示仍然使用 B 的节点。接下来一步，其他节点重新根据门槛规则评估他们的行为选择，节点 r 和节点 t 将转向 A：对于它们每一个来说，它们的相连节点中 $2/3>2/5$ 选择了 A。节点 s 和节点 u 没有转变行为选择，因为它们的相连接点中只有 $1/3<2/5$ 的选择了行为 A。然而，再下一步，节点 s 和节点 u 的相连节点中都有 $2/3>2/5$ 的已经选择了 A，它们也会转向 A。这个扩散过程就结束了，网络中所有节点都选择了 A。这个过程实际上是一个连锁反应过程：节点 v 和节点 w 不能使节点 s 和节点 u 转变行为选择，但当它们促使节点 r 和节点 t 发生转向后，就能使节点 s 和节点 u 也转变选择。

同样，我们可以举出一些行为 A 扩散到一定程度就会终止的例子。考虑图 15.14 中的

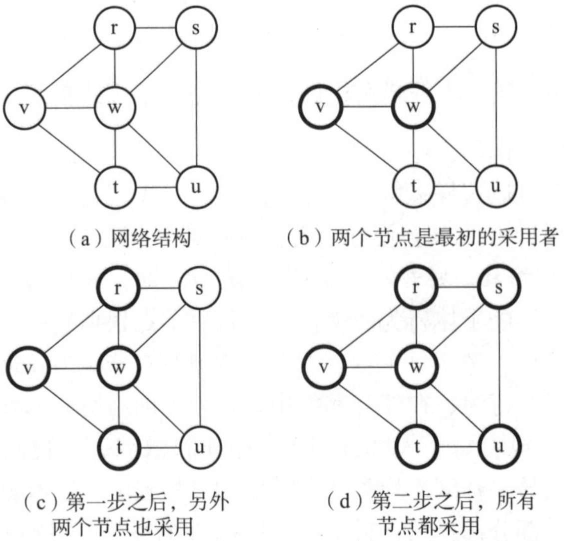

（a）网络结构　（b）两个节点是最初的采用者

（c）第一步之后，另外两个节点也采用　（d）第二步之后，所有节点都采用

图 15.13　行为扩散过程示例 1

社会网络，同样我们假定在 $A-B$ 协调博弈中，我们有 $a=3$，$b=2$，门槛值 $q=2/5$。假定一开始节点 7 和节点 8 是最初的采用者（图 15.14（a）），接下来三步中，我们将分别看到，节点 5 和节点 10 转向 A，接着节点 4 和节点 9，最后是节点 6。到这一步之后，就不再有节点转变选择，最终情形如图 15.14（b）所示。

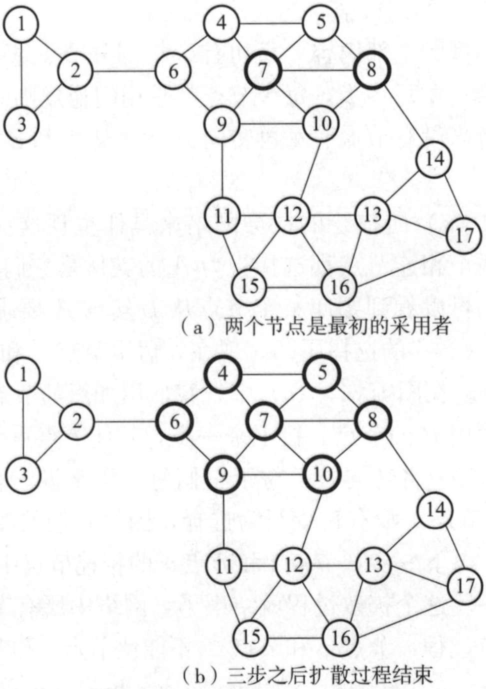

（a）两个节点是最初的采用者

（b）三步之后扩散过程结束

图 15.14　行为扩散过程示例 2

我们将这个转向 A 的连锁反应称为一个采用 A 的瀑布，定义这个瀑布行为进展的两种不同的可能性：①瀑布进行一段时间然后停止，仍然有节点仍旧选择 B；②所有节点都转向选择行为 A，称为一个完整的瀑布。

下面我们了解一下瀑布行为和“病毒营销。”对于图 15.14 所展示的这种更为复杂的社会网络，我们还可以进行一些更一般的探索。首先，它很好地展现了本节开始时提到的一个观点：紧密连接的网络能够阻碍一项创新的扩散。A 能够在一组紧密连接的节点内部扩散，但它却不能跨越将节点 8，9，10 和节点 11，12，13，14 分隔开来的那些“枝蔓”。最终结果就是 A 和 B 并存而且双方有着清晰的边界。在很多扩散问题中，我们能够看到这种现象，比如相邻的社区有着不同的宗教信仰等。同样，假设不同的社交网络被不同年代和生活方式的人群占据，此时人们更倾向加入他们的朋友们所在的社交网络，即使此时世界上大多数人都选择其他的社交网络。尽管微软的操作系统已经占据绝对主导地位，但仍旧有一些行业使用苹果的电脑和操作系统：虽然同外界沟通越来越麻烦，但是这些行业内部的从业者还是更倾向于使用苹果操作系统以方便内部交流。

如果图 15.14 中的 A 和 B 是两种竞争性的技术，而且创造 A 的企业希望将 A 继续推广，尤其是跨越 15.14（b）所展示的 A 扩散过程中的瓶颈，这个讨论也提供了一些有用的竞争策略。如果可能的话，或许最直接的办法就是 A 的拥有者提高它的产品质量。比如，我们将协调博弈中 a 的值从 3 提高到 4，采用 A 的门槛值就会从 2/5 下降到 1/3. 这样一个门槛值，可以看出，15.14（b）所有的节点最终都会转向 A。这表明稍微提高某项技术的吸引力可以极大地增强其普及性。这也表明我们的讨论中 A 和 B 在网络中同时存在、边界分明的情形不仅取决于网络的结构还受协调博弈中 A 和 B 的支付对比。

在不能提高 A 质量的情形下，市场参与者不能改变门槛值，要继续推进 A 的扩散还可以通过选择一些特定的节点作为突破口，让一部分节点先采用 A，同样可以达到相似的效果。比如在 15.14（b）中，如果 A 的拥有者能够使节点 12 或者节点 13 选择 A，采用 A 的瀑布过程又会开始，最终节点 11—17 也会转向 A。另一方面，如果 A 的所有者将精力用在使节点 14 转向行为 A，所有其他采用 B 的节点的门槛值仍然低于 2/5，因此将不会对整个网络产生更进一步的影响。这表明，如何选择关键节点也是一个问题，这取决于节点在网络中的位置。这一类问题是“病毒营销”所关注的重点。

最后，将前面我们从总量层面讨论技术扩散的问题和这里从结构层面的讨论作对比也十分有意义。在总量模型中，每个人在做出他们的使用决策时是根据已采用某项技术的人所占比重确定的，这样一来，即使某项技术有着很强的优越性，要使其有效推广开来也很困难。然而，在这里的结构模型中，每个人只关注周围人的使用情况，这就使得某项技术很容易出现一部分初始的采用者，最终促使其产生全局性的影响。在很多技术或行为等扩散的例子里，我们都可以看到这种最初在社会网络内部区域性地传播，最终大范围扩散开来的情形。

二、瀑布行为和簇群

我们继续从上节瀑布行为模型中探索一些规律，我们已经阐明了瀑布是如何形成的，并且探讨了使其终止的情形。这一节我们将就使得瀑布行为终止的原因给出规范的阐述，如图 15.14 中，一种新行为在网络内部扩散时往往由于一个紧密连接的网络区域所阻碍而终止。事实上我们将证明，同质聚集会阻碍新事物的扩散，让发明创新等很难从外部进入一个紧密联系的群体内。

首先，让我们考虑如何具体描述一个“紧密联系的群体”。这些群体的一个重要特征就是如果你属于其中一个群体的话，你的大部分朋友也属于这个群体。因此，我们首先有如下定义，如果对于一组节点中的每个节点来说，它的网络邻居（我们将网络中与某个节点相连的节点称为这个节点的网络邻居）中占比至少为 p 的节点也属于这组节点，我们称一个密度为 p 的簇群。以图 15.15 为例，在这个网络中，a、b、c、d 这组节点组成一个密度为 2/3 的簇群。e、f、g、、h 和 i、j、k、l 这两组节点也各构成密度为 2/3 的簇群。

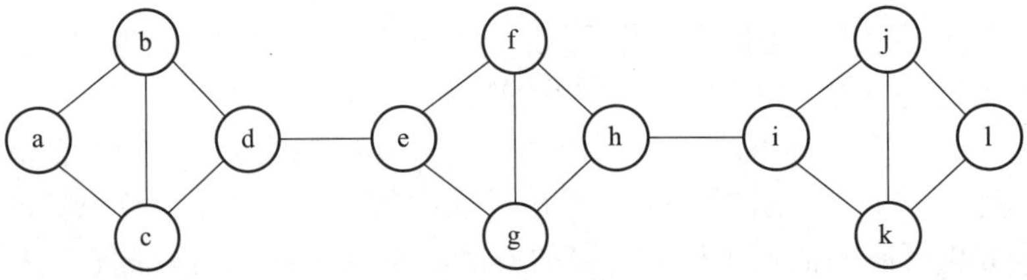

图 15.15　一系列四节点簇群，密度都为 2/3

与所有正式的定义一样，它不但能很好地概括我们关注的焦点，还能够描绘一些我们没有意识到的情形。这里，一方面每个节点都有一个规定比例的朋友在簇群内部，形成一种内部的“凝聚力”。另一方面，上面定义并不要求簇群内部的任意两个节点必须有很多共性的东西。比如，对于任意的网络，它所有节点都属于一个密度为 1 的簇群，毕竟，根据定义，你所有的网络邻居肯定都在网络内部。同样，如果我们有两个密度同为 p 的簇群，那么这两个簇群组成的一个新簇群同样是一个密度为 p 的簇群。所有这些都表明，网络中的簇群可以同时存在于不同层面上。

如图 15.16 所描绘的，图 15.14 的这个网络中存在两个密度为 2/3 的簇群，从节点 7 和节点 8 开始的行为扩散过程由于无法进入这两个簇群而终止。我们将证明，一个瀑布扩散行为在到达一个紧密的簇群时会终止，而且这是唯一能够使得瀑布行为终止的情形，具体来说，

定理：假设行为 A 有一组初始采用者，要使其扩散到网络中的其他节点要求门槛值为 q，我们有：①如果网络其他部分存在一个密度大于 $1-q$ 的簇群，这组初始采用者不会引起一个完整的瀑布行为；②只要初始采用者不能引起一个门槛值为 q 的完整瀑布行为，网络中其他部分必定存在一个密度大于 $1-q$ 的簇群。

以图 15.16 为例，这里，簇群的密度大于 $1-2/5=3/5$，因此阻碍的门槛值为 2/5 的行为 A 的扩散。有了这个定理，我们就可以根据网络结构的一个很自然的特征判断一个瀑布行为能否成功了，而且这个定理给出了紧密联系的群体阻碍瀑布扩散的一个正式定义。接下来，我们分别证明一下定理中的第一和第二部分。

第一部分：簇群是瀑布形成的阻碍。

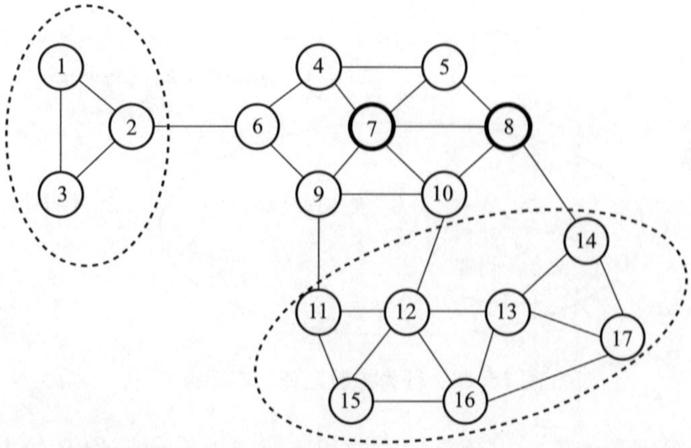

图 15.16　图 15.14 所描绘的两个密度为 2/3 的簇群

考虑存在一个任意形态的网络、门槛值为 q 的行为 A 和一群初始的采用者。假定网络剩余的部分（不包含初始采用者的部分）包含了一个密度大于 $1-q$ 的簇群。接下来我们论证，这个簇群内部没有节点会接受行为 A。

我们采用反证法来证明。假设这个簇群中的某个节点首先接受了行为 A，考虑这个节点最开始接受行为 A 的阶段 t 面临的情形。假定节点 v 是在阶段 t 接受行为 A 的那个节点。如图 9.17 所示，我们将证明在阶段 t 节点 v 接受行为 A 是无法满足门槛规则的，进而证明簇群内部没有节点会接受行为 A。

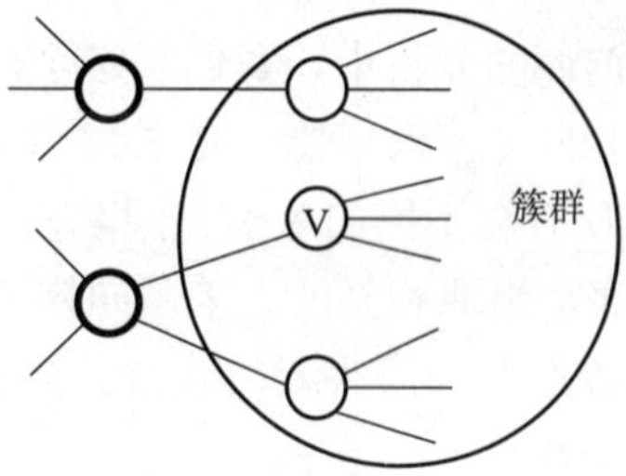

图 15.17　行为扩散定理证明示意 1

在阶段 t 节点 v 接受行为 A 的决策是根据前一阶段，$t-1$ 阶段，行为 A 的采用情况做出的。因为节点 v 是簇群中首先接受行为 A 的节点，v 的相连节点中采用行为 A 的必定在簇群之外。簇群的密度大于 $1-q$，v 的相连节点中占比超过 $1-q$ 的节点在簇群内部，因此，v 的相连节点中占比低于 q 的部分节点在簇群外部。而外部这部分节点是所有可能接受行为 A 的节点。V 的相连接点中占比低于 q 的节点采用行为 A，根据门槛值规则，节点 v 不可能采用行为 A。这与假设相悖，因此，簇群内部的某个节点采用行为 A 是不存在的。

进而，我们证得簇群阻碍了一个完整瀑布行为的形成。

第二部分：簇群是完整瀑布行为形成的唯一障碍

要证明这一点，我们将通过证明，任何情况下，只要一组初始采用者无法促成一个门槛值为 q 的完整瀑布，那么网络中的剩余部分必定存在一个密度大于 $1-q$ 的簇群。考虑行为 A 的扩散过程，从初始采用者开始，一直到停止。扩散过程终止是因为某些节点仍采用行为 B，并且它们不愿意转变，如图 15.18 所示。

假设 S 是扩散过程结束时仍采用行为 B 的那些节点，我们将证明 B 是一个密度大于 $1-q$的簇群。考虑 S 中的任意一个节点 w，节点 w 不愿意转向 A 是因为它的相连节点中

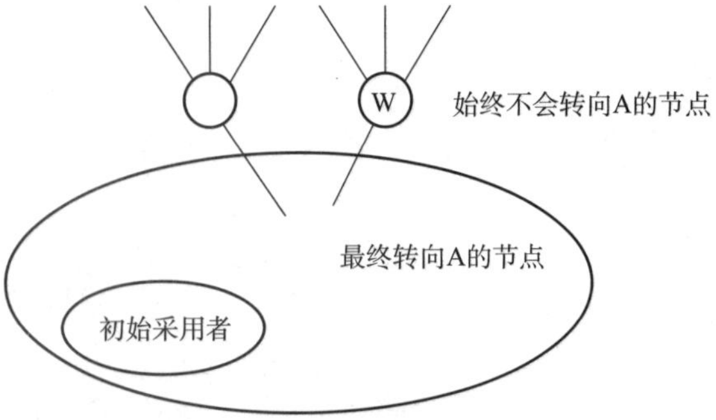

图 15.18 行为扩散定理证明示意 2

占比低于q 的节点采用行为A，也就是说它的相连节点中采用行为 B 的占比超过$1-q$。因为我们假设所有采用行为 B 的节点都在 S 之内，因此，节点 w 的相连节点中属于 S 的占比同样超过 $1-q$。这一点适用于 S 中的任意一个节点，所以 S 是一个密度大于 $1-q$ 的簇群。

这样，我们就结束了对瀑布行为和簇群的分析；这个模型分析的主线就是一组初始采用者能够产生一个门槛值为 q 的瀑布行为，当且仅当网络中的剩余部分不存在密度大于$1-q$的簇群。在这个意义上，瀑布行为和簇群是截然对立的：簇群阻碍了瀑布行为的扩散，任何时候瀑布行为终止都可以解释为存在一个簇群。

三、网络扩散模型的一个简单扩展

前面的分析中，我们假定个体行为所依据的决策模型非常简单：每个人都有相同的支付，相同的互动意愿。现在我们进一步放宽这个假定，假定社会网络中每个人对行为A 和行为B 有着不同的评价，同时模型的结构保持不变。对于每个节点 v，我们定义一个支付 a_v，表示当他和其他人采用同样的行为 A 时所得到的收益；b_v，表示当他和其他人采用相同的行为 B 时所得到的收益。当网络中两个节点 v 和 w 相连，它们之间有如图 15.19 所示的博弈。

		W: A	W: B
V	A	a_v，a_w	0，0
V	B	0，0	b_v，b_w

图 15.19 $A-B$ 协调博弈 2

下面我们看这个微小的变化所产生的影响。首先看某个节点如何根据它的相连节点做出行为决策。如果节点 v 有 d 个相连节点，其中占比为 p 的节点采用了行为A，占比为$1-q$的节点采用了行为B。那么对于这个节点来说，选择行为 A 的支付为 pda_v，选择行为 B 的支付为（$1-p$）db_v。这样一来，如果满足 $p \geqslant \frac{b_v}{a_v+b_v}$，则行为 A 是一个更好的选择。

用 q_v 代替公式右面的部分，我们可以得到一个同样简单的决策规则，现在每个节点 v 有着各自不同的门槛值 q_v，如果它的相连节点中占比至少为 q_v 的节点选择了行为 A，它就会选择行为 A。

下面的行为扩散过程就和前面一样，从最初的一组采用者开始，每个节点在每一步根据它们各自的门槛值决定是否采用某种行为，如果达到了它们的门槛值就接受这一行为。图 15.20 给出了这一过程的简单示例，其中每个节点的门槛值在节点的右上方用一个数字来表示。

如图 15.20 所示，在这个稍微复杂的模型中，就存在一些前面没有的现象。首先各个节点不同的门槛值在行为扩散中产生了复杂的影响。比如，这里尽管节点 1 处于“中心”位置，如果不存在一个像节点 3 这样的有着很低门槛值的节点，行为 A 就无法扩散到任意一个节点。这解释了行为扩散问题中非常重要的一个问题：在分析社会网络中某种行为的扩散时，不仅要重视有着较大影响力的节点，同时也要考虑这些节点是否有机会和那些易被影响的人产生联系。

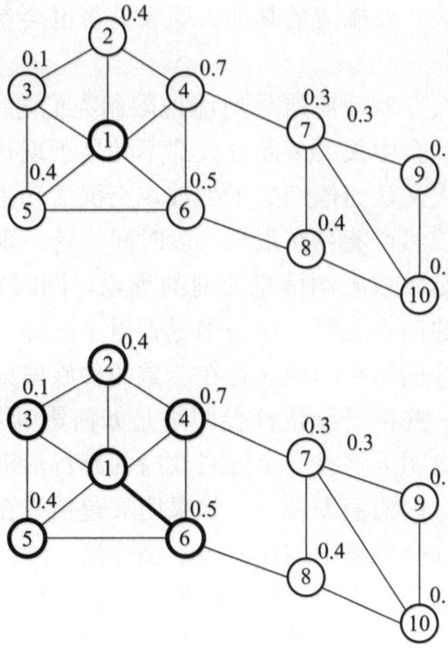

图 15.20 从节点 1 开始的行为 A 扩散过程

另外，在观察图中行为 A 的扩散终止情形时，我们可以看到簇群阻碍瀑布行为的形成这一观点依然成立。给定一组节点和门槛值，如果对于这组节点中的每个节点来说，占比至少为 $1-q_v$ 的相连节点仍在这组节点之中，我们称这是一个封闭簇群。利用与前述章节中相同的分析过程，我们可以证明，初始采用者能够引起一个瀑布扩散行为，当且仅当网络剩余部分不包含一个封闭簇群时。

四、共识和集体行动

这里我们将结合总量层面和结构层面对网络效应的讨论来分析一个相关问题。在这一问题中整体范围内广泛的协调非常重要，社会网络起到传递人们的参与意愿的作用，对行为的扩散有重要影响。

这一问题的一种非常有启发性的例子是在一个独裁专制政权下组织抗议和起义活动的问题。假设，你生活在这样一个政权下，听说明天将有一个反抗政府的游行活动。如果，相当数量的人参与这个活动，政府将受到严重打击，社会中的每个人，包括示威者，都会受益。如果只有很少一部分出现在街头，示威者将被镇压和逮捕，你最好老老实实待在家里。这样一种情形下，你应该怎么做呢？这是一个集体行动问题，某个活动如果有足够的人参加将使所有人受益。这一点类似于前面我们从总量层面分析网络效应时的传真机购买问题，只有当足够的人购买传真机时你才会购买。然而，这里又有一些不同的地方。在传真机的购买问题中，你可以观察先前购买者的使用体验，浏览使用说明书和用户的评论，你甚至可以劝说身边的很多人一块儿购买。但是在这里，反对政府具有很高的风险，你只能和很亲密的人讨论你的想法，要搞清楚其他人明天是否也会参与游行是很困难的，你无法得到准确的信息。

这些考虑可以理解为什么专制政府竭尽所能地限制人们之间的信息交流。这样一来，就可能出现这样一种情形：社会中很大一部分人都不满足于现状，希望参与到反对政府的游行活动中去，然后大部分人又认为他们处于少数，反抗活动是非常危险的。因而，虽然很多人对专制政权不满，它依然可能存在很长一段时间。这一现象在社会学中被称为多元无知，不仅可以用来解释专制政权限制信息流通的现象，同时它存在于很多其他问题中。比如一项在 20 世纪 70 年代的调查表明，在美国尽管很小一部分白人持有种族偏见，但是美国社会中大部分人都认为他们所在的地区存在严重的种族偏见问题。

这里我们用一个模型和一些例子分析社会网络是如何影响集体行动中人们的决策的。假设社会网络中所有人都知道明天将有一个反对政府的游行活动，每个人都有一个不同的门槛值，代表他参与的意愿。门槛值 k 表示，如果明天包括我在内有 k 个人参与游行活动我才会参与。这一问题中，社会网络中的连接表示强连接，连接两端的节点相互信任。这里，我们假定每个人都知道与他相连节点的门槛值，但是，由于交流的高风险性，他并不知道社会中其他人的门槛值。现在，给定网络和一组门槛值，我们分析一下将会出现的情形。

我们以图 15.21 描绘的情形为例来阐述一些基本的现象。为了和这个三四个人的例子相匹配，我们不以抗议活动为背景，而以另一种相似的情形作为背景设置：假设每个节点代表公司的一个副总，每个人需要决定是否在明天的董事会上积极对抗现在这个不称职的 *CEO*。如果得不到足够多的人支持，这将是一个极其危险的举动，因此，每个人都需要在确定至少有一定数量的人参与时才会参与。同时，我们假定每个人都知道社会网络的结构。

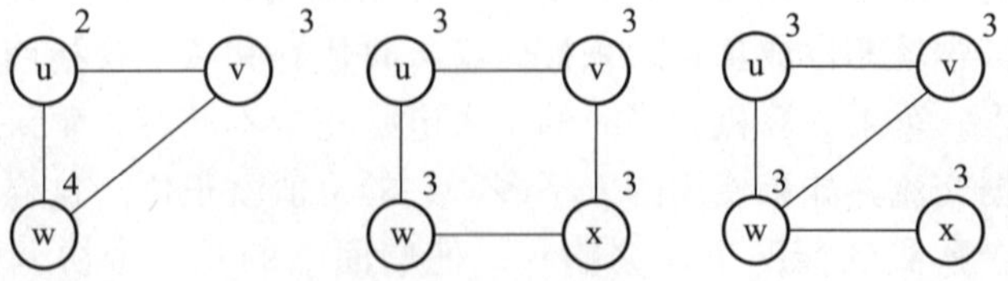

图 15.21　每个节点有着一个参与门槛，但只知道自己和相连节点的门槛值

首先看图 15.21 (a)，注意这里每个节点必须对其他节点的决策做出合理的推测。节点 w 参与对抗必须要求有四个人参加，而这个网络一共只有三个人，这意味着他不会参加。节点 v 知道节点 w 的门槛值是 4，因此节点 v 知道节点 w 不会参与。又因为节点 v 的门槛值是 3，这样一来节点 v 也不会参与。最后，节点 u 的门槛值只有 2，但是它能够推测出其他两个人的决策，这样他也不会参与。因此，在这个网络结构下，对抗活动不会发生。

图 15.21 (b) 展示更为微妙的一些考虑，这里，每个节点都必须推测其他节点的信息结构以判断他们是否参与。这里，以节点 u 的视角来分析（由于对称性，所有节点都是一样的）。他知道节点 v 和节点 w 的门槛值都是 3，因此，他们三个一起参加对大家来说是个很好的结果。但是他也清楚，节点 v 和节点 w 彼此都不清楚对方的情况，他们不能做出和他一样的推理。这样一来，参与对抗对于 u 来说是否仍是一个明智的选择呢？答案是否定的，下面是推理过程。节点 u 不知道节点 x 的门槛值，对于 u 来说，节点 x 的门槛值可能是个很高的值，如 5。这样一来，节点 v 的相连节点门槛值分别为 3 和 5，它就不会参与。同样，节点 w 也不会参与。在这种情形下，如果节点 u 参与，他就是唯一的那个，对他来说那将是个灾难。考虑到这种可能性，u 不会参与对抗。由于图 15.21 中四个节点面临的情况是相似的，我们可以认定没有节点会参与对抗，这里对抗活动也不会发生。这样，就出现了一个非常有趣的事情：网络中的每个节点都知道有三个节点的门槛值是 3，足够保证一场对抗活动发生，但是由于每个人都不清楚是否其他人也知道这一情形，对抗活动最终不会出现。

如果我们把 v 和 x 之间的连接转为连接 v 和 w，如图 15.21 (c)，情况就大不一样，对抗活动就会发生了。现在不仅节点 u，v，w 各自知道有三个节点的门槛值都是 3，这实际上是一个共识：对于 u，v，w 这组节点，每个节点都知道，每个节点都知道其他节点也知道，每个节点都知道其他节点知道他们都知道，如此等等，类似于博弈论中的共同知识。此时三个人的门槛值都能达到，对抗活动必然出现。

这样，图 15.21 (b) 和 15.21 (c) 之间的差异凸显了共同知识的重要性，另一方面也进一步展现了前面讨论的强连接和紧密连接的群体对于高风险活动的参与性作用。弱连接具有信息优势，强连接对应的都是和你信息结构重复率较高的人，但是对于集体行动来说，这种重复性恰恰至关重要。

依据这些模型，很多研究者发现许多事物实际上扮演了帮助人们形成共识的角色。一个具有广泛影响力的演讲，一篇知名报刊上的文章，不但能够传递一些信息，同时也让听众和读者知道其他人也了解到了这个信息。比如，像“超级碗”这样的大型赛事对于很多具有较强网络效应的产品是一个很好的广告平台。在1984年的“超级碗”比赛中苹果计算机做的商业推广广告就非常成功，后来被《广告时代》和《电视指南》杂志评为史上最伟大的电视商业广告。苹果计算机和当时的个人电脑完全不兼容，苹果电脑用户只能和苹果电脑用户进行数据交流，如果使用的人不多，它的价值就很低。这样潜在的买家只有在相信一定数量的人会购买的情况下才会购买；他们面临的是一个协调博弈问题。通过在“超级碗”比赛期间成功的商业推广，苹果公司不但使人们了解了苹果电脑，同时也让人们确信很多人也了解到苹果电脑。

还有一些研究者考察了伊拉克逊尼派和什叶派的宗教制度对于2003年美国入侵伊拉克之后的伊拉克的权利争夺形势的影响。特别地，什叶派具有较强的组织结构，每周五在清真寺的集会使得什叶派内部得到广泛的协调，而这一方面逊尼派做得相对差一些。什叶派的宗教领袖控制着清真寺的牧师等级网络，可以有效地向各个清真寺传递相同的信息，对于结盟和选举策略等问题可以在全国范围内有效地协调和达成共识。这种机制促进了共识的形成，使得什叶派可以在全国范围内得到有效的协调，相反，其他团体在伊拉克战后缺乏这样的能力。

通过所有这些问题，我们可以看到，社会网络不但方便了人们之间的交流和信息传递，同时也使得个体能够有效地了解其他人的知识结构，推测他们的决策行为以此做出自己的决策。如此，在行为的扩散过程中，社会网络的结构成为一个我们不能忽视的问题。

参考文献

［1］张维迎．博弈论与信息经济学（第一版）［M］．上海：上海人民出版社，2004：11.

［2］杨雪雁．电子商务概论［M］．北京：北京大学出版社，2010.

［3］杨学钰．中国产业结构升级与信息化推动［D］．中国社会科学院研究生院，2000.

［4］杨风召．电子商务概论［M］．北京：电子工业出版社，2010.

［5］乌家培，谢康，肖静华．信息经济学（第二版）［M］．北京：高等教育出版社，2007

［6］韦春伊，赵静，王玉平．西部农村群体信息消费能力现状与引导［EB10L］．图书馆论坛，2008.

［7］王明明，陈禹．信息产业中的收益递增机制及发展战略研究［J］．中国人民大学学报，1999（4）.

［8］陶长琪．试论信息产业结构和组织的演进［J］．江西财经大学学报，2000（6）.

［9］陶长琪．信息经济学（第二版）［M］．北京：经济科学出版社，2009.

［10］谭玲玲，魏晓龙．新编电子商务概论［M］．成都：西南交通大学出版社，2010.

［11］孙淑琴．论影响信息商品价格的因素［J］．情报科学，2001（05）.

［12］屈莉莉，陈燕，李剑锋．信息经济学的理论体系与研究内容评述［J］．科技情报开发与经济，2009（19）.

［13］平新乔．微观经济学十八讲［M］．北京：北京大学出版社，2001.

［14］骆正山．信息经济学［M］．北京：机械工业出版社，2007.

［15］刘丹．试析信息产业的演进［J］．理论视野，2010（6）.

［16］刘春梅．信息产业对经济增长质量的影响研究及实证分析［D］．北京邮电大学，2010.

［17］靖继鹏．信息经济学［M］．北京：清华大学出版社，2004.

［18］靖继鹏，张向先，李北伟．信息经济学［M］．北京：科学出版社，2007.

［19］金建．影响信息产业结构变动的基本因素分析［J］．中国科技论坛，1993（04）.

［20］胡昌平．中国信息商品的市场价格与定价管理［J］．情报理论与实践，1996（01）.

［21］国家信息化办公室委托研究课题．中国信息化水平测算与比较研究，2005

［22］桂学文，娄策群．信息经济学［M］．北京：科学出版社，2006.

［23］范里安．微观经济学：现代观点（第八版）［M］．上海：格致出版社：上海人民

［24］董保民．信息经济学讲义（第一版）［M］．北京：中国人民大学出版社，2005.

［25］陈钊．信息与激励经济学（第二版）［M］．上海：格致出版社，2010.

［26］陈禹，王明明．信息经济学教程（第二版）［M］．北京：清华大学出版社，2011.

［27］查先进．信息经济学［M］．北京：清华大学出版社，北京交通大学出版社，2007.